山右叢書·三編

山右歷史文化研究院　編

上海古籍出版社

九

# 目　録

## 白雲巢集

〔明〕邢大道　撰

張志江　點校

白雲巢集卷之五 ………………………………… 五一

七言律詩 ………………………………………… 五一

# 傅文恪公初集

〔明〕傅新德　撰

李雪梅　石英鳳　點校

# 誠勸淺言

〔明〕傅新德　撰

李雪梅　點校

# 叢篠園集

〔明〕孟時芳　撰

王書豪　點校

# 白雲巢集

〔明〕邢大道　撰

張志江　點校

# 點校説明

《白雲巢集》二十四卷，明邢大道撰。

邢大道（1559—1617），字性之，別號少鶴山人，明山西洪洞人。父寶，嘉靖三十八年（1559）進士，曾爲任丘令，官至廣東道監察御史。大道七歲時，騎馬墜地，傷及腰脊，遂成傴僂。十歲，補博士弟子，進增廣生。數次應試，有司嫌其形貌，不予錄取。大道遂棄舉子業，刻勵習爲古文詞。家富藏書，手不釋卷，六經子史而外，旁及農圃醫卜之書，無不瀏覽，通其大旨。遂有詩文名於地方，官府長吏、藩國宗侯乃至鄉鄰、親友屬其代爲撰文，幾無虛日。萬曆三十七年（1609），山西按察使李維楨獲讀其詩文集，大爲嘆賞，特聘其參與編纂《山西通志》。著有《白雲巢集》。

《白雲巢集》，先有十二卷本，明萬曆三十五年，由其同鄉摯友范弘嗣編纂付梓。現存二十四卷本，爲明萬曆四十五年刊本，《四庫未收書輯刊》曾予影印。該刻本由大道提供未刊稿，較舊刻十二卷本增加太半，仍由范弘嗣編纂，付梓未竣，大道即去世。該書卷一至卷六爲詩，卷七至卷十二爲序，卷十三爲碑記，卷十四爲志銘，卷十五爲墓表、銘贊，卷十六爲哀詞，卷十七至卷十八爲祭文，卷十九至卷二十一爲書信，卷二十二至二十四爲啓，總計十五萬餘言。

大道自視甚高，爲文尊尚司馬遷、班固及當時的王世貞、汪道昆諸人，爲詩推崇杜甫、王維及當時的李夢陽、何景明、李攀龍諸人。其文學主張與“前後七子”類似，倡導“文必秦漢，詩必盛唐”，自詡“詩自三唐探魏晉，文從兩漢溯秦周”（《書樓誡子》），欣賞"文法西京，書法魏晉，詩非貞觀、大曆之語不出口吻"（《槐溪王先生文集》序），强調任情而作，不事雕琢，"諷咏紀述，悉發自天倪，以暢其性靈。不藻繪而華，不劖淬而潤，不雕鏤而工"（同上）。時人稱其詩文"意密而致新，體備而語工，態嫻美而氣流暢，晉士操觚者逡巡讓之"（明李維楨《大泌山房集·白雲巢集序》）。

其詩平淡自然而又清新峻朗，《悼亡》《索居》《旅懷不寐》諸篇，寫景抒懷，情真意切，直擬盛唐諸家。詩中時有直面現實之作，對當時社會黑暗、百姓疾苦均有所披露。如《贈郡丞焦公署篆》："苛政猛于虎，小吏毒如蝎。官清民不擾，民安天意協。"《吁嗟行》："赤日爍高空，亢風煽遐宇。宿麥半傷穗欲枯，新禾一粒不下土。"

其文曉暢通達，雖終生以賣文爲生，贈序碑志，爲文不無奉承溢美，但在其賀序、書信中也往往表達了對清明吏治的嚮往和對腐敗吏治的鞭斥。如倡導與民休息："治亂民猶治亂繩，不可急也。能使上官無拘以文法，得一切便宜從事乎？能悉罷捕逐吏，與民休息，釋刀劍而買牛犢乎？"（《郡丞梁公擢守郇陽序》）如倡導關心民生疾苦："今天下司土長民之官皆稱曰牧，蓋謂民猶牛羊而吏爲之牧者也。牧夫美水草，時其調息，故苗壯而蕃；不則，養失所，瘠而損也，且斃矣。牧民者亦猶是。吏政平，得其養，民生日以孳，牧之良者也；吏政苛，失其養，民生日以蹙，牧之不良者也。"（《兩牧條議》序）同時由於其所處的社會地位，其贈序碑志對當時社會底層官吏、商賈、百姓的生存狀態也有所反映。文中還透露出當時儒釋兼容并存的社會傾向，如"自釋教流入中國，世儒往往排斥之，而其徒亦牢護其師説，視吾道柄鑿不相入，其所從來遠矣。不知仁義綱常，素王以維世反正，慈悲定慧，浮屠以化俗歸良，其極致一也"（《月庵上人壽序》），值得注意。

　　此次點校，即以明萬曆四十五年《白雲巢集》二十四卷本爲底本，必要時酌加理校，不改原文，僅於校勘記中説明。底本多有漶漫不清之處，據殘留字迹及上下文意可推測者，也酌於校勘記中注明意見。

# 叙《白雲巢集》

五鹿山人張銓撰

余丙午之秋與客游霍山廣勝寺。寺在峰頂萬松中，其下一泉，清冷沁人，可鑒鬚髮。泉外有亭翼然，修竹蔭映，蔓草蒙茸。內遺文斷碣，幾盈四壁，總之發抒性靈，曲盡山川之致。惟西隅一石，更屬賞心，詢之，爲少鶴山人詩。山人家姑射山，讀書譚道，隱采弗仕。遂同客物色之，戒期相晤，則一痀瘻丈人也。見其首與几齊，足不及地，俯仰頗不類常人，客不覺胡盧而笑。

余解之曰："昔子高見齊王，王問誰可臨淄宰，稱管穆焉。王曰：'穆短陋，民不敬。'答曰：'王聞晏子、趙文子乎？晏子長不過三尺，齊國上下莫不宗焉。趙文子其身如不勝衣，其言如不出口，其相晉國，晉國以寧，諸侯敬服。臣嘗行臨淄，見屠商焉，身修八尺，鬚鬈如戟，市之男女未有敬之者：有德無德故也。'王于是以管穆爲臨淄宰。且自昔帝堯長，帝舜短；文王長，周公短；仲尼長，子貢短。葉公子高微小短瘠，然白公之亂也，子高入據楚，誅白公，定楚國，如反手耳。以山人之抱奇蘊藻，諷咏先王，搜羅墳典，倘縮尺一之符，必有可見者，山人掉臂不顧也。嘗觀廣延國人長二尺，陀移國人長三尺。僬僥國人長一尺六寸，迎風則偃，背風則伏。螻蛄國人如螻蛄，手撮之，滿手得二十枚。海鵠國人長七寸，行如飛，百物不敢犯，惟遇鵠吞之，在鵠腹中不死，壽三百歲。今以山人方之，不魁然一大物哉？"

坐客爲之鼓掌。因出其笥中之秘，縱觀之，大都近情而離深僻，經雅而脱凡庸，朗逸而渺閑遠，飛動而刬輕浮，會景寫神，自成局韵，駸駸乎大雅矣。不然，徒以皮相，則九尺四寸之曹交果優于晏、趙諸子否也？祇貽賣柑者之誚耳。

# 少鶴山人傳

　　山人名大道，字性之，別號少鶴，著姓于春秋邢侯，家世洪洞人也。父侍御公諱實，嘉靖己未進士，試直隸任丘令，夢青衣人送祭酒而生山人，小字曰官喜。七歲，跨馬墮地，挫其腰脊。會又背侍御公，病逾年，傴僂。十歲，就塾師，授《易》，已從家習，改《春秋》。十五，娶於李。妻大父亡，即手構楚些二章。外舅別駕李公大奇之，曰：「是子病，抑何謝東床坦腹乎！」已補博士弟子，進增廣生。數試，有司怪其貌，弗錄，遂罷業，刻勵爲古文詞。家富圖牒，盡翻其藏，朝遷、左而暮莊、列，時時一編不釋手矣。監司、郡國守相屬所結撰無虛日，苦應酬弗給。

　　山人慷慨太息，曰：「丈夫不得志，竟老牖下乎！」裹糧東游海岱，登絕峰，留題刻石。過歷下，吊伏生，哭滄溟之墓于牛山。觀趵突泉，豪吟其上。時汝南吳公同春督山東學，大嘉嘆賞，迹山人不可得。歸而卜縣之東陬，葺茅爲廬而居焉。卉竹環匝，流泉間之，貯古書、名畫及金石三代之器，六經子史而外，旁及農圃、醫卜諸籍，罔不窺覽，通大旨。于文好司馬、班氏及琅玡、新都二大夫，詩好杜陵、輞川及北地、信陽、濟南諸君子，畫好孟頫及文璧、石田、伯虎數大家，不專精其技，爲玩具以自娛而已。

　　南眺平水之陽，諸王孫爭置邸，結山人歡。即邸客滿座，山人必居右席，握塵而談，口刺刺靡能難者。詹公思虞、朱公汝器監兵河東，愛山人才，嘉以冠服，謝弗受。郡伯張公宗孔喪其母，山人三爲詞誄之，張公泫然而泣也，貽邑令周先生書，曰：

"邢生天下士哉！恨三年未覿面。"丞馬公拯欲延爲館師，訓其子，山人以病弗應。司理張五鹿公銓，詞林之雄也，斗酒交歡，操管競[一]韵，而方旦心公令洪，更相倡酬，日爲游揚公卿間，山人望隆隆起。然董一子，患癖寄□[二]僧舍中。山人亦憂瘁柴立，曰："予父子更相爲命耳。"余往問，把其臂曰："君長者，不憂無後，其自愛。"因索山人言入梓，彙爲十二卷，曰《白雲巢集》。梓成，其子病瘥，山人亦復于素。而五鹿、旦心二公喜，爲山人序其稿，不踁而馳遐邇。

歲己酉，余以臺檄晉陽史館修晉乘。是時，李本寧先生掌臬憲，主盟詞壇。梁莫宸尹陽曲，萃晉國英髦而畢效其長。余以山人集爲贊，本寧先生讀未竟，不勝擊節駭服，走使五百里外，聘山人纂局，一方文獻取裁山人，執袂而恨遇之晚，且曰："天胡豐爾才而陋爾相，俾不獲黼黻□？天命耶！何尤？"乃爲山人弁言于首，詞甚嫻美，傳藝苑云。未幾，先生去金陵，郵筒詩來，懷山人不離口。先生眼空四海，鞭撻萬古，夙與弇州、太函深相知也，目無當今久矣，何片心相證于千秋也？晉王聞其名，虛朱邸而前席，山人亦辭去，北游燕中，一日而籍甚縉紳。

每以羸病不任劇，俶裝旋里，治圃于巢之左，塢曰"長春"，樓曰"挂月"，藏修于中，蕭然世外，峻潔自表，齋居題曰："蔬水給簞瓢，吾道自宜顏巷樂；鹽梅調鼎鼐，此生不是傅岩才。"曰："漁獵古今書，未許文章齊屈宋；遭逢明聖世，願將姓字附巢由。"以是益匿迹，不喜干謁。會任丘李敬軒先生令洪，以侍御公遺愛，率折而爾汝，懸一榻下山人，公暇造其廬，論文而外，不出一闌語。官詹復齋劉公，館閣人望，慎所許可，千里音訊不絶。王侯貴人雅相器重，扁其門曰"三山逸品"，曰"文苑飛將"，曰"綉虎雄才"，不盡悉，山人亦非所好也。比其子入泮，山人曰："一編有托，足矣。"居常善病，病多爲文所苦。

或文以病縛，即支床尚謳吟不已，不得于懷，彌日不就；興至率意而成，大篇小什，罔不中繩墨。書法初不甚工，後以腕癱愈不能書，或口誦，屬後生代書。稿多散佚，其腹笥存者居半。山人所披閱，再過目能成誦；所構撰得意，可數十年弗忘。四方騷客過訪，往往心折去。里少年下好古，不無目攝之。余不佞，兄事山人，執觚較藝，揚榷[三]雅，莫逆于心，庶幾稱同調哉！

山人業日精，譽日彰，著述日益富。丁巳之首夏，折一柬召余長春塢，留十日，聯床賡和，不少休，執余乎[四]曰：“吾少習數，干支值未，其賓帝期也。”余曲解之。山人不懌，出其未刊稿，強余刪定，歌行、近體、序記、志表、誄贊、尺牘之類，翻舊刊，較增太半，爲卷二十有四，計十二萬餘言。付剞劂未竣，而山人果以六月不起。辛之日，猶書一《不寐》詩刻集中，蓋絕筆也。尚手其稿，塗乙數字。測晷至未，亟取水盥面，整衣冠坐，囑其子恭曰：“待吾友范子狀吾而暝。”余慟之甚，稍稍次其生平，不負山人矣，略節行誼爲傳。

嗟夫！山人有是，足標幟藝林，成一家言已，余獨于山人之生有重感焉。往牒所載，劉以牛相而生沉，范以漢將而名祖禹，皆其夢得之，何炳炳赫赫也！山人負才，以疾廢，亡所效用于時，栖迹蓬艾之間且老，祭酒之謂何？豈夢者非貴徵耶？以文學名耶？抑貴者其前身耶？侍御公占之而“官”字之，及易簀時，則曰：“吾簣焉付仲子爾。”仲子，今雞澤令大壯。山人廢置弗遇，兆于此矣。雖然，有千秋之業在，令易此而就彼，不爲也。藏之名山石室以垂不朽，所得與仲執多？山人曷謂弗遇哉！

論曰：明興，藻雅之士自廊廟以迨山林彬彬不乏矣。李、何起，而山人一元以聲歌顯，歷下、江左追西京之業，而山人茂秦馳騁其間。吾晉文谷鳳翥于西河，明甫鵬騫于晉陽，岫雲高梁，鶴鳴汾曲，而巢雲山人[五]，結社聯賡。今視之，孫、謝、斐[六]

三集俱在也，僅稱雄于排偶，而不能兼工古文詞，較邢山人《白雲巢集》，抑何退遜不敵耶？山人往來本寧、五鹿諸名公，附驥而聞于後世。余抵掌談三晉人文，山人將無闖龍門、柳先生之堂廡乎哉！

　　社弟范弘嗣胤侯父撰

**校勘記**

　　〔一〕"競"，底本多訛作"兢"，以下徑改，不再一一出校。

　　〔二〕"□"，疑當作"醫"。

　　〔三〕"夙"，疑當作"風"。

　　〔四〕"乎"，疑當作"手"。

　　〔五〕"巢雲山人"，清范鄗鼎《廣理學備考·范竹溪集·邢少鶴論》作"山人巢雲"。

　　〔六〕"斐"，據同上書當作"裴"。

# 五言古詩

## 謁師大夫子野祠

泛泛澗水流，行行河之滸。莽莽眺村原，離離秀禾黍。蕭蕭二畝宮，村東三里許。野狐走低垣，山鬼嘯深樹。先民邈何扳，寂寞此丘土。遺像儼中堂，白雲繞庭廡。松風弦響悲，哀鶴鳴且舞。嗟嗟晉大夫，賢非樂師伍。智鑒炳蓍龜，讜言凜斤斧。識者謂之聰，昧者謂之瞽。傷哉不逢時，悼乎非其主。村翁一瓣香，厄酒神不□〔二〕。邦典蕭牲牢，官僚承簋簠。配饗虞士師，高名俱萬古。

## 平陽禪寺司理五鹿張公樽樅之餉賦謝

客橐宿招提，曉雨霏霏至。虛閣飄風涼，香積炊烟細。衲子薦疏盤，聊爲朝饔計。小坐撚霜髭，微吟盼午霽。未聞散齋鐘，忽聽扣門吏。賢哉張使君，愛客何高誼！醴酒爲我頒，羊羹爲我致。破我窮腹愁，洗我詞腸穢。捐禄豈傷廉？剖珍有餘惠。三謝不能餐，一飲兀成□〔三〕。脫巾上繩床，抱枕曲雙臂。梵唄杳不聞，沉沉一夜睡。

## 壽梅軒衛丈人七帙

澗水無濁流，箕山有秀區。丈人抱世德，樵耕此（下闕）

## 送司理五鹿張公應召北上

河堤一樽酒，汾水浩洋洋。平原萬樹柳，綠蔭雜甘棠。欲去不復去，踟躕大道傍。我無凌風翼，君行俱與翔。巢許自山林，夔龍自廟廊。握手長嘆息，落日爲神傷。

## 寄故太史李本寧先生

湘楚不乏材，京山古郢里。白雪振徽音，嶷嶷李夫子。弱冠金馬門，□〔四〕然推良史。長沙竄賈誼，關西頌伯起。七國十徙官，所至播休美。鶴綉蟠紫衫，去之若脱屣。睥睨一世人，慷慨嘆知己。

### 二

□〔五〕憲持三尺，攬轡臨西方。文苑兼循吏，矯然孤鳳翔。綉斧凜霜色，彩毫吐夜光。慚予陋且賤，執牒許升堂。衆中垂殊盼，握手喜相將。湘蘭今已遠，襲芬有遺香。瑤篇時把玩，盈耳音洋洋。

### 三

客從南方來，啓吻道起居。仲尼嘆浮海，范蠡游五湖。江都佳麗勝，買山欲結廬。問奇走髦彦，丐文停軒車。賤子聞斯言，心往神與俱。懷人天一方，中夜起踟躕。安得凌風翼，道遠飛雙鳧？

### 四

有官身如繫，無官身自由。丈夫歷四岳，夙昔耽奇游。白首脱塵網，栖息寧一丘？金陵富豪華，六代帝王州。山自鍾阜來，水帶長江流。灑酒鳳凰臺，題詩白鷺洲。謫仙重吊古，不朽俱千秋。

## 師南里周眺村原讀《聰聖志》贈耀昆

地靈人乃豪，人豪地爲美。太師産兹土，師以名其里。泠泠舌泉清，鬱鬱箕山紫。田廬六百家，林林聚生齒。農者業不貧，賈者名亦起。脱迹農賈間，英英范氏子。儒賈賦賣金，書田筆爲末。冥心探往迹，努力追前軌。逝矣聰聖公，千秋有信史。

## 高唐太守行

高唐古齊州，韓侯故賢守。剖符武皇初，國柄權瑞手。禍逮先司徒，棄官若敝帚。距今百餘年，謳思萬人口。有美人中杰，四世尚書後。豐標天賦奇，才藻世罕有。入幕紆籌畫，簿書無掣肘。瞻彼某侯祠，父老供俎豆。先德賢與齊，史乘載已久。後美揚前芬，配饗亦非偶。空庭草樹荒，風雨虬龍吼。新碑無蘚蝕，文字工蝌蚪。盈掬采芳蓀，灑淚奠椒酒。仰視神如在，俯思顔何忸！朱邑祠桐鄉，羊侯碑峴首。令名天地間，山川并不朽。

## 送敬軒李明府入計過里省覲

冬寒雪初霽，霜葉麥平蕪。使君戒徒御，曉發汾之隅。賓僚紛出郊，父老擁前途。闤闠鳴簫鼓，戀戀携樽壺。争知千里別，追攀在須臾？況我岩居子，托契情不虚。行行且復止，話別復牽裾。川山緬以邈，白日奄欲晡。美人不可挽，俯首空踟蹰。

二

矯矯神明宰，爲縣五年周。褰帷歷窮巷，露冕勸春疇。傍鄰苦灾疫，下里歲亡憂。旱蝗化爲雉，佩刀易買牛。庭牘空如洗，田租輸若流。鳴琴宓子賤，歌弦言子游。去武有遺思，借恂不可留。咄嗟伏轅叟，泫然泪不收。

### 三

夕飆霍山驛，晨月冷泉關。斷橋冰滑滑，高嶺石盤盤。游子鄉思切，寧知道路難？所憶白頭親，倚閭情未安。遥遥望桑梓，瀛海白雲端。計日拜堂下，緋衣展舞斕。手捧金花誥，龍書墨未乾。丹霞剪爲帔，翠羽削爲冠。良辰敞家宴，水陸供盤飱。願言介眉壽，百歲永承歡。

### 四

青陽啓嘉歲，百辟朝元日。聖主御明堂，垂衣天北極。爛爛五雲中，渺渺雙飛翼。占之神仙令，凌風凫作舄。天顔近有喜，群吏非其匹。詔賜大官宴，尚方分御食。恩賚出黄金，清名重白璧。山濤啓事書，揀賢無一失。山甫補衮才，留以翊王室。輦地有推輪，不待皇華敕。

## 范耀昆落第有嘆

范生汗血姿，騰驤指天路。轅車困太行，塵眼無垂顧。徒望千金臺，幾蹶千里步。抗首時叫號，吐口流烟霧。努力向前驅，修程日已暮。世有九方皋，于子終不負。

## 把酒對海棠

把酒對海棠，悒悒感中抱。花品汝爲仙，蜀花此地少。憶昔平川莊，良游值春杪。群卉無娱目，視汝何窈窕！徙根遠道來，夜培不及曉。數株分夾池，珍之若瑤草。凌寒凍不枯，入春開又蚤。繁朵紅娟娟，柔枝綠裊裊。一年一度賞，朋尊恣潦倒。彈指十六年，流光驚過鳥。汝長漸葳蕤，余衰漸枯槁。白日苦易頹，朱顏能長好？所嗟愛花人，惜花不自保。雙鬢雪垂肩，百篇日探討。身後期榮名，榮名非至寶。

## 贈郡丞焦公署篆

青陽啓歲事，農心望雨切。十日風五日，二月至三月。山田裂龜文，旱魃肆爲孽。米市值涌貴，麥疇根欲絶。餓夫迫爲盜，白日有剽劫。追捕吏下鄉，良民亦縲紲。栲掠無完膚，朘削膏與血。苛政猛于虎，小吏毒如蝎。東海一婦枉，三年旱爲烈。矧兹衆生苦，冤抱何緣雪？太守朝天回，父老踞前轍。稽首萬夫泪，一一爲陳説。仁哉二千石，俯諭婉吐舌。謂是凋殘邑，調濟賴賢哲。遂借焦使君，銅符屈暫攝。下車吏膽落，齊民罔不説。簿書案如山，一掃亡留牒。鞫赤若春温，滌身如玉潔。官清民不擾，民安天意協。新禾欲下籽，千村萬畝接。我賡子美詩，好雨知時節。

## 孟夏韓宏古招飲泗洲園

朱明初入夏，園景木陰稠。我登君子堂，高宴臨芳洲。新篁抽玉嫩，茂草鋪茵柔。木藥紅鮮鮮，畦蔬綠油油。對此堪娱客，展案羅庖饈。松醪斟滿盞，石溜泛茶甌。逸坐亡拘束，雄篇有唱酬。落日徙平臺，孤亭峻且幽。群鴉喧古堞，林鳥聲相求。仰視空天月，下有泗水流。飄風自南來，歌扇揚清謳。與君兩世交，青鬢結綢繆。轉盼三十載，白髮俱蒙頭。君才脱組冕，我病老林丘。漢臣廣與受，堯民巢與由。富貴寧足羨？貧賤何所憂？流華嗟迅駛，世事輕浮漚。願以百歲期，良會恣追游。

## 光禄王君千金賑齊饑推旌典于亡父上嘉之詔下竪棹楔里門曰仁人孝子榮其事有述

吾邦有俊士，妙齡拖華紳。捐橐濟之南，千金活饑民。旌典不自有，願以貽吾親。親亡二十載，一命志未申。御史奉欽賑，茲情爲汝陳。天子下褒書，煌煌絲與綸。表義里中坊，追榮泉下人。生者全其孝，殁者成其仁。高門蔭喬梓，恩光世不泯。

### 校勘記

〔一〕底本各卷卷名下原有"洪洞邢大道性之甫著"一行，今一并刪去。

〔二〕"□"，底本漶漫不清，據四庫本清雍正《山西通志》卷二百二十一《藝文》當作"吐"。

〔三〕"□"，疑當作"醉"。

〔四〕"□"，疑當作"襃"。

〔五〕"□"，疑當作"桌"。

白雲巢集卷之二

# 七言古詩

## 《皁川子行》贈關山人

　　皁川子，翩翩俠士流。少年未騁雲霄步，壯志直窮海岳游。匣中雷雨馮生劍，馬上風霜季子裘。到處青山淹歲月，逢人白眼傲王侯。皁川子，臨池抱墨癖，指端八法天工力。金壺潘染蝌蚪形，玉毫霜掃龍蛇迹。飛白欲奪中郎鋒，修禊不亞右軍筆。皁川子，丹青妙入神，寫生没骨皆天真。潑墨盡成山水態，披圖時見□〔一〕霞新。自笑僧繇猶下品，誰知顧愷是前身？皁川子，乾坤獨雄視，平生落落無知己。千里欲尋蘭蕙交，一□〔二〕訪我蓬蒿里。相逢片語識元龍，意氣豐神誰與比？皁川子，落魄偉丈夫，我亦失意困窮途。酒德不是高陽侣，扳君且就黄公壚。悲歌坐上白雲駐，酣飲尊前明月孤。皁川子，爾今芒屩遍九區，我獨兔田守一株。天涯明日擔簦去，胡不携我三山共五湖？嗚呼！胡不携我三山共五湖？

## 壽靖安王代〔三〕

　　朝上嬰山巔，白雲飛遠岫。仙人騎鶴海外來，金書玉録爲君壽。君侯磊落天賦奇，身長七尺揚修眉。朱旌華蓋豈不美？綸巾羽扇何逶迤！生平好文雅成癖，自言中壘是吾師。案上藜光燭永夜，篋裏鴻篇且歲時。即今六帙身未老，駐顔不藉金光草。漆園椿樹傲風霜，映砌蘭蓀看愈好。予也風塵昧夙素，莽蒼相逢恨不蚤。小山層閣費招邀，笑談意氣何傾倒！九月西風白霜涼，芙蓉香澹菊花黃。主人懸弧敞高宴，大帶峨冠客滿堂。綠醽濃泛琥珀觴，鳴弦擊筑諧宮商。河水可清海可桑，皇家福澤殊未央，祝君眉壽共天長。

## 羊城令尹行

羊城百里山水迴，庚戌之秋令尹來。令尹來，負弩從。旗幟揚揚，簫鼓逢逢，馬前導引入城中。令尹初下車，縶縶簿書疊。霆劈斧斷應手決，吏胥膽奪心爲折。令尹才，廉更潔。甘泉可飲，素絲不涅，皎皎冰壺寒欲洌。令尹滿三歲，歲歲風雨時。村村夜杼春扶犁，家家妻子亡寒饑。令尹賢，仁且慈。野有桑麻，舍有豚鷄，道路謳謠口成碑。令尹後先閱五年，乙卯之冬再朝天，冠蓋傾城設祖筵。令尹去，梟鳥懸。劍携三尺，琴隨五弦，橐裏蕭蕭書一編。父老千行萬行泪，不納山陰一大錢。

## 再壽靖安王

君侯豐格何褒[四]然，問齡已越六十年。秀髯紫虬鬢髮玄，雙鳧搏搏秋鶻翩。生平塵块匪所牽，耽修卜築屋數椽。林巒水石秀且娟，開軒下榻多高賢。静來鄴侯書一編，太乙青藜夜欲燃。枕中鴻寶著成篇，睥睨世人莫漫傳。有時發興聳吟肩，咳唾落紙驪珠圓。淮南詞華豈獨專？建安風流相後先。白露金飆九月天，黃花滿砌開瓊筵。熒熒南極瑞色偏，冠蓋中堂羅綺駢。瑪瑙盤擎絳桃鮮，玉壺醲醁酒如泉。宮娃粉黛列三千，當筵擊筑鳴繁弦。主人飛觴喜欲顚，醉眼糢糊渺八埏。須臾騎鶴凌空烟，大呼天閽帝座前。真宰能同造化權，手注遐算逾彭籛。帝子千秋亦列仙，帝子千秋亦列仙。

### 分司參伯劉公擢觀察使之省代

使君倜儻中州彥，璽書載下明光殿。晉寧五路舊知名，廉訪重臣推掌憲。憶初司理平水陽，洗冤雪抑稱循良。去郡謳謠三十載，至今遺愛有甘棠。瑣闈諫闥遭明主，鳴鳳朝陽人爭睹。一字低昂凜九鄉，片言臧否雄千古。僉臬豫章借一籌，湘楚齊秦歷幾秋。河東大郡資保障，汾水條山是故游。觸目瘡痍時動念，行春露冕下鄉縣。熊旟到處繞香塵，千里人家望通幰。霜風捲地朔雲翩，驄馬行行夕錦鮮。觀察使者捧新檄，當路豺狐那敢前？下吏郭門開祖席，為言父老罷嘆嘖。全晉元元藉庇庥，若曹豈不蒙膏澤？所虞海內講兵戈，輿論中廟推轂多。一日聖皇徵俊彥，西土蒼生可奈何？嗚呼！西土蒼生可奈何？

### 中丞晉公六帙

五月庭榴花吐艷，丹桃雪藕冰盤薦。南風笙鶴散仙音，中丞錦里開瓊宴。瓊宴主人霄漢客，少年詞賦雄西國。萬言射策公車門，一日走馬長安陌。禁掖薇香試彩毫，銓司藻鑒領時髦。河北三湘棠蔭滿，西陲授鉞將壇高。直擁青旄出隴塞，笑揮白羽走天驕。萬里功成黃沙漠，一歸高臥綠雲濤。午橋之莊新卜居，溪松澗柳繞蓬廬。不羨榮名光竹帛，欲將生計托樵漁。荀家已見一龍起，薛氏還看三鳳殊。席前白苧停口[五]後，花底清樽戲彩餘。六帙閱年身未老，夕緋常映朱顏好。北闕爭傳推轂頻，東山翻訝懸車蚤。何須駐世九還丹？莫問延齡三秀草。凌風跨鶴豈難期？煉石補天事未了。待將姓字列雲臺，從爾尋仙訪蓬島。

### 姚郎行 有引

古稱燕趙多豪俠之士，則姚郎其人哉！家世詩書，其先公爲典客有聲，乃姚郎獨用武顯，欲馬上取功名，其志匪卑卑矣。初應募都統林將軍部下，精騎射，捕盜有功，漸深委任。今歲秋，將軍移鎮保定，目睨諸部校曰：“壯哉姚郎！他日遇大敵，一鼓而三奏捷，唯子之能。”特拔爲總尉。姻戚裴君萃諸賓，牛酒賀焉，索言于余。余初入都門，不識姚郎，聞其事，亦可贊而述也，爲長歌壯之。

姚郎岳岳氣如虎，蒼鷹不與凡翼伍。阿父先朝侍從班，不願習文但習武。腰間刀鍔炫光華，舌底詩書鄙庸腐。揮金結客少年場，踢毬走馬人爭睹。長安八月風霜蚤，平原獵騎嘶秋草。笑撚羽箭一彎弓，仰面忽墮雙飛鳥。是時都統林將軍，部下貔貅千爲群。前隊後隊爭鬥巧，舉頭一顧齊逡巡。問道此是誰家子，軍前小校技絕倫。左斃奔鹿右狡兔，赤手雙掣生麒麟。英雄不出將門種，豹頭燕頷何驍勇！報功奚必百戰餘？掄材遽拔千夫總。競賀戚姻客滿堂，緋衣寶帶日爭光。盤中細膾瓊玉軟，瓶裹新醅琥珀香。時來富貴非難致，男兒四十年尚强。龍淵出匣氣凌斗，驊騮歷塊疇能當？君不見遼海此時烽烟起，天子拊髀思頗李。將軍推轂與同升，會見勛名標萬里。

## 再壽中丞晉公

君不見中丞豐骨脫塵塊，七帙閱年神愈朗。鳩節鶴氅芙蓉冠，掀髯一笑羲皇上。憶昔提兵出漢關，高牙大纛飛霜寒。天驕不敢群牧馬，西夏軍中有范韓。大河一望烽烟熄，紀勛宜勒燕然石。長揖拂袖賦《歸來》，將相功名若敝屣。岸柳垂垂汾水流，數椽茅宇耽玄修。樵侶看雲時出岫，漁人弄月夜乘舟。有美膝前誇令子，鳳之羽翰麟之趾。伯氏銜書叩九閽，天顏喜挂宮袍紫。紫袍挂後拜君王，乞得金莖露一觴。千里承歡娛白髮，撾鐘捶鼓宴高堂。麻姑仙人席間走，天瓢滿酌醽醁酒。曼倩盤擎昆侖桃，

珊瑚顆顆大如斗。啖桃吸酒足長生，百歲人間蛻骨輕。他時若逢
王子晉，鶴馭相將問赤城。

## 送明府馬公入計

歲杪雪初霽，朔風何凜然！一琴束囊輕，雙鳥入雲翶。北上
長安二千里，爭看仙令去朝天。仙令豐格殊凡調，伯仲英年皆俊
妙。馬蹄同踏曲江春，雁行不負趨庭教。趨庭謝傅臥東山，膝下
崢嶸羨二難。兄也竹符稱民牧，弟亦墨綬拜郎官。郎官出宰羊舌
里，摩手窮檐菜色起。案上棼絲剖若流，壺裏寒冰徹見底。此行
謁帝向神京，十道賢書達聖明。況是元方偕入計，大馮亡愧小馮
名。承恩賜罷彤池宴，珍賜尚方未足羨。須識先朝棠棣碑，堪爲
昭代循良傳。

## 吁嗟行 憫旱也，代

吁嗟乎！天不雨。夏四月，酷如暑。赤日爍高空，亢風煽遐
宇。宿麥半傷穗欲枯，新禾一粒不下土。屬城到處是窮民，日有
冤愁來訴府。胥役下鄉喂饑鶻，剽劫當路走豺虎。吁嗟乎！天不
雨，忍視民生艱且苦？州縣時時亦上書，私家懸罄公帑虛。男饑
女餓號室廬，吏人那敢問田租？吁嗟乎！天不雨，忍視民命在須
臾？阿衡天下爲己任，所不被澤慮一夫。此心豈不恥納隍，安能
噢咻周窮閭？汲黯救河南，開倉發賑穀。陽城治道州，食貧日有
道上粥。二斛之糜非至仁，百千萬户嗷嗷哺不足。吁嗟乎！天不
雨。呼天天不應，仰天哀且哭，天乎念我民亡辜。吏職或有闕，
咎當責在予。桑林之禱身爲犧，下吏何敢愛微軀？

## 上明府駱公

君不見蜀西形勝天下奇，岷峨萬仞插雲齊。大江一帶錦爲

水，奔濤飛浪捲虹霓。地靈自古産鴻碩，王嚴楊馬何磊落。先生崛起際昌期，水之文龍山之鶴。濡筆承明意氣豪，千仞登名雁塔高。上苑花枝榮緑鬢，皇洲柳邑〔六〕映青袍。剖符銅墨推時彦，鳴琴初試羊舌縣。片言折獄訟庭空，滿座清風懸秋鑒。公餘陌上課耕年，搴帷争識使君賢。南畝雨晴桑鬱鬱，西郊麥秀雉翩翩。政成節届懸弧日，冰蘗堂開列瑶席。馴階鶴鹿舞松苔，擁門父老駢杖舄。壺漿欲添北海樽，謳歌齊頌南山什。愚也局蹐蓬蒿里，華髪雕蟲未足齒。先生垂盼獨相憐，銜心何以報知己？箕疇明五錫，五錫福所駢。華封榮三祝，三祝壽爲先。先生方壯饒時用，豈徒箕錫華封篇？郎垣高列宿，熠爍逼三台。鹽梅和羹手，舟楫濟川材。君不見畫麟閣上神仙客，漢史功名何偉哉！漢史功名何偉哉！

## 題馬昇《山水圖》壽曲沃李少宰

蟠堐〔七〕松樹林，夾岸桃花渡。一水遥通武陵溪，三山不隔瀛洲路。南極老人下長天，相將拱揖有群仙。花外青童兩兩至，瓶芝盤果火欲燃。馬生此圖稱大手，我欲持之爲翁壽。翁也神仙畫裏人，宦海鴻名三十春。銓鑒幾年懶啓事，囂然敝蹝脱朝紳。歸來東陵瓜數畝，葺茅更築白雲塢。伉志不通軒冕交，閑身但與漁樵伍。古稀之歲鬢初蒼，祖聃豈授養生方？膝下雙□何矯矯，天池萬里鳳毛長。懸弧八月金風作，玳筵且遂高堂樂。耆賓宿友愜襟期，瓊飴玉醴紛杯爵。誰傳朝士數吹嘘？争道山公尚矍鑠。蒼生率土望雲霓，赤松何地驂鸞鶴？旦夕天書下蒲輪，扶翁且上麒麟閣。

## 憂旱歌

君不見山東六郡俱告饑，野亡草根樹亡皮。盗賊劫城殺官吏，富民妻子多流離。饑民如獸自相噬，析骸道上亡留尸。京帑發金十萬鎰，漕河轉粟如山積。窮鄉到處粥爲廠，皇仁不起溝中瘠。吾邦三月天不雨，入夏千里地成赤。秋禾土焦不下籽，二麥苗枯不結實。十家九家亡宿糧，菜色嗷嗷滿路集。何哉狐豕亦犯境？潼關北下羽書急。官長募兵選壯丁，半是蜂腰與鶴膝。含淚嗚咽踞伏地，餓夫那有荷戈力？野人家丁亦十口，圖史蕭蕭虛四壁。松長竹細陰滿院，祇堪娛目不堪食。月明樹下犬狺狺，柴戶忽驚有人擊。老病孤枕伏匡床，欲眠不眠起復立。起復立，長嘆息。仰視空天星歷歷，銀河之水無一滴。嗟乎！山東赤子塗炭極，西土蒼生亦岌岌。嗟乎！天意未可必，杞人之憂徒下泣。

## 《車遙遙》寄懷李明府

車遙遙，朝天子。去年十月冬，僕夫戒行李。霍城百里祖筵張，華燈照屋酒滿觴。促席留連坐中夜，悵別銜恩淚幾行。車遙遙，向曉發，郊雪霏霏北風烈。野夫寒館眠未醒，竟少《陽關曲》三叠。歸來道傍父老語，生祠欲貌李明府。攀留何計借寇恂？謳思此去憐何武。婁山之曲汾水濱，手種潘花萬樹春，春來課耕失露冕，猶見桑間野雉馴。

## 耆老晉少冲六帙

君今行年閱六旬，紫髯墨髮雙瞳真。芙蓉爲冠羽爲氅，亭亭姑射仙豐神。憶君壯志耽游俠，朝莅東吳暮南越。乾坤踪迹半風塵，湖海交知盡英杰。男兒得心歸故鄉，擔囊束橐黃金裝。不向里門競豪富，頓令廬舍生輝光。雕甍藻井神仙宅，脂田膏壤連阡陌。子荊居室有良圖，竇氏傳家餘慶澤。世上浮名未足高，眼前孫子氣何豪！石麟矯矯峙頭角，丹鳳翩翩析羽毛。南薰五月舒蕉扇，紫荷丹榴花吐艷。高門弧矢際初辰，長日簫鐘開盛宴。主人對花笑顏開，款客齊傾鸚鵡杯。座中朱履三千會，膝下斑衣五色裁。人間此樂真稀少，後天歲月應難老。但醉鸞笙玳瑁筵，何須鶴駕蓬萊島？

## 盧氏令楊平津徙延安郡丞過鄉省墓

父爲商，兒舉士，天涯彩服承顏喜。公車待詔十年餘，鳧舄聲華起百里。郎徙官，翁就土，新墳灑泪奠椒醑。生前一命未沾榮，身後龍章賁泉户。延川長史紓邊籌，十萬甲兵虎略優。愛弟書生未授筆，五色文章修鳳樓。封君九原百不憂，次第恩光到壠頭。

**校勘記**

〔一〕"□"，疑當作"雲"。

〔二〕"□"，疑當作"朝"。

〔三〕作者一生賣文爲生，或受親友所托，多代人撰文。集中題目下有標"代"字者，也有不標"代"字而據殘留字迹及上下文意爲代作者，今一依底本之舊，不另爲辨別加注。

〔四〕"裦"，疑當作"裦"。

〔五〕"□"，疑當作"歌"。

〔六〕"邑"，疑當作"色"。

〔七〕"堆"，疑當作"崖"。

# 五言律詩

### 岳陽道中過三嶺

隔水聞鷄犬，茅檐人幾家。岩頭留凍雪，樹底落風花。後嶺羊腸斷，前山鳥道賒。高堂猶未遠，游子已天涯。

### 游廣勝寺

野性耽幽賞，披雲到上方。珠飛泉萬斛，翠蔭柏千章。法鳥窺人語，曇花帶雨香。暑蒸如苦海，即此渡慈航。

### 二

步入招提境，盤紆一徑斜。石林山抹黛，荇渚浪飛花。巢樹鶴千歲，栖雲僧幾家。良游天欲暝，落雁印平沙。

### 春日閑居

城市猶村落，清溪繞綠疇。松邊狎過鳥，雨後邇耕牛。農事急須了，官租緩不愁。祇憂少年子，書懶遂嬉游。

### 二

荷鋤老不任，披書倦即休。宰予安晝寢，杜甫快春游。夾徑好花綻，環門曲水流。興來一壺酒，對客不梳頭。

### 過劉天台山舍

細竹青連徑，新荷香滿池。訪門客載酒，坐樹鳥催詩。琴響綠陰靜，塵譚白日遲。晚涼有餘興，掃石一秤[一]棋。

### 勉示篤恭

吾家故清白，汝祖特崢嶸。驄馬沾朝寵，蜉蝣謝世榮。憐予老文墨，望爾繼冠緌。母被聰明誤，終成犬子名。

### 夏日閑居

僻地塵氛遠，長天風日舒。庭陰松下鶴，盆浪水中魚。卷釋鋤花後，香殘啜茗餘。憑欄小有興，得句遺兒書。

### 挽侍御晉山干公

尚方箕尾去，何地賦《招魂》？十載皇華使，兩朝聖主恩。鐵冠臨海國，繡斧下江門。不盡澄清意，遺囊諫草存。

### 二

投杼遭時忌，抽簪荷主憐。高車猶故第，長劍忽新阡。官謝乘驄貴，人疑跨鶴仙。論文慚後進，涕泪獨潸然。

### 三

泗水閑門繞，茅堂樂事稠。東籬看菊宴，西郭抹蓮舟。白髮人三徑，青山土一丘。百年俱已矣，塵世總蜉蝣。

### 四

天府修文詔，瓊樓作賦才。群烏喧墓道，列柏蔭泉臺。夕日婁峰黯，秋風潤壟哀。交游鄉國盡，何處素車來？

## 挽李廣文

謫仙厭塵世，騎鯨事杳然。冷官垂白髮，薄祿謝青氈。二豎膏盲〔二〕匿，諸生涕泪懸。猶憐謝家瑞，膝下鳳翩翩。

## 二

吾道追先覺，斯文喪主盟。銜魚去西國，吊鶴下東瀛。《蒿里》歌還續，杏壇琴不鳴。萬山孤襯返，風雨暗邊城。

## 北行出門示園丁

園廬吾自愛，看護爾須勤。曬藥先長夏，澆花及蚤春。巢檐鴿勿捕，吠夜犬休嗔。好雨瓜田足，催租免吏頻。

## 題顧金吾《花燭卷》

侯府春如海，簫笙列綺筵。鵲飛銀漢外，鳳下彩樓邊。細柳家聲遠，夭桃國色妍。可憐今夜月，金屋避嬋娟。

## 太原中秋

他鄉逢令節，皓月挂長天。家信鴻音斷，秋光兔魄圓。有懷人是客，不寐夜如年。坐聽三更漏，吟成五字篇。

## 二

引睇高樓上，徘徊數倚欄。鄉關何處是？朋舊幾人歡？露白桐陰净，天青桂影寒。故園今夜色，吾欲跨飛鸞。

## 廣昌道中

萬木秋搖落，山空氣沈瀏。危盤凌鳥道，斷水接虹橋。望國天逾近，離鄉路漸遥。前村投宿晚，落日馬蕭蕭。

## 紫荊關阻雨宿道庵

道院踞山峻，客裝帶雨呼。門深虹洞隱，樹老鶴巢孤。覺夢邯鄲枕，燒丹太乙鑪。蕭然塵市外，別是一玄都。

## 二

上殿玄雲滿，岩關紫氣收。雨長燈入夜，山静葉鳴秋。□〔三〕塵譚初罷，換鵝卷復抽。羽人深道術，疑與赤松游。

## 庚戌元日

客橐初還里，春風忽到門。鬚眉驚老醜，骨肉慰寒温。雪色松三徑，醪香柏一尊。高齋有餘興，敲句坐黄昏。

## 花開李就實携兩紅袂過賞

□〔四〕會賞心愜，晴花照眼明。溪邊圍竹坐，樹裏采芳行。近寺鐘初罷，高城月漸生。美人携手去，惆悵有餘情。

## 六月雨

六月濯枝雨，三秋種黍田。野行無餓殍，村宿有炊烟。羯鼓喧農社，漁鈎狎釣川。家家灾沴後，《擊壤》頌堯年。

## 感懷有贈

長嘆朱顔改，高吟白髮侵。百年光景少，廿載結知深。鴛枕無春夢，鳳簫猶好音。舌端兒女事，相對泪沾襟。

## 春　雪

夢破春窗曉，霏霏六出花。玉山當户聳，銀樹逐風斜。案映孫康卷，爐烹陶穀茶。豐年占有象，三白慰農家。

## 海棠開棗就實

花枝紅照眼，小坐雨晴初。物色春來好，朋情老去疏。樽開無客過，句就遣兒書。寄語東林子，明朝莫負予。

## 孟夏微雨

孟夏日初赫，芳林雨乍收。院花炫紅藥，盆樹吐朱榴。浴水群鷗樂，啼松獨鳥幽。一塵飛不到，城市有烟丘。

## 篤恭縣試閱其文有示

縣宰饒經術，論文章甫師。當場有獨鑒，得士許誰奇？汝長文猶稚，吾衰病不支。題橋司馬志，慎勿負明時。

## 送縣幕徐君入計

三載芙蓉幕，潔廉能守官。霜天羸馬去，雪路敝裘寒。話□[五]杯重勸，扳留泪不乾。行行二千里，直北是長安。

### 二

袍青腰綬黃，頭白未爲郎。何必專城寄？居然佐幕良。訟庭馴鳥雀，剿穴絶豺狼。此去山公啓，賢名徹建章。

### 三

察隱庭懸鑒，剸煩手運斤。寸心澄似水，片語藹如春。國器婁師德，仙才梅子真。時清堪吏隱，薄禄不辭貧。

四

五雲天北極，謁帝上蓬萊。虎拜群髦集，龍顏一笑開。官卑賢破格，主聖重憐才。不是伊閭尉，彈冠御史臺。

## 春日漫興

春來耽閴寂，盡日掩柴荆。雨閣回晨夢，風簾坐午晴。柳鶯歌管巧，花蝶舞衫輕。不必延朋好，銜杯自有情。

## 清　明

策杖趨先壠，春郊節氣柔。野桃晴鬥媚，原草暝含愁。新鬼添黄土，故人稀白頭。百年俱有此，不必嘆蜉蝣。

## 對紅藥

桃李群芳歇，新紅上藥欄。夢回依樹坐，句就把杯看。色奪胭脂潤，香浮琥珀寒。病懷多寂寞，對爾暫成歡。

## 送范州幕之太安

暑雨催行役，河橋漲水流。長山連客路，名岳壯神州。寇盜孤城急，瘡痍萬户愁。希文天下志，幕囗〔六〕暫紆籌。

## 病　起

伏榻身如繫，臨池眼乍寬。侍童供依杖，稚子勸加餐。眠鹿草茵軟，啼鶯花事闌。午陰垂柳下，濯手弄清湍。

# 五言排律

## 小 像

葛帽雙華鬢，荷衣三尺身。骨因沾病瘦，眉不挂愁囗〔七〕。傲世烟霞癖，托生天地仁。朱門辭醴醉，白屋結茅新。鴻筆凌千古，鶴巢絶四鄰。萬編插架富，十口累家貧。蔬食朝還暮，花開秋復春。樵雲姑射岫，漁石澗溪濱。六一稱居士，江湖號散人。百年今過半，寧羨畫麒麟？

## 忻州寺居

客懷倦行役，歇馬駐邊州。山勢環城險，烟霏入寺幽。挈樽儒彥集，下榻守公留。故里親知斷，殊鄉交誼投。僧談徐破悶，兒病急擔憂。檢藥趨醫肆，焚香拜佛樓。扶携五口累，羈束兩旬周。哀雁驚南下，羸驂阻北游。梵鐘催落日，戍柝凛高秋。抱枕眠還起，燈殘泪不收。

## 壽劉太夫人九帙

桃花三月斕，玳宴敞東瀛。滄海青鸞至，華堂紫氣生。皇恩褒閫德，女史重家聲。舉案名因著，和丸訓已成。二龍齊矯健，八座并崢嶸。水部瞻雲思，山公愛日情。屋籌從海益，宮錦自天榮。泥紫函書潤，霞丹閃帔明。月移仙珮響，鶴引板輿輕。應羨瑶池會，雙成吹玉笙。

## 延津邊進士新第入里省覲代

南宮初賜第,上國早知名。匡世董生策,承家韋氏□〔八〕。青雲超後輩,黃甲振先聲。市駿仙郎貴,乘驄憲使榮。皇洲三月雨,禁苑百花明。釋褐簪猶緩,裁斑服已成。憶鄉封父國,臨水汴州城。目斷瞻雲思,懷深愛日情。尺書閶闔下,駟馬里門迎。盤饌斑龍脯,俎香玉鯉羹。綺筵佳氣合,白髮笑顏生。遲爾《上林賦》,君王念馬卿。

## 病中漫興

栖息維摩病,寂寥楊子居。安神須省事,割愛且抛書。賓客稀交會,門階罷掃除。容癯頻展鏡,髮短不禁梳。匕箸葷餐少,丸湯藥品餘。枯腸覓市果,淡口摘園蔬。出戶支筇懶,登臺引步徐。檻花娛白鳥,池藻狎金魚。流水涓涓静,行雲宛宛舒。灑然蘇肺氣,天地領清虛。

**校勘記**

〔一〕"秤",疑當作"枰"。

〔二〕"盲",疑當作"肓"。

〔三〕"□",疑當作"揮"。

〔四〕"□",疑當作"良"。

〔五〕"□",疑當作"别"。

〔六〕"□",疑當作"畫"。

〔七〕"□",疑當作"鞶"。

〔八〕"□",疑當作"經"。

# 七言律詩

## 秋日游廣勝寺

芒屩穿雲一徑通，碧岩深處梵王宮。龍池夜散千村雨，鶴樹秋高萬里風。白日蓮燈花歷亂，青天寶塔翠玲瓏。坐來老衲譚真諦，玉麈蕭蕭方丈中。

### 二

鷲峰半插白雲邊，十里長松鬱翠烟。山静蓮臺清佛供，日高蘿榻穩僧眠。石廊□□□今古，金閣經函閱歲年。回首樊籠如何脱，空□□□大乘禪。

### 三

磴道崚嶒歷百盤，秋風振袂入雲端。松岩樹老龍鱗□〔一〕，石寶泉飛玉乳寒。午日香烟生法座，諸天花雨净經壇。靈踪謾指西方路，即此人間一大觀。

## 步胡郡伯韵

病裏尋幽意若何，西風杖錫躡松蘿。峰頭鸛鵲巢高樹，潭口魚龍咽急波。竹舍香銷僧梵静，水亭日暮客吟多。浮屠絶頂舒空眼，一片殘霞逐雁過。

## 步陳明府韵

一刹清幽俯水涯，諸天縹緲鎖烟霞。青猿解法依深樹，白鹿聽經踏晚花。松院鐘聲回鶴夢，石門塔影護禪家。登臨到處飛豪興，莫訝歸遲月易斜。

## 村　居

衡門半掩白雲深，一炷爐香一曲琴。風繞松亭看鶴舞，雨飛石洞聽龍吟。樵山杖挂藤蘿月，漁水蓑披楊柳陰。平世此生農作計，田疇歲歲足秋霖。

## 送楊廣文計偕

河橋楊柳駐征鞍，把酒休歌《行路難》。山店鷄聲隨月起，海天鵬翮待風搏。三年射策金門近，六載譚經絳帳寒。君到上林花自好，馬蹄一日遍長安。

## 澗灘春雪

春水河橋立馬看，遥空萬里雪漫漫。山梨未吐花飛片，澗柳纔舒絮滾團。夾岸銀鋪鷗席净，高林玉挂鵲巢寒。野人自是羊裘侶，欲向磯頭問釣竿。

## 游北橋寺

平原樹色鬱蒼蒼，步入招提一徑長。曲水抱門流玉屑，浮圖挂日射金光。香烟曉護翻經閣，野鳥時窺說法堂。極目西方天咫尺，乘風欲逐白雲翔。

## 里上舍爲中丞晉公壽裝帔視余系之二詩

中丞岳降屆茲辰，甲子初周六十春。杖屨暫隨猿鶴侶，節旄曾掃犬羊塵。雙龍匣裏寒星斗，三略胸中運鬼神。縱是太平無一事，豈容岩穴老邊臣？

### 二

書傳黃石留侯策，望重蒼生謝傅才。塞外幾年烽火熄，山中此日壽筵開。瓊卮醉月顏常駐，玉樹凌雲手自栽。閑道絲綸三殿下，滄江徒築釣魚臺。

## 秋夕登城樓

高城步屧一登樓，極目郊原暝色幽。雲盡虛岩扶月上，夜涼斜漢帶星流。幾家池館鳴蟲急，何處關山過雁愁。坐久西風來玉笛，桂花香散一天秋。

## 春閨

病裏含愁不自持，小窗長日坐支頤。香銷寶鴨簾重捲，鏡掩青鸞釵半欹。秦苑鶯花春易老，楚臺雲雨夢難期。相思欲寄天涯雁，腸斷蘇娘錦字詩。

## 送郡伯盛公擢山東憲副飭兵海右

治郡賢名達建章，除書忽報借循良。還將太守隨車雨，散作監軍列戟霜。掖水千家并牧竹，汾川一路召公棠。知君此去□[二]紆晝，樽俎譚兵靖海方。

### 通明閣眺望

飛樓縹緲俯長天，晴日登臨野望偏。城郭萬家棋局出，川山千里畫圖連。姑峰雲氣窗中度，帝座鐘聲漢外傳。安得仙人王子晉，并騎黃鶴嘯風烟？

### 青樓望月

美人待月欲留歡，倚遍青樓十二欄。陰氣未分河漢路，彩華徒望海雲端。凄清坐夜簫聲斷，黯淡傷秋燭影寒。片霧倘開看自好，不妨遲客到更闌。

### 代答胡明府書

剖符下邑借才賢，潘令河陽是幾年？梟翼已飛雙鳥去，雁緘猶枉尺書傳。褒能史列循良傳，遺愛民謠□〔三〕芾篇。老我此生何所事？汾江獨買釣魚船。

### 過邯鄲呂翁祠

紫霞臺殿鬱龍鬆，授枕真人去不逢。古樹秋風迴鸛鶴，深潭暮雨咽黿龍。金爐香爇蒼烟合，石洞碑殘綠蘚封。亦識此生成幻夢，人間何處覓仙踪？

### 謁　岱

紺宮縹緲白雲邊，百轉丹梯複道穿。樹裏神燈星萬點，岩頭天鏡月孤懸。馬蹄度嶺辭黃峴，鷲影盤空破紫烟。一自鴻蒙開闢後，靈踪何似此山偏？

二

孤筇七尺躡藤蘿，步入虛岩爽氣多。太華三峰趨下阯，中原一帶引黃河。芝烟迷鹿眠花峪，潭雨迴龍漱玉波。似有仙人發長嘯，丁丁山半野樵歌。

三

神游五岳夢題詩，撫景看山詩更奇。蛟蟄片雲千嶂雨，鶴林怪石萬松枝。皇王代遠金書秘，仙佛堂深白日遲。四顧曠然天下小，當年尼父是吾師。

四

泠泠鐘磬出烟巒，翠削芙蓉倚劍看。虛洞水簾晴亦雨，陰崖凍樹夏猶□[四]。龍漱挂壁三千尺，鳥道穿雲十八盤。欲探呂翁題字處，蛻仙岩下墨初乾。

五

落花香散曝經臺，輦道石平御帳開。誰信吳門縈白練？獨憐漢峙蝕蒼苔。峰迴鶴駕孤雲没，峽轉霓旌帶雨來。玉女三漿能蛻骨，赤城何必訪天台？

六

絶巘高臨日觀峰，徂徠梁甫并朝宗。中宵海色金銀動，下界烟光紫翠重。司馬尚傳書漢草，大夫何用表秦松？明時不問東巡事，化外山川總帝封。

七

石峪桃花逐水流，天門初夏爽如秋。詞披唐刻磨崖久，碑怪秦封亡字留。化鶴空壇蒼樹老，啼猿落日白雲愁。長歌不盡千年恨，從擬人間汗漫游。

## 八

玉皇臺畔一憑欄，八表微茫眼界寬。東瞰滄波迷大海，西覘
紫氣識長安。雲霞杖底分千縷，日月壺中貯兩丸。道骨不愁風引
去，欲從絶頂跨飛鳶。

### 碧霞祠

神房阿閣鬱岧嶤，帝遣元君駐碧霄。玉帛祈靈通絶域，金錢
輸貢佐清朝。鸞旗閃閃雲中駕，鳳馭翩翩月下簫。石屋黃華遺趾
在，誰從塵世脱煩嚚？

### 三陽庵

耽勝名山興未闌，尋真小閣隱山盤。金爐香瓣和烟暖，珠竇
泉聲夾雨寒。谷口鹿銜三秀草，洞門龍護九華丹。羽人疑是安期
侶，石液松花供客餐。

### 再題碧霞祠

玉女三峰華頂居，何年游岱駐鸞輿？叩宮香火十方至，擁道
幢幡百里餘。本以名山崇禬祀，翻因福地失清虛。脱嚚只恐仙靈
遠，雲鎖天門黯不舒。

### 登千佛山

岧嶤石磴轉羊腸，客裏尋幽到上方。絶巘鶴盤松影亂，疏林
麏過草痕香。中天玉磬傳僧梵，午日蓮臺現佛光。塵眼亦知窺彼
岸，迷途何處問慈航？

## 壬辰夏余寄濟上客携游吕公祠觀趵突泉小酌焉好雨驅暑水清竹膩豁目爽襟次壁間韵紀之

宿雨初晴暑氣無，開襟晚坐小蓬壺。傍池苔蘚青猶濕，依閣松篁綠未枯。深竇龍髯吹急浪，空天鼉影下平湖。抱纓欲賦《滄浪曲》，一片鄉心對月孤。

### 觀并頭蓮

競態含香嬌更柔，鏡中雙出錦纏頭。窺人并臉疑含笑，結佩同心不解羞。趙女漢宮妒顏色，喬娥江下失風流。誰憐一夜西陂雨，相對殘妝泪不收？

### 二

含風合蒂暗香生，濯雨連枝出水清。自是花神同解語，相看國色并傾城。半妝不作徐妃態，聯佩還餘漢女情。孤影最憐天上月，晚池愁對鏡波明。

### 悼 亡

百年伉儷竟如何？自信長松附女蘿。夜雨誰占炊臼夢？秋風翻作鼓盆歌。艱難失意愁方歇，生死關情恨轉多。一自朱顏成永訣，不堪抱病日蹉跎。

### 二

箕帚殷勤二十年，凄風苦雨每相憐。青春欲結三生愿，白髮難期百歲緣。妝閣香銷塵半掩，綉窗機冷月孤圓。鸞輿去後無消息，知列瑤池第幾仙。

三

病榻銜愁强對餐，堂前菽水共承歡。衹憐萱草經秋老，詎意芙蓉冒雨殘？紫玉釵分空斷鳳，青菱鏡破不驚鸞。相思遺篋同心帶，忍向西風掩泪看。

四

白頭吟罷幾經春，釋送驚傳抱玉麟。駿骨纔留天上種，蛾眉已作月中人。近時衣袂香猶在，舊日容顔盡未真。想像夜來渾不寐，啼烏窗外泪空頻。

五

一葉梧風入户涼，湘簾月色半侵床。孤幃夢破秋燈暗，欹枕愁添夜漏長。天上但聞呼侣雁，人間那得返魂香？料應竊藥尋仙去，總見嫦娥亦斷腸。

六

臺空聲斷紫鸞簫，弦絶愁將緑綺調。洛水波寒秋月暗，楚峰雲散暮天遥。花前笑靨何由覓？夢裏芳魂不可招。抱痛那堪逢七夕，銀河萬里鵲成橋！

## 秋 閨

鏡裏羞匀八字眉，扇頭懶續五言詩。梧桐院冷秋歸蚤，翡翠樓空月上遲。銀燭燒殘迴遠夢，金錢卜盡負歸期。相思此意憑誰會？只許西風一雁知。

## 聞洪濟上人譚禪

真檀清爇一爐香，半掩空齋納晚涼。瓶水帶雲生法座，曇花墮雨静經床。三乘悟處禪心定，四諦譚來佛話長。石榻夜眠松下月，不知夢境到西方。

## 撫臺魏公報績錫恩值封翁壽

節旄三載净烽烟，報績君王寵數偏。綉服恩頒金闕下，斑衣夢繞錦堂前。鸞書四代重榮日，鶴髮雙親并壽年。須識臣忠全子孝，賢名應許汗青傳。

## 白雲巢成

東林三畝白雲居，竹石蕭然洞壑虚。夾徑遍栽栖鶴樹，流泉雙引灌花渠。秋風黄菊籬邊酒，夜雨青藜案上書。垂老此生堪自托，侯門不必曳長裾。

### 二

石門一徑匝青苔，小閣虚窗傍水開。南畝雨深春負耒，東山月霽夜銜杯。貧如顔巷多丹井，清似嚴灘少釣臺。學種三芝無可覓，讓他黄綺是仙才。

### 三

布袍芒履白綸巾，偃蹇衡門此病身。清世烟霞誰作主？小堂風月自宜人。花開歲歲春無恙，詩就篇篇筆有神。華髮交知半零落，相看魚鳥轉情親。

### 四

小山當户樹蓯蓯，倚樹看山萬慮空。客去藥爐添石火，鶴來琴榻起松風。名逃巢許千秋上，夢覺羲皇一枕中。獨有草玄書未就，十年閉閣愧楊雄。

# 園　卉

梅花綻後柳枝黃，便是清明看海棠。紅藥檻前朝雨霽，赤榴檐下午天長。周蓮南渚耽幽賞，陶菊西風送晚香。侵臘庭除凌雪霰，後凋松柏轉蒼蒼。

## 晉松陽進士入里省觀

岌嶪雁塔見名標，宴罷曲江氣益豪。三世金門通籍貴，十年雪案讀書勞。青雲得路思鄉國，綠鬢趨朝羨俊髦。入里不須驚駟馬，于公甲第本來高。

## 二

玉書親捧下丹霄，千里鄉關入望遙。盛世才名雄八斗，故家文獻重三朝。霍峰雨色旌車潤，汾水波光劍珮搖。自是少年榮得意，相如原不愧題橋。

## 中秋宴集無月

夕陰漠漠暗樓臺，悵意軒車載酒來。待月乍看秋練没，懸燈猶照晚筵開。香銷静夜鳴箏斷，漏盡高城過雁哀。安得凌風天柱上，清光相對一銜杯？

## 松石宗侯惠菊賦謝

凄凄風雨妒重陽，籬菊摧殘惋自傷。上苑何來移別種，衡門遂令有寒芳？幽姿浥露驕秋色，褭態迴風弄晚香。蓬鬢一枝斜壓帽，狂夫不減少年狂。

## 少石宗侯五十

艾齡不訪赤城仙，帝子朱門味道玄。象德蚤膺家訓悉，褒賢初荷主恩偏。青藜五夜書堪把，白雪千秋句自傳。薄劣如堪招隱社，好攀叢桂小山前。

## 贈臨汾秦明府

褒异襄垣有贈金，汾川又借福星臨。憂時每下瘖痍泪，問俗常懸撫字心。雨後郊行桑鬱鬱，日長庭坐竹陰陰。狎人唯有階前鶴，解聽南薰一曲琴。

## 劉氏中丞故第產芝季子文學巽齋君繪圖紀异焉詩系之

培德高門不記年，秋來芝產錦堂前。九莖燁燁含晴旭，四壁葱葱護瑞烟。豈是移根通閬苑？翻疑別種出藍田。即看蘭玉相輝日，謝氏家聲許并傳。

## 二

琪草含靈出尚方，托根庭砌訝非常。靈深珠顆寒仙掌，雲霽瑤華澹日光。造物多仁憐世德，吉人有慶逆天祥。看君五十顏如玉，萬里蓬瀛未可量。

## 贈靖安王

朱門佳客引蟬聯，玉宇清秋爽氣偏。鶴背簫聲來閬苑，弧南星彩燭瓊筵。還丹莫問長生訣，搦管爭誇□[五]雅篇。六帙多君筋力健，小山常傍白雲眠。

## 二

映砌青蔥玉樹斜，開顏樽酒醉黃花。漢庭恩禮優宗國，晉地山河屬世家。蓬矢懸秋更甲子，彩毫隨處弄雲霞。看君自是瀛洲侶，不必尋仙泛海槎。

### 挽故順德守左海張公山東濱州人，代作

琴囊隨鶴出邢州，尚憶攀轅父老留。投紱自憐尋五岳，解携誰識是千秋？書來煮藥燒丹鼎，人去修文記玉樓。九些歌殘魂漠漠，白雲不散海天秋。

## 二

循良三輔賜金偏，治郡功名憶往年。滄海漁舟纔結侶，赤城鶴駕轉尋仙。承家并起青雲翼，鳴世爭誇白雪篇。獨有恨心千里淚，可隨芻絮到新阡？

### 路明府太公八十榮封

青門歲月自蕭然，忽接瑤函下九天。鶴髮初冠顏灼灼，烏藤不杖趾翩翩。但聞花縣推能吏，何用蓬洲訪列仙？丘壑未須疑傲世，漢家黃綺屬高賢。

### 又代

三朝遺佚太平人，僵蹇衡門八十春。紫岫烟霞高伏枕，滄洲歲月穩垂綸。喜看膝下青雲子，難老樽前白髮身。聞道聖皇岩穴重，好開羅徑迓蒲輪。

## 二

賢郎天上捧丹書，列郡聲名盡不如。馴雉政成汾水曲，飛熊

夢卜渭川漁。斑衣千里心仍繫，墨綬專城志已舒。莫道仙才工吏事，十年經術過庭餘。

## 八月望登樓對月

空天月挂海東頭，漫挹清光坐小樓。虬井凉生楓葉晚，兔宮香散桂花秋。披襟風露晴猶濕，移席星河澹欲流。酒半憑欄舒一笑，虛無只擬廣寒游。

## 午坐恭兒侍餐能誦案頭詩作此勉之

伏枕經旬病乍寬，痴兒問字慰加餐。祇嗔綠髮披書懶，莫道青雲作賦難。奕世箕裘終繼業，趨庭菽水暫成歡。文章滿篋詩千首，收取東堂孜<sup>[六]</sup>細看。

## 秋日泰宇宗侯過訪即席成詩次韵爲答

草閣開簾眺眼明，遠山晴色擁高城。鴻飛南渚霜初落，客過東林月漸生。清夜酒杯傷往事，暮年詞翰擅時名。慚予薄劣非同調，十載騷壇許結盟。

## 小閣晚坐再用前韵

雨霽西山斜日明，嘹嘹寒雁過高城。黃花寥落籬邊盡，華髮蕭騷鏡裏生。病起欲償仍藥債，愁來求避是詩名。清時那得巢由侶，白水滄江好結盟？

## 初春病居見雪

春城臘盡凍初消，晚閣寒生雪又飄。撲面柳花飛遠樹，迴風鶴羽散層霄。剡川興起王猷棹，灞水詩成鄭縈橋。不是袁生耽獨臥，病來雙鬢已蕭騷。

### 贈張憲副

亂峰西峙水東流，憲府中天起畫樓。紫塞已紆黄石略，青山擬伴赤松游。九華坐見三芝秀，一退能輕萬户侯。卲縠莫深岩穴計，海方兵事未全休。

### 中秋夜客携壺榼至微雨成詩

常年對月愛清幽，此夕看雲漫不收。病客開樽仍罷酒，美人携瑟强登樓。華燈近座光堪借，暗雨侵袍濕欲流。自是嬋娟長夜恨，桂宫深鎖廣寒秋。

### 靖安殿下六十陽曲令托爲詩適余病居蕭寺兩閲月報命感之有作

硯席經秋懶去親，殊鄉交識走書頻。手風筆下詞多誤，眼暗燈前字未真。醫爲檢方增藥物，病因敲句耗精神。白衣自有山人望，何必詩名寄隱淪？

二

華鬢新添鏡裏霜，舊披書史半荒唐。誰憐倚馬才空老？自笑雕蟲技未長。兩月禪扉容下榻，百年詞社阻升堂。并門藻繪推龍種，千古曹劉是雁行。聞靖安善詩。

### 入秋淫雨有憫菊之嗟至重陽盛開喜而賦之簡李就實過賞

菊荒三徑半生苔，病起重陽節又催。祇謂柔枝經雨折，轉看繁朵傲霜開。寒蜂逞日香猶采，病客傷秋句懶裁。聞道東鄰新酒熟，一樽可共美人來。就實曾携紅袂探菊。

### 送劉天台之鳳縣簿

樽前草色映青袍，馬上春風擁佩刀。望闕五雲飛夢遠，入關千里計程勞。羌戎土俗他鄉別，漢吏家聲奕世高。縱是時清官易起，枳栖應惜鳳凰毛。

### 陽曲周明府考績

三載都門報政初，美人聲價許誰知？投刀盤錯才因見，製錦風流志已舒。馴雉謾傳三異事，迴鸞真出五花書。家山垂白遙想問，千里承歡帝寵餘。

### 中秋桂月樓晚眺

濁酒深杯坐倚欄，小亭佳節客留歡。雨收薄暮秋仍好，雲盡中天月共看。青兔影高金鏡滿，紫鸞聲咽玉簫寒。桂宮亦許分靈藥，那得西風借羽翰？

### 初　度

四旬有七鬢雙華，謾説圖書富五車。筆底篇章遲就草，燈前字句近生花。自多病骨容清世，豈少微名附大家。歲計不須金買賦，東陵十畝邵平瓜。

### 別駕盧公解官後構新第

憐君佐政在東方，投杼功名感慨長。一日扁舟歸范蠡，三年別駕頌王祥。逃禪未結香山社，托隱先開綠野堂。六十精神凌海鶴，可容清世老滄浪？

## 九日趙李二孝廉過草堂邀飲

高天凉露雁初來，小徑疏籬菊又開。藥裹經秋人卧閣，萸囊隨俗客登臺。揮毫白髮耽詩癖，握手青雲作賦才。潦倒無妨風墮帽，好呼濁酒盡餘杯。

## 不　寐

皎月虛窗夜可憐，愁心百感不成眠。少頑兒廢燈前卷，老拙人催案上篇。瘦骨轉身如病鶴，微吟出口似哀蟬。憑誰爲借盧生枕，暫作邯鄲夢裏仙。

**校勘記**

〔一〕"□"，疑當作"健"。

〔二〕"□"，疑當作"饒"。

〔三〕"□"，疑當作"蔽"。

〔四〕"□"，疑當作"寒"。

〔五〕"□"，疑當作"大"。

〔六〕"孜"，疑當作"仔"。

# 七言律詩

## 明府駱公入計

恨別河橋酒未乾，王程千里慰加餐。樽前雪色征裘滿，馬上星文佩劍寒。萬户謳謠喧下邑，五雲縹緲望長安。承恩蚤拜黃金賜，贏得天顏一笑看。

## 陽曲周明府入計

并門十月蕭烟霜，仙令雙旌指帝鄉。西國何人能借寇？中朝無吏不勤王。飛鳧渺渺雲邊舄，隨鶴蕭蕭橐裏裝。倘謂黃金榮召拜，賢名奚忝漢循良？

## 趙城張明府入計

歲杪風霜襲客襟，河梁冠蓋酒重斟。向來西國謳謠日，此去中朝獻納心。捧璧親承天語切，賜金榮藉主恩深。五雲高處懸雙舄，爭看王喬入禁林。

## 挽張太孺人 郡倅張公母

寶婺星沉淮海天，訃音西國一書傳。艱難風木銜悲日，迢遞關河墮泪年。青史九[一]熊遺訓在，白頭冠翟沐恩偏。招魂不到瑤池路，誰引鸞車訪列仙？

## 馬湖守劉公誕孫

公懸車林下，七十餘矣，僅一子而孱，連舉四孫。里大夫裝帙賀焉，謂公守川西稱循吏，有于公斷獄之德，宜昌其後也。爲二詩紀之。

白頭林下抱孫年，四見高門弧矢懸。窪水精神駒矯矯，丹山文彩鷟翩翩。篋中袍笏榮三世，架上圖書餘萬編。欲識陰功能裕後，龍湖五馬事堪傳。

## 又代

爭誇抱膝玉標清，又見明珠掌上生。累葉簪裾承世貴，填門車馬接春榮。八龍半出荀家種，三鳳曾傳謝氏名。垂老光陰身事足，竹吟花醉有餘情。

## 立春日雪霽司理張公招飲署中賦謝

牧澤樵林野性偏，招邀郡閣敞賓筵。節逢東陸回春日，人愧南州下榻賢。論句彩毫寒動色，烹茶雪□[二]澹生烟。官貧食客差堪給，魚菽何妨借俸錢？

## 二

白幘當筵豈上賓？青衣持斝酒行頻。貴因愛客忘時態，貧自逢君識古人。詩興雅多塵外況，物華徐醉雪中春。新編坐出《龍驤賦》，疑是張衡現後身。

## 司理張公才于吏事尤好言詩署大郡兩月臥閣而治 公餘之懷殊多雅咏贈以見意焉

司理賢聲佩郡符，窮檐生氣萬家蘇。論文賦出張平子，議法名傳漢大夫。雪閣看梅飛彩筆，竹堂留月坐冰壺。國中誰是知音者？不信陽春調不孤。

## 有　感

閑心無客亦題詩，懶手逢人不問棋。歲月已拼如過隙，文章何必太搜奇？鏡中白髮看誰免？篋裏丹方衹自疑。未有仙曹通姓字，海天鸞鶴可能期？

## 春夜張廣文枉駕草堂留酌酒半以迎司尊言別

階下松陰轉月欄，席前燭影散輕寒。地因僻巷逢迎少，客到衡門禮數寬。濁酒滿斟桑落盞，晚餐初撤□〔三〕薇盤。喧城何事催車馬？未罄風流此夜歡。

## 送署篆張廣文還安邑

南去羸驂路幾程，河梁樽酒送君行。攝符宓子琴初罷，挽佩張華劍欲鳴。砂澗月寒經晚渡，杏壇花暖坐春晴。三鱣倘有關西事，旦夕金閨籍姓名。

## 張伯曍山人將謁西河殿下過訪憩居蕭寺酒楹餉之侑以此作

短鋏頻年已罷彈，朱門懷刺又誰干？窮交湖海逢人易，傲骨風塵作客難。入寺酒陪明月醉，過山詩壓白雲寒。《四愁》倘擬張平子，莫惜新篇寄我看。

## 三月八日重游廣勝寺

野水村橋路不迷，十年幾度到招提。依岩鶴宿松長好，隔岸鶯鳴柳半齊。林草自香充佛供，塔雲無恙護禪栖。東風不負山靈約，歲歲何妨引杖藜？

## 步張伯皡山人韵

矗棟虚岩梵閣幽，踏春長日恣追游。山晴群鹿争花峪，波暖雙龍狎玉湫。坐石樽陪狂客嘯，捫蘿袂挂美人愁。醉來興發張顛筆，掃壁題詩最上頭。

## 送趙城張明府擢解梁守之任

澗亭柳色祖筵開，汾水棠陰滿路栽。謁帝雙鳧天上去，承恩五馬日邊來。專城南北俱堯土，昭代循良自漢才。行矣條山檀道接，隨車甘雨遍蒿萊。

## 送雷廣文擢長沙别駕之任

别駕榮名綰綬年，河梁話别轉悽然。官程莫惜長沙遠，宣室寧忘賈誼賢？凭案夏雲高岳麓，褰帷秋色滿湘川。懸知公暇延詞客，郢上何人白雪篇？

## 送駱明府擢慶陽郡丞督儲西夏

秦關千里渺郵程，六月征驂賦遠行。華頂雲開雙旆展，黄河雨霽片帆輕。西邊斥堠頻催賦，北地蒿萊久罷耕。佐理須知明主意，循良好竪漢時名。

## 篤恭病寄居僧舍

兒病擔憂百日長，徙居蕭寺卧連床。僧齋淡口蔬從飯，醫藥寬脾术作湯。入夜辟魔三尺劍，凌晨禮佛一爐香。浮生休咎予難卜，祖德猶知格上蒼。

## 挽中丞晉公

《薤露》歌殘泪不收，招魂何地訪丹丘？東山歲月鷗□〔四〕老，西夏功名虎略優。朱紱三朝承寵數，青箱百代出名流。即看鳳翼翹翹者，猶有恩光到隴頭。

## 九日卧病蕭寺東籬咫尺有負黃花之約悒悒成詩

蕭寺重陽又一秋，病懷何處可登樓？霜寒萬木風前瘦，雲净諸天象外幽。句就未酬探菊興，經殘無奈落花愁。明年此日人應健，好擬龍山作勝游。

## 篤恭病起志喜

醫劑經年涕泪多，春來不藥起沉痾。床頭弱骨魂初定，鏡裏愁顏鬢已皤。學海詩書從懶廢，樵林歲月任閑過。鄰朋社友歡相訊，且對清樽一放歌。

## 侍御武林史公按楚事竣過鄉北上時有三輔之命

三持繡斧豸袍新，帝寵蘭臺侍從臣。赴闕星辰瞻北極，浮湘山水憶南巡。迴車故里逢春色，避馬長安净路塵。當道豺狼何足問？都亭今日有埋輪。

### 二

丹書再下未央宮，帝里關河引畫熊。八郡風行霖雨霈，十年朝望斗山崇。秋高霜隼搏雲表，天近花驄入禁中。封事皂囊懸涕泪，祇將忠藎答重瞳。

## 再題史公怡怡堂

柱史堂開接斗墟，"怡怡"兩字署何如？家傳孔氏千年訓，人擬張公九世居。池草成詩春夢好，荆花對酒醉顏舒。懸知和氣凝祥日，天上麒麟事不虛。

## 自　嘲

已許身名巢與由，何須文采擅風流？眼昏未苦耽書癖，腕病寧甘濡筆愁？飲啖經年無藥助，交游隨處有詩酬。杜陵當日真堪笑，語不驚人死不休。

## 懷張五鹿司理

水亭高傍理官衙，長晝攤書逸興賒。語出覆盆方見日，夢回題筆已生花。才名市駿先三輔，文翰雕龍自一家。不是騷壇侍牛耳，何緣博物識張華？

## 聞直指喬先生按部

谷封遺愛口碑傳，涑水棠陰復幾年。行部萬家新雨露，觀風千里舊山川。郊迎竹馬壺漿出，路避花驄斧鉞懸。還闕重瞳應有問，皇仁何處不堯天？

## 秋日李文學就實趙孝廉大來晚過邀飲

睡起西窗懶着冠，相過二妙暫留歡。蚤鳴細草秋塘晚，鶴宿高松露徑寒。石溜分香添茗鉢，藕枝削玉佐蔬盤。杯餘不盡憑欄興，明月青天萬里看。

## 索 居

垂老閑身自索居，蕭疏籬落戀吾廬。溪邊洗藥狎鷗鳥，架上抽書走蠹魚。竹閣雨晴題句後，松臺月滿把杯餘。百年丘壑長無恙，不必人間駟馬車。

## 壽明府方公

縣閣新秋過雨涼，挈壺父老遞登堂。開簾鶴語清風滿，映座棠陰白日長。賦興幾篇流彩筆，琴心三疊引瑤觴。爭看葉令神仙吏，咫尺飛鳧入帝鄉。

## 戊申五十

曲柳纖蒲也自強，逍遙五十閱年光。學荒訓子勤開卷，酒懶邀賓罷舉觴。藝苑虛名成白首，漁舟生計老滄浪。明時不是封侯骨，贏得山林歲月長。

## 二

百歲年華逝水流，柴門弧矢幾逢秋。書成自惜虞卿老，賦就寧忘宋玉愁？鶴侶鷗群情澹澹，竹篇花句思悠悠。人間不朽非仙術，何用尋真五岳游？

## 入郡司理張公宴毛山人不及造謁詩投之

退食高齋日未殘，論文下榻客留歡。樽前白雪飛毫潤，壺裏清冰照座寒。毛遂才華推冠世，張衡詞賦讓登壇。追陪未許岩居子，咫尺龍門天上看。

## 纂志北上

羸馬山城懶着鞭，北游心事轉淒然。風塵黯澹隨孤劍，囊橐蕭條束一編。豈有長才酬厚遇？祇憐多病寄殘年。并門誰握如椽筆？信史千秋藉爾傳。

## 靈石道中大風

山館鶯花春已殘，颶風三月起河干。驚心斷壑防驚馬，撲面飛砂岸鶡冠。野色晝昏迷遠樹，灘聲雷破激奔湍。十年株守蓬蒿客，衰鬢長歌《行路難》。

## 上按察李本寧先生

詞臣四國擁仙槎，作吏風塵鬢已華。一日西臺持綉斧，十年中禁草黃麻。龍門紀載推良史，鄈里篇章屬大家。聞道甘泉虛左席，皇恩咫尺到天涯。

## 上晉王

十二瓊樓曙色寒，日華臺殿慶雲蟠。分茅周室宗盟重，剪葉唐封土宇寬。侍宴宮娃環翠袖，論文朝士聳危冠。西園白雪飛長夏，盡付相如賦裏看。

## 晉府西園召宴

帝子賓賢禮數優，西園飛蓋奉清游。石池竹膩晴疑雨，松閣烟寒夏亦秋。傍水劍閣魚出聽，坐花詩興鳥相留。朱門十載長裾懶，醴酒當筵愧白頭。

## 金吾顧小侯自燕入晉訪李本寧先生不佞初識之未幾有塞上之游贈別四首

通侯甲第切雲高，佐命先朝汗馬勞。麟閣勳名須將種，虎頭人物自儒曹。貂璫繼世年方少，旗鼓登壇氣益豪。衰鬢逢君交恨晚，分携雙淚濕青袍。

二

龍門御罷得珠偏，萬里西征六月天。馬上胡人降漢語，懷中賈傅《過秦》篇。荒城白雁秋風起，長路青山夕照連。朝論只今無款塞，看君草檄筆如椽。

三

黃河西去渺川途，塞草邊沙與客俱。大漠秋陰迷隴樹，長城雪色照秦都。飛鞭騕褭明珠勒，擊劍葡萄醉玉壺。解道胡姬問名姓，風流誰似顧金吾？

四

陰山飛雪攬征裘，長道金鞍控紫騮。望闕五雲天北極，觀兵萬里海西頭。九邊地盡皇威遠，十世家傳將略優。即使左賢生可繫，功成不必再封侯。

## 題顧侯《花燭卷》

河漢三星爛夜光，燭花連路擁新妝。簾前合巹交鸚鵡，臺上吹簫下鳳凰。公子能文金作賦，少君從貴玉爲璫。江南賜券高勳冑，不必人傳贈婦章。

二

朱門佳事擅風流，才藻爭誇顧虎頭。天上女牛通漢渚，人間
鸞鷟出丹丘。帔裁賜錦霞千縷，眉學宮妝月一鈎。莫羨秦樓雙跨
鳳，仙人鶴駕在揚州。

### 夏日范廣文及郝張王三文學邀飲傅園

名家卜築晉城阿，長夏詞人覽勝過。夾徑濃陰排翠竹，平池
湛水映青荷。山樓隔市塵根静，石洞流雲爽氣多。落日清尊淹客
興，數聲啼鳥出烟蘿。

二

松臺翠蔭樹千章，水閣風生六月凉。載酒人非逃暑會，論文
地是聚星堂。榴開錦砌飛霞色，魚泛金波映日光。撫景彩毫收不
盡，詩成應謝少年狂。時王生出一長律。

### 送猗氏馬明府還里代

話別郊門意惘然，長堤柳色照晴川。日邊投杼君恩重，道上
牽衣客泪懸。三徑賦歸彭澤酒，千家謳思武城弦。臨岐猶過桑間
雉，不必循良作史傳。

### 送□〔五〕司獄擢州幕之遼東代

征途六月向遼東，複嶺岩關萬里通。塞上烽烟飛羽急，匣中
雷雨佩刀雄。離筵蟻酒杯重泛，夾道驪歌曲未終。行矣舊游應念
我，西風天外下秋鴻。

### 旅　懷忻州寺，八月十九日

邊郡秋風急暮砧，梵堂香火旅愁深。羈心不問空空藏，抱膝

聊爲《梁父吟》。月暗墻烏啼近井，燈昏穴鼠傍寒衾。鬢華此夜添多少，明日天涯初度臨。

## 初入長安

白髮汾干一釣舟，擔簦初入帝鄉游。雲邊鳳闕金莖出，天上虹橋玉水流。戚里鑣車風滿路，豪家絲管月當樓。野夫不奉承明詔，願祝君王億萬秋。

## 寓彌勒庵

客到長安不上書，蕭條行李寄僧居。經翻石閣香銷後，句就松門鶴下初。帝里風烟秋色暮，天涯霜雪夢魂虛。竹床蒲椅聊栖息，歸去青山有故廬。

## 過東城適巡視御史入臺先君子故官也下馬伏道左悲愴之甚情見乎詞

柏署飛霜傍紫宸，都城遺趾舊埋輪。回朝偶值乘驄使，避路愁看衣繡人。霄漢日高鳴鳳近，夜臺雲黯咽烏頻。百年風木銜長恨，徙倚天涯涕淚新。

## 贈諫垣馬公公故爲吾洪令

鸞掖清華接建章，帝恩初拜瑣闈郎。青蒲玉闕書三上，白日金門詔幾行。寓直珮沾仙掌露，回朝衣襲御爐香。漢家侍從多詞客，載筆誰先賦《柏梁》？

### 二

循良山縣咏思偏，召伯甘棠蔽芾年。天上飛鳧雙舄去，日邊鳴鳳五雲懸。文章伯仲匡時彦，忠孝家門歷世傳。從此朝端無闕事，君王補袞借才賢。

## 賀直指姚公雙雛之喜

皇州瑞色兩弧懸，綉服金門侍從年。千里競誇驄骨健，九苞爭識鳳毛鮮。續編漢史俱繩武，啓篋韋經并象賢。湯餅盛開烏署宴，傾都車馬羨翮翮。

## 二

熊羆卜夢事還真，曉日臺烏送喜頻。柱下初冠金獬豸，天邊雙抱石麒麟。解顏合浦珠交映，摩頂藍田玉并珍。竇氏家聲榮五桂，輸君連蒂兩枝新。

### 贈諫垣張公時以豫章典試還

江國仙槎萬里迴，禁城佳氣擁逢[六]萊。函書左掖承清問，入觀南州總妙才。素練雙龍離楚獄[七]，黃金諸駿望燕臺。漢臣薦士隆恩禮，喜見天顏一笑開。

## 贈史金吾

中都白馬控雕鞍，官重金吾擁道看。侯骨天生麒[八]驥子，皇恩世有駿犧冠。陰符夜帳燈花爛，寶劍秋空斗氣寒。邊塞只今思武略，何妨年少議登壇？

## 代贈張國醫

霜寒井橘幾經秋，金匱青囊手自讎。技出中年傾海岳，名從上國動公侯。種花春晚千人起，避藥霄傳二豎愁。啓篋一經推少俊，陰功繼世有箕裘。

## 贈駕部張公

司馬分曹擅大名，誰言國計困書生？案頭三略陰符秘，匣裏雙龍斗氣橫。邊城幾年猶款塞，海方今日正譚兵。須君帷幄參高書，不必終君浪請纓。

## 贈稷山梁孝廉時謁選得邑令

白首金門幾上書，十年待詔困公車。專城符竹才初試，禁苑簪花志未紓。潘令河陽裁賦日，宓生單父抱琴餘。長安月朔窺仙鳧，會見雙鳧下紫虛。

## 旅懷不寐

蕭寺昏鐘戶半開，深秋伏病客燕臺。誰憐白髮雕蟲技？自愧黃金市駿材。石井草荒蠻語切，霜天月冷雁聲哀。鳳城西下山連晉，不放鄉關夢裏迴。

## 過霍贈太守張公

冀方群牧入朝天，太守山城臥治年。報績中宸書再上，恤災西國詔初傳。張公政就貽民樂，漢主恩深借寇賢。丹禁不須承顧問，循良第一賜金偏。

## 病中偶作

貧無豐産賤無官，歲歲牽纏病未安。身事一編年五帙，家丁九口日三餐。催人白髮臨頭畫，訓子青雲入步難。破悶酒觴消不得，祇憑詩句遣愁寬。

## 登玉虛觀

秋風吹上玉虛臺，面面溪山霽色開。石洞雲殘龍捲去，松壇露淨鶴飛來。香薰古鼎分青靄，碑卧長廊翳綠苔。謾説尋真窮島嶼，人間即此是蓬萊。

## 贈王廣文擢尹武城

寒齋苜蓿一官清，銅墨初分向武城。莫擬牛刀無小用，爭知鳬舄有仙名？掄才游也堪從政，得士何人繼滅明？去矣千家弦誦裏，風流應見治功成。

## 寄家弟蔚州學諭

爲官不必薄寒氊，絳帳譚經也自然。但有文章師作帥，莫愁烽火地臨邊。關西夫子宗楊震，海北諸生頌鄭虔。三載公車仍待詔，何妨詞賦奏《甘泉》？

## 中秋監司朱公署中夜宴以不得舍弟蔚州音耗有懷

秋晴憲府綉筵開，凉露蕭蕭月滿臺。天上明河橫一帶，斗間法象倚三臺。中霄兔魄懸金鏡，近坐蟾光墮玉杯。坐裏西風懷轉切，邊城千里雁初來。

## 贈敬軒李明府

銅符初縮下河陽，竹馬翩翩滿路光。家傍五雲高北斗，天懸列宿照西方。青春露冕羊侯國，白日鳴琴宓子堂。莫道君才非百里，中朝侍從半循良。

## 李明府初度

三十專城墨綬懸，桑弧初度敞高筵。擁門黃髮宣謠日，對案青山坐嘯年。嘉政共期馴雉令，美名爭識御鳧仙。賦成潘縣花長好，何限莊椿歲八千？

## 辛亥元日

千家爆竹曉鐘催，高枕衡門向午開。暖日漸舒風院柳，寒香不散雪庭梅。白頭避客羞臨鏡，藍尾呼兒□舉杯。《椒頌》有文如可續，肯教辜負好春來？

## 李明府步禱得雨

齋心謁廟泪長揮，茂宰祈年願不違。薄暮遠山雲漠漠，凌晨平野雨霏霏。村桃花吐紅逾膩，隴麥苗抽綠漸肥。從此四郊寬露冕，暖烟芳草雉初飛。

## 夏　旱

燒空片片火雲連，五月郊居毒熱偏。河朔一樽堪避暑，桑林六禱未回天。神蛟枯海鞭難起，石燕薰風舞不前。鬻子賣妻携滿路，周詩忍誦子遺篇。

## 壽馬湖守劉公八帙

歸來五馬謝時榮，身世三朝見太平。渭水岸邊尊尚父，香山社裏識耆英。紫卮浮白神猶王，金鼎還丹骨漸輕。漫道蒲輪天上下，緱岩鶴駕有逢迎。

### 秋夜大雷雨曉起登城四望有作

雷車碾漢響闐闐，馬上瓶翻漲百川。曉起登城舒野望，忍看淫潦没平田。南河官道沙頹堰，西郭人家突斷烟。猶有東皋十萬畝，枯苗乍醒是豐年。

### 壽陽曲梁明府

茂宰初辰敞綉筵，天南瑞色照弧懸。雊馴雉但民如子！鳬舄爭看令是仙。昭代循良名獨擅，漢京詞賦史堪傳。八千莫羡椿難老，召伯甘棠不計年。

### 贈部使者蘇公

天書捧出五雲鄉，馬上看山入晉陽。綉斧光摇汾水月，鐵冠寒帶薊門霜。立朝忠耿推唐介，攬轡澄清擬范滂。西國瘡痍堪涕淚，應從封事達君王。

### 寒　食

野田高下繞流泉，村落家家無禁烟。晴日雉眠芳草地，暖風鶯語杏花天。畫橋駿馬青絲勒，歌院佳人彩索懸。獨抱松楸原上慟，白頭灑淚自年年。

### 題劉天台五山莊

嘯空雙鶴出林皋，浴水群鷗泛雪濤。荷沼花香含雨潤，松壇樹色接雲高。齋心閉閣披黄卷，醉興看山濡彩毫。此去天台應有路，劉郎前度是仙曹。

### 送李明府入計有引

　　朝制，大計吏以開歲。癸丑，公家虞丘，距京三百里而近，謀過里省覲，壽其太夫人，乃以今冬十一月戒車。鄉縉紳及儒生、父老及宗室子四請余言。公德政不及殫述，而道之才力殫矣。念公與余講世好，契合情偏，略其父母而若兄弟也者。迫于群請，不得自爲言，先申其私乎哉！昔韓侯朝周，詩人美之，咏梁山無已，則詩而已乎！于公行日始得七言近體五章，郊贈之。

樽酒河橋促別筵，清風滿道送朝天。光搖佩劍星大[九]動，寒戀征袍雪色偏。橐裏蕭條書一卷，車邊攀臥淚雙懸。帝恩此去榮歸蚤，不必甘棠作賦傳。

### 二

百里專城汾水涯，訟庭長日靜無嘩。官閑彭澤容耽酒，賦就河陽好種花。麥隴鳩鳴春萬畝，桑村犬臥月千家。漫從群計推良牧，青史風流未足誇。

### 三

雙旌遙指海東瀛，千里關河賦北征。趨闕好陳匡世策，過鄉先慰倚門情。未容喬鳥飛鳧去，且奉潘輿引鶴行。家傍鳳城天尺五，豈因留滯誤朝京？

### 四

漢宮春色曉鐘催，御道千官擁佩來。端笏雲中佳氣合，垂衣天上笑顏開。詞臣爭獻朝元頌，計吏誰當製錦才？召對偏承恩語切，賜金高宴柏梁臺。

五

苑柳搖青陌草芳，皇州三月促歸裝。西來赤縣雙鳧下，北望
彤雲五鳳翔。攬轡鶯花行路滿，隨車霖雨入山長。候君蓑笠漁江
上，竹馬翩翩列幾行。

## 禊日郊游

郭外探春春可憐，追游禊日曉晴天。聽鶯倚席垂楊下，坐石
流觴曲水邊。風澗桃花紅墮雨，芳林草色綠浮烟。合當續寫蘭亭
記，不讓山陰盛事傳。

## 憫　旱

赤日高天潦氣深，憫時憂旱老農心。東南雷電疑朝雨，西北
雲霞散夕陰。穴蟻乍排階下陣，林鳩忽斷樹頭音。天瓢誰借銀河
水？一滴人間萬户金。

## 故郡伯黃公起雲中守過汾送別

汾川父老擁壺漿，夾岸陰陰召伯棠。驛路單車隨鶴往，邊關
五馬似龍驤。白登秋净峰〔一〇〕烟色，紫禁天開日月光。試檢漢家
循吏傳，功名誰比次公長？

## 苦暑得雨采風民謠感而作此

載路歡聲萬口傳，仁侯德政可回天。炎雲九夏蒸如火，甘雨
連霄霈若川。青畦隴苗秋大有，綠陰庭樹月高懸。宓弦撫罷南薰
調，坐寫蘇公喜雨篇。

## 壽李太孺人七帙宰公母也

雲冠高聳鬢初華，慈訓三遷擬孟家。斷杼無文題錦字，封泥

有詔炫金花。蓬山仙路來青鳥，瀛海賓筵照紫霞。膝下舞衫隨牒遠，應憐游子在天涯。

## 二

循良報最寵書優，彩服春風過里游。仙馭依然飛舄去，慈顏聊展倚門愁。花明赤縣看如錦，桃熟瑤池不計秋。天入東瀛三島接，儘教十屋海添籌。

### 壽劉天台六帙

黃綬辭官貧可憐，卜居不用買山錢。箕松挂月行樵徑，澗柳迴風泛釣船。丹洞新添春藥碓，石林舊有種芝田。野夫亦抱烟霞癖，文酒論交二十年。

## 二

入臘初辰弧矢懸，綸巾鶴氅氣如仙。雪香梅苑朝題句，月靜沙門夜扣禪。雖有鳳毛占世瑞，書成鴻寶續家傳。曆周甲子尋常事，不必繁華玳瑁筵。

### 牡丹開風雨驟至

今年花發勝尋常，興懶高朋未舉觴。自向封姨驕媚色，誰知巫女妒新妝？綠眠化蝶蘧蘧夢，紅散愁蜂片片香。明歲東皇須愛護，人間此是百花王。

### 許驛丞膺臺獎

烏臺按部獎書通，莫論官階卑與崇。吏事塵繁心似水，儒標山立氣如虹。鄉思烽火邊關外，客況鶯花驛路中。爭道生兒駒汗血，霜蹄千里馬群空。

宏古韓丈判高唐三載有治聲當擢縣令西遷隆州衛幕行車至華陰而還年已六十矣二詩壽之悲歡相慰情見乎詞

半刺功名志未酬，西行慷慨問秦州。探奇太華金人掌，興倦山陰雪夜舟。吏事風塵雙鬢改，年華甲子六旬周。歸來蘭社人無恙，杖屨逍遥續舊游。

二

百花深處讀書堂，桐竹陰陰護石床。溪水漁樽□〔一〕席月，洞門茶竈鶴泉香。六朝代有朱輪貴，二世家傳墨綬良。繩武知君才不忝，豈容白髮始爲郎？

## 東塢落成

層樓別起小玄都，將息衰年臥病夫。竹塢茶香泉可掬，石田烟暖藥堪鋤。僧陪月下琴三曲，鳥語花邊酒一壺。鹿苑鶴莊今不見，風光浪説《輞川圖》。

## 壽左封君八帙

烏紗帽映髮如霜，爭羨封君八帙强。螭陛綸恩遭聖主，鯉庭經術得賢郎。名從東海披仙籙，詩借南山獻壽章。一咏一觴君莫厭，百年還醉六千場。

## 秋日登城南閣野望

峻閣危欄倚斗台，密雲深樹護城隈。窗臨野色離離望，河夾濤聲滾滾來。病思暫憑詩句遣，愁顏不傍酒樽開。縱橫壁上淋漓墨，誰是登高作賦才？

# 除　夕

清香一炷擁蒲團，琴罷高齋夜未闌。徑柳迎春風解凍，庭松辭臘雪餘寒。披燈檢句新篇少，掃榻翻書舊曆殘。五十七年明日是，衰顏羞向鏡中看。

## 正月十六日雪霽高城南面游女踏春口占一律

畫樓十二曉天晴，游女登高踏雪行。玉堞凍消衫翠口〔一二〕，瑤臺塵净襪羅輕。雲中仙佩逶迤過，隊裏宮妝笑口〔一三〕生。不必芙蓉花作障，也應强似錦官城。

**校勘記**

〔一〕“九”，疑當作“丸”。

〔二〕“口”，疑當作“寶”。

〔三〕“口”，疑當作“蕨”。

〔四〕“口”，疑當作“盟”。

〔五〕“口”，原空一字格，原書目録作“某”。

〔六〕“逢”，疑當作“蓬”。

〔七〕“獄”，疑當作“嶽”。

〔八〕“麒”，疑當作“騏”。

〔九〕“大”，疑當作“火”。

〔一〇〕“峰”，疑當作“烽”。

〔一一〕“口”，疑當作“鷗”。

〔一二〕“口”，疑當作“濕”。

〔一三〕“口”，疑當作“語”。

# 七言律詩

### 解梁關廟有引

　　神以漢前將軍歿，謚壯繆侯，歷宋元而王，至今上崇以帝號。神心不貳漢，視昭烈故主也，在天之靈執臣禮自抑，昭烈必解其侯符而袞冕之，君臣兄弟，儷肩而稱至尊，曰明天子請于上帝，命之矣。

　　武安遺廟遍遐方，晉土英靈是故鄉。一代追崇新袞冕，千秋仰止舊宮墙。龍車雷雨條山曲，虎衛風雲涑水傍。天上忠魂朝漢主，也應笑解繆侯章。

### 都門關廟

　　龍髯廟像鳳城傍，天寵丹書下建章。此日追崇關聖帝，當年伯仲漢昭皇。樽牢八極乾坤久，竹帛千秋日月光。若使孫曹奸鬼在，可容蒲伏跽登堂？

### 雨霽同盧參知姚山人花下小集

　　池館新晴二月天，一尊斜日集高賢。看花雨過清明節，占麥時逢大有年。石蘚綠鋪芳徑裏，海棠紅墮曲欄前。懷歸坐對江南客，半醉傷春句可憐。

## 伏病長夏宰公割愛見貽四鹿賦謝

一榻衡門臥病年，賢侯割愛野人偏。初疑紫繡田間女，轉識斑毛畫裏仙。隨鶴遞窺青玉案，狎鷗爭飲白雲泉。馴游莫作琴臺夢，豐草長林自在眠。

## 病起東園小坐觀鹿

東床藥裹病初輕，南畝瓜田蕪不耕。坐石樽邀鄰父飲，看雲杖引野人行。林蟬嘒嘒傳秋令，苑鹿呦呦適道情。謾説亡機鷗共狎，爭如仙侶得長生？

## 中秋邀晉州牧柏陽左郡丞光宇東林望月有懷盧氏楊平津明府

佳節邀賓恣夜歡，藜烟閣上一憑欄。銀河影落青醽盞，滄海波升白玉盤。弦管風調松韵裊，衣裳露染桂香寒。追陪二妙雲霄侶，更向天南極目看。

## 寄懷楊平津明府

招提別酒野花鮮，屈指流光十六年。漁父羊裘從結侶，故人鳧舄望爲仙。貴游天上青雲滿，病臥山中白髮偏。縱是音書經歲斷，相思千里夢長牽。

二

漢家詞賦子雲豪，四謁承明時未遭。虢里可能淹驥足？武城何用試牛刀？車隨鐵嶺千峰雨，筆涌黃河萬里濤。茅峪仙人遺迹在，尋真曾否遇盧敖？

## 李明府生孫

秋風槐鵲挂弧辰，茂宰生孫客宴新。已羨穴丹聯鶺鴒，更看庭玉抱麒麟。訓家經史光前代，讞獄陰功啓後人。瀛海鄉關千里外，好音應慰白頭親。

### 二

掌上驪珠吐夜光，階前琪樹秀成行。官從鳧縣稱仙吏，家本龍門近帝鄉。于氏戶高車馴結，鄞侯世美架書香。即看密令循良詔，何限功名萬里長？

## 園居漫興

草構巢成二十年，庭梧窈窕柏蒼然。圍欄又架藏書閣，透壁長流瀹茗泉。坐竹鶴吟凉月下，看花鶯語暖風前。興來一筆勾文債，亦是人間快活仙。

## 送姚山人南旋

才名姚合擅詞壇，游俠西汾興已闌。客橐秋風孤劍去，離亭雨色一尊寒。山行何地探金菊？旅夢懷人倚玉蘭。翹首江天隨雁度，七千里外路漫漫。玉蘭，姚寵姬。

## 贈郡伯傅公

符竹專城鬘尚玄，駸驔五馬下汾州。河山領郡唐風古，霖雨行春傅澤偏。近郭甘棠千樹種，平蕪秀麥兩歧連。岩耕穴隱多黄耇，好是堯民擊壤年。

### 郡伯傅公觀旋志喜

計吏黃金捧詔新，萬山西下轉朱輪。禁城烟月朝天夢，驛路鶯花到處春。父老扶筇瞻露冕，兒童騎竹拜行塵。股肱故是河東郡，漢主恩深借寇恂。

### 家弟遷官雞澤令

傾耳泥金信是難，除書西下報遷官。即看赤縣桃花色，差勝青氈苜蓿餐。材是鳳雛終展驥，地容雞澤暫栖鸞。雙梟莫羨王喬舄，衣鉢家傳有豸冠。

### 挽楊封君

客死江湖泪幾行，鳳毛膝下拂雲長。十年痊〔一〕骨嶒山岫，千里歸魂澗水鄉。白髮生前遲祿養，紫泥身後拜恩章。新阡處士封高冢，司馬題銘自洛陽。

### 寄題孔廟上兗聖公

牢醴春秋饗素王，儒林何地不宮墻？千年絕筆詩書在，萬古斯文日月光。曲阜開基周上國，尼山啓聖兗東方。代封闕里多殊典，子姓公侯歷世長。

### 趙城李明府膺臺獎

旌賢幕府一函書，茂宰風流氣益舒。作賦好花明縣郭，詢耕秀麥滿郊墟。春霖澤布千家足，河潤波浸九里餘。自是山城封壤接，野人黃髮老樵漁。

## 夏日韓宏古池亭宴集

拂面南薰羽扇輕，郊亭小宴午天晴。透窗竹色霏烟裊，撲席荷香暑氣清。樹底壺觴黃鳥語，溪邊杖舄白鷗盟。知君吏隱滄洲趣，猶是當年五柳情。

### 二

池藕畦蔬供客餐，班荊掃石坐留歡。狎人燕雀簾前下，倒影樓臺鏡裏蟠。奕席不知三伏熱，花尊真遣百愁寬。晚風波動游鱗出，好倚垂楊把釣竿。

### 三

風香十里藕花洲，綠水盈盈抱郭流。社裏酒人河朔盛，畫中詩景輞川收。芳堤柳色鳧鷗席，夕日波光鸛雀樓。夾岸榴裙嬌刺眼，放歌只少采蓮舟。

### 四

高林鴉集轉從容，坐石敲詩思正濃。野色漸看天漠漠，池光想像月溶溶。過橋未動嚴城鼓，隔樹驚聞近寺鐘。此會百年能有幾？徘徊無奈馬蹄東。

## 壽監司王公

姑山汾水古堯都，節鎮名高漢大夫。西國風棱推仗鉞，南天宿色映懸弧。筵開法署岡陵祝，陽至平川草木蘇。五十金緋雙鬢黑，緱岩鶴駕未堪呼。

## 衰　病

詞債牽纏日未窮，衰顏憔悴病還攻。往時入夏憂脾瀉，今歲從春患耳聾。何物金丹能却老？幾人白髮許還童？浮丘子晉千年在，海上三山路未通。

## 雲峰韓公以濟寧州丞謝政十年而新第成比鄰先太傅忠定公故宅也百年喬木里社相輝詩賀之

羨君閭舍有輝光，太傅先朝澤未央。同社衣冠初下榻，故家簪笏舊連床。人如海鶴精神爽，天與山翁歲月長。却笑風塵無傲吏，十年薄祿馬蹄忙。

## 丁未之夏余與恭兒俱病寺居八閱月復瘥距今丁巳十年矣山翁漸老脾肺之恙邪夢神摇精氣銷爍復叩禪扉下榻焉舊僧萍散住持無瑕楚人精禪理能詩與余譚甚適所交游四方名釋贈墨滿壁余曩所留題不可迹已是夕夢境稍安得一律紀之

臥病招提丁未年，今年丁巳病猶前。入門院主逢新識，掃壁山人失舊聯。夢寐百邪吾老矣，清涼一枕自安然。破除怪癥無靈藥，長傍支公借榻眠。

## 贈明府孫公

乎[二]種潘花汾水東，河陽詞賦雅能工。訟庭白日垂簾静，法案青天一鑒空。萬畝犁扶春雨後，千家弦頌月明中。桑田狎雉尋常有，不必中牟説魯恭。

### 誠恭兒買鄰田

編茅十載小巢居，種竹栽花二畝餘。地僻故人來問字，門開長者可容車。登臺桂月盈樽酒，臥閣藜烟滿架書。久病老身惟一榻，鄰田何必廣吾廬？

### 病懷謝客

門階不問駟連車，草滿苔深罷掃除。曉雨一園花又好，春愁三月病何如？耳聾惱客低聲話，眼暗嗔兒細字書。黃耇百齡人幾見，可能天假六旬餘？

# 七言排律

### 繁峙道中望五臺山

西北名山拱帝京，五峰突兀插天青。空中樓閣隨高下，畫裏烟霞入渺冥。滄海月升銀作鏡，大行雪盡翠爲屏。溪過馴虎林還靜，洞有蟠龍戶不扃。衣鉢十方延衆衲，旌幢百道引諸靈。秋深雪霰岩頭掃，夜半風雷澗底聽。化後青獅時現象，悟來白馬舊駝經。仙人藥草經年秀，天女空花帶雨零。莫指三山窮浪迹，不須五岳識真形。靈踪咫尺猶塵阻，自笑迷途夢未醒。

### 長春塢成

門巷溪縈静不波，蕭然城市入烟蘿。嵐光西接婁山岫，灘響東來澗水河。小架數椽虛閣并，旋栽千樹好花多。筠窗夜晃星河映，杏苑春晴風日和。綠軟雨絲滋徑蘚，紅香泉溜蘸池荷。驕秋

叢菊金連埚，欺臘庭松雪滿柯。酒熟朋交留問字，歲穰官吏免催
科。生逢巢父清平世，居是堯夫安樂窩。家鶴未嫌添口累，野禽
不斷引雛過。有時書懶琴消遣，何必詩工句琢磨？龍臥好爲梁甫
咏，鳳衰不作楚狂歌。扶犁但保身無恙，覽鏡休嫌鬢已皤。萬事
浮生蕉鹿夢，百年光景任蹉跎。

## 壽劉太夫人九帙

寶婺天東紫氣連，高門設帨敞初筵。九旬鶴髮神逾王，三月
鶯花春正妍。羔雁繽紛趨燕喜，冠裳輝赫引蟬聯。齊眉已自從夫
貴，丸膽仍誇課子賢。擅代榮名俱八座，訓家慈範并三遷。司空
陟屺瞻雲切，少宰還山愛日偏。鼎食甘分中禁美，宮衣色奪海霞
鮮。書從鶴背來蓬島，詔捧螭頭下木天。王母樺開桃似斗，麻姑
瓢泛酒如泉。膝前萊服金緋出，花裏潘輿玉珮懸。鸞舞光迴銀燭
夜，龍涎香裛寶爐烟。華封不少詞人祝，《魯頌》還歌壽母篇。
家傍九河瀛是海，籌添十屋事堪傳。可知仙籍飛瓊侶，石室丹臺
不記年？

## 書樓誡子

平臺插棟起高樓，樓上藏書戶壁幽。圯水一編無秘授，荊山
二酉有全收。青藜卧閣慚劉向，玉軸堆床富鄴侯。詩自三唐探魏
晉，文從兩漢溯秦周。五千柱下言長誦，二十餘家史盡抽。貯篋
經年容蠹宿，披窗静夜見螢流。茶經藥録資心賞，畫譜棋評與目
游。少日十行神勃勃，衰年三藏思悠悠。手披細注花生眼，影對
寒檠雪滿頭。丁度祖賢期後顯，陶潛子衆墮前修。爲人不必通今
古，處世寧甘作馬牛？學到忘言雖是妙，碑成没字亦堪羞。貧家
未有千金産，身技無如萬卷優。老去巾箱緣未了，生來天地志何
求？社[三]陵失學從兒懶，不信當年不挂愁。

## 旱久得雨喜甚棗就實

長夏桑林禱未休，天瓢忽瀉絳河流。可知甘澍三農足，更喜炎蒸五月收。萬畝蔬禾秋有望，千家租賦歲無憂。膏添原隰驅黃犢，波涌陂塘狎白鷗。浪說里貧多寇盜，已聞野哭轉歌謳。新晴好待汾川月，共爾滄浪泛釣舟。

## 壽馬湖守晉齋劉公八帙

電目熒熒華髮偏，逍遙八帙臥林泉。舊依西郭開蘭社，近買南山種豆田。看竹每携鳩杖出，采芝時挽鹿車旋。澤隨五馬偏巴土，夢卜飛熊兆渭川。青白吏誇三仕後，風流人擬六朝前。江淹詞賦花生筆，劉寵謳思蒲是鞭。鴻寶枕中家訓秘，虎符天上世恩延。美名月旦賢誰并？晚景桑榆福自駢。弧矢朱明逢令節，簫鐘錦里慶初筵。芰荷裁服人長好，粟帛頒書帝欲先。照座丹榴晴色麗，盈階青桂秀枝連。歸來彭澤仍耽酒，醉裏香山亦悟禪。鶴老精神思跨海，鴻冥羽翰欲摩天。滄桑從爾經三變，椿樹饒他歷八千。莫向嶻岩尋子晉，可知塵世渺彭籛？桃花流水天台路，飯罷胡麻是列仙。

## 宏古丈西郭別墅蓮塘魚沼孤亭枕之郊游一奇觀也構自先公公加葺飾廓而大焉贈以長律

賦歸三徑未全荒，西郭山青舊草堂。接畛桑麻田百畝，夾堤楊柳樹千章。鸛呼城堞烟樓迥，鳧下雲汀野岸長。萍渚浪花魚出鏡，水亭風絮燕巢梁。竹凝窗翠娟娟静，荷放池紅冉冉香。欹枕上皇消白日，濯纓孺子咏滄浪。空天月送冰壺色，大壑濤生綺席涼。莫擬餘杭湖景好，只宜河朔酒人狂。温公故舊耆開社，王績風流醉是鄉。赢得閑身逃世網，任從衰鬢狎年光。一區靈勝娛君老，何必蓬洲路渺茫？

# 五言絕句

### 岳陽道中野宿

十里河邊路，三家樹裏村。僕夫前問宿，下馬日黄昏。

### 二

椒葉無茶味，藜羹供晚餐。空山孤枕夜，風雨打窗寒。

### 過堯民擊壤處

家家村釀熟，道醉野人多。只説豐年好，不聞《擊壤歌》。

### 口占謝菊

紫白間紅黄，君家四種菊。移之小齋中，卧病堪娱目。

### 雪　夜

煮藥爐烟斷，擁衾架燭殘。漏長不成寐，夜雪撲窗寒。

### 邢道人問病

高樹晴雲落，虚窗白日斜。晚餐延羽客，掃雪爲烹茶。

### 五　犬

萬編塵滿架，五口守柴門。豈有詩書盜？家豚子見[四]孫。

## 春 雪

晚春猶見雪，策杖出柴扉。只擬梨花落，隨風滿院飛。

### 二

海棠初破萼，凍雪壓春枝。日出紅如濯，開簾色更奇。

### 三

盆種海榴樹，枝枝盡吐芽。如何春後凍，不耐紫荊花？

### 四

東郊桃爛熳，雪淨路無塵。綠衣騎白馬，應是少年人。

## 對 鴿

群鴿巢檐下，雛毛長漸完。却思人六十，老見一孫難。

## 病 懷

園花猶凍色，節候逼清明。十日高齋臥，春陰不放晴。

### 二

夾服臨三月，日和風力柔。老身寒不耐，猶着木綿裘。

### 三

兩飯三堛粥，從晨坐日昏。下階筯〔五〕力懶，客訪莫開門。

### 四

神鬼敬而遠，春來錢紙多。翻疑孤枕上，夜夜壓身魔。

**五**

篋笥連篇牘，披翻落日愁。痴兒終不解，身後有千秋。

**六**

身弱多妖夢，神昏爲苦思。如何燈下筆，又作病懷詩？

# 七言絕句

### 懷李本寧先生

邊門一別幾經秋，書寄湘江過雁愁。千里偶傳南國信，天風騎鶴下揚州。

**二**

廣陵秋色起揮毫，詞客江東總俊髦。坐裏琴聲多入散，爭如白雪郢人高。

**三**

鳳凰臺上幾攀躋，句就三山落日低。忽有鄉心來萬里，白雲黃鶴楚天西。

**四**

畏路驅車三十年，紫衣曾侍玉皇前。江湖不必鴟夷子，淪落人間識謫仙。

**五**

惠文冠挂出幷門，到處青山是主恩。不作湘潭憔悴色，何煩詞客賦《招魂》？

**六**

犀文鶴綉映袍新，揮手辭官不入秦。却憶五千言著後，關門紫氣望真人。

**七**

峨嵋雪色海波瀾，歷下弇州卷裏看。此日中原諸子盡，爭知牛耳長騷壇？

**八**

玄晏篇成筆有神，褒華字字篋中珍。不知附驥千秋末，亦是龍門御李人。

## 夜抵平刑關

猶龍紫氣自西來，入夜關門帶月開。俗吏只今非尹喜，青牛亦識是仙才。

## 憶菊吟 有引

　　草構成，遍索名卉，雲石王孫貽菊百本，兩年，花盛開，朋簪酒榼群聚而觀焉。病後，分移灌漑作苦，厭而去之。入秋，比鄰競賞東籬，黯然亡色，感懷成四絕。

誅茅三徑傍城斜，淺白深紅萬樹花。一自病懷抛菊後，更無秋色似陶家。

**二**

賞心三月海棠看，十日東風醉牡丹。過眼春華容易盡，爭如晚節傲霜寒。

### 三

過雁西風百尺樓，去年今日客追游。樽前抱瑟人如玉，采采
金花插滿頭。

### 四

霜淨高林木葉彫，黃金籬落滿蓬蒿。愁來宋玉傷秋賦，不及
淵明詩興豪。

## 答　客

副霍渠南十畝田，犁鋤生計自年年。貧家八口饒□〔六〕粥，
不藉人間賣賦錢。

## 寒　食

陌上飛沙馬上塵，今年寒食倍愁人。野行十里無青草，羞殺
桃花獨自春。

## 厨丁喂犬

東厨齋罷有羹湯，且啖饑人莫犬嚐。麥死草枯天不雨，幾家
妻子厭糟糠？

## 懷劉復齋先生

家園春色萬花開，花裏潘輿引鶴迴。回首薊門天尺五，蒲輪
只恐日邊來。

### 二

濡水灘頭把釣綸，白雲長映紫綸巾。十年不作甘泉夢，漢主

寧無憶老臣？

## 漫　興

環門綠水屋三椽，對案青山書一編。插竹栽花無限好，且憑光景送殘年。

### 雨後藜烟閣小飲

照書藜火夜長青，對酒今呼喜雨亭。客去仍然無個事，床頭抽出《太玄經》。

### 壽少宰劉復齋先生七帙

青卿文采冠朝班，一出冥鴻不可攀。十載漢宫思羽翼，豈容黄綺老商山？

二

太乙藜光燭上台，校書天禄夜長開。漢家仙吏如雲集，只憶風流子政才。

三

學士文章海内傳，十年供奉玉皇前。上林詞藻多如許，不博潘興賦一篇。

四

銀艾金緋奕葉長，三朝通籍漢明光。瀛州冠蓋今堪數，八座聯翩是雁行。

五

東方曼倩自風流，手摘蟠桃幾度秋。青鳥金華得宴日，曾窺阿母漢宮游。

六

七帙精神海鶴强，晨昏曳履問高堂。但知蔬水承顏喜，不記
金莖沆瀣漿。

七

岳誕秋逢生甫辰，高門弧矢彩筵新。稱觴不少三千客，共祝
天年比大椿。

八

負郭逶迤三徑偏，年年樽酒菊花天。乞歸不是陶元亮，安石
東山望久懸。

九

滄江白水倚漁磯，唱到人生七十稀。却憶主恩全子孝，至今
無恙老萊衣。

十

龐眉豐頰髮還鬖，鶴綉犀圍穩稱身。倘有金甌占姓字，好從
黄閣畫麒麟。

十一

白下文昌晝省虛，山公啓事有新除。板輿不必家園樂，風物
江南是帝居。

十二

十八年前已夢松，璽書今旦可從容。爭傳洛下徵司馬，仔看

隆中起卧龍。

## 過梁馬河

青簾高挂柳河濱，野杏山桃刺眼新。下馬酒香消不得，負他花底一壺春。

## 東歸下馬口占

牡丹開罷馬蹄東，夢憶翻階芍藥叢。春去人歸花未盡，入門猶見兩枝紅。

## 暑中客過立譚困甚覓一瓜弗得斟泉酌之

東陵不作種瓜人，炎暑〔七〕勞君訪隱淪。松下流泉堪供客，一瓢顏巷未全貧。

## 讀《酷吏傳》有感

漢殿攖鱗顏犯主，邊門卧虎氣吞胡。至今丘里無香火，銜恨千年是郅都。

## 謝　客

柴門問字酒杯頻，白首無奇可應人。爭似掩關長謝客，不生煩惱不生嗔？

## 挽王少溪先生

藝苑鴻名三十年，董生經術下惟〔八〕專。白頭不遂風雲志，萬里騎鯨遽上天。

———〔九〕

壠上松楸次第栽，烏啼落日不勝哀。空山寒氣兼天涌，酹酒何因到夜臺？

### 三

垂老文章苦自攻，百年世事轉頭空。試看埋玉龍山下，化作愁烟幾萬重。

### 四月初四夜

文債牽人日未休，鐘聲入夜彩毫收。登樓又起敲詩興，溪水垂楊月一釣〔一〇〕。

### 壽晉柏陽

銅符百里帝城傍，宓子琴聲不下堂。經術雅能工吏事，家傳三世漢循良。

### 二

褒書屢奏未央宮，妙手争誇製錦工。攝縣豈淹千里驥？入朝應有五花驄。

### 上冢

北忙〔一一〕高冢草芊芊，過客銷魂倍黯然。葉縣玉棺何處覓，人間浪説有神仙。

### 花下盧參知姚山人晚集歌兒玉蘭寵于山人不及把杯山人鞅鞅別去詰旦貽之二絶依韵率爾有答

楚腰何處晚筵陪，坐客相思斷酒杯。去矣東山孤枕夜，可能無夢到陽臺？

## 二

向夕霏譚諸妙留，小杯徐破惜花愁。百年天地逢知己，燒燭
虛堂夜未休。

## 挽韓丈人

八旬能過九旬强，百歲人間夢一場。去去夜臺逢德耀，有兒
湖海是名商。

## 二

金丹煉後骨毛輕，鶴馭翩翩上太清。想是仙曹從帝謫，赤松
天路有逢迎。

## 三

漢宮徽號下恩綸，寰海高年賜帛新。耆德如君堪應詔，青山
白髮杖藜人。

## 四

引紼東門客泪懸，一抔三尺起新阡。明年寒食逢今日，楊柳
輕風舞紙錢。

## 夜 讀

七歲披書書味長，六旬殘帙滿堆床。眼昏不辨蠅頭字，猶對
青藜夜夜光。

## 代挽延津李生太宰對泉公子

詞采風流經術專，帝京當日大名傳。顏公三十無長算，地下
修文願執鞭。

二

羈宦天涯一老身，思君獨夜轉傷神。太行南下無千里，夢入
鄉關灑泪頻。

三

北雁南鴻尺素裁，手書方接訃音來。青春未了人間事，賫恨
千秋入夜臺。

四

故家文獻讓中州，插架牙籤富鄲侯。天意豈應忘口〔一二〕報？
尚書無後繼弓裘。

五

表墓君恩百代光，高原祠宇樹蒼蒼。百年伏臘精靈在，祇有
村翁一瓣香。

**校勘記**

〔一〕"痊"，疑當作"瘥"。
〔二〕"乎"，疑當作"手"。
〔三〕"社"，疑當作"杜"。
〔四〕"子"，疑當作"不"。
〔五〕"筋"，疑當作"筋"。
〔六〕"口"，疑當作"鑪"。
〔七〕"署"，疑當作"暑"。
〔八〕"惟"，疑當作"帷"。
〔九〕"一"，疑當作"二"。
〔一〇〕"釣"，疑當作"鉤"。
〔一一〕"忙"，疑當作"邙"。
〔一二〕"口"，疑當作"德"。

# 序

## 《鄧州志》序代

鄧距汴京八百餘里，自夏仲康建封，代以國名。秦分置天下，改穰縣，隸南陽郡。隋唐爲州。國朝因之，内鄉、新野、淅川三縣屬焉。萬曆己酉，不佞承乏守，握符入境，徘徊四顧，平原臕臕，雲樹鬱葱，碧水清流環折郛郭之外，遠則諸山蟠蠡，紫翠相射。相其地形，背負嵩少，腋陝跨襄，屹然河之南一巨郡也。郡事見于《詩》《書》《周禮》《春秋》，歷代史徵有可考。

明興，英皇帝命儒臣纂《一統志》，中州支屬，鄧所弗遺，亦紀其大者而已。嘉靖甲寅，守張君仙始修《鄧志》十卷，羅括郡事，稍備實録，而于屬邑猶缺焉。壬戌，潘君庭楠莅是邦，采摭三縣志增修之，爲十六卷。卷之目爲圖一，爲紀二，爲表四，爲志七，爲傳二，大書分注，各有論叙，而篇末贊系之，居然尼經、班史例也。一方之文獻稱大備已，二君子用心勤矣哉！夫以潘距張僅八越祀也者，歲序、人事錯更無幾。而不佞距潘閱歷兩朝，彈指五十年所矣。若星野，若山川，若疆域，若土田、物産，無改於舊，今之鄧猶昔之鄧也。而生齒日繁矣，事紛日變矣，户口有增置，人才有選舉，秩官有推遷，政教有得失，風俗有移易，灾祥有變异，闕焉弗録，鏡考在前而失之自我，無以鑒往而昭來，勸戒之義謂何？不佞每念及此，束縛吏案，舊殖荒落，即欲紹武前休，修明二君子之業，未之敢任也。

已謀于新野馬太史及鄉達諸孝廉，延博士王君輩爲局，總其事，簡文學之秀拔者若干人，綜攬搜漁，考核銓次，各效所能，而不佞于簿書暇稍稍折衷之。始事壬子春正月，越秋七月，書成，爲目因潘之舊，爲卷二十。諸博士、文學又謂潘書有自序，以例援請。不佞復之曰："夫志，古史之遺也。劉知幾謂作史有三長，蘇老泉謂唐三百年有文章無史才，此以知藻繪之業，史爲難矣，而捕[一]史爲尤難。譬有美錦，操刀而割，以爲章身之具，燁然華也，其初製之無費手。或有補綴，必色類文埋[二]不錯雜而後成衣耳。假令飭紫以青，狐裘而羔袖，針縷雖工，奚稱服之完美哉？夫修文亦猶是已。昔太史公歿，褚[三]先生補《龜策日者傳》，則謂言詞鄙陋，非遷本意；劉昭補《漢書》，則謂采其所損以補注，言皆無要，事盡不急；裴松之補《三國志》，則謂前後注釋皆壽書餘瀋。夫三子，良史之亞匹也，摹擬近似，體裁弗倫，寸長尺短，弗免于口。今之時[四]乘紛紛矣，去古愈遠，開先更始，浮靡一轍，安得附于作者？然則參合前人之見，拾遺補缺，欲超乘而上之，可易言乎哉？是編出，攎摭五十年之事迹，據證前帙，不濫不蕪，不俚不澀，勒成一家之言，可以傳矣。諸博士、文學實翊余有助，于二君子補袞之功庶幾矣。後五十年而有志余之志者，恕其不敏，增其所未備，知我罪我，奚辭焉？"

## 《泰宇先生詩集》序

明制，宗室子命名、列爵、給祿、代耕，不獲施于有位以弘表竪，以故懷瑜握瑾之士多游心藝苑，切劇爲文章。嘉、隆、萬曆以來稱作者，梁有灌甫，楚有用晦，有宗良，鴻翰駿章藉甚，公侯、縉紳間不可謂非大雅矣。吾晉則泰宇其人乎！公諱知鼇，別號泰宇，陽曲榮靖王之裔，高皇帝七葉孫也。自束髮習聲律，三十而成詩，五十而名益著，而不佞稍從後起，辱知于公，稱社友。然公嘗北走燕趙，南抵徐楊，所茌名山大川，濡毫揮灑，往往屈其境之騷人墨客。而不佞以病株守蓬蒿中，巴音下里，自顧亡所當公。乃公雅好不佞，羸馬蒼頭，數枉過訪，解襟而坐，各徵其詩數篇，相與謳吟，竟日于于然得也。

今年秋，公盡出其詩若干卷，手付不佞，屬爲之序，曰："庶幾籍子以有聞乎！"不佞竊觀公詩，雄于才，老于骨，不雕鏤而工，不藻繪而潤，古體之莊以則也，五言律之婉以俊也，七言律之宏以邕也，覽之燁然蒸雲霞，而誦之冷然中金石。借使灌甫輩與之并建旗鼓，公必驅上駟以鞭弭中原，而二三君子或懼然而避易也夫。

於乎！茲公所以詩鳴世也，而有不盡于詩者。公貌頎而揚，白皙修髯，飲酒立傾數斗，醉半，譚及當世事，慷慨髮上指冠，斯不豁落偉丈夫哉？假令一旦出而爲公卿，預議細旒之上，豈無嘉謨奇猷以宣勞社稷、覃福生靈者乎！惜束于宗法，不得緣一職以自效，而不平之竅盡泄而爲詩，即海內知公者僅目公爲詩人，公能甘之哉？雖然，屈氏之有《騷》也，中壘之有《九嘆》也，曹陳王之有《白馬》諸篇也，彼其時或遇或不遇，要之才無因以自見，皆斂而托之乎空言，即今萬世而下，誦其詞，願親炙其人，求爲之執鞭不可得也，與功業孰多？茲集行，公可以不愧古人矣！

## 《孫子十三篇》序

自軒皇涿鹿之戰始有兵法。周之興也，尚父起渭濱而《六韜》作焉。列國虎爭侈武，則有孫武子所著《十三篇》。吳王闔閭說之，拜爲將，與伍胥并力，西破强楚入郢，北威齊晉，名聞諸侯，孫之謀居多。孫子歿，而其書盛行于世，歷代儒碩、武彥注釋凡十餘家，魏武、杜牧其尤者。習其言用之，以克敵制勝，立功當世，成上將之名，漢馮異而後，不易指數也。

不佞少屏弱，弄文墨。既登仕，經二十年，拮據簿書，不嫻于武事。茲者承乏關南、川陝之交監兵重寄，思所以整飭戎政，內禦外防，則間取孫子言讀之。其機深而玄，其義奧而不易識，諸家注釋亦不概見，久而服膺，少有得焉，猶以管窺天者耳。詰之諸將佐，人人未之解也。因購善本授梓布之，以廣其傳。

或有難余曰：“儒臣知兵，子其庶幾矣。奚獨取于孫子？孫子謂兵以詐立，以利動，尚詭譎而背仁義，霸者之兵也。吳用之能破楚，而不免詘于秦救；能威齊晉，而不免挫于越檇李之役，委其主于敵人，不再世而國亡，可恨已。尚父之言曰：‘信蓋天下，然後能約天下；仁蓋天下，然後能懷天下；恩蓋天下，然後能保天下。’斯以仁義爲節制，應天順人，王者之師也。武王用之，陳兵牧野，刃不血衂[五]而克商，萬世而下，疇有踵其武者？子獨取于《十三篇》，不右祖呂氏而敢尋《六韜》乎？”

不佞進而語之曰：“否否。《六韜》尚矣，而世所習論則曰孫吳。唐太宗曰：‘朕觀諸兵書，亡出孫武。’宋王安石曰：‘古論兵，亡若孫武者，如日有短長，月有死生，五音之變不可勝聽，五色之變不可勝觀，奇正之變不可勝窮，蓋粗能見道，故其言及此。’不佞則謂周公，大聖人也，制禮作樂，郁郁乎其文矣。至孔氏刪述，而其道愈明。後世經生、學士誦其書，《孝經》《論語》在所急，而《周禮》緩已。不佞不敏，匪敢右祖呂氏，亦非敢埒孫子于宣聖。而其書則武學所急，證之文學，亦猶洙泗家言《孝經》《論語》，宜家諭而户訓之耳。”

或又曰：“子房得圯上一編，即《六韜》之遺指也，運籌帷幄，決勝千里，卒佐沛公誅秦滅項而有天下，亦王者之師耳。著之武經，《黃名[六]三略》，不可爲訓乎哉？漢中天險之邦，子之按部，則諸葛武侯屯兵地也。武侯八陣圖、木牛流馬不襲武于孫子，《十三篇》所未有也。南征七擒，北伐六出，往往與强寇角而距其上，亦王者之師耳。今遺書未亡，指畫具在，不可爲訓乎哉？"

不佞不復應，既而笑曰："知我者《春秋》乎？罪我者《春秋》乎？余聽之而已。"

## 明府周先生墨卷序

此明府周先生先資言也。先生以是帙辛卯舉于鄉，辛丑成進士，釋褐吾洪令。廣文劉君輩索而讀之，异焉，付諸剞劂。劉氏曰："吾以爲諸生範也，而非私也。"梓成，投帙某子，屬一言弁諸首。

某子曰："文固難言哉！我國家開科，爲三試制，而各以其目標題而命之，劉邵所謂'一論道德，一論法制，一論策術'是已。成、弘、正、嘉之際，王、唐諸君子精其藝，能兼試而兼應之，抵于今，標幟藝苑，稱名家矣。晚近以來，淑氣漸漓，士習漸淪以下。工其一者，束縛遺莛[七]，糟粕腐語，超乘而上，既以爲難而緩其二者，弁髦之，土苴之，以爲無當于用，間或剽餘似以掩寡陋，而語窮氣索，抑何卑卑不成章也？若周先生所撰著，殆异是乎！其明經闡旨，剔濯滓垢，發抒性靈，華不至穠，樸不近俚，玄不入晦，奇不傷譎，斐然成一家言矣。及評古今，譚治理，决利害，則提衡衆民，鼓吹百子。其包蓄以弘，其綜擷以周，其宣豁以切，纚纚乎，烺烺乎，耳之金石流徽，目之星霞炫采，斯用其一兼工其二者也。借使王、唐輩生同其時，纖離、騄駬并騁康莊之途，當比足而争馳矣。不佞蓋三復是帙而識先生之邃于文也，然有不足盡先生者。

"先生魯人，近聖人之居而佩法孔氏者也。孔氏之徒通六藝者七十子，文學彬彬矣。施于政，不有片言折獄、三善治蒲者乎？不有鳴琴不下堂而治單父者乎？以先生之才視二子，不佞固未知其孰賢。即今治吾洪，爽愷通明，爥之立洞，剖之立決，不令而風馳，不言而化喻也，庶幾佩法孔氏之門而文章、政事一以貫之已。猶未也，先生業治《書》以術術[八]顯，蓋髫而習之矣。唐虞之際，上下交儆，至垂爲謨訓，汪洋渾灝，莫窺其奧，斯不謂文乎？卒之五臣職修而彝政、禮樂秩如也，爲萬世開太平者，何物與？今天子握乾符，秉聰聖，思得名世之賢以弼成化理，而先生所纚纚烺烺者，固以獻之庭而嘉納之矣，繇百社之邑躐級而上，安知非九列地乎？展采宣猷，藻潤斧扆，依堯舜之末光，而與皋、夔、稷、契後先爭烈，是帙也，庶幾謨訓之篇矣。”

## 《兩牧調[九]議》序代

張君初爲芮城令，三載報最，當遷矣。會霍郡缺守，强宗點[一〇]黎，訴訟蜂起，至格鬥不可禁，當路者憂之，曰：“艱哉！霍，累卵之邦也。地屬衝津，人狃凶頑，而時丁新亂，非才練有幹局，孰與鎮靜其俗而弭其變，則芮令張其人乎？”疏聞，天子詔下，擢公守視霍事。已下車，延二三朱邸及衆父老于庭，諄諄誠諭之，曰：“同支庶姓恣橫，弗軌于度，申之以法，有祖制在，非下吏所敢專也。”于是宗黨爭謝過引避，里閭鷙悍釋刀劍而買牛犢，湟池之患不作已。公乃大布章程，條時政有便于民者次第舉行，上之府若監司若臺察，先後報可下之，布諸其鄉，百姓宜之而樂守之，挈綱提領，分條析目，大概司牧之良規也。州倅楊君彙而録焉，爲六卷，而以芮政附之，曰《兩牧條議》。梓成，廣其傳，徵序于某子。

某子曰：“余，華之鄙人也，辱公交游。公敏才卓識，習于當世之務，自家食時業已避席下之矣。毋論余不文，即文而何所加于公？無已，有牧之説進乎。今天下司土長民之官皆稱曰牧，蓋謂民猶牛羊而吏爲之牧者也。牧夫美水草，時其調息，故茁壯而蕃；不則，養失所，瘠而損也，且斃矣。牧民者亦猶是。吏政平，得其養，民生日以孳，牧之良者也；吏政苛，失其養，民生日以蹙，牧之不良者也。竊觀公所規畫，智于物通，事以序植，而力與心周。總之，興利除患，愛養元元，貽之以安耳。芮之民奠乎，安若堵乎，去而有遺思乎！霍之民澤乎，碩乎，襦而袴乎，叔度其來暮乎！公牧政，觀風使者五上之朝，行表于初服而譽引於後塗，天子且稔知其良也。《詩》曰：‘愷悌君子，民之父母。’雖以之牧天下可矣。”

## 《兩牧條議》後序

　　己酉春，余以纂修應徵北上，道經霍郡。大夫張公顧余邸中，修東道之禮，茗坐少頃，語和而貌莊，德意蒸蒸厚也，私竊感慕之。已抵省，四閲月，郡倅楊君使使以帛書來請，曰：“向子有面於大夫而去，大夫讀子之文，三嘆嘉賞焉，不謂千載一知己乎？大夫治芮治霍稱循吏，所著《兩牧條議》鑿鑿中窾，愚輩謀壽諸梓，□〔一〕惠某先生首序之矣，願子一言跋其後。”

　　嗟夫！余不佞，野人耳，即有言，諓諓者也，何足爲大夫重？大夫所經畫，厚農薄賦，恤災救患，維風振俗，皆牧政之大綱。其細者拊生有方，罔不附而傳焉。思深哉！軫念元元至勤懇矣。國家勸課農桑有詔，陰陽醫有訓科，率爲民故，而有司視爲故事，漫焉不加之意也。大夫固仁人之心哉！以是受知當路，中丞御史及御史交列薦書，曰“庭無伏鼠，野有歸鴻”，曰“召茀去思，范袴來暮”，曰“一天甘澍，兩地福星”，其治效大概可睹已。季葉之代，畫人以格士，不登甲第，無以買顯位、取世資。大夫乙科授牒，且伉直，亡所要于上，卒得受知，大行其志，何炳炳烈烈也！語曰："不習爲吏，視已成事。"大夫非已成者乎？是帙行，列屬有程式，施及于民，覃惠宣慈，覆露無極，則大夫之遺哉！采風者上之，天子當有不次及大夫廣厦細旃之上，紆謨贊畫，借箸前籌，大夫固饒爲之矣。

## 《唱喁草》序

東海梁公舉丁未進士，試爲晉陽令，有詩名。余家洪洞，以病廢伏迹岩谷，未及識荆爲恨。會臬司京山李先生纂晉志，移牒縣大夫索余，而梁公亦走使五百里外物色之。擔簦而來，甫就館，梁公儼然夜顧余，茗譚半燭，經笥學府立見之齒吻間，翩翩大儒也。已讀其詩，醇而腴，峻而閎，婉而有致，長歌短咏，不假斧削，罔不音中而節合，毋云建安、開元，三百篇之遺響庶幾後振乎。集曰《唱喁》，風人之義，京山先生論之詳矣，余不佞，曷敢穢言以玷珠璧。

竊謂自古詞人夷曠之度，高視遐騁，蕩然物表，多不嫺于世務；其法家吏刻意刑名，束縛簿案，逡巡守繩墨，所稱梣[一二]藻標芬而豎藝林一幟，抑何不易遘也！晉陽，岩邑，附省會，臺察藩臬大夫、郡太守督臨之，移牘猬稠，按期責效于我，令即戴星衡石，未免叢脞之虞。乃梁公能卧而治焉，猶賈其餘力爲詩，手抹口吟，時所不廢事以游刃，而文詞以探囊，梁公其神君乎！楊人金吾顧子，京山先生詩交也，一入晉，嘆羨不置口，曰："是夫公輔之器，竟其志，顯于功名，有三不朽，垂休國家，詎沾沾精儒墨以詩聞已哉？"昔晉張華著《鷦鷯賦》，阮嗣宗目而奇之，曰"王佐才也"，世謂知言。顧子，縹弁之豪者耳，其見豈有當于古人？梁公蒞政未三年，中丞、直指使疏表卓異，兩聞于朝。國有良史，修彤管之業，文苑、循吏推爲昭代第一，蓋繇晉陽始哉！顧子言爲左券已。

### 《槐溪王先生文集》序代

此故少參河東槐溪王君所著也。王君歿三十餘年，而其孫學曾仕爲棗强丞，哀其遺文若干卷，授之辨[一三]，使使賚帛書千里外，屬不佞一言弁之。不佞自投簪來漁于東海之濱，稱百歲人矣，穎石之役久非所任，乃讀王君集，則潸然傷之焉。昔者魏文之于陳、徐、應、劉，友也，曰“手其文，都爲一集，觀其姓名，已爲鬼録，追念昔游，猶在心目”，而隕涕泛瀾，不能自已也，蓋有感于友道之重云。

王君，余故不[一四]也。嘉靖丁未同策于廷，成進士。王君神邕而氣雄，鵃翔鷙視，有千仞覽輝之望，不佞私心下之。及與論文，揚搉往哲，評次近代，得王君一言，不啻以石投水、飲醇自醉也。王君文法西京，書法魏晉，詩非貞觀、大曆之語不出口吻。今觀所作種種，諷咏紀述，悉發自天倪，以暢其性靈。不藻繪而華，不劘淬而潤，不雕縷[一五]而工，燁然者炯吾目，而冷然者奪吾耳，殆藝圃之夜光而清廟琅璈之音也。王君具是，足不朽矣。而重王君者，獨以其文已哉？

太上有立德，其次立言，其次立功。世有硜硜之夫，當官廉慎，居鄉稱善士，不能操五十[一六]管，習丹鉛之業。其藝文家逞其才，凌駕千古，闊略世務，于吏事或寥寥焉，細行亦多不檢。此尺短寸長，余未見三者之能兼也。王君初令博興，再丞兖郡，能注膏澤，覃惠元元而袵席之。已擢臬僉，分鎮西寧，效忠畢智，內籌外攘，慨然以韓范自許。已又擢山東參議，飭兵遼左。會分宜柄國，濕束邊吏，王君意有所不可，遂引疾歸。自王君歸，杜門屏迹，坐臥萬卷，爲古文辭益奇。歲時伏臘，偕鄉長老五六人，山巔水涯，佛樓仙閣，興到輒往，往輒有來記。不佞時撫循西土，采風賢士大夫，且以故人之誼得起居王君如此。隆慶丁卯，虜犯石州，距河東不五百里而近。王君軫桑土之慮，合諸長老，倡義甃色〔一七〕城，爲千百世計。事竣，不佞得請于上，賜黃金文綺，王君爲首功。至其砥礪名節，怗澹寡營，敦親睦族，恤孤字窮，縣有司造請，一切謝絕，是又月旦有評，未可彈指而數也。王君篤于行誼乎！左氏所稱"三不朽"庶幾矣。重王君者，獨以其文已哉？

## 故邏鎮修橋募緣序

距吾邑四十里而東，曰故邏鎮，平水達上黨所由道也。鎮居高坂，東西往來，路中斷而溝深，石梁跨之，以通車騎。歲久，雨潦所衝，土崩石歃，橋頹而圮矣。傍僅尺許，不容軌，行者惴惴焉，臨淵履冰是懼。越僧海重朝五臺還，過此發願重修，感于武安王之靈，天子新崇以帝號，謀建一祠鎮之，以奉香火。父老李邦政輩計工浩大，慮其里貧，皆下戶，岩栖穴處，不滿二百家，錢糧之費亡所給。綢商潞郡金守貴，義人也，身肩其事，飾募緣簿，引海重來，合掌稽首，乞言于余，曰："籍重先生之筆，以聞于十方，并力成之。"

余惟布施，六度之一而萬行之首稱也。王侯貴人，宰官居士，以及一匹之夫，隨心而捐。百金萬鎰，施也；斗粟尺縷，亦施也；不則，掬一土，運一石，不愛其力，亦施也。釋家所論，謂施必有報，培善根，種福田，應在來生，今之富貴利達、榮禄厚祉皆作自前劫，其然乎？昔人編竹爲梁，渡群蟻而生之。有胡僧相其貌，曰："君豐神頓异，當活數萬命者。"遂掇魏科，名冠天下，斯又見在之福，不必證之身後矣。諸信義君子，大悟因果，除慳破吝，發一慈悲，簣土可以成山，涓滴可以通海，橋之功何難焉？雖然，亦視海重何如耳。往寓太原，大士福登修西河橋，檀施雲集。其他緇流神樓、佛刹之建，何者非善緣？白屋、朱門乞走竟日而不得一錢，何也？海重自錢塘渡江，走四千里朝山，而西入吾晉。余驟接其人，與之語，頗聰明，曉暢禪理，亦法門之秀出者。普化十方，開衆生之迷途而登之覺岸，其功德可必也。有佛力，撑佛筏，余以福登目之矣。

**校勘記**

〔一〕“捕”，疑當作“補”。

〔二〕“埋”，疑當作“理”。

〔三〕“楮”，疑當作“褚”。

〔四〕“時”，疑當作“史”。

〔五〕“刃不血衄”，疑當作“刀不血刃”。

〔六〕“名”，疑當作“石”。

〔七〕“蓳”，疑當作“範”。

〔八〕“術”，疑當作“數”。

〔九〕“調”，疑當作“條”。

〔一〇〕“點”，疑當作“點”。

〔一一〕“□”，疑當作“微”。

〔一二〕“棪”，疑當作“掞”。

〔一三〕“辨”，疑當作“梓”。

〔一四〕“不”，疑當作“友”。

〔一五〕“縷”，疑當作“鏤”。

〔一六〕“十”，疑當作“寸”。

〔一七〕“色”，疑當作“邑”。

# 序

## 司理張先生考績序

　　先生今歲滿考，上續銓部，蓋司理吾平陽三年矣。初，先生舉甲辰進士，得除命，即躍然喜曰：“河東千里，隸晉土，一大郡乎。質諸古，唐虞夏故都而詩書禮讓之鄉也。其君子循理，其小人力業而寡爭鬥，先王之遺風在焉。今之民詐而囂訟，豈非以上失其道哉？吾知所爲理矣。”已下車，令不煩，政不苛，于胥隸用嚴，而于赤子寬以劑法，不純任三尺濡束之。訟牘盈庭，桎拲載道，纍纍然待理于我，不敢以易心視獄也。曰某亡知冥行而陷阱是觸乎？曰某涉于疑，有司深文罔緣迹而入之乎？曰某不辜，瓜葛牽致，株連而蔓坐乎？得其情，毋論開釋流恩，即麗于罪，法所不貸，憯然而□〔一〕悲也。誠精所感，柔者孚心，而健黠者非革面矣；脫者歡呼，而縲紲者亡冤聲矣。聞諸撫察、監司，靡不嗟异之，曰：“司理才嫻于吏者也。”而先生更不爲吏困，時賈其餘，對案操觚，既退，而左圖右史，占呻〔二〕弗止也。行部州邑，或境以外，輶車所至，名山僻壤，古聖哲遺踪往躅，每諦詢而登眺焉。興至，慷慨長歌，出騷入雅，翩翩乎作者之林已。聞諸撫察、監司，靡不嗟异之，曰：“司理才不獨嫻于吏也，嫻于文。”薦剡旌書，上下不脛而走，繇初政以及三年如一日也，先生所爲理乎？

　　夫仲尼之徒，七十子及門，疇非卓犖負才者哉？政事、文學列爲二科，豈其理非一貫，歧而判之與？止以四子稱，何董董也？近世詞人，智周萬彙，玄譚孤嘯，白眼睨俗，授之以政，或泥而弗達。其法家吏，瀝精簿書，操切辦具，視鉛槧爲敝帚，又詆訾文士，曰摘藻如春華，何益于殿最乎？此尺有所短，寸有所長，古今天下匪患才難，而患兼才之難也。先生法官，嫻于吏，不爲吏俗所染；嫻于文，不可以文士目之。使在孔門，與七十子比肩而游，庶幾一以貫道者矣，不謂兼才乎哉？

往先生過吾洪，洪之東三十里，距霍而近，蒼崖、秀柏、泉石之勝，先生耽奇，再越宿，索壁間詩，鮮所許可，而僅頷及不佞道，曰："大雅之音，振自褐衣耳。"余聞而赧然愧也。已入郡，先生爲治具，延余署中，促席而譚，歡甚。理官清要，臺察耳目，不易于下士，先生非長者乎？三年上績，文術飾吏治，海内良理第一，天子褒恩有常典矣。太宰拔賢，爲國家當言路、司風紀，河東其先乎？或曰："子之言似也，毋亦有遺說焉。先生尊公高射甲科，官參知，有聲于秦，文術吏事，家之衣鉢也。君子論人，當原其世，埒諸仲尼之徒，遠乎哉？"曰："固也，有之。張氏之先，以吏事顯，有釋之，持法平，稱長者；以文術顯，有平子，兩京諸賦，披牒而讀之，詞采爛如也。先生所從來遠矣。"

## 又代

五鹿張公戊申夏報功吏部，河東百姓咸謂使君秩滿，有殊績，是不久當遷，安能效河内借寇例乎？客聞之，質于某子曰："司理賢乎哉？寇君之于河内，守也。守親民，其治主恩，恩則民愛之。公法官，理刑之任，代直指使激揚者耳。其治主威，威則民畏之，何所得此情人人哉？"

某子曰："噫！聞之，刑，天道也。王者奉天恤民，訓其不用命者而已。虞廷舉咎繇爲士，曰：'欽哉！欽哉！惟刑之恤。'漢初，約法三章，何其寬也！張湯、趙禹條定律令，去鄭侯之意遠矣。禁網益密，而下益輕犯，奈百姓何？明興，成、弘間，當淳厖之際，吏治蒸蒸，多仁人長者。近時民僞日滋，有司用術輔其資，以嚴峻起譽，察見淵魚，深其羅織之文，務爲名高也者。黔首恇怯，靡所措手足，而國家之元氣索然耗已。此虎冠而狼牧，在親民之吏所不免，矧司理專主三尺者哉？當公之始入河東也，曰：'吾以經生釋褐爲法官，鞫一郡獄，豈不榮倨？顧理之職徒持法爲威重乎？抑恐法之失中，而爲民平之也。獄有疑，二千石所不決，移之我；大中丞按部，御史所不決，移之我：而一郡之桎梏而縲紲者皆寄命于我。藉令造對，按簿取法，一切受成，曰：'吾聽訟，猶人也。或告劾不服，以笞掠定之，不已愈于曲附周内者乎？'此刀椎之末吏得矣，惡在其脫滯宣幽，洗冤昭枉，以亡負爲理，而仰體聖天子之德意哉？吾爲是惴恐，有曠官之慮焉。'自公爲斯言，見之訊鞫，寧寬毋急，寧平毋苛，寧失不經，毋及不辜。兩造盈庭，折自片語之下，得其情，泫然而悲也，民何敢以不肖之心應之？蓋公著智判疑而無所炫明，刃捷剚芟而無所賈銳，三年典刑，一攝郡事，視百姓若赤子，忘乎爲理也。百姓亦視之若父母，忘乎公之爲理也。是所稱仁人長者爾，可不謂賢乎哉？先是，大中丞按部，御史交牘表公卓异，聞于上。今滿考，太宰以最請，天子召公旦夕矣。河東人願公有是乎？愛而祝公，恨不躐級而陟三公；不忍于去公，即欲借公一日，胡可得也？惓惓焉無可爲寇君計耳。斯百姓之情乎？《詩》曰：'無兢[三]維人，四方其訓之。'公之賢，訓四方者也，詎一郡得私乎哉？"

客聞余言，是之，請書。會宗侯某貽余書，曰："司理奏最，某辱與交，申之以詞，敢藉重子大夫之筆？"嗚呼！余所論列獨法理事，何足爲公重？公魏人，起甲辰進士。其先參知公，邊陲循吏也。公家學淵源，不獨吏事，其詩文卓逸冠天下，河東士大夫家範而户習之矣。

## 送謝郵宰擢臨縣尉序

閩川謝君，名邦治，爲吾洪普潤驛丞。其鄉人莊若山判霍州，比壤相鄰也。兩君起工曹，羈栖下位，皆好言詩，有交于不佞。謝君又能書，工行草，所通問學士、大夫尺牘片箋無非雅馴者。邑令李公能物色之，游揚當路，自監司及太守以下，亡不知驛宰有文學才而賢也。每行縣至，謝君束帶躍馬，逢迎道傍，必動色相顧，曰：“勞苦，休矣！”已延見令公，又亡不爲謝君太息曰：“是夫文藻翩翩，奈何以下走困乎？”今年癸巳，滿三載，除書得臨縣尉。謝君厭薄其官，不屑就，曰：“吾視此鷄肋耳。”馬首欲南，不欲北也。謀于令公，不可，自上書兩臺乞休。先是，莊君三上書，不得請，尋以讀禮去矣。已臺檄下，督謝君赴官甚嚴，曰：“臨縣界在山谷，地多盜，捕巡之任，非才幹未易勝也。尚勉就職，圖效于後，城社安靖，豺豕不擾，當有峻擢以俟。不次。”于是謝君戒期將就道，諸交游文學士謁不佞請詞焉，曰：“先生可無一言贈謝君？”

嗟乎！刀筆之技詎盡下流哉？所稱博大功名胡不一二遘也？蕭、曹開漢基，取侯封，書勛鐘鼎，流光乎祀，世儒所習聞，曰：“古之人，古之人，不可及耳。”明興，徐晞、萬祺亦起家掾吏，皆參八座，爲昭代名臣，抑何彪炳偉烈也！母亦蕭、曹之流亞乎？其他況蘇州、韋松江，二千石稱良，漢之龔、黃何讓焉？國初掄材，自制科外有薦拔之典，以故治稱得人。今天下豈盡乏材哉？祖宗法制廢久，司爵者畫人以格青雲之士，三判其塗，況以資進者乎？即有才賢，困之泥淖，不獲躐大位、致通顯，雖負經綸匡合之謀，胡以自效？如莊、謝兩君是已，去者勿論，遷者淹于郵三年，又俯首一縣尉也。徑尺之鱗不游于涔蹄，千仞之翼不伏于枳棘，謝君將謂何？抑聞之，柳下惠賢，不卑小官；聖如宣尼，乘田可也，委吏可也。謝君勉旃！尉政成，當有知者，公輔非所敢望，匡〔四〕、韋之遇，庶幾循吏不泯泯矣。丈夫得志則大行，不得志則小就，占之時焉耳。

謝君行日來謁別，曰：“先生之言，策疲駑而千里也，吾力僭矣。”

## 大參伯詹公膺三代恩命序

參伯詹公兼僉憲，飭兵河東，三年，將奏績于朝。會上以大慶禮成，覃恩中外諸臣，公得授階中大夫，大父母以下俱貤封如制，蓋前後四奉璽書矣。平陽縉紳人士艷其事，爭炫米韋儀爲公賀，而不佞方守服里中，郡宗侯某以通家故，走帛來請辭焉，曰：“念某之亡良，辱知于監公至深也。監公且賢，沐茲榮典，敢籍手太史氏筆而闡之。”於乎！豈不佞之有當于公乎哉？

公常山世家，舉進士高第，釋褐比曹郎，即明習法理，多所平反，曹屬目爲長者。迨擢二千石，兩莅夫郡，再副齊臬，參閩藩，所至行能功緒卓卓表著，匪可具而述。即今分憲我河東也，職旬宣，司糾察，督武文諸吏而綱紀之。才者披能，勇者效力，仁者布德意而不壅，廉者處脂膏而莫敢自潤，其他豺豕牧民、漁獵侵下及疲駑守官者，望風納印綬去矣。疆封千餘里，按部六州二十九邑，市不擾，獄不冤，田不廢耕，室不廢織，夜不傳□燧，晝不拾塗遺，疇非公賜哉？公有保障之功，邇寧遠帖尤緩，不言兵事。間行學校，提才勸士，存問鄉耆，賓禮天潢之賢者，某其一矣。此凜凜德讓之君子耳，庶幾追唐虞之化乎！

璽書所稱，不解于位，載□敦詩說禮之風；職思其居，益振思遠憂深之俗。天子九關穆穆，胡有所核而悉公，即清齷疏水之勞，其細者重申而再美之，大有以嘉公治效矣。且三王之世，公侯、大夫有世爵，貴其後也，不及貴其先。漢制，褒勵勤事吏，增秩賜金有之矣，未聞推本其所緜始。明興，列聖以孝治天下，人臣三品得貤封及其祖，無亦隆烜異眷乎！然以不佞侍從禁林，彈指而數，兩都卿佐積有歲勛，沾恩十之八九；省司諸僚覬榮驟遷，視官府若傳舍，恩阻于年，榮限于例，遘此十不一二。公已歷四岳，閱歲且久，不亡累薪之嘆，竟以是受知主上，且值有大慶，曠〔五〕代殊渥，外臣所不易致者，一旦儼然被之，不亦复越今古哉？故事，藩臬以上有開府，得秉節鉞，爲國家任干城之寄，躐級而登，步武公輔矣。公資望俱深，銓大夫計祿簿，當有以處公者，六偕八座，贊畫廟謨，度公亡所遜謝，九錫之典，嘉予耆□〔六〕，以表勸勸忠，天子豈嗇恩于後乎？不佞譾昧，備員詞局，他日承屬草之命，即靡宗子請，當爲公再握管矣。

## 贈鴻臚序班李君序

瑞溪李君，趙城人也。少失怙，父事其兄對溪公，爲地官大夫。大夫攉〔七〕稅淮南，歿于官，無子。李君聞訃，間關數千里，輿其襯〔八〕及家，襄事如禮。已又以其子爲大夫子。鄉人靡不頌美之，謂李君敦孝友，厚倫理，庶幾篤行君子云。

初，李君修力田之業，謀什一而息之，家故饒。會又承大夫之遺，連畛廣廈，資產大倍于疇昔。乃李君意鞅鞅不自得也，曰：「吾先世業農，大夫能用經術起家，取甲第，引籍臕仕，中外標勛，則李氏光寵矣。大夫歿，而吾躬事畎畝，春問耕，秋問稼，僕僕然其勞也。即穭蕷不止，即有上歲，即仰給俯育，隨取而足，即困倉厩庫之積埒于素封，而竟其身，一田舍翁耳。悔童年不學，背詩書之訓而負明時，吾以愧吾兄者。」

會天子制詔執政大臣曰：“國家用人，宜廣其途，自制科之外，海內奇碩士願入資取爵以名聞。”于是李君簽屬長安應詔，得鴻臚寺序班。按制，鴻臚禮官掌賓客，主四方諸侯朝會事。序班，贊導之職，即《漢記》所稱“治禮郎”是已。佩玉簪華，楚楚濟濟，侍天子之左右而相有儀，疇不謂李君榮哉？李君既榮有官，則請假歸其鄉。鄉之三族六戚及納交李君者相率造門稱賀，而以其事聞于邢子屬序。

邢子家洪洞，未及識李君，念其從兄玉壺子娶于李，有瓜葛之誼焉，因不辭而序之。既而曰：“漢世張季、黃吹[九]公以資爲郎，卒致通顯，竪功名，至今傳誦之不替。李君不習爲章句儒，而逢時有因，遭遘風雲之會，固卓犖丈夫也，竟所至可量哉？竟所至可量哉？”

## 郡丞梁公擢守郎陽序

梁公佐治平陽，不二年，按部御史交疏薦之，曰：“河東三十五屬，民安盜熄，疆域不騷，匪獨郡太守賢，丞梁某，良吏也，翊贊之，有殊功焉。”疏上，天子下吏部，公聲譽籍籍聞都中矣。越三載，滿考，太宰報最，當擢二千石，遂有郎陽之命。且行，郡宗侯某夙交于公，銜德深重，謂古人祖別之誼，非詞莫申也，使使持帛書，屬不佞代言之。

不佞竊謂郎古麇地，楚之墟而秦、梁、蜀之交境也，長山邃谷，綿亙千里。成化初，流寇暴亂，連甲數百萬，委財于薪，塗肝腦原野，爲國家大患，荊、襄、唐、鄧之間，危若累卵矣。憲皇帝命中丞御史原公填撫之，寇定，從其議，置郎陽郡，置開府，置行都司，置衛，爲保障計，豈非以其地重哉？百餘年來，民負耒而耕，稍安其田里。然以土鮮膏腴，歲豐，八口之家亡以贍妻子；一不熟，困于凍餒，山澤亡命聚嘯而起，縣官南顧之慮未嘗一日忘也，郿陽守匪可易言矣。公往，朱轓褐蓋，熊旆楊楊[一〇]，合六屬之吏人而望塵焉，不亦貴倨乎？太守封疆之責，視其丞，職專且要已，何以詰匿伏、定反側，令民安盜熄，疆域不騷，治效若河東耶？

漢世循吏，亡逾龔少卿。渤海之區，公倅乘莅其邦，固少卿所剖竹地也，遺風未泯，企心嚮慕之矣。治亂民猶治亂繩，不可急也。能使上官無拘以文法，得一切便宜從事乎？能悉罷捕逐吏，與民休息，釋刀劍而買牛犢乎？世儒狃習俗之見，多謂古道不可施于今。公賢長者，有寬厚宜民之德，爲一方師帥，易險而夷，化頑梗而良，治迹有究，當使郿陽與渤海同風，奚但一河東著效已哉？從後觀焉，知不佞之言非腴[一一]矣。

## 趙城張明府入計序

張公治趙城，三年而政成，銓部以最聞，天子下尺一褒勵之，稱良令矣。明年，列侯述職之期，公當修覲禮于朝，而以今歲冬飭裝北上。門下士李生荷知愛最深，圖所爲祖行者，請辭于不佞大道。道，野人也。初，公被御史臺薦書，李生持不佞言爲贈，公嘆賞至再，不謂余賤而輕之已。世所艷羨，多縉紳標美之辭爲重，及讀山林儒生語，有掩耳而走耳。士不逢知己，且欲徵諸千載之後，乃幸而得身當公乎哉！

公有嘉政可述，不佞不及悉，竊聞之李生矣。公修髯長軀，儀狀岳岳，褒[一二]然丈夫也。晨起，衣冠坐堂皇，若巨闕之鋒，氣凌星斗，睹者識爲神物。既視事，剖梦若流，察幽隱若照，盈縮卷舒，雷聲而電決之，亡留迹焉。公所治僅一趙，趙之鄰封，戴髮含齒之民何限，一有抑情，鳴之上官，亡不願質成于公者。撫察及監司及郡太守有疑獄，非趙令不得報可。趙廣漢曰："使吾并三輔得兼治之，差易易爾。"公之才開敏而通世務，明習文法，豈遜能于漢京兆哉？至其仁心肫肫，慮周閭閻，子育黔赤，又京兆所不及爲者，召翁卿、卓子康近之矣。

公是往朝正闕下，即受計天官氏，合晉土百有州邑，吏之賢或不乏人，差次功能，有出趙令右者乎？明制，卓異有賜宴之典，必公其先也，位望不自此崇與？子康三爲令，得躐級封侯，圖勳雲臺之上，抵今猶譚美之。近代官人，束于積薪令，未可舉漢事爲例。倘奉明詔，有內擢，晉而銓司，佐太宰持衡，掄天下士乎？或參瑣闥皂囊，伏蒲爲天子爭可否乎？不則，簪白筆殿中，稱柱下史，亦既貴倨已。然未足竟公者。公匪世人豪，挾批搗之能而施于民，有弘濟，究所至，公輔器也。才博者無近用，道長者其功遠，不佞與李生願爲日以待矣。

## 明府秦公入擢工曹郎序

乙巳春，臨汾令秦公以賢能被徵爲工曹郎，公蓋三徙邑而于臨汾者五年矣。初任蒲城，丁外艱去。已縣服闋補襄垣，已縣兩臺使疏薦移臨汾。臨汾附平陽都會地，岩邑也，監司及郡太守督臨之。公晨起，朝參候顏色，甫坐縣，訟牒猬集，大者霆斷，小者刃決，敏于究結，人以爲神明。按時行鄉鄙，視廬舍，問田居、工作之業，予勤警惰，躬自勸勵之，民亡不若干訓者。農事隙，有公役，其父老子弟懷其德，窮力事事，畚鍤雲集，曰："使君之貽我以安也，而非厲我也。"所三領牧，咸有惠澤，覃福黔萌，汾所利賴尤多。會公遷，汾人訴之監司、郡太守，爲借徇計，不可得，巷嗟途奔，惘然若失其怙恃也，曰："公且去，奈我百姓何？"郡宗侯某夙感公知，以其事聞于不佞，且乞一言爲行李重。

夫冬曹，水土之司，郎備參佐，品五材，叙百工，非國之髦碩嫺于藝略，未可以綜事訓匠、標能豎勳也。一旦畀公是任，當乎哉？不佞嚮者姑山之游，嘗過汾，履公屬境，察其治迹，田野闢矣，輿梁飭矣，道路平矣，城墉堡堞以修矣，隍池溝洫以濬矣。紀傳所稱冬官之政，亡曠土，亡游民，食節事時，樂事勸功，公蓋先試而爲之乎！今長安宮都土木之役未休，西北飭邊歲勞版築，東南河漕屢有運道之害，天子九重，至厪宵旰爲憂。諸公卿大夫周視內外，思得任事之臣以祗承上意，未能也。以公之才，佐大司空抒□[一三]宣慮，近籌遠畫，當阽危之秋而竪义[一四]安之績，宗社、疆域將永永是賴，寧獨以一邑徵效而已哉？公行矣！試以不佞言質之他日。

## 明府方公考績序

太宰課吏治，守若令滿三載，行能卓异者上最狀于朝，天子賜璽書褒勵，且推所自出而貽之封，制也。汝南方公以甲辰進士宰壺關二年，兩臺使疏奏，調劇吾洪。又改歲，以秩滿報成吏部。邑縉紳若士若父老交口而頌之，曰："方公上績其最乎？天子且貤恩矣。"相率飭羔幣，爲文展慶，而山人邢氏子大道謀所爲專申者，屬筆于故商城令趙君。趙君愕然曰："噫！子無以言致也？豈以余從大夫之後，爲方公重乎？不佞椎也而鈍，而百歲人矣，惡能文？方公，嫻于文者也，簡者道古，雄者沛發而不可禦，奧者三諷之而有餘味。不佞私所遜謝焉，懼有拜命之辱。"

邢子曰："甚矣！大夫之謙也。予聞黃髮之言亡所愆，微大夫，孰揚休先生？且謂先生嫻于文矣，又嫻于吏。史稱汝南在汝、穎[一五]之間，文王之化行焉。士生其鄉，往往精儒術，曉暢世務，地靈人豪，理有之與？"曰："固也。往余官商城，蓋其地云，面山負野，襟帶長淮，所毓詞卿墨士，毋論古人，即昭代何大復信陽、張周田新蔡，而吳皋司徒則光州産也，皆汝南著名者也。所稱吏政，他不及僂指，即吾洪令今方公、前熊公、又前鄭公，皆光州産也，皆汝南著名者也。而方公兼以文事顯，逸藻翩翩，借使大復輩尚在，比翼而雁行之已。"

邢子曰："勿論文，先生方以吏事上績，請大夫論治。"曰："方公治壺，所怙恃東人再越祀。而洪之治尚淺，然積疴[一六]夙弊已一洗而新之。豪猾縮，柔良以振；冤抑平，困苦以蘇。治于野，男耒耜而女機杼；治于國中，家禮樂而户詩書。斯其著者，如飭常平倉寔廩蓄，築西河之堤靖水患，亦子視我元元，斟酌利病，爲百千世貽謀耳。"

邢子曰："大夫論先生之治大矣，未及所以治，且鄭、熊兩公亦皆有令德流澤我邦，勤吾民而俎豆之，其治云何？先生生同土，仕同官，則三君子雁行乎哉？"曰："唯唯否否。鄭公邈矣，父老有傳聞，視其民馴也，治主寬，惠先而威後之，薄于懲而厚于勸。熊公猶未遠也，耳而目焉，視其民頑而狡訟，治主嚴，威先而惠後之，緩于勸而急于懲。方公所撫，即兩公之遺黎耳，不以馴視，亦不以頑視，酌寬猛之宜，隨感而應，惠不以嫗育貶法，威不以鷙擊傷恩，勸不藉賞，懲不倚朴，有孚格之化焉，方公所以治乎？識治者別之，當空驥于群，謂三君子雁行乎哉？"

邢子曰："娓娓乎！大夫能款煩而辯也，知先生之深者。先生上績其最乎！且夕奉璽書，榮其父母，且將召矣，何以爲洪百姓計？"曰："壺之人已去而期其來，洪之人方來而憂其去，斯足見方公爲天下國家計可也。"

## 郡太守李公考績序

丁未秋，李公以河東太守上績云。晉封列郡有五，稱劇莫如河東，稱難治亦莫如河東。北抵汾，南抵秦、梁，地不下千里，川山之邈絶，疆域之騷動，爲保障計，一難也。户口、田賦之煩，數倍他郡，歲一不熟，閭閻啼號，下以賑恤情[一七]，而上有責逋之令，豈以鞭棰稱民父母哉？此二難也。獄牘糾棼，朝具牒而夕移案，即吾片言可折也，何以令訟之靡冤、罪者寡怨，此三難也。同姓王封國三，宗子林立，世祿之需按時而取給焉。賢者賓禮之，而不肖者宗正法不盡馭，且以問守主上親親之意謂何，此四難也。乃李公治之，一無所難者。其堤防以周，其蘇恤以懇，其剗裁以敏，其感孚化導以德，不以威行之。三年卓有成績，當滿考，藩臬大夫曰：“野不警，里不擾，案不滯，獄不冤。”御史曰：“士廬而安，農畝而安，百工肆而安，行旅道路而安。”中丞御史曰：“瘡痍蘇矣，流亡復矣，冤抑平矣，奸宄伏矣，善良興矣。”於是咸書上考，聞太宰。太宰以聞當宁，天子覃恩褒予之，且爵其所自生，拜丹璽之寵渥，慰兩尊人于既邈，國家大典，臣子之殊榮也。郡縉紳、父老艷其事，往賀，率有言頌之，而宗子某感公厚遇，使使屬言于余。

不佞竊考漢史，所紀良二千石潁川、渤海二三君子，河東守無聞焉，豈當其時無一賢者可登載錄？抑耳目所弗逮與？抑股肱重地，古循吏亦難之，而治效不易臻與？季布重然諾，文帝欲召爲御史大夫，不竟用，曰：“勇而使酒。”田延年拔尹翁歸，誅鋤豪猾，奸邪不敢發，選爲大司農，然武健嚴酷，法網密矣，卒不能善其後。李公長者，三年不懈初政，崇德讓之風，布寬惠以慈于衆，龔、黃之流匹也，尋將召矣。國有良史，修班管之業，俾吾河東與潁川、渤海齊聲，蓋自今日始哉！

## 廣文任君擢高邑令序

任君以博士司教洪庠逾年，不佞領縣符來，得與共朝夕，因稔識其爲人云。任君姿宇秀溫，詞譚朗爽，恬然大雅君子。扣所教指，則勤能立，信能感，嚴能繩，寬仁能恤，品裁激勸，久而化之。頌聲流聞，曰：“樹而章程，申而規誡，士風不壞，繫任君是賴。"即此足以覘師範矣，任君其賢乎哉！今年秋，銓部簡海內文學若干人擢補牧職，任君與焉，得高邑之命。報聞，諸生徒群聚而嗟，謀以厄任君行，不可得也。不佞及僚友丞侯子、尉王子祖別在郊，圖爲言贈者。二子則以讓不佞，且曰："文學，教也，移之牧，政本係焉。重茲負之，巨茲持之，任君是往于高邑，若何？"

嗚呼！先生之道，教與政□□[一八]也。緣經飾治，學道愛人，無亦任君所習聞乎？且高邑，趙之屬而畿輔之近地也，壤土雖瘠，其間含髮戴齒[一九]待育于任君者何限？夫疇非弟子哉？不佞竊謂，課耕視稼，躬親民事，資之勤；孚上格下，懷邇來遠，資之信；伏奸宄，定強猾，資之嚴；平冤抑，起僵仆，拊摩瘡痍，資之寬與仁。四者得一，是稱牧政，任君具有之，古之遺良也，何憂于高邑？語曰："有佛力，撐佛筏。"以任君之才，萃茲衆善，度其必能官也。不佞叨役是邦且三載，日兢兢于茲，愧齷齪亡所效爲也。乃期望任君，則過余遠甚。任君行矣，後三年而政通人和，禮樂興，風化振，太宰課吏治，而以高邑牧爲循良第一，璽書、黃金當有物色之者矣。

## 郡伯李公擢按察副使兼參議督鎮關西序代

大夫守河東既三載，報最矣。太宰以祿簿請擢按察副使兼參議，分鎮關西。大中丞、按部御史合議曰："李某才吏也而賢，河東人怙恃之若父母，不宜以陝借也。河東缺分司，移其官，不移其地，于百姓便。"疏具，未及請，俄有報，得關西之命。河東父老、子弟巷聚而途奔，惘然若有失也，曰："縣官重關西哉？俎豆之學不可以從軍旅，章縫之士不可以任兵革。大夫固恂恂者矣，三年于郡，崇禮敦讓，清静不擾，《漢紀》良二千石文翁、黃霸之儔也。即此爲監司，合三十五封之吏民而綱紀之、衽席之，輕車熟路，其所素習者耳，奈何移關西？岐隴之域，涇原、環慶之交，民貧而寡蓄，土番所出没地也。國家承平日久，今天子神武，北狄、西羌搏〔二〇〕顙納款，邊庭、在部諸臣鮮所籌慮，疆域之防稍弛矣。一旦有緩急，分道之官，城郭弗完，烽堠弗飭，器械弗給，芻粟弗供，當事者且執而問我，何以爲大夫計？"

嗟夫！斯父老之言，阻于借徇未遂者耳。不佞自按楚還，過里門，將北上走道而有是聞，因解之曰：僉議謂何？母亦判文武爲兩塗乎？郤縠以《詩》《書》將三軍，是儒而即戎者也；張堪有兩岐之頌而漁陽告捷，廉范有五袴之謡而遼東獻俘，是吏而善兵者也。河東千里，非用武之地。大夫得請爲監司，冠惠文，被繡服，按部觀風，直一路福星焉爾。使得當要害，爲朝廷守在四夷，嚴其關隘，固其垣墉，精其戈矛而饒其饋餉，居常思患有餘防，遇變待敵有餘勇，余固知大夫之能辦也。且聞論人者，不知其來，占其往。大夫爲司理矣，能于辰州；爲郎吏，能于比部；爲郡太守，能于河東；爲分部使者，獨不能于關西乎？夫龍之爲物，神也，潛鱗在淵，風雷九天，能微能見，能屈能伸，大夫固類之，安得謂文事無武備耶？

大夫行矣，蠢爾醜類鼠伏若故，度不敢窺中夏。脱有反側，狐伺而鴟張，將盡殄于大夫之手，而絶其禍孽也，績效可前睹已。縣官非薄河東而移大夫，固重大夫而畀之關西也。雖然，循資轉焉耳，大夫功成，一日而三奏捷，太宰必曰"李某文武才也而賢"，以不次請。雁門、雲中當寇衝，急于分陝，天子任鎖鑰干城之寄，安知大夫不以中丞節撫吾晉乎？關西之不得私大夫，猶河東也。移之秦則秦重，移之晉則晉又重，藉令得群大夫而布列九土，寧不爲天下重哉？縣官何擇焉？《詩》曰"文武吉甫，萬邦爲憲"，大夫之謂與！謂父老聞余言，灑然曰："纚纚乎先生之説，知大夫深矣。"

會宗侯某將庀祖筵，要余而止之曰："先生知大夫，敢請爲華袞。"嗚呼！余與大夫同舉進士，誼則兄弟也，且托在宇下，微余，孰揚大夫之休？第余所難父老，論其大者。宗侯之請，緣情道致，有感于大夫，意旨則殊，固余言所不逮矣。

## 少府劉君擢寧海衛巡檢序

劉君，豫章人也。少歲困于儒，不得就，俯首就一尉。初任浙江餘姚縣，三年，有治聲，以丁內艱去。服闋，補任吾洪。自劉君至吾洪，覘其貌，魁然夫也，其中謹而密，有戒心焉。令長周先生深倚重之，訟有疑，委牒劉君，某曲某直，人人懾伏，噤不出一語。郵缺職，劉君攝郵事，傳使絡繹，文符旁午，輒立解。邊儲解運，劉君裹糧就道，公私之羡，毫髮不以染指。當路群公嘉之，謂尉才且有守，獎書凡數四具，多美詞，治行備是矣。今年冬，合餘姚任滿三載，部檄下，擢寧海衛巡尉。寧海，浙屬，地潟鹵，魚鹽之饒，通商販，豈劉君聲績素乎浙人，藉之以重其地耶？然巡尉一捕盜吏耳，堤防海壖，嚴譏察以禦非常，其職已，視縣幕雖稍別，益齷齪亡所用事，何卑卑也！劉君行，意若有不足者。丞楊君、簿李君將庀祖席，屬不佞言爲贈。

不佞竊謂劉君之鄉，漢梅子真其隱吏乎！敝屣視一尉，世儒以仙名之矣。唐有郭元振自通泉拜參軍，牛僧孺縣伊闕擢柱史，皆以尉顯者也。劉君有吏才，當效用于時，似非可子真自高。即司爵者束于近例，不能脫之軀殼之外，超而上之與？夫第品論官，泥格予賞，俾英偉魁碩之士困于下僚，不獲彪炳其功名，余奈劉君何？雖然，龍媒之足伏于槽櫪，眾目而指之，曰"此常馬耳"，不遇九方皋，孰別其爲千里也？劉君往矣！萬一遭提掖之遇，而有推轂其人，則一日而千里乎！不佞竊有望于後之君子。

**校勘記**

〔一〕"□"，疑當作"內"。

〔二〕"呻"，疑當作"嗶"。

〔三〕"兢"，據《詩經·大雅·抑》當作"競"。

〔四〕"匡"，疑當作"況"。

〔五〕"壙"，疑當作"曠"。

〔六〕"□"，疑當作"碩"。

〔七〕"摧"，疑當作"榷"。

〔八〕"襯"，疑當作"櫬"。

〔九〕"吹"，疑當作"次"。

〔一〇〕"楊楊"，疑當作"揚揚"。

〔一一〕"腴"，疑當作"諛"。

〔一二〕"裹"，疑當作"褒"。

〔一三〕"□"，疑當作"謨"。

〔一四〕"乂"，疑當作"义"。

〔一五〕"穎"，底本多訛作"頴"，以下徑改，不再一一出校。

〔一六〕"疕"，疑當作"疵"。

〔一七〕"情"，疑當作"請"。

〔一八〕"□□"，疑當作"通者"。

〔一九〕"含髮戴齒"，疑當作"戴髮含齒"。

〔二〇〕"搏"，疑當作"搏"。

# 白雲巢集卷之九

## 序

### 贈太史今按察李翼軒先生還楚序

李氏，京山世家。其先藩伯公生五子，皆以文學顯，次第挂名朝籍，而其最著者爲今按察翼軒先生。甫冠，成進士，讀中秘書，識遠表巨，力排群疑，一時詞林名俊靡不避席下之。洎拜國史，弇洲[一]王元美、新都汪伯玉文章高天下，每持論推轂遜美。而先生益有所負，睥睨當世，高窺隆古，自西京、魏晉及盛唐諸大家，心印而神模之矣。已爲權相所忌，出補陝西參議。尋擢臬副，視學政。參知大梁，以憂去。服闋，補故官。徙豫章，徙蜀，徙浙，爲按察使。謝歸，浮沉里社可五六載。天子采中外望，召先生，再更大鎮，爲吾晉按察使二年，部議擢右轄，督兵洮岷。而先生倦於世故矣，上書乞休，不報，時鞅鞅自嗟焉。

道，洪之廢人也，爲諸生落魄，習于雕蟲之技，即知海內有先生。舅氏參知劉君宦楚，爲同年友，先生遺之扇，題《太和》一詩，道佩服之二十年，龍門天上，何緣執鞭？既先生蒞吾土，又困於羸疴，蓬蒿局蹐，不及以贄請也。會纂晉史，先生當其事，移牒有司，索病夫五百里之外。箋屬而來，得齎小草見先生，斯非人湊之合，蓋亦有天造乎！先生不鄙余醜，綉言繪句，大加標揭，公暇再四造庭，握手而談，曰："邢生，天下士也。"叔季之世，士抱才藝，陸沉草野間，孰能折節？道幸於先生遭之。

先生《四游集》未及灼目，入晉諸篇得於披誦不少，睹日月而見衆星之蓑已。晉地狹，學士、經生蓳蓳舉業章句，不務古文詞，間有所剿襲，詩法中晚唐，文落宋元，以爲儕俗易入，塤昌而箎和，自千金其敝帚，曰"文在是也"，其誰欺乎？荆郢名邦，山川風氣，秀甲天下，士生其間，多閎廓而能文。古之作者，屈、宋尚矣。明興，下雉吴公，嘉靖間稱七子，頡頏王、李，執三尺以繩中夏，何其雄也！諫闥未温，出爲吏，束於簿書以老，石渠金匱之函有缺志焉。先生一入承明，奉筆橐，贊經帷幄，駸駸貴倨矣。不偕於時，亦垂翼去國，隨牒在遠，且三十年，即蕃宣多名績，炫赫一代。而先生劇意著述尤專，四方丐言者日益衆，曰："京山，今世之太史也。"楚即多才賢，如先生與下雉不錚錚偉出者哉？竊讀《甂甌集》，下雉之文，瑩潔朗潤，和璧無瑕，不可謂非楚之珍。至茹今含古，天竅宣靈，發爲名藻，落紙千餘言，遒於骨，雄於氣，岸而振於節奏音響，衡岩之峻，蟠而插天，嶄然不可跂也；颶風瀟湘，秋濤萬里，沛然不可禦也；洞庭雲夢，波澄月霽，江鯢澤龍之吟，冷然可聽而不可和也：先生似少過之。下雉并揭旗鼓，能無錯鍔[二]，徙三舍而避乎？

道侍先生清讌之間，未叩下雉，間論及弇洲，曰："勿云本朝，漢以後爲誰？蘇長公風流標致似之，昌黎、柳州弗及也。"知言哉！繼弇州者先生乎？道出而語人，衆且大駭，曰："僂子誣我，昂時賢而抑往哲，非長者之言也。"於乎！乳口不甘海錯，唉而嘔之，何怪焉？道於斯道未窮其深，豹文一斑，庶幾于先生窺之。

先生將還楚，會秋闈大比士，主司及部使者交挽之，不成行。先是，道京國之游，入忻，稚子病，逗遛逾月。先生脱闈事，單車朝五臺，書來，約會于代。邊城法署，夜燭而止之，飯武安君祠下，緇舍荒落，不惜枉駕，越宿別去，先生感愴不自已，曰：「鐘鳴漏盡之人，後會未可期也。」道懷知己之恩，有激于中，發其所欲言如此。

## 方伯魏公擢大中丞撫治三晉序

明制，畿輔之外列省十三藩，臬閫各有專司，而鎮撫重臣則都御史奉璽書，秉節鉞之權，省方觀風，總武文諸吏而綱紀之。在古先王，使大夫監于方伯之國是已。吾晉皇甸右臂，隸封五郡，控制三關，壤土千餘里，撫臣之選往往難其人以代也。萬曆己酉夏報闕，銓部以藩大夫督儲魏公請，詔下，擢副都御史，即其地授符節，便宜行事。

或曰：「大夫撫是邦也，百姓其親乎？嘗爲解州牧，潔廉愛人，稱循吏矣。獄訟其省乎？所歷刑曹郎，以平反名，無冤者也。賦稅其允乎？自大夫司餉，催征弗擾，輸輓若流，民以太寧而國用長紓：以是占之焉爾。」乃大夫欲然弗之居也，曰：「某碌碌無所度越，遭逢聖明，備位藩臣，旬〔三〕宣罔補，而遽膺閫外之任，是集于木而蹈于冰也。且儒以飭戎，其策安出？仲尼大聖人也，委軍旅以未學，不穀于是竊有覆餗之懷焉。」平陽宗侯某夙受知大夫，聞其言，走書以告某子，且請詞爲大夫賀。某子曰：「噫！大夫好謙哉？飛黃驥褭，逸才也，朝抹〔四〕越而夕刷燕；湛盧魚腸，神物也，水以斷蛟蜃而陸以剚犀兕。大夫固類之，胡欲然弗之居也？《書》曰'汝惟不伐，天下莫與汝爭功'，大夫之謂與？」

大夫舉丙戌進士，二十餘年，揚歷中外，踪迹幾半天下，國政邊機，土風民瘼，夷情虜態，稔得之見聞，所謂老成諳練而習于當世之務者乎？夫都御史，風紀之司而安攘之重寄也。大夫膺有顯拜，肅號令，明賞罰，簡裨貳，分師戍，饒芻粟，固堠堠，坐而籌之，輕車熟路，馭以王良，于大夫何難焉？國家承平日久，戎馬之務稍弛。近者遼左告急，邊飭戒嚴，天子宵衣而旰食，蓋文[五]惓惓于疆圉也。所藉身任干城，效忠畢智，精武備而謹邊防，綏靖我土，爲主上寬西顧之憂，微大夫其誰任耶？曰"方叔元老，克壯其猷"，曰"王用召虎，王心則寧"，曰"申伯之德，聞于四國"，不佞將執是觀大夫。大夫功成，入爲三公，自晉始矣。

## 明府李公入計序代

壬子之秋，吾省鄉書出，洪洞舉明經四人。夫環晉支封九十有八，而拔俊僅六十有五，洪奪十六之一，斌斌已。即其地稱才藪，儲養振作，是在得人，無亦司訓者之良乎哉？時余友趙子爲洪庠博士，不佞走書數千里，侑一詩美之。已復于[六]曰："不穀備員寒局，師範未修，月朔飾衣冠，二三僚友擁席講堂，諸生序左右揖讓，循故事而已。縣大夫李侯緣經飾治，興賢育材，有蜀文翁之化焉。自侯視篆兩年，葺學宫，飭俎豆，公暇延見章甫士，考問經義傳旨，而手評其藝文，劃疵[七]剔垢，示以周行。諸生敏者前，蹇者思奮，家弦頌而户詩書，以故今歲舉士較他州邑爲勝。司訓何功？儲養振作，蓋司牧者之良焉耳。"

不佞聞是説，未識李侯，遽能任風聽，以耳爲目而心信之？且古今譚吏治，三代以降，莫盛于漢，而班氏載筆，舉文翁爲首，所稱建學成都，簡郡邑之秀爲學官弟子，除其繇。行縣則以明經飭行者與俱，使傳教令，出入闔閣，蜀用此大化。自漢而後千百年，何寥寥也？趙子比擬李侯而易言之，毋乃爲諛乎？不佞竊怪而疑焉。

亡何，李侯將入計，趙子使使至塞上，索余言爲行李重。諸生具一狀來，條侯德政，不啻縷分而毛析之，大概謂侯慎于興除，敏于讞決，惠于拊循，而威于彈壓，是數者似非文翁所能該也。僑之治鄭，由之治蒲，朱邑之治桐鄉，王渙之治洛陽，各擅其能，已足奏效。萃諸賢之長而備有之，民不冤，吏不蠹，政平訟理，而後文翁之化行焉。茲所以爲李侯乎？諸生合請而頌賢，若出一口，不佞始心折侯，而取信于趙子之言非諛也。

雖然，何以爲侯贈？按侯，瀛海世家。其伯父次翁司馬，督分陝十年，功在夷夏，至今邊人謳思之。而其初繇郎署起，視學于汴于滇，皆能鄒魯其俗，一變而至道，所樹植人才蒸蒸如也。文謨武略，出將入相，際五百年之景運，而與伊吕、周召比烈，不可一循吏目之矣。侯至竟，功名當無墜其家訓，是未可論于今日耳。今往，天子方坐明堂，大朝諸侯，太宰計功能，首推侯山以西循良第一，詔賜宴，賜裏蹄、文綺之服，康侯蕃錫于侯見之矣。而其秩尚淺，不得議驟遷，律以久任法，且還侯于洪而屈治百里，此一時也。侯奉主上德意，文學飭治，躬行作人，當孳孳益勤于初政。諸生得久有侯，而益熟侯之程範，抗志劌心，爭自砥礪，經術日益精而文詞日益嫻。後三載而舉賓興之典，掄才于洪，若叢林之木秀而大海之珠爍也，貢藉所錄詎止四人已哉？諸生勉旃！俟他日豪舉，庶幾無負侯教。司訓者藉之以收作人之功，拜侯之賜矣。

## 又

往不佞守瀛海，所隸十八屬，虞丘，其岩邑也，科第人文，甲于天下。不佞于諸生中得一人，爲今洪洞令李侯云。侯甫冠，卓犖有文名，試其藝，豹露一斑，私心甚奇之。巴[八]延之署中，間與証經術，較論先賢時哲，啓吻而譚，沛然江河之決，不可禦也。巴[九]不佞轉官分陝，遞徙遞遷，以至家食，蓋前後十有五年，而爲萬曆己酉，北畿鄉書出，侯褒[一〇]然高列矣。庚戌成進士，釋褐洪洞令。甫下車三日，走運城，謁治鹺御史，枉訊不佞于家。侯謙抑，執門人禮，而不佞避謝，講通家之好，相與述故舊，慰起居，歡甚。坐久，徐問侯曰：“子脱章甫而官已，胡以治洪？”曰：“忝游先生之門，願以誨某，某將佩焉。”不佞默然，無以應。侯拱而前曰：“某不敏，竊聞邦有長吏，猶家之有父母也。父主嚴，母主慈，嚴不恩則苛，慈不威則狎，故寬與猛交而仁與義濟，齊家之道也。先生以爲何如？”不佞灑然曰：“得之矣！子言及此，洪百姓其福乎！”及侯視事三月，明賞罰，申約束，曰：“犯吾令者勿宥。”已廉察巨猾，置于法，境内大服，無敢干令者。侯乃以明作行愷悌，平其冤抑，蘇其疲癃而怙恃之。行之期年，仰者如鑒，信者如蓍，懷者如乳，耕者安耒，織者安杼，耆艾者雞豚而童稚者襦袴矣，巷頌野謳，行歌之聲互相答也。今年冬十一月，侯將如京，圖改歲修覲事于天子。平陽宗侯慎鍰辱侯知最深，且夙有交于余，馳使至榆林，以帛書請言爲侯贈。

夫審音者鄭不如筵，察色者奥不如牖，言邇斯明也。不佞家距洪四百里，侯期年之政，尚伏在田間，猶得風聽而耳及之。自去歲起家，承乏西陲，領節鉞之寄，爲國家當一面，距侯則千里矣。侯注措不及悉，安所飾豂言爲侯重？使者搏〔一〕顙再四，曰：“狐腋之裘不可毛析，滄海之珠不可枚舉。大人叙其梗概，申鍰之私而已。”于是，援筆次前事書之。既而曰：“昔韓侯朝周，詩人美之，賦梁山。侯是行，其在《韓奕》之二章乎？爲告宗侯，余言亡足重，采梁山之詩送侯可也。”

<h2 style="text-align:center">又</h2>

侯初舉進士，有吾洪之命，蓋庚戌秋八月云。不佞承乏齊臬，以萬壽節賫章入賀，謁侯于都門，七尺之軀，危冠大帶，語

若洪鐘，不佞從皮相占之，已識其非凡品矣。王事竣，假道過鄉，告群大夫之家食者曰："邑有天幸哉！新令李侯，其貌嚴嚴，喬岳之重也；其度汪汪，河海之洪也；其精神灼灼，白虹之麗天也；其意氣翩翩，驟駬之過都歷塊也。斯謂神君乎！必才于治，必能舉吾邑而大造之。"群大夫聞余言，疑者半，信者半。既越月，侯單車入境，里父老壺簞迓之郊，不佞從群大夫後，立談少頃，則人人加額稱歡也，曰："某輩自有識以來，侯所創有神君哉！盧子之言不我欺已。"迨侯視事三日，案牒猬集，大者斧斷，小者刃決，剖紛剚劇，若庖丁解牛，舉髖髀而薶膾之。群大夫則噬指吐舌，駭而嘆也，曰："趙京兆，王洛陽，古之人不可見，今見之，侯神君哉！盧子之言不我欺已。"

明年春，余赴官東上，再逾歲而叨轉藩司。會秋八月，賫賀如前。及入里，則侯之六政皆修，惠化大洽，田疇闢矣，稼穡殖矣，倉廩實矣，道路平矣，興梁飭矣，奸狂空矣。群大夫則爭過盧子而道侯之美，娓娓不置口也，曰："奚但神君，召之父，杜之母，怙而恃之，尸而祝之矣。"盧子曰："昔孔氏論政，三年有成。孟氏謂大國五年，小國七年。侯秩未滿考而收異等之效如此，今且入覲天子，天子下太宰，旌能褒勸，當何如處侯乎？泥久任之例，賜幣賜金，必秩滿而後徵拜，侯當返；舉陟明之典，則令之賢者得應察舉，超躋臺垣，備法從之選，侯不可復借矣。"群大夫聞余言，鞅鞅若弗懌者。居無何，偕諸孝廉、貢生合請于余，曰："侯駕朝輿，北征在即。故事，設祖帳，贈別有詞，願藉手教于執事。"盧子悚而謝曰："麟不敏，受役四方，去父母之國，習于侯淺；諸君子庇侯宇下，耳而目之，習于侯深。不佞何敢僭有言？雖然，嚮者固言之矣。侯往果返耶？勤事字民，循吏之治，虔于始，必無倦于終，百姓之福、一邑之幸也。果遷耶？以其試之邑者效之庭，宣謨陳猷，仁言溥于四海，社稷、蒼生受賜弘已，天下之幸也。竊聞人臣之義，委質于君，唯所任使，躐級而驟，循資而淹，侯無成心，吾儕亦聽之而已。且與其私侯一邑，寧與天下廣而公之？"僉曰："大矣！美矣！子之言。蓋聞之，林有灌木，茂而成陰，所蔭者數畝耳。江河之潤，流澤百里矣、千里矣。太山之雲，觸石而起，不崇朝而霖雨天下，萬物滋焉，不亦沛然乎哉？侯澤物之功大，吾洪被其先施，海内固延徑[一二]而望之矣。"

## 參知馬公擢山西按察使序

馬公以按察副使飭兵遼左三年，績能顯著，屬當遷矣。兩臺使保留之，天子晉公爲參知，仍故職飭兵事。又三年，山西缺按察使，太宰上除書。遼吏民又擬河内之請，而公資深望崇，不可復借矣。于是，天子從部議，移參知長皋三晉云。

余家洪洞，庇宇下，諸縉紳先生咸加額歡呼，曰："公之來，吾邦其再造乎！是向所爲郡貳而三十五屬之黔赤登之衽席者也。"既而曰："上意擢公，將謂重吾晉耶？于公優之耶？不耶？以職則按察稍尊于參知，以地則遼急于吾晉，以寄則平刑易而飭兵爲難，此人人能辨之者。公初試，兩爲令，再徙爲丞，入吾河東，清戎政，身親疆場之事，習于戈鋋之教也素矣。遷守雲中，繕堡堡，訓士卒，給餼糧，匈奴憚之，不言兵使者，而言守曰：'何令我親見漢之郅都也？'及持憲節入遼，奪寇膽于千里之外，不言督撫，而言兵使者曰：'是夫文吏龍變虎驤，漢伏波將軍之後乎！'以此五年，内宣主德，外揚華威，即小有侵犯，無尺寸之損，遼人蓋藉公以爲天也。而一旦移之吾晉，寇睥睨其間，饑則麏至，飽則烏舉，安所得公策而應之？吾晉瀕邊，猶在邦域之中，按察日治程書，讞刑獄，持衡剖疑，一敏捷才辨之士可臥而理也，奚必假公爲重？上即欲重公，胡不以節鉞授之？而猶循例叙遷，束于積薪。古昔哲王超拔賢豪之典，如斯而已乎？"

不佞解之曰："否否。人臣之義，無所逃于天地，命遼則遼，命晉則晉，奈何擇而取之？且以邊地概言，遼，國之左臂也，距東虜衆而不強；晉，國之右臂也，雲中、上谷距西虜最強。即吾河東稱腹裏，近者無歲群小不逞，乘機聚嘯，湟池之兵勢且張矣。當事者挾批搗之智，不能使戎壘四撤、枹鼓不鳴，晉視遼，利害奚但倍蓰哉？按察典刑名，折衝禦侮非其所任；然實弼翼開府，贊吉甫文武之業，掌所部群吏功能殿最，舉大綱以考于天子，不職者黜，才者陟之。使吾晉俱得其人，保障如尹鐸，守禦如李牧，厚餉士卒如魏尚，縣官藉是釋西顧之憂，皆公之力矣，其職僅按察而已哉？上周視藩臣，匡濟之才無如公，故移之，非以薄遼以重吾晉耳。後三年而有殊擢，遼有開府，安知不以干城之寄衮衣東土哉？于公非優之而何？"

諸縉紳先生聞余言，頷之，謀有所贈以質于公，而平陽宗侯慎鑁以書帛來請詞。鑁，新堤長子也，公丞平陽，堤受知于公至深。鑁欲爲公賀，而謂余言不爲鄙乎？古之人愛其君，不厭芹薄，采而獻之，以曝其私，鑁之意亦猶是矣。

## 郡伯高公考績序

辛亥夏四月，高公握虎符來守吾郡。初入境，會值歲飢，殍逋在道。公蒿目而憂，慘于痌瘝，下車萃諸僚佐于庭，議緩征，議減供需，議發倉而賑以時，百姓稍安田廬，不復流徙矣。郡支封三十有五，上下公移簿牒山積，公視事三日，一洗而空之，左右胥史減[一三]惴恐吐舌，以爲神明。郡歲賦以百萬計，公下令開墾荒田，俾野無不毛之地，灾沴既除，一德感召，歲復大穰，即山州鄙邑，轉輸若流水。郡文學五百餘人，往太守考校，循故事報成而已。公朔望升講堂，口授經術而手校其藝文以鼓舞之，士亡賢不肖靡不抗首思奮焉。癸丑春，入朝于京，太宰課吏治，山以西推公循良第一，中外聳動，謂公有不次之擢；而以久任例，還晉治郡如初。今歲甲寅，滿三載，當報績，大中丞、按部御史、藩臬大夫各署上考書之矣。諸所屬州邑長吏聚而言曰：「使君報最，按令甲，當膺錫命，爵其所自生。吾儕下吏，竊祿是邦，得安其位，以亡隳厥官，拜使君之賜也。遭兹榮典，安所展慶，表悃忱于萬一？」無已其言，申之乎吾倚。令某君起而前曰：「是必藉手于某子。」

不佞承乏疆場之寄，治兵事于秦，去鄉關數千里，于公不及聞問久矣。某君以群大夫命使使塞上，函一帙視余，曰《保民紀略》，謂公所手編，三年美政不具悉，錄其大者耳。兹所由稱最乎？不佞披復至再，所規條數十餘款，皆地方利弊，官民阻于未達者，公奏記兩臺、監司，得一切便宜興除之，下諭諸屬吏，德意所布，罔不祗承，公之用心甚勤，而爲德于民甚厚矣。審如是，奚但吾晉稱最，合兩司隸以及十三行省專城之任，所稱良二千石不乏，有如公其人者乎？毋論時哲，即進之古人，三代以上，牧伯之良莫可鏡考。自秦罷侯置守，吏治莫盛于漢，據班史所紀，其人幾何？其政迹抑何寥寥也？公救荒急賑，若汲淮陽；招復流移，若王膠東；剖劇刺棼，游刃而決，若朱桐鄉；闢田野，課農桑，樹殖以時，俾民有蓄積，若龔渤海；飭勵學官弟子，緣經飾訓，詩書其俗，以收一變之效，若文蜀郡。是數君子者，易地而治，未必其能兼也，有如公其人者乎？漢法，郡太守有治理效，人主黃金、璽書褒勵，公卿缺則選諸所表用之。今太宰以最聞，上大舉陟明之典，外之方岳，內之卿寺參佐，將旦夕及公。即晉而三事九列，中興之運，帝歷萬年，以保我子孫黎民，公固饒爲之矣，豈若漢吏黃丞相功名損于治郡時耶？

## 少司馬劉公提督三邊軍務序

公初成進士，以邑令高第入郎司農。守姑蘇、瀛海，爲良二千石。即歷藩臬，有聲于秦。及拜中丞，巡撫甘肅，大布威德，懷來遠夷。甫定，爲忌口所中，已改撫延綏。詔下，公力辭，弗肯任，蓋隱于田間者十年。辛亥之春，天子從太宰請，即其家授鉞焉。公北面稽首，具疏謝曰：“臣愚，不足以辱命。”不可，再謝曰：“臣耄，不足以辱命。”又不可，無已，乃建旆而西。延綏視甘肅，地不甚遐，而要害過之。公撫之三年，修邊儲糒，練習士馬，凡所決策，小算則小勝，大算則大勝，前後斬獲虜首數百及千。天子屢下璽書褒獎，裹蹄、金帛之賜絡繹道路。已進公少司馬，兼右僉都御史，提督三邊軍務，合諸路行營兵悉聽節制焉。夫督臣專閫之寄，統掌征伐，所部將校五等，得便宜行事，視撫臣之任，位益專、權益重矣。夷奴叛順，國家安危所繫，公蓋以身肩之，全陝以西，天子倚公如長城，得免旰食之憂，所謂“王命召虎，王心則寧”者乎？登壇杖鉞，擁貔貅百萬之衆，旗幟如雲，弓矢如雨，金槍、火炮如雷如霆，居常則訓練精，守禦備，有急則左右折衝，乘勝逐北，無往不利，所謂“方叔元老，克壯其猷”者乎？公抵任三月，平陽宗侯通家子某將餉筐篚走使入秦，修禮于長者，乃授簡某子，屬一言序之。

不佞竊聞，公爲諸生，即諳《陰符》《韜略》《百將傳》諸書，善馳騁、彈射之技，斯固天之所建，非人能也。史傳所載，從古以來，豪杰之生，文武兼備，竪疆場、社稷之勛，多起自西北。推吾三晉人物而其最著者，漢有衛長平、霍冠軍之破匈奴；唐有薛武衛之平遼，裴晉公之定淮蔡；宋有司馬文正，內相中國而外懾強虜。數君子皆吾河汾龍門產也。國朝楊襄毅，一帥薊遼，再帥宣大，三歷大司馬，擢太宰，際中興之運，熊驤虎變，將相功名無遞數君子，而其發迹由蒲坂始。公家安邑，隸解土，與蒲接壤，幕府勁伐一歲而奏三至之捷，沿邊諸虜惕息膽落，願歲歲修貢通于中國。公稱社稷臣，陟三事入<sup>〔一四〕</sup>座，蓋彈冠而繼襄毅之後矣。

**校勘記**

〔一〕"㸦洲"，疑當作"㸦州"，下同，不再一一出校。

〔二〕"鍔"，疑當作"愕"。

〔三〕"旬"，疑當作"旬"。

〔四〕"抹"，疑當作"秣"。

〔五〕"文"，疑當作"又"。

〔六〕"于"，疑當作"予"。

〔七〕"疵"，疑當作"疵"。

〔八〕"巴"，疑當作"巳"。

〔九〕同上。

〔一〇〕"褒"，疑當作"襄"。

〔一一〕"搏"，疑當作"搏"。

〔一二〕"徑"，疑當作"頸"。

〔一三〕"減"，疑當作"咸"。

〔一四〕"入"，疑當作"八"。

# 白雲巢集卷之十

# 序

## 贈郡伯高公擢大梁憲副治河道序

初，吾郡得高公繇司農郎剖符下河東云。居三年，廉惠大著，吏部上書舉最。明年，擢河南按察司副使，河政水利專治之。詔下，將行，合所部六州二十九邑之牧長聚而私計曰："守公哉，民之父母，吏之師帥，我曹所仰而爲天者也。天子有成命，不可挽矣。其在近屬，猶及郊行，遠者越在一隅，莫由望祖。願藉手鄉先生一言以代驂乘，可乎？"議既愜，則以吾邑劉侯之命委某子。

某子家食，從諸縉紳後，得一再覲公，而知其爲博大長者。公守事不盡悉，其大指則視民猶子，視群吏大夫猶子弟也。有謁見，溫顏而接之；有建白質對，披肺腸而提示之。有一善揚之，有不善宥之，復偲偲焉誨之。以是吏人人感奮，爭自瘁力，效其職，以期亡負于公。始至，無歲，民以告饑，公曰"緩征"，群大夫亦曰"緩征"；公曰"急賑"，群大夫亦曰"急賑"。四封之外，荒陬遐鄙，公指目所不及周而困而蘇，僵而起，枵腹而哺，冤抱而平，流徙而還，猛噬而縮趾，膏澤下于蔀檐，而萬姓陰受其福，皆公之既也，戴公其猶天乎！

海內治平，不乏良二千石，如公良之良者，太宰既舉最，當遷矣。帝輦之下，卿貳丞佐以贊邦政，奚所不可？乃泥之常調，而僅踐一臬司副，何也？即一臬副可以當公，吾河東監司前不告缺耶？公攝篆半歲，所營壘弓馬，軍政一新，皎皎在人耳目已。即此崇公秩，冠以惠文，奚所不可？而借公于汴，何也？汴居天地之中，平原大陸，風氣調和，仕宦稱樂土，而獨治河不易，任虛其位數年矣。公卒得此遷，何也？語曰：“力田不如逢年，善仕不如遇合。”今之巧宦者，欲某官某善地，必有援結而後獲寵靈。公四年無尺書走燕中，治河之艱，非公其誰委之？雖然，時事無論矣。天子明明，灼見萬里，豈不辨公才而賢之？前推一臬副，旨格未下，而治河命下于公，無意乎？有意乎？夫聖意安可窺也？不佞私心度之。唐虞之際，洚水潢流，司空橇而畚鋪，川澤九疏，地平天成，非神禹無以底績。漢孝成之世，河潰金堤，太守廬居止宿，身當險危以安衆庶，非王尊無以收效。蓋有非常之人，然後堅非常之功耳。方今大河爲漕害，梁、楚之間更多水災，不時告決。上宵衣旰食，慮河功不就，思欲和《瓠子之歌》，不得其人而任之。此注意于公，至不淺也。公行矣，由沙澗過茅津渡，浩浩洋洋，必目擊而心惕之。既入大梁，周行八郡，及孟津，闞雒汭、大邳，熟視慎籌，當有逆待其變、銷禍患于未形者，何至負薪置決，沉白馬、玉璧，下淇園之竹以爲捷乎？功成而上有褒勞，玄圭之錫，神禹烈矣，即非今日所敢望，黃金、璽書之拜，豈出漢臣中二千石下哉？

劉侯曰：“甚矣！曹子之善狀公也，無所復加矣。第吏民之情終不釋然于公去，何公去大造河之南矣？”曰：“公去而奉公之條章，守若畫一，猶弗去也。群大夫不忍一日忘公，公豈一日而忘群大夫？且河之南猶河之東也，又安得久有公而私之？吾晉再更開府，代者或地遠不得爲緩急，梁、晉兄弟之國，公之資望崇矣，郡功成移之治河，河功成復移之治邊，後三年而有節鉞之寄，前茅達于汾之澨矣。”

## 明府李公膺臺薦序代

明制，憲臣巡方秩滿，所屬吏自藩臬、太守而下及府從事、州牧、邑令，得疏舉其賢者，詔下吏部，録功叙能，往往顯陟之已。第今天下吏治有二端：良吏身視國，子視百姓，奉職循理，盡所謂司牧之責，不希合于上而當上心，有以循政舉者；巧宦飭行矯名，置民瘼于度外，而一意揣摩上指，工嫵媚以博官聲，有以善仕舉者。求人于今，上之知下，下之亡負上所知，難矣！

洪洞令李侯視政之二年，巡撫都御史魏公列其治狀，疏聞于朝，而治鹺御史楊公復奏書太宰揭薦之。不佞未識李侯，其丞佐郭子養氣，余桑梓故交也，偕簿若尉以寮寀之誼謀申言于侯，而使使入秦，委筆不佞。其書曰："漢史臣司馬、班、范皆傳循吏，以風示來祀。執事，今之太史公也。以不穀佐一邑，侍令長，李侯循良之政有可彈指而數者。侯家世東瀛，舉庚戌進士，强年英姿，恢廓有度。自下車，戴星視事，旰食弗遑，每牘必親，無假肘于左右。初遭旱虐，蒿目憂民，屏騶馭，徒步禱于山川請雨。牒聞監司，請蠲請賑。不繼，爲粥廠于鄉以哺餓者。已又開藥局市中，以療時疫。歲之既登，家給人足，有輸于公，戒勿入奇羨。居常庭坐，矙然若秋水。鄉大夫延見，卑抑自下，關説一亡所容。士有隱衷，民有黷詞，吏有舞文，睢旰巧訐之習，一質于侯，燭以照魔之鏡而斷以太阿之鋒也。至窮里退陬，匹夫匹婦覆盆含抑，不惜湔雪而昭白平反。字[一]其事上官□[二]謹有禮，第不爲□[三]説狐媚以苟覬顏色。興□[四]剔弊，有便于下，即上意所拂，持之彌固，曰：'令不才，專城之寄以有百里，不敢爲升斗謀，惟亡負于朝廷、百姓爾。'當路察侯實政，采風民間，輒駭嘆以爲河之東饉[五]見今賢也，而推轂之章上矣。不穀駑鈍[六]

末學，而任以職事，奉侯約束，獲免顛躓。既侯入覲，委篆不穀，□[七]盲子就塗，悢悢莫適矣。天祚洪土，還之良牧，不但不穀輩末僚稱慶，合邑之父老、子弟擁道歡呼，若卿雲之重瞻、靈鳳之載下也。先是，侯被薦寓都門，不穀輩阻于逖遠，莫繇展賀。茲欲補前闕，寵靈其事而侈大之，則藉太史公乎[八]口以爲華袞耳，執事能無意乎？"

嗟乎！此郭子之言有習于李侯，侯固非巧宦者，其真古之遺良乎！上之知侯，侯之亡負上所知，交得之矣。夫史遷紀循吏，不專牧職，而班固所載多二千石事。東京而後，見于范史，以令顯者，密縣、中牟而已。語曰："卓魯款款，情愊德滿。"核其政迹，不爲要結炫名也者，而其名卒冠天下。茂七十而受知人主，賜几杖、車馬，官太傅，封褒德侯，臣子之分願極矣。恭以袁安之薦拜侍御史，歷遷侍中、大司徒，數上書論朝事，社稷、蒼生陰受其福。二君子功名皆起自百里耳，李侯勉旃！今歲當滿考，太宰録功叙能，天子下璽書，將有顯陟也。即束于選人例，不遂三事九列之地，而臺垣、法從所聲施于廟堂豈淺鮮哉？不佞濫竽史局，才不逮古人，倘他日握五寸管，成不朽之業，如郭子所期，侯附于密縣、中牟之後可矣。

## 贈撫臺魏公擢少司馬入朝序

壬子之秋，天子從廷議，擢巡撫山西、右副都御史惺吾魏公爲少司馬，詔曰："晉地邊胡，馭五郡，控三關，保釐四封，金湯千里，維爾大夫之績。其入佐戎政，張皇六師，靖遠寧邇，俾予一人無厪四顧之憂，國有重賴焉。"公拜手稽首，對揚天子之休命，將候代入朝。平陽宗侯某夙荷深知，圖所爲寵公行者，走書榆林，屬不佞一言叙之，且曰："往公初釋褐守解，稱神君，則先生之家壤所習聞也。近者吾河東盜發，會歲侵，草莽之民附而蜂起，剽掠縣市，執縛士女，張甚[九]。公檄監司，率諸武吏戮力討捕，已發所部銳師一旅剿平之。寇氛既除，雨暘以時，入秋大穰，人人歡呼：'開府活我，掃荊棘而躭[一〇]衽席也。'公今且遷去，并代吏民不知何策以挽公，吾河東父老、子弟謀欲裹糧北走，叩闕陳請，若漢河內借恂故事，以萬姓之力而回九閽之命，宜于古不宜于今乎？毋論漢事，公所代前爲名撫者，非天雄李公乎哉？三載滿考，遷卿佐，崇其秩，不移其地，而填撫如故。縣官即優賢，欲酬其勞勩，胡不以此例處公而遽奪之？先生與公，疆場之寄，秦晉相望，比肩而仗節鉞，公得竣擢，先生能無加額？第念桑梓之鄉，何以爲吾吏人計乎？"

不佞三復是説，而有慨于中，始而怏怏，既而霍然自釋也，曰："丘里之言狹而私，廟堂之議廣而公。宗侯守封國，庇公宇下，知有河東，知有晉而已。人主宰制六合，際天所覆皆其地也。以疆理則京師重于邊鄙，以要害則元首急于股肱，主爵者籌之熟矣。上意有所屬，寧忍掩公于西，久爲吾晉私耶？且公縣守而郎而大夫，徙楚徙蜀，而復還之晉，分司治餉，專閫督兵，不腆之邦奉公不爲不久矣。公大河以南洛産也，'崧高降神，生甫及申'，其鎮靜如岳，其活潑如川，其光明如日月，其敏捷如風雨，如雷霆。居恒危冠大袍，宴坐幕府中，風采威望足彈壓百吏。秋防之師，按時而出，士飽馬肥，部曲嚴整，戈甲鮮明，群酋膽爲奪，躑躅塞上，終公之任，亡敢一騎躪入邊者。公所注措安攘之計，不必事事毛舉，窺豹文于一班，斯其大概已。在昔名卿距公，文武兼資，若郭令公節制河中，裴晉公平定淮蔡，寇萊公鎖鑰北門，韓魏公經略西夏，疆事已定，皆膚内召入政府，建左弼右輔之業，載之往牒，何章章著也！公才無遜數君子，少司馬，八座之次，步武台衡矣。去解二十年，開府恩澤浹于河東，解所弗遺。即今在樞筦，載膚大拜，借箸廣廈細旃之上，且夕有獻納，爲明主宣布威德，薄海内外舉拜公之賜。公不能一日而忘晉，晉何嘗不有公哉？”

## 明府李公報最錫恩序

侯治吾洪周三歲，報滿，開府中丞及按部御史前後四上薦書矣。天官氏以最請，上嘉説，覃恩褒予之，贈其父太學公文林郎，母王封太孺人。璽書至，侯屏騶馭，步出郊十餘里，道拜迎之。已入縣庭，宣布曰：“力田孝弟，夙抗志于鴻冥；開塾詩書，遂貽休于燕翼。文林公所以爲父也。”曰：“肅筐筥以賓賢，敬徵相餚；備拮據而昌業，訓切和丸。太孺人所以爲母也。”曰：“劚割風斤運手，操修日鑒盟心。節勵羔羊，壺向冰寒照潔；化祥鸞鳳，桑從雨潤成陰。窮檐邃谷皆春，私室公庭如水。侯所以爲民之父母也。”不腆鄙邑，距京國千里而遥，人主能遂察遠照，悉侯治狀而褒美之。文林公生未出鄉閭，太孺人履不越閨閫之外，一日而名滿霄壤矣。

侯既拜王命，將誠使入里，焚草文林公之墓，而上冠帔于堂，以爲太孺人壽。合邑之紳士、耆稚艷其事，謀所申虔，修慶禮于侯者，爭裝錦而飾之以言，言人人殊，有如制詞所稱者乎！不佞道以通家故，即欲致戔戔之語，懼亡足爲侯重而弁髦之也。無已，有説焉。

不佞嘗讀史，上下百千年間，若狐偃之父、陶侃之母，能以藎臣廉吏勖其子，二尊人似之。召信臣之稱父，杜詩之稱母，能愛民如子，侯似之。以近事埒往哲，爲父、爲母、爲子臣，今不愧古，古亦無所加于今。至聖天子褒德錫恩，厚于恤下，而推本其所繇始，則前代帝王所未有也。二帝官天下，方岳群工，三載考績，舉陟明之典。三王家天下，牧伯之賢者有世爵，子子孫孫而已，不得已〔一〕以身貴貴其親。漢法，褒予勤事吏，增秩、賜金，尋表次爲公卿，而所自出或困于田間，布素未改，一匹夫匹婦耳。唐以後，始有封錫，不聞議及州縣，其制猶未備也。木之華有根，水之清有源。吏之賢者，竭力致身以事君，而惠愛乎于百姓，本其親之教也。人主推恩，不源源而本本，何以勸忠？何以彰孝？思深哉！皇祖之制邁古帝王遠矣。侯墨綬之良，一命初沾，酬所效于百里者耳。由令而上，有銓司，有鎖闈，有諫院，侯旦夕被召矣。以其試之邑者獻之廷，六府三事，喬序而遷焉，宗社、生靈之福自侯造之，不有三命、五命、九命于後耶？侯其勉旃！文林公不可復作矣，太孺人健，善飯，七十而有孺人之色，度百歲未可涯也。“魯侯燕喜，令妻壽母。”不佞願采《閟宫》之詩，爲侯頌，爲太孺人祝。

## 任丘賈明府考績序

庚戌之春，上臨軒策士，收天下顧俊三百人，賜宴南宮，不佞附蠅驥尾，得解褐而識公。公家籍新鄉，翩翩少年，經術治理，與之譚説，十口而十應，不佞私心奇之，謂是夫不羈之才產在中土，漢史所稱洛陽賈生者，豈其前身耶？未幾，銓注授官，公拜臨汾令，附郭平陽。不佞承乏洪洞，相距六十里而近，監司、郡署有共事，翼接肩摩，暱若兄弟也者。公甫脱經生業，井井縣務，諳練若故吏。不佞寡昧弗學，授之以政，猶未操刀而使割也，大迷當前，每問津于公。公不惜引筏渡之，不佞藉是得軌道而馳以無取咎于當路、百姓。蓋逾歲而公之治聲褒〔一二〕然爲河東冠矣。會司理某者以同年責苟禮，公意弗懌，牒請徙官。兩臺使挽之不得，書上，而銓注補吾虞丘，曰：“賈令，才吏也，汾繁而治，虞丘不爲簡，而視汾更衝，非盤根錯節，無以別利刀耳。”不佞接邸報，躍然喜曰：“天福吾桑梓哉？即吾一人失同舟之濟，而邦之父老、子弟合數十萬户之衆怗恃于公，蓋易其所謂兄弟者而父母之已。"

越明年,壬子冬十月,不佞將入計,便道過鄉。公迎而以大斗勞我,相與把袂,道故歡甚。已如京,王事竣,不佞復里居三月,得數奉公顏色。公治吾邑,大者城成,屹然金湯,有社稷不朽之功。而其細者一如治汾,照隱若鑒,矯枉若矢,噓善若春飈,回枯若膏雨,而解棼應變,不啻霆擘而斧斷之。吏胥惴惴,奉爲神君;而黔赤親之,若嬰孺之就哺于慈嫗也。不佞束橐而西,再越歲,公滿考,報功吏部,蓋合汾與吾邑輻輳而成三年績也。太宰披薦牘盈篋,以最聞當宁,天子下尺一褒勵之,封其父學訓翁如公官,而母稱太孺人,有徽號矣。初,公迎學訓翁就邸舍,晨昏上食,備極甘腝之奉,翁曰:"父來以覘而之能官也,不欲多簋傷而廉也。以吾屹屹佔俾,不得效鉛刀一割之用,而老爲士者師。而兩縕侯符,百里之良,亦既有令聞已。而第安于官,吾歸,偕而母安于田間,甚樂也。"呼酒盡三爵,跨一款段而去。夫子之于親,三釜五鼎皆養也,一命五服皆孝也,顧以逮親爲天幸,非是,無所用情耳。即今吾榜中少年,登籍而慶,俱存者幾何?不佞爲縣無狀,亦叨錫典,而僅得以身及吾母。人子之心有不盡酬者,獨于公有私快焉。公馳使賫制書入里,翁與太孺人被冠服于堂,三族六戚聚而牛酒上壽,人福天祥,二尊人義方其子,而能身享之,愉快可知已,矧方來者未艾耶?不佞竊讀賈生《治安策》,憂國救時之慮發爲萬言,其才誠高,其論議誠懇而切,而其器量稍狹,以故忞忞無大表竪于世。公醞藉深凝,負長者之德而施于民,有弘濟,固公輔器也。起之百里而崇之顯庸,他日酌斗杓,調鼎鼐,天子九命及親,而二尊人以百歲沐皇寵,理有之矣。至竟功名,公豈賈生所敢望乎?唐郭元振、宋王溥位極元臣,而父母篤老無恙,祿養偕焉,流耀竹素,稱嘉事,公彈冠而繼二君子之後矣。

# 明府李公舉孫序

公初舉進士，拜吾邑令，年尚強，有丈夫子四，膝下繩繩矣。爲縣五年，神明逾王，而不見有二毛，絶塵之標，玉山映人，猶然一儒生耳。今歲秋八月，舉一孫，公方入闈校士，歸而署左有懸弧，喜可知已。母太夫人家食，接佳音于千里外，喜又可知已。邑大夫士持牛酒爲賀，而不佞道一言侑之。

竊惟上古重華之代，世族濟美，八元八愷尚矣。周詩所咏，曰“麟之趾，振振公子”，曰“螽[一三]斯羽，詵詵兮；宜爾子孫，振振兮”，抑何其盛也！三代而降，若石奮之一門萬石、楊震之累葉三公。荀季和之後爽、或紹武，謝安石之裔琰、琬象賢，皆稱子姓之繁，顯于世世，史傳而繪之已。皇明際中興之運，海内文獻大家，閩川有林，越江有孫，河洛有許，海岱有王，世德滋茂，代爲國華，亡遜美于往哲，正、嘉、隆、萬以來，可彈指而數也。其在虞丘，尤不可勝紀，朝貴相禪，世卿、國老不下十餘曹，今之最著者莫如李氏。公家太公篤行長者，布德里中，若萬石君。伯父司馬籌邊定國，樹社稷之勛，若謝東山。公發鉶一令，冰蘗當官，四知之畏，凛于關西夫子。諸子少年，伯氏富經術，曉暢世務，而建而甲，而乙而慶，所不道也。孫枝方茂，桂林一株，墮地呱呱，聽者識爲英物，荀氏八龍，證之他日耳。

有客聞余言，詰之，曰：“子之叙論博雅多聞，某且怪而惑焉。相門有相，將門有將，蔀屋之下不無公卿，子徒以世類言之。耕莘若尹，築岩若説，釣渭若子牙，一匹之夫，富貴功名，何所自乎？某聞仁者有後，愛百姓者，天報之以福。公身有之，百姓交口而頌之已，子寧無遺説乎？”曰：“固也。于公爲小吏，斷獄多陰德，遂高其門，度可以駟馬者。其孫定國果至相位，非世德克肖，何以有此？夫慧種生聖，痴種生狂，丹穴之有鷂鷄，渥窪之有龍媒、汗血，奚怪焉？不觀之海乎？吐而日月，嘘而風雲、雷雨，巨者蛟龍興焉，細者蚌珠羅生，珊瑚林列，百物之産，無不珍奇，奚怪焉？公家瀛海，名閥世德，霨霨不測，固海氣之蓄靈也。公之仁政施于百里，猶滄溟餘波耳。閱今以往，子子孫孫，榮禄福澤，保世滋大，于人爲全昌，于天爲卑厚，家有造而國無疆，千萬祀可卜也。"客聽而憮然曰："命之矣！觀于海難爲水，味于子之説難爲言。請書爲公觴。"

## 明府李公再入計序

明法，藩臬、郡邑長吏三歲一述職，朝于京師，天子詔太宰、御史大夫核其治行爲慶讓，其以卓异舉者，得躐級而遷焉。郡守僅外補行省分司，兵刑之任是寄；邑令則晉之諫垣，或柱下史，當言路，不則吏部郎，佐銓衡，爲人物之鑒，縣官尤倚重之。往歲癸丑大計，吾洪李侯以賢能考上上，中外跂望，有不次之擢；而太宰執久任例，謂令非秩滿不他移。

侯還，治吾洪三年，距庚戌視事，歷歲有五矣。侯于地方利弊、里俗美惡靡所不習，而孳孳爲民所幹理，益精于初治。向之供需稱廉，今則饋餉亡所受，薪菽之給取諸市，月俸易之而已；向之摘發稱明，今則不事鈎距，而坐照妍媸，訟師舞文，慴伏三尺之下，縮舌稽首而已；向之剸裁稱敏，今則牘不越宿，案空若洗，鳴琴之暇退食從容，一編訓子而已。三年有成，五年而化，百姓出作入息，歌且舞之，直追康衢擊壤之風而返之古，是可以觀政矣。撫若按及治醿使者推轂，賢書後先七奏于朝。太宰披牘盈篋，曰："洪令良哉！是不必借之言路，吾曹屬缺人，可代爲左右手也者。"除目未上，輦轂之地有傳聞，縉紳交口而奇瑞之已。

開歲丙辰，當再覲，侯念太夫人家食，年七十，謀過里歸寧爲壽，情請當路，以今冬十月先期戒行。僚佐丞吳君、簿郭君、尉徐君私聚而議，曰：“令公四牡將駕矣，吾儕托庇如天，當遠別，宜有言贈，必需之顯者。盧子越在秦邊，則馳一迅足往乎。”使者裹糧兼程，閱旬餘至河西，申以來命，懇甚。先是，秋八月，不佞尚休沐在里，侯舉一孫，三君子以賀言請，未及應，山人邢子代具草焉。茲厪帛書二千里外，安所具答，飾不斐之詞，爲侯行李重乎哉？雖然，侯行矣，爲吏部郎無疑矣。今之吏部多爲言官所持，不安其位則去，茲其故難言之。質諸古人，選郎之賢無甚著聞。尚書官有可表而述者，魏毛玠擁柴車，清恪奉職，拔真黜浮，庶士傾心，罔不以名節自勵，是謂廉吏部；晉山濤爲啓事，前後典選，海內顒俊悉布列有位，是謂明吏部；梁范雲賓客滿門，官曹文墨應手而決，亡所壅滯，掾史視爲神明，是謂才吏部。侯三者具有之，無讓美前哲，以參銓事，矜嚴成憲，式是清規，苞苴屏絕，衡石以均國之利也，所及遠矣。即進而尚書，令專喉舌之司，操吏權于掌握，九流甄別，百揆時叙，天下之平，猶之乎一邑也。上之簡在皇衷，而下之厭塞人望，言官將安所持乎？日者不佞待罪東藩，未免于口，河西之役方自湔濯，期亡愧臣節而報上恩，侯固心知之。亡簪毋棄，遺履可收，他日庶幾有明其志者。若謂侯故人私我，非所敢望矣。

## 郡丞焦公攝篆得代序

乙卯之冬，邑令李侯入計北上，而吳丞代攝篆焉。吳以掾曹起，齷齪不能任其官，蓋四閱月而縣事隳矣，民困矣，而法紀且弛矣。李侯留部不復西，郡太守傅公舉高第，詔賜黃金，還治郡，道入河東，邑父老簟食壺漿郊迎之，跽伏轅下百餘人，泣而訴曰：“傷哉！我百姓之亡天也，而孰與怙恃？”我太守惻然，温諭至再，散其衆，已入郡。洪多黠訟，持吏胥短長，而株連吳丞，事不能禁。太守具奏監司、兩臺，謂洪民失依失約束，非諳練老成嫻于吏者，無以拊循而安定之，遂借郡丞焦公來。甫下車，吳丞稽首解篆去。三老、里賦長朝見，出而大喜，曰："我百姓得天矣。"公視事，戴星出，戴星入，獄訟亡大小，片語而決，雖被法亡怨色。田賦亡遠邇，以信約束之，立取辦而不告痛。帥勵二三縣佐，約己奉公，有所則而軌于道。延見卿[一四]大夫，折節恭謹，不敢卒然以私干。作興學官弟子，爲日給餉而手較其文，低昂之，彬彬雍雍焉。蓋三閱月，盡洗吳丞之弊政而反之，事隳也而復理，民困也而復蘇，法紀且弛也而復振矣。初值夏旱，田疇龜裂，公蒿目境内，齋沐露禱于天，三日，雨大注，入秋復穰。諸生乘間請，謂學宮壞，不治且圮。公曰："此有司責也，而吾代庖，有其舉之，粉飾而已，胡以垂永久？大治之，費且不資，吾何敢損官帑以爲己德。"牒聞監司、太守，俱報可。公首捐俸金及贖穀之羨倡其先，里貴宗、大賈、上農遞有應者，陶瓦采木、甓墍宷棟之屬不浹旬而辦，大成殿、兩廡、講堂、庫舍盡撤其故而重葺之，不三月而焕然一新。會新令將至，公得代，父老塗奔巷聚，咄而嗟焉，曰："我曹得焦使君，如得天也，而遽失之，奈何？"里大夫列公治狀，馳使北地以告盧子，曰："焦公署篆未久，大有造于我邦，而其人實長者，明不見毛較，威不假鷙擊，手摩腹置而融其慈，茹蘗含冰而忘其介。邑自有國以來，豈無缺令？豈無攝政？稱賢如公，未之前聞也。公行，父老不能忘情，而吾輩忍忘之？微惠子大夫，予之一言爲公贈。"

不佞竊謂，三代以下，秦罷侯置守，而吏治始盛于漢，班史所載，僅潁川、渤海二三君子，亦嘗以長史、司馬口[一五]郡，寥寥亡述焉，豈其時壓于長吏，抑頓不能騁其材耶？焦公得傅公之賢而其志大申，邑篆不滿歲，而興革成百歲之利，去而得士民之情懇惻若是。傅公，龔、黃之流匹也，且夕遷矣。焦公代傅爲守，見之表竪，豈出潁川、渤海下哉？朝有良史如孟堅，當列爲傳紀，以彰我明吏治之盛，余言亡足爲重已。

## 趙城李明府膺臺獎序

趙城距吾洪僅三十里耳，前令張公擢解州守，里紳索余言爲贈。張公不謂余賤，而辱書訊問，迹余蓬蒿之野，即未及瞻晤，有神交焉。既余應聘纂晉史北上，則有郭公給余路餉，余爲詩報謝，蓋己酉之夏云。嗣是而爲吳公，爲朱公，爲今任李公，不佞伏老岩谷，未敢以聲通也。李公繇定興丞才而賢，擢令趙城，不匝歲，按俗而治，褒[一六]然有令聞矣。天官史大計吏，以公秩尚淺，俾還治趙。未幾，而開府中丞吳公獎橄下焉，曰：“政先潔己，心切防奸，剔刷秉法如霜，濡沫隨車是雨。”

僚佐簿蘇君、幕沈君捧橄躍然喜曰：“當路者知公深哉！某兩人侍公教席，誨之循循，諭之諄諄，牛馬下走得苟安其位，以亡殄厥官，拜公賜弘矣。遭此榮典，安所修恭，比于禮，以展吾私？以趙之比鄰而有邢子，庶幾籍手一言乎！”則走書而録公之獎語，并列其治狀以聞。曰：“虛衷坦腸，水静而澄，鑒空而朗，物當其前，妍媸亡所匿，公之明也。”曰：“據案操筆，立剖立斷，朝具牒，夕亡留牘，吏不得因緣爲奸，公之敏也。”曰：“屏苞苴，却公奉錢，出納度支有餘羨，必登之簿，不以充私橐，公之廉也。”曰：“訟者有訴，降詞色而聽之，得其情，五條之檢，寧出勿入，即大辟無赦，測[一七]然泣而悲焉，公之仁也。”曰：“課耕勸稼，農無廢業，場功以時，衣食足而廩庾以充，公家之輸不告乏，公之惠也。”曰：“剪惡如莠，捕盗如鼠，市無三霸，四封之外，林聚野嘯徙而去之，公之威也。”

嗟乎！備矣。孔門諸賢，由、求可與從政，由之果，求之藝，止于偏長，可使足民，卒無所表見，而治蒲以三善稱，何堇堇也！漢興，循吏百里之長，中牟、密邑其最著者，奉職循理，愛民如子而已，其他事行無具述焉。公萃是衆美，以底于治，獲上得民，一以貫之，不復出古人上哉？國制，兩臺使按部，守令之良，未及期而有獎，逾歲而有薦，比及三年有成，則太宰報最，天子下尺書褒勞之，諫垣、法從由此其選已。李公勉旃！後二年而璽書，趙城令將有顯陟焉，不佞願爲日以待矣。

**校勘記**

〔一〕“字”，疑當作“至”。

〔二〕“□”，疑當作“恭”。

〔三〕“□”，疑當作“膻”。

〔四〕“□”，疑當作“利”。

〔五〕“饉”，疑當作“僅”。

〔六〕“鈍”，疑當作“鈍”。

〔七〕“□”，疑當作“如”。

〔八〕“乎”，疑當作“手”。

〔九〕“基”，疑當作“甚”。

〔一〇〕“孰”，疑當作“執”。

〔一一〕“已”，據文意疑衍。

〔一二〕“褒”，疑當作“襃”。

〔一三〕“蟲”，疑當作“蠢”。

〔一四〕“卿”，疑當作“鄉”。

〔一五〕“□”，疑當作“佐”。

〔一六〕“襃”，疑當作“襃”。

〔一七〕“測”，疑當作“惻”。

# 序

## 馬湖守致仕晉齋劉大夫八帙序

馬湖守晉齋劉大夫，致其郡事十有五年，爲萬曆庚戌，大夫壽八帙，其宗屬少年兩生者過邢子而授簡焉，曰："我劉氏之有二天也，以大夫也，庇其富者而膏潤其貧者，植其弱者而斂束其強者，大夫之世恩也，亦世範也。即我輩少年頑鈍弗敏，鉛槧之業粗有所習，以亡墮其家風，皆大夫之貽謀也。大夫德于我劉氏深矣。維是六月四日爲覽揆之辰，縣長吏若縉紳、學士若耆逸，靡不預謀爲大夫壽者。度是日，大夫曳金緋而敞繡筵，璧帛錯于堂，羔雁錯于庭，而干旄之錯于巷也。大夫榮矣，我族屬何以秩諸禮文而報德于大夫？願藉乎[一]先生，修爵者之詞，其有意乎？"

不佞悚而謝曰："今天下所羨立言不朽者，率當世顯名士雕龍繡虎之章，足法今而傳後。道非其人也，即有言，瞉音耳，安所藉俹廬壁而光之，爲大夫重也？雖然，不佞惡得無詞于大夫？先孺人出劉氏，大夫服遠而輩尊，視外王父爲兄弟。先侍御公青佩論文，辱交于大夫，歌鹿之秋同年爲兄弟。大夫之子太學君儒雅而温純，又交于余，講世好，爲兄弟。不佞惡得無詞于大夫？且大夫，詞林之雄長也，豈以人之微遂鄙其言而弁髦之，以爲無當乎？"

不佞竊謂，晉之隸封以九十餘計，所號文明之邦，距平水不百里而近者，非吾洪乎哉？洪之科第起家以十餘計，所稱冠冕詩書之胄，金紫相襌，前輝而後燿者，非劉氏乎哉？劉氏世族自正德、嘉隆以來，彈指而數，以郡倅顯者，爲大夫大父碯軒翁、伯父介石翁；以中丞顯者，父白石翁；以參知顯者，從兄中齋公、仲弟乾齋公、宗侄友山公。數君子皆經世之才，伉爽，習吏治，而大夫與中齋公尤博識多聞，以文章顯。碯軒翁年不及稀，中丞、兩參知僅逾艾而上，大夫今歲稱大耋人矣。初，大夫弱冠登賢書，七奏公車弗售，五十而從銓注，得一令，聲于閿鄉。已徙州牧，聲于武定，聲于祁。已徙郡丞，聲于巨鹿。已又徙守，聲于龍湖。無幾而朝于京，天子臨軒問治狀，稱長者，擬有表次，跻武卿佐矣，大夫一旦上章乞歸。歸而飭祠宇，葺園池，蒔竹木，謝囂塵市，杜門一編訓其子及諸孫。伏臘蒸嘗，合族之長稚煦沫一堂之上，列豆而腝，剷罍而醇，鳴鍾擊筑而饗，仙仙乎甚快也。大夫春秋益高，心益閑，神益王，而百體愈益康。其髮有鬖鬖白者，其頰輔若渥丹，其齒若編貝，其目光若射電，其聲音若鳴皋之鶴，其手足若搏風之鵰。方書所載服砂餌玉、道家攝生之術，大夫一切弗好，而蹻健若此，非人爲之矣。祿位名德，□[二]世所有，而壽考康寧，大夫以一身凝承之。天固厚劉氏，豈獨私于大夫而長發其祥，以爲國家奇瑞也耶？占其算，百年不啻已。

　　兩生聞余言，矍然起曰：“先生之論大夫核矣嫩矣。以百年期大夫，我願未滿也。《詩》曰：‘樂只君子，萬壽無疆。’又曰：‘君子萬年，介爾景福。’大夫之德于我劉氏深也，則願我劉氏長有大夫耳，奚但百年？”曰：“固也。人壽以百年爲期，所謂萬年者，尊愛無已之詞也，尊之愛之，斯祝之矣。華封人之于堯以三祝，而不佞于大夫以千餘言祝。爾頌余一言，以一觴薦大夫，而益之一歲，則大夫之年超彭大夫而過焉，爾之願滿乎哉？余言即無當，得比于海屋之籌，大夫固不鄙而弁髦之矣。"兩生色喜，曰："善哉！先生之益我也。願持而告大夫，嘉先生之賜。"

## 又代

劉氏，余母族，中表兄弟十餘人科第鵲起，顯于朱輪二三大夫，而其最壽者曰晉齋先生，余舅氏中丞白石翁長子，故參知乾齋、今宿州倅巽齋之兄也。偉幹八尺，豐頤而髯，仕至馬湖太守，解官林下，人稱馬湖公，今年壽八十矣。余方飭兵沂東，家別駕儀齋兄貽書曰："馬湖公人瑞哉！三老、布衣之交凋謝殆盡，所與游多里紳晚進，忘年而稱爾汝者也。而兄無似，得從其後，睹公八十矣，而灼然有少容，宴席之間，酒不甚悶，三爵而止，菹醢膻薌之味，非再簋不飽。與人奕，奕必勝，奕勝而琴，琴而詩，留連竟日，坐忘倦也。公以名德重于鄉，推爲祭酒長，月改評而旦稱之。或擬之香山居士，或擬之角里翁，或擬之漆園吏，或擬之無懷、葛天之民，度其年，百歲未可涯也。翁真人瑞哉！間黨戚知合而壽公，藉手筆于子，以子之越在千里也，能無一言效華封人之祝乎？"

不佞讀其書而躍然喜也，已又觖觖弗快者，《詩》曰："爲此春酒，以介眉壽。"又曰："酌以大斗，以祈黃耇。"不佞即欲翼而觴公，弗能也，安所事嗺言而祝之？竊聞之道家之説，神太勞則疲，精太勞則竭。天以清故長，地以寧故久，人以逸故壽。丈夫委質國家，鞅掌王事，律以臣子之義，必鞠躬盡瘁而後已也。身非吾有矣，何以爲引年計？當公領專城之寄，試于縣則縣治，試于州則州治，試于郡則郡治，梁、齊、燕、蜀之邦，惠澤黔赤無慮億百萬，而積資至二千石，亦既貴倨矣，躐級而上，卿相可立致也。而一旦棄其官，脱虎符如敝帚，世所窺公振代之才斂而爲農圃樵漁之樂，惜其未究于用者。而公高視遠引，岩栖而川游，麋群而鷗侶，陶陶乎自得也，一切聲利不以觕繫其中而撝其天和，云胡弗壽？夫利劍一割，寶□藏之，不盡其技；良馬千里，脫駕而息之，不盡其力：兩者壽之道也，公固類是。自今八十以往，爲冥靈，爲大椿，處熙和之世而休養太平之福，明天子萬曆無疆，皆公之餘日也，其算寧有極乎？不佞少與公十有八歲，才不任劇而力不任勞，毛髮且日短矣，而役役弗休，知止之謂何？《禮》稱七十者致政，不佞竊欲效于公，不待期而請焉。箕山之麓，汾水之濱，凌風采芝，濯月弄濤，與公相佯其間以保天年，不佞固厚幸哉！倘公善服煉術，刀圭可就，十洲三島之上，偓佺、子晉引鶴馭而延公，公能惢然棄余哉？不佞願爲之執鞭矣。

## 太宰疏庵王公八帙序

　　少保陽城王公致其銓政之九年，爲萬曆辛卯，公壽屆八帙。洪洞人劉子守仁、于子應昌辱通家末誼，飲德殊深，思欲翼而造公，晉一卮，弗能也。載愉焉快焉，于是爲繪圖壽之。而于子又謂當有言贈，則屬筆于劉子。

　　劉子曰：“噫！世降而下矣，市潔者鮮通濟之猷，忨榮者罔自全之計，故托隱爲高也。而勛不施寰宇，澤不被黔黎，泯泯脉脉，蓬荻其身以老，即獲祉于天，雖壽弗壽也。苟駕言行義矣，而耽位固寵，鍾鳴漏盡而夜行，徒役役焉爲世瘁也，胡以卜長算？當公盛年，肅皇帝詔公于墨綬高第，置吏部郎，尋用佐銀臺，尹京兆，進少司徒，督儲京帑，所至歸然竪勞矣。迨今上御極，公一入大司農，平邦賦，貪墨望風，侵漁之念已熄。及入大冢宰，弼一人，總百揆，而封疆、司牧之吏靡不洗心布德，衽席其民而大惠之。蓋自嘉隆、萬曆以來，國家所藉以久安長治，而九土元元共躋太上仁壽之域者，夫疇非公賜哉？公既爲福于天下，而復以其餘者斂而之身，戈[三]風釣月，相羊泉石之間，盡日解頤而笑。而有子領鄉書、佩青衿有聲，歲時伏臘，八龍繞膝，捧觴上爲壽。公駝[四]顏鶴髮，逍遥飲，醉而醒，醒而醉，澹然不以世故滑其中。公所謂知足不辱、知止不殆者也。趙璧獻而完其美，吳鉤試而匿其光，惡得弗壽？"

于子曰："繇前之説，核矣美矣；繇後之説，余竊惑焉。夫大臣，天下無事重在身，則退而逸；天下有事重在國，則進而勞。方今狂虜内闞，明天子捬髀思賢，圖安攘之策，而三朝耆碩運籌廟謨，孰有出公右者乎？藉令中外諸臣一旦推轂，謂公即老，方虁鑠亡恙也，束帛蒲輪，且儼然及公，公持何説以解耶？"

劉子曰："否否。聖世有必不可召之臣，君子有必不可奪之節。宋元祐之季，潞公八十餘而往蜀，公七十九而辭，固所願也，人主安得强之？"曰："爲社稷計，奈何？"曰："天子優老，袒割肆使，就而乞言；人臣愛國，有謀必陳，有獻必告：是上下交相濟者也。"

## 處士衛梅軒夫婦偕壽序

距邑東十五里，曰故縣鎮良里也。里中巨宗大姓，首推轂衛氏。衛氏自開封守英以廉吏起家，貽謀子孫，代以願愨、尚行誼、耕鑿織紝、諷誦詩書習爲恒業矣。梅軒公承閥閱之裔，締構廬屋，腴田連畛，籌資數千金，料理輻輳，若轉丸于股掌間，斯不稱偉丈夫哉？公有配韓孺人，能佐公富行其德。宗鄰大構，得公一言，即各厭意，無不解也。里饑，爲饘粥而飼之，七十以上，亡不饋遺也。歲貿田穀以給族之貧者，五服以外，亡不周也。里中之祠宇亡不飭也，與梁亡不通也。鄉長老頌仁焉，謂衛氏有賢夫賢婦云。今年，公壽六帙，嘉平月廿日爲懸弧旦。孺人設帨先公一月，而壽與公偕。其子太學生承憲，余莫逆交也，飭筐幣樽醴爲公與孺人稱壽，因授簡一言以揚盛美。

不佞竊謂，陰陽匹配之義，其來尚矣；而并德并壽，則世不一二遘焉。漢平陵氏稱良媲哉，抵今披籍而興思，竊欲親炙其人不可得已。夫鴻願裘褐之婦與俱隱深山者爾，德曜屏去綺縞，出椎布操作而前，卒之舉案齊眉，不敢仰視，何其賢也！然史不詳其年，子孫福履亦亡能名之。公與孺人丘壑相依，并稱六十人矣。和氣所凝，禎禧駢集，上而尊君逾耄亡恙，下而子而孫而曾方來者未艾也。歲時伏臘，持翣進履，承歡一堂。以此擬古人，賢與齊軌，而隆享厚錫過之已，所得不既贏乎？語曰：“竪木則芘，竪穀則育，竪德則昌。”平陵氏誠賢，依依[五]皋伯通之廡下，貧也，志不隳修，猶寄食于人耳。公積居頗饒，又善于施人，富而仁義附焉，有及物之德，所拯濟全活功利廣矣。偕壽且康，子孫引引勿替，蓋造物者隤以完祉哉！筆而序之，爲里俗勸。

## 李太公壽序代

太公，直之大名人，吾晉右方伯李公父也。初，方伯公爲郎時，已用最受知當宁，貤太公封。尋轉河南參議，遞引遞遷，歷今階。于是，太公年七十矣，就養在官，夏五月十八日屆初度，方伯公曳金緋于堂，爲太公稱壽。合晉陽之父老、子弟蒲伏公門下，稽顙再拜，而祝之曰：“太公！太公！庶幾天錫遐祉而食報我方伯公亡量乎！”時諸州邑長吏目其事，異之，因走使齎帛書聞于某子，且曰：“吾儕備員下位，得便宜宜民，亡隳厥職以貽曠官之誚，皆方伯公賜也。晉百姓德方伯公甚深，而不能以其情筆而章之，亡足爲太公重。一言之褒，榮于華衮，其藉手先生乎？願持爲太公觴。”

不佞竊聞尼父之言孝也，謂"得人之歡心，以事其親"，又曰"敬其父，則子悦"。若諸父老、子弟及長吏之情，則方伯公孝徵乎哉？夫爲親者愛其子，襁負而娱膝上，靡不曰"壯而畲鍤足矣"。比能就塾師、侍几硯，執牒問句，則沾沾喜動眉睫。及補博士弟子，萬一舉賢書，即鄉人罔不物色之，其親亦既貴倨矣。曷况取甲第，引籍服官，彪榮于時，封爵及其親乎？又領方岳，稱重臣，宣勞屏翰，覃惠吏民，衆悦而群戴之，爲其親效華封人之祝乎？此難之難者也，不謂方伯公孝徵乎哉？且聞太公七十，渥顏而豐頰，聽視聰明，匕箸亡減[六]少壯，繇此抵百年，理有之矣。説者謂趙魏間咫尺帝鄉，民淳而近古，亡澆漓飾詐之行，而又值主上仁聖化國之日，煦育長養之，其天年咸躋上壽。此亦論其概爾。太公樸茂好修，又義方其子，而饗有禄食，備極志物之養，不有足多者哉？氣昌者永，神怡者長。起居既適，天倪斯和，歷算寧有窮乎？自今往，太公年日高，方伯公名位亦日崇，得亡虞于内顧而壹意精白，服勤王家，天子將有三錫之典加恩所自生。不然，效漢制，修三老五更禮，太公杖于朝，天子袒割而問政，君臣、父子交慶一堂之上，且推其餘以壽天下矣。斯諸吏民之深願哉！質諸他日，當以不佞言爲左券。

## 商城令致仕六同趙君八帙序代

三晉，唐虞故都，山川佳麗，土風淳厚，所産多名卿士大夫，而洪洞其岩邑也，乃有六同趙君云。趙君之尊人曰東泉公，嘉靖間販鬻淮楊，携其子趙君來，因受經于先君子。時不佞甫髫也，而趙君已冠而衿，彬彬儒者矣。先君子下帷，所指授生徒數十人，獨大异趙君，每退輒語余曰："是夫汗血之駒，一日千里，胡不可爲也？"居數歲，趙君去之晉。去無何，而晉之鄉書褒[七]然列趙君矣，其年癸卯也。越十五載而爲戊午，不佞始領南都薦，與趙君同上春官，同報罷。自是再往再罷，而趙君稍厭公車業矣，隆慶戊辰，就太宰銓，得商城令。趙君治商城五年，所規調施設不能盡悉，而其大指以救時弊、蘇民困爲急，貞性廉操，威德交布，黔黎以爲大庇也而怙恃之。已卒以簡亢不懌于當路，遂拂衣去官歸。

自趙君歸，不佞風塵奔走又二十年，不及以時起居，趙君計今歲稱八帙人矣。秋八月二十一日爲初度，道里逖絕，念無以爲趙君觴，若鞅鞅失志者。倏有使自晉來，貽帛書不佞，啓函讀之，則趙君孫婿韓生輩，以不佞通家故，徵言贈趙君也。書謂趙君八十，矍鑠如少壯，合尚齒之會，青山白水，杖屨逍遥，而有子若孫咸秀而文，能繪圖記，豐筵廣樂，娛趙君壽。於乎！趙君斯完福人矣。身值太平之世，茹和含醇，精液鬯而神氣融，即百歲可登焉，不亦昭代人瑞也耶？功名富貴亡論已。不佞汗顏禄食于公家，亡所裨補，竊企趙君之高而未遂也。因韓生請，且有感于今昔揆合之迹，姑次其語授來使。

## 琴士王古泉壽序代

古泉王子者，絳人也。少業儒，不就，習之琴，即善琴；又習之奕，即善奕。王子既藝名國中矣，乃時時被儒服而游，結納縉紳士大夫，即諸縉紳士大夫亦亡不願識荆王子者。王子客長安，贊謁大司馬霍公，以其藝進。霍公心益善之，請于銓司，援例授王子官。王子歸而峨其冠，華其服，垂紳而揚佩，其躡屣又甚鮮也，鄉人靡不物色之矣。王子又不安其鄉，去而之秦。已又之齊、之梁、之吳越，每歲束囊裹糗，驅馳塗道中，日不貼席，而王子且以爲大快吾志也，曰：“生爲男子，幸未僶，當有事四方，惡能齷齪效轅下駒哉？”

余初識王子，睹其秀眉豐骨，白面長軀，即不敢以庸衆目之。既而與之琴，又與之奕，輒大喜曰："王子豪士也！"會其時縛于宦，不得適。及余罷，自西寧還，混迹漁樵之侶，幾閱歲，而王子亦厭薄世故，稱倦游人矣，移家平陽，相距六十里。王子數過余，余亦數飲王子。王子性又嗜飲，淺斝深觥，坐至中夜，徘徊待月而去，斯陶靖節、阮嗣宗之流乎？王子今年壽七十，覘其貌，若退而五十許者。有子四人、孫六人，而其子敏者能精其藝，流聲遐域，徵馹交馳，王子衣鉢有所托而傳矣。湖海之風濤已遠，山林之歲月漸長，王子斂其洸洋自恣者以夷猶桑梓，謝囂紛而耽閒寂，有不駢膚厚祉、享有遐齡者哉？

王子誕在某月某日，其子謁余文爲壽。余聞絳之先民有歷四百甲子者，後不竟其年，王子後身亡疑矣。溯其仙源，玉笙吹，鳳雲乘，跨鶴托嵩高而羽化接浮丘以遐升，又豈狂誕不近理者哉？語云："慧種生聖，痴種生狂。"王子緱山之裔，修齡完標，預見表象，越是以往，不丹而固，不翼而騰，翩其閭風，脫筵舉輕，千載嗣響，鶴馭鳳笙，余爲王子計日以待矣。

## 岢嵐飭兵使者兼參知介石李公壽序

古稱社稷之臣，則余年丈介石李公其人乎！自今上負扆而治天下，歷四十年所矣。邇者寇氛弗靖，疆事乃興，參知有邊材，以軍功顯于關西。上多其伐，復進秩，移鎮吾晉岢嵐。今年，公春秋六十餘耳，墨髮丹容，筋力健于武夫，目光炯炯，夜猶燃燭讀韜略諸書。茲其功名、福澤所謂天授非耶？昔周宣中興，修文武之業，內順治而外威嚴，治至隆盛已。彼其時，奔走禦侮之士接踵而起，藩翰則申伯、甫侯，修戎事則南仲，南征則方叔，北伐獫狁則尹吉甫，靡不勠力宣猷，以捍社稷，夫然後成平之治煥然與文武同風。雖其順治、威嚴本之主德，而人各以其材用職，詎非三代之英乎哉？

當壬辰，李公與不佞同舉進士，即抵掌談四方事，傲睨當世，人人避席下之矣。筮官辰州，爲名司理。轉户曹，爲名司農郎。擢守吾郡，推心赤子之腹，寬柔强立，幾于中行，上下交服，褒[八]然高第，爲良二千石矣。及進監司，飭兵關右，籌方略，嚴紀伍，亭障如雲，弓矢如雨，號令如雷如霆，羌戎惴惴膽奪，不敢犯塞。當事者又謂岢嵐巨鎮，晉之西鄙，扼虜吭，接上谷、薊門，皇國之股肱也，地較陝爲重，簡倜儻出群之彦，拔公而移之。是秦急則公秦，晉急則公晉，兩國數千里用武之地，視公以爲安危，所謂申伯、甫侯之庸，南仲之伐，方、召之勛，尹吉甫之功烈，公其兼舉之已。彼謂三代之英，職异异行，材殊殊用，猶足樹勛王室，播榮名于春秋。公以一人而備有之，其卓偉何如耶？今上文武聖神，過周宣遠甚，環視諸藩，奔走禦侮之士不爲乏人，而課功程能，公于當今無兩矣。

《禮》："五十曰艾，始服官政。六十曰耆，稱始壽。"公抱不世出之才，四十而仕，六十而勛業彪炳，爛乎域中，此豈可以人力致哉？蓋天爲社稷生聖人，建中興之治；又爲社稷生公，保盛治于無疆，"惟岳降神，生甫及申"是已，不謂之天授也耶？公前守平陽，某受知最深，將爲公壽，先使徵言不佞。不佞于公，分猶編氓，誼則兄弟，竊惟申、甫、方、召之屬，徒效一隅之能，收一旅之捷，詩人猶或美之；公勞苦而功高，賢于數君子遠矣，厥有作頌，穆如清風，以旌公伐，不知幾何人也。不佞即有言，何以當公？

## 南陽郡倅致仕肖山韓君七帙序

韓氏，洪洞著姓，蓋相州魏公琦之裔。明興，自忠定公抗章誅瑾，卓犖功名，載在國史，海内人往往侈譚之。其後科第連綿，聞人巨卿接迹而起。不佞桑梓之邦，以生也晚，不及親炙，

猶幸交于別駕肖山君。肖山，忠定四世孫也。嘉靖辛酉，不佞同
舉于鄉，年甫冠，白晳而文，顒顒昂昂〔九〕。覘其骨與氣，汗血
之駒，步驟千里也；聽其語，驚露之鶴鳴達九皋也。不佞私識肖
山爲公輔之器，所表竪未可量已。顧數奇，五上公車弗售。萬曆
丁丑，釋褐東安令。三年，政平訟熄，百姓甚宜之。以簡静無要
于時，左遷遼東衛學諭。六年，用御史臺薦書，擢南陽府倅，二
年，罷歸。自肖山歸，偕鄉之二三大夫結社，歲時伏臘，水涯山
巓，冠佩相映照，里人望之若神仙。而其最少者爲肖山，今年亦
七十矣，有子兩人，俱童俊而慧。其叔季弟暨諸侄相率爲肖山稱
觴。九月廿九日爲覽揆之辰，以不佞年家故，帛書二千里，走使
留都，索一言爲壽。

　　不佞訊及來使，肖山髮稍改矣，步徐而貌猶弗憊，飼健而形
猶未衰，視聽聰明，而耳目無所眩，蓋得引年之術乎？道家所説
呼吸吐納，熊經而鳥申，度肖山必素習之。然其内行淳懇，篤于
倫誼，尤有可言者。肖山尚有季父，越八十，曉夕温清，可以懌
季父者無不爲也。處仲叔，同寢食，孜孜色貌，相見如不足。伯
兄有子，視如子，幼鞠養之，苦辛備至，爲畢婚娶，分資產與
共。此亦來使能款煩而述，知肖山壽又長者之行基之矣。大道長
年，大德永延，至人斯兼，肖山之謂乎？即勛名富貴，視其宗之
先達不無亨屯，然不足挂肖山之胸臆已。夫河清難俟，百歲幾
何？高車駟馬，皓首聲利之場，未爲適心，塵繁俗累，汨其天和
而耗吾真，咄咄誰嗟？不佞竊甚愧焉，有羨于肖山之高而未遂
也，爲是説貽之。

## 壽縣大夫李公序

　　古之稱壽，自華封人始。成周之世，諸侯能愛民，民亦致愛
于君長，美其德而祝之，如《毛詩》諸篇，皆發于忠懇之情不

容已，有味乎其言之矣。漢以來，郡國循良吏道化所被，士民説之，往往口其德惠而宣之歌謡，即不必以年祝，亦周人之遺風，見治隆俗美、上下之交相爲感也。

縣大夫李公宰吾洪之明年，冬十一月廿有九日值公初度。維時縉紳大夫、儒生、父老，步者、騎者、肩輿者、曳筇者，逶邐而至，羔雁玄纁，會集門左，謀欲造公稱壽。而公方有平徭之役，陰敕閽吏曰：「爲我謝群大夫、庶士、庶耆，令方輭掌縣事，犬馬之年且自忘之，筐幣樽醪，何敢以塵長者？」僉固請至再，不得命，意輭輭弗快也，曰：「『愷悌君子，民之父母。』父母届吉辰，不庭不爵，不考鍾鼓，不被彩綉，奚所申子之願而報怙恃之恩？」于是望空籲拜，稽首三呼，各稱萬壽而去。

不佞于公，有無所解于心者。公家，直之任丘。嘉靖己未，先君子剖篆，尹其邦，所拔頋俊士三人，公伯父次翁司馬其一也。先君子去任八年而公始生，又四十餘年而公成進士。不腆敝邑，遴侯于西，而借有公，抑何天凑之奇乎！不佞賤且老，有編氓之分，公不鄙而折節下之，修通家世講之好，曛若兄弟也者。不佞即蒸姑射加豆，麲汾流入觴，不獲登公堂而中其歡，生平習五寸管，白首未懈，能無一言比于古人祝頌之誼，以效之公乎哉？

竊謂士自釋褐而沾一命，福禄壽考，以逮子孫，期之將來，得全全昌，豈非人情至願乎？方技所譚，曰某多貴，某多壽，某多男子，覘其骨貌，以爲天定不可移。而孔氏則推本于仁，必大德以凝承之，非其人莫與焉，蓋因材而篤，栽者培之，天之道也。公魁幹七尺，廣顙豐頤，瞭焉而正瞻視，抱案中庭，若干鏌之鋒，精光燭斗，凜然不可犯，其骨貌何偉乎！藉令方士覘之，卜公已貴，引年昌後，不蔡而知矣。不佞亡窺于術，固佩服孔氏之教者。夫天地之大德曰生，建子之月，一陽初復，萬物待而孳萌。公稟兩間生生之氣，以故仁心爲質，施于有政，視民如子，愛養周焉。旱爲之禱，饑爲之賑，困爲之蘇，冤爲之平，蠹爲之剔，虎吞狼噬爲之驅除。計公視事僅閱歲，環百里之疆，數十萬戶之衆，含哺而嘻，鼓腹而游，熙熙乎，灝灝乎，冬令如春，皆公起諸塗炭之中，所拊摩扶掖而登之壽域者也。天假公以造福洪百姓，必爲洪百姓以答公，用理推之耳。《禮》稱五十曰艾，始服官政，爲大夫。公四十而脫公車，墨綬銀章，有專城之寄矣。丈夫子四，朗秀，玉立膝下，詩書繩繩矣。越今以往，日之方升，川之方至，以爵則起百里而三公，位極人臣，若家司馬；以齒則耆而耄耋，期而頤，以及亡算，若先柱下史聃；以子孫則麟之趾，衍而螽斯，世濟其美，若荀氏八龍、虞庭之八元八愷，所謂大德必得之者也。造物之理，陰隲仁人，緩而弗爽，公固遲之歲月以待哉！此洪人士所祈福于公，蹟不及公堂，軓不及兒觥，有懷未吐，不佞固代言之矣。

## 臨洮府倅致仕體冲晉君六帙序

歲戊戌嘉平月望後十日，別駕體冲晉君盥沐坐堂上，其子庠生承蔭、承寶合音樂堂下，希韡鞠躬而上爲君稱壽。君解頤而笑，曰：“兹辰吾始生，懸弧旦也。吾襲簪裾之葉，髫從佔侼，冠而持家，謀什一之息。四十餘而始官，官束于格，不得達。吾今稱六十人矣，杖屨亡恙，幸及子之衿而儒也。勉旃哉！補吾所闕乎！”承蔭兄弟長跽謝，唯謹。無何，君之里戚若干人填門而入，三揖于君，已登觴而祝之，咏而歌焉，曰：“烏帽銀章，華簪縠裳，以肅以莊。曰瞳如電光，趾如鵠翔，而健而康。曰藻井雕梁，蠹樹長廊，肯構肯堂。曰瓊温玉良，蕙蘭香，子女行行。”歌未竟，君避席出，磬折而前，遍詣諸客謝。承蔭兄弟亦遍諸客謝，而主賓、父子陶然洽矣。僉榮其事，聞于邢氏子，屬一言記之。

邢子曰："壽，天數乎？抑人爲乎？羽之種以鶴，卉之種以芝，木之種以松柏，此得之天者也。積土成山，積水成澤，積德成福，此修之人者也。君之先司徒郎太公壽八十有奇，今中丞念沖公幾七十矣，君六十尚强，度其年，當兩公過焉，鍾于天者斯厚耶！晚歲益廓落善施，務爲長者，崇精舍南坂之上，齋心事佛，傍翼僧廬，歲輸金錢更茶費。其他起僵振乏，拯溺解厄，一如釋家所説功德，不可名狀已夫，亦好修之士與！'人不天不成，天不人不因。'質斯兩者，君之食福大造，猶之持左券而責償焉，壽算寧有既乎？"僉曰："嗟兹乎！先生之言長乎哉！"遂書以爲贈。

## 校勘記

〔一〕"乎"，疑當作"手"。

〔二〕"□"，疑當作"歷"。

〔三〕"戈"，疑當作"弋"。

〔四〕"駞"，疑當作"酡"。

〔五〕"依"，據文意疑衍。

〔六〕"咸"，疑當作"減"。

〔七〕"襄"，疑當作"褒"。

〔八〕"褒"，疑當作"襄"。

〔九〕"昂昂"，疑當作"昂昂"。

# 白雲巢集卷之十二

# 序

## 大官丞含譽王公七帙序

自封人之祝出，而世之稱壽者有言，三代而下，《毛詩》所載颯颯乎可誦矣。由唐及宋，翰卿墨客往往見之咏歌，其猶三百篇之遺意乎？不聞以叙傳也。明興，文章家若北地、濟南、琅琊、新都諸君子，所列壽言舉多而文倍于詩。蓋人情修幣于所尊敬，假口詞人，欲概其生平而侈美之，纖舉毛摘，非煩言不能具而悉，則文所由取重已。

吾邑光禄王公，今歲壽七帙，春正月十有七日届初度。公姻戚、里縉紳顯者，交游多齊魯文學海内知名之士，率以言贈公，近有捧，遠有賚。公拜而受之，揭諸七仞之堂，不啻卿雲之爛而珠璧之夜光也。其門不受資，若干人相率飾錦爲軸而虚其中，以文屬之不侫道。道非能工言者，自束髮而習先聖之言，曰"仁者壽"，曰"大德必壽"。既讀太史公列傳，曰"富好行其德"，曰"人富而仁義附焉"。執此兩者證之王公，然與？否與？

公，吾邑者〔一〕姓，世居薄村里，修孝弟、力田之業。迨公昆季，以鹽賈起家。公又精心計，相時而巧爲之策，積帑至累萬金。初如京入資爲郎，歷遷至大官丞，輦轂之下，鳴玉被綉，與臺瑣曹署比肩而抗禮，稱貴倨矣。會當外補，公夷然弗屑也，上書自免歸，曰："官何常之有哉？吾家有故業在，吾欲避名而藏身，老于田社、老于江湖足矣。"自是里居，爲隆屋廣厦，膏腴千畝，歲收桑麻、蔬果、竹木之利，出而治鹺海上，山以東及大河之南，母錢出子者以百指，靡不身經其地，人人授計，不爽也。公雖饒智略，能推赤心置人腹，以故人樂爲效用。十年以來，修故業而息之，齊土鹺商駢集，公歲輸國課獨當天下之半，宮室、田園幾埒素封，計里中富人，資靡有當王氏者。公又能義，衷其出入，時聚而聚，時散而散。歲荒，捐千金濟饑。事聞當寧，詔下有司，樹棹楔旌之。公所謂"富好行德"者耶！非仁心爲質，何以有是？

古七十稱老，授之杖。公豐頰而渥顏，蒼鬚飄然，跨馬趫捷若飛，即與群少年相角，弗及也。伯子邦璽爲名諸生，而幼者亦岐嶷不群，度公門高，後可以容駟馬。公由此歷百年，當身親見之。昔范蠡用計然之策，先羈越，而後相齊、楚，而後之陶，十九年中三致千金，再分散于貧交、疏兄弟，老而始聽子孫息之。太史公作《貨殖傳》，首所推轂，後世養生者流至名之爲□。公以未富身爲德而有仁施于人，謂之朱公無不可；蔽屣其官，棄而去之，高三江五湖之宗，謂之鴟夷子亦無不可；富而有賢子孫，備志物之養，天隤之于壽，何但百年，縣期頤以及無算，謂之列仙亦無不可。盛明之世不乏才，朝有良史，當司馬其人者乎？有彤管紀之以不朽，公之名奚假不佞言哉？

## 又代

吾邑富姓，首稱薄村里王氏。王氏之宗，賢而壽者兩人，處士東臺公、光禄致仕含譽公。公兄弟以鹽策起家，積資累巨萬，成大賈已。東臺公年八十餘，投老農社，有司具鄉飲上賓禮之。公五十而游京師，爲資郎，有名縉紳間。□[二]遷至大官丞，意不自得，曰："何物朱衫而束縛我？吾以未富有官，從長安貴人後，磬折而修恭，不若田園、江湖之適也。"遂納綬歸。歸而復出，治鹽策濟上數年。已又之徐，之楊，渡大江，脫駕金陵，窮六朝之佳麗，由蘇門入杭，登虎丘之山，泛西湖之棹，而後返之齊。通都廣市，所鬻古法帖、名畫、金石、珍玩之器，靡不重價購之。自是再過里門，而公已七十矣。春正月望後三日爲懸弧旦，其子庠生邦璽炫彩張筵，被斑斕之服，爲公稱祝，爵三獻，盤舞膝下，爲嬰兒態。鄉之三族六戚及四方交識長者迤邐而至，輿馬填巷，羔雁充庭，煌煌哉！里閭之華觀，德門之嘉事也。不佞姻婭之好，辱公知愛且渥，能無一言申之乎？

竊聞壽之義有二，得天者壽，有大德者壽。均甲耶而龜永，均羽耶而鶴延，均木耶而松柏堅，此稟之天者也。積土高則成山，積水深則成淵，積德厚則成福，此修之人者也。公七十而耳目聰明，步履矯健，內持家秉，外親貿遷化居之事，其勞滋甚，其神愈王，其筋力抑何任也！豈非天授也哉？既饒于財，聚而有散，能緩急人之有無，其大者千金濟歲，啜饑被寒，所全活不可勝數，此修之人者至矣！富而好行其德，云胡弗壽？華封人之祝伊耆氏，曰："多壽，多富，多男子。"伊耆氏遜謝弗居，則知三者之難兼也。公庶幾身備之已，自今以往，百歲而期，千歲而頤，其爲日以待乎！傳志王氏之先稱至壽者，曰子晉，曰子喬，曰方平，斯皆列仙者流，原其世類，公之年當後天地而凋三光，不可以星曆紀之矣。

## 國醫橘溪岳君六帙序

士豈其簪組顯哉？即負一藝一技，名成而著，流聞四境之外，功濟億兆，慶貽子孫，享長齡而膺厚祉，不可謂非丈夫矣。先哲有言，曰："達則爲良相，不達則爲良醫。"不佞竊有味乎其言之也。吾友岳君，少聰明，習岐黃家言，三十而業精，察脉審症，治效如神。自國中以至殊鄉遐里，丐劑之人簦笠相望于道，咸謂倉公未死，秦越人之復生也。君逾好行其德，務爲長者，醫不後貧，藥不先資，縉紳大人及章縫之士亡不延頸願交焉。初，督學生[三]公校士平陽，患目病，尵甚，諸醫歷試之，亡驗者，得君七劑而愈。王公雅重君，檄下有司，扁其門已，又予之冠帶，君爽然弗屑也。居常角巾裋褐，出誇[四]一寋，從赤足豎過市。市人望者曰："此橘溪先生乎！"群起而敬憚之矣。

君名三重，自號曰橘溪，取蘇耽橘井活人指也，人亦曰橘溪先生云。君醫著名幾三十年，急人之難，風雨寒暑，亡暇休沐且飯，竟以是起家，腴田廣厦，甲于里族。而有子起雲爲才諸生，少者亦就塾師問句，嶄嶄乎露頭角矣。晚歲，君稍倦于世故，掩關謝囂，持取一編勖二子讀。又習用道家術，剹精服氣，熊經而鳥申，身以外皆妄境矣。

今年，君壽六十，冬十一月八日值初度。起雲兄弟捧千秋觴，裻韠鞠腇，爲君稱壽。君誠不納客，内戚、外識不期而集，羔雁翩翩列庭下已，不佞大道與焉，僉曰："子能詞，請以詞祝之。"不佞謝弗敏，既而曰："君善人也，行高而能下，福廣而善持。造物者好謙，是必壽。"又曰："仁人也！有陰功者，其後必昌。君之綏禧引年，又于起雲經術卜之矣。"

## 韓母劉孺人節壽序代

按《寰宇志》，洪洞隸晉之平陽，俗朴而近古，有陶唐氏之遺焉。所毓端人碩士佩法先王，追摹往哲，能以行誼灼然表著于世，亡待言已。若婦人女子，閨閣粉黛之流，習何詩書，譚説何道理哉？乃貞志敕躬，力于清白，竪奇節而享令名，其賢不有可風者乎？

韓母劉孺人，洪洞故參伯中齋公女也。生有淳質，不習爲冶容，參伯公甚憐愛之。甫笄，歸于韓。或以貴家子不諳婦禮，孺人則屛去綺縞，椎布操作而前矣。韓生補邑博弟子員，少年負氣，芥視青紫，一不售，即發憤成疾，尫瘵寢劇。孺人爇香，毘而禱曰：“天乎！庶得以身代韓生。”而生竟不起也。孺人既背生，遺孤效祖堇堇兩歲耳，姑李在堂，數勸之他適。孺人誓弗聽，曰：“吾爲韓氏婦，有异志，明神殛之。”自是晨興修漿脯，候姑亡恙，夜則軋軋機杼聲達旦矣。比效祖長，娶于衛，孺人沾然喜曰：“曩所不殉草土而餘吾喘息者，以汝耳。汝既冠而有室，列爲成人，庶幾慰逝者泉下乎！”今歲夏四月一日爲孺人初度，計其年六十有奇矣。效祖援老萊子例，舞襴[五]膝下，申後天之祝。而其母家弟國學生承寵，庠生承光、承緒相率謀爲孺人壽。往余家食時，承寵箋屬而東，雅識不佞，因走使千餘里，以言屬焉。

不佞竊嘗讀劉中壘所爲傳而嘆之，曰：“婦人之德，貞操爲上。乃今何寥寥亡聞也！孺人十六而嫁，嫁四年而嫠，嫠三十八載而有今日。顧其守從一之經，抗靡他之誓，茹苦銜辛，撫兹六尺，以振韓氏宗，豈不凜凜女丈夫哉！今天子下詔內外公卿，修節俠孝行之事。孺人于格當旌，且其年又過之矣。表揚里宅，垂示嗣來，母亦良有司之責與？不佞握管史局，厠采風之末，孺人有淑節，不得無詞，矧又重以故人之托乎？因次其事行爲文而序之，以授來使，亦中壘作傳意也。”

## 兖府倅致仕儀齋盧公七帙序代

癸丑之秋九月，余以萬壽節賫賀京旋，道經洪洞，同年參知吉恒盧公修東道之禮，要余于家，其兄別駕儀齋先生與焉。籌燈夜宴，兩公前席分坐，冠裾相映，色澤而髮斑，望之若神仙云。已慰寒暄，敘年齒，吉恒公今歲六十有五，儀齋先生滿七十矣。漢法，七十授之杖，餔之以糜粥。先生步趾周旋，趨捷如飛，飲酒立傾數斗，啗肉炙嚙決有聲，蓋壽徵也，余私心艶羡之。已別還蒲，赴官大梁，吉恒公馳使踵至，謂是陽至之月十有七日届先生初度，其家器國子生學周萃里中賓客上壽。有孫氏某者，先生内弟，欲乞不腆之言以頌先生，未之敢也，屬吉恒公手書通余。

余自登仕路，于洪洞還往甚數，睹其山川秀麗，土風淳龐，里多文獻巨家，而其最著者爲盧。自王父某治《尚書》業，舉于鄉，守河北，爲循吏。父某貢生，未仕卒，生丈夫子五。吉恒公駿發制科，躐崇顯，被金紫，弓裘之襲三世矣。先生少爲名諸生，文若爛霞，與其弟并馳藝苑，人擬“二蘇”、“兩宋”之繼軌也。七困棘試，亦束于貢，末塗就官，蓄之弘，施之未究，造物者蓋以壽補先生乎！先生挂弧逢子月，一陽初復，萬物有生生不息之機：一宜壽。七尺之軀，河目海口，豐背圓腰，其禀賦于天獨厚：二宜壽。士自釋經而臨有位，未必得民，即得民未必持久。先生判兖僅三年，去兖且十年，而兖人至于今謳思之弗忘，其溜澤于民深：三宜壽。箕疇所紀，壽先之，而繼以富與康寧，貴弗論焉。先生于貴若脱屣矣，腴田膏畝，有子善承之，歲計所入，足備志物之養。而先生能甘比箸，不減于少壯：四宜壽。生人之趣，勞則促，逸則長。先生自懸車來，二三布衣之交，佳辰令節，棋局從容、樽榼流連而已。精以不鑿而凝，神以不搖而固：五宜壽。循兹以往，順適于熙和平康之世，而逍遥若無懷、葛天之民，即逾百年，理有之矣。余不佞，犬馬之齒少于先生十有四歲，而健不能敵先生，蕃宣之勞，尺寸未竪，顛毛且日短矣，束縛法案，刺促簿書，不少休，蓋深有羨于先生之高而未遂也。雖然，吉恒亦何能脱于官？《禮》大夫七十致仕，余兩人其待年而後舉乎！聖明在上，海内何至乏賢？吉恒負材高，三事九列之地，躐級可望，不佞竊于先生有靦顏矣。

## 左太公配成太孺人偕壽序代

往不佞餉兵關南，左子初除爲洋縣令，謁余，通籍洪洞，與不佞同桑梓。已覘其人，娟秀玉立，語嫻而氣爽，不佞益心奇之，謂是子異日公輔可期也。越歲餘，左子爲縣以治辦聞。不佞按部入洋，洋之黃耇、稚子靡不若于德化，謳而祝焉，曰："父母生我兮不庇我終，疇其庇之兮以有令公。"曰："召有父，杜有母。受禄于天，澤我黔首。"不佞怪而疑之，詰諸縉紳先生，因知左子有父仰山公、母成太孺人，俱就養在官，左子良于政，蓋兢兢奉其家教云。去歲秋，不佞叨擢臬長移汴，諸屬吏祖余郊關外十里許。不佞掮左子手久之，曰："善事乃公若母，需一命以爲他日報。"左子逡巡謝曰："下吏不才，幸徼福大人以亡隳厥官，庶幾酬恩于父母。"余行未幾，左子奉兩尊人還里，以覲事駕而北矣。

今年春，太宰大計群吏，漢中十六屬，舉洋縣爲循良第一。左子得賜金，榮過其鄉，會仰山公八帙，成太孺人六十有七，披緋服，觴觥爲兩尊人上壽。而縣大夫、鄉達、里戚羔雁翩翩集庭下已。其姻姓三，曰晉，曰劉，曰董，皆仕宦鼎族。而劉氏有長公承寵，昔爲鳳縣簿，亦稱屬吏，而不佞自初第時與有交識，蓋三十年故人也。使使走大梁，以左之壽言請，謂不佞習左子于官也者，而又具一狀，條仰山公夫婦行誼甚悉，曰："自公爲諸生，學試以文行兼舉。七上棘圍，偃蹇不得第。而有子成高第，爲其父納資授官，公夷然弗屑也。闇門晦迹十餘年，而其道愈明，其行愈修，亡論學士、大夫雅慕好公之爲人，即閭井少年，三尺之童，罔不識公爲長者。成太孺人婉嬺[六]明慈，能讀《女誡》諸書，通于大誼，佐公操家秉門户，嶄嶄稱良媲已。是兩人者于吾鄉挽風易俗，所裨益非淺鮮也，而并躋高壽。仰山公八十，而宣髮鯢齒，神明之用不少衰。成太孺人六十七，而顏渥丹，飲啖健于壯婦。有子賢而且孝，王事竣，依依膝前，孺子慕也。邑人榮而羨之，願藉手大人先生，侈美其詞，俾流聞四方，以爲左氏重，其惠然許之乎？"

不佞三披來牘，而益信左子之能官有所自也。古之人臣樹勛揚名，播芳聲于青史，若韋玄成之相業，父教成之，不聞其母賢也；雋不疑之吏治，母教成之，不聞其父賢也。左子兩尊人有齊德，嚴規與慈訓交儆，而其子奉之以成循吏之名，何怪焉？且驥驥少壯，馳騁千里，左子詎以一令顯哉？不佞預卜，其將來公輔可期也。夫左子之位望日益起，而兩尊人之禄養日益隆、年壽日益臻，名德萃之一門，人倫之極而爲造物所厚，將有采風者紀之，以不泯于來祀，爲子孫百代之光，奚但流聞四方，安所藉不佞言爲重也？

## 耆逸少冲晉君八帙序

晉氏自農部太冲公起家，生丈夫子五，伯進士，歷開府中丞，諸季取資、取貢皆有官，而次公隱德，舉鄉者，今歲壽八十矣。其子孝廉飾筐幣，委余文，曰："不肖偃蹇公車，不能得一命爲吾親壽，而意亦不願以世所願者壽吾親。唯是詞人大家，得一言不朽于來祀，即吾親之年也。敢披忱以請。"

不佞于里黨識公爲長者，擬牛酒登堂，而重以孝廉之命，誼不得辭。三讀公行案，知公所以壽矣。公少不喜鉛[七]槧，曰："丈夫生而天地、四方胡不可爲也？"甫冠，挾橐資觀貨于齊越，十年而徙業之汴。又十年，而之淮，之楊，之姑蘇，之餘杭，足迹幾遍天下，江風山雨，獨馬扁舟，艱難百歷。不盡襲宦產，而什一之息積而漸饒，大構窿屋，腴田數百畝，蔬園、果林之入，以時取給焉，堊素封矣。貴家子無徭役之困，得廣布仁義，爲德于鄉，母論人倫之則，孝于父母，友于兄弟，義方其子孫，即五服以外，緩急丐貸，靡不立應。即邑有創建，佛刹仙宮、橋梁道路之役，功行未圓，靡不資其經畫成之。初，公六十，有壯容，宗戚賀而艷羨之，謂丈人耆，未老也，膝下英英二難矣。及七十，而矯健若六十，子益而三，仲氏猶困諸生耳。今八十，而矯健若七十，鄉飲大典賓于庠，爲有司所嚴重，仲氏掇巍科，待捷南宮，孫益而八，踵美荀氏矣。懸弧之辰五月二十五日，葵香榴艷，天朗風薰，賓客若干人，冠履雍穆，簫鼓逢逢，而主人以鶴鬢龜眸兀然坐堂上，羔雁集于階下，不亦煌煌乎哉！世之人有披裘帶索而壽，有鰥居獨處而壽，有耳聾目炫而壽，即豐于年，嗇于享，奚取焉？公之八十膺完福，造物所厚不恒見者。閱今以往，仲氏顯于仕，爍大其功名，天子當有褒綸及公，而九十，而百歲，方來之祉未可涯也。曰"如山如阜，如岡如陵"，曰"如月之恒，如日之升，如川之方至，以莫不增"，公其爲日以待乎？《毛詩》，公之家訓，不佞以是頌之可矣。

## 橘溪岳君七帙序

岳君，良醫也，而又恂恂長者，行誼高一鄉，學士、大夫罔不推轂賢之。余少也善病，漁獵古方書，粗窺大指，而于脉經不甚解。采薪之恙，起居飲啖失節，能爲藥自調，或他症有疑，輒要岳君察脉辨焉。君以醫起家，年五十，意稍倦，欲罷業而息之。丙辰之夏，避客徙余東林，下榻兩閱月餘。余時爲文債所迫，暑夜篝燈。君拊余背曰："休矣！胡自苦乃爾？子以文苦，予以醫苦，盛名，身之累也，何如無名？"是歲秋，君治新第西北曲巷，去余居稍遠。閱二年，君壽始耆，家器庠生起雲乞余言觴之。君讀而笑曰："孺子好文，爲乃公壽，不爲邢先生作苦耶？"

又十年，而爲今歲丙辰，君春秋七十矣。起雲携其弟霽雲來，再拜如前，請曰：“往先生以言壽家嚴，憶猶旦暮耳，忽忽不覺其歲之日益也。古稱七十者稀，家嚴誠不結彩、不張筵，不肖何以承父歡？一言華袞，先生豈復有意乎？”不佞唯唯，曰：“而父羡余言耶？余且深羡而父。”蓋岳君生嘉靖丁未，長于余一紀。余鬚髮皓白矣，而君初見二毛；余齒墮半矣，而君編貝而完；余貌癯然悴也，而君雙顴肥膩，有童容；余啜粥不過兩塸，葷少佐之，而君肉食非三四器不飽。甚矣！吾衰也。竊羡岳君七十之年，猶之乎五十也者。而君倦于醫已久，居室之傍甃一洞，石鼎蒲團，焚香晏坐，取《黄庭》《道德》《南華經》銷日而已。客屢滿户外，侍子延入，踞床問病：“某症宜某藥，幸自爲劑，老人藥裹廢矣，其勿怪。”監司、郡太守束帛及門，安車之迎，里人望以爲榮，而君若不得已而應之者，曰：“吾欲脱名而保身，胡可得也！”

或謂：“人生至願，壽與富與貴，而令名急焉，岳君何至避名？一入國門，售其術，當受知君相，侍從細旃之上，立取富貴，不亦倜儻乎哉？君今富不過潤屋、厚廩蓄，貴不過榮身、具一冠帶，七十未老，奚所不可爲，而裹足自匿謂何？”余不謂然。史稱名醫，巫咸而下，歷周及漢，無過秦越人、華佗二子，絕世之伎，周游天下，名震諸侯，卒中奇禍，皆不得保其天年。至唐孫思邈先生，岩栖穴處，蕭然塵壒之外，得享安樂，歷百有餘歲，彼固深于道者。岳君好道術，即不敢望孫先生，而脱名保身，百年有之。有子而才，經術成，岳君豈不富貴？非其志也。嘗曰：“松、喬、偓佺，十洲三島之上無所容吾足。向子平婚嫁畢，五岳之游，吾有志未遂耳。”從後觀焉，岳君之言豈誕哉？豈誕哉？

# 月庵上人壽序

僧性廉投贄謁余，恂恂温温，雅有儒者氣象。不佞延之左席，廉遜謝不敢當。已又手一簡，索言爲其師月庵稱壽。不佞不及識月庵，乃廉能款頫而述之，曰："吾師母氏性〔八〕，法諱廣學，月庵其字，家沁陽人也。少孤，依霍郡香岩寺玫公剃落，燈篝服勤，親于師之門，歷十載。已游西河，參瑞雲上人，受具戒。已又躡五臺，禮文殊，與雪峰、空印結大乘社。已又走燕京，杖錫帝輦之下，探三藏秘旨，了然脱悟，歸而寓霍之延慶精舍居焉。吾師乎始自誓心，迄登覺岸，炎不笠，雨不屐，剪雲而衲，斸泉而齋，三十年如一日也。以是四方名卿、大夫及鄉耆、里俊靡不虛心嚴重之。今歲壽六十，冬十月届初度。廉不肖，稱法門弟子，念亡以當吾師者，一字之褒重于瓊璧。吾師且夙知有先生也，敢冒昧以請。"

嗚乎！自釋教流入中國，世儒往往排斥之，而其徒亦牢護其師説，視吾道枘鑿不相入，其所從來遠矣。不知仁義綱常，素王以維世反正，慈悲定慧，浮屠以化俗歸良，其極致一也。泥其迹，醍醐有別于蔬食；融其道，章甫亡异于方袍。在昔陶彭澤、白香山蜕榮仕路，不厭闍梨之交，得亡以真乘、法印與儒典有相資乎？即退之詆佛一書，詞旨何峭峻也！其予大顛則曰"頗聰明，識道理"，《送文暢序》則曰"余嘉浮屠能喜文詞"。廉之謁余言而來也，夫亦有當于其心，不可謂不識道者，以此推月庵可知已。雖然，何以爲月庵壽？偈有之，曰"塵中人易老，天際月常明"，曰"百尺竿頭須進步，十方世界是全身"，固月庵所習聞矣。

## 程母熊太孺人六帙序代

程母太孺人，余女弟姑也。母家熊氏，里中冠冕，世族爲郿都之望，程與熊蓋兩大云。初，程母未字，習于閨訓，無珍异華靡之好，質素自檢，容止恂恂，不知其爲貴家女也。已嬪于程，太僕公貴爲之舅，而冲陽君儒雅爲之伉，乃出椎布于篋中，釜甑箕帚，操作而前，不知其爲貴家婦也。冲陽君廩于庠，下帷發憤，病漸劇。孺人爇香而籲北斗，許以身代矣，而竟弗得，日夜抱諸孤而泣也，水漿不下咽，許以身殉矣。里婦婉解之，曰："某聞立節易，立孤難，母其審諸？夫猶之天，乾道也，亦君道也；妻猶之地，坤道也，亦臣道也。在昔晉卿趙氏下宮之難，國將不祀。所不硜硜殉匹夫之節，卒立趙後，綿其血食，程嬰審之矣。今而程氏諸孤非嬰之苗裔與？如欲殉逝者以遺生者，孰與保生者以慰逝者？"于是，程母霍然而悟也，稍進匕箸，問家政矣。所拊摩三孺子，饑而哺之，寒而絮之，稍長而遴傅督誨之。三子外有嚴師，而内奉其母爲嚴君，聯榻而讀父書，咕呻[九]弗止也，蓋二十余載而次第以明經補邑諸生，文學彬彬焉。而程母得稱太孺人，年六十矣。六十曰者，母髮尚黔，齒貝而顏丹，雙瞳湛若秋水，不謂壽徵乎哉？

今歲丙辰某月某日届設帨旦，三子率諸婦進履羅拜庭下，捧千秋觴，曲跪而祝之。程母蹙然改容，曰："嗟嗟！未忘[一〇]人遽忍言壽？若考蚤世，不殉草土而餘吾喘息者，以若曹故耳。幸而六十，若曹稱其家兒，儒行不忝，青衿而代，舞斕于老身，親見之考氏之靈也。若未報考氏恩，遽忍爲母觴？"三子進而造膝曰："往府君棄諸孤，藐然稚也，賴母慈怙而恃之，而義方之，得衣縫掖，入橋門，詩書之業粗有所紹，以亡墮其先緒。母幸而耆矣，而期而頤，報之罔極，胡可以勿觴也？"程母解頤而笑，乃舉觶。觶已，鄉大夫、姻戚及諸孤交游若干人鱗次而入，復持觶觴程母。三子合樂饗之，而以其詩咏、紀序揭而張之壁，煌煌乎！即珙璧夜光不啻也。

某子守官河東，距家二千里外，末繇縮地壽程母于堂，能無一言申之乎？竊嘗讀遷史，至巴寡婦清傳，而于程母有慨焉。清一富民婦，淑行亡聞，秦爲築懷清臺，史繪而傳之天下，後世無不知有清者。程母婦而嫠，嫠而母，娉節嫕行，豈其居清下哉？國家著令甲，婦節有旌，而程母以中歲寡，不應格。甚矣！明法之嚴也。雖然，諸子勵于儒，不失良冶之裘，孝子耳。進而跨竈，繩其祖武，不有太僕公金紫在乎？异日策名于朝，鼎立而大其功名，天子悉程母賢，而有一命、三命之典，則清所未有也。程母膚翟袨，頮鼎釜之養，而保其天年，壽固無量哉！壽固無量哉！

## 就實李次公六帙序

余外舅別駕李翁三丈夫子，而就實行二，伯斂實夫，季殤；三女，余元配孺人亦行二，而少于就實三歲，稱女弟焉。余年十五，婿于李氏。別駕翁，先大夫布衣交也。同社七人，咸有子修世講之好，而就實藉藉負才名，與余更親暱，爲兄弟歡甚。就實家授《易》，余治先大夫《春秋》，後先補博士弟子，就實亦徙《易》而《春秋》。別駕翁方治公車業，故有朝陽書館，余與就實同侍硯席，執牒問難，肩趾相摩，可五六年。別駕翁既仕有官，得東昌郡，以就實從，弗懌，又索余抵東昌，居半歲而還。

余以病骨局蹐，時眼卑之，遂罷經生業，泛濫子史百家，尤好言詩，蓋又十年。而就實猶負氣不下，扼腕功名，扶搖之翼，萬里可圖也。別駕翁既下世，有家累，自是拮據治生，力稍倦，而其子延祉佩青衿，翩翩儒俊矣。就實亦罷業，從余言詩，名驟出余上。余構白雲巢，與別駕翁舊館接趾，地稍狹，而花石竹木勝之。就實時時過余，撫景流觴，大篇小咏，唱酬無虛日。蓋又十五年，而爲今歲丙辰，就實壽六十矣。其貌若癯也，而髮鬒而玄，齒白而編貝，乍接之，若五十也者，而所寫詩益富，彙而成編。余苦四方文役，里戚大故，閉關不能盡應，而就實間有操染。又賈其餘勇，與鄰社父老博陸、彈棋，麴蘗之興取微醉，抱膝娛孫而已。春中采大木，故第後構廥厦，入秋告成。菊月之交，偶病痰作，家人危之，醫診，投以匕劑，立愈。余再過問視，就實已脫床帷，要余而飯之，飯倍于余，步履矯健如常。

臘之六日爲懸弧旦，延祉先期謁余，乞壽言，曰：“家嚴有誡，不納外人幣。二三長者辱肺腑親，願承杖舄之光，更寵之一言，爲吾父華衮，其有意乎？”余謂延祉：“子之尊君視筐篚、玉帛爲靡文，而以‘岡陵’、‘川日’爲誕語，余有説焉。尊君六十中危疾，而以匕劑收效，此真宰所注意，身有完德而天厚之，百年未可涯也。尊君年日高，而子之經術日進。子之名挂朝籍，而尊君享五鼎之養，膺三錫之封，使天下知有李次公就實者，不亦大光乎哉？”

次公諱生華，號育春，就實其字，余兄事次公而字稱之。末世尚尊崇，余兩人之交，庶幾古之人、古之人焉耳。

### 校勘記

〔一〕“者”，疑當作“著”。

〔二〕“囗”，疑當作“遂”。

〔三〕“生”，疑當作“玉”。

〔四〕“誇”，疑當作“跨”。

〔五〕“襴”，疑當作“爛”。

〔六〕“嫣”，疑當作“嬿”。

〔七〕“鋁”，疑當作“鉛”。

〔八〕“性”，疑當作“姓”。

〔九〕“呻”，疑當作“嚾”。

〔一〇〕“忘”，疑當作“亡”。

# 碑　記

## 重修崇聖宮碑記

　　平陽郡郭北東隅有道院，肇自元代，大師楊道源所創建也。闤門三，繚垣捍之。前紫微殿，後三清殿，又後通明閣最高，像昊天上帝其上，左右廊像梓潼君及列聖匡一，及庫寮庖厔〔一〕備焉。初號乾元觀，以祀上帝取名耳。越二十六載，地震圮。大師盧〔二〕道恭以道源志重構，改號曰崇聖宮，蓋至元二年也。明興，又二百四十年，歷歲逾遠。飆摧日撼，霖潦所嚙，土木欹壓欲阤，神不顧饗，香火亦寖廢矣。

　　宗侯清池君惕然興感，捐橐俸之積五百有奇金復葺之。木石既盈，工備畢聚，君心締口畫，以時督勸。所爲門爲垣，爲殿爲閣，爲廊廡，高廣周飭，丹堊交映，岩岩乎煜煜乎稱神栖矣。殿左偏得隙地，闢一洞，署曰“靜室”而居焉。工起自庚子，訖乙巳，五閱祀而繕完。聖儀載新，秩祀如故，伏臘蠲吉，鄉父老束香楮，趾相錯于户。宗貴人、豪士漿楃而醪樽，遲迴顧望，弗之去也，靡不義其役而歸功于君，曰：“斯清池之績也。”君名新堛，別號清池，秩輔國中尉，高皇帝八葉孫。性坦豁，善施予，又善道家言。宮成，廬山、嵩少諸名羽來集，坐鉢，爲齋壇，月朔望所推食丐餓甚夥，黃冠而衲衣，纍纍載道路已。

　　不佞夙交于君，稔識君爲篤行長者。今年春，君之子慎鈴以宮事來請記，已出故碑記視余，蓋元尚書清河元公復初所爲文，而學士吳興趙先生子昂書也。不佞讀而疑之，書法亡論，按傳志，尚書薨至治壬戌，而勒珉以至元丙子，可證其贗。第其言亦自名家，所具列宮狀以功德兩大師，簡而能悉，亦既傳不朽矣。不佞謭昧，才不逮古人，姑為君記其巔末，以告來者。千百世而下，有履斯宮，俯而思，仰而睇也，巋然而員贔者在，即余言亡足重，公之功德又胡可泯也？銘曰：

巑巑靈觀，負坎抱離。爰作爰繢，曰兩大師。大師玄邈，世遷代移。丹腠漫漶，柔棟頹欹。顧瞻有惕，宗侯念之。捐橐千金，誓心弘施。飛樓敞殿，崇墉廣基。前輝後賁，展飭乃宜。明禋陟降，霓旌電旗。百靈萃止，錫我繁禧。時若雨暘，歲咏梁茨。永庇王國，萬祀無期。

## 太傅韓忠定公改建新祠記

弘正間名臣，余嘗稱太傅韓忠定公文云。公家洪洞城北賈村之原，故有公祠，敞扉高垣，周延十餘畝。垣之外去西可百步而近，汾水匯焉。不佞自經生及登仕籍，都省往來道其傍，輒拜公宇下，高山景行之思，徘徊久之，弗忍去也。祠故亡記，公裔孫諸城令景暨與余同鄉舉，謂嘉靖己酉令趙君宸始繕之，蓋公歿而天子霈恩，予贈、予葬祭備矣。有司承上德意，欲特祀之，未敢專也，祔其主鄉賢祠中。居久，巡按御史黃公洪毗至，曰：“太傅倡義鋤奸，先朝勛碩，宜有專饗，以彰休德。”因檄縣立公祠。又三年，巡撫都御史應公檟至，曰：“太傅已有專祠，宜仿里前哲故事，祀皋陶例行。”于是，有司歲給官緡，具牢醴，春秋兩祀，有常典矣。萬曆壬寅，令周君永春謁公祠，覽焉，汾流橫潰，捍垣遞頹，屋後隙地坍塌，漸瀕于河已。周君憮然蹙眉，曰：“岌岌哉！脫有不免，墮先賢之靈迹，一旦委諸沙淤，謂守土何？”奏記兩臺，白其事。都御史白公希綉、御史汪公以時合議曰："太傅祠旌德表忠，使之世者也。既患水，其相基改圖，徙之城便。"檄下，周君遍覘地于城之八坊，卜善址不得，得恒德里故社學堂六楹，恢廓峻朗，漢壯繆關侯祠右鄰之。周君大喜，曰："斯非妥神地哉？"命丞史督工起役，改爲祠，堂之中飭龕座，蠲吉迎公像離向安焉。地南北計十八丈，而中稍狹且偏。會左鄰廢著，償其值，徙之，東西得五丈，構饗堂四楹。齋庫庖湢，及儀門及綽楔，扛其故木石來，撤腐易新，加以丹堊，一一葺飭如制。是役也，公帑之羨僅三十金，餘皆周君捐俸佐之。始事壬寅之秋九月，越冬十一月告成。諸城君走使貽余書，曰："先太傅公祠遷矣，吾韓氏得世守之，觀禮有司，以相俎豆。是惟周君長者，能篤于誼，光我先德，流福我子孫，不可亡述。願徼惠明公一言，碑而記之。"不佞時以病未及應，亡何，周君調劇陽曲且去，而韓君捐館不待矣。乙巳夏，韓氏諸文學若干人來謁余，復申前命，且縷縷道其周君賢不置口也。

嗚呼！周君誠賢，他治狀亡論已，即遷公祠，比于古之式閭、表墓者，豈趙君所肇始能風之，而黃公、應公、白公、汪公胡後先追崇亡异詞與？太傅之德感人深矣。當武廟初，閹黨恣橫，公首抗章，率六列九司以請也，折檻批鱗，鼎鑊不避，曰："即事弗濟，予年足死矣。"既瑾銜恨，流虐簪紳，羅織苛毒，幾置公于死，而卒不死。天祚皇朝，大逆伏誅，人主終鏡公之言，用之以安社稷。質之祀典，謂公以死勤事、以勞定國非耶？史稱先魏公琦當宋事多故，處危疑之秋，讜論直氣，死生不撓，措天下于磐石之安。公之勛名追軌前烈，亡多讓矣。按《相州志》，魏公故迹有稱錦里坊者，遺廟至今在焉。五百年去世，時异代殊矣，民不忘其德，猶尸而祝之，而其血食如故。公歿僅八十年，遺德固未泯也，而人忍忘之？有司及學士、大夫望公，若卿雲、景星不可再睹，而其祠得巋然而再新，即百千祀可推已。

不佞距公鄉二百里，恨生也晚，不及識荆。往者待罪銓佐，實公故官，亡以當公萬一。今退伏岩穴，且老矣，幸而記公祠。太史公次列傳，願爲晏子執鞭；蔡中郎撰碑，謂郭有道不愧。不佞所效于公，意亦如此。

## 重修安樂廟記

縣城南渡澗二里而近，有唐孫思邈先生祠，榜曰“安樂廟”，鎮大衢，東踞西向，元丁亥里人賈奇創構之。大德癸卯地震，圮，明年重飭如故。明嘉靖壬辰，竪會仙閣，爲門壯其前，進而中門四楹、樂亭四楹，進而大殿四楹、兩廡各十楹，又進而後寢堂四楹，皆元之舊。抵今三百餘年，風日霖潦，檐摧瓦漏，塑像剝落，畫壁涌[三]潓，衛垣亡完堵矣。而里俗香火不廢，歲夏四月既望，有司展謁，蕭牢醴奠焉。城市及近村遠鄉男婦纍纍而至，五方行賈羅貨其地爲市肆，自郊關以至廟户，內外相屬也。

萬曆辛亥，虞丘李侯循故事謁廟，徘徊四顧久之，曰：“孫先生名德重于唐，在《禮》，法施于民則祀之矣。廟蕪穢不治，有圮有觖，將亡褻神乎？議修，歲且饑矣，將亡病民乎？”鄉父老晉應龍等趨而前，曰：“使君爲神謀寧所也，而又念我百姓。有其舉之，費不必帑出，役不必農妨，我等小民願殫力，狗馬從事于兹，懼亡以稱任使。”侯曰：“固然若曹不愛其力，吾姑節力相時焉耳。”入秋，大穰，四封露積，三老復申前請。侯唯唯，曰：“時可矣，費且不資，奈何？”首捐祿羨若干金，爲吏民倡。縣僚佐及學博應之，鄉達、里豪應之，郡王孫、宗子應之，僧真福賫募緣疏出，而十方長者應之。錢穀既集，晉應龍總其事，牛元吉以下十餘人，木石瓴甋之屬以次而辦。乃撤大殿，徙易柰棟，起而崇之，視舊增三尺。傍廡增兩楹，增門屏，增庖湢，增修真洞，增僧廬，供掃除之役，真福守焉。丹堊交施，墻墉周飾，望之嶷然峙、耀然輝也。廟工畢矣，左偏隙地葺爲前令方侯祠，右空其署，陰爲李侯謀，不使知也。乙卯冬，將入計，父老以情告，侯愕然曰："在職而祠，法有禁，若曹毋得污我。我五年于洪也，亡令功，即有功不祀，何損焉？"載請廟記，曰："吾以王事，行迫矣，其藉手邢山人乎？"余郊筵送侯別，侯把余袂曰："藉子之言諭有衆，祠事不可。廟事竣，子具〔四〕碑矣。"侯去，而三老伐石廟左，申侯遺命懇甚。

余按，孫先生，唐之高士也。舊史溷《方技傳》，新史收之《隱逸》，其略曰：孫某，京兆華源人，居太白山。隋文帝以博士召，弗應。貞觀初，召詣京師，稱老，不就官。顯慶中，仍召拜諫議大夫，固辭。上元元年，還山。永淳初歿，壽百餘歲。遺令薄葬，不具明器。此先生之實錄也。魏徵等纂齊、梁諸家史，多咨所遺，其傳最詳。盧照鄰師事之，諭以"仁方智圓"及"養性"、"五畏"等語，先生學之大者。于陰陽、推步、醫藥亡不善，其緒餘耳。先生欲假此逃于世，而世人遂以此名先生，舊史誤矣。新史正其謬，萬祀而下，終未了了，曰"身藏而德不晦"，曰"持峭行，不可屈"。學士、大夫讀其書，間有考證，詰之齊民，舉世若大寐耳。雖然，亡足怪焉者。帝德稱堯舜，聖矣，義農軒皇開其前；而畫卦，嘗藥草，《素難》諸編，伊祁、姚氏所未有也。隱德稱許由、嚴光，高矣；先生踵其後，而《龜經》《脉經》《千金方》，箕潁、桐江所未有也。即今卜筮、醫家崇事義皇若祖禰，其于先生，習其封號爲真人，不則爲神醫，不則謂仙去不死也。唯其有之，是以似之耳。論多能，不得以損聖；擬真修，豈至于貶高？先生有在天之靈，恬然甘之矣。舊史奚誤？于世人又何怪焉？

宋范希文守桐廬，爲子陵構祠，復其爲後者四家以奉祠事，碑之記之，曰："雲山蒼蒼，江水泱泱。先生之風，山高水長。"

是役也，李侯亦景行前哲高山仰止之思乎！固希文遺指也。先生產自秦，侯亡暇問其苗裔，而屬記于余。余所爲文，不逮希文遠矣。

## 郡伯盛公生祠記

此前郡伯盛公生祠也。公諱稔，楊之儀真人。起家進士，萬曆癸巳，繇金曹郎出守平陽。閱五載，政平訟理，民以太和。詔下，擢公山東按察司副使，飭兵海右，行矣。又三載，擢吾晉行省參政，飭兵井陘，爲今官。蓋公去郡日益遠，而郡之父老、子弟則不忍一日忘公也，相與聚而議曰："盛公！盛公！昔所覆露我土以襦袴我者，即不可旦夕依奉公，而得咫尺之地，飭公像而祠之，歲時展謁，猶足寄吾思。"

時宗尉新堤耳其言，憮然曰："有是哉！酌泉溯源，飲德思報，斯見民風之不薄乎！吾儕宗裔糜餼代耕，不腆之入患亡以飽妻子，而按時而給，盛公實大惠我。彼父老、子弟不忍忘公，而吾獨忍忘乎哉？"于是，以僉人人意白之諸王孫，諸王孫白之今守張公。令下，相基于郡治之中，得隙地爲公祠。堤念歲饉，閭閻告急，不欲以纖毫動民也，首捐錢糈，庀材鳩傭。諸王孫亦協贊畫，資犒費，不數月而祠告成焉。堂三楹，齊厨兩翼，繚垣四周，中一龕飭公像，峨冠緋裳，虹髯廣輔，儼然東向而臨之。諸父老、子弟，步者、笄者、簞食豆[五]漿者，率望風而趨，蒲伏庭下，稽顙數四，曰："盛公盛公！百姓德公而亡以報，藉王孫之力以報也，我輩何以報王孫？"堤遜謝不敢當，曰："是役也，吾以奉僉人人旨也，而非私也。且吾何知功，吾竊懼祠之久而圮也，何以永公德、垂不朽亡已？其筆之石乎？"因走使賫帛書，屬記于余。

嚼嘻！"蔽芾甘棠，勿剪勿伐"，召南之化寥寥矣。漢稱良二千石，潁川、渤海、桐鄉二三君子，迹其治，不過曰“居民富，去民思”，曰“有榮號，有奉祀”，舍是而僅稱其位，亡論已。盛公久于郡，所需澤元元、覃惠公族諸善狀匪可毛析。即今去郡，而郡人之不忍忘公也，而父母之，而神明之，而祠祀之矣。以此侈美古人，豈有漸[六]德哉？張公不匿美，不掩善，詢謀僉同，禮秩斯舉，其修師帥之職者乎？諸王孫曲體民情，仰答明眖，風示來祀，斯勇于爲義者，亦不可謂非賢矣，因并書而碑之。銘曰：

公之來，我民欣欣。而怙而恃，以莫不親。公之去，我民咨咨。而父而母，以莫不思。思公之德，冰輝玉光；濡公之惠，澤膩川長。彼美王孫，懷公益切。景仰休儀，表章鴻烈。穆如者像，歸如者宫。豆籩既飭，黍稷以崇。千祀萬祀，報公亡窮。

## 高唐州修城碑記代

高唐，古齊地。漢隷平原郡，唐隷博平，皆以縣名。至元，州焉。國朝因之，魚丘雄封，馬煩長道，南北兩都要衝也。州有土城，其圍九里許，垣卑狹，未詳所自置。繇正德辛未迨嘉靖壬子，守張公絃、安公如山、胡公民表遞經浚築，垣高二丈，闊半之，池深三丈，闊殺其一。闉門三，樓增其一，戍廬三十而贏，雉堞二千六百四十而贏。三君子皆有功德于民，載在州乘，可考已。

隆、萬以來，海宇承平日久，司土之官怠於疆事，鮮有問及城者。前歲己酉，有盜入劫府庫金。狀聞當路，詰在事者，守降級，幕以捕失職免。庚戌冬，鄧公由繁昌令擢守是邦。歷三月而政成，乃以間閱城，周行環顧，蹙然有憂色，謂父老曰：“不穀忝兹民牧，欲殫駑力搜百廢而畢舉之，城其大者，蝕焉頹廢矣。山東地平多盜，卒有不虞，持竿亡命之徒斬關而入，如前歲之

警，庫帑失守，吏受其殃，民以之荼。縣官責在守臣，保障元元
之任謂何？《易》曰：‘王公設險，以守其國。’又曰：‘重門擊
柝，以待暴客。’謹先事之防，以無貽臨事之悔，保邦之良謀也。
不穀當亟有請焉。”已奏記督府中丞，若按部御史，若藩臬長，
若監司使者，俱報可，曰：“守亟民哉！其便宜圖之。”

鄧公既奉德意，宣言於鄉，縉紳先生及父老罔不人人説焉。
遂相土方，度材庸，而差算其工費，簡屬吏之馴謹廉幹者，授以
心畫，分董其役。畚鍤既會，有衆斯趨，蕪者平之，觖者補之，
淤者疏之，穨者植之，傾欹者正之。所爲垣爲堞，爲戌廬，爲樓
櫓，爲門爲橋，爲湟爲塹，錯列上下，星羅雲布，鼇負肇飛，屹
屹乎！齋齋乎！有金湯之固矣。經始於辛亥春二月，即以夏五月
告竣，所幕[七]夫計工於傭，八萬有奇，不繼則里豪有義助者；
所費資取財於公羨，千金有奇，不繼則鄧公與幕杜君及不佞各捐
俸足之。是役也，工不持久，民不知勞，人心既和，地利以固，
鄧公之功，苞桑東國，逾於前三君子遠矣。鄉縉紳、父老謀勒一
碑紀成事，鄧公聞而固止之，曰：“休矣！城自前人，不穀小有
葺飾，耗公家之錢糈，罷民興事，懼以我爲屬也。而欲攘美以自
居，人其謂之何？”

僉人士不得請，告於幕杜君及不佞判州事韓子。韓子曰：
“勒□之稱見於《書》，覆隍之戒著於《易》。城朔城東方，詩人
咏之，以美其伐；城邢城楚丘，《春秋》紀之，以大其功。大夫
兹舉，郡人千百世之利也，惡得無言以昭後？請竪碑。”僉曰：
“微使君之言，孰以□大夫？”曰：“嗣祖不敏，辱在下僚，與大
夫共其事，敢不拜命？”遂次其巔末，筆之爲紀。

鄧公諱一儒，沔陽人，治繁昌多令政，南國頌之，有《甘棠
集》。高唐之政，繕城其著者，餘不具述。杜君諱嘉祥，鞏縣人，
參謀贊畫，城工與有力焉。不佞碌碌，固無效其萬一云。

## 東昌郡丞任公四署高唐德政記代

任公丞東昌六年，佐其守飭郡事，大治矣。郡所隸州邑十八，長吏缺，臺使者、監司則委篆及公，移之清源，已移之高唐，又移之莘。莘方六七十里，僻狹勿論，清源、高唐稱嚴重，南北川陸之交，而舟車之輻輳也。皇華之使趾相錯于路，吏爲賓客所辱，疲于奔命，而以其不盡之精神校□書，論報刑獄，差量錢穀，斯其辦治難矣。高唐俗更告窳，公私無積貯，又乏四方商賈通導之利，黔赤之命寄于農畝，歲一不登輒告飢，市井亡賴起而爲亂，以此較清源不尤艱且巨乎哉？任公四署高唐，其鄉之縉紳、大夫、學士、田更、里竪，舉一口賢公而尸祝之，而歌且舞之未已也。謀礱一石表功德，碑而亭焉，走書燕中，屬不佞紀其事，曰：“任公恩澤我厚，是役也，必藉手太史氏，如司馬、班、范之傳循吏，庶以垂不朽。”

嗟乎！季葉之代，上失其道，民散久矣，任公何以得此于人人哉？不佞家禹城，與高唐接壤，河潤之餘，公固波及之，其政績可彈指而數已。初，公領州事，以久缺守，廢案猬集。公戴星坐堂隍，霆擘斧斷，不越旬而擁者若掃矣。法令之申，鏖奸剔蠹，首戢其下，母舞文，母追呼，下鄉吏盥手而胥重足，凛乎若負霜雪矣。兩造具于庭，虛其心應之，片語而決，辟者辟，衷者衷，不知其何緣察也，囂訟漸以熄矣。催科爲限期，夾門置櫃，編戶得自投納，司櫃者取盈而不取耗，民趣輸若流水矣。平徭等以田，田四百畝以上僉重役，中產而下弗與焉，富不竭力，貧不剝膚，衆相勸若子來，無後期矣。歲旱，蒿目憂之，雩祀山川請雨。庚賑不給，佐以月俸，設粥廠于鄉以餔餓者，老癃弱稚籍以免溝壑矣。州故稱文獻，飭學宮，群衿髦之俊而督誨之，月朔望課藝，考問經義傳旨，文士翕然嚮風矣。里多匿盜，矛戟之鋒與犁鋤錯處。公內勤守望，外嚴堤防，發必覺，捕必得之。先是，府庫劫金，前守不及迹，公多方擒獲，大辟十餘人，論棄市六。郡亡命少年惴惴相戒，無敢犯境矣。凡此皆公懇惻爲民政之大者。公精誠流布于蔀屋之內，心力悉竭，而無所自愛，州人人所以德公也。藉使公傳舍其官，代庖其事，而秦越其人民，上無所感，下之人渙而漓矣。飾情爲情，人愛其情，安可襲取之哉？

昔孟氏論政，大國五年，小國七年，必久于其治而後成。公于高唐前後再閱歲耳，歷試而歷效，何言難也？漢史循吏，龔、黃稱首，亦嘗以丞、尉佐郡，寥寥無聞，必至二千石而後顯見焉。以今質之，使往者可作，古之人乎無遜美于公乎？國家任人斟酌漢法，循吏之擢不泥其格，公旦夕遷矣。良于丞，必良于守，可爲高唐，亦可爲潁川，可爲渤海，又何難公焉？

公諱諫辰，字斯行，蒲坂世家，其尊人憲副翁揚歷先朝，有賢聲。語曰“不習爲吏，視已成事”，公所得于家教者深矣！

## 縣大夫汝南方公生祠記

公去吾邑，蓋己酉之冬上計云。余北游西下，遇于平定道中，立譚少頃。公單車敝袍，一橐後隨，蕭然圖籍數編而已。既余歸里，里縉紳人士罔不一口德公而謳思之，曰：“公以王事去，是不久當還。”明年春，太宰大計吏，山以西首最洪令，而議擢僅得一雲間丞。報至，舉國驚愕嘆惋，謂公以高第當列臺垣，不則銓署已耳。雲間雖巖郡，丞屈于守，奚所竟公才而奪之？失吾父母也。市民某等、鄉民某等百餘曹謀走都門，伏闕陳情，乞還公于西，而弗果，謂公已遷矣，若縣官詔令何？耆老某、儒生某、醫生某合屯軍戶某等百餘曹，占地于南坂之上、安樂廟左，爲公立祠而生祀之。明年夏，大雨水溢，約正某等二十餘曹請于新令李公，顧亡煩公帑而飾公祠，葺其欹漏，補其未周者。陶瓦斬木，分役經營，逾年而工竣。有重門，有階，有饗堂，有悍[八]垣、傍舍，兩翼而齋庫庖庼[九]以備已。又三年，而高唐倅韓君還里，拜公祠，周覽焉，謂是高崖廣衢，東枕西向，後廟巋如，而茲偎焉卑也，胡以肅瞻視？合里紳某某、太學某某輸金，委三老更飭之。乃撤其舊所竪木十之二三，易棟易宋，稍侈其規制而加崇焉，文以丹堊，煌煌乎改觀矣。

蓋乙卯秋九月，報祠成，僉人士合請于余，屬爲記，勒公政績，以永其思。里有顯者，余野人，懼弗敢任，而韓君再過，申命之，且曰：“吾洪得公，以公才于治壺耳。壺之政有聞乎？”余灑然曰：“否否，奚必論壺？如吾洪所條布，即更僕未悉也。”蓋公下車，吏胥積弊一掃若洗，而孳孳爲民興利除患，不惜與境內更始。初視城有故倉圮久，曰：“城龜形也，枵其腹，民室所由空矣。”首議起廢而重繕之，以厚儲蓄。已視郊汾西流，而南澗南流而西，曰：“二水之靈，會于坤方，潰而漓焉，人文所由不振矣。”爲築臺而攖踞之，縮轂其口以收風氣。已乃周視四封，闢草萊，課農桑，民有力田矣。又厚其學田以養士，士興學矣。又遍置師社于鄉，遴童冊之俊而廣育之。徭役均矣，賦斂以時矣，鞫訟訟埋[一〇]而獄不告冤矣，詰盜盜熄而荒陬遐鄙不告警矣。月朔，三老奉高皇帝六條，家有訓，戶有諭，孝讓有旌，節義有表，俗侈而反之儉，風漓而還之淳，救荒恤災，饑哺之粥廠，病調之藥局，道死而暴骨者封之義冢。計公莅事不滿三載，而造福黔氓有一世之利，有千百世之利。嗟乎！厚矣，久而遠矣。

漢北海太守朱仲卿治行第一，召爲九卿，領大司農。其初桐鄉一嗇夫耳，自謂异日子孫奉嘗我，不如桐鄉民。後桐鄉百姓祀仲卿，世世弗斁，則以遺愛之深也。據史遷所載，廉平不苛，以愛利爲行，存問耆老孤寡，遇之有恩，斯其大概已。公固饒爲之，不亦賢于仲卿乎哉？即今祠成，而都人士展謁，冠裾雍容，籩豆有楚，于此乎觀禮矣。即鄉之耕者、鑿者、樵牧者，曳笻跋履，扶老攜幼，望公祠而躍然喜可知也。入而蒲伏堂下，以斗酒豚蹄饗公，儼然而若公臨之在上者，曰：「願公萬壽，願公三事九列，霖雨天下，以終惠我邦人，我子子孫孫願尸而祝之，何敢忘公？」此視桐鄉百姓何如？庶幾以報仲卿者報公矣。

公諱應明，別號旦心，汝南光州人。甲辰進士，縣雲間丞擢尚書司農郎。郎又高第，冠南曹，會遭太公喪歸。太公國子生，不樂仕，勖其子以能官，家訓義方，善蓋一鄉。汝南有月旦評，碑不及載。里人姓氏具碑陰。

## 英山祠飾金像記代

汾之西，嶐然而高峙者爲英山。英山之巔，嶐然而高峙者爲二聖母祠，曰娥媓、女媖，堯女而媲于舜者也。史稱虞帝南巡，崩于蒼梧之野。二母哭之湘江，淚竹成斑，至今賓天之靈在焉，余楚人祠祀之。英山，洪址，何以祠乎？堯都平陽，距洪不百里而近，則二母所産之邦也，以故曰土人稱神曰姑，猶母家之子孫云爾。

萬曆庚戌冬，不佞某歷西鄉散賑過此，謁而蕭焉。祠建自前代，閱歲已久，木石未摧，金像剝落，非一日矣。不佞心惻之，誓之曰：「薄微官不腆之俸，當有所捐，以飾神像。」既而羽士延余齋房茗坐，纚纚道神之靈，旱而禱，雨而禱，禳疫而禱，求嗣而禱，罔不饗應。不佞復盥手爇香祝之，曰：「薄微官年四十餘矣，尚未有弱息。倘徼惠于神，以延邵氏之系不絕，敢忘明德？」越明年，夏六月，不佞果舉一子，非神之賜而何？羽士之言非謾言已。入冬十二月，飾神像告竣，朗然一新，卜于望前二日，刲牲載酤，百稽祠下，以答神貺，因次其事而記之。

**校勘記**

〔一〕"届"，《山西通志》卷一百六十八《寺觀一》作"湢"。

〔二〕"廬"，疑當作"盧"。

〔三〕"湧"，疑當作"漫"。

〔四〕"具"，民國《洪洞縣志·藝文》作"其"。

〔五〕"豆"，疑當作"壺"。

〔六〕"漸"，疑當作"慚"。

〔七〕"幕"，疑當作"募"。

〔八〕"悍"，疑當作"捍"。

〔九〕"届"，疑當作"湢"。

〔一〇〕"埋"，疑當作"理"。

# 志　銘

## 文林郎廣東道監察御史鶴岡邢公暨配劉孺人祔葬墓志銘

　　文士家不泯其親，狀有之，未聞手爲志者。往先孺人祔府君葬，丐銘于舅氏劉參伯公。參伯公固辭再四，曰：“余耄矣，官銜假汝耳，文汝自爲之。”不肖迫于襄事，毀瘠柴立，代口而述先德，飲泣有餘悲也。事從核，文從簡，顛末不敢溢一詞焉。

　　此御史邢公暨配劉孺人合葬所也。公歿三十載，而孺人祔，其孤大道、大壯手狀來謁余，蒲伏請銘，曰：“是役也，將奉先孺人以從先君子，所托以不朽者，唯窆中石，敢徼惠于舅氏？”不佞聞而傷之。夫孺人，余從妹，余又與公少同硯席，習其夫婦甚悉也，忍以不文辭。

　　按公邢氏姓，諱實，字道充，別號鶴岡，世爲洪洞人。曾大父貴、大父倫、父廷祿贈文林郎。母衛太孺人生丈夫子二，仲爲公。公生七歲，而背文林君。十五就塾師，攻鉛槧業，裒然有俊聲。太孺人爲妁婚，曰：“是子少也而才，疇可爲媲者？”已委禽余劉氏，得孺人。孺人，余伯考處士公昶女，性婉嫕，有志操，母鄭特軫愛之。□[一]，嬪于邢。家故貧，太孺人在堂，公爲諸生，不能具朝夕。孺人則僇力拮據，供其內乏，以安公讀。不給，脫簪珥繼之，亡難色。公攤帙案間，焚膏繼晷，每夜分弗休。孺人以女紅相劑，身機杼中，聲軋軋達旦矣。公罷太孺人喪，躃踴摧毀，骨弗克立。孺人能佐公襄事，以孝聞。迨伏臘祠蒸，潔俎籩而薦之，泫然泣相對也。公領嘉靖乙卯鄉書，己未成進士，釋褐直隸任丘令。任丘當畿輔孔道，稱巖邑。公治任丘，均田賦，平徭役，清郵傳，諸所善狀匪一，詳載故司寇閔公志中，不悉論。大都公爲廉吏，稅錙贖鍰，三年無奇羨之入。而內規其政，一鮭一菜，日計口而食，不以傷公操，則孺人與有力焉。

公滿考，得薦剡十八，主爵氏報最，天子下璽書褒[二]异之，封公父母及孺人。未幾，拜廣東道御史，移疾西歸。孺人蓬髮累垢，侍粥藥者逾年。晨興炷香，籲禱以身代公，而公竟不起矣。孺人已失公，又殤其伯子克類，其二子藐然稚也，則日夜拊而涕曰：「天乎！吾未及而立也，何辭以復逝者？」二子稍長，則篋經史諸集而督之誦，曰：「此而父習也。而父用是顯，慎勿隳其家聲。」二子謹受教，俱有名諸生間。道以病骨試弗售，遂罷業，習于古文辭，學士、大夫雅重之。壯以公治《春秋》，甲午魁其鄉。孺人時解頤笑，曰：「吾庶幾有子哉！先夫子爲不亡矣。」

孺人素病恇，歲冬輒嗽，家人以爲常。一夕，發一面瘡，瘡已復嗽，久之，寢不任治。既革，進諸子婦前，揮手勞苦，遂瞑，蓋萬曆丙申十二月十一日也，距生壬辰八月十一日，得年六十有五。公歿嘉靖乙丑四月初二日，距生戊子五月初十日，得年三十有八。子男三，克類殤；大道庠生，娶鳳陽府通判李秉愚女，繼黃世美女；大壯舉人，娶王弘才女，繼濟寧州同知韓廷輅女。女一，適庠生楊芳春，先卒。孫男二，篤敬，聘光祿寺署正晉承賜女，壯出；篤恭，聘庠生柳有芳女，道出。孫女一，字訓導南嘉聘子宗憲，壯出。

嗟嗟！公以邑令入臺爲御史，稱顯貴矣。而位不究才，壽不媲德，卒夭以死。孺人視公，雖享有年，而婦而嫠，嫠而母，以成子之賢，而養不及其身，可念也。銘曰：

而土巋如，而柏卷如，公與孺人之幽都。而才于官，志不竟
攄，亦既有令譽。和丸畫荻，以成二孤，以逮孫之呱呱，斯孺人
之德而公之所餘。嗚呼！

## 文林郎山東諸城縣知縣堯川韓公偕配李孺人衬葬墓志銘代

諸城令韓公之歿也，其孤嗣祖走道四百里未[三]謁余，曰：
"日者，不肖葬先慈，先君子手次其事爲志若銘，未敢以要巨公、
長者。今不肖且衬母于父，所藉先君子之辱交于大人也，敢以不
朽請？"語已，且泣且出其狀授余。嗚呼！公與余同鄉舉，稱異
姓兄弟，微余，孰銘公者？

按公韓氏姓，諱景暨，字尚同，別號堯川。其先相州人，系
出宋魏公琦後。至祭酒公永，避金亂，徙洪洞家焉。歷傳而至國
朝，有神醫昌。昌生淵，淵生肅，肅生文，累官户部尚書，贈太
傅，謚忠定公，于是韓氏益灼顯而門閥稱河東冠矣。其諱鈞者，
于忠定爲季父。鈞子敬，敬子士明，官醫學訓科。士明子廷芳，
魁省試，官岐山令，有賢聲。廷芳子五，公居長。母南孺人，以
嘉靖戊子三月初八日生公。公生而姿岸玉立，穎慧絕人。甫齔，
授父書，能誦。已負笈鄉大夫于公門，聲偶辭章，不習而解，于
公獨鍾愛之。弱冠，補博士弟子，晉增廣生。戊午，舉于鄉，四
上春官不第。戊辰，引牒銓司，授山東諸城令。諸城界海隅，土
習强悍，而邑多貴姓，囑書猬集，令往往惴恐不任治。公至，持
廉操，大爲風勵振刷之，凡有請托，輒正色不少假。于是諸貴姓
陽爲尊禮公，而陰哆讒口，卒爲所中，調簡伊陽。伊陽隸中土，
較諸城稱狹而風習稍醇，又鮮巨室爲百姓患。公第卧而理之，垂
簾竟日，默如也。屬當遷，吏部執前議，謫開封府學教授。時巡

撫都御史才重公，闢講院，萃河洛諸名士，檄公督誨之，一時風教大行。而有藩司某者不説于公，公亦自負，亡所巽謝，因致妻菲，會大計，以投劾免。

公故有別墅在泗州之陽，手蒔花竹、種蔬果，爲終老計。又疏蓮沼于西郭外，歲時偕二三大夫觴咏其間，于于然得也。公性不善酒，然爲社中會必竟席。一日，過晉中丞所，與客語，歡甚。至夕返，伏榻而臥，頃忽若不懌者。家人大驚，呼之弗應，急醫至，藥之弗醒。或謂公善攝生而健，當不死，竟死矣。蓋萬曆壬寅十一月十七日也，距生得壽七十有五。所著有《學古稿》四卷，藏于家。

公襟期高朗，横睨宇宙之外，若師意自恣者，而其内行純備，篤于倫誼。丁父岐山公喪，以毀瘠聞。處异母弟，撫教甚懇，而其殁者，子其孤，亡間也。飭祖塋，纂族譜，彙《忠定集》，諄諄諸後輩，以繩武爲志。韓氏遭中葉，葺廢補墜，得亡墮其先聲，公之功偉矣。第余初識公，期有公輔事業，卒不獲上第，束于一令，且屢顛，弗究其施，豈古所謂“修夫遭困，廉士亡名”者耶？

配李孺人，邑侍御復初女，性敏達，明道理，能佐公于讀，以儒起家。又佐公于仕，亡曠官政。及公解官，食指日稠，孺人又善拮據治生，俾亡旦夕慮，而寬公之顏色。余所聞孺人以此，其他細行載公手志中。孺人殁萬曆乙未，先公八年，距生得壽六十有五。子一，即嗣祖，貢士，娶商氏，鴻臚寺序班朝臣女，繼李氏，藩掾永彝女。女二，一適儒士宋來瑞，沂州守湊仲孫；一適光禄寺署正晉承賜，都御史應槐仲子。孫男一，居乾，庠生，娶范氏，懷慶府照磨弘道女，商出。孫女三，一適庠生喬良柱，一字儒士王家植，一字商調雅，李出。公以卒之明年十二月二十日啓孺人窆，與合焉，禮也。銘曰：

進耶而顛，退耶而恬。惜爾者謂伉而弗圓，羨爾者謂享而有年。有淑其燰[四]，既相厥天，以亡愧爾賢。百千萬祀，其偕安于是阡。

## 太學生霍谷盧公配孺人劉氏合葬墓志銘代

太學生盧公之葬也，墓木拱矣，而配劉孺人亡。亡之逾月，其孤安化令夢麟迂道跣奔至。越明年，冬十月，將啓公封，奉孺人祔焉。偕其兄若弟，衰絰來謁劉子，曰："窆宮石一言志之，以不朽先德也，敢徼惠于執事？"已手狀而視余。余自青衿時辱交于公有年，孺人又出余劉氏，爲先別駕碙軒公女，于余稱姑，微狀，寧不悉公哉？

公盧姓，諱國光，字汝觀，別號霍谷。先世居邑吉恒里。大父冕舉成化辛卯省試，官綏德州牧，始徙城家焉。父綸，舉弘治壬子，官慶府長史，生丈夫子五，季爲公。公生十歲，授書鯉庭，日記千餘言，長史公大奇之。弱冠，補博士弟子，妁婚孺人。孺人少貞淑，有令儀，組紃紅作，罔不精解。及婦于盧，長史公已逝，孺人事姑張曲極誠款，而翊公爲儒甚力。寢久，姑張下世，家益貧，孺人支窘守嗇，爲公治朝夕，不給，解裝具佐之。公自是亡內顧慮，短褐敝跰，每雞鳴整整造館也。余劉氏二三君子及余從公社中會，公所摘文率多崇古尚質，不類經生語。學使者試而才公，予公餼。公餼越兩紀，意氣岳岳，目一第可摘取。即余與二三君子靡不斂衭推遜，謂公非池中物也。顧數奇，十上棘圍，卒不售。隆慶庚午，以貢入太學。明年，具章服歸。歸無何，構一疾弗起，蓋辛未夏五月也，距生癸酉春二月，得年五十有九。初，公嚴于庭訓，課子爲名諸生。三人嘗夜讀，慷慨太息曰："吾垂白亡聞，度兒輩不至作我也，當有跨竈振盧氏宗者。"

公殁，孺人時諭諸子曰："尚記若父墨帳中語乎？天靳若父一第，齎恨以亡，若曹其共勖之！"萬曆己卯，夢麟領鄉書，己丑登進士，授安化令。夢鳳亦是歲成貢。孺人沾沾動色，曰："吾有子哉！庶幾慰逝者地下矣。"安化令捧檄過里門，念孺人春秋高，遷延不欲往。孺人誡之，曰："吾即老，尚健且善嗛。汝以豎儒筮承一命，國恩未酬，豈宜顧私耶？往哉！其勿我之虞。"安化令長跽謝，徘徊久之，乃之官。閱一歲餘，孺人以老病卒于家，蓋辛卯冬十月也，距生丙子秋八月，得年七十有六。嗣男五，長夢夔，娶鄭氏；次夢龍，娶李氏，繼馬氏；次夢鳳，貢士，娶范氏；次夢麟，安化令，娶劉氏；次夢熊，庠生，娶王氏，繼邢氏、孔氏。女一，適李應芳。孫男九，學詩、學書、學禮、學周、學孔、學程、學曾、學閔、學道。孫女八，婚嫁皆名族。曾孫男三，鴻儒、鴻漸、鴻卿。曾孫女一。嗟乎！盛矣。盧公困于儒而死，孺人貧而嫠，嫠而且老也，竟成子之名，以昌其後。天之報德善人，何緩而不爽哉！銘曰：

是爲盧夫婦返真之宮，母謂偕而窮，爾子顯庸，爾名斯崇。寧七尺之土而俟一命之封，則爾之不遇于始遇于終。嗚呼！何恫？

## 誥封宜人魏氏墓志銘

平陽宗姓以賢名者，蓋有輔國中尉雲石君云。輔國諱新堤，別號雲石，陽曲榮靖王之裔，鎮國中尉知囤長子，高皇帝八代孫也。其人博大，明道理，好結納四方長者士，境内文學則首推觳不佞而師事之。不佞謝不敢當，爲兄弟交十餘年矣。今歲冬，走帛書來，爲亡室宜人徵窀銘，誼弗克辭。

按狀，宜人姓魏氏，平陽世家。父郡庠生遵周，母曰譚媪。宜人生而娟秀，有令儀，侍其父，授《女史》《内則》諸書，廓然悟也。父大奇之，私謂譚媼曰：“是女當顯貴，誰家子爲若伉者？”會輔國妁婚，委禽焉，得錫命，封宜人，笄歸，年僅十五。恪守婦箴，服勤中饋，事兩尊人曲極誠款，有孝聞矣。兩尊人下世，輔國家政一委心宜人。又憐其羸，弗任劇也，旋置妾媵贊理之，宜人相處歡甚。晨起斂容，督齋厨諸妾暨僮若婢，大小以次授功，如宜人指嚮往矣。持以白輔國，未嘗不愉快稱善也。輔國精心計，歲禄所入，推奇羨什一而息之。積居既饒，宜人又能佐輔國廣其施，郡國大役，亡惜百金，捐囊爲諸王孫先。期功以下有丐貸，差緩急而應，人人頌義不置口。輔國既以施予流義聲，而性又善客，耽音樂，群梨園子弟演習諸雜伎，客屢滿堂，粉綠代出，鍾鼓交鳴，至中夜闌喧弗止也。宜人率諸妾籠燈宴坐，必客去，侯〔五〕寢門迎問輔國曰：“君侯勞苦，亡恙乎？”既而曰：“休矣！其自愛。”即輔國酣寓別室，宜人怡然亡忤色，敕一女奴奉茗盂，尋聲而進之矣。宜人初寡疾，後以勞瘁稍勤醫藥，不爲慮，一夕暴卒。輔國號頓，絶復蘇者數四。家人男婦以百計，環哭棺前，哽咽有餘悲也。以是覘宜人，不可謂非賢已。宜人生嘉靖戊午二月十七日，歿萬曆壬寅四月初九日，得年四十有五。賢而壽嗇，其天乎？命使之與？可念也。

輔國卜丙午春正月開竁郡南郊祖塋之次，以宜人葬焉。初，宜人易簀時，輔國具棺殮甚周。比至葬，剪彩割綺爲旌幢、車蓋之屬，填溢市巷，觀者猬集。輔國匪尚靡文、事炫耀，德宜人最深，以是報之，亡憾于逝者耳。輔國子男五：宜人生伯子慎鏝，封奉國中尉，配張氏，封安人。側室常氏生子三，一配張氏，二幼；劉氏生子一：俱未封。女九：一適庠生樊屏，一適馬體益，一字亢體恭，宜人出；一適裴承命，一適賈應選，一適庠生李肇登，一字姜良弼，常氏出；二幼，劉氏出。孫女二，一適張復儒，一幼，慎鏝出。

嗚呼！周南之化遠矣。寵多見妒，育多見嫉。狀稱宜人莊事輔國，終其身不以媵故廢婦禮，于諸妾恩御之，煦煦如也。和氣所萃，嗣息蕃昌，“樛木”、“螽斯”亡遜焉。宜人奚但稱賢嬪，其流福王家，不亦厚且長哉？銘曰：

有美其嬪，柔淑且仁。相而令人，而蕃育振振。年丙午，月庚寅，南山之封壘而新，我銘幽石永不泯。

## 太學生澗溪衛君元配張孺人祔葬墓志銘代

衛子蓋棺兩月矣，葬得日，其孤希相扶服來謁余乞銘，且曰：“往者母氏背不肖，不肖方稚也，亡及爲此請。今且祔母于父，其藉手一言爲不朽計乎？”蓋衛子先娶于張，繼室以余女孫，爲肺腑親。噫嘻！余即耄，忍不銘衛子哉？

按狀，衛氏世居吾邑故縣里，推巨閥。曾大父昻、大父揀皆有潛德，稱隱丈人云。父載道，捐資甃城，授義官。娶韓氏，以嘉靖壬戌某月某日生衛子。衛子生而眉骨秀融，器宇凝重。少習鉛槧業，即有解悟，父以其羸也而罷之，遂援例游太學。太學諸生富室少年，怒馬飛鞭，招携過長安市，意氣豪甚。不則燕喜，恣爲樂，鬥博弄奕，嘲謔紛起。獨衛子尚沉默，端居斂容，坐竟日，恬如也。既歸，雅飭衣冠，益務爲恂恂君子。與人交，雍容退讓，不以狎故廢禮。遇事慎籌細慮，不妄發，發之必中。至篤于內行，肫肫孝慈，勤定省，侍席上食，能以敬順承父歡。嚴義方，館舍延師，成其子爲名儒。斯其大者。初，衛子病咯血，柴瘠幾殆。中外眷屬環視而泣，思以起衛子，不可得也。尋以醫起，越三年，漸復于素。或謂衛子有天幸，當不死。無何，一夕得暴疾遽卒，蓋萬曆癸卯三月二十五日也，距生得年四十有二。

元配張孺人，平涼郡丞嘉樂女。生自貴族，婉娩，習于梱職。事姑嫜，起作必先，寢息必後。處衛子，賓禮相恭，亡疾言忤色。伏臘賓祭，務從潔典，即日用米鹽枲麻之役，罔不井井理之，稱賢婦焉。歿于萬曆壬午，距生嘉靖癸亥，得年二十。子一，即希相，穎秀而文，爲邑諸生有聲，娶柳氏，繼韓氏，俱名家女。女一，未許字，余趙氏出。孫男一，聖言，未聘。

語曰“造物忌完”，然與？否與？衛子大父母八十偕，父母六十偕，而又身處膏腴，撫有其子若孫，歲時捧卮醴爲壽，一堂之上，五世而嬉，豈不嘉祥盛事哉？奈天竟奪衛子以去，可畏已！夫非所謂“忌完”者乎？衛子以卒之年五月二十八日葬箕麓祖阡之次，張孺人祔之，禮也。銘曰：

疇而伉？疇而儷？德不愆儀，賢弗永媲。疇而子？疇而孫？玉華流艷，蘭枝茂根。箕麓之陽，土厚而豐。松杉外叢，我銘其中，是惟而之幽宮。

**校勘記**

〔一〕“□”，疑當作“笄”。

〔二〕“襃”，疑當作“襃”。

〔三〕“未”，疑當作“來”。

〔四〕“嫒”，疑當作“媛”。

〔五〕“侯”，疑當作“候”。

# 墓　表

## 亡妻孺人李氏墓表

　　孺人李氏，邢子大道妻也。李與邢家世皆洪洞。孺人父曰古直公，鳳陽府倅，母韓安人。先考鶴岡君監察御史，母劉孺人。初，府倅公與先君爲諸生，同筆研，甚善。先君舉嘉靖乙卯，府倅公舉戊午。己未，計偕，先君成進士，授直隷任丘令。是歲，生余，府倅公下第。明年生孺人。壬戌，先君入擢御史，會府倅公再上公車，遂就長安里構婚。

　　萬曆癸酉，孺人適余，時先君歿八年所矣。母劉在堂，孺人晨起朝見，問亡恙，已治滫脯漿酏，日三上食，亡懈容。余少墮馬，病骨支離，孺人相視若賓。每夜分伴余讀，手具膏火，拂拭卷案，祁寒溽暑亡間也。余補校官弟子，明年，進增廣生，累試弗售，鞅鞅不自得。孺人徐慰之，曰："君習史氏家言，自古賢豪能逆命取富貴乎？君誠才，以疾厄弗展，天實爲之，胡損于君？自苦乃爾哉？"余意稍釋，遂罷經生業，茸茅澗湑之南，讀多先秦、兩漢諸書，暇則詩朋弈侶吟眺山水間，夷猶忘返。家政亡纖巨取裁孺人，井而理矣。

　　初，孺人不育，以齒未也，不爲念，久之弗憚，間言于余，曰："君恨不得志功名，後嗣與功名孰重乎？"已請余置妾，余謝不可。已又請子余從兄大受子。其子殤，孺人泫然悲不已也。壬辰春，余欲謁岱。孺人色稍困，延醫診，謂娠，非病也。余行六閱月而還，孺人已舉子，相顧慰勞苦。亡何，病乳癰。癰已成痞，腹時痛時鳴，孺人猶勉持拮據耳。明年，漸骨立，展轉床帷，至夜呻吟達曙矣。一夕，母劉視之，屬乳媼抱其子前。孺人強起謝曰：「婦不天，不能事姑，且累姑矣。」已泣下，母劉亦泣，余大哭失聲。孺人執余手，曰：「君母過哀，吾死是孽，將誰恃？其善字之，亡恨矣。」目遂瞑，蓋癸巳夏五月二十二日也，詎[一]生庚申春三月十七日，得年三十有四。子一，曰篤恭，聘庠生柳有芳女。

於乎！孺人年十四而稱婦，稱婦十九載而始舉子，舉子僅逾歲而亡。顧孝篤媚姑，禮襄病夫，終其身心如一日也。彼世婦精女紅，善中饋，何者不稱內德，孺人固饒爲之，亡足云矣。於乎！余安能忘孺人？余即再室，有若孺人者乎？孺人葬以殂之年冬十一月既望，余欲志一石，手筆哽咽，悲不能文。明年甲午春二月，哀毀少定，乃礱碑墓道，次其巔末書之。蓋孺人德于余深，庶幾有所托而傳乎，婦行不外彰，不得例論矣。銘曰：

東門之原，沃壤深泉，是爲孺人之阡。爾爲婦而賢而德斯傳，疇畀爾以嗣而嗇爾之年？嗟嗟孺人！有知者天耶？亡知者天耶？

## 處士小峰李公暨配南孺人合葬墓表

邑之東龍泉鄉，蓋有小峰公藏云。公歿十餘祀，而配南孺人祔之。其孤秉魯叩邢氏子廬，扶服泣曰：「曩父葬，窾志且銘矣，而未表也。今祔母于父，不肖欲請辭而碑之隧，爲先德不朽計。顧不肖不能當子，惟藉先別駕古直君之靈，敢徼惠于子。」古直君者，秉魯從兄，不佞丈人行也。於乎！不佞即少且賤，忍不言公哉？

公姓李氏，諱鏊，字孟濟，別號小峰。父曰北峰公，娶于段，生子三，季爲公。公生九歲，失段，即欷歔不自持。十二就塾師，攻鉛槧業。已棄之，從北峰公及伯兄金販鹺維揚。楊故大都會，商賈鱗集，而公以少年子，倜儻，饒智略，靡不人人遜伏之。居久，北峰公倦游，公與俱歸。歸亡何，伯兄病且客死。公念不及訣，號慟欲絶者數四。已侍北峰公，又時時解慰，涕洟淫下也。寖後，北峰公亦捐館。公襄事，柴骨幾殆。事竣，復之楊賈，以秉魯從。時家遭中葉，資稍稍匱。公積纖累微，操什一而息之，所至值天幸，不數年遂成大賈，發篋中裝，不下累千金。公雖匿迹爲賈，所結納多海内賢豪士，日與弄奕博，譚文墨，謔浪杯酒間。屬有緩急，即投箸起，甚至傾囊而資之，無難色，楊俗以是益嚴重公。

公晚歲膺恩詔有官，然不喜官，雅好游南中佳山水，數往數返。一日，扁舟泛大江，將登茅山之巔。至夕，若不豫者，伏榻而卧，痰咯咯起喉中。秉魯大驚，急丐劑啖之，弗蘇。或謂公健，當不死，竟死矣。於乎！豈山靈有約，不欲公形交而遽奪其魄耶？公卒萬曆庚辰三月，距生正德戊寅九月，春秋六十有三。南孺人卒壬辰十一月，距生戊寅正月，春秋七十有五。孺人，故侍御汾涯公女，性婉變，有閫德，翊公成家，終其身不厭裘褐，閭黨歸賢焉。子一，即秉魯，女二，孫男女各一，婚嫁詳志中。

不佞嘗讀史，竊謂倚頓、烏倮之流，雖以末起，埒素封，而任術自售，其行不皆軌于義，太史公尚繪而傳之。若公恢廓有家矣，而篤倫理，敦信誼，富好行德，達足娛志，斯不磊磊大丈夫哉？不闡以播，疇示來裔？不佞姑次其事以復秉魯，而聽其竪石，亦太史公意也。

## 諸城尹堯川韓先生配李孺人合葬墓表代

今皇丙子之歲，先生以開封教授典試秦中，所拔頎俊士數人，而不佞嗣美與焉。越三年，不佞成進士。又十餘年，官按察僉使，監軍河東，距洪洞不百里而近，則先生之鄉也。先生時屏

迹田居，問遺不與通，而不佞持門下刺駐車閭左，先生方出而迓
余。已酌旨醴要余飲，已又爲詩貽余。及喪其配李孺人，不佞詞
誄之，而先生涕洟淫垂也。距今又八年所矣，不佞謝病在里，先
生子嗣祖以書來，報先生捐館，且曰："亡父與先孺人窆合矣，
鄉達司空楊公爲志之。不肖竊懼後世采風而過者靡所考訊也，將
礱一石爲隧道碑，願丐辭于大人長者。"不佞聞而悲之，曰：
"傷哉！先生歿而不及引紼，又不及以絮芻酹墓也，傷哉！"

按先生少治《易》，爲名諸生。逾冠，舉于鄉。四上公車，
偃蹇不得志，遂從銓注，授齊之諸城令。諸城岩邑也，狡訟猬
集，而又多權貴，恣橫，不軌于度。先生于赤子用愛，而于豪右
用三尺彈壓之，以故人人相戒："强項郎，勿犯也。"妻菲流聞，
遂議調簡，改伊陽。伊陽狹土，訟簡而民易馴，又鮮巨姓爲百姓
蠹。先生按俗而治，聲迹蔚起，謂旦夕序遷矣。吏部又執前郤，
以殿論，謫教開封。開封省會地，故有書院，萃諸儒，先生褒衣
緩帶，督課其中，一時風化翕如也。而監司某者臨之，責苛禮。
先生不爲遜，因構之臺，會大計，論罷。自先生罷歸，浮沉里
社，可二十載，頗斥田園，飾花竹，疏軒秀几，奇篆古文，手一
編勖其子若孫讀矣。暇則二三大夫登眺山水間，捫蘿拊石，飛觴
聯句，翩翩然適也。年七十餘，素健亡恙。一日，飲晉中丞所，
稍不懌，歸而暴卒。卒之夕，地大震，戚友宗姻號哭之聲徹于閭
巷，曰："疇爲韓氏贖先生也？"

先生負才奇，性又伉激，屹屹不能下物，故兩爲吏，一爲士
者師，皆未脫于讒，卒以凌擠解官。蔓草妒蕙，野鳥咤鸞，先生
所繇弗容于時乎？生平好聲律，尤善爲行草，所請揮灑立就。或
評其詩似白香山，筆法似趙吳興，庶幾當之。

夫《漢紀》河南守吳公薦賈生矣，吳公治狀第一，而誼鮮表
述，令史不及悉，至并其名遺之。司徒橋玄恩遇蔡邕矣，玄死，

邕爲碑而頌之，以志不忘。琅琊王先生嘗論説及此，蓋謂賈氏之薄而中郎之篤報也。不佞才不逮二子，而不敢托于弗敏以薄先生，故因嗣祖之請表其大者。

先生姓韓氏，諱景曁，字尚同，别號堯川。家本相州，移洪洞，代有儒碩顯于世，宋魏公琦、明忠定公文尤以勛德稱名臣。父岐山令廷芳，嘉、隆間循吏也。其他事行并李孺人賢狀，具司空志中。

# 銘〔二〕

## 古硯銘

珉不盈尺，寶之燕石。水不容勺，蘸之龍躍。自柱下史，以遺山人。案席之珍，磨而不磷。

## 方鏡銘

汝光瑩然，醜不飾妍。余性棱然，方不易圓。形影相照，四十餘年。物合人合，天合之緣。童而鬢玄，老而雪巔。汝不吾棄，吾終汝捐。

# 贊

## 虞士師

八愷登俊，五臣宣謨。邁種之德，股肱有虞。天子垂衣，南面恭己。士師平刑，克稱大理。刑期無刑，民協于中。四方風動，曰時乃功。

## 晉樂師大夫子野

匪瞽焉而矇，則慧焉而聰，亦愕焉而直。國有正音，太師典樂之職；邦無亂政，大夫匡君之力。兩朝骨鯁，千秋血食。

## 漢雁門太守郅都有引

郅都，余里人也。元美先生曰："太史公傳酷吏，吾獨取都。公廉忠信，而不得免，坐臨江王冤死耳。"爲作《雁門太守行》。余才不及王先生，一贊系之。

廉而靜以持官，忠而直以抗主，威而神武，以懾豪宗而怖强虜。然竟以是中危法，不保其身，埒于溫舒、義縱之倫。冤哉大夫！此史遷之筆，是非頗謬于聖人。

## 漢忠武侯諸葛孔明

龍臥隆中，相時而起。狐瞞鼠權，竄而縮趾。魚水真主，受命遺孤。北討攻祁，南征渡瀘。而漢業終不可圖，鼎峙一隅，不再世而廟社丘墟。人耶？天乎？先生之才，管樂自許。指揮若定，蕭曹不得與之伍。伯仲之間，爲伊爲呂。余所未知，請問之杜工部。

## 唐逸士孫思邈先生

隋召博士，唐拜諫臣。三徵弗仕，卒老于秦。識大器則獨孤信，師高醫則盧照鄰。嗟嗟先生！鵲、佗非倫，天之放民。太白之山，遺風未泯，庶幾乎許之箕潁、嚴之富春也耶！

## 明太傅質庵韓公

司徒任官，兩朝執政。閹豎亂常，九閽請命。嬰批鱗之禍，身以報主而危；釋累卵之憂，國以剔奸而靖。論定蓋棺，諡曰忠定。

## 又

三朝受知，排難決疑，吐膽而揚眉；一疏謫奸，持危扶顛，捋鬚而昂肩。疇曰窰子之愚？公之未死，衛國能全其軀。疇曰比干之仁？即公而死，殉國不愛其身。以此論公，是曰偉人魏公裔人，昭代養士，二百年一人。

## 郡司理五鹿張先生

無矯無飾，有威有儀。亦瑩而秀，亦偉而頎。亦轟轟而烈烈，亦委委而蛇蛇。亦湛然而秋月，亦藹然而春颸。亦百篇而工于詩，亦片言而決獄之疑。猗與先生！循而吏也？儒而師耶？聞其言曰：古之人寧籍母季，寧軾母頤。論其世也，博物若華，摛文若衡，而平法若釋之也耶。

## 太守箕峰衛公

謂嚴而明，包孝肅之名；謂寬而仁，歐陽文忠之倫。兩者擬公，未概公善。求當其人，曰趙清獻。晝之所為，夜必告天。一琴一鶴，行橐蕭然。

## 參伯中齋劉公

漸鴻舒翼，出而經世，大郡雄藩之寄，曰神君，曰循吏；潛豹耽玄，隱而歸田，青山白水之間，曰文伯，曰詩仙。蜉蝣了悟，五十四年。禄壽不百，名壽以千。嗟嗟乎！先生之賢。

## 商城令六同趙公

是爲令而賢，官不及再遷，寄傲林泉。帝恩優老，粟帛以
贍。鄉評推美，月旦誰先？黃髮丹顏，而鯢齒尚堅，九十四而賓
天。噫嘻公耶！非人耶而神？抑神耶而仙？

## 侍御晉山于公

威鳳神羊，其出也世之禎祥；白簡皂囊，其仕也國之紀綱。
倏而遼海，倏而吳閶；倏而東皋，倏而北邙。此公之年七十有
七，在古爲稀，而達者猶以爲駒之過隙、薤露之易晞也耶？

## 諸城令堯川韓公

氣則貫虹，譚則生風，筆則游鯉而翔鴻。抗于吏，以一令而
躓；豪于詩與文，以七十五年即世。高之者曰陶彭澤先生，而才
之者曰韓昌黎後裔。

## 馬湖守晉齋劉公

八十年夔鑠，二千石尊崇。或以擬化蜀文翁，或以擬釣渭太
公。貌已還童，步不曳筇。豪于詩而百篇立就，豪于酒而萬慮以
空。春林秋社，竹綠花紅。伯倫之興趣不淺，而公幹之才情益
融。猗與先生！蓋無墮其家風。

## 舅氏參伯友山劉公

四十而仕，六十而歸，八十三而返真。貌溫然而可親，胸湛
然而弗塵。其慈明，古之循吏；而其朴碩，今之逸民。不尋真，
不絕俗。不還丹，不避穀。金紫而身猶韋素，市廛而心若岩谷。

知止知足，完名完福。

## 外舅別駕古直李公有引

公李姓，諱秉愚，別號古直。爲諸生負奇，與先侍御君交甚善。嘉靖戊午舉孝廉，數上公車弗第。萬曆庚辰銓注，授東昌府通判，三年報最，天子下尺一褒勵之，議特遷矣。會署曹州，以守事詿誤，謫和州丞。已徙倅保定，已又徙鳳陽，督儲潁川。地卑濕，足痿，公又念其母老，意不自得，遂乞骸骨還。戊子，卒于家，得壽五十有七。丈夫子二。女三，仲余元配。余甫齔，弄文墨，習聲偶，公目而異之，曰：「若子才，吾家逸少也，後當有聞，是不泯于世者。」公歿之日，余以病縛，不及手爲狀，又不及志與碑。公固知我，余負公已，蓋時時追念，咎余之過焉。今年夏，仲子就實出公像視余，曰：「是宜有詞，可藉手以補汝闕乎？」余睇瞻再四，仰而思，俯而悲且泣也。於乎！道即不敏，忍終負公哉？贊曰：

余公半子，公最愛予。公歿二十有三載，始展公之像而贊公于圖。電目虯鬚，危冠長裾。外岩岩而岳立，中坦坦而淵虛。嗚呼公乎！胡一舉而登賢書？胡七上而困公車？胡半刺掄官而六品未徙？胡百年期算而五帙僅餘？嗚呼天乎！

## 雲石宗侯有引

宗侯雲石公締交于余有年矣。辛丑之秋，九月既望，余過公圃探菊。公挈榼壺，飲我東籬之下。酒半，出徽人吳君所繪公像視余，余展玩良久。雲松虬蟠，溪梁虹跨，海霞爛而鶴升，芝泉清而鹿狎，殆昆丘瑤島之界乎！而公葛巾野服，相伴其間，飄飄乎一陸地仙也。援筆而贊之。

灼其目，廣其顱，豐乎其頰，而澤乎其髮與鬚。謂帝室之裔耶，何以不紆紫拖朱，捧高蓋而擁華車？謂儒而冠者耶，胡爲乎若龍若駒，嶷嶷矯矯，過與凡殊？豈公之貴不及位，政不逮閒，一丘一壑，恬然以居者乎？嗚呼！貌公者得公之似而肖公于圖，懷公者唷公之德而疇與爲徒？俯仰今古，東平高風，河間大雅，庶幾曠世而同符也耶！

## 先侍御鶴岡府君

此先府君之遺像也。腴而龐，軒而昂昂，冠紗而烏，袍繡而峥以神羊。立朝二百日，鶡之擊秋而鳳之鳴陽；閱世三十有八載，過隙之駒影而爍空之電光。於乎府君！其數短，而其名亦長；其家貧，而其子孫亦良。歲時伏臘，跽而升堂。達者青雲之秀，而窮者老于經史六藝之場，皆無墮其書香。

## 鳳縣簿劉天台

汝與予交也，澹然而有素；予覘汝貌也，悴然而多憂。胡茲圖之展，髮澤而油油，眉宇揚揚而襟宇休休？汝才一鶚，而鎩翼橫秋。汝有虎豹之駒五，皆乳口而氣食牛。瓜田百畝，比于東陵故侯。長鋤短笠，歲月優游。汝官若敝帚，汝棄之，矮屋之下豈復低頭？

## 高唐倅韓宏古

覘汝貌，玉之絕塵；味汝言，酒之飲醇；訊汝世德，家有縣譜而國有朝紳。童年祖訓，詩書力勤。胡四科偃蹇，志鬱鬱而不得申？汝之叩神，越十五載而發迹，氣奪萬人。胡仕僅一州倅？自齊徂秦，不脫幕而官貧。拂衣翻然，歸老岩濱。柳月松風，漁乂[三]樵斤。汝今六旬，葆汝真，逾七望八，百千其春，逍遥亡垠。汝爲漆園吏耶？葛天民耶？兩者俱可，何必羨紗籠之貴而爲李藩之後身？

## 國醫岳橘溪

骨豐而聳，髮澤而鬒。唯好生之一念，體造物以同仁。膏肓痼癖，孰起而回春？泉石烟霞，汝超而脱塵。自今以往，毋揺汝神，毋鑿汝真。彼倔佺與子晉，將比駕延汝而貌子于蓬瀛之濱。

## 李仲子就實

冠而峩，衣而寬褒。長虹貫霄，惟氣之豪。大鵬鍛翼乎扶揺，惟時之弗遭。毋惜三餘，毋悲二毛。俯仰宇宙，琴酒逍遥。

## 亡妻李孺人

内淳而淑，外秀而娟。粉墨奚傅？綺縞且鮮。豈欲試伯鸞之志？兹何虧德曜之賢？舉案齊眉，偕老百年。而胡不待，視余若捐？采春蘭與秋芷，携稚子而薦筵。而瞻而像，能不泫然也耶？噫嘻！

## 劉生任吾

而骨巍巍，而神灼灼，而逸氣翩翩。雪驢風馬，水曲山巔。花樽月榼，席地幕天。匪狂而顛，以酒而仙，疇與而儷肩？嗟乎！而祖伯倫，酒德有傳。醉而突然，醒而豁然。謂而象賢，夫誰曰不然？

## 范仲子耀昆

爾才出頭，爾命壓頭。爾器不庸局，而貌不凡流。爾笥之藏，富于鄴侯；爾筆之遒，出于北地而入于弇州。嗟乎！日月逝矣，歲不爾留。尚勉而修，母謂學而優。世無知爾者，其以俟之千秋。

## 少鶴山人自贊

爾骨則癯，爾形則削。晚澗寒鴻，秋山羸鶴。羞比翼于鳳凰，豈同群于燕雀？月峽雲汀，烟霄霧壑。一迴一翔，一飲一啄。不知爾者，爾未睹上林之春；其知爾者，爾庶幾脫世網之樂。

## 醉　仙 有引

醉仙胡姓，不知其名。家貧，裁割書牘，游士大夫之門。每食必索酒飲，飲必醉，人呼爲醉仙云。今年六十，繪像乞余贊。初鄙其人，不爲應。既而十次走門，蒲伏階下，曰："小人醉矣！先生惠我一言，勝于我活千歲耳。"余憐而許之。

汝生之貧，廋[四]骨寒肩。瓶亡斗粟，囊亡百錢。而以其剸裁之技，日寄食于大人長者之前。時顛而語，時酣而眠。世人于子姱節媺行亡所取，而取汝之善酒，名之曰仙，庶幾其然。

**校勘記**

〔一〕"詎"，疑當作"距"。
〔二〕"銘"，據底本原目録補。
〔三〕"义"，疑當作"叉"。
〔四〕"廋"，疑當作"瘦"。

# 哀　詞

## 雲石宗侯哀詞

　　萬曆癸丑秋八月望前三日，皇明陽曲府輔國中尉雲石宗侯，以疾卒于正寢。洪洞山人邢大道伏病家園，訃聞，南向而哭，哽咽失聲。越十月朔乙酉，君七七之辰，始治牲酤、香楮，爲誄言一章，走道六十里，謁靈位而奠之，曰：

　　於乎！宗胄多賢，余識亡幾。詞社尋盟，泰宇其始。屢口及君，大雅君子。己亥之春，余過汾里。二君聯鑣，迹余館邸。道院逢迎，笑顔溢喜。君余稱師，余讓君齒。片語定交，遂成知己。已徙余舍，府第之傍。虛櫺秀几，綺帷雕床。座有玩帙，爐有薰香。僮奴在侍，鮭菜時將。載庀高筵，大賓禮設。歌扇流雲，舞衫回雪。平原歡悰，十日而別。循是以還，修好弗絕。余有小構，屏山鏡池。君移名卉，朱綠連畦。已枉軒駕，訊問幽棲。諦視君色，异于他時。酒半言顛，坐起失宜。如狂如瘧，如醉如痴。余謂君疾，火炎痰室。收銳斂精，節勞從逸。與物亡營，可保長吉。別語叮嚀，醫不可失。君亦首肯，屏慮調息。去而掩關，一榻容膝。斷釀粥茹，斷葷藿食。書來慰余，加庀如昔。奉子之言，良于藥石。屈指于今，歲序三遷。君不接席，余憂常牽。憶茲春孟，令旦弧懸。筐篚不飾，申以微言。道場佛會，酒客已捐。膏肓二竪，與君纏綿。乃迫秋期，寸晷弗延。飆風慘烈，凶問喧傳。於乎哀哉！

君貌非俗，生有奇骨。虎顱虯鬚，便便其腹。仁心爲質，哀此煢獨。納客十方，食貧九族。如魚就水，如鳥集木。歲之不登，千石捐祿。旌義表閭，皇綸攸屬。人積之厚，天奪之速。斯理反常，余所未燭。於乎哀哉！

君之聰明，奕博弗親。其于畫品，鑒賞最真。近窮一代，遐追古人。子昂元鎮，戴璡唐寅。以及吳偉，俱稱絕倫。悼君之壽，數不六旬。羨君之嗣，庭有五麟。生而宗臣，死而帝賓。上游鈞天，下窺八垠。君雖歿矣，不歿者神。於乎哀哉！

余以文章，取憎多口。君獨寶之，千金敝帚。縉紳交酬，必藉余手。元媲之亡，宜人戒輈。窆石垂銘，托以不朽。君今大歸，余哀亦久。藥裹縈身，病魔掣肘。擲筆復拈，爲言愈醜。敢擬楚些，聊佐椒酒。布奠中庭，長號稽首。距化之日，四十有九。於乎哀哉！

## 李母房太夫人哀詞

房太夫人，誥封都御史李翁繼配也。翁初娶于麻，稱良媲，生子中丞公，甫逾齓而麻捐館。太夫人繼之，恪遵壼範，爲翁庀內政甚修，而撫其子，不啻己出。既中丞公歷膴仕，領節鉞之寄，彪勛西土，翁拜璽書，膺封爵，貴矣。太夫人奉翁夷猶田間，晝綉弗耀，烟蘿是耽，忠孝大誼，貽規令嗣。陳寔之質行，石蠟之訓言，蓋兩兼之。吁！翁其高已，中丞公迎養弗遂，得無虞于內顧，而壹意精白，服勤王家，非太夫人何以安焉？可不謂賢乎哉？今歲夏五月，以疾歿于里第。訃聞晉陽，中丞公號慟屢絕。已以情哀請，奔喪且行。屬吏山西清軍參政兼僉事某、河東備兵副使某，皆中丞公同年舉者也，視太夫人有母道矣，縞帶練袍，生芻束帛，詣靈位而奠之，申以誄詞。詞曰：

高門鼎胄，婦德標賢。翠襟結佩，有麻其先。嘉夢兆熊，誕生國器。和丸未終，溘焉長逝。房也繼之，翼頡而頏。閨範畫一，壺馨日章。相而夫君，蠶桑是職。裘褐爲安，蘋藻以飾。尺孤受托，彩鳳九苞。恩同顧復，慈視劬勞。偉矣中丞，起家儒俊。三歷侯邦，梁秦與晉。文臣飭武，手詔自天。左旄右斧，開府籌邊。疆圉告勞，帝嘉乃績。恩及封翁，褒倫三錫。榮名已被，怡老于鄉。夫人媲之，鵠適鸞翔。黃髮龐眉，高堂燕喜。既壽且康，介爾繁祉。

云胡一夕，不弔彼蒼。月華墮彩，婺曜迷光。千里凶聞，吉人在疚。仆地曷從，呼天莫扣。瞻望故里，衰絰徂征。代雲濺泪，汾水吞聲。人世百年，朝露春草。孰娥桂宮？孰仙蓬島？相夫以道，播有令名。訓子而成，安問所生？蘭萎遺香，珠沉流爍。嗟嗟夫人，九原弗作。

## 又

萬曆己酉夏五月，李母房太夫人捐館舍，春秋六十有二矣，蓋中丞御史臺李公繼母也。訃聞山西，中丞公爲位而哭，痛甚。已疏請解兵事，趨里終喪。屬吏河東分守布政司參政某、分巡按察司副使某，飾牲酤香楮之儀，走道五百里，誄而祭之。曰：

維母氏之懿德兮，鍾靈淑于魏邦。毓天姆之粹和兮，爍婺曜以發祥。嬪高門以主饋兮，儷君子而頡頏。續文琴之絶響兮，播徽音以載揚。守壺範其畫一兮，企追軌乎糟糠。力組紃而罔怠兮，復祗敬于蒸嘗。協慈規于斷杼兮，撫尺孤之昂昂。鼓風雷于九漢兮，龍蜿蜿其騰驤。佐農曹而司計兮，翊容臺以爲郎。歷四國其蕃宣兮，復專閫于西方。控三關以扼虜兮，壯萬里之金湯。飭文武之爲憲兮，炳勛伐于旗常。荷帝恩之三錫兮，天葩耀乎星芒。籠鶴髮以烏冠兮，佩朱紱之煌煌。羨封翁之康樂兮，榮母德以克襄。傲歲月之流駛兮，恣雲水以徜徉。恬野餲其如賓兮，衍家祚之方昌。宜期頤之難老兮，介景福以未央。

胡仙媛之厭世兮，倏遺榮而告亡？悼黃耉之擊缶兮，哀音慘于蒙莊。傷孝子之欒欒兮，手訃牒以彷徨。慟含飯之罔逮兮，增結帽而摧腸。追慈顏之不可復接兮，淚淫淫其盈眶。望故里以徂奔兮，申哀奏于九閶。某等繫官瓠于屬土兮，恨引紼之弗遑。托楮毫以將愫兮，聊以賦招魂之章。

亂曰：神焱舉兮茫茫，不可扣兮蒼蒼。薦桂醑兮椒漿，襲陰風兮鸞翔。鳴仙珮兮璆鏘，儆修靈兮來嘗。

## 恤部蘇公哀詞

萬曆丙午，比部郎蘇公奉上命簡刑山西，秋八月，以暴病卒于平陽官邸。蘇公，齊之武定人，距家千餘里，靈輀將返，遺橐蕭然。陽曲府輔國中尉某嘉蘇公之賢，悼其客死也，捐祿五十金賵之，兼飭牲牢酒脯及香楮之儀，祖奠柩左，誄而告曰：

嗚呼蘇公！振代英碩。毓秀東方，降神維岳。比曹分署，卓犖其材。鸞車北下，熊旆西來。赫赫皇命，簡刑是屬。以有蘇公，懷矜剖獄。陷穽弗枉，覆盆必燭。桎拲坐解，圜扉立出。嗚吁[一]蘇公！覃福冤民。轟雷蕩沴，化日回春。造物曷私？維善是親。德不膺報，轉灾其身。屬纊之辰，語狂如譫。吏士突奔，傳公病作。官僚愕然，趨視挾醫。公色未改，藥石弗施。曾不回睫，飾巾待期。電軌難挽，天路退馳。

嗚吁蘇公！百身何贖？堂堂修軀，顏若冠玉。亡不越宿，奪之奚速？豈有鬼伯，冥駕催促？嗚吁蘇公！視世若捐。聞者哽咽，睹者涕漣。終生蚤隕，賈子弗延。既才而賢，卒不得年。悼今證古，匪人也天。嗚呼蘇公！人孰不死。所慟公者，死而亡依。亦有弱息，負襁未離。亦有衰慈，倚門歔欷。自晉徂齊，千里之疆。丹旐揚揚，川嶺迴翔。旅魂悵悵，焉識故鄉？彼有宗戚交誼，霓冠素裳。迓公于境，拜公于堂。聲《薤露》之歌，續《蒿里》之章。如之何哀而不傷？嗚吁蘇公！歆我餕觴。

## 樊太夫人哀詞

萬曆己酉春，誥封太夫人樊母以疾卒于家。其子藩伯公飭兵雲中，訃聞，跣奔趨里，伏棺呼號，絕復蘇者數四，風木之感甚悲矣。高陵人某官山西左參，情關桑梓，且有聯寀之誼焉，束帛絮酒，馳一使蒲城，齎誄文而奠之，曰：

鄒有軻母，訓子而賢。漢稱孟光，負德罔愆。播徽音于青史，歷千載而猶傳。媞媞夫人，凝精婺北。秀育中閨，紉蘭佩芷。結縭君子，翼頡而頑[二]。杯棬在室，機杼在堂。脫簪珥之繁飾，唯裘褐以爲常。蔚矣苞文，孕自丹穴。亦曰霜蹄，駒稱汗血。凌九仞而雲翔，跨四都而電越。誕茲英物，介爾繁祺。嚴規已斷，慈訓其施。三遷卜舍，一經就師。倚與藩伯，茂齡顯第。玉闕標榮，金曹主計。郎勛克懋，侯符以專。龔遂渤海，黃霸潁川。擢憲分司，儒臣餙武。孤竹六封，晏然桑土。移師代鎮，扼虜要衝。椎牛饗士，魏尚雲中。大閱宣勞，帝恩載霈。三錫加榮，母因子貴。帔閃閃以飛霞，冠峨峨而聳翠。崦嵫景暮，天各一隅。俄焉陟屺，念彼倚閭。王事靡鹽，我心鬱紆。豈不懷歸，畏此簡書。胡然凶聞，萬里長訣？含飯罔逮，祿養斯絕。鑿五腑以駢枯，錘九腸而寸裂。秦關逷遠，呼號長奔。哀風夜慘，愁日晝昏。總帷已即，茲顏尚溫。冥軌不返，修靈若存。於乎悲哉！

## 憲大夫徐公哀詞

萬曆辛亥夏五月，中憲大夫、山西按察副使海寧徐公歿于襄陵官邸。公持憲節入晉，職專清戎兼郵政。會河東兩分司缺，奉臺檄攝篆，下平陽。歲饉，寇氛告急。公軫心民瘼，鞅掌王事，不有其躬，一夕，痰作弗起。上之撫察及藩臬諸僚，下之郡太守從事、州邑牧佐及里縉紳、儒生、耆老，莫不怛然而驚，惻然而悼，惘惘然而不及百其身以贖也。逾月，柩還故山，道經洪洞，山人邢大道聞而感之，作誄詞。詞曰：

嗟嗟徐公，江左名賢。副憲晉土，曾不越年。維茲春仲，借寇平川。四牡駕後，五熊導前。惠文峨峨，豸繡翩翩。我邦弗造，灾沴連綿。蒼生之困，急于倒懸。徽惠維公，福曜千里。法有紀綱，仁有怙恃。狡訟必懲，菜色以起。山寇跳梁，犯我西鄙。劋市焚廬，吏民噬指。公曰何患，湟池弄兵。遣師要擊，一鼓而平。袵席萬姓，金湯百城。覷公癃癃，衣若弗勝。手橛立判，捷若風霆。屬纊之夕，屹然在庭。華燈照案，坐而讞刑。德音琅琅，胥史悚聽。奄忽歸寢，號哭吞聲。緱山跨鶴，天漢騎鯨。

嗟嗟徐公，奚來而晉？奚返而浙？靈旗飆揚，醊酒道設。海鄉萬里，川紆山叠。孤櫬南徂，旅魂飛越。戚里哀奔，朋交慟咽。《薤露》聲歌，納公泉穴。嗟嗟徐公，摛文而華，春葩秋月。澡行而潔，素絲白雪。壽不六旬，官不九列。天最高而莫問，神至幽而難詰。有丈夫子，霜蹄踢躍。亦有弱孫，駒而汗血。象賢維哲，揚休遺烈。豈造物者之報德不于其身，而于其後，庶以補公之缺也耶？

## 雲中守黃公哀詞

太守黃公治雲中之明年，以病不任劇，牒請當路，願解郡事還里。公家咸寧，秦晉之交，道經洪洞，稅駕官署中，委頓一榻，越宿而卒，蓋萬曆癸丑冬十月念五日也。越二日壬子，洪洞知縣某謹治牲醴香楮之儀，蒲伏棺前，誄而哭之，曰：

於呼！歲序迫冬，冰霜淒其。公來自北，五馬遲遲。稅駕入署，力病不支。庭參免吏，榻臥急醫。語短而弱，神困而迷。奄忽達旦，飾巾待期。陰風導斾，天路騎箕。嗚乎哀哉！太華巀業，大河滔滔。地靈關陝，是生人豪。匡時三策，弱冠登朝。紓能畫省，主計金曹。運籌若晏，給餉如蕭。赫赫平川，邦畿千里。虎符彪榮，熊車至止。汲黯淮南，臥閣而理。次公潁川，化行俗美。鄉念哀慈，白雲岵屺。歸而課耕，以奉甘旨。公曰王陽，人擬王遵。臺臣連牘，疏達至尊。尺一再下，借公雁門。魏尚椎牛，弓馬雲屯。邠都鷹揚，氈裘鼠奔。公之勤勞，誓酬國恩。公之疾疢，食少事煩。解瓠辭郡，望望秦關。道行而蹶，束之一棺。下吏司封，公舊屬土。傾都人士，公所摩拊。迎公漿壺，化而椒脯。野哭聲雷，巷泣淚雨。妻孥臧獲，錘腸鑿腑。死者含辛，生者茹苦。真宰償德，哲人斯祐。期之百年，帙不滿五。汗史流馨，芳名萬古。羞彼黃耇，草朽木腐。

## 封君方太公哀詞

萬曆乙卯秋八月，封君龍山方太翁以疾捐館舍，其子民部公銜哀在里。越明年丙辰秋九月，奉翁納窆焉。河東洪洞縣里宧某、山人某、監生某事民部爲父母，視翁則大父行也。不腆香帛、炙鷄、絮酒，馳使至汝南，薦之靈筵，匍匐稽首，申誄文而告曰：

昔稱高逸，方叔于河。汝南之姓，子孫孔多。慶澤濬源，洪派流波。乃有封翁，姿幹魁峨。番游上國，成均觀禮。歸而修業，力田孝悌。與物無忤，行己有恥。泛愛施仁，德洽桑梓。育嬰膝下，矯矯儒英。趨庭孔訓，啟笥韋經。籲俊公車，釋褐承明。壺關上黨，侯符專城。期月風行，逾年化溥。臺章上聞，撫有我土。移簡而繁，簿書旁午。析則棼絲，斷若利斧。摩手瘡痍，軫心疾苦。在漢循良，卓魯其伍。帝恩褒最，瑤札煌煌。巍冠大紳，怡翁于堂。雲間丞擢，秩抑名光。朝議既申，徙部爲郎。司農重寄，留政是襄。

把三山之佳麗，訪六朝之遺踪。翁何不好奇游，而逍遥于里中？擬百齡其未艾，僅五十有八而告終。棱然道骨，發背以癰。豈醫緩之針石困于膏肓，而不能勝二竪之相攻？維翁之子，我父我母。去而生祠，謳祝萬口。翁不黄耇，名亦不朽。痛我邦人，不遠二千里而承訃趨走，送翁納柩。士大夫弗出疆，引紼亡緣。楚些招魂，緘詞以往，而要翁于龍山之巔。翁神行天，俯降于筵。

**校勘記**

〔一〕“嗚吁”，疑當作“嗚呼”，下同，不再一一出校。

〔二〕“頎”，底本多訛作“頑”，以下徑改，不再一一出校。

# 祭　文

## 祭關壯繆侯文

嗚呼！炎祚將移，奸宄竊武。赳赳髯侯，崛起解土。翼匡昭烈，仗鉞將壇。阽危不貳，矢竭忠丹。蹙魏吞吳，生奮死愕。巴蜀龍飛，荆襄虎躍。人臣大節，國士無雙。凛乎千載，煜有烈光。廟貌儼然，英爽弗滅。鞭駕風霆，囊括日月。乾清坤泰，岳媚川澄。蕩氣掃沴，佑我黎蒸。蕞爾鄉邦，濟濟多士。桑梓庇麻，高山仰止。雷鼓逢逢，浮磬鏘鏘。歲時俎豆，報祀不忘。

## 祭明應王文

蠱蠱者山，有神栖之。矞矞者泉，維神司之。靈澤流溆，潤我畬菑。芸籽以時，既碩且滋。如梁如茨，如陵如坻。民于報事，敢有歝思？

## 祭太歲文

維神柄司土政，冥精赫應，百魔蕭令。砭惡鋤强，蘇枯扶僵，祚我一方。我土渥渥，雨暘時若，灾沴弗作。酌泉思源，脀薌在筵，報祀萬年。

## 祭晉王文

洪運承天，崛惟聖祖。剪葉周宫，分茅晉土。川靈岳秀，粵有哲王。文姿豹變，風骨龍驤。聰明探鴻寶之秘，信厚占麟趾之祥。蜚英玉牒，流譽璇潢。大雅如獻，樂善如倉。縱心而游千古，矚目而下十行。上宮差[一]峨，西園婉曲。晴靄浮林，修篁映屋。躍鯉方池，啼禽灌木。羽蓋朱旌，繡輪華轂。行雲雨隨，迴風雪逐。授簡梁游之馬卿，應對楚賢之宋玉。日長以舒，依唐堯之化宇；宜昌而熾，祝魯侯之遐福。

胡然帝促螭駕來迎？袞黼飾裳，旒黈為纓。遂捐塵世，還真太清。訃音上達，閶闔震驚。公輔罷朝，至尊含情。生有崇號，歿諡嘉名。矯矯嗣君，繼統稱杰。駒神渥窪，鳳靈丹穴。萬卷填胸，八音吐舌。踵前休以繩武，垂後昆而作哲。王之形化，其神不滅。

某也父子，樗附宗枝。刑家令範，覆露恩私。慨風規之已遠，灑椒酒以陳詞。靈偃蹇其來降，沾余襟而若滋。

## 祭大司空用齋劉公文代

嗟乎！公之生也，以嘉靖丙辰。瀛海一隅，若岳之降神，生甫及申。其籲俊南官也，以萬曆庚辰。廟謨敷陳，仁言諄諄。若尹之起莘，天將寄大任于是人。其捐世濁而長往也，以去歲甲寅。司空重臣，奪之禁宸，若傳騎箕尾而游天漢之濱。嗟乎悲哉！

公貌魁峨，停鶴其身。目瞭焉而視細，髮澤焉而甚鬒。無涯之算，卜公大椿。胡卦數之未滿，而僅跂乎六旬？伯兄少宰七十餘，而侍慈闈之養。母太夫人九十餘，而有倚閭之親。子穴丹而鳳毛其蔚，孫血汗而龍種以馴。胡家愛之難割，遽見虐于二豎，而食不及新？尊君憲伯，先公一紀而就淪，豈厭帝座之侍從，而舉其子以代耶？即人百其何贖，儷群仙而上賓。

憶初釋褐，鳧下安陽。埒循良于漢令，則中牟之魯，洛邑之王。迨司銓鏡，選部迴翔。幸寶盡塞，賢網以張。評其精明者，山巨源之啓事；而賞其廉謹者，崔敬孺之爲郎。載擢清卿，禮贊奉常。大纛既授，撫有越方。鯨鯢海伏，豺虎穴藏。康侯之賚予，申之三錫；吉甫之文武，憲于萬邦。冬官拜命，水土是襄。九河安流，萬宇奠疆。唯大禹之明德，地平天成，望里門以弗遑；唯武鄉之忠藎，事煩食少，鞠躬盡瘁而亡。嗟乎悲哉！蓋棺之聞，皇慟輟直。乃按朝章，恩恤匪一。諭祭贈賻，諭諡贈秩。靈輀京發，餞賓郊集。或挽而歌，或酹而泣。旌旐揚揚，愁雲慘日。歸公于鄉，以營窀穸。疊馬鬣之封丘，竪以豐碑七尺，公其瞑目而長畢也耶。

某也視公，卿[二]達輩先。公遜不有，姻婭情偏。承明之觀，笑語藹然。闊別幾何？生死各天。恨簿書之繫肘，鬱哀愫以靡宣。蓋逾歲而始馳楚些之詞，絮酒千里，奠公之几筵，聊以申虔。嗟乎悲哉！

## 祭太宰疏庵王文代

嗚呼！公之閱世，八十有三祀；公之立朝，四十有二年。當蕭皇之在位，值重明之麗天。公以曹郎入參選事，蓋亡漸[三]于崔亮之賢。泊[四]銀臺拔最，京兆尹遷。倉場之計，度支以專。而縣官之借箸于公者，庶幾蕭相之經國、劉晏之籌邊。憶穆廟之初祀，惜老成之棄捐。迨今上之御統，訪耆舊而登延。于是司徒之命未幾，而復以藻鏡而留銓。公旌良黜慝若山巨源，錄真斥偽若毛孝先。宜海內簪紳之士，賢者固頌公之德，而不肖者亦策勵而勉旃。方魚水之遇合，沐宸渥之獨偏。乃功成而戒滿，遂納組以歸田。即公未究之霖雨，蒼生猶延頸以望。而遽意脫屣乎塵世，奄忽羽化而游仙。斗隕穿霄，柂摧中川。亡論廟堂之上，九司百揆，爲國失典刑之喟；即鄉之田叟野竪，靡不咨且而悲。憐薛家一鳳，羽翰初鶱；荀氏八龍，藻思翩翩。衍書香其未艾，流徽音以邈綿。公之生死復何憾于人間也耶？

某不才，兼生也晚。而以桑梓末誼，辱藉公而陶甄。已矣乎！公不可復作矣。慟銜恩之未報，傷執紼之亡緣。心搖搖其魂斷，目淫淫而涕漣。嗚呼哀哉！

## 祭岳太恭人文代

嗟母氏之娟慧兮，秉元化丁坤靈。毓天姆之粹和兮，爍婺曜以誕生。鎔內德其具美兮，佩蕙茞之芳馨。彼夫子之中道兮，撫文琴而失聲。得鸞膠其續響兮，嗣徽音于淑媖。敕婦箴以廟見兮，蚤服勤而茹苦。操井臼其靡忒兮，復竭誠于簋簠。豈未嫁以學養兮，字遺孤而稱母。就塾舍以傳經兮，飭慈規于斷杼。唯憲君之踔絕兮，儼岳誕之甫申。驛駪駪而康莊兮，遂策足于要津。佐爽鳩以分署兮，多平反之爲仁。剖符虎而爲邦兮，隨有脚之陽春。雖藎臣懋勛澤兮，亦教忠之有因。荷皇恩其再賚兮，申嘉命于褒綸。表翟茀曰恭人兮，崢豸冠而憲使。握繡斧于河東兮，旌搖搖其千里。渺岱巔之白雲兮，日鬱紆而陟屺。念倚閭其焉望兮，心勞勞以齧指。勸王命以趨闕兮，假歸道于梓鄉。覿慈顏其愉懌兮，薦甘毳以稱觴。意百年之食報兮，介景福而未央。胡一夕而告隕兮？還造物之冥茫。空北堂之沈漻兮，月晻曖而靡光。悵[五]幽魂其何之兮，路陰陰而不陽。豈驂太乙之象輿兮，將脫駕乎扶桑？抑追金母于昆丘兮，儼飛瓊以相羊。於乎悲哉！

某附憲君之驥尾兮，榮釋褐以爲郎。歷星霜其逾紀兮，叨屬吏于晉邦。承母音之凶愍兮，如之何哀而不傷？誶曰：東山蒼蒼，東海洋洋。走唁使兮天一方，寄束芻兮酹椒漿，儼修靈兮其來降。

## 祭封少司馬李太公文

趙魏之間，毓有哲人。韜光鏟彩，茹德含真。皥皥而忘帝力，煕煕而作天民。篤啓嗣公，唯敏克肖。開篋一經，義方是教。蚤振迹于天達〔六〕，遂躡華而秉要。中川梟壽，南部鴻栖。揚揚文鐸，于梁于齊。而藩而臬，而吏而師。民風於變，士習以移。迨晉中丞，文能飭武。控制海方，坐譚却虜。載轉滇蜀，司馬開府。厲寇爲妖，煽風疆宇。九閽愕然，萬姓荼苦。乃秉太阿，拊循其伍。冒險嬰危，直入賊所。逆黨竄狐，元憝縛虎。魑魅既消，大明斯睹。帝曰吁哉，唯子之勛。恩不而靳，奚獨而身？惟而所自，以及而親。此見效忠于國者之爲孝子，而益知移孝于家者之謂忠臣。三錫既榮，八旬亦壽。虬錦煌煌，鶴髮琇琇。擬食報之無垠，歷百年而罔究。胡爾溘然觀化，抛世若捐？游神三島，纏哀八埏。豈生人有大限？抑造物者以盈而忌全？繐帷尚暖，石窅斯遷。禮臣議制，恤典自天。是則先生所獨得，而彼落莫于身後，匪可儷翼而齊肩。

唯某與某，嗣公之門下士也。青衿泮舍，魯狂與狷。一蒙駿拔，雙賓鹿筵。後先十載，雁塔標騫。叨榮名于郡邑，蓋恩出乎象賢。銜德思自，酌水溯源。恨不游無懷氏之里，而佩服有道者之言。嗟嗟！先生往矣。絮醪在豆，雨淚徹泉。倘九陰其不昧，庶幾聽余楚些之篇。

## 祭張太安人文

考懿婦篇，搜芬母史。孟光之賢于相夫，鄒母之良于訓子。蓋曠古而逾今，疇方軌而比趾？當太安人含馨弱笄，閨閣待年。《女箴》弗瀆，紅作以專。蓋已負德曜之美，而婉嫕稱賢。及其匹休鴻碩，操作而前。裘褐在笥，蘋藻在筵。庶幾協伯鸞之志，而伉儷弗愆。卓維膝下，毓有髦英。溟池迅翮，丹穴修翎。脫珮簪以束贄，啓篆篋以傳經。彼已負翊世之才，而一鳴見异；豈不憶卜鄰之訓，而三徙成名？既官水部，司空是襄。披誠宣力，蹇蹇爲郎。璽書褒最，寵數用彰。有冠其翟，而紱斯皇。此天子所以示效忠之報，而益昭其慈訓之良。赫赫平陽，郡公出守。鸞輿驅前，熊車逐後。既就而邸，禄養滋厚。簿書之餘，定省左右。竭三釜以承歡，閱八旬而介壽。擬吉人之難老，茂恩錫以重膺。胡脱屣于一夕，赴瑶島而遐征？豈死生有定數？抑造物之忌盈？子欲養而親不待，木欲静而風不寧。

某，郡公之鄉人也。歲辛在卯，秋筵鹿鳴。蠅名附驥，叨與同升。計偕而北，待詔承明。余落公録，亦藉爲榮。十年之間公千石，余始解褐，領公屬邑。曠職之憂，借公是庇。公今銜慟，扶服東馳。余獨何恃？余獨何依？賓天者母，有知亡知？繐帷長跽，酹此一卮。哀公之哀，以及吾私。能不嗟咨？能不漣洏？

## 祭丁憲副文

猗與先生，天質秀特。邃學涵淵，藻文華國。肅皇在御，策士臨軒。公車奏對，濡筆萬言。畿郡平刑，借才而理。官則神君，民斯赤子。錢穀分劇，户曹是司。慎心出納，瀝精度支。督運諸方，益見石畫。蕭何餉戎，劉晏經國。郎勛克懋，侯符斯承。集旟熊軾，問俗東瀛。次公潁川，少卿渤海。謳歌載傳，德音未改。既遷臬副，持憲三秦。于權寧抑，于法乃申。視世弗諧，懸轂在里。晝綉弗榮，烟蘿自喜。雨笠雪笠，岩采溪漁。詩囊酒榼，佛舍仙廬。五旬方届，玄鬢丘壑。百歲爲期，黄髮寥廓。謝傅不起于東山，司馬竟殂于西洛。圖南有翼，垂雲翩翩。迪訓繩烈，紹美象賢。嗚呼！公雖歾矣，庶幾其不歾者，猶浩然于天地之間。

某叨附末交，丸欽高誼。惠問未疏，凶聞遽至。念茲納柩之辰，阻違執紼之義。冥魄安追？幽臺永閉。睇南望以歔欷，徒臨風而灑涕。

## 祭韓太孺人文

月華流爍，婺曜含光。維母氏之娟慧，遂肇靈于虞坂之鄉。欵壺馨于弱笄，佩蕙茝之芬芳。匹鴻碩以結褵，德跂軌乎姬姜。敕藻蘋而弗瀆，佐膏火以亡荒。侃侃夫子，虎變龍驤。瑣闥奮迹，明庭抗章。藻衮華以罔闕，昭聖善而丕揚。雖藎臣之戮伐，亦內德之克襄。乃和氣之昭羃[七]，徼昊穹而致祥。啓嗣英于膝下，負國器之難量。束籝經以就傅，協慈規于義方。矯青雲其萬里，羨白眉之最良。紬簡金匱，搦管玉堂。追踪司馬，接軫班揚。蓋周視乎同時之彥，疇不爲斂鍔而摧鋩？歆帝恩之有赫，亶家造之彌昌。巍冠既飾，朱紱斯皇。鼎釜貽養，甘旨是將。期百年之伉儷，偕雙栖之鳳凰。

胡鷺羽之先折，倏飛背乎頡頏？豈脱駕乎崑丘，賓西母而相伴？抑御玄雲于嬀汭之野，將比翼以從乎娥皇？陰陰寒夜，慘慘繁霜。緫帷霧暗，丹旐飆翔。悼修靈其莫挽，開石窆以卜藏。耿徽音其不泯，壯彤史之遺香。條之山兮蒼蒼，涑之水兮泱泱。酹一卮兮椒漿，灑雙涕兮淋浪。魂渺渺其焉托，如之何吊而不傷？

## 祭參伯劉公文代

神孕岳靈，質含天粹。篤生劉公，毓爲國瑞。少綜經術，奏對承明。匡時董子，憂國賈生。爲郎戶曹，軍儲邦計。劉宴經營，直與之似。移守邊郡，惠覃績宣。龔遂治理，美莫能專。副憲東齊，澄清海岱。攬轡范滂，流聞其大。參藩南楚，霖雨湖湘。峴山羊祜，遺愛斯長。羨聲猷其日茂，躡卿輔之在即。而公則解綬若蛻，投簪若擲。山林榮于鼎台，藜藿甘于禄食。懸車在廬，附郭一區。朝而煦煦，暮而于于。視浮生爲寄旅，等流光于隙駒。彼德曜背鸞，未老而鰥。梱亡粉黛，圯有芝蘭。一經敕鯉庭之訓，尺書絶偃室之干。斯公所處之坦，而揆之人情則難。履吉且康，既壽而耋。褒爾崇階，帝心懌悦。宜千秋之介祉，胡一夕而長訣？汾江流咽，霍雲泪濺。家乘遺範，國史標賢。嗚呼！公則已矣，其不朽者猶燿然燁然，與星日而俱懸。

某等觀風是邦，高山景仰。典刑雖存，音徽絶響。束芻登筵，清酤流卣。賦《大招》以瀉哀，儻修靈其不爽。

## 又代

嗚呼！薤露易晞，河水難清。百年人世，孰聃孰彭？慨桑榆之景暮，傷交識之漸零。詎意我公又超余輩而逕升也哉！念自青袍結社，緑鬢譚經。詞場藝苑，後先繼聲。維公逸踔，妙禀天成。符采裹秘，椎樸貌凝。穆皇御宇，俊義彙征。珥筆奏對，三策承明。公踏天逵，鵬翻雲騫。回視諸子，風樹哀蟬。嗣通籍于榮路，阻追軌而齊鞭。中曹外署，北地南天。參辰相渺，亦復幾年。迨懸車其在里，幸塵網之脱羈。訊興居其亡恙，恣良游以愜期。香山逸老，杖舃委蛇；洛社耆英，琴酒携持。衆于于其咸適，獨俓俓而何之？自秦徂齊，爰逮楚湘。招魂已遠，遺愛則長。召伯興謡，蔽芾甘棠；羊侯墮泪，峴石煌煌。流聞在邦，作範其鄉。公之寓生雖八十有四載，而其典刑百祀也則逾遠而逾光。牲牷既飫，侑以蘭漿。繐帷銜慟，酹公一觴。翩翩諸少，踧公之堂。誄言載讀，有涕其滂。

## 祭别駕肖山韓公文

羊舌之邑，文獻大家。崛有韓氏，世載厥華。唯公茂齡，巍科驟起。墨綬銀章，專城百里。蕘菲之中，已躓復遷。南州半刺，車蓋高懸。屬新政之播美，冠列城而最先。將召龔遂于渤海，寵黃霸于潁川。而公視名達若一羽，竟拂袖而歸田。角巾故里，門館蕭然。蒔花采藥，以保天年。

某自剖縣符，庚戌之冬。領牧茲土，而始識公。公逾七十，雪髮丹容。灼然雙瞳，步不倚筇。期公上壽，彭聃比踪。胡二竪之爲虐，遽一夕而告終？蓬山路邈，遼海天空。慨螭旌之莫挽，追鶴馭以安從？血膋既薦，椒酒是崇。公神不昧，鑒此微悰。

## 祭大行松暘晉公文代

余司風化，校士是邦。帝都平水，肇自陶唐。枕霍峰之矗矗，匯汾流以湯湯。占地靈于千古，宜人文之代昌。卓矣晉氏，洪土發祥。弓裘家襲，翰墨世芳。農曹開府，銀艾金章。篤啓後俊，爲珪爲璋。咀過庭之鯉訓，羨聯翩其雁行。何白眉之最秀，冠馬氏之五常？獨超登乎甲第，欻豹變而龍驤。大行筮拜，佩玉爲郎。皇華宣命，四牡出疆。之秦之滇，使節煌煌。披瘴烟于萬里，沛天澤于遐荒。繄宸衷之簡在，夢帝賚以弼良。謂大任其將降，盍歲盡而罷殃？胡海內萬姓之望霖雨，不能驅二竪于膏肓〔八〕？蛻骸京館，藥裹半床。妻孥環哭，痛若刀腸。朋簪交唁，泣而沾裳。扶櫬而西下，旌搖曳以輕揚。倘九陰之迷軌，魂悵悵兮何方？抑精靈之未散，猶依依于輦轂之傍。或厭世之濁穢，訪十洲三島以相伴。

憶歲辛丑，臨軒聖皇。公車奏對，其文大光。驥尾追隨，鴻翼頡頏〔九〕。覘氣凝而質厚，擬如陵以如岡。限六旬之未滿，跂再命之弗償。既盡瘁于王事，亦身死而名香。維顏逾立，疇奪之而促？維籛及頤，疇予之而長？理數兮茫茫，不可叩兮蒼蒼。俯仰今昔，又何必斯文之慟、同袍之惜而重爲公傷哉？

**校勘記**

〔一〕“差”，疑當作“嵯”。

〔二〕“卿”，疑當作“鄉”。

〔三〕“漸”，疑當作“慚”。

〔四〕“泊”，疑當作“泊”。

〔五〕“帳”，疑當作“悵”。

〔六〕“達”，疑當作“逹”。

〔七〕“羣”，疑當作“犖”。

〔八〕“肓”，疑當作“育”。

〔九〕“頑”，疑當作“顩”。

# 祭　文

## 祭參政劉公入鄉賢文代

某叨牧承符，晉邑羊舌。水紆山環，地靈人杰。粤考往迹，代有英哲。爰及我明，忠定爲烈。嗣衛開封，皎皎清節。中丞揚休，劉氏之光。公也繼之，祖德彌彰。釋褐郎署，擢守慶陽。歷臬而藩，海岱湖湘。宣力兩朝，霈澤三邦。爲召爲杜，爲龔爲黃。六峽解官，八旬閱壽。國憶老更，鄉推祭酒。生有令聞，殁而弗朽。從祀諸賢，附公于後。俎豆千秋，公神無忸。

## 祭雲石宗侯文代

天眷熙朝，誕英皇族。廣額豐頤，疏髯秀目。莊嚴外峙，聰明内蓄。才不及位，德不慚禄。公姓滿城，君爲紀綱。提躬四維，飭行五常。積而能散，令聞以彰。中表姻戚，流惠其滂。宗枋既篤，義訓斯敦。庭趨而子，膝抱而孫。振振麟趾，以蕃後昆。絲綸旌德，棹楔表門。在昔東平，爲善最樂。媲君往哲，今古無怍。造物祚良，降福匪薄。胡然二竪，膏肓爲虐？

追惟曩歲，叨守平川。軺車初下，遂承君顏。桂山琴酒，時奉周旋。已徙關右，長道祖筵。分携千里，契闊累年。猶勤惠問，雁札聯翩。載轉晉藩，謂天假緣。棠陰故郡，父老騰喧。君不余接，見令子焉。訊知病痼，藥裹纏綿。亡何赴鎮，歲月倏遷。吉人不起，凶耗來傳。是耶非耶？南北各天。夢耶真耶？肝腑若煎。炙雞絮酒，馳使告虔。姑山汾野，愁雲慘烟。引悌[一]長顧，涕泪如泉。陳詞爲誅，哀不盡言。

## 又 代

在昔王孫，史稱賢者。鄴下風流，淮南文雅。賓客從容，琴酒瀟灑。世降而季，其人斯寡。矯矯雲石，産汾之濱。冰雪融質，金玉裎身。豹文而蔚，龍性而馴。虛懷下士，泛愛親仁。嚼然其名，浩然其氣。遇强不折，恤貧有濟。千石捐粟，以救荒歲。帝心懌悦，表閭旌義。棹楔未竪，宸命已宣。匠石趨事，萬口歡傳。謂此德人，其壽永延。胡然朝露，溘焉以先？豈厭塵濁，去而上仙？

某叨縮洪符，與汾壤比。君未識荆，辱知令子。名德夙欽，高山仰止。生有嘉聞，死而非死。脊豆椒觴，薦之靈几。恨庭哭之弗親，泪淫淫而不能已。

## 祭晉齋宗侯文

汾水之濱，姑山之野。毓有宗君，聰明天假。愛賢若寶，負能自下。河間高風，東平大雅。白晳疏髯，姿貌若神。衷懷惻隱，時發天真。扶僵起仆，恤窘周貧。頌君之口，曰篤于仁。冥祀嚴考，敬供蘋藻。生祝慈闈，歡承語笑。彩服張筵，板輿引道。頌君之口，曰純于孝。別墅北郭，小山叢閣。秋徑黃花，春階紅藥。碧樹鶴翻，銀塘鯉躍。頌君之口，招隱其樂。誕育諸俊，趨庭儷肩。修翎丹穴，嘉璧藍田。簪裾可襲，弓冶有傳。頌君之口，訓子而賢。維彼真宰，福善崇德。萃茲眾美，人倫之則。君宜百年，作瑞皇國。胡七旬之未逮，忽一夕而易簀？豈大數之有定，抑玄造之難測？

某叨符鄰土，辱與交知。悼賢傷逝，兩目其滋。生芻既束，佐以椒卮。望縬帷而莫即，托毫管以陳詞。倘九陰其不昧，或有知而鑒之。

## 祭檜亭宗侯文

於乎！君侯毓靈自天，誕生公族。燁然其貌，巑然其骨。停停乎八尺之身，坦坦乎十圍之腹。爵不及位，貴亦沾祿。忘情珪組，委心儒服。招隱有社，桂山小堂。賓客滿座，圖史連床。或琴而奕，或酒而觴。松柏之堅，其節凌霜。桑榆之景，其晷弗長。謂百年之未艾，僅六旬有八而告亡。於乎！君侯禮義提躬，慈仁繕性。爲善斯樂，與物無競。皇派表儀，人倫皎鏡。既怡老以寡營，亦順天而知命。一旦奄化，溘焉就冥。唯彼蒼其眷德，何福善之無徵？豈厭世之污濁，追仙馭于太清？

某叨符郡屬，辱與識荆。惠而好我，德問時承。追惟大故，去歲之冬。余以職事，驅馳帝京。蓋越春及夏而始還縣署，又入冬而始以束芻絮酒薦之兩楹。君神行天，騎箕跨鯨。爲我從容，少鑒鄙誠。

## 祭小山宗侯文

在昔公族，賓賢下士。河間高風，東平擅美。其人已逝，其德青史。矯矯小山，追芬接軌。闢孝友之廣囿，竪仁義之崇基。念里貧而族急，欲博濟而周施。聞斯人之名德，未親炙乎光儀。唯生駒其磊落，幸有因而托交。愧風塵之來往，假桂館以游遨。傾情愫之殷懇，若比誼于綈袍。因子賢以及父，信宗胄之人豪。生未款于話言，歿瀉哀于管毫。賦楚些以致唁，載酹之以蘭椒。慘平原之白日，龍輀將次乎近郊。望櫳[二]樹其陰翳，瞻飛旐之飄搖。倘幽靈其不昧，余將命巫陽而大招。

## 祭封君方太公文代

木有根而本本，水有穴而源源。世有詩書明道之士、經綸匡國之賢，豈無培德衍慶以爲之先？猗與封翁，厚稟自天。修幹七尺，豐頰昂肩。静若山立，光若斗懸。少年國學，逸氣無前。月旦鄉評，篤行彌堅。三雛膝下，一經以傳。誨之勖之，弗納于慾。歲在甲辰，伯氏高第。墨綬銅章，郎宿百里。壺關既治，載臨我邦。漿壺郊迎，竹馬行行。東路西汾，頌口若一。如王洛陽，如卓密邑。嘘枯和颺，燭幽皎日。劑以嚴霜，四封寧謐。三年報最，帝錫褒綸。□〔三〕授而階，以爵而親。雲間之擢，屈而非伸。乃移郎署，留省近臣。翁也田居，绣不被身。野服綸巾，羲皇上人。胡一疾之告困，遂奄然而返真？天假主器，歸覲于鄉。慶者在閭，吊者在堂。

某等侍翁之子，父師門牆。育我訓我，恩深未忘。有千里執紼，有限天一方。絮酒椒漿，《薤露》之章，詞短而哀長。

## 祭晉耆老少冲文

於乎！公生嘉靖之世，晉氏冠冕之宗。開府中丞，户部太公。金紫相禪，代有顯庸。當公茂年，不襲榮朝貴，而修孝弟力田之業，課耕而隱于里中。百畝既闢，千金其裝，出而燕之北、齊之東。未幾，徙橐于汴，之淮之揚，飄然而有江湖之踪。人見公之居室棟崇，食足而適口，衣足而革躬，以爲席父兄之故饒，而不知其東馳西鶩，俯拾仰取，出有嗇而入有豐。晚歲好修，積而能施，其施則弘。母論鄉之告急，里之嗟窮，待公舉火而濡公之德濛。至若仙岩梵閣，聖宇神宮，劫〔四〕新飾舊，何者不藉公之手而收功？八十曰耄，目明耳聰，趾翩翩而不筇。大賓鄉飲，有司降體而爲禮于長者，則公之不爵而齒尊，不位而名崇。卜公難老，百歲返童，比于無懷氏之民，熙世之人瑞也，而公則一朝蛻化，謝塵累而還之太空。三子八孫，芝芬蘭叢。仲氏猶龍，長□〔五〕跨虹。鼎釜之養，公不待矣，酬罔極于身後，席〔六〕幾沾一命而□〔七〕馬鬣之封。

## 祭晉州丞心冲文

於乎！心冲蓋棺閱有三七矣。世人于公，有榮而羨，有咨嗟而太息。公之幽靈坦然而適耶？抑戚然而未釋也耶？太翁民部，伯兄天曹。文紳武弁，雁序雲翱。疇與公門閥之高？生而白晳，湛眸秀眉。左規右矩，弱不好嬉。疇與公稟賦之奇？鯉庭趨訓，詩三百篇。墨池藝林，以漁以佃。疇與公學問之專？廓乎胸襟，躍魚而戾鳶。發爲文章，玉琢而珠圓。胡棘圍之屢困，氣鬱鬱而不得宣？末塗晚就，貢賓王國。銓考待次，州丞參畫。胡祿位之未承，纏綿于一病而易簀？仰有孝聞，俯有義方。敦親睦族，亦可謂善士一鄉。耆齡越五，卦數已周。朝聞夕死，何必于至人千秋？其更贏者，鶺鴒其六。仲氏先鳴，文采郁郁。亡涯之慶，弓裘以屬。寧不前輝而後裕？蓋亡論世人之羨公悲公，而公則履順而來，履順而旋。是固坦然，而無戚然。誦白氏香山之語，又何眷戀乎人間也耶？

## 祭晉玉衡孝廉文

晉氏河東，詩書累葉。銀艾朱輪，前輝後燁。王父民曹，矯矯人杰。中丞揚休，大行繼烈。四世生君，以光閥閱。君貌雖癯，頭顱嶄絕。藹然春溫，瑩然玉潔。髫歲佔呻〔八〕，秦篇漢牒。哆口金罍，濡毫白雪。嗽芬百氏，炙膾群舌。蚤通賢籍，待詔公車。絳河星杓，萬里天衢。而手可捫，而翼可舒。胡然一疾，溘焉以殂？於乎晉君，歲值龍蛇。二紀方逾，而捐厥家。凡物之生，有涯無涯。顏夭而促，彭壽而遐。幻古今于瞬息，等功名于土苴。又何蜉蝣之嘆而《薤露》之嗟？

某等不類，叨政是邦。所惜君者，既才而良。蘭荽國香，劍蝕斗光。鎩羽苞文，蹶趾飛黃。瑚璉珪璋，器不登之清廟；梗楠杞梓，材不棟乎明堂。遺骸在櫬，遺書在床。遺稚呱呱，血淚盈眶。椒卮三奠，總帷之傍。英人才鬼，神爽洋洋。

## 祭商太孺人文

相水有源，相木有根。坤柔鎔德，閥閱之門。嚴君參伯，書史討論。誨之淑女，《內則》是遵。天質既純，家訓爾爾。乃歸于商，閫譽欻起。商配之先，晉遺二子。夫人鞠之，胞若由己。續生者季，翩翩雁行。雲騫霞舉，仲氏最良。掄賢三晉，疏渥九閽。銀章墨綬，衡水之陽。縣迎喬鳥，家御潘輿。恒山霍麓，天各一隅。母也念子，淒焉倚閭。郎君陟屺，望雲踟躕。胡然飆霜，庭萱摧折？寶婺墮空，青娥奔月。尺書承訃，千里長訣。含殮弗親，關河阻絕。跣奔啼號，淚盡以血。於乎哀哉！錦堂杯斷，總帳燈懸。修靈賓天，視世若捐。今來往古，逝者如川。殁有不死，徽音邈綿。

## 祭廣文李先生文代

嗚呼先生！少而負奇，意氣昂藏。珠輝玉朗，弘篇秀章。制科弗售，儒老于庠。貢塗俯首，觀國之光。司訓一官，羊舌古邑。論道河汾，多士雲集。引墨操斤，工倕匠石。莒蓿齋寒，菜色未懌。期彼三鱣，而來講席。胡然二豎，中之危疾？嗚呼先生！疫染于時，豈乏良醫？匕劑罔效，飾巾待期。絳帷尚溫，總帳已施。甇甇諸息，嗛嗛病麌。呼天莫應，泫然其悲。

某縮符兹土，幸奉光儀。樽酒論文，兩襟可披。上元之前，校士東司。晤不越宿，泉路分岐。嗚呼先生！人孰無死，族死無依。不腆之俸，稍捐其私。以收遺骸，以妥靈輀。蓋存有憐才之嘆，而歿有恤窮之思也。血脀崇豆，椒酒盈卮。誄以荒詞，冥駕未遠，或有知而鑒之。

## 祭廣文馬先生文代

於乎！公自經生，髫年應試。藉甚才名，偃蹇不第。晚出貢塗，恥從角藝。曰得一官，食貧禄仕。乃捧銓牒，司教于洪。青衫羸馬，入河之東。時惟長夏，酷日炎風。山行野宿，憔悴其容。既望鱣堂，欲振孔鐸。苜蓿空齋，菜根未嚼。胡數之厄，而病忽作？籲神扣玄，求丹問藥。天期卒迫，人理弗延。蕭然一榻，委蛻其間。彼美衿士，受經無緣。聚而挽歌，《薤露》之篇。於乎！公其已矣，食指非一。有婦其螯，而弱諸息。或號于庭，或泣于室。鄉關非遠，返骨何日？

某等碌碌，兹土同官。稍給庚粟，以恤飢寒。楚些爲唁，哭而捬棺。豆脀觴酒，薦公一餐。

## 祭廣文趙先生文代

澤潞之間，太行接趾。是生英人，宏才重器。卞足三刖，大美弗庸。晚登貢籍，以有泮官。池芹水綠，壇杏花紅。《菁莪》之咏，衿佩離離。時望已崇，褒旌屢下。旦夕除書，將寄民社。胡然太空，而遽返駕？總帳凄風，絳帷長夜。於乎先生！秀骨停然，鶴癯松堅。澄襟湛然，躍魚戾鳶。期之彭籛，奚止百年？而僅六十有八，遂委蛻乎人間。育雛有五，毛羽翩翩。彼苞文之炫彩，凌九漢以高騫。篋經可嗣，弓冶有傳。履順而來，履順而旋，先生能久栖栖于寒氈也耶？

某等叨承兹土，識荆有緣。悼今追昔，喟德思賢。脀薦不腆，崇之豆籩。濡霜毫而雪涕，聊托誄于斯篇。

## 祭吳太孺人文代

岩岩高陵，咸京作障。大河匯流，二華相望。毓有邦媛，婉嫕而良。笄嬪于吳，如鴻得光。裘褐在笥，琴瑟在堂。和氣所萃，天祚之祥。是生令公，駒矯龍驤。趨庭書史，口授千章。奄忽中道，翼折頡頑〔九〕。所不下從，我願未償。誓殫慈訓，以續義方。令公勉旃，聖善奉矩。標幟藝林，策名天府。百里司封，奄有晉土。墨綬雖榮，斑衣滯舞。陟屺神馳，瞻雲道阻。胡然降割，有來凶聞？寶婺西墮，娥月宵昏。之子心惻，黯焉銷魂。僻〔一〇〕踊仆地，籲天無門。父老雪涕，巷走塗奔。嗚呼！母年八十有二，人猶惜之，謂百年之未至。夫短莫如殤，修莫如籛。逾百望千，于世亦捐。彼斷杅之孟，和丸之柳。其骨已陳，其世已久，其史猶青其名不朽。以此誄母，侑以椒酒。倘九陰之有知，當怡然而開笑口。

## 祭高母邢太安人文

姑射之峰，靈氣蟠霄。鍾爲令族，曰邢與高。祭酒之裔，英英女曹。如蘭如蕙，如瓊如瑤。擇配而字，封君委禽。既嫻書史，亦習組紃。動則婦軌，言必《女箴》。中饋不忒，賓祭維寅。翩翩膝下，有鷯其羽。產非胎育，愛則哺乳。訓遺熊丸，力勤學苦。捷路天衢，日升霞翠。花城製錦，金部輪籌。永平之政，二千石口〔一一〕。乃持憲斧，天津上流。瀛海所屬，十有八州。如旱望霓，如暑獲秋。移斾榆林，節領邊土。內宣皇威，外懾强虜。萬里金湯，百城安堵。誰其方之？文伯吉甫。高侯之勛，西夷來王。家有令母，娛樂且康。褒恩自昔，翟茀焜煌。九旬既邁，百歲莫量。倏爾長逝，曉露晨霜。哀哀參知，繫官一隅。含飯罔逮，五内若茶。跋奔長號，瞻望故都。吊者在堂，哭者在閭。西池瑶臺，昆侖之巔。金母作主，高母賓焉。小玉雙成，侍從周旋。回視姑射，卷石渺然。不腆椒脯，薦之几筵。鶴馭斯降，神其少延。

## 祭貢生張拱宸文代

嗚呼先生！質厚而淳，才融而秀。當握槧以操鉛，每纖窮而細究。捃摭古今，包羅宇宙。十年意氣，將矯矯其誰先？七返棘圍，獨蹇蹇而跨後。隋珠弗投，卞璞莫售。終待歲于晚成，竟悵[一二]心于小就。世有達者，謂先生負有弘器，不獲授一官，有尺寸之施，而敦謹好修，亦宜錫之嘏而介其壽，奈今五十餘而死也？冥冥玄蒼，遠而莫叩。或又謂顯晦殊軌，修短別途，固命也，亦數也。人不能窺天，而天亦無私人，奚獨于先生之不佑？殁有懿聞，生而寡訴。屑涕英游，錘腸戚舊。豈維弓冶之良，不忝詩書之冑。嗚呼先生！又豈非造物所完而近世之罕遘者哉？

某等謭劣小子，執經講帷，頤傳心授。于義弗愆，于恩則厚。已矣乎！先生不可復作矣，孰指目之以開我迷？孰藥石之以砭我疚？芻脯崇筵，椒蘭在豆。慘哀愫其未舒，賦長些以瀉奏。

## 祭晉母常孺人文

英英淑女，誕靈自天。冰心朗潔，玉質秀娟。待字中梱，含馨妙年。《内則》迪訓，紅作以專。結褵君子，而頡而頑[一三]。高門華胄，菊壁蓀房。婉不及嫛，狎不廢莊。如琴比瑟，如珪儷璋。京國追隨，一病長訣。孤館殘燈，虛窗寒月。妝鏡鸞沉，鳴簫鳳咽。旅懷飄搖，關山陡絶。神女巫峰，青娥桂闕。嗟嗟夫君，銜命方新。專城百里，汴河之濱。繡帷珊枕，寂然空陳。執巾侍櫛，影不可親。朱衫焚楮，寶釵化塵。殊方椒酒，酹也傷神。有子靈鷟，産非鳳胎。扶柩西奔，亦孔之哀。仰天長號，浮雲爲摧。東門之野，石窔初開。送車廣陌，涕雨聲雷。白日晻曖，悲風四來。三尺封土，一夕泉臺。

## 祭宋母張太孺人文代

唯太孺人，質毓天聰。少習閨訓，淑慎敬恭。作嬪名閥，以相所從。仕光于朝，簪裾禁中。乃衍慶源，雙雛抱子。宗祧繩繩，以永張祀。辟彼琴瑟，在御而理。誰令絶弦，中道而委？撫是遺孤，有涕其滂。申之慈訓，以代義方。彼美二難，如琳如琅。負笈太學，令聞孔彰。母氏七袠，娛樂且康。謂可百年，天祚無疆。胡然一夕，永訣殊鄉？婺星掩魄，卿月沉光。凄其霜露，零落國香。孺人客亡，十易寒暑。其神賓天，其骨未腐。光禄歷官，帝恩斯普。捧詔入秦，邊西犒虜。乃奉幽靈，還之鄉土。巷哭里迎，其年丁未。屈指于今，六改其歲。佳城載卜，孺人納竁。華輀將戒，出次于郊。霓旌丹斾，光燭雲霄。其<sup>[一四]</sup>官洪土，光禄與交。誄言申奠，觴酒豆肴。

**校勘記**

〔一〕"悌"，疑當作"睇"。

〔二〕"櫷"，疑當作"壙"。

〔三〕"□"，疑當作"既"。

〔四〕"㓞"，疑當作"刌（剏）"。

〔五〕"□"，疑當作"霄"。

〔六〕"席"，疑當作"庶"。

〔七〕"□"，疑當作"賁"。

〔八〕"呷"，疑當作"嘩"。

〔九〕"頑"，疑當作"顢"。

〔一〇〕"僻"，疑當作"躃"。

〔一一〕"□"，疑當作"優"。

〔一二〕"帳"，疑當作"悵"。

〔一三〕"頑"，疑當作"頷"。

〔一四〕"其"，疑當作"某"。

# 書

## 上宮尹劉復齋先生書

鄭城冠蓋里，代不乏賢。世廟中興，天意欲爲國家宏太平之業，篤生師翁閣下及故大司馬李翁，匪特秀拔瀛海，固兩儀之間氣也。司馬翁揚歷三朝，内安外攘，垂功名于竹素，人臣之位望極矣。閣下自釋褐簪筆木天之上，一領成均，再佐銓部，再掌青宮。大拜伊邇，而不以三公易一日之養，投疏情請，休沐家園，倏忽十年所已。太翁賓天，太夫人九帙無恙，東山歲月，將久而忘世乎！方今主上以隆孝治天下，遽忍安車奪版輿之情？第山公推轂，啓事日聞，旦夕金甌有卜，將屬之誰耶？

道病夫，局蹐蓬蒿之下，生平不識紫芝眉宇、大人何狀。客歲游長安，龍門咫尺，即欲假道問先君子棠蔭之鄉，采遺風于故老，藉是持通家刺登堂展拜，馨所夙懷。或謂邦有達尊，絕境外之交，杜關養重，豈一匹夫能通懇款？以是徘徊中止，有涕掩面而已。還山未幾，遂迓縣君李父母入境，詢知臺履康適，大老七旬之年，定省高堂，籩豆茗盂，靡不手獻。此豈恒情所能，即索之青史中，不多見者。至謂鳧舄西來，郊門祖席，把袂數語，追念先君子，致聲不肖兄弟，殷殷懇懇也。何物鄙生，而勞長者鄭重？何德以酬之？縣君神明，愷悌交用，調和吏民，而猶以肺腑之愛施不肖，則徼惠閣下及司馬翁在天之寵靈耳。

端陽前二日，謁見官署，道及太夫人初度以春三月，閣下以秋九月。阻于道遠，末由執觶、飾筐篚爲壽，不腆詩數章，借縣君順役上之，副言一道，統希鑒納。

## 又

竊念先君子位不竟才，賫恨以殁，得年僅三十有八。箕裘之托，繼在仲氏。即今羈栖邊局一冷官，前塗尚遠，努力可期耳。道以疾廢于舉子業，無所就，習于雕蟲之藝，爲古文詞，爲詩，積二十年而成帙，第未就正于宗工長者。丁未之夏，一病幾死，友人范生索之簏笥中，重以灾木，非其志矣。恃在通家末誼，不敢匿醜，函而上之。閣下倘以先君子故，得蒙斧削，更惠一言，弁之卷首，黔驢之技得附驥以有聞。匪所敢望于千秋，令海内知者謂傴僂病子棄于時，白首呫呻，差不愧士大夫詩書之裔。即他日飾巾有期，焚之黄壤，可以下見先君子矣。

## 又

小春月之七日，得拜鼎翰，一字之褒逾于華衮，靦顔甚矣。經筵賜金，天子以勞史臣，百司庶府不得與焉。何物巴音，而辱閣下寵數，重以尚方之珍，豈野夫所敢當與？三薰啓函，崇之几筵，爇香以告先君子，不知其涕之墮襟也。蓬檐病骸，瓜田生計，妻孥饘粥之需，齋房楮墨之資，俱不敢藉潤于此。當屬良工爐錘成一卮，伏臘歲時，省先君子之墓，酹而奠焉，以展孝思，以永識閣下，弗敢忘耳。

縣君匡世之才，暫羈百里，不逾期而政成。下邑徼福，轉灾爲祥，歲稔有秋，巷謳野頌，匪獨道之私心爲慰也。先君子于貴鄉無甚功德，所推轂兩大老在未遇時。越五十載，而有縣君臨之，有閣下之愛及之，豈偶值其數耶？抑佛氏所謂緣耶？既先君子如張華之見，能辨神物，遽度有今日乎？人皆一天，我獨二天。古之人以爲幸，不肖兄弟托庇三天之下，幸厚于古人矣。覆露恩私，何以爲報？仲氏寒氈可徙，小有效用于時。道白首無聞，長林幽壑，草樹同朽腐已。銜結可效，當異世圖之。不盡，不盡。

## 又

向者一再申臺訊，嗣後不敢輕率以瀆鈞嚴。令君簿書之暇，間倍茗坐，得閣下起居良悉。太夫人年近百，鶴髮丹容，幾于塵界仙居也者。舞斕膝下，八座聯翩，又仙界所未有。天奪司空老先生，勛勒旗常，名垂竹帛，已足不朽矣。芻絮之忱，病夫阻于道遠亡從致，則時時念閣下，得無領原之慟乎？歲序一周，當自輟哀，以寬太夫人顏色。繇此歷百而千，萬壽無期，固閣下孝徵也。漢之綺季，羽翼功成，佚老芝岩，司命莫制其算。閣下至竟亦仙曹，百歲又何限焉？第主上爲社稷計，拊體師保，旦夕蒲輪，恐不獲長有此丘壑也。令君爲縣五年，澤久而普，美政不易述。論其私，則以閣下故，肉骨鄙生矣。郊筵送別，一函托轉上之。目極東瀛，神搖北斗，不任依依。

### 上按察李本寧先生書

前梁生行，得老師手帙，新詩數章，卞璞連城，剖珍自楚，陽春寡和，郢里之音，非并人所習聞也。道五十而衰，聰明盡蔽，披牒再四，不及腹笥之，梁生束橐馳而南矣。篇咏多關晉中，新史載之，川陵原廟後百千年而增色，召伯甘棠亡足頌美已，希錄示。

拙集辱名言冠之，已付剞劂。秋中入長安，謁見長者，即此爲贄。病廢之人，幸御龍門得珠，不負擔簦一北來也。

# 又

拜別後，原擬前月十二日就道。霍守張君新編成，走一役來索序，因改十七日。是夕，小豚卧風地感冒，行至忻州，大汗骨熱，頰如火赤，不能前發矣。僦居緇舍中，藥裹蒲團，以日爲歲，老師除名亦不及聞。所幸郡公長者，三顧慰問，遣醫診視，酒肴薪米之供差不告乏耳。

薊門之游，白首覿光上國，欲盡搜都市鬻書，廣所未識，無他事事。初念計匝月而還，追隨四牡過汴，載入秣陵，窮江南之佳麗。今逗遛塗次，且兩旬矣，度歸而涉冬。老師入秦入楚，音徽判絶，莫可追攀，安知此別不爲永訣乎！因裝小册，尚使百稽閣下上之。蕪詞不次，聊紓悃臆，酬恩知于萬一爾。

所給郵符稍越期，時例甚嚴，果無碍行否？問道土人，當由代州、繁峙、靈丘、廣昌至紫荆關出境。節鎮張公代人，得老師一手札通代守，轉而之張，入都三程可無胃足。由廣昌入關百餘里，亦非晉土。靈丘尹盧君，楚祁陽人，乞老師酌之。

# 又

國朝作者，北地而後，握牛耳，主盟中夏，弇州先生及老師耳。此上帝周視九土，降靈吳楚之山川，鍾爲人杰，俾翊贊中興，光一代文明之治，所謂天將寄大任于是人也，豈偶然哉！道病廢之夫，産在西隅，通籍門墻最晚，荷老師不棄庸腐，拔之稠衆之中而國士之，款語披腸，隆情略分，邊州行日，儼然旌蓋枉臨，兹豈鄙生所敢當？陳守公之禮孺子葸以加矣。

別後，擔簦長安，諸貴人錯愕相顧，曰：“子從龍門御李來耶？”齒及老師，必訊飲啖、問衰健，亡不岩瞻而斗仰之者。今夏西還，監司朱先生延入署中，退食之際，亦時譚高誼不置口，曰："快哉！翼翁之脫屣其官也。片帆南下，入蕪城，高揭旗鼓，結廣陵社，大江以東，翰卿墨士望風而趨者，趾相錯于道。已又有秣陵之興，問燕磯、牛渚，訪六朝之遺趾，欲卜廬而居焉。快哉！翼翁之脫屣其官也。怪三閭大夫憔悴澤畔，胡自苦乃爾？"

道聞斯言，爲老師鼓掌再四，喜而復悲也。追憶前歲，函丈步趨，蘭芬芝彩，鳳儀鸞章，判焉霄壤，安所假王喬之舄扶搖而南乎？西風送暑，露下天高，靦縷在懷，求一申訊不可得。會表兄某有崇遣，抹〔一〕馬之前二日索書，書成而行者不及迹。嗣值順翔，托付區區，不斐諸篇筆之兩扇頭。巴曲郢門，罔敢匿響，倘俯惠斲削，萬里几席矣。

## 報司理張公書

道暗沕亡聞，三尺之軀伏迹巖谷中，病且老矣。執事大人安所采擇？亡其賤陋，與之下交，雪庭春宴，抵掌而譚，繾綣至暮。此視陳大夫之延孺子，禮數爲優焉。度此生落落，何堪酬國士之知，有衷鎸骨鏤而已。旬日以來，迫于小豚婚事，俗狀猬集。取夜成三律書之扇頭，崇使賫上，希裁教。佳集古體軌躅魏晉，近體大曆間〔二〕語，《龍驤篇》，左太冲而後罕見此物，鄉之次梗不足哆口也。

## 又

客歲執事大人國士之愛，褐衣一良遇也。銜德在心，蓋時未敢忘。道五十無聞，僅一子，患癖，寄醫梵舍中逾年，連床藥裹，父子幾登鬼録。以是久不及摳承躡屬左右，罪戾山積，假儀、秦之舌，無以自解已。生平穎石爲人役，拙草稍有存者，以負病時危在眉睫，不及芟洗，授之梓。梓成而病瘳，而重有悔也。更欲就質郢門斤斷之，冠以玄晏先生一言，即死且亡所恨矣。俟按部駕過，齋沐有請焉。

## 又

臘殘自北旋，春正三日，即入郡參謁。而法駕南指運城，未及瞻對，不勝內快。還廬，緣素病之軀飲啖失調，發爲春嗽，局蹐床褥中兩月，得脱于死，微福執事大人，有天幸矣。韓孝廉行先此起居，藥裹釋手，即扶一筇，走道六十里，搏首臺下，罄所私願爲快耳。贊語録呈，薊門諸草并上之，統希裁教。不一。

## 答周明府書

腕瘡伏枕，兩越月，癯骨柴立，未敢跨一蹇北走并門，納舄左右，竊感愴邑邑矣。反承遠使，瑶函珍錫，投入山中，眷注之殷，不肖何以當焉？方伯封翁屬爲贈篇，其人關尹、漆園吏之流乎？未諳其素，潛光奚闡？且值倥偬，燭下脱草，疾行亡善步矣，奈辱命何？

恭喜新政甚有聲，神君之譽，晉陽人稱不逸口。不肖得于郵卒傳聞，恨不爇香而祝之。里父老咨嗟流涕，不願此風之入耳哉！大悲福緣，淺薄莫緩，借寇君三年耳。役旋，此復。靖安詩嗣成，容尚遣以報。

## 又

客歲靖安六十，不斐之章兩律代門下，嗣以長歌，上郡伯馬先生矣。又承遠示，道縛于病魔且久，才情俱涸，以一人事而三判其筆，母怪其詞之索也。脱草後即欲奏報，念王誕在菊月，尚遲，引睇并門，五百里而遥，猶有簑屬之思，欲親炙台光，快所夙願，奈又瘄瘄自罷矣！公役行，蕭函托上之，《南縣》《賀最》諸篇附覽。校闈在邇，百務猬稠，爲公家事宣勞，强飯是祝。

# 又

春間，舍弟落第，遂買舟下山東，羈栖清源六月。一使丁還里，得接手書及珍貺，三薰啓緘，北面長跽誦之，感明公之德愛甚深也。犬馬之年近五十，僅一稚息，患脾泄，寄醫僧閭半歲餘矣。子病父憂，連床僵臥，幾登鬼録。以是久不及裁謝，即明公大度，不責禮于朽夫，道安所逃罪乎？

諫垣推補，入秋有聞，不勝雀躍，數索邸報證之，轉成烏有，豈皇命猶未下與？明公經世弘才，縣符已解，寥寥長安邸中，棋酒消日，時事之感可增一長嘆已。鄉山白雲，引睇千里，此情當又何如耶？董省祭行過蕭寺，夜遇之，燭下短楮，草率弗虔，統蘄台察。

## 簡陽曲梁明府書

朽夫弗任編摩，辱明公特召而來，羈栖館邸，糜公家饌百有餘日，能不汗顏？細參舊志所注，古人字氏未的，而邑里、官爵、事行間有差謬。本朝先達小傳猶多俚語，可删也。僕初讀憲司諭文，曰："將發去《通志》，有當增當損及錯誤當改者，或評注于中，或另書一紙。"爲是忘其譾陋，取舊本稍爲更定草成，媒妒啓釁，不免于雌黃之口。即當事者私心嘆賞，亦未見收入。醜婦羞澀，可再效東家施乎？古稱作史要"三長"。僕五十而懡，才且盡矣。舉本荒唐，其迂見亦與諸少年弗合，恐此事將來終成畫虎。

生平脚跟未踏長安門，欲借一郵符觀光上國。會李老師方疏請，在去留之際，未敢遽辭，度不出此月長發矣。玄晏佳篇，不勝渴慕，幸口[三]惠之。新館雖通衢，齋房幽邃，市囂不入，此明公破格之愛。掃除自有童奴，傔人之委，非所敢當也。

# 又

奠章□[四]上，事行請于明公，不得命。朱道尊行日，留一使核之，閽幕周君或亦的也。撫臺生母麻，繼以房母，無封爲太孺人，俗例尚尊崇，概稱夫人，明公酌之。所示《通志》逐本檢閱，稍有更定。史非董狐之筆，嫌于自用，憎口或不免焉，道固甘之矣。纔了《名宦》《人物》《藝文》三冊，俟統完，當執牒請教。

病骨懶惰，北來辱諸臺司深知。文事受役，案頭夙債不結，頗爲所苦。日者與明公評及先朝及昭代畫品，竊服高論鑒識精嚴。家藏小李數幅，已走書索之，上獻明公，置諸齋閣中，公餘之暇，游目騁懷，或可一助耳。贈顧小侯出塞，得詩四章，及諸近作十餘篇，附覽。

# 又

憶自前歲擔簦而北，受知明公，宓琴之暇數得侍教，諸所顧問、饋遺，禮崇恩岳，情溢愛河，豈非不世之奇緣哉？編摩之役，虛名起妒，當事、同事俱所不容，別後蜚菲度弗理于口，恐明公有投杼之疑，竊惴惴不自安也。

邊州暫羈，纂帙得卒業，《唱喁集》得一跋詞，即飭小函托順役上之。其人省地編氓，齎無重寶，想投納矣。京居不久，會監司入覲，藉有郵符還山。流華迅馳，轉瞬兩年，局踏巢父之雲窩，夢寐召公之棠舍，匕思枕想，蓋無時無之。冬來值一過客，迅[五]知臺履嘉祥，兼聞尼誕之期，舊懷新感，兩念橫胸。取不珍之幣，侑以扇頭詩，峀遣蒼頭，走道五百里，齎獻臺下，少展代觴之祝，幸惟不鄙而納之。臺剡數馳，綸召伊邇，鳳掖鸞坡，旦夕天之上矣。雲泥相隔，即鄙夫有懇款，不易通也。可勝翹企？可勝悵結？

## 上馬明府書

明公初下車，即詢及拙草，豈雕蟲末技亦有簸糠秕而揚之者乎？傴僂之夫，青雲分薄，自罷經生業，紬繹墳史，妄企心古之作者。即國朝李、何、王、李諸名家言罔弗涉獵，何能窺豹一斑也？詩出窮愁，蛩砌秋吟，蛙池夜響，聽之令人不懌。文鄙俚且以賤，故不重于時，多貴人長者代之執筆耳。里故鮮論文士，僻居索處，足迹不及四方，一有結撰，靡所請益取證，竊幽夜長吁，有憤懣之懷矣。

辱承下問，神勃勃欲飛，敢自匿醜？第兩月來脾病支床，未遑摳謁，恐負明公國士之知。先屬楊甥啓篋，録文二十篇、詩三十餘首，賫呈台覽。明公公餘，幸亡吝郢斤教之，引昧子而出冥塗。道不佞，有厚望焉。語云："追古不若就今，執文不若親炙。"病間，當束一贄，蒲伏函丈，百稽以請也。

## 答臨汾秦明府書

汾接壤敝邑，不肖分屬編氓，則明公非父母哉？召杜之頌熟于耳，方摳趨之未由也。反先惠問，瑤牘珍函儼然寵臨之，豈不肖之敢當于明公乎？對使登嘉，頤汗而顏慚，心乎其感矣。制府報札委非所任，屬按臺命，兩大人交遇之素未諳，又迫于燭夜，門有倚馬，脱草三復，殊蕪穢不成章也，希繩削以上。

## 又

入郡，辱不鄙折節下之。已假館朱邸，筐實庖珍，存問繼焉。明公之于賤士，何相念之殷懇乎？旋日佺偬，暑行六十里，渴吻傷飲，脾泄下注，月半以來，蕭寺一榻，就爐匕于醫僧耳。

忽吏人賫手詔至，懼有方命之嫌，支困屬草，知明公弗當于心，亡惜鄆斤正之矣。嘉政報成，天褒伊爾。太夫人起居亡恙乎？束帛之忱，容尚賀。

## 上裏院都年伯書

先君捐世，幾三十年矣。郵筒中得承台牘，舊録新刊，儼然下頒。此老年伯肉骨之愛，存殁何間焉？念自己未，先君附驥成進士，僅一子，爲伯兄克類。及官任丘，續生不肖。兩人録俱未注。壬戌，先君擢御史，以病西還。乙丑，卒于家。是歲，兄類亦殤，不肖兩人方乳臭耳。賴母劉鞠育成童，且教之學，後先充博士弟子。道偃僂，鍛翼弗前，雅好爲古文詞。壯于甲午之秋博有一第，實先君靈貺成之也。此家門私狀，老年伯子視不肖，亡亦休戚所願聞乎？北向九頓，上鳴一言。

### 校勘記

〔一〕“抹”，疑當作“秣”。

〔二〕“間”，疑當作“間”。

〔三〕“□”，疑當作“蚤”。

〔四〕“□”，疑當作“録”。

〔五〕“迅”，疑當作“訊”。

# 書

## 答安邑張廣文書

不腆敝邑，明公儼然臨之。僕碌碌無岩處奇士之行，推爲上客，齋閣掃榻，樽酒論文，兩人者豈延津神物，天假之合乎？匪偶然矣。判別以來，神馳夢憶，感涕無從。叠辱八行，字字心語，固知明公之未忘鄙人也。蓬怦入里，里父老多叩馬起居張使君者。明公膏雨下土曾幾何，去思之遺，即古邵父、杜母奚讓焉？

僕開歲稱五十人矣，僅一屏息，春中從禮授室，色漸困。醫診之，始知其內癖也，匕劑百投，罔收寸效。僕爲是鬱衷焦腸，鬚鬢俱白，頹然老態，思及身事，有不忍言者。生平穎石爲人役，稿多遺佚，存者亦大半未安。從二三知己，勉就剞劂，更欲藉名公一言爲重，以潯中未敢輕瀆耳。西風送暑，愚父子得徼天幸，相保無虞，當有崀使，走四百里以請也。

## 答西河王書

遠道六十里，使賫華詔，冒風雨而來，訊及蓬户，殿下之愛士深矣。病廢之人，顛毛半白，智識非有奇也，何所當此殷勤乎？擲教三章，龍文虎繡，精光灼目，出自天孫之製，亡怪焉。胡又假手不佞，飾羔袖于狐裘？非其宜矣。俟更參酌報命。巾扇及諸圖刻，種種雅具，王者之賜，不敢不拜，先托使鳴謝。《謁岱》俚言勒諸石，東人好事者爲之也，侑緘以上。

## 寄謝閩川書

贈重瓊瑶，祖筵郊出，鏤之心碉矣。解携而東，兩閱旬始抵神州，登岱岳，振衣丈人峰上，掃雲臥石，斟泉弄月，此天壤間第一樂事，恨不强謝屐來共之耳。嗣欲謁靈岩，走闕里，吊古嶧山之巓，因問道歷下。歷下賈藪，半出里戚，相與磔鷄烹鯉，挈榼飛觴，連日夜不休。坐此俗態牽人，良游輒阻，將不貽笑山靈乎？病廢之夫，擔簦千里外，期騁達觀、激高況，快所夙懷，業已未遂，且遭延入暑矣。亡論慈親倚閭爲憂，即去門墻日遠，騷盟已寒，心蓬漸長，亦大生一悵懊也。執事其念之不？西鴻去稀，偶值一翔，始繫此紙。初意翩翩俱西，兹未能矣，姑俟天風再舉耳。

## 答和川楊廣文書

行後殊懷高誼，哀疚中不能覓一順羽，托致區區。乃足下不坐咎，反先八行及之，可勝感激！亡荆已納空，老母念婦賢，餘慟未輟。稚子無知，時呱呱褓間索其母，甚切也。且爲死者骨尚未寒，不言繼，仰事俯育，將誰其恃？言繼矣，復得笄珥之流，處閫梱，灼道理，若前婦者乎？此難之難者也。僕爲是晨夕嗚唈，寢食俱減常之半，强持菽水承母歡耳。役旋，草謝，墓刻一章附覽。佳公子不及別函，改歲聽一秋聲也。

## 答李萬石司理書

西風一羽，得明公教音寄之山中，儼然自穹霄降也。沐手披函，軫愛滿紙，明公視不肖真異姓而骨肉之矣。理臺司法，聞長者多仁聲，幾于古所謂亡冤民者。漢川撮土，能徵亡涯之福而長借寇君已哉？劉簿以書生未諳吏事，初領牒即叨視篆，卑卑一官，茌强悍之疆而馭不馴之庶姓，懼蚊負不易勝。所幸伏在二天之下，得安其志，以亡隳厥職，明公之爲賜弘矣。奚但簿舉家妻子誓殫狗馬之報？即不肖感佩明德，固著于心，不敢忘耳。簿使旋，肅裁鳴謝，并候台祉。不珍之貢未蒙俯納，殊重汗顏，嗣容崇役布之。

## 簡直指姚公

弟病廢之人，一入長安門，即勞驄馭枉顧，尋餉之樽榼，皆尚方珍品，蘇我枯腸，抵今五内有餘甘也，可勝感激！台丈簪筆禁廷，匡時正論，爲海宇黔蒼作福。天祚之祥，入掌雙珠并脱于痘，此人生極快意事。弟緇舍東方，家弟不數面，月之九日方傾耳以聞已。具案爇香，爲台丈籲空而祝之已。不腆詩二章，聊書扇頭，不及飾一緗帖聲賀，台丈能無以爲罪乎？近得鄉信，荆婦抱重病，豚子隨侍邸中，家一新室之媳擔承門户，可慮也。連發惡夢，旅懷悒悒，度縣侯旦夕至，欲藉順役西還。即不遂，且徙〔一〕城外候之，與稷山兄比鄰，不孤寂耳。榆次兄自豫章旋，昨方投刺展拜，少傾當九稽臺下作别，一謝鼎愛。不盡。

## 答霍守張公書

春中過貴都，幸瞻虹範，寵行推食之愛至今未忘。抵省四閱月，未及一羽修謝，反辱手書存問，華葛兼金，儼然遠使將之。即明公有所委命，何物巴音而重以潤筆之資乃爾？拭案拜嘉，赧汗淫淫浹于背已。佳刻勵官字民，經畫秩然，名曰《兩牧條議》甚安。拙草勉屬二章。并門要地，大人羔帛往來及慶吊諸篇多屬之病子。炎暑爍金，每夜燃燭，尪骨稍稍弗勝，坐是滯來使五日，索報甚急，大懼蕪穢，無以稱塞至意。後跋，僕所自當，前序假銜，得無遺玷長者？唯明公公暇斤斸之，毋遽灾木。諸臺司入閩，僕已謁別，欲朝五臺，上長安，了北游之興。使旋，問還山之期，度在改歲，豈明公爲東道主，願有所聞乎？感激！感激！

## 報方明府書

三年神君，扶僵起廢，振俗維風。即如永和之征，剔肉成瘡，歲歲爲患，能一旦罷除之，所以功澤下土不細已。及垂橐入覲，清問滿衢，冠冕簡書，彈指可待。奈當事者羅賢之網漏而遺珠，豈峻節直氣，古人之風猷，時眼所弗辨與？騘車已南，邑父老遠號近啼，扶携而北者百餘人。君門九重，即其說遽難回天，而其事固可標之千古，即班書所載漢循吏如此幾何？明公無負朝廷，無負蒼生赤子，奚所不快哉？

道自平定道中得親豐範，溫語諄諄，浹于肺腑。歸而抵廬，發爲春嗽，局蹐床褥中兩月，忽忽經春，又入夏矣。偶宗子過問，有廣陵之游。渡江水一帶，咫尺台衙，尚裁小牘，藉手起居，貽扁之愛，召棠一株，專門借蔭，子子孫孫，百世有餘光焉。銜結在懷，當何日以報耶？

## 又

雲間使來，飯之東林，削尺牘申訊，閱今五年矣。嗣徙留都，阻于順風一羽，瞻雲仰斗，無時無之。太翁物故，春中襄陵口傳，忽信忽疑。迨朝翰有往返，始南向爲位而哭，不勝悲悼。悵衰病縶足，不得效子民之義，走道二千里，引紳前馳。楚些爲誄，附名稠士中，遙遙灑泣而已。

不腆敝邑，召棠未剪，桐鄉尸祝，度千秋若一日也者。以鄙夫文麗牲之石，群情未愜，憎口或不免焉。韓書中辱褒諭再三，則明公愛道之深，不知其言之過也，讀之悚汗浹背耳。石刻八幅呈覽。韓使行之前二日，諸孝廉亦索誄言。潞客在里，謂壺關三老有先驅矣。證之漢史，不聞有此。襄事在即，百惟節哀加餐，爲朝家珍重。

## 報李明府書

輶車長駕，恨賤子委頓，不能祖別百里外，簡城館集，僅隨之稠衆中，修故事而已，于私衷有深歉焉。里門省覲，太夫人無恙，倚閭之望，愉快可知。臘醅泛綠，斟三觴而獻壽，事竣，計入長安矣。雲間兔下，大〔二〕史令占之，當識王喬爲仙吏也。金門朝會逢元日，赤縣循良課首功，大官之宴，湛露之章，有彈冠以迓新寵耳。慕君行，手沐肅函，百□〔三〕而祝之。不盡不盡。

## 又

秋霖河漲，明公軫心民瘼，得無以爲念乎？西北水鄉，雨多不無患苦。東原高阜，南坂之上，平田一帶，禾黍油油，非前澍無以有此。天意欲作好秋，從後占之耳。近作諸篇，恃愛獻醜，惟裁教。

## 又

霍邸夜樽，僅銷半燭，越宿蚤駕，星郊霜野，竟少《陽關》一曲，可勝悵恨？力使前追，不蒙台叱，郵亭飯飽，領溫語而還，愚父子心念之，而鳴咽內酸矣。歸塗九十里，感今憶昔，惜別傷離，馬首之淚不但千行萬行耳。陽至節後，度里門解裝，帝鄉咫尺，入臘可期。韓孝廉行，肅裁起居。仁侯遺愛深于羊舌大夫，祠可以已乎？里父老暫奉台諭，謳而思，咄而嗟也。至竟茲舉有之，附以告。

## 又

一役西旋，惠音連牘，篆之衷碣矣。嗣後公車士來，歷訊台祉。暫請還廬，潘輿家園，萊衫舞宴，壽母令子，詎不大姝[四]乎？畿省銓缺，太宰當有啓事，旦夕簡書下，王事又不可緩已。邑失賢父母，天愁地慘，萬彙不春。入夏魃虐，閭閻嘆恨之聲匪怨亡歲，怨亡怙恃。歲前五稔，其誰貽之？何武去思甚于初去時耳。即今小雨，庶幾有秋。良牧新除，嗷嗷待哺，溝中之瘠可活也。安樂廟碑已屬草，俟鐫石後尚使上之。脾瀉夏苦，榻間聞北役，力疾裁候，覼縷之懷，不盡什一。

## 報泰宇宗丈書

雲石使頻來，靡有口及足下病者。僕亦迫于文債，失調問醫，未遑以八行起居耳，負譴何如？所諭祇領，第帙中篇咏不多，前爲詞當曰"引"，不宜曰"序"。尚欠司尊一贈章，西河所托亦有數款，脱此爲吾丈濡筆矣，改歲發京不遲也。爵事遂心，未及悉，便中教示之。連日苦寒甚，加餐自愛。

## 又

扇詩擲地作金聲，銀鈎之畫，天巧有神致焉。使來，騷客在廬，把玩再四，謂鄴中藻思、蕺山風流，足下能兩兼之，何論今之作者哉？僕近日亦不廢哦咏，中年衰鈍，意氣蕭索，避鋒足下，奚啻三舍而退耶？碑記免屬草，賚呈。佳集序，會有俗牽，容撥猬理之。秋霖苦甚，籬菊盡萎，登臺把杯，殊亡好況。向所教諸種若何，陶家秋色，可借一力擔頭肩之來乎？

# 又

豚兒病，一二交知慮及野夫，請拙草以灾梨棗。猥雜諸篇，手不及芟洗，又未就斧削于般倕，可愧也，亦可恨也。自夏徂秋，剞劂之役未竟，竟即持獻，不匿醜耳。聞佳刻已投郡理張先生，大蒙鑒賞，且許爲序，《兩都賦》成，得玄晏筆，足垂不朽。僕覆瓿之業，亦欲藉一言冠之，非今日所敢請也。縣新父母下車，月課諸生，每命題爲詩。昨讀其《贈相士》一律，曰"世間誰是封侯骨，莫作尋常白眼看"，自是峻語。僕竊有企心，亦未及束贅。半百之人，貌焉一稚，父子寄命蕭寺中，休咎未保，敢復問人間事乎？藥裹有暇，爇香禮佛而已。

# 又

使來，承翰札。扇頭新詩神氣勃勃，老丈七十之年賈勇登壇，萬夫莫可當也。健羨！健羨！《皇明詩統》，僕初寶之，如探驪索珠，不勝其難。及讀卷中諸篇，蕪穢太半，李、何、王、李諸名家言，十不得二三。其他冠帶跱舌之士，强收其名以示博采，眩俗目爾。雜燕石于璧林，惡能重連城之價哉？穆文熙選律，元美先生意不滿，謂其少年之作在焉。茲編較穆選風斯下矣，足下龍眼，自能辨之。先其十册奉覽，餘俟嗣呈。

僕暑月失調，時疾所中，水瀉兼攻，幾至不保，徼福足下，得脱于鬼録。秋來墮髮，真如敗葉，精氣銷亡，夢寐恍惚，所銓詩未免畫虎之誚已。拙作六七年來，篋笥所貯，較前刊頗多，即欲剗垢洗污，編次成帙。凤債累人，一篇脱草，不復能過手。去日苦多，來日苦少，私心計之，恐將來不能卒業，可恨也。排律七言屬近作，録一稿請教。小豚入試，蒙烏哺之愛，附謝。清府君侯，更希聲致，不盡。

## 又

春雪蕩寒，夙疴作嗽，病夫委委小洞，偎爐煮藥，而使者持手函至矣。一披華箋，再握寶箑，胡至人不老，近七十之年，猶然指屈銀鈎而舌吐金霏也耶？午炊飯使，日晡，爲俗客所苦，夜案燭光，濡毫作答，呼豚子代書。檢《詩統》十册上之。近作小有，無假〔五〕啓箚以報長者，容崇遣請教。公子斷弦續響，兩不及聞，百歲幾何，堪此揆隔哉！仁兄披心之語，讀之潸然矣。

## 答趙城張明府書

下里于趙，比壤相鄰也，明公仁風德頌，時有流聞。第野夫賤且病，日局蹐蓬蒿中，未敢束一贊納履公庭，叩謁長者，私心景慕之已。李生亡知，持不斐之辭爲贈，蒙獎借過溢，僕赧然有深愧，且有深感焉，謂士生斯世，不得其時，即遘一知己爲難耳。驪車將就道，度朝正後當有峻擢，收之内地，不獲挽斾而西矣。毋論趙百姓有觖望，即僕霄淵相隔，終阻于晤對，不及一識韓荆州，奈何？具有贈詩二律，書之扇頭，伴以不珍之幣，崇使九稽臺下齎上之，懇惟叱納。李生有再請，僕不敢辭。諸掾史爲繪像索引語，大是异事，匪聖哲之化，無以有此矣。

## 答趙鄧州書

僕蠖伏草野，視明公則擅代之人龍也。即生平未及識荆，比壤相接，聲聞神爽之交有年矣。天風南來，八行飛擲，陋巷生色，豈鄙夫之敢當于長者乎？穰雄土，簿書稠濁，守不爲所困，賈其餘勇，續成郡史，勿論明公循吏功名，垂世之業托之千秋不朽已。

委教序言，邇來衰病侵尋，稍惰硯席，以不敢方命，磨鈍屬草，度明公所撰著無謝《三都》，僕何敢當玄晏乎？願藉成風之手，揮正其疣贅，方可剞劂耳。舊本諸篇，明公當收入首卷中，不宜分列，茲蓋前人失之，古今籍序不前則後，未有如斯例者。猥承剖珍之愛，匪但筆潤，饘粥有供，妻孥藉以厭腹，固明公厚惠哉！使旋，蕭此報謝。新刊成，更希寄示。

## 答河津劉生書

龍門四百里，阻于道遠。平水咫尺，美人在望，芝采未親，世講之好謂何？偶接手詔及江南折梅之信，儼乎自天降也。把牘魂飛，恍如晤對。會有文債掣肘，不及裁答，晉兄遂長往矣。茲專一役馳謝，郢中報章，容嗣修上之。翼軒先生久寓白下，老手新詩，愈見神王，真擅代之宗工也。還楚之期，來書未悉，明公倘與聞，幸教之。

## 報芮城李丞書

古東官署奕酒追歡，歲在壬癸之交，距今三十年矣。判別以來，南北天涯，不及順翔一申尺素。秋中駕過敝里，平原十日之飲可追也，胡忍叱馭，不令東道主知乎？傾從育兄得手札，賤子姓名猶挂齒吻中，固知足下未忘故人耳。芮城斗大，即屈一令，無異函牛之鼎以烹鷄，乃丞史又壓于長吏，山公掄才之意謂何？追憶盛年，功名相期，罔不志在萬里。足下末塗小就，他日受知于上，不次之擢，庶幾少見生平也者。病夫裹足蓬蒿，甘草木同腐朽已，撫今追昔，不勝慨嘆。臘之十一日，伏榻小裁，聊展區區。

## 答姚山人

《庾信集》不備，向曾面告。櫝存一鐲，檢之，重四金以上，恐非客中留贈物也。歲杪臨春，六花作瑞，老農歲事無憂矣。足下旅況若何？頃聞出南郊，河橋咫尺。驢子背上得佳句，想不困于鄭生耳。

## 又

久抱念，欲屈文馭及參知兄小集一會。雨後海棠，春紅灼眼，十年所未見，豈花神有意乃爾？參知兄手足纏哀，連日賓友中相拘否？謝東山期喪不廢絲竹，海內蒼生延頸而望霖雨，載在青史，于名行何玷焉？足下爲轉道之，薄暮斟一觴以待矣。

**校勘記**

〔一〕“徒”，疑當作“徙”。

〔二〕“大”，疑當作“太”。

〔三〕“□”，疑當作“拜”。

〔四〕“妷”，疑當作“快”。

〔五〕“假”，疑當作“暇”。

# 書

## 答寧鄉張明府書

吾輩世誼兄弟，五百里之內音好弗通，何异秦越？台丈不棄葑菲，八行先施，侑以家刻，欲開其迷昧而登之覺岸。此胞與之愛，古人有之，未易于今世求也。追憶亡父與尊先公比翼天逵，龍驤虎變，自嘉靖己未六十年來，渺焉陳迹成往劫灰矣。台丈公車遺俊，銅墨專城，大河以南，儼然百里。而君之良弓之子襲爲箕，良冶之子襲爲裘，不謂克肖乎？即時之弗偶，功能未究，脫屣其官，吾明代有五柳先生，名不朽于千祀，何論繩武哉？

舍弟邊州冷局，近得一遷，爲雞澤令，庶幾附驥。台丈視先子，稱其家兒已。以道之病廢，爲天地棄物，得比于蠹魚，守先人圖籍，游神十代，咀味百家，差足自慰。所恨白首雕蟲，爲人役作苦耳。覆瓿一編，屬丁未以前鄉里小兒語，灾木爲咎，唯台丈裁教焉。

## 報雲石宗侯書

俚言賫上，不敢云出人頭地，監公睨之，當爲一解顏。即書緗帖，校勘字迹，正其譌，母效弁士呈草，尤見君侯爲大雅耳。鶺鴒之慶，不及趨席啖湯餅，君侯得亡以爲罪乎？兩月以來，病渴如司馬，爐匕靡所收效。承仙茗，勺水烹之，入口而腹，三焦生潤，盡洗詞腸之穢，方捉筆有此篇，拜大惠矣，所裨益君侯亦不細也。

# 又

伏枕招提又月餘，中秋、重陽兩成惡況，奚但廢言詩，里戚大故不及聞問矣。來教似非今日所堪，以長者命，當勉構之。嘉貺不敢拜，謹璧使者。豚子性命所急，遽參耳，近地求之，何异雲母、丹砂？長安市不乏此物，天幸偶值，有一力之遣，北走可圖也，君侯念之。活此屝息，先公血食有托，何論萬户封加我乎！

拙刻未完，客過，索上揮使吕君，不佞已心許之。吕君能聲歌，與敝縣新父母以詩交，介胄崇儒，漢祭征虜之流亞哉？縣公，汝南人豪，文術吏事，蓋兩兼之。聞入郡，二三朱邸願爲東道主，君侯愛客，結納縉紳賢者，端禮門有一下榻乎？

## 答盧吉恒參伯書

冬郊一尊，美人牽袂，目淫淫若雨，仁兄割愛升車，記猶旦暮也。彈指流光，倏忽改春，又入夏矣。天北鴻疏，不及申訊，反辱手詔八行先之，長安貴游肩摩，不若二三兄弟爲厚耳。病子岩居，郵報弗接，山公啓事若何？初議北地，或以邊才重之，欲徙而開府，仁兄不爲快乎？蜀西險遠，山水佳于天下。邛郲〔一〕九折坂，王尊所不畏也，仁兄可以叱馭矣。

## 答劉天台書

春郊馬前三酌，遂判襟袂，嗣以川山邈絶，郵音罕通。忽健兒持一紙來，抉我門蒿而投之，儼然自天降也，感激！感激！初足下除官，得無華陰公之嘆，矮屋下阻一擡頭乎？乃今當路推轂，藉有嘉聞，動不逆肘，復何所藴結不究其奇？天閑之駟，不萬里不息駕矣。志稱縣治古羌地，疑其俗悍強。訊及來使，又謂視篆數閱月，民不囂訟，而田賦亦易輸，豈長者威德足以彈壓之與？推案有間，手一編課視諸郎，巍巍昂昂，愉快可知已。

僕殘體，兼爲詞債所苦，十旬九病。豚稚且頑，日覓棗栗，亡异狀。俯仰宇宙，慨焉愴心，足下何以寬我？薪俸所入度不腆，捐珍遺之，藥裹有餘資矣，則故人雅念哉！

使旋，聊布區區，彩補紗巾，伴緘以往，希叱存。清泉莊移一柏，補小山左缺，以足下先有教言耳。

# 又

使來，承教函如面。狐背之遺，製一領禦風雪，感何論挾纊也！晉氏姻媾，屬作冰人，再造其門方諧。縣父母候書即脫稿，季方上之矣。此公視事，六吏重足而立，而市井大猾臥不帖席，黔庶親之，嬰兒之就乳哺也，真神君！真民之父母！足下桑梓之念，能無一加額乎？

小豚患痘，兼脾泄，子病父憂，夏間幾至兩危。徼福天祐，得不死，與足下作後會期，厚幸已。入秋，又借居招提，匪但就劑醫僧，以《普門品》所說拯溺解厄，庶幾爲兒濟耳。

拙草入梓，未經大方斤削，殊不愜意。向者爲兒授室，書簏遷徙，委諸閨閫之手，失五言律一帙。彼不識此物，等之敝帚，可恨也。即五言古寥寥數篇，亦未敢入，遂以七言古壓卷。法家執此以三尺論我，我其何辭？日猶款諭婢奴，許以別償，倘不至煨燼，猶可續録耳。

公子旋，剞劂事未完，完者先刷呈覽。内尊公一贊語，聊見區區。十八之旦，僕要公子及令婿李飯之東圃。李愕然驚余老也，且謂足下差勝僕，亦較不似前。夫人生以憂抑致衰醜，僕固宜爾，足下官評慰心，鳳麟滿目，有何不遂？母亦尚平事爲慮乎？抑風塵之役勞苦，久弗任耶？

故人鄭監司能另盼之，游譽兩臺，得一薦，當有殊擢，僕爲足下彈冠矣。

## 寄楊平津明府書

仁兄專城之寄，縮綏三年矣。宦國鄉山，道路無千里，豈遂絕不可聞問哉？南雁去疏，北鴻遂斷，非仁兄溺貴游、忘布衣之交，以弟衰朽，掩關一榻，遞仆遞興，塵硯禿毫，不及修恭故人耳。按狀摘辜，稠于擢髮，或仁兄汪涵，亦不以病夫坐罪也。

向奕客賈生索手書，爲先容。仁兄四知吏裔，五斗貧官，魚菽之供不足飽妻子，遽比孟嘗君富貴官舍有食客耶？以是三請三拒之。渠嗣謁縣君，許以資斧，遂領一札出，欲奔投仁兄。弟裁小牘，僅僅寒暄語，渠度其無補，不別去矣。覿面仁兄，叙論鄉舊，得無屈指及弟乎？游俠之口，即有蔞菲，或不能欺長者，第弟之衷愫，仁兄何所燭照之？

大河以南，列郡諸侯治行無先號令者，聞臺議調劇。士元驥足，豈再困百里？旦夕趨朝，收之臺瑣，國家大計，必有借箸，仁兄可彈冠矣。柏陽、光宇後先過里中，八月之望，東林月飲，念及仁兄，俱深懷舊之感。弟夙疴初起，引睇南天，有不能奮翼之思焉。崮裁八行，走使起居臺下。山房空寂，無珍物伴函，侑以香帶、葛襪，扇頭三律，情見乎辭，希不鄙而納之。小刻蕪穢，灾木未安，公暇斤斷，得免覆瓿之誚，方見仁兄爲知己耳。

## 又

弟屢弱善病，仁兄素知之。十年以來，爲文債所苦，精氣銷亡，柴骨雪髮，頹然老態矣。夏間染時疫，疫後泄瀉，危甚，微福仁兄，得免于鬼錄耳。即今匕箸少進，呼吸氣短，步履不前。按症求方，與老醫確計，必全鹿丸可收效也。縣尊憐而予之大〔二〕隻，形如馬狀。或謂馬鹿別種，不宜入藥，必麋鹿方可。仁兄治境連山，多產此物。語云："踏破鐵鞋無覓處，得來全不費工夫。"仁兄念及故舊，索一牡活我，弟之殘年餘日皆仁兄所賜也。煮角膠霜有存貯，更希惠之。役行，季方入省，不得仁兄家報，附以告。

## 又

賤恙徼福仁兄，昨晚進滿堀粥，幸脱鬼籍矣。奄奄氣息，猶局踏床褥中耳。前面諭，候恩命來，壠頭焚草，方議西駕，商生齒及望日，然與？否與？牡丹開，爲詞債所迫，已負心賞。紅藥蓓蕾，尚少花前一醉，鞅鞅如何？仁兄行矣，美職報滿而遷，三載有之；或徙官不徙地，五六載有之。病夫鍾鳴夜走，後會未可卜也，言之淒然。芹忱不腆，聊犒諸役，恐不足飽腹耳。今日雨天，或無他客招延，小巢可一屈乎？道即偎榻借一錦瑟勸杯，仁兄不以爲罪矣。

## 答高唐幕杜君書

西國鄙生，巖居垂老，甘于草腐木朽也者，明公采雕蟲之譽，未識其人，而奇瑞之珍，藉寶篋、手詔八行，貽問千里外，此豈世情所易見乎？比于古人愛士之誼，高出倫等矣。初拜命，已勒楮作答，來鴻不返，靡所托寄，負譴到今，始借韓兄家丁上之。寒局無長物，覆瓿之編取以伴函。明公退食從容，助一噴飯耳。高唐凋弊不振之區，韓兄幸奉德教，同舟之慶，左提右挈，以成郡公至治，不十載一時乎哉？旦暮朝闕，當有旌擢，縣官拔賢自齊州始矣。

## 答韓宏古書

公子扶嫂柩來，兄丈輟泣鼓缶之餘，八行示我，注念深矣。恨東旋之役，風雨飄忽，不及飾一報札，罪也奚贖？弟今歲辱監司高誼，延入署中，衙居之日，三倍巢居，毋論家務叢挫，即床頭藥裹亦不遑剉劑弄瓦〔三〕。一老儒冠白首，虛名累人，可慨已。鵲夕之交，荊婦亦坐前疾弗起，九月納窆。頑豚稍親佔嗶，人事欠通。以弟半殘之軀，精氣銷亡，能擔此艱苦耶？

入臘，添一女孫，設帨之三日從俗家宴。客散，霄鐘已動，委頓就榻矣。偶令弟過，謂有伻遣，戒行在旦，坐而促書。取燭小裁，署符數聯，仰答前命。四六諸篇錯雜籠笥中，京還以來未經手檢，俟春暇續上之。

新令君已下車，標格端凝，襟次高朗，大是吾邦福曜。第公輔之胄，芥視銅墨，時時有五柳先生之想，恐桑梓緣薄，不能久借此公耳。東州浩煩，糧廳半攝堂事，兼有清聞。此出自李外弟之口，弟爲兄丈加額數四矣。

## 又

野人之言，賤而無徵，足下不遠千里兩索之，"知我者鮑子"，心乎其感已。重以分珍之愛，何當焉？久病畏客，掩關三日而後屬草，衰年才盡，求不負足下所托耳。拙稿先奉一部，俟續成再上之。齊東作者名家，于鱗先生尚矣。前四十年而顯者，宗伯華泉邊公，其遺集文不甚邕，而詩有深趣，標致風流，固信陽之流亞也。足下有差役入省，試爲弟索之寄賜。國朝詩，弟欲類而銓之，曰《明詩韵彙》，恨此公與昌穀徐博士所作無多見耳。

# 又

日者，不穀發書之三日，則仁兄及貴寅丈杜君手札至矣，雅惠種種，蓬廬增色。登拜後，已具咫尺修謝，使者止之曰：「來音從齊買入里，淹于家，其緩作報書。俟有便風一羽，繫之可耳。」冬來伏病掩關，會郡邑大夫入覲，促文之使急于催科。仁兄家遣東遷，過而問焉。前惘未申，怦怦動念，又恐杜君如京，不及訊也，偎爐寒夜，取燭小裁。檢之篋笥中，無物可表，拙刻兩具，一奉仁兄，一爲杜君上之，更轉致殷懇。川山修阻，無緣挹芝采于長者，有瘝痳神交而已。

# 又

東林醉月，鄙懷怳甚。別之夜，不酒而酣，蓬蓬一覺達旦也。披襟對案，草一長歌，僅得四五聯，而青衣扣門，持府公札至矣。藩司弄璋，有賀言，坐是奪筆，奈何？攢眉三日，促之去，而復拈舊稿，簸弄成篇，錄呈門下，侑以素箋半幅。老手無書，即借君家小阮，書而揭之百花亭上，珠玉四壁，弟豈不羞形穢？長日齋居，恐仁兄悶悶，助一噴飯也。

# 又

西郊卜築，一區之地，山水雲霞，城郭樓臺，魚鳥花竹，洸漾兩目，天地間更有何物爲奇乎？目中之奇蕩吾胸，胸中之奇吐而數百千言，與物色爭奇，始可言詩，李、何、王、李所縣冠冕盛代耳。太初、茂秦，褐衣與冠冕爭奇，何遜焉？弟詩得五章，長律爲贈，四律爲留題。使六君子俱在，延之孤亭之上，觸景有發，奇當互出，庶幾稱作者七人矣。仁兄知己，故狂語及此，可發一笑。俗眼矇矇，視弟爲何如人也？

## 謝范氏昆仲書

日者還，拜果穀之惠，不至作烏有先生矣。啓吻稱范氏兄弟大恩，僕何以報焉？僧門落莫，又越月，恭兒匕劑旋投，尋驗矣，尋又不驗。客過，携美飲食，匿不與食，即大恚忿，見顏色，亦稍恨之，有厲聲惡氣焉者。察其私，向隅而泣也，復痛之，憐之，乳哺之已。人生最溺愛者子，最不可强者命。孩年饞口，不解調攝，即有神工鵲、佗，曷以施巧？如塞上翁所説，付之蒼蒼者耳，奈何？

拙刻遭延近冬，飆霜作寒，似難動手，度月終亦了此役也。剞劂之費，力已不支，至欲鬻南山豆田償之，里閭少年將無笑而短我乎？非二難心知，不齒及耳。楊子事滯久東方，音耗若何，借一使問之。

## 答范耀昆書

省役來，承道函，知足下念僕之深也。竊謂文章垂世之業，從古大家以此成名，亦以此媒妒，亦以此招尤。僕于此道劌心三十年，豹斑未窺，虛名鵲起。邑里後生眈眈其視也，遇有長者問對，不無雌黃之口。獨足下愛僕，過爲推轂。“生我者父母，知我者鮑子”乎！

國乘纂修，得足下萃五郡之英髦，握筆如椽，何假于僕，乃辱明府梁先生走使五百里來召？安所聞問？得非以足下游揚，故當事者謂敗鼓之皮，藥籠所弗棄歟？明府公手牒未承，其情款從使者齒頰中流出，不勝感激。僅留越宿，再飯之，僕未及謁縣，而使持縣札行矣。是役亦不欲遽往，奈今歲京華之游已決，曾爲足下先道之。且觀察李本寧先生，慶雲景星，作瑞中朝，曩以龍門天上，末繇執鞭，奈可當吾土而失之？此僕之夙心也。數日後當擔簦就道已，煩足下先報明府公，爲布鄙悰聲謝，拙集勞轉上之。倘以家累發遲，來鴻便遇，勿吝德音。

又

捷蹄北來，兩奔晉門，遂出城南走。僕方赴劉氏壽筵，稠客滿座，雀躍而起，咸謂大器晚成，不負仲子之生平也。蒼頭四走詰實，抵昏夜，云范云張兩持未決。凌晨出，始有的聞，得鶴陽公子前報，果門墙少俊耳。青出于藍，從古所有，若足下則黄絹色絲也，朱衣者妒之，失一點頭，天乎？命也？于人何尤？五日歸裝，彈指還廬矣，以齒病不及趨訊。僮奴各入鄉，奪于秋冗，靡可遣者。借美人之使，一申起居，幸坦其懷，母若俗生鬱抑過苦。插架萬卷，白首呫嗶，不愧儒曹，吾晉有幾人？即終身弗遇，有一編托之名山大川，經世之業，孰與垂世者爲不朽也？

## 寄家弟書

夏間旱，疫流爲灾。念岡兄危而復安，尚未脱床褥；柳氏亦困亟，得不死：皆祖宗之福蔭也。兄齒數墮，髮盡白，兩眸花甚，燭下蠅頭字不復辨矣。婆娑老態，只得闔門静養。奈時時爲文債所迫，直木先伐，甘泉先竭，道家所説，能不悵心？幸篤恭粗好紙筆，青箱之業庶幾無墜，以是少寬耳。方議習經，其師習于《易》，家傳之謂何，弟試籌之。

監公得報，在正之三日。兄不及聞，于六日方入郡拜年，已行八十里，宿蒙城矣，悒快而還。新縣君懷襟高朗，人物冠冕，持三尺甚嚴，毫不可干。春中以理官責苟禮，即欲脱屣銅墨，有彭澤先生之致，其大意謂寧爲强項，母爲折腰。當路諸公扼之數四，不得行，桑梓之福也。州尊文，入秋即寄去，不誤。劉復老今歲七十，其太夫人九十，俱有壽章。徐道尊殁于襄陵，趙城令吴亦喪其母夫人，俱有誅言，苦甚。

**校勘記**

〔一〕"郴"，疑當作"峽"。

〔二〕"大"，疑當作"六"。

〔三〕"瓦"，疑當作"丸"。

# 四　六

## 壽晉王啓

　　竊以桐飛一葉，涼飆動玉宇之秋；椿茂千齡，盛日敞朱門之宴。歡騰臣庶，慶協邦家。恭惟國主殿下，璇派名流，珠淵奇産。唐封嗣曆，遠追康叔之賢聲；周室分茅，獨錫魯侯之蕃祉。體貌謙恭而有禮，襟期瀟灑以無塵。新開避暑九成宮，水池山嶂；直接飛仙三島路，月闕星橋。曼倩來游，西極露香桃似斗；麻姑獻壽，尚方醖醁酒如油。

　　道丘壑陳人，草茅賤士。龍庭曾立，期飫聽乎音徽；鳳彩未瞻，阻光承乎顏色。設醴叨恩于楚館，德愧穆生；濡毫發興于梁園，才慚司馬。幸值千秋之節，聊陳三祝之詞。伏願國祚綿長，宗枋鞏固。而百而千而萬億，與日俱升；如山如阜如岡陵，齊天不老。有懷籲禱，莫罄敷菜。

## 壽晉嗣王啓

　　竊以西風薦爽，佳辰弧矢逢秋；東邸占祥，華宴冠裾映日。天人協慶，宗國同麻。恭惟世主殿下，跨霄龍種，沖漢鳳毛。川山晉地之秀靈，全鍾間氣；人物周家之子姓，獨挺英標。學蓄海以含淵，腹笥魚龍交變；論評今而批古，譚鋒風雨爭飛。鐵畫銀鈎，筆底擅披雲之體；瑤華玉艷，案頭出摘藻之章。即陳思之七步非奇，豈李白之百篇足羨？將使桐珪嗣業，現活佛于人間；行看麟璽承符，艷神仙于天上。

道未承光霽，徒企音徽。楚醴賓賢，恨曳裾之尚晚；梁園作客，愧授簡之非才。幸逢睿誕之期，聊獻華封之頌。伏願戀對昌期，丕膺純嘏。璇潢澤潤，年年沐上國之恩波；琳苑枝長，世世作西方之屏翰。

## 上張進士請郡樓碑文啓代

恭喜擢秀南宮，彪榮上第。神蛟涷水，騰禹海以揚鱗；威鳳丹山，際堯天而振翮。十萬言奏對，摛毫誇經緯之文；五百士登庸，入彀屬珪璋之彥。杏園走馬，春風舒意氣于看花；芝畹雕龍，指日借詞華于視草。

某夙懷慕藺，未遂識荊。竊惟平水之區，實古建都之地。五封胙土，推巨鎮于河東；百仞譙樓，聳岩瞻于冀北。久以飆摧而潦齧，漸看壁墮而檐敧。舊貫可因，重修益整。僉謀諸郡吏經營，分土木之勞；特命出監公薪俸，佐緒錢之費。通衢四跨，翩翩雉堞以連雲；蠱閣三重，翼翼翬飛而映日。筆工趨畚插，謳謠里豎之騰歡；完繕麗丹青，仰止都人之協慶。千年駿績，宜垂螭碣以鐫銘；一代鴻章，願構鳳樓而假手。恭題短疏，敬托微伻。束帛戔戔，匪擬承筐之獻；亟〔一〕金薄薄，聊爲潤筆之資。希意淵含，披忱草奏。

## 候孫少宰啓

恭惟閣下，道融上古，望重中朝。璧爍金輝，鎔鑄泄鴻濛之秘；雲蒸電燿，離披推芬藻之才。傳臚漢殿一人先，蚤崇班于長席；閱牘唐家四庫盡，愈妙簡于前旒。自玉署〔二〕而青宮，羽翼儲皇，借毗襄之力；繇容臺而銓部，股肱聖主，紆翊贊之謨。甄別人材，允矣山濤之啓事；指陳時政，慨然汲黯之上書。忠臣惟

憂國愛君，重綱常于九鼎；哲士有全身衛道，薄聲利以一毛。碧
水丹山，十載托烟霞之迹；蒼生赤子，八埏切霖雨之思。何言脱
屣之功名，吾道已安于恬退；欲竟補天之事業，帝心不釋于老
成。龍卧江南，百道見臺章之推轂；鳳飛薊北，九重看宸命以揚
綸。某鉛槧堅[三]儒，章縫末學。自歌《鹿鳴》而通籍，及門榮
桃李之陰；迫親鴻教以譚經，入室藹芝蘭之化。即使薦賢爲國，
兼承衣鉢有真傳；總之明道淑人，尤念藥籠無棄物。知天高地
厚，無逾相馬之恩；仿結草銜環，難報哺烏之愛。以綿才而入
仕，每羞禄食之空餐；敕明訓以當官，庶幾勞能之小竪。隨牒西
方，牛馬走孤踪日役于風塵；懷人南國，雁魚封清夢時依乎山
斗。有懷覼縷，不既敷陳。

## 候少司寇吕公啓 代

識荆鳳德，經判别之有年；御李龍門，慶遭逢之不隅[四]。
唯促席一樽之愛，勝平原十日之歡。津津誨示，玄言出而若吐金
霏；纚纚獎成，韶樂聞而已忘肉味。西方趨官署，仍驅駑鈍于風
塵；南國望仙廬，已隔虹光于霄漢。聊□候牘，少布私忱。

恭惟臺下，匡時元老，瑞世耆英。鵬起溟池，萬里際風雲之
會；蛟騰天路，九寰多霖雨之施。督府鎮三關，雁塞憶安邊之李
牧；中朝參八座，鳩司擬平法之皋陶。自辭楓陛以歸田，遂向芝
林而結社。七旬杖舄，逍遥登少室之巔；百畝溪山，瀟灑入瀛洲
之境。松姿凌鶴骨，儼如陸地之神仙；雪髮映烏紗，猶是岩居之
宰相。伏願勉調匕箸，珍攝寢興。渭川漁父拜王師，周家盛事；
用[五]里先生爲帝輔，漢代休風。夷夏知名，終起温公于西洛；
黔蒼引領，豈淹謝傅于東山？倘補衮和羹，藉老臣之大手；必安
車束帛，膺特召之新綸。翹企方殷，敷菜不既。

## 候馮宗伯啓代

驅馳塵块，□勤下邑之勞；瞻望斗台，久缺修門之訊。積悰
莫展，負譴殊深。恭惟閣下，命代真儒，熙朝碩輔。五百年應
運，鍾滄溟岱岳之靈；十八士登庸，步閬苑瀛洲之選。抽編照太
乙之藜，石渠探秘；摛藻奪天孫之錦，玉掖增華。賜金覲里，詞
臣重行橐以出疆；詔璽自天，少宰榮徵車而赴闕。啓事之名赫
赫，具瞻之節岩岩。載超宗伯之司，上應文昌之緯。寵方隆而引
病，十疏陳情；年未耄而辭官，九閽動色。雖裴公念深綠野，塵
機欲息于懸輿；奈崔相姓覆金甌，朝論方崇于推轂。錫賚帝心之
簡注，眷留宸語之丁寧。例古人之出處爲榮，考近代之遭逢不
數。伏願珍加調攝，倍保寢興。弼諶聖政，和羹躋調鼎之階；舒
邕元猷，補袞贊垂衣之世。功益昭于上理，治有助于中興。萬曆
固鴻圖，黃閣標太平之相業；千秋延駿祉，丹臺錫難老之仙符。

## 候周總漕啓

侍教吳閭，樽席假緣于孔邇；補官晉土，門墻興嘆于彌高。
俄傳辭闕之書，即搖魂而莫遏；及接還廬之信，真灑涕以無從。
恭惟閣下，駕海虹梁，擎天玉柱。衡鏡題才于畿北，已隆五位之
知；干旄表績于南都，載寵七漕之任。兵惟足餉，轉輸邊國藉長
謀；海不揚波，整頓乾坤歸大手。胡憎口起爍金之焰？奈檢身稱
完璧之珍。捲震漢之風雷，已見神龍澤溢；披入山之霧雨，愈知
隱豹文深。蒲輪趨陛以還朝，帝簡終邦家之倚賴；藜杖經丘而尋
壑，朋交愜里社之追游。

某士愧及門，官叨副臬。徒硜硜以自守，蓋碌碌以無奇。閩
裔遐區，淺畫弗周于飭憲；冀方重鎮，綿材尤困于提兵。歲屬新
秋，節臨聖壽。三十五封訊牒，勾稽脱連月之勞；千八百里賫

章，跋涉歷兼程之苦。燕邸之束囊方解，濟河之返棹安追？敬借長風，聊裁短札。私惊莫罄，益深企戀之懷；世路多虞，未卜遭逢之日。念惟家弟，委屬豎儒。孔道承符，懼守官之無狀；崆霄托庇，慶獲上之有遭。書生靡禄，三年未見纖毫而裨補；幕府疏恩，片語或尋分寸以躋攀。不既鄙惊，統希上鑒。

## 賀少宗伯吳公啓

《三禮》典邦，八座重寅清之寄；五常司治，貳卿弘翊贊之謨。寰海騰聲，門墻增色。恭惟閣下，匡山璧潤，蠡澤珠瑩。班、楊冠世之才，文雕鳳髓；晁、董臨軒之對，榜副龍頭。自館珮之聯班，荷宸旒之特簡。趨依紫禁，詩成紅藥以翻風；保輔青宮，詔捧黃麻而宣命。維是春曹之選，尤推時望之隆。蓮炬映窗輝，少宗伯兼司玉署；梅羹調鼎味，名宰相宜卜金甌。

某辱荷殊知，榮叨同進。鶯遷有信，初傾耳于傳郵；燕賀無因，竟阻心于望厦。聊上尺書之訊，少披束帛之忱。伏願寵數載膺，嘉猷愈邕。追芳伊、傅，贊王化于一新；踵烈皋、夔，振皇風于千古。

## 候常中丞啓

楚山越水，遥遥阻道四千程；暑葛霜裘，忽忽流光十八載。奉簡書之奔走，鴻儀已判于師門；罹風木之艱難，魚札久疏于記室。即台原以不咎，如自省以何堪？恭惟臺下，湘漢孕靈，邦家作瑞。岳立淵停之氣象，羅今古于胸中；文經武緯之謨謀，運寰區于掌上。渺予浙土，兩藉雄才。始以諫垣典試，荷九閽寵命之優；繼而制府提兵，握一道威權之重。拊循膏雨，群藜沐澤以咸安；號令轟雷，列郡承風而大定。整頓越中之天地，神策方長；綏寧塞外之疆場，陰符暫假。乃柄龍淵之劍，我武維揚；遂銷虎穴之氛，彼酋其執。何勛高見忌，浩然拂袖以來歸？亦道大難容，聞者拊膺而嘆息。范老收功于西夏，赫奕旗常；謝安聳望于東山，夷猶觴咏。斷瞻雲之泪，何須大元帥之榮名？慰陟屺之懷，得遂太夫人之色養。後樂有光子孝，真堪紳珮之儀刑；先憂不愧臣忠，猶動冕旒之注念。

某門墻下士，草莽豎儒。駑駘蒙一顧之榮，追踪騏驥；瑉玞混連城之價，琢器珪璋。所懷造就之恩，永骨鐫而腸結；以失起居之禮，每顏汗而神勞。兹托便翔，聊修遠訊。望湘雲而展愫，耿懸芹曝之忱；向衡日以抒丹，莫罄葵傾之願。

## 壽鄧太史啓

恭惟閣下，兩儀完[六]氣，七曜凝精。上國儒英，蚤索驪珠于學海；南宮士俊，遂揚鳳藻于詞林。天禄照青藜，紬繹探圖書之秘；甘泉飛彩筆，摛披增翰墨之華。時望特隆，宸衷簡在。唯是玄英之季，適逢華誕之期。皇宇五百年，應運篤生名世之賢；賓門十八士，登筵榮羨瀛洲之會。朝中金馬署，翩翩劍履摩雲；天上玉堂仙，燁燁簪裾映日。

某蒙恩相馬，感愛及烏。山西承下邑，一官趨守土之勞；斗北望長安，千里阻升堂之祝。輒憑雁使，肅上魚函。束帛以加長者，于禮匪恭；獻芹而效野人，爲顏斯厚。伏願名隨日茂，福與年臻。蘭臺石室之文不朽，追芬于遷、固；玉府丹臺之篇無涯，埒算于喬、松。扳倚方長，教宣罔罄。

## 候范宮詹啓

門墻萬里，摛趨遞阻于登龍；歲月幾更，音札久疏于寄雁。感懷徒切，負譴殊深。恭惟閣下，才優天授，學富人師。峨嶺錦江，間氣孕蜀邦之靈秀；楊篇馬句，摛文奪漢俊之精華。畚啓亨途，薦膺華貫。披書禁秘，光分太乙藜烟；侍問清嚴，影動尚方蓮炬。寵甚宸旒之簡，望隆館珮之班。青宮諭道，儲皇資翊世之謨；綠野投閑，學士出歸田之賦。玉照咸推華國，珠光自爾爍淵。隱豹霧深，未許山中玄髮老；臥龍雲矯，猶看天上紫泥封。帝恩終屬于老成，邦家永賴；臣節已安于恬退，忠孝兩全。

某竊愧庸愚，叨承甄録。削輪困而成器，幾誤揮斤；引偏傴而升高，徒煩假手。曠官有素，已知貽辱于師門；效局無堪，尚冀勉旐于法守。兹憑下走，少布中虔。擿詞九頓，難申感篆之私；削牘三薰，聊展起居之敬。希惟虹鑒，曷任冰兢？

## 候山東黃撫臺啓

儀光不接，幾年入夢以勞魂；餽問時承，連牘叙新而道故。殊切私衷之感激，曷當雅好之殷勤？恭惟臺下，道冠儒宗，才優王佐。環九區而瞻視，鴻名霄漢之長虹；歷四國以蕃宣，駿竪朝家之良翰。山東千里，維天眷之有邦；幕下六軍，乃帝咨以開府。戈斾秋肅，令嚴震地之風雷；車轙春生，澤普垂天之雨露。龔遂之安民熄盜，靜滄海以無波；夷吾之富國強兵，莫岱宗以永固。三載書庸于上考，九閽愈簡于前旒。秩視舊以增崇，更進詔功之廩餼；命從新而再焕，備應褒德之絲綸。子牙爲周武之師，《齊風》已表；傅説作高宗之相，商鼎宜調。

某竊愧譾庸，夙承盼睞。閩邦之縻禄有緣，川山佳麗，屬明公珠産之卿[七]；齊土之補官未任，風木艱虞，拂長者玉成之念。去歲以皇恩承乏，領晉牒于河東；今秋逢聖節賫章，效嵩呼于闕下。言念鴻臺之伊邇，聊裁魚札以披忱。所條保甲之規，恐無關于憲體；敢就法門之正，庶有補于官常。

## 謝馬制臺薦啓

藩司翊政，西方懷尸素之憂；幕府掄材，中禁列循良之薦。感顯評之近溢，慶遭遇之爲隆。恭惟某臺下，氣凜風雷，望崇岳斗。守邊魏尚，壯上谷之藩蘺；坐鎮萊公，寄北門之鎖鑰。白旄臨紫塞，四郊傳疆圉之消氛；黃鉞下青冥，萬里見星河之動色。降虜之殊勣已奏，求賢之雅度尤弘。舉以行而揚以言，總屬録功之典；采所長而略所短，極知使過之方。

竊念某學識疏庸，器能塞淺。揚歷自中而外，廿年徒有勞心；旬宣由臬而藩，四國總無善狀。省躬爲幸，辱不列于彈章；揣分何堪，榮有加于褒袞？豈豐城之神物，誤蒙雷焕以兼收？非冀野之空群，恐負孫陽之一顧。報酬莫罄，感激徒深。敬抒向日之忱，三薰削牘；特走追風之使，九頓陳詞。伏願崇禧薦至，穹眷載膺。中朝陟鼎鉉之司，豪杰彈冠而結綬；元老握樞衡之任，夷戎韔矢而投戈。

## 候曾宮詹啓

恭惟閣下，荊楚人豪，廟堂士範。豐神肅衡岳之風烟，排空秀色；襟次捲湘川之霧雨，搏海雄圖。蚤履顯于亨衢，薦標榮于華貫。密帷持橐，冠禁中侍從之班；講幄勸經，極儒者遭逢之盛。花磚生色，芝畹增輝。惟是弼由帝賚，適符名世之期；因而簡在宸衷，益聳立朝之望。毗襄儲副，任必假于碩英；彈肅宮坊，寵特專于要近。王室繫股肱而是賴，士林以師保而允懷。啓發睿議，惟老成故事之甚明；調護清躬，亦中外輿情之共跂。

某枌榆末品，樗櫟朽材。辱荷獎成，誤蒙甄録。風塵趨下役，久疏緘候之音；霄漢仰修名，時切瞻依之念。伏願聲猷愈振，寵渥益駢。青宮八座，卜名已履金甌；黃閣三階，躋位更聯玉鼎。懋虞廷上宰之勛,當追光于稷、契;佐周室中興之治,斯媲美于甫、申。

## 候烏程令啟

恭惟臺下,琳珪姿秀,冰雪才融。魏闕獻書,摶青雲之一鶚;雪川剖篆,下赤縣之雙梟。燭奸空鑒懸秋,察抑覆盆照日。仲由能折獄,片言游刃而裁;子賤不下堂,三載鳴琴而治。千畝犁扶春雨後,雉狎桑畦;萬家弦誦月明中,犬眠花徑。賢牒數揚于臺繡,褒綸特簡于宸旒。令似士元,豈有萊陽淹驥?侯封褒德,爭看密縣圖麟。

某羈宦殊方,編氓等分。地阻龍光之覲,翹企徒勤;家承鴻庇之恩,報酬莫效。尙裁蕪牘,仰曝芹私。西風繫羽,心曳曳以懸旌;南國懷人,神搖搖而依斗。

## 擬監司請按臺游龍祠啟<small>時端陽值壽</small>

恭惟臺下,斗山峻望,綱紀重司。皇綸中出,滿朝知三晉之得人;使節西來,平野慶萬家之安堵。況是天中之節,適逢岳誕之期。霽雨簾開,臺柏映階甍而競色;南薰弦奏,虞歌偕華祝以騰歡。

某猥備屬僚,叨陪法從。念豸府之清嚴,既竣省方之役;望龍祠以登眺,不妨覽勝之游。即於某日之辰,少展一觴之敬。赤符彩縷,雖少及時入節之供;石髓瑤漿,聊資益歲引年之助。敕河伯以戒舟,汾水之涓涓就道;籲山靈而下榻,姑雲之冉冉垂天。

## 擬學博請縣君啟

雙珠東海,輝聯希世之珍;合璧南宮,價并連城之選。霄漢齊鳳文之燁燁，山城分鳧彩之翩翩。兒童道拜以迎歡，襟佩庭趨而贊喜。謹占某日，恭理薄筵。念賤士之藘鹽味道，未窮水陸以登饈；知明公之冰蘖當官，僅采藻芹而薦豆。白日歇朱弦之奏，暇借公餘；青雲寵赤舃之交，光生洴舍。聆樽前之雅訓，鏗鏘流金玉之音；挹座上之威儀，仰止慰斗山之望。臨期拱候，預啓耑呈。

## 校勘記

〔一〕“亟”，疑當作“函”。

〔二〕“暑”，疑當作“署”。

〔三〕“堅”，疑當作“豎”。

〔四〕“隅”，疑當作“偶”。

〔五〕“用”，疑當作“甪”。

〔六〕“完”，疑當作“元”。

〔七〕“卿”，疑當作“鄉”。

## 答易方伯啓

西臺移節，南國揚麾。儀光天隔，摳趨已阻于門墙；歲月星流，夢寐徒勤于山斗。恭惟臺下，英名擅代，偉略匡時。自副臬而參藩，晉省五年，被惠露仁風之覆布；迨提刑而長憲，滇方萬里，見蠻烟瘴霧之消除。唯是汴都，古稱雄鎮。披揚古迹，多山川名勝之游；考覽前聞，亦豪杰驅馳之舊。特奉旬宣之命，專承屏翰之司。四封沾普地之甘霖，沛恩波于洛水；八郡仰當天之福曜，開霽景于嵩雲。合耄稚以傾心，聯衿紳而拭目。

某昔承殊遇，夙荷隆知。恩重哺烏，即捐軀其莫補；音疏繫雁，知托羽之難酬。豈意慈含，反先寵問？捧華箋而九頓，榮爲篋笥之珍；披錦字而三思，愧乏瓊瑤之報。輒憑旋翼，聊布謝忱。棠陰滿中州，已大竪保釐之績；槐階虛左席，尚緩需調燮之助。虎變龍驤，永贊熙隆于一代；鸞栖鳳止，更瞻豐采于何年？

## 候宣大吳按臺啓

楓宸簡命，朔方隆貞肅之權；柏府宣威，西國弘激揚之烈。聲搖山岳，望聳華夷。恭惟某臺下，窩駒逸品，昆鷬英流。儒風嗣奕葉之光，青箱盈軸；宦牒襲累朝之貴，朱紱連床。番參薇閣之絲綸，尋領蘭臺之筆橐。眉揚鳳彩，停停伏柱精神；頷逆龍鱗，諤諤回天奏對。維是疆場之慮，獨切宸衷；遂咨經略之才，專清邊務。霜旌按部，氛塵盡掃于列城；繡斧省方，燧色全銷于四壘。塞上閱貔貅百萬，持籌核軍餉之虛盈；帳中間禮樂三千，懸鏡別人才之淑慝。武修文飾，邊關刀斗之無聲；左弼右襄，廟廊樞衡之在望。

某負能狹局，縻禄雄藩。簿書羈束，評官無一縷之長；歲月蹉跎，嗟世有二毛之短。恐玷名于彈劾，久疏訊于興居。兹飾片函，少紓寸憶。雁門長道阻，末繇縮地以摳承；烏署法星高，徒有瞻天而贊頌。

## 候鄒選部啓

旌車南國，銅墨西方。追攀已遠，空懸江漢之思；仰止徒勤，莫慰斗山之念。恭惟臺下，兩間秀氣，三楚名流。道範端凝，衡岳插天之峻壁；汪襟瀟灑，洞庭映月之寒波。初掇第于上林，即拜恩于西掖。龍池視草，絳袍襲御篆以含香；鳳閣宣麻，彩筆映宮花而增色。遂拔禁庭之彦，載紓選部之籌。參六典以掄才，四海之冠裳盡歸藻鑒；秉三銓以綜吏，九流之人物俱屬陶甄。紬閟旄良，崔敬孺之通明不忝；拔真斥贋，毛孝先之精恪難名。久因馳戀于庭闈，暫許歸榮于里社。青原鷺澤，仙郎之即席未温；紫闕鵷班，聖主之追鋒在望。

某章縫末士，鉛槧豎儒。趨庭得詩禮之聞，治世乏經綸之略。誤蒙恩顧，駑駘長價于燕臺；遂被榮除，梟影分行于晉土。衆謂尹何之技淺，製錦無能；獨憐巫馬之心勞，載星罔效。方曠瘝之是懼，阻緘候以爲恭。兹勒短箋，少紓私悃。雲渺渺兮三湘，聊睇送雁鴻之訊；魂搖搖兮萬里，尚耳傾金玉之音。

## 謝趙按臺薦啓代

觀風西土，方搜卓異之材；報命中宸，濫與賢良之薦。省循非稱，寵懼交深。竊念某鎔器單微，負能猥淺。求古人之糟粕，經術粗明；擬先達之經綸，吏才未練。叨通名于仕籍，每惕志于官箴。鳩署幾年，雖亡坐刑章之玷；虎符兩郡，卒未宣民版之勞。迨膺觀察之司，已凌兢而失措；載辱參知之寄，遂顛躓以爲羞。幸蒙聖主之優容，尚備明時之鞭策。復承晉橐，得侍法臺。糜官廩以逾期，課治功而罔效。黜愚廢懜，豈容保瓦礫之全？褒行舉能，乃誤入琼璜之選。此蓋伏遇臺下，汪襟海闊，藻識冰融。枚百有一之長，廣十取五之路。倉公藥裹，不因蕭艾而或捐；郢匠風斤，匪必梗楠而後運。蓋出非常之遇，實爲莫大之恩。披褒衮以增榮，少贖積愆于既往；思銜環而報德，何酬再造于將來？

## 賀分陝于撫臺啓

頒書魏闕，絲綸煥日月之光；建纛秦城，節鉞重山川之寄。九寰踴躍，二華動搖。恭惟臺下，資弼自天，降神維岳。紆金拖紫，家聲儀表于東方；握瑾懷瑜，人物琳琅于上國。畬應天人之對，遂膺宸扆之知。雅意修文，陸左《三都》之藻麗；兼才飭武，孫吳八陳之縱橫。乘驄出司馬之班，始繇中而外補；墨署徙銀臺之列，復自北而南遷。迨晉秩于閟階，即拜恩于戎府。函關排畫戟，福星動一路歌謠；渭水列朱旗，生佛供萬家香火。脫癃痍于沸鼎，置衽席于春臺。風采眉端，墨吏盡洗心而聽令；神籌掌上，腥膻悉交臂以乞降。看韓、范之摩肩，此日安邊聲烈；期夔、龍之簉羽，他時相國功名。

某鄉曲末交，藩封俗吏。簿書猬積，一官之尸素爲憂；歲月駒流，數載之勤勞罔補。鶯遷有信，何勝加額以騰歡？燕賀無因，僅爾齋心而作頌。

## 上監臺重陽節啓

擊搏空之鷹隼，風凛三秋；避當路之豺狐，塵清四國。嘉禾瑞穀，豐年收築圃之功；糗餌粉餈，佳節遂及時之賞。念福貽于兆姓，知慶在于一人。儼啓華筵，榮開法署。籬芬侵案，黃花泛白露以生香；峰翠當樓，錦樹映丹霞而炫彩。插茱簪于上座，威聳豸冠；喧鼓吹于西風，寒驚雁陣。追龍山之盛會，興溢登臺；企烏府之光儀，法嚴越境。崇修薄餉，聊布下忱。才非伯可，敢誇彤管之摛詞；恭擬王弘，竊效白衣之送酒。天高九日，且拼菊醴醉金觴；帝曆萬年，願祝梅羹調玉鼎。

## 壽安邑劉中丞啓

恭惟臺下，元老匡時，耆英端世。恢廓道家之氣象，天宇融融；端凝開府之威儀，風規楚楚。十年西國，裴公開綠野之堂；一日東山，謝傅捧黃麻之詔。賜車猶在里，公卿引領以彈冠；仗鉞欲臨邊，夷虜聞風而落膽。維茲仲夏，適屆初辰。弧矢懸閭，瑞色映長庚之彩；簪裾滿座，祥光騰南極之輝。庭下露華濃，夾砌瓊芝連玉樹；筵前香靄結，雕盤雪藕間冰桃。鶴駢迎嶺嶺之仙人，白雲窈窕；牛背迓函關之老子，紫氣氤氳。

某叨附末交，忻逢令旦。登龍迹阻，莫緣盥手以稱觴；托鯉心虔，僅得馳神而獻頌。勛名髮白，定看天上畫麒麟；子姓穴丹，試聽人間鳴鷺鶿。汾水毓靈而條峰孕秀，念惟上宰之篤生；福源川至而壽域山崇，願保哲人之長吉。

## 答張戶曹啓

河東承乏，幸君子之相依；薊北還裝，悵美人之已遠。懷衷徒切，無從御李之緣；感膈愈深，忽辱投桃之訊。輒憑魚使，占謝鴻慈。恭惟臺下，金薤琳琅，玉壺風露。霜蹄燕市，才名空萬馬之群；牛耳騷壇，藻繪成千秋之業。現法星于分署，借平水以明刑。洞鑒燭奸，庭幕鼠鼯絕迹；覆盆察抑，圉扉烏鵲和鳴。賢聲已徹于九閽，寵召特先于三晉。天曹擢俊，簪裾宜諫議之班；地署推能，錢穀重轉輸之計。爭道鸑枝而栖鳳，向日修翎；豈容牛鼎以烹鷄，和羹大手？粟芻塞上，應須劉晏之籌邊；饋餉關中，終擬蕭何之相國。俟榮大拜，不纖陳。

## 答楊道尊啓

聯寀晉藩，澤洍河流之潤；分司代鎮，天懸斗漢之光。企仰有懷，扳依無自。恭惟臺下，七閩才壇，四表聲施。雄西國之干城，虎符張旅；壯北門之鎖鑰，雁塞消氛。借箸九重，經略宜文而宜武；承風列郡，憲規爲記[一]以爲綱。顧維涼德之菲人，乃荷隆知于長者。日邊朝鳳闕，方嚴束橐之期；天上下鴻封，忽辱飛翰之訊。初啓緘而色怖，再披牒以魂搖。榮逾一字之褒，燁然華袞；寵甚百朋之錫，爛矣兼金。愛重何當？獎成有玷。迫于報命，據堪去役之匆匆；率爾回音，莫罄感懷之耿耿。筆屢題而屢擲，詞愈澀而愈慳。剔盡蕉詞，欲擬瑤函之報；勒成草牘，終非玉案之酬。

## 壽監司朱公啓

薩霄現瑞，西垣法象傍三台；化國占祥，南極壽星輝八表。建子逢陽回之月，生申值岳誕之辰。錫嘏[二]曷窮？踐長未艾。恭惟臺下，瀛洲仙伯，江國儒宗。天目雄姿，屹屹參霄一柱；雪川汪度，滔滔納海百流。結璇佩于朝行，蚤際風雲之會；耀金麾于甸服，歷宣中外之猷。帝簡有邦，維予晉土。棘院掄材推玉笋，水鏡初懸；汾川問俗擁雕戈，星軺重按。一腔春意，圜扉無肺石之冤；三尺清霜，道路有口碑之頌。既流恩于兆姓，宜斂福于清躬。五帙初逾，輝赫羨鳳麟儀止；百齡方半，蹁躚壯龍馬精神。

某被愛特殷，揆能甚下。困魚涸轍，喜厭飫于恩河；腐草寒岩，獨沾濡乎化雨。欣逢穀旦，慶祝繁禧。懷人兼以感人，效雀衔之未報；知我比于生我，步蛙韵以難宣。伏願寵與日新，福隨年懋。舐艾者而耄耋，百歲可期；歷卿相以公孤，三階漸陟。丹山跨鶴，且緩期緱嶺之仙踪；黃閣圖麟，當復睹漢家之故事。

## 臨汾秦明府考績啓代

赤縣分符，三載懋循良之勛；紫宸頒命，九重隆褒錫之恩。寮寀騰歡，士紳交慶。恭惟臺下，崧高毓秀，河洛鍾靈。宗周、程、朱而溯源孔、孟，孰中州豪杰之能先？習歐、韓、柳而追軌班、楊，類西漢文章之近古。畨逢嘉會，遂啓亨途。上苑挂青袍，利見大人之虎變；專城懸墨綬，爭看仙令之鳧翔。福星縣潞土而移汾，甘雨自秦川而及晉。盤錯屬艱難之地，投之利刃而皆分；規條得注措之方，委以棼絲而必理。昔無襦而今有袴，旋聞寒餓起閭閻；家擊筑而戶鳴弦，試聽謳謠喧井邑。琴座風清，鶴獨馴于永晝；桑畦月滿，犬不吠于深宵。賢聲飛御史之章，報最書于玉闕；上考課郎官之績，彰異數于銓曹。子肶[三]親封，親因子貴。秘省揚綸，鳳翮煥瑤函之彩；御池染翰，螭頭增錦筆之輝。褒華已佩殊榮，籲俊常膺顯拜。烏府論思之秩，寵俟新除；鸞坡侍從之班，宜參清議。躋位三公，卓、魯勛名信有光于漢史；宣勞四國，甫、申事業當再咏于周詩。

## 答九江太守啓山東人，致仕

上邦標美望，常懸慕蘭之私；北斗仰高名，未遂識韓之願。胡一函之相訊，通千里之神交？豈容搏[四]首以登嘉，祇有感心而銘鏤。恭惟臺下，東州士彥，昭代儒英。跨海三山，渺渺瀛洲接境；擎天一柱，岩岩岱岳生神。文章溯洙泗之淵源，襟次捲滄溟之霧雨。初從兩邑，分符才已見之小試；歷擢九江，守郡道實兆于大行。狹齊相之規模，功烈羞稱乎管、晏；弘漢[五]臣之治績，循良直擬于龔、黃。

某鎔質疏單，負能蹇淺。畏路廿餘年，久竭駑疲之力；平川三十郡，近懷蚊負之憂。偶覘姿采于元方，幸接音徽于難弟。赤縣飛鳧，已識青雲之遺秀；紫霄鳴鳳，懸知白眉之最良。教言已切于書紳，報答聊申于削牘。孰識銀鈎之有致，字字懷珍；自知玉案之難酬，匆匆屬草。

## 答絳縣黃明府啓徙官晉陽，黃馳賀

某材愧吏能，任叨民牧。惟洪爲邑，屬陶唐遺化之區；與絳相依，藉鄰治餘光之燭。然猶拊安非易，時法立而弊生；剸理爲難，日心勞而政拙。豈意浩煩之會，誤加孱弱之踪？省土非宜，竊欲量能而避地；籲閽則遠，自知無力以回天。里編之役方停，臺檄之催漸迫。既智弗堪于效局，竟何寬蚊負之憂？倘罪難贖于曠官，寧不貽雁行之玷？將出疆而就道，若履谷以臨淵。忽承褒袞之詞，珠璣滿紙；載捧分珍之貺，綺綉盈筐。情有足銜，例何敢拜？輒憑回雁，占謝來魚。謁別無緣，遽千里風塵之隔；扳依有自，尚九重霄漢之期。

## 候留都黃司諫啓

南國璅闈，西方法署。台光不覿，豈無嚮慕之私？吏俗多牽，殊闕寢興之問。恭惟臺下，匡時儒碩，振代人豪。豐標玉潤，瑩瑩不染于風塵；問學淵涵，浩浩莫窺其涯際。握彩毫而閱世，夙擅聲翰墨之場；縮朱紱以登朝，遂策足功名之路。掄才諫闈，正位留都。簡出清衷，論思雖違于萬里；忠宣丹悃，謨謀常效于九重。國家慶元氣之還，黔赤利仁言之溥。鳳凰臺上，彈章有向日之鳴；白鷺洲邊，灑酒成謫仙之句。爭道張公之謇諤，正論回天；更誇山甫之登庸，弘猷補袞。

某深慚涼德，雅辱厚交。補官副枲之司，未奉三章以約法；衝暑入都之賀，俄從六月以趨程。身到薊門，幸值鴻翔之便；魂搖鍾阜，聊修魚札之恭。伏願事詢民瘼，道格君心。扶皇運于日中，世不必諍臣之論；濟時艱于天下，公惟續諫苑之篇。

## 答雲間丞方公啓

百城山縣，初承鳧舄以迴翔；千里海邦，忽下鴻書而問訊。披函展誦，鏗然金石之交音；凭几諦觀，爍乎珠璣之奪目。七襄莫報，什襲珍藏。恭惟臺下，天駟騰空，人龍瑞世。兩分冀土，西方之惠利川流；一佐江城，南國之聲華雷動。領錢穀粟芻之重寄，操度支出納之定衡。陪露冕于雲間，飽挹湖山之清絶；翊塞帷于海上，熟詢閭里之艱難。匪徒二千石之股肱，真是十萬家之怙恃。題輿優暇，固共知逸思之長；推轂殷隆，即竚聽召綸之渥。

某鎔材匪類，司牧代庖。入楊侯食采之封，驅馳莫效；屬召伯憩棠之地，謳思未忘。萬紛掣肘以累人，兼羸軀之多病；三尺息肩之無隙，顧綿力以何堪？所遵蕭丞相之弘規，守爲畫一；況多楚令公之美政，舉以告新。嘉言近佩乎芝蘭，峻望遥懸乎岳斗。聊憑回雁，占謝來魚。五蘊葵葵，懷長者投桃之惠；八行草草，愧古人報玖之章。

## 賀邵簿弄璋啓 代

鶯翔表异，振佐縣之能聲；熊夢開祥，鬱充閭之佳氣。凡蒙麻庇，均切忭欣。恭惟臺下，天畀大猷，世基厚德。洪封撮土，正思贊畫之才；郇國名流，遂假勾稽之任。伸手批朱而抹墨，何妨矮屋居官？操心恤窶以扶僵，實有大恩施衆。式歌且舞，民騰召父之謠；俾熾而昌，天予西平之胤。添丁增瑞色，桑弧與蓬矢俱新；英物試啼聲，玉骨與秋神競爽。鳳九苞而炳蔚，終矯矯于明時；麟一角而崢嶸，符振振于公子。儒業必工乎鉛槧，家風不替于箕裘。

某叨里大夫之班，宜登觴而贊喜；辱鄉耆老之命，聊握管以揚休。謬成七字之章，竊擬三多之頌。

## 白雲巢成請鄉大夫啟

茅居初卜，瑤覘遂承。沉痾百日，祗憐藥裹之關心；霪雨九秋，未見菊華之照眼。知賤子之禮疏于長者，負明公之愛篤于鄙人。曷釋衷慚，愈增頰汗。維是嘉平之月，廿五臨春；方占報謝之辰，十三諏吉。貧依陋巷，亡陸毛海錯之堪酬；貴迂高軒，有野藿山藜之願薦。動觀梅之興，樽前白酒過三巡；題咏雪之章，樓外瓊花飛六出。馭驪命駕，立鵠迎門。

### 校勘記

〔一〕“記”，疑當作“紀”。

〔二〕“蝦”，疑當作“蝦”。

〔三〕“肔”，疑當作“貤”。

〔四〕“搏”，疑當作“搏”。

〔五〕“漠”，疑當作“漢”。

# 白雲巢集卷之二十四

## 上趙太史賀年啓 代

鳳曆春頒，鴻鈞氣轉。五雲捧日，占淑景于皇洲；千里回陽，暢條風于晉土。川原動色，門館增輝。恭惟老師閣下，質稟中和，才參化育。鼇坡視草，筆宣帝澤灑春霖；螭座譚經，衣染御香拖瑞錦。久典起居之注，特膺貢舉之司。熙朝二百年之文，盡還大稚[一]；上國三千字之對，俱屬英流。豈意椎愚，誤蒙鑒選。枌榆弗棄，栽培附桃李之陰；珷玞非珍，琢削等琪璜之價。剖符羊縣，接壤龍門。何勝企戀之殷，幸遂參承之願。榮逢穀旦，想憑麟管以書元；敢飾蕪詞，聊表蟻忱而將敬。伏願道隨泰長，福與時臻。姬家宰，伊阿衡，峻陟三台之列；傅星精，申岳秀，崇登八柱之階。玉鼎調羹，歲歲和商家之梅實；金盤瀝露，年年分漢苑之椒漿。鴻祉方長，蛙宣不既。

## 賀分司顧參伯舉子啓 代

伏以龍媒應瑞，矢弧嘉慶際辰年；熊夢占祥，湯餅高筵逢巳月。充閭溢喜，屬域騰歡。恭惟臺下，國倚棟梁，里輝橋梓。德源海沛，滄溟之弘納百川；華胄雲懸，泰岱之高凌五岳。歷守郡參藩之寄，承宣吏有葵心；憫遐陬逖野之窮，摩拊民無菜色。黔赤式歌且舞，子孫宜熾而昌。丹穴胞胎，雛是雲中金鵷鷟；黃衣抱送，兒稱天上石麒麟。芝有秀而蘭又芳，謝家盛事；桂欲叢而椿未老，竇氏陰功。神慧如樂天，即七月屏間辨字；天聰若羊祜，看五齡樹底探環。他年市駿之林，駒初墮地；此日食牛之氣，豹未成文。讀祖父之詩書，自是美當世濟；襲公卿之組冕，爭知榮必家傳。

某夙荷植恩，驟聞大喜。情深望廈，阻賀燕以長飛；迹遠趨臺，走捷蹄而代叩。《毛詩》一卷，曾披《麟趾》之章；奏牒八行，小擬《螽斯》之咏。

## 候馬諫垣啓

竊念風塵作吏，西山百里下羊城；寤寐懷人，上國五雲連鳳掖。訊音弗嗣，積愫何申？恭惟閣下，霜駿騰空，金虬跨海。質非凡品，孕齊淄魯岱之靈；格是仙標，奪漢柏秦松之秀。擅代詞章步武，門稱父子三蘇；傳家科第聯翩，世羨弟兄兩宋。幾年辭國，栖遲樂衡泌之間；一詔起家，遭際慶風雲之會。清貫亟登于鷺序，孤忱上鑒于龍光。拾禁闥之遺，直氣無慚長孺；補袞衣之闕，忠猷孰若仲山？百吏惕衷，不但危言之諤諤；八埏拭目，爭看大拜以軒軒。

某學本懷鉛，才疏製錦。幸平水支封之地，屬明公過化之鄉。數蒲令之善三，敢擬鞫刑于片語；問鄭侯之畫一，猶傳約法有明條。維知刻勵以遵行，不至凌兢而失措。三年述職，援上之禁方嚴；千里計程，赴闕之裝在邇。先裁咫尺，聊布興居。丹赤可披，削句相能。屬草玄纁未飾，侑函薄于采芹。仰冀澄清，俯垂照鑒。

## 候少司馬魏公啓

司馬專兵，夷夏任安攘之寄；貳卿贊政，疆場借文武之才。邊警潛消，皇圖鞏固。恭惟臺下，匡時元老，振代碩英。嵩岳誕神，鍾億萬載中原之間氣；河圖現瑞，應五百年名世之昌期。龍卧起隆中，時事以書生而決策；虎威揚塞北，功名推儒帥以登壇。黃鉞白旄，一掃烽烟于沙漠；金符玉詔，遂參謀略于樞庭。顏開宸陛，見天王釋西顧之憂；膽落氈帷，懼司馬入中朝之相。

某鶊林弱羽，駑櫪庸材。初領縣符，幸依部轄。已叨榮一薦，微名玷襃异之章；即托庇二天，大計寬黜幽之典。念卵胎之造物，摩頂踵以難酬。向覲上都，幸有階而披霧；兹還下邑，更無路以依雲。崇修咫尺之書，聊展起居之敬。酌西汾之水，莫縣洗此傾思；瞻北斗之躔，但願爲之祈福。所望三階薦歷，麒麟畫宰相于雲臺；更期萬壽遐臻，鸞鶴馭神仙于海島。

## 候房師陳户曹啓

魏闕天懸，榮踐清華之列；程門地阻，久違光霽之儀。翹首有懷，齋心肅啓。恭惟臺下，德從天厚，智覺民先。學派源流，筆底文章迴洛水；道山壁立，胸中正氣壓嵩高。畚荷宸知，遂參户政。裕國裕民之計，贊畫維長；足兵足食之謀，持籌不爽。標勛已奏經綸，豈久于郎潛？展采斯宜匡弼，預占于帝賚。

某庸駘短技，縮蚓微生。少也讀書，稍染指時文之鼎；壯而經世，未習心吏事之科。誤荷題評，濫容登進。沾榮上國，奉片言之誨以書紳；領牧西方，折五斗之腰以縮綬。攝凋弊衝繁之邑，剗理爲難；馭瘝痍凍餒之民，拊循非易。兩年糜禄，雖念重而慮勤；百里曠官，徒心勞而政拙。會當大計，敢期臺府之推恩？仰藉洪庥，維有門墻之濡愛。衷私覼縷，舌筆單疏。不既纖陳，統希鈞照。

## 候高太尊啓

平水一天，向托垂雲之庇；淮陽千里，今懷仰斗之思。感夢寐之爲勞，肅起居以申訊。恭惟臺下，雄姿岳峙，智竅冰瑩。畚從玄圃搜珍，唾潤珠璣之錯落；遂向青霄刷羽，身依日月之光華。農部爲郎，五稔藉經邦之劉晏；侯藩擇牧，一麾得化俗之文翁。高標并姑射之嶙峋，芳履映汾川而皎潔。漢庭計吏，課功無西國之良；薊闕頒書，司憲有中州之命。榮承符節，暫覲里門。謳謠召伯之舊疆，蔽芾甘棠之遺愛。

某豎儒作吏，下邑備員。支分三十五封，叨與追隨之末；獨盼二三四載，特承謦欬之歡。薦書冒連牘之榮，褒璽荷揚綸之寵。每惕心而再省，即碎骨以難酬。祖宴山亭，望望雙旌之難挽；攀轅古道，行行五馬之長嘶。計揆離之未久，何悵結之中深？崇役薄函，顓申私悃。芝光蘭彩，莫緣瞻豐範于新秋；玉鼎金甌，尚擬勒功名于异日。

## 候周諫垣啓

鵷掖垂紳，正色立百寮之表；螭庭補袞，仁言騰四海之歡。迹阻攀依，情深翹企。恭惟閣下，中朝歸望，東國英標。玉泗縈回，濯靈襟而若水；金山峻極，禀直氣以摩空。激昂成時俊之功名，慷慨慕古人之風節。棠陰赤縣，占御晜朔旦之祥；蒲伏黃扉，現鳴鳳朝陽之瑞。騫騰坡拜，傾吐宸猷。汲黯為社稷臣，耻混衆人之諾諾；李藩有宰相度，力持大論之狁狁。想犯顏逆耳之風，覺朝綱之增重；見明目達聰之日，慶皇運之重開。

某狷不時宜，拙由天植。仿言公之治邑，學道未聞；茌召伯之舊疆，遺風尚在。雖微勞罔效，恐干幽黜之條；然大庇垂恩，實藉姘儂之德。指期入計，戒日趨裝。瞻斗極其尚遙，挹虹光之在即。所慮援交之禁，先馳訊候之音。天一方兮懷人，寸心長于千里；書八行而寫愫，尺牘短于寸芹。懇祈台涵，更希淵納。

## 迎郡伯傅公啓

泥書北下，層霄瑞日捧雙龍；褐蓋西來，滿道清風隨五馬。光搖珮玉，色動彎絲。恭惟臺下，自天賚弼，維岳降神。胸吞七澤，豪吟飛郢雪之篇；神湛三湘，麗藻奪荆雲之彩。榮逢辛丑之科，寵試軒墀之問。衆多髦士，鷺振振以于飛；獨覽德輝，鳳翽翽而高舉。上願爐錘萬象，見邦土之維新；特咨陶冶百工，入冬曹而贊政。晉藩置郡，首推平水之繁雄，牧伯遴賢，更假專城之印綬。歡騰千里，喜溢群僚。共期舜野堯邦，此日復唐風之舊；爭擬潁川渤海，當年推漢吏之循。旌麾未及前驅，襦袴已歌來暮。樹青草綠，姑神炫山色以迎軒；沙暖波晴，河伯導汾流而待駕。

　　某謬承支邑，叨列屬員。羈栖逾四載之期，微勞罔竪；庇覆又二天之借，大造不遺。欲負弩以何從，恨越疆之有禁。灼空福曜，幸不遠于光華；轉谷陽春，怳若親乎暄嫗。崊馳駕使，敬代梟趨。臨發百稽，下情無任忭忻舞蹈之至。

## 賀任丘賈明府啓 代

　　平川岩邑，尚聞擊壤和弦歌；瀛海支封，載見分符標錦製。朋好思蕙蘭之契，先同榜而後同官；吏循移桑梓之邦，召爲父而杜爲母。奇緣天湊，良晤地遥。鄉樹停雲，豐采萬山已隔；屋梁落月，夢魂獨夜尤親。月旦覿長安，懸想雙鳧搏鳧影；霜飆度汾曲，曾忘一鶴伴琴裝？竹騎不列于迎郊，分猶編赤；蕉牘敢申于記室，誼見披丹。荒幣弗虔，俚詞不斐。感新憶舊，濡毫悲喜交生；剔腑瀝腸，拜使叮嚀再致。家有子男弟侄，一門俱荷幈幪；里多流徙瘝痍，萬户盡沾乳哺。私憬縷縷，公望岩岩。不盡敷菜，統希鑒納。

## 迎監司馬公啓

　　螭陛揚綸，聖主重監兵之寄；豹城作陣，憲臣彪督鎮之榮。列署交瞻，四封歡躍。恭惟臺下，東國儒宗，中朝人望。風猷峻厲，聳天門日觀之標；器宇弘深，湛渤海滄溟之度。文彩自丹霄而鳳翥，賢聲從赤縣以梟飛。從容蕭相國之邊籌，輸能餉部；忠蓋馬伏波之家學，贊畫戎曹。帝思汾晉之區，地屬股肱之郡。亟頒一札，俾統三軍。關頭擁父老之提漿，歌廉來暮；河畔列兒童之騎竹，迎郭爭先。睇映日之旌幢，姑射青山動色；望衝星之劍舄，平川碧草生輝。

某職列屬封，分叨小吏。車馭喜從天而降，樓臺有近水之光。慶忭殊深，扳依更切。太山北斗，仰清塵而神往臺端；豸繡虎符，占紫氣而躬迎道左。先飾一箋之稟，遥申千里之忱。

## 候長垣王明府啓

別自去秋，倏驚改歲。登龍佳會，鴻儀暫覿于都門；迅馳流華，魚札久疏于記室。即台原以不咎，如自省以何堪？恭惟臺下，星雲毓秀，海岳間成。讀周、孔之全書，東魯淵源延道脉；摛馬、楊之秀句，西京詞賦擅才華。鳳披通名，龍郊剖篆。自東光而徙敝邑，割鷄才屈，流美頌于武城；由下里而補長垣，馴雉政成，踵芳聲于漢史。臺書天上奏，匪徒六察之揄揚；宸命日邊來，正切一人之眷注。

某藐焉彀弱，蠢爾駘庸。憶佩青衿，而承洪訓。礦金頑鈍，蒙煆[二]煉于爐錘；山木輪困，得裁成于斤斧。叨躡青雲之步，亦分赤縣之符。儒生豈習簿書，學未優而登仕；令尹有慚禄食，力欲勉以當官。仲由能折獄之才，敢擬賢于往哲；子賤不下堂之治，曾侍教于明師。舊懷造就之恩，永骨鐫而腸結；兹展起居之敬，愈睇引而神勞。六幣未修，紓悃在筐篚之外；一芹可獻，采毛出汾澗之濱。何任冰兢，希惟淵納。

## 賀驛傳閻道尊新任啓

中禁揚綸，荷玉旒之眷注；西臺副憲，持綉斧之光華。一道生風，百城交慶。恭惟臺下，弼由帝賚，德自天申。才望擅中原，獄〔三〕之嵩少、星之斗；文章追上古，河之龍馬、洛之龜。一上治安之策，弭筆大庭；遂分錢穀之勞，紓籌計部。千艘淮水，爭誇劉晏之轉輸；五馬并州，更切陽城之撫字。雀角鼠牙之訟，笑言洞燭幽情；蜂腰鶴膝之民，乳哺盡回饑色。特寵循良之詔，榮超風憲之司。雉雛狎近野，天回蔀屋萬家春；豺犳避當塗，吏肅霜臺三尺法。按察敕晉封之綱紀，爕調看上國之功名。

某職荷舊恩，分叨新屬。龍門三御，餽遺多醉飽于腹腸；羊縣五年，薄劣每吹噓于齒頰。九里已沾乎潤澤，二天更藉以庇庥。喬升傾耳于傳郵，鶯遷有信；匏繫阻心于望厦，燕賀無因。肅啓尚裁，蕪詞不次。猶憶豐神之在望，不勝企戀之爲勞。仰蘄台原，俯垂電照。

## 答任丘賈明府啓

千里懷人，夢斷鄉關之路；一書委睨，坐來山水之音。自省爲慚，何繇得此？恭惟臺下，專城峻望，匡世奇才。鎔質温醇，粹矣天球之器韵；開襟豁落，皎然月斧之精神。方一鶚之凌霄，御雙梟而作縣。福曜移姑峰之岫，平川猶憶神君；甘霖回鄭〔四〕野之秋，下里已歌慈父。不及瞻依之孔邇，尤多怙恃之恩私。昔子牙報政齊封，何其速效！彼國僑流聞鄭土，誰其嗣風？莫搜卓異于古人，獨擅循良于昭代。

某一醉曲江之宴，初遂托交；兩分西國之符，漸深雅好。自步趨之既遠，遂策勵而不前。簿書炎署〔五〕之勞，兼折腰之未免；牛馬風塵之役，欲息踵以何時？猥辱眷存，過蒙褒獎。汾江魚下，榮披惠問之八行；瀛海鴻旋，聊答恩知于一札。銀鈎看有辨，莫當君子之章；玉案愧無酬，徒負美人之綉。

## 請李明府啓

浹旬甘澍，一腔仁愛之回天；盈野嘉禾，萬寶告成之有日。起閭閻之饑色，民困已蘇；播道路之歡聲，宦情逾暢。向恐興居冒暑，未遑雪藕以調冰；茲逢瀟灑入秋，好對碧梧而醉月。琴閣清風三叠，暇宜少紓案牘之勞；棋亭濁酒一杯，深願暫假軒車之寵。席前申懇款，殊慚海錯陸毛；座上仰威儀，奚啻南山北斗？榮承金諾，悚聽玉音。

## 又

竊幾年爲縣山城，百里偃弦聲；一詔登朝天路，九重喬鳥影。念光範親承之不久，積愚懷繾綣之未申。小構茅檐草塢之春，雅宜月席花樽之賞。清明節後，和飀楊柳搖青；穀雨旬初，麗日牡丹炫錦。卜辰待命，掃徑開筵。沸鼎茗波，香多石溜泉根之可掬；堆盤芹味，薄無陸毛海錯之堪陳。伏祈慈原，仰攀寵顧。旗熊揚彩，巢雀騰歡。

## 請署篆張廣文啓

鳴鐸鱣堂，宦況咏鄭虔之句；攝符羊縣，賢聲流言偃之歌。某幸侍莊儀，忭承雅教。蔡吉月之某日，薄理蓬居之宴，少紓芹曝之忱。盤饌乏瓊饈，唯有綠樽堪醉月；園花融雪色，但逢彩筆好題春。翹首龍光，慰心雀躍。

## 餞吳明府入計啓<sub></sub>代

入花封而問俗，兩年化雨隨車；趨楓陛以朝天，千里清風載道。扳留莫遂，企戀彌深。即擬月之某日，潔飭庖饈，恭申郊餞。聽青驪之曲，別思畚動于臨岐；傾綠蟻之樽，雅教暫攀于祖席。襜帷少駐，列俎增輝。

## 請郡伯張公觀旋啓 代

使車返郡，未修芹獻之恭；覬篚臨門，先辱投桃之惠。抱感深而鏤骨，負慚重以汗顏。占著吉于佳辰，謹諏朔旦；瀝葵□[六]于薄宴，肅掃山亭。郊麥秀如油，已遠播兩岐之頌；□[七]醪清似水，且款承一夕之歡。

## 司理五鹿張公應召北上詞

伏以銓宰掄賢，庶府核循良之績；天王籲俊，中朝虛侍從之班。廉平聲徹于九重，鞫讞勞深于四載。弓旌特召，簪紱生光。恭惟臺下，才擅國華，德揚世美。姿標脫俗，飄然玉樹之臨風；襟宇絕塵，皎若冰壺之映雪。塡腹秦文漢史，儒苑宗工；操觚晉體唐音，藝林主帥。躡青雲而步武，宏詞裒拔于制科；握丹筆以明刑，筮仕遂榮于佐郡。惟切好生之一念，尤寬約法之三章。長者得民情，自是哀矜而勿喜；神君察吏弊，豈專肅殺以爲威？載路歡聲，盆下還能瞻白日；盈庭造對，案前俱是仰青天。梏莘脫圜扉，疑網解愚民之觸；襟裾連座榻，禮羅宏賢士之收。追虞室之皋陶，人擬五臣名世；仿漢庭之定國，門堪駟馬容車。平水雲開，鳳羽翩翩天上去；建章書下，鸎聲喊喊日邊來。法官推美其人，誰符夙望？天子急賢之日，爭睹新除。倘持白簡以留臺，即提綱于三院；或伏青蒲而入閣，獨絕席于群僚。當軒墀耳目之司，應許謇臣而諤諤；任社稷股肱之寄，還推上宰之休休。玉鼎和鹽梅，兼濟大川之舟楫；金閨撐柱石，謾誇清廟之珪璋。

某巖谷栖身，耆黎等分。偶接鶯遷之信，踴躍曷勝？久私鴻庇之恩，報酬莫效。念雙旌之欲挽，力一杖而不支。已掃齋厨，虞鄙鄉而借徑；恐移車蓋，從別路以趨裝。離筵阻樽俎之交，何綵展愫？望眼越川山之外，徒爾馳神。敬裁蕪穢之詞，聊續風謠之韵。

詞曰：

丹書天上頒恩蚤，首應徵賢詔。郵館鶯花春未老，朱旗皂蓋，綠波芳草，攀卧爭前道。　　卿雲五色東華曉，拜舞瞻天表。上苑風光看自好，龍樓日麗，鳳池烟裊，人在蓬萊島。

## 校勘記

〔一〕"稚"，疑當作"雅"。

〔二〕"煆"，疑當作"煅"。

〔三〕"獄"，疑當作"嶽（岳）"。

〔四〕"鄭"，疑當作"鄭"。

〔五〕"署"，疑當作"暑"。

〔六〕"□"，疑當作"忱"。

〔七〕"□"，疑當作"樽"。

# 傅文恪公初集

〔明〕傅新德　撰

李雪梅　石英鳳　點校

# 點校説明

《傅文恪公初集》八卷，明傅新德撰。

傅新德（1569—1611），字元明，一字明甫，號商盤，又號湯銘，別號了心居士，明山西定襄人。萬曆十六年（1588）山西鄉試第一，萬曆十七年舉進士。歷任南京國子監司業、北京國子監祭酒，行走政壇學界多年，在萬曆朝後期士林聲望頗高。惜年壽不永，卒年四十三，謚文恪，贈禮部侍郎。

傅新德著作有《傅文恪公初集》《誡勖淺言》《古今類書》和《大事狂言》，其中《古今類書》和《大事狂言》已佚。

《傅文恪公初集》現存世三種版本，其基本信息兹列如下：

一、明天啓本《傅文恪公初集》，傅新德詩文集現存最早版本，傅新德長子傅庭詩刊定。天啓五年（1625）綫裝刻本，一函八卷，每卷卷首均有“定襄傅新德湯銘父著”字樣。此本現藏於北京大學圖書館，黃山書社2015年版《明別集叢刊》第四輯第八十三冊曾予影印。

二、清順治本《傅文恪公初集》，傅新德長子傅庭詩、次子傅庭禮、女婿馮如京、外孫馮雲驤、孫婿張士麟協力刊訂，卷首有傅新德門生錢謙益之序言。順治十四年（1657）刻本，正文八卷，附錄一卷。順治本的體例與内容基本延襲天啓本，現藏於北京大學圖書館。

三、《傅文恪公全集》，收錄于民國五年（1916）定襄雪華館主人牛誠修[一]排印的《雪華館叢編》[二]之三，鉛印本。全集包括正文十卷，附錄一卷。此本由時任山西大學歷史系教授張友桐[三]據順治本厘定，現藏於山西省圖書館。

　　《傅文恪公初集》八卷，共收録傅新德五七言古體、律詩近百首，賦、表箋、啓、贊、序、記等文共一百三十餘篇（附録二卷，附録收雪華館本所録序跋文九篇）。整體内容涉及萬曆朝中後期政治、經濟、軍事、文化、文學、宗教諸多方面，從中可以深入認識傅新德的學術品格，也得以窺見萬曆朝政界、士林、文壇的多重面貌。傅新德長期任職於明代中央官學，心繫士林，門下英才濟濟，扭轉明代後期的不良士風乃其職責所繫，其所倡導的教育理念在其詩文與《誠勗淺言》中有集中體現。其詩文中師友唱和投贈之作，有助深入探討傅新德的生平行事及其與王家屏、錢謙益、馮從吾等名士的社會關係網絡。此外，其詩文内容關涉明廷内政、邊患諸多大事件，具有很强的史料性。

　　本次整理的《傅文恪公初集》，以明天啓本爲底本，以民國雪華館本《傅文恪公全集》爲主校本，凡天啓本文字漫漶不清處，以雪華館本内容補定。此次整理還增加附録二卷，收雪華館本所録序跋文九篇。

## 校勘記

　　〔一〕牛誠修（1878—1954），字明允，號松臺山人，山西省定襄縣待陽村人。肄業于山西大學，曾參加賀炳煌、齊寶璽成立之定襄縣同盟會，其書齋雪華館成爲當地革命志士聚會之所。辛亥革命後，歷任定襄縣參議、猗氏縣長，并被選爲山西省議會議員。晉察冀邊區參議會成立後，牛誠修被推爲參議員。抗戰時，日寇慕其聲望，曾威逼其出任僞職，堅拒不爲所動。畢生致力於定襄鄉邦文獻之搜集整理，編輯出版了《雪華館叢編》與《定襄金石考》。

　　〔二〕《雪華館叢編》收録金元以來定襄四十九人的專集與零散詩文，是民國年間山西省内唯一縣級地方出版的大型叢書，與靈石縣楊尚文輯《連筠簃叢書》、（民國）山西省文獻委員會輯《山右叢書初編》并列爲民國山西三大叢書。

〔三〕張友桐（1868—1946），字曉琴，山西省代縣五里村人。清光緒十七年（1891）選優貢，後至晉陽書院受業于名師楊篤門下，光緒二十三年（1897）中舉。民國時歷任山西省國稅廳長、山西大學文史教授，通經史，工書法。

# 明嘉議大夫太常寺卿管國子監祭酒事贈禮部右侍郎湯銘傅文恪公行狀

先生諱新德，字明甫，號湯銘，又號商盤。家世定襄，遠譜失考。自高祖堂至祖汝楫，歷數世皆業儒，充庠生。父諱應期，亦庠生[一]。母樊氏生四男子：伯新民，守備官；叔新命，庠生，早卒；季新國，庠生[二]；先生其仲也。生周歲，太翁抱于門，一异人過而相之，曰：“好骨格，好聲音，當大汝家！”太翁素力學，每讀必至夜分，先□□□[三]言，懷中聽讀便能記一二句，呫呫口角□□[四]。□□[五]歲能識字，五歲能記唐詩近百首，且能屬對。七歲能行八股文，恬靜淳篤，不好嬉戲。十二歲舉神童，縣令白公璧屢試，知爲公輔器，與[六]城中置宇舍，給書筆資。又二年，方十四，與庠生二十餘人明倫堂會課，立就數千言，語語證道，素號宿儒莫不敬服。乙酉，大比，府尊吳公同春一見先生卷[七]，玩賞不已，曰：“此相才也，元筆也。”亟薦之衡文者，取以儒士入場。是歲典試者，一欲解之，一欲魁之。解者弗悅魁者之不解之也，竟袖焉，以爲寧不舉，□[八]欲爲第二人也。列名附[九]榜首，于是始補府庠弟子員。吳公恐先生以貧故妨業，請即公署內潛修，時取俸入頻發以贍其家。先生益苦志力學，無間寒暑，澄心冥悟。甲乙丙丁，淹貫芸香之四庫；經傳子史，沉酣石渠之九家。及其制義，必遵朱子注，嘗曰：“文之臧否視筆氣，別立异説以圖捷徑，文雖工而心術壞矣。”甫二十，舉戊子山西鄉試第一。明年己丑，中焦竑榜，賜三甲同進士出身，改翰林院庶吉士。

是歲始娶，辛卯，告病歸，閉門讀書，亦若未第時，遠近士咸來講學。先生爲之批郤導窾，諸士亦孜孜不倦，是時從游之士彬彬如也，濟濟如也。癸巳，限滿，如〔一〇〕京補舊秩。甲午，授翰林院檢討，教習內書堂。乙未，禮部聘充會試同考官，得士十五人。丁酉，充正使，冊封山西寧河王，纂修玉牒。是年覃恩，進階徵仕郎，封父如其官，母孺人，妻如之。己亥，升南京國子監司業。抵任半載，祭酒郭公行，先生理監事，修祖制，端軌範，重八行，立規制，作《誠勖淺言》以正士習，又累疏條陳以勵士風。至于監差撥歷，手自挈籤，毫不徇情，雖時諱屢觸，卒無可指。秩滿奏績，臨行多士泣別，私議建祠尸祝之，先生知而力〔一一〕止焉。奏績後進階承德郎，封父如其官，母安人，妻如之。癸卯，升右春坊右中允，管理清黃。本年丁父憂，哀毀幾滅性，治喪用《文公家禮》。既葬，獨居一室，三年蔬素。墓所去縣城五十餘里，遇時祭則步往，哀號終日。丙午，制終，禮部屢催起復，先生將遣人告終養。母知之，不肯食，先生始謝罪強起，奉命克〔一二〕南京鄉試考官。本年升右春坊掌坊事右諭德兼翰林院侍讀。丁未，管文官誥敕。戊申，升右春坊右庶子兼翰林院侍讀。己酉，升太常寺卿管國子監祭酒事，加散官嘉議大夫。先生節操益堅，一菜一粒，咸捐己俸；監規益嚴，一差一撥，俱秉至公。每日戴星入監，集監士講學，明經修行，以洙泗、濂洛爲師，以文行、忠信爲教，嘗曰：「讀書須要體驗，身與世爲二，理與事相乖，非聖人合外內之道也。」其勤于教誨如此。庚戌，山西荒旱，黎民阻饑。先生聞之泪下，乃約同鄉捐俸，積數千金；疏請賑濟，仍自出粟三百餘石，賑其邑人。又與撫臺魏公言：「本縣預備倉原有穀若干，爲寧武道借充軍餉，乞還以賑。」是歲生活者、復業者幾萬口也。

先生職專教士，旦〔一三〕暮皆有功程，時刻不容疏曠，致傷脾胃，延醫調理不瘥，病雖困頓，猶手治〔一四〕文書不息〔一五〕，惓惓以尸位素餐爲懼。自庚戌九月至辛亥六月，凡五疏乞休，未蒙俞允。不意二竪爲殃，忽焉永訣。臨歿前三日，思伯兄守備公，伯兄適至，話言通夕，若無恙者。伯兄見其官況，暗傷之，潸然出涕。先生訝之曰："兄何爲乃爾？傷我窮耶？抑慟我死耶？如傷我窮，子孫賢而多財則損其智，愚而多財則益其過，吾豈肯爲之馬牛[一六]？如慟我死，吾得正而斃焉。斯已矣，豈遂委于道路耶？"歿之前一日，命僕急治行裝，左右會意，命設香案。既設，不能拜北面，嘆曰："臣雕蟲篆刻，鼫鼠技窮，再不得與陛下寬簡溫柔，造[一七]多士矣。"又南向[一八]嘆曰："兒電光石火，朝露榮名，俟薪傳改劫之後，另復移忠移孝來也。"少頃又曰："雙睛失職，不辨天光；百節生寒，如衝風雨：《語》所謂啓手啓足之時也。幸我平日[一九]于此檢點得熟，亦無大苦。"厥明，問何時，左右曰："日初旭矣。"先生亟命更衣，未及[二〇]就而卒。卒之日惟有遺書狼藉案頭，囊橐蕭然，衣衾棺木，俱不能辦，皆賴同官邵公及監中所屬捐資處置。訃聞，聖心震悼，准馳驛歸，旋諭祭葬[二一]，贈官禮部右侍郎，謚文恪[二二]，廕一子。

先生生終于萬曆辛亥七月十四日卯時，距生于隆慶己巳十月初五日亥時，[二三]得年四十三歲。配閻氏，封安人，邑人閻正古女。[二四]子男三[二五]：孟庭詩，官生。[二六]仲庭禮，庠生。[二七]俱閻安人[二八]出。季庭蘭，庠生，側室張氏出。[二九]女四：孟、仲已適人，俱閻安人出；叔、季俱幼，側室張出者一，閻出者一。[三〇]

嗚呼！先生身小面方，聲音若出金石，氣度冲雅和易，中有耿介。當理而行，則剛不可禦；據理而守，則屹不可移。事父母則孝，辨色起敬；處兄弟則友，臧獲不私。居鄉則謙而人樂遇之，居官則清而終身無過。其律身最嚴，作《省心紀》日書其所爲，暗室屋漏，恒有淵默雷聲之懼。其學術最博，纂集古今類書，苦心廿年，編帙甫就，已聽《蒿里》《薤露》之歌。先生居恒[三一]不欲刊布文集，但于靜處刻一聯云："習勤朝運甓，省過夜焚香。"蓋先生之志，不欲直〔三二〕立言不朽而已也。

嗚呼！先生以一介布衣，早結主知，教化兩雍，道方大行，蒼生仰望，孰意壽不滿德，功業未半，中道殂落。部疏代題恤典有"使得展其用，不難致君澤民；即未竟其施，猶堪廉頑立懦"之句，匪虛語也。塋在城北〔三三〕十五里高長山之原，祠堂俱如制。樞於先生，爲及門弟子，親炙有年，謹狀先生素履以俟〔三四〕名鉅公采擇焉。

邑人門生喬仙樞撰

## 校勘記

〔一〕雪華館本作"自高祖堂至祖汝楫、父應期，歷數世業儒，俱郡邑庠生"。

〔二〕雪華館本作"季新國，貢士，授順天府武學訓導"。

〔三〕"□□□"，雪華館本作"生甫能"。

〔四〕"□□"，雪華館本作"不休"。

〔五〕"□□"，雪華館本作"二三"。

〔六〕"與"，雪華館本作"於"。

〔七〕雪華館本作"郡府吳公同春一見試卷"。

〔八〕"□"，雪華館本作"不"。

〔九〕"附"，雪華館本作"副"。

〔一〇〕"如"，雪華館本作"進"。

〔一一〕"力"，雪華館本作"立"。

〔一二〕"克"，雪華館本作"充"。

〔一三〕"旦"，雪華館本作"日"。

〔一四〕"治"，雪華館本作"致"。

〔一五〕"怠"，雪華館本作"倦"。

〔一六〕"馬牛"，雪華館本作"牛馬"。

〔一七〕"造"，雪華館本作"教習"。

〔一八〕"南向"，雪華館本作"向南"。

〔一九〕"日"，雪華館本作"生"。

〔二〇〕天啓本、雪華館本均爲"及"，據文意當作"反"。

〔二一〕"旋諭祭葬"，雪華館本作"諭祭葬全"。

〔二二〕"謚文恪"後，雪華館本多"祀鄉賢"，三字。

〔二三〕雪華館本作"先生生於隆慶己巳十月初五日亥時，終萬曆辛亥七月十四日卯時"。

〔二四〕雪華館本作"配閻氏，封安人，進階夫人，生隆慶甲戌五月十八日辰時，終順治乙酉十月二十三日未時，得年七十三歲，邑人閻正古女"。

〔二五〕雪華館本作"先生生子三"。

〔二六〕雪華館本作"孟庭詩，恩廕生，歷官刑部郎中，配李氏，原任陝西西安府巡撫李楠女。生男三：長之琳，庠生，配薄氏，繼配張氏。次之瑞，庠生，配王氏。三之琯，庠生，配姚氏。生女三，長適忻州廩生曹家麟，次適本縣庠生鞏鏡，三適五臺縣庠生白起雷"。

〔二七〕雪華館本作"仲庭禮，功貢生，初授密雲縣縣丞，題升順義知縣，配王氏，原任廣西柳州府知府王濬初女。生子三：長之瑄，庠生，配楊氏。次之玖，庠生，配武氏，繼配銀氏。三之斑，庠生，配姚氏。生女一，適忻州廩生張士麒"。

〔二八〕"安人"，雪華館本作"夫人"。

〔二九〕雪華館本作"季庭蘭，配夏氏，原任陝西西安府撫民同知夏立極女，生女一，適本縣庠生夏之瑾，側室張氏出"。

〔三〇〕雪華館本作"先生生女四：長適本縣例貢生杜友芝，無出。次適代州見任廣東布政司左布政使馮如京，生子馮雲驤，乙未科進士。三適本縣原任提塘守備鄭鐸，生子二、女二。俱閻夫人出。四適本縣庠生張際盛，側室張氏出"。

〔三一〕"居恒"，雪華館本無此二字。

〔三二〕"直"，雪華館本作"僅"。

〔三三〕"城北"，雪華館本作"城正東"。

〔三四〕"俟"，雪華館本作"候"。

# 序<sup>〔一〕</sup>

先文恪公大人文集數十卷，別作數卷，類書千餘卷，閱世四十有三，即騎箕尾而上，家計迫索，末由刊布。切思先大人不集金而集書，似不謂子孫不能讀。奈何十五年來，塵緘蛛網，脉望縱橫。神仙漫滅，不可復識。馴致天禄藜光，譏爲誕妄。不肖之罪，百啄莫贖矣。通籍三年，食貧不減，第手澤所在，每每見問于高明，敢不勉成初集，公于大方。然纔文集三之一，祇緣困于卑冷，非敢有所去取也。

時天啓五年端蒙赤奮若律中林鍾不肖男傅庭詩謹識

**校勘記**

〔一〕標題乃編者所加。

# 歌

## 游仙篇壽孫老年伯 壽辰蓋八月云

清都大梵天，晃耀彌羅闕。八角垂星虹，五雲抱閶闔。中有南極翁，餐霞臥瓊雪。觀世在壺中，救拔五情熱。翩然下太〔一〕荒，兩龍驂列缺〔二〕。乘化來應緣，蓐收方令節。玉露滴高桐，金天挂海月。生平行且歌，許身稷與契。三獻不逢辰，一丘聊可悦。經歲馬蹄間，將爲巨源咄。遂遺蒼生望，獨與洪崖揭。青草搖書帶，綠蘿隱丹穴。麋鹿自爲鄰，軒蓋宛如窬。心隨長空雲，海上同滅没。手持《洞靈》篇，妙得餐玉訣。七十方嬰孩，浩劫等超忽。天書爛紫泥，恩光灑棹楔。朝披一品衣，夜抱九仙骨。如岳之不騫，如海之不竭。願翁壽萬春，爲翁歌一闋。

## 賀歐少野先生六旬初度七言長歌 君無子，豪於詩酒，兼善玄禪

丈人詩酒繼陶潛，丈人息機同彭籛。手持内典心自會，面有道氣口不言。古之達人貴適意，咄哉腐鼠成何事？百年三萬六千場，一月二十九日醉。醉裏狂歌白雪高，心中萬事輕塵毛。恥效醯雞不出瓮，何妨汗漫接盧敖。盧敖汗漫迴入室，快逢南陸書雲日。介壽慚無雜佩〔三〕詒，贈君但有長生術。壽寧峰下真人居，白石爛煮黄芽爐。西池桃葉信應到，東海桑田驗豈虚。君不見良

貴不在三旌爵，多男豈必《螽斯》樂。有日真君解喚龜，無數
嬰兒能跨鶴。

## 送歐陽宜諸年丈出守平樂長短歌

送君江口行，江流何浩浩。上有喬木之鳴鶯，下有池塘之春
草。停杯執袂向路歧[四]，問是王粲南登之古道。古道迢迢入桂
林，經過瀟湘之浦雲夢之陰。滔滔南去漢江深，故國烟花春正
新。君今胡爲驅之去，向溪蠻深處而問津。衡陽自古雁不過，嶺
外只與天爲鄰，歐君寧無作楚吟？吁嗟！歐君女勿作楚吟，名宦
無媒自古屯。男兒墮地四方客，乾坤到處總安宅。莫論名世五百
年，例是才人二千石。九嶷以南多峻山，山叫黑猿間白鷳。匏笙
銅鼓雜烏蠻，吾兄鳴琴清署閑。眉岫目岩開日月，妖蛇不敢啼林
端。憶昔長安并轡友，同門只君於我厚。十二年來反掌間，暌離
乍合復分手，我心鬱陶君共否？送君行，飲君酒，丈夫致身須不
朽。富貴從來水上漚，陟要階華亦何有。君不見馬援柱，孔明
碑，青山萬古與崔嵬，曹蜍李志諸公安在哉？

## 怡怡堂歌

四鳥悲，三荊悴。脊令急在原，交柯讓榮翠。動植之物尚有
情，參商胡可在同氣？有眼莫看都君井中泥，有耳莫聽淮南市上
詞。上留田行且回響，道旁不忍問啼兒。聞説君家兄弟有高義，
使人感嘆生嗟咨。椿萱兮蚤折，常棣兮接樾。聯轡兮共被，東樓
兮南陌。夢春草於池塘，題高齋之芭葉。願同雁行千里群，不作
蓬飛九秋圻[五]。蔡陳留，楊道州。泛泛雙舟影，噰噰五門謳，
使君友愛接風流。當年風木悲急難，今日連枝欣并粲。撾鍾考鼓
慶華堂，和樂風光旦復旦。

## 趙年伯六帙壽

黃河觸龍門，三月桃浪開。巨靈高掌決東注，直下萬里翻雲雷。此時雲間欲化龍，帝遣騎龍白雲翁，雲飛龍躍河之東。鄉里衣冠映前後，王薛儒名滿人口。百里弦歌德未央，五馬專城澤不朽。美人爲政本忘機，世路從旁掣其肘。以玆骯髒任沉浮，幾多白衣與蒼狗。猶[六]性由來不可馴，拂衣澤畔學垂綸。葛巾不受冠纓縛，芒鞋不踏長安塵。長安夢破邯鄲道，行歌紫芝拾瑤草。藍田種玉綠烟生，綠津植桐青鳳小。文昌侍帝香案旁，國華有子天人表。天人華國侍黃麻，白雲回望早還家。身着彩衣趨膝下，先吟南陔後白華。是日春光正駘蕩，黃鸝布穀聲相向。縹緲鸞笙海上來，翩躚鶴馭霞中望。稱觴祝壽儼群仙，綺席爭開玳瑁筵。遲日一天花似錦，長春百歲酒如泉。長春遲日開芳宴，春去春來人不見。靈族躬添海屋籌，丹溜[七]色注桃花面。昨夜乘槎去問津，老人光燭大河濱。願得仙翁介眉壽，風露年年護大椿。趙年伯，河津人，以三月逢鑒[八]揆之辰。

## 題史侍御怡怡堂册葉代

泛泛河中藻，搖漾紛相牽。嚶嚶谷中鶯，飛鳴求且仙。況我同根樹，枝葉故纏綿。鶺音急在原，雁行不離天。風木一朝慘，葉落更乖翩。何能遠披離，抱影自相惆。蓼莪哀以蔚，常棣鄂且偏。豈以釜羹味，曠我豆與籩。豈以琴瑟音，奪我虎[九]與塤。撫枕夜五起，慕愛曲衷鐫。讓肥痛可分，萼樓被欲穿。庭荊永不悴，塘草日芳妍。我歌和樂篇，覽之亶其然。

# 五言古風

## 賦得飛布山壽許閣師

舊甸恢箕野，靈區閟斗躔。翠屏千嶂合，飛布一峰懸。拂霧城陽近，排雲大障連。紫金浮落照，白水接寒烟。翳薈風雷墼，摩圍日月天。神仙留窟宅，光岳降才賢。莒發丹峒秀，苞符箕穎〔一〇〕偏。握蘭金鳳闕，飛藻玉雞淵。鬼谷抽精秘，神丘歷校研。星津高筆壘，月峽倒思泉。藜火翻芸篆，橋門廣冶甄。鈞衡方特進，樞掖契無前。滌蕩江河濁，昭回雲漢鮮。三朝文物泰，八極化光圓。巉嶭夔龍上，崢嶸晁董先〔一一〕。碩膚仍几几，聖眷日拳拳。國本元良重，毗承羽翼堅。岩廊成遂日，丘壑太平年。去住雲間岫，追攀鶴上仙。故吾偕鹿豕，觀物會魚鳶。道愜神情定，機忘俗理捐。具茨通嚮象，姑射得冥筌。澤藪神逾王，薰修髮更玄。鱗封蒼柏幹，芽茁白鴉田。夢燕佳辰協，乘牛紫氣騫。椿齡開五百，桃實正三千。襄野經行遍，箕疇嚮用全。角巾駒谷隱，鳩杖鹿門便。洛社衣冠古，槐庭彩舞闐。暄風呈瑞賞，榴火噴芳妍。共祝岡陵算，頻看桑海仙。群情此契洽〔一二〕，吾黨曠周旋。憶昔蓬蒿植，邀恩桃李緣。奔塵瞠學步，觀海目無川。講帳何年別，懸弧此日傳。遙聞鼇島嶼，何啻挾彭箋。匏繫拘鉛槧，嵩呼效滴涓。罔由稱百斝，徒是寄雙箋。星極光何燦，儀刑〔一三〕夢欲牽。遙裁飛布咏，寫意托陳宣。

## 嵐縣文大尹考滿冊葉

妙宰青雲器，皎皎鸞鳳姿。投刃合桑林，弦歌良在茲。清風灑嵐雪，毫末謝膏脂。訟息鳥下庭，蒲鞭挂檐枝。皤皤邑中叟，謳歌備十奇。製錦播高名，一一聞京師。君王賜顏色，報政有誰施。蠖屈一鵬騫，六翮奮飇飀。隋珠固照乘，魚目空纍纍。遠客覽行謠，因之誦德詩。

## 送馮少墟

居常念朋舊，惙怛懷苦辛。繾綣幾何時，而已成商參。馮君復兹去，掉頭西入秦。顧瞻岐[一四]路側，嚴駕難久停。握手一爲別，離思日以新。白駒有遠志，庶以俟河清。

### 其二

河清難可俟，亮直難爲容。井渫自不食，滄浪可濯纓。慷慨即別離，不知氣憤盈。仰視雲間鶴，曠世楊[一五]哀音。一飛唳青天，寧與鶉鷃鳴。徘徊戀北闕，浮雲起重城。爾行亦孔邇，願無密音[一六]音。

### 其三

爾音昔予誨，緩帶比韋弦。性善破玄虛，匪佛亦匪仙。洙泗揚餘波，濂洛浚其源。會心鳶與魚，對面已無言。道誼苟相求，千里猶比肩。行矣勉加餐，永終保勿諼。

## 送孫湘山

鬱鬱園中葵，丹榮媚朝陽。朝陽倏西傾，游雲晻其光。春華不須臾，零露凄以霜。搖落易爲感，離人多慷慨[一七]。言念追昔愛，遘子慰蘭芳。清言秘東序，磋切來圭璋。如何中乖別，直道離愆殃。踟躕餞歧路，雲鳥爲彷徨。臨觴慘不歡，鳴琴發清商。別促憂日短，會難苦路長。代馬依朔風，衡雁杳三湘。棄置勿可道，努力勿可忘。丈夫志四海，誰謂天一方。萬里爲比鄰，日月互相望。豈必同晏笑，久要在衷腸。但願崇明德，無爲情內傷。

## 送張明寰

遙遙大路駟，悠悠廣陌塵。人生一世間，佳會難重陳。在昔游東觀，及子遘歡情。鹿鳴相求友，虎嘯谷風清。令德唱高曲，泠泠[一八]揚奇聲。我側鳳池旁，子居西掖楹。抗志冀陳力，含意竟未申。握瑜不得售，危言獲罪擯。俯仰疇昔歡，曠若分水蘋。念當乖往路，千里邈已臨。浮雲墮天地，白日繁霜零。傷彼蕙蘭萎，淚垂不可禁。惟有一尊酒，聊以展殷勤。

殷勤何所懷，所懷在遠道。鴟鳩一先鳴，所遇無芳草。春華桃李榮，松柏難爲好。結髮爲弟兄，參差苦復早。川塗限河梁。音問中州邈。悲風蘇門來，灑淚滿禕[一九]抱。自顧非金石，咄唶令人老。可望不可親，托情於青鳥。

# 七言古風

## 壽沈司空三秀圖

天目之雲五色揚，苕霅之水雙龍翔。秀出玉人凌霄漢，靈椿鬱鬱傍明光。露浥萱花披雲錦，春回朱草發天香。瑤階[二〇]三秀世應少，祇有蓬萊紛琳琅。五夜星文動南極，群仙一曲舞霓裳。更看簾外來青雀，年年長送紫霞觴。

## 送黃兩高自金陵還會稽

去年別君春尚早，今歲君歸春正好。可奈人歸歸似春，可惜留春春又老。君家壯歲學冥鴻，荷衣芒屩五湖東。無官名是商山皓，有子人呼江夏童。興來手柱[二一]綠玉杖，雲林采藥搜名嶂。慣從鶴洞訪天台，幾向龍湫尋雁宕。七貴長安并四豪，雲臺爭似釣臺高。羽翰千秋還我輩，功名一芥付兒曹。兩度將雛摩鳳闕，鍾阜雞鳴環翠玦。白鷺舟[二二]前望月光，錯認山陰夜中雪。連天草樹遠萋萋，此際梁鴻入會稽。布帆一片疾於鳥，武陵春色使人迷。萬山紅紫鶯聲滿，鷓鴣不爲離人緩。送君不見憶君情，菖蒲花開大江短。

### 長安道 山東驛舍題

塵埃十丈長安道，南去北來何日了。但見冠蓋走縱橫，不知衣帶緇多少。今途曾送古人輪，古人都作此途塵。荒亭虛上寒山月，老樹盡入龍[二三]頭雲。景桓霸業今何在？管晏先歸不相待。兵車臺榭沒寒烟，惟餘河濟東流海。東流海水無窮期，人生名利能幾時。但足庭前供祿養，豈向天涯走別離？

## 書《王孝子代母死賊》冊葉

黑風吹海海水立，長鯨跋浪天無日。江南處處屯妖氛，爺娘妻子走相失。孤鳳將雛值羅弦，猛虎食人無豪賢。倉皇挺身丐母命，見母不見戈與鋋。霜凋白華抱香死，刀割藕絲絲未已。絲絲痛母不痛躬，一片鐵石萬丈虹，刀頭一似斬春風。春風墮地地成碧，浮雲不流青天割。百身但可贖萱慈，一死甘心等鴻擲。南溟一夜墮攙搶，親見英靈叱颮還[二四]。手中電擊倚天劍，不遣諸賊歸片航。孝感山頭烏鳥唱，閭里至今色惆悵。何處看君死孝心，東嵎杲杲海日上。

## 仙人足迹

　　青苔方石不盈尺，烟花一片開青壁。時人呼爲仙脚迹，望之仿佛辨紋劃。媧皇學煉匪得成，巨靈有斧那能闢。陰房鬼火不敢侵，造勝留奇真可惜。昔傳此山元氣鍾，往往神仙閟其踪。聞笙夜候緱山鶴，騎鹿晨朝南斗翁。緱山南斗時時遍，塵裹隙光流紫電。我欲從之問大還[二五]，天上人間不相見。不相見兮杳難期，惟見石上印迹空纍纍。

## 題《滄海一粟》卷

　　圓明覺海瀑流潺，識風鼓擊摧[二六]三山。浮提飄墮黑業間，頭出頭没不暫閑。大士超然離垢欲，截斷衆流如電速。虚空粉碎五濁乾，世界抛來只一粟。誰言海水廣，不盈水一杯。誰言一粟小，須彌山崔嵬。海中粟兮粟中海，塵塵刹刹非有待。大小情量計不生，方得名爲觀自在。戴翁家住海南州，尺幅爲傳海粟圖。個中了得環中義，歸去乾坤汗漫游。

# 五言律

### 壽蕭太翁封君蜀人

　　遥遥西極外，往往化人傳。丈者藏書處，青城幾洞天。華林方八百，桃實已三千。不記人間世，長江可問年。

### 其二

　　江漢垂綸客，乾坤小隱豪。丹丘迷甲子，紫綬穩林皋。鳳舉肩秦弄，鴻名失漢曹。莫將烏府柏，爲比歲星桃。

## 辛太翁壽

鳳曆真人劫，鴻冥甲子賒。朝陽奔日御，駐色餌雲芽。洛社青樽滿，關河紫氣遐。蓬萊天路客，長此共年華。

### 其二

萬石聯芳裔，燕山嗣令徽。衣冠來世德，一一自雄飛。丘壑山緣近，琴樽俗事希。長生應有訣，甘此息塵機。

## 過孟廟

戰國紛龍鬥，先生孤鳳吹。七篇仁義旨，百世生民師。浩氣留天地，岩瞻蕭殿祠。寥寥傳失後，誰復是聞知。

## 宴坐齋

小院入庭虛，王孫習靜廬。拳山依壁觀，叢竹見真如。愛客香厨供，堆床貝葉書。半榻能分我，中天執化裾。

### 其二

白業無師智，朱門有髮僧。不貪枕寶秘，猶記搏[二七]沙曾。揮塵風平篆，翻經月是燈。問君何若定，身世玉壺冰。

## 自池河至紅心盡日行雨中

雨聲不解愁，點點客心頭。古道無人問，深林不可留。濛濛原上霧，泛泛水中鷗。不見雲中雁，逢秋倍是秋。

### 其二

塞北泥江南，三年此轉驂。久憐鄉夢遠，反覺异邦諳。密雨交原樹，重雲帶野嵐。人間行路惡，只待解朝簪。

## 再題怡怡堂册葉代

悲風搖靜樹，烏鵲耿難安。幸有連枝在，人將輝萼看。鴿聲原上急，雁影月中寒。綽綽令兄弟，池塘夢亦歡。

### 其二

太丘二令器，伯也是難兄。荆棣花同燦，塡篪吹代賡。城烏時下集，宅犬亦馴情。共被分甘後，君家好繼聲。

## 挽巴縣楊太翁

世德三槐舊，高名萬石傳。鳳嗟還異代，蛇夢忽今年。月峽悲藏槧，巴江咽逝川。德音猶未遠，松檟起寒烟。

### 其二

畫閣生存處，淒凉到夜臺。白雲將犬去，蒼靄墮棺來。流水弦中絕，山陽笛可哀。他年華表上，丁鶴自徘徊。

### 其三

不必悲晨露，如公古自稀。綸章懸日月，榮戟敞門闌。大鳥仍看異，封丘更起巍。幻緣無可戀，直向化城歸。

## 姹女過靈橋丹方隱語全方皆在乃點化异術也

毒卉煮砒砂，重煎粉石加。七臣辭坎府，二友會離家。文武遲中火，銀鉛净裏花。丹靈夾戊己，下煉永〔二八〕成霞。

# 七言律

## 題壽軸爲李芳麓遥祝太翁七十

綉斧鳴珂出建章，仙郎使節有輝光。五雲忽借斑衣色，列宿遥含御史霜。南去雁心時陟岵，北來紫氣屬高堂。鹿門此日龐公宅，喜見恩波繞桂湯。

老興歸來避世喧，家傳夛綉主恩偏。香山有社同陶令，塵世無營是葛天。北海清尊開綺席，南山佳氣入長筵。稱觴遥獻游仙曲，手把瓊簫弄紫烟。

## 壽楊封君

臨平峰下接銀塘，南國佳人薜荔裳。玉洞春深飛緑雪，丹爐夜暖燦玄霜。鳳毛已集殊宗瑞，鶴算常懸斗宿光。歲歲朱明初度日，閶風吹送紫霞觴。

## 壽太平縣張封君正月二十五日七十五壽辰

仙山姑射遠嵯峨，下有仙翁卧薜蘿。姓字人迷秦里季，功曹誰説漢蕭何。鳳毛已見巢阿閣，鶴髮還看到大羅。莫是長春開宴處，老人星照碩人薖。

## 題馮太夫人真壽榮褒册葉

尚憶當年賦《柏舟》，中河之水咽還流。斷機夜雨絲絲泣，破鏡迷雲片片愁。天上新題懸日月，人間春色到松楸。請看蘭玉輝麟閣，還有泥金下鳳樓。

一自紅顔傷蕙帳，甘心白髪守幽居。鳳臺寂寞瓊笙斷，鸞鏡凄凉夜月虚。老去蠙珠方起握，望來門巷蚤容車。素蛾秋盡人間世，彤管春生聖代書。

## 早　朝

薊門寒候度鍾清，曳履鳴珂謁帝城。藜火自燃雞樹冷，宮衣短拂雪花輕。唯將縹帙供遲暮，勉取涓埃效聖明。寂寞雲居天閣裏，桓譚已見草玄名。

## 送郭青宇年兄參藩巴蜀

清朝出入有輝光，直道南仙燕燕茫〔二九〕。瓊樹甫依塵夢破，驪歌忽逐劍雲長。星連玉壘雙旌度，天近巴江一棹翔。怨別自今千里外，美人伊思在西方。

殊方幾載嘆離群，忽漫相逢又送君。萬里江湖龍劍合，一尊風雨薊門分。峨岷迥出天連雪，棧閣平臨馬度雲。蜀相威名應不負，他時消息好相聞。

## 送董兵備衡水

春風絳帳杏花香，忽漫移旌燕燕忙。虎竹光分漢殿曉，驪歌聲逐楚天長。衡陽青入囊中草，湘浦蓮生匣裏霜。桃李陰陰頻悵望，蚤馳玉節五雲鄉。

帝城南望楚江開，捧檄人看日下來。萬里春光明使節，千年王氣接金臺。雲連湘浦雙星渡，天盡衡陽一雁回。今日長沙同內地，逢時真羨洛陽材。

## 送史聯岳册使代藩因將母還閩

帝里分茅萬國開，詞臣銜詔出蓬萊。雙鳧六傳雲中下，大輅龍旂天上來。自奉潘輿臨代寶，旋從北岳望南台。還家上壽釀春酒，携得金莖奏一杯。

廣野南來盡漢宗，薊門西去覓堯封。黃塵古戍穿狐塞，白草連天合雁峰。攬轡朔雲驕駟牡，鄉心落日在芙蓉。更將班母饒家慶，家慶原從天上逢。

## 送吳曙谷冊使楚藩便道省母墓告贈典

薊門遥入楚天長，江漢諸姬近帝鄉。八桂封疆開赤社，千秋屏翰屬金湯。草青鸞輅回鸚鵡，日射龍旌下鳳凰。此後詩風多楚調，爲憑太史問瀟湘。

冠蓋君恩許晝游，皇華歸路楚雲稠。片帆影挂三湘雨，五月江寒一劍秋。欲采白蘋羞俎豆，更持黃紙到松楸。獨憐尺素經年隔，目盡南天北雁愁。

## 送王忠銘老師致政南歸

撫城客夢滿江干，矯首風塵戴鶡冠。三禮只今虛玉帛，百年吾道付漁竿。蛾眉老盡難銷妒，鳥路歸來始就安。見説故鄉庾嶺近，欲因梅發寄加餐。

炎方窮海鎮王封，海上羅浮四百峰。廊廟久拚諧鹿豕，山林翻自得夔龍。東南王氣行邊盡，西北浮雲晚更重。十畝方塘三徑竹，一歸終藉主恩濃。

五羊界外古南荒，萬里遥遥下粵鄉。國難中原頻羽檄，時違吾道只滄浪。天連象郡蠻烟黑，地盡珠崖海氣黃。此日殊邦真樂土，正堪避地着荷裳。

舊國山川一望無，海天不盡嶺雲孤。白鳧雨雪爲誰急，黃鵠天風快自呼。嚴瀨一絲真擬釣，陶門五柳正堪娛。浮生去住如流水，搖落滄洲識故吾。

## 出郭紀游同葉郭楊三太史

風烟漠漠芳原外，乘暇恣尋遠世氛。草樹春深飛緑雪，澗田日暖濕青雲。長江濤落中原在，孤嶼亭高楚望分。塵土衣冠成底事，滄波空羨野鷗群。

## 齊修吾王孫群鷗館

秦淮城下控藍橋，邸第藩中切絳霄。地僻烟闠開蜃市，丹流飛閣倚虹腰。一簾帆影時依座，十里江門欲上潮。好禮王孫邀過暑，雪宫寧復爲齊驕。

淮南叢桂俯滄波，小築城隅獨寢歌。夾岸亭臺天上下，截流畫舫鏡中過。千家落照翻鷗鷺，六月飛寒散薜蘿。想見幽扉開士坐，慧光常遍古恒河。

## 過雁門李將軍廟

關山馬道亘三邊，破虜將軍不記年。草暗黄塵迷古渡，雲開紫岫插胡天。不聞拊髀塵明主，空憶藏弓吊昔賢。遺廟丹青猶出塞，旌旗閃閃鼓填填。

## 過雁門吊李武安

群山萬壑眺中開，指顧防戎漢將臺。夜月猶寒血戰壘，危樓時聽角聲哀。峥嶸畫壁丹青壯，慘澹陰風鐵騎來。吊古千年懷遠略，登高不覺罷銜杯。

## 挽孝子杜蕙册某

任丘原上草離離，千載重沾杜孝悲。青笋夜餘烏鳥泪，白楊啼老杜鵑枝。河山宅里分天藻，雨露松楸護愛思。華表歸來應自慰，于門駟馬躍明時。

## 挽侯太和代作

悲風蕭瑟白楊秋，遠道長天黯自愁。萬里河山歸故骨，九原霜露閉松楸。玄亭儒雅餘新草，漢署風流失舊游。賦就《招魂》招不得，西河落月正悠悠。

## 毛節婦

一自釵飛失鳳儔，甘心白髮誓同丘。悲風黯落崩城〔三〇〕泪，寒日難消化石愁。已共萱堂魂渺渺，獨餘蘭澤慶悠悠。行人陌上瞻華表，千古清操咏《柏舟》。

## 王烈婦

凉風一夕下梧岡，烈婦高名震帝鄉。擬向松筠留節操，豈將蘭蕙惜芬芳。月明環珮歸貞夢，操絕琴弦識斷腸。旌典即今崇棹楔，百年彤管紀幽光。

寶婺俄沉帝里驚，從夫不數《柏舟》清。百身可贖千行泪，一死寧寒百歲盟。日月并留鷥冢鏡，泉臺時咽鳳簫聲。剩看地下絲綸寵，終占河山骨亦馨。

## 挽張太夫人

合歡樹上雉朝飛，慈母山頭烏夜啼。屺岵瞻來獨不見，蓼莪恨處半難題。黃泉豈識春風面，紫誥空憐蔓草萋。朝暮望還長已矣，亂雲愁殺太行西。

## 華亭盧文宇道丈九月枉吊敝廬

秋庭風木鎖苺苔，天外金蘭夢忽開。離索幾年和泪到，馳驅千里共愁來。青尊皓月不能舉，白雁黃花莽[三一]對哀。懷抱未申仍遠別，河橋江樹兩悠哉。

## 哭亡弟新命

雁行天際惜中[三二]分，望望鄉關哭斷雲。已見扶輿返故里，忍將拭泪拾遺文。霜寒楓葉悲秋盡，日落空山見夕曛。咏罷脊令愁不寐，更堪砧杵月中聞。

## 游七岩廟

飛狐塞外指遺丘，儼祀來茲春復秋。化石溜前猶是泪，磨笄山色至今愁。靈宮徑轉孤峰靜，古樹雲封小洞幽。向夕重岩流皓月，更疑環珮夜深游。

## 登釣臺寺

閑登初地不勝情，縹緲諸方儼化城。山色遙連荒甸晚，波光時與釣臺清。雲雷梵壁僧鐘斷，星斗虛檐鬼火明。未了機緣尤闃寂，擬從此處學無生。

## 游開門峪同鄭毅老賦

懸崖萬仞費躋攀，岩洞參差杳靄間。晴日溪流蒼石碧，天門鶴唳白雲閑。虬藤古木涵無際，明月清風靜自關。待得他年婚嫁後，拂衣此地洗塵顏。

## 八月過雁門雲際泉

仄徑空懸望外微，蒼然平楚點征衣。雲間翠色千峰滿，澗底泉聲百道飛。露重寒林楓欲墮，秋深絕塞雁初歸。高山流水無人會，落落朱弦只自揮。

檻外平溪澹不流，坐來飄[三三]緲雲飛樓。沙寒古戍征車度，天盡祁連過雁愁。山色遙連睥睨晚，砧聲早報塞原秋。天涯知己憑誰在，不擬人間說壯游。

## 燕子磯

江頭磯石燕來翔，磯下江濤練去長。翠浪兼天浮遠岫，白茫移樹失孤航。靈宮下瞰蛟龍伏，危閣平懸鷺鷥張。今古廢興流不盡，六朝芳草自斜陽。

## 觀音閣

芙蓉千片鎖僧寮，斷壑松風卷綠濤。壁削倒看鳥雀下，江清返照黿鼉高。空中佛日搖金刹，鏡裏慈皇[三四]現玉毫。欲叩真誠何處是，蘆花楓葉正翛騷。

## 清凉臺

山上高臺臺際天，天風吹我上臺巔。乍從泠泠清虛界，下見茫茫火宅緣。虎踞龍盤猶王氣，六朝三國已寒烟。豫愁燒劫人間世，絕頂匡床效四禪。

## 秋日同張明寰韓象雲登報國寺閣

化城樓閣鬱蒼蒼，徙倚諸天覽下荒。樹擁晴峰窺色相，雲開落日澹圓光。金田上界花千品，繡佛清齋酒一觴。縹緲凌空時眺聽，梵宮松磬正微茫。

招提一上遂初衣，野帶長雲送夕暉。古殿月寒清磬遠，帝城砧斷暮鴻歸。不花五葉開金界，無盡千燈上翠微。極目關山雲霧裏，惟聞天籟發清機。

### 天界寺同葉郭陳三老先生觀玉蘭

寶地尋芳結駟來，瓊葩作意向人開。似將寂照雙林相，幻出圓光九品臺。妙淨可同水月觀，幽香莫當雪梅猜。明明祖意君知否，無影靈根世外栽。

白雲堆上涌花神，巧作禪林物外春。澹韵似譚無相法，清香如現淨明身。霜球不共春風散，玉露常隨皓月明。八萬四千華座想，依稀蓮社可歸真。

冰綃爲帶玉爲裳，洗盡鉛華出淡妝。片片各成銀色界，枝枝交放玉毫光。春晴忽訝雙林雪，隔院時聞百和香。三臭可堪通鼻觀，還應采獻法中王。

# 五言絕句

### 開門峪〔三五〕

雲樹鎖千山，聲流響佩環。側身禁下界，落日鳥飛還。

# 七言絕句

### 館樂南王先生園臺晴望

細雨輕風苑樹斜，綠雲稠坐萬寒鴉。須臾佛繡來晴翠，疑是文殊散法華。

高臺一曲奏微醺，半繞梁臺半入雲。塵淨雲收華雨足，園林山色兩氤氳。

雨霽高臺萬象妍，四山霞起鬱〔三六〕藍天。朔風南雁攪人去，一片鄉心落日邊。

軒前山色入杯平，檻外林花趁眼明。何用乘風尋汗漫，人間亦自有蓬瀛。

## 飲杜景吾園中即事

玉李緋桃爛熳新，禽聲嬌送上園春。看春不解留春住，獨喜青尊不放人。

## 書新嘉驛松風亭景

院外時時車馬填，院中寂寂百花妍。小橋曲徑通幽處，却似郵亭一洞天。

風入青松策策語，松過清風不知處。倚欄日暮客愁新，縱有松風吹不去。

## 晚發羊坊口即事

塞外沙風行應急，郵城燈火夜來遲。生憎一片銜山月，不爲征人住少時。

## 廣武站館夜即事

塞北逢春不是春，寒燈客夜轉愁新。生憎孤館風吹戶，厭見他鄉月近人。

春光原向邊庭少，寒色偏從客裏多。鄉夢南風吹不斷，直從朔月下滹沱。

## 金陵三年考滿北上時多士擁送江口雨泪難分愧余無以當之

南來吾道已三秋，多士如雲擁去舟。何處相看歧別泪，滿天風雨急江流。

## 自大柳至池河山頭即事

嶺上白雲隨潤合，溪邊黃葉逐風飛。三千客路無長物，只帶江南秋色歸。

## 見道旁滕薛孟堂〔三七〕碑

戰國山河世代移，蕭疏今古不勝悲。千年滕薛田文事，一片夕陽殘照碑。

## 過李牧祠

七雄割據日尋兵，得寶何如得士榮。一璧勞歸遺頗牧，趙王寧解重連城。

津亭夜寂涼風發，嘹唳天高秋雁没。旅況騷人眠未成，塞雞啼破前山月。

## 王奉祠

岩前古廟枕寒流，勝日尋芳事事幽。夜静禪關無客到，白雲明月兩悠悠。

## 沙村仙人足石

一片清紋絕點埃，何年羽化踏天台。夜潭倒上東山月，猶似仙翁飛步來。

塵中着足應無地，石上飛空別有天。莫怪荒祠絕剩迹，不移一步即三千。

## 仙姑塔[三八]

化城城外鬱蒼蒼，塔院殊光舍利藏。試把遠山岩下指，千家村郭水雲鄉。

**校勘記**

〔一〕"太"，雪華館本作"大"。

〔二〕"鈌"，雪華館本作"缺"。

〔三〕"珮"，雪華館本作"佩"。

〔四〕"岐"，雪華館本作"歧"。

〔五〕"圻"，據雪華館本當作"折"。

〔六〕"猶"，雪華館本作"狷"。

〔七〕"溜"，天啓本、雪華館本均作"溜"，依文意當爲"榴"。

〔八〕"鑒"，雪華館本作"覽"。

〔九〕"虎"，據雪華館本當爲"簏"。

〔一〇〕"穎"，天啓本、雪華館本均作"穎"，依文意當爲"穎"。

〔一一〕"先"，雪華館本作"前"。

〔一二〕"洽"，雪華館本作"合"。

〔一三〕"刑"，雪華館本作"型"。

〔一四〕"岐"，雪華館本作"歧"。

〔一五〕"楊"，雪華館本作"揚"。

〔一六〕"音"，據雪華館本當作"爾"。

〔一七〕"慷慨"，雪華館本作"慨慷"。

〔一八〕"冷冷"，雪華館本作"泠泠"。

〔一九〕"襌"，雪華館本作"襟"。

〔二〇〕"瑎"，雪華館本作"階"。

〔二一〕"柱"，雪華館本作"拄"。

〔二二〕"舟"，雪華館本作"洲"。

〔二三〕"龍"，雪華館本作"隴"。

〔二四〕"還"，雪華館本作"狂"。

〔二五〕"還"，雪華館本作"圍"。

〔二六〕"摧"，雪華館本作"催"。

〔二七〕"搏"，雪華館本作"搏"。

〔二八〕"永"，雪華館本作"乑"。

〔二九〕"茫"，雪華館本作"忙"。

〔三〇〕"城"，雪華館本作"成"。

〔三一〕"莽"，雪華館本作"相"。

〔三二〕"中"，雪華館本作"由"。

〔三三〕"飄"，雪華館本作"縹"。

〔三四〕"皇"，雪華館本作"曩"。

〔三五〕天啓本未收此詩，據雪華館本卷一補。

〔三六〕"鬱"，雪華館本作"蔚"。

〔三七〕"堂"，雪華館本作"嘗"。

〔三八〕天啓本未收此詩，據雪華館本卷一補。

# 傅文恪公初集卷之二

## 登瀛賦

伊文皇之創運兮，開奎壁之文昌；譽周髦於薪樗兮，攬虞旌以明揚。集群彥於西清兮，擬海闆之仙鄉。肇錫名曰登瀛兮，軼徽躅於盛唐。徒觀其地勢，則龍沙開址，離火分基；左掖西洞，右掖東垂。環沔彼之流水兮，接太液之長陂。籠金馬於雞樹兮，落芸香於鳳池。鱗次翼張以岑立岳峙兮，翕艴殿埏而穹窿蔽虧。爾乃曼以玉堂，映以朱閣。攢雲棟以交輝，引綺窗以相薄。星辰出納於戶牖，虹蜺縈帶於軒廓。龍欐斜墜乎翔鴻，藻井倒垂乎蓮蕚。黔日翳而罘連兮，曤天開而中落。其內則石儼龍嶠，池開鳳液。紅霞萬重，雜樹億尺。不霽而虹橋飲渚，未雨而龍藤挂石。夾苑霏〔一〕雲而峙瓊，中亭倚天而聳璧。古槐交路以翼檻，翠柏森挺而撐戟。丹鶴翾躚而唳霄，神瀵涌璣而漾碧。其外則面長安之軏市，對宮闕之嶙峋。韵曉鍾於長樂，瞻翠華於玉津。東望則碣石抱海，南望則沙磧連雲；西望則山斷爲块，北望則瑞闕鋪雯。故其爲勢也，擬其爲狀也。氳氳爓爥，繹繹躑躑。嵮兮峩峩，屹兮言言。遠而視之，峻嶒東璧，岌嵑西昆，象圜海之浮蜃闕兮，燭龍耀而朝日燉。迫而察之，螺黛煒繪，仿佛水原，左蓬萊而右方丈兮，拖員嶠而嗡溫源。乃有蘭臺石室之英，賈馬雲屯，曹劉麈〔二〕至。齊韵開襟，鳴玉飛翠。向文囿以前驅，繹琅函而潛志。圖書載暇，纓弁以序。爰居爰處，爰笑爰語。雲霧披兮鴻鵠舉，登玉巒兮撫金渚。步苔岸之瀠洄兮，藉松埃〔三〕之積阻。驟驛〔四〕冲情於月道兮，飛峻賞於烟嶼。懷水鏡而神虛兮，指山楹而容與。若夫東風吹綠，粉署飄英。春日載陽，有鳴鶬鶊。御溝冰泮兮聞流水，宮柳烟籠兮見早鶯。眺碧樹之環合兮，羨紅草之交生。似陟招搖之艷燦兮，踐相緜之翕頟。向春之末，迎夏之陽。游鱗作陣，蛺蝶穿芳。眉黛遠橫兮雲外岫，花堤夜送兮月中香。爐烟風平於午篆兮，雨雷池增乎夕凉。似徜祥乎招拒[五]之館兮，游覽乎雲峭之方。至如金風扇節，玉露彫林。悲商叩閣，白雲依岑。曉署色沉兮燕市月，暮鴻聲斷兮漢宮砧。望天高而氣清兮，橫秋水而澄襟。似徘徊乎鞠陵之阻兮，翺翔乎禺貉之涔。又如雲屯歲暮，雪綴庭柯。虛室生白，銀浪翻波。九衢皓色兮來雲閣，雙闕寒光兮度玉河。望西山之爽氣兮，廣陽春以載歌。似弭節竪亥以容與兮，驂駕乎晏龍以婆娑。其他若綠帙奇函，紫臺秘典；燕尾香緘，魚頭彩篆。廷箎奎揭於芝柄兮，敬[六]一星懸乎瑶扁。依稀乎蕊宮琳闕兮，想像乎風樞星瑑。故其地閒境寂，闃絕情幽。可翔木羽，可晏浮丘。可使琴高乘鯉而戲，可使禦寇御風而游；可召安期於蓬海，可降偓佺[七]於滄洲。誠哉詞林之玄囿，允矣藝苑之丹丘。豈徒搜羅乎篇章之圃，馳騖乎雕縟之區而已哉！

亂曰：於昭天禄人文煥兮，樸械造士開東觀兮。海上仙山卿雲爛兮，欲往從之矯飛翰兮。聖有謨訓琳瑯燦兮，爰誓矩檗守勿玩兮。

## 周年伯母贊

雲洲發祥，芙蓉敏[八]秀。有婺其星，亶於名胄。宜配君子，鐳[九]鳴和鸞。聿修婦德，以奉匜槃。堂有樹諼，敬共晨夕。展也婆婆，申之翼翼。既稱鴻妻，亦曰程母。紹芳織丸，勤佐羊柳。羽化待期，怒焉如遺。杯棬猶在，風木增悲。綸綍自先，貤恩錫號。中道期頤，何榮何悼。於穆慈儀，儼然見之。九原可作，象服在兹。

## 長者之言

論曰：事有衆人詫之以爲難，而達人信之以爲易者；有下士笑之以爲易，而哲士覷之以爲難者。東漢之劉昆治江陵、守弘農，有反風、却虎之異。帝問何德而致是，曰：“偶然耳。”左右皆笑其質訥。帝嘆曰：“此長者之言也！”顧命書諸策。自今觀之，江陵、弘農之政精誠變天地，而德化驅猛獸，豈不震世誡[一〇]俗，高出建武諸吏之上也哉？要之至誠動物，宇宙間原自有此理。彼東郊之起禾，枝江之宿衛，乃天人感應之常，無足怪者，則是反風滅火，却虎渡河，猶未足以爲難也。乃若所最難之難者，則機不過方寸之間也。而其飄忽震蕩也，疾於風；其焜耀炎灼也，烈於火；其張憤憍虛、悍突怒暴而不可控馭堤坊[一一]也，猛於虎，險於河。此何物耶？孔之所謂“驕吝”，老之所謂“態色”，宋儒謝上蔡所謂“十年除不得之一矜字”也。故《書》戒殷士，驕盈惡終。而《北山》之“我從事獨賢”，左丘釋之曰“不讓善也”。終春秋之世，稱勞而不伐者，僅孟之反、郤伯、范樂數人而已。以趙鞅之賢，而矜能於戚戰，其下遂皆不讓，蓋功成之難居如此。況乎卓迹异政，驚徹天聰，不難降色前席而問，此宜誇矜見所長。而穆然置對，若無若虛，此其冲襟大度，奚啻吞雲夢八九哉？故明主聽其言，瞿然异之曰“此長者之言也”，則以其不自言也。夫不自言也，而人代之言，有貴於言者矣。鬻千金之璧者不之於肆，而願觀者塞其門，觀者嘆息而主人無言，非不能言之，知言之無加也。脫也不幸而坐於五達之衢，呶呶焉自以爲希世之珍，過者不顧，執其視而强觀之，則其所鬻者可知已。粵稽兩漢所載，若周勃之少文，萬石之躬行，直不疑之賞[一二]金，丙吉之保恩，馮异之大樹將軍，皆所謂不自言而人爲之言者。固是劉桓公一輩人，彼上林嗇夫，喋喋利口，從風而靡，君子奚取焉？雖然，長者之所由稱，非僅僅質訥之一節而已也。有而不恃，功成而不居耳。語之不明，爭之愈勃。名之乃驚，不語不爭。無所事名，忽忽冥冥。吾事已成，捐若蛻輕。昔人所謂不動聲色而措天下於泰山之安者，皆此質訥之長者也。若其中本無所有，而外第唉唉焉口不道一詞，此木偶而衣冠者耳。不則藏巧以拙，飾點於癡，圓輕熟滑，以媚鬻於世，如胡廣之中庸，味道之模棱，馮道之長樂，非惟無益世也，且滋之害。此梟質而鳳鳴，野干[一三]其中而蒙以白澤之革者也。嗚乎！今世何處而無是長者也哉？嗚乎！斯世何樂而有是長者也哉！

## 讀衛霍李廣傳

　　史氏褒貶大法，固以微顯闡幽爲尚，然須按名實、準道法而不以己意於其間，乃可以信今而傳後。惜哉！史遷之汩於事辭也，吾觀其傳衛、霍、李廣蓋有三失焉。夫衛、霍戰功夥矣，竊意當時決奇制勝之策，必有魁奡[一四]可指數者，遷皆沒不書。於李廣則纖筆其解鞍射虎瑣事，如此類甚衆。詳略乖剌，一矣。定襄胡盧諸捷，皆累而後進，積而後書。止見之敘功詔中，若不得已然者。乃獎詡猿臂將軍，津津口出也。好尚偏枯，二矣。李廣非數奇矣，兵志、步伐，周武所不敢廢，廣一切棄之，與軍士爲簡易，夫安得不敗？敗而虜，虜而脱，脱而法，法而贖，不輿尸於匈奴，幸也。《天幸》《無稱》之論，正足了廣一生，而遷反橫加之於衛、霍。予奪顛倒，三矣。人言遷自悲憤世故，往往齮齕功顯之士而左袒厄窮，進退求之，名實皆爽。惜乎！不以道法準三子，而猥惟己意軒輊也。昔者周宣之時，薄伐獫狁，止於太原。晉厲公於楚王爭鄭，欒書欲乘其隙，范文子請釋之，以爲外懼。豈方叔不能爲姑衍瀚海之烈，而文子避敵玩寇哉？《春秋》之義，戒於窮追；完師之效，加於克捷。忠臣爲國，所全者大也。今夫三子者，吾知其博萬户侯耳，戰益數，功益高，匈奴之寇日益深而帝之心日益侈，征南越、伐朝鮮、討西南夷，戎狄之禍訖武帝無寧歲。啓之者三子也，成敗不同，其窮兵摭釁之罪一耳，何暇置優劣於其間哉？雖然，衛、霍也黷，其雪平城謾書之辱，不可廢也；廣也專，其白首殉身匈奴，不可廢也。按名實、準道法而論之，功罪不相掩，可也。

## 《授時》曆法考

蓋嘗讀《書》《易》而得造曆之旨焉，《範》四疇協用五紀而革之，《象》曰"澤中有火，革。君子以治曆明時"。夫協之爲言合也，曆數之居於紀末，其合之一也。顧人之歲功不能與天合，天之歲運不能與人合，而天人之合又有時乎？不合故不得不卦之以革。夫其革也，乃所以爲合也。曆未有不合而弗革者，亦未有歲久而常合者。三五無論矣，秦漢而降，曆法之變無慮數十家，而其顯者有三：《太初》以鍾律，《太衍》以蓍策，《授時》以晷景，而《授時曆》挽〔一五〕出猶著。説者謂諸家皆爲合以驗天，而《授時》獨順天以求合，故其法最良，其行最久，稱曆之佳者焉，而迄於今亦不無一二之訾議者。嘗核其始末，蓋元用金曆，歲久浸疏，許、郭承命爲之。而當是時，守敬於曆象特精。守敬之言曰"司天莫大於測景，測驗莫先於儀表"，前代諸家制多未協，於是創以意爲之。法之有簡儀、仰儀及諸儀也，以測景也。天樞附極不動，昔以展管候之；天體正位北辰，昔以渾天象之：終未其〔一六〕的。法之有玲瓏、候極儀也，以測樞體也。矩方測員，欲合實難。法之有仰觀儀也，以圓求圓也。經緯儀象，連終〔一七〕不動，四方運轉，度分燦然。法之有新儀、立運儀，齊七政也。日有中道而月有九行，表高景虛，四象非真，厥驗在於交會。法之有景符、証理儀也，窺幾日月舍〔一八〕儀也，慎朔望辰、房之次也。天有赤道，輪以當之，兩極任[一九]昂，標以指之。法之有星晷、定時儀也，稽二至之分也。猶未也，尋又取表梁之中景，參二至之同異。上推往古，每百年長一分；下推將來，每百年消一分。而中星夜半之衡距，從[二○]當毫杪無爽。以至元辛巳爲曆元，而以上古冬至之日，日月合璧、五星聯珠爲上元。法之有驗氣也，歲餘歲差，日躔盈縮也，正劉宋祖冲之、劉洪、虞喜、宋承天、姜岌、張子信、趙道儼、劉焯諸人之訛也。蓋其攟摭也廣，故其法備；其鑒裁也精，故其矩協；其規布也周，故其傳遠。上推春秋，下貽來季，斯亦容成以來所未睹者已。迄於今也，則有年遠漸差，積分宜改，如元統所云者；日報食下六十七杪，而閩廣之地乃睹日，如周編所疏者；冬、夏至晝夜六十一刻，如正統十四年之所紀者。豈《授時曆》至是乃不善哉？蓋聞數者舉一絲而三分之，窮之而至於忽微，纖杪則必有一之不可通者焉，法之久而不能無差也，其數之不可通者也。今欲盡仍其故，如楊編之説，誠無當於革之義。第稍稍摘其不合者，詔延四方通知天文之士及選疇人子弟中諳曉本業、善於書算者，令於冬至前詣觀象臺，參酌考定。日食不效，更考日度可也；斗分有差，更定密率可也；五星疏遠，更驗星躔可也。而或者因一事不中，乃欲盡掃前法、逞己臆，無乃《非書》之所謂協乎？抑愚又聞之有曆數，有曆理，《戴記》曰"至人有國，則日月不食，星辰不索[二一]"，而朱子曰"王者修德行政，用賢去奸，使陽常勝陰，則月常避日，而不食"，是又凝承曆數之本也，而又豈盡之《授時》之陳迹也哉？

## 日月交食説

或有問於予曰："日月食之，爲天變昭昭矣。乃其交食之故，古今星曆家雜言之，而卒不得其一照，則孰爲正？"

應之曰：“子亦知日月之所以分明乎？不知日月之所以分明，則不知日月之所以合食。蓋昔之論月者曰：‘月本無光，受日之曜乃光。’信斯言也，日與月遥對幾億萬里，照且能曜之使光，而況月與之同度，反能掩其光乎？論日者曰：‘日衝有暗，大地之影即暗。’信斯言也，暗影之大於月，當不下幾百倍，則凡食月必既，必經夜而後可，乃何止於時刻分度之間乎？愚嘗以二説求之於日月食，終有所不通者。竊以爲月自有光，而月之光非日曜也；日自有暗，而日之暗非地影也。顧月有光而光生於魄，日之受食也，正當其魄時也；日有暗而暗含於明，月之受食也，適值其暗衝也。難者曰：‘月魄爲水，水之體黑，是安取光？而日明萬古，又何處有暗？’是大不然。凡宇宙間之理，陰陽互根，闔闢互用，未有陰自陰、陽自陽者。月之魄本純陰，于卦爲坎，而坎中有先天一畫之真陽，故爲陽之母，明漸生焉，厥象玉蟾。日之體純陽，於卦爲離，而離中有後天一畫之真陰，故爲陰之父，暗虛含焉，厥象昴雞。凡二曜之合璧者皆陰地也，而交食者皆陰勝也。陰中之陽未生，而以其陰體適加於離之外爻；陽中之陰對衝，而以其暗虛偶射於坎之中爻。是以精祲蕩焉，薄蝕生焉，分則各自爲明，合則交相爲暗，當合而合則爲晦爲常，不當合而合則爲食爲變，故必知其所謂明而後知其所謂食，必知其明之分而後知其食之合也。然余又聞之，易象、箕疇所云天人感召之，故桴鼓不爽，故變不虛生，惟人所致。有道之世，則當食不食，蓋人定而天從之矣。豈徒諉于陰陽、貞勝之數哉？後世直付之一星史耳，奏鼓用牷，曰：‘是固然而姑然。’推驗咎徵，曰：‘是適然而未必然。’嗚乎！其亦弗思也已。雖然，人知天變之交食，而不知吾心之交食；知致警於爲治，而不知致警於爲學：此猶未足以語觀象玩占之旨也。夫日，乾陽之精也，吾人之神像之；月，坤濁之精也，吾人之氣像之。若乃狂燥暴率，其熱焦火，則志壹動氣，而吾心之皓月障矣；委靡倦疲，其寒凝冰，則志不帥氣，而吾心之皎日昏矣。交而養之，使純陽無陰而萬里明净，此道家之玄訣、釋氏之上乘，而亦吾儒之一貫也，深乎此理者當自得之。"

## 原　命

孔子曰："不知命，無以爲君子也。"故儒者之上達，率以了性達命爲深造。吁！命豈易言哉？吾聞之吉凶禍福壽夭，其終之相去奚啻九牛毛？然而皆歸之於天，則命爲有定。然古訓之言福善禍淫，惠吉逆凶，仁壽暴夭，率由人感天應，則命爲無定。至於顔之短，牛之疾，跖之壽，厄孔孟而縱癸辛，茫乎莫得其解也，則命之又若有定若無定。有定令人怠，無定令人覬，若有定若無定，又令人疑且懼，然則命終不可言乎？雖然，嘗試言之，即吉凶禍福壽夭之謂命，妙吉凶禍福壽夭之謂命，超吉凶禍福壽夭之謂命，語有之"天地爲爐，萬物爲銅，陰陽爲炭，造化爲工"，自二儀之混闢以及於萬象之成壞，咸爲有力者負之而趨，人何爲獨不然？故曰即此之謂命也。趨避生乎執一，説在塞翁之失馬也，哀樂起于迷惘，説在驪姬之入晉也。吾安知夫凶之非吉耶？禍之非福而壽之非夭耶？故曰妙此之謂命也。造化本無工，而人生自造化。云云[二二]者之不齊石火乎？電光乎？爾古之所謂齊萬物、凋三光者果何物？故曰超此之謂命也。即[二三]，故可方之逃雨而等之落葉，知其無可奈何而安之，則知命矣。惟妙，故一[二四]大毫末於泰山，壽殤子於彭祖，知死而不忘，則知命矣。惟超，故朝徹而見獨，知先天之寂寥也，而物主之不凋也，則知命矣。小人則不然，惑之深，求之篤，得之喜，失之悲，卒流於衡命、刑戮之歸，而爲造物所竊笑，甚矣哉！其不曠於命之大原也。嘗謂[二五]之言曰：有定無定、若定若不定者，以數言也。即之、妙之、超之，以理言也。小人之行險以邀倖者，貪於數耳。君子言理不言數，《易》曰"窮理盡性，以至於命"，其斯以爲君子矣乎？

## 東倭請封暨西南播緬夷情問對

客有問于予曰："蓋聞有道之世，守在四夷；馭夷之策，義止羈縻。故有服而示惠，亦有叛而興[二六]歸。九夷八蠻之通道，在明王所必綏；而青丘丹浦之除逆，即上仁所不遺也。歲自壬癸以來，中外多虞，豐極而圮。倭奴跳梁，播、緬踵起。屬者東寇有乞封之疏，而西南侵盜不止。當事之臣或請封而與之更始，或請剿而不忍坐視，胡爲朝論喷喷，一彼一此？"

予應之曰："唯唯，否否。若客所云，所謂見其小不見其大，通其利不通其害，苟偷旦夕之安而坐失事機之會者也。凡善謀國者，事必稽其所終而處悉要於至當，知彼知己，兵家所向[二七]。不料敵寇之情而苟且處之，未有不[二八]得不償喪者。客亦知倭情之所向乎？夫倭始錯師於平壤、王京也，艫舶千里，縈縈不絕，蓋將劫其國王爲我間諜已。於是道義州則海防梗，觸遼陽則東臂徹，指登萊則內地震，犯天津則糧道折，此驕詐之情也。不虞王朝之師，唇齒相救，縮慄蹙項，竄迹釜岫。戰則慮客主之不敵，守則憂隙釁之伏搆，來則懼中國之搗其前，去[二九]恐朝鮮之議其後，此窘隘之情也。既而碧蹄之役，虐焰再[三〇]張，豺凶未伏，豕心益狂。以釜山爲芻牧，資禾稼爲糗糧，視朝鮮爲屬國，襲僞號爲天皇，此囂凌之情也。經略者既不能於驕詐之時折其萌熾，又不能於窘隘之時震其顛墜，而欲當彼囂凌，給以封賜，親於吾身，可幸無事。在我之封不爲恩，猶城下之盟；縱彼之請出於衷，亦防求之志。而況請封不已則請貢，請貢不已則甚且和親，如或者所云，後來桀鶩窺伺之禍又何所不至乎？余以爲今日除自備之外，則鼓舞朝鮮與之犄角，彼倭奴必不能挺鈹揩鐸，久迫處此，以與我較也。」

客曰：「如子之議倭，則封貢非而戰守急矣。今西南播、緬之議征且剿，何异斯旨？」

曰：「此又不可。今國家設土司以控番夷，此用狼制狸法也。約取羈縻，王化不齒，叛何足嗔？馴何足喜？但使其不爲吾民害而已。應龍之罪，其初不過齟齬桑梓，聽者不察，郵傳醜語，挺而走險，計出避死耳。且其巢窟峭壁插天，周遭屹峙，霧集蒙合，不可響[三一]邇。必欲草薙[三二]而禽獮之，盡根株痛斷乃止，恐困獸之鬥漸成不軌，非策之美者也。至於緬徒，僻遠階[三三]西，蟻穴箐筤，鑿齒雕題，且富有水銀坑冶，青綠紫泥。蓋自岳、罕讐，毒蠻莫是以鑣軼角觝，非真有所侵盜，壞防決堤也。我已執訊獲醜，取彼鯨鯢，其餘雷驚鳥駭，烟散溪迷，而不可端倪矣，無更煩中國之鼓鼙也。余以爲此兩者，在應龍，則宜赦其夙負，責其自輸，以開使[三四]過之路；在緬夷，則宜檄示土司，謹其控縻，以杜隙釁之基。何亂之能爲乎？要之今之東倭，虎狼也；播，麋鹿也；緬夷，蠥蠱也。虎狼入疆，力斃之而後無虞房墻；麋鹿在囿，惟寬之而勿令逸亡，蠥蠱有毒，但遠驅之，自無所傷。處以一概之術，輕重恐失所當。今之司封疆者，於倭寇則必欲封之以脱罪，於播、緬則必欲剿之以倖功。胡不移其寬倭之意以寬播、緬，而奪其剿播、緬之策以備倭也？則庶幾謀國之忠哉。」

客曰：「善哉言乎！」唯然而退。

## 造藏募緣疏

夫登昆閬之勝者，起培塿於衆山；游溟渤之區者，藉拗塘於群澍。是以真空無像，非像教無以譯其真；實際絕言，非言緒無以筌其實。牢萬劫之羈鎖，盡是迷情；破三途之業因，全憑佛法。我大覺世尊，開圓明之淨域，啓方便之法門。大乘小乘，逗根機而演教；中字半字，逐權實以敷文。錦雲騰第一義天，玉浪漲真三昧海。身則圓明普應，若月落百川；音則稱物普聞，若風吹萬籟。始於鹿苑。以四諦爲言初；終至鶴林，以三點爲圓極。馥檐蔔而無异，鳴迦陵而不殊。說法四十九年，教典五千餘卷。自秦景西使，遠傳天竺之文；摩騰東來，近翻震旦之語。於是金版銀繩之録，既盈閣以牣房；龍韜象秘之文，復充車而被軫。成佛作祖者，固大汎般若之船；解苦除煩者，亦暫臻清凉之地。誠哉險道之夷磴，暗室之凝釭，度疫之仙丸，出苦之神馭也。顧多羅樹遠，攝持之文甚煩；而法王幢高建構之資不易。有上人某者，禪門龍象，釋侶鴛鴻。微言興咏於真丹，高韵上聞於太紫。朝經暮唄，銖累寸鳩。發大願，誠弘衆[三五]。利益共成，義舉須藉。諸方凡國將，凡宰官，凡居士長者，念此皆爲應身；或金錢，或布粟，或纓絡寶珠，念彼原非己有。灑功德水於覺海，雖涓滴而常流；植菩提種於福田，即勾萌而必達。矧造經之善業，猶六度之上行。宣銀鼓於寶坊，心燈夜炳；轉金輪於香地，意蕊晨飛。可謂香中蓺其牛頭，華中采其靈瑞，水中飲其甘露，食中啜其乳糜者矣。嗚乎！盧敖北遭若士，自傷足迹之未廣；河宗東窺溟海，方嘆秋水之不多。所貴得魚忘筌，標指識月。擊珊瑚樹枝枝好，莫守滯文；撤[三六]水銀珠顆顆圓，頓超教意。始得行解相應，直了無上之妙詮；取舍俱非，不落有漏之小果。若乃釘椿搖櫓，膠柱調弦。隨他舌似鸚鵡之徒，借彼眼如水母之屬。惡水潑來成第二，螫乳漫作醍醐；鈍根蹉過問前三，蒼文誤指蟲迹。全背如來金口之所宣，亦非開士募緣之盛意矣。了心居士夙窺斯道，樂種厥緣，故稽首和南而爲之疏。

## 題維摩詰所説經

咄！汝妙喜國浄名太多事，枉迢迢遠遠而來，不瀟瀟灑灑而逝。無端没病呻吟，帶累他文殊師利、諸大菩薩與天帝龍神等不快活去。穩坐家鄉也，煩惱來尋行逐隊。引起無明萬千，説甚法門不二。如來世尊王令不嚴，縱任伊一夥興妖作魅。都該貶向無生□□〔三七〕，令之吞聲忍氣。了心居士□□〔三八〕偶閲此經數葉，□□〔三九〕卷而投之壁櫃。何以故？不合惱亂居士一覺睡。

## 《金剛經》跋語

昔中峰和尚誦是經，至"荷擔如來阿耨多羅三藐三菩提"處，恍然開解。而自謂所證未極，勵精勤苦，諮決無怠。作此見者，止許尋路。六祖聽黃梅演説，應無所住而生其心，遂啓祖言："何期自性？本自清浄。何期自性？本不生滅。何期自性？本自具足。何期自性？本無動摇。何期自性？能生萬法。"作此見者，止許入門。總之，非□〔四〇〕裏一句子也。我有屋裏一句子，請無口人傳説，待〔四一〕□□〔四二〕人聽受。却轉轉授記與中貴曹公嫡骨子孫，是名《金剛般若波羅密經》，功德不可思議。説是句已，於時露柱燈籠旁觀，忍笑不禁："了心居士，汝話墮了也，屋裏一句子亦未夢見在。"

**校勘記**

〔一〕"扉"，雪華館本作"霏"。

〔二〕天啓本、雪華館本均爲"塵"，依文意應爲"廛"。

〔三〕"埃"，雪華館本作"崖"。

〔四〕天啓本、雪華館本均爲"驛"，依文意應爲"驟"。

〔五〕"拒"，雪華館本作"摇"。

〔六〕“敬”，雪華館本作“太”。

〔七〕“儻”，雪華館本作“佺”。

〔八〕“敏”，雪華館本作“敷”。

〔九〕“鑭”，雪華館本作“鏑”。

〔一〇〕“誠”，雪華館本作“諴”。

〔一一〕“坊”，雪華館本作“防”。

〔一二〕“賞”，雪華館本作“償”。

〔一三〕“干”，雪華館本作“犴”。

〔一四〕天啓、雪華館本皆爲“奰”，依文意當爲“壘”。

〔一五〕“挽”，雪華館本作“晚”。

〔一六〕“其”，雪華館本作“甚”。

〔一七〕“終”，雪華館本作“絡”。

〔一八〕天啓、雪華館本皆爲“舍”，依文意當爲“食”。

〔一九〕“任”，雪華館本作“低”。

〔二〇〕“從”，雪華館本作“縱”。

〔二一〕“索”，雪華館本作“字”。

〔二二〕“云云”，雪華館本作“芸芸”。

〔二三〕“即”前，雪華館本有一“惟”字。

〔二四〕“一”，雪華館本作“可”。

〔二五〕“謂”，雪華館本作“爲”。

〔二六〕天啓、雪華館本皆爲“興”，依文意當爲“與”。

〔二七〕“向”，雪華館本作“尚”。

〔二八〕“不”，雪華館本作“尚”。

〔二九〕“去”後，雪華館本有一“則”字。

〔三〇〕“再”，雪華館本作“方”。

〔三一〕“響”，雪華館本作“嚮”。

〔三二〕“雉”，雪華館本作“雊”。

〔三三〕“階”，雪華館本作“皆”。

〔三四〕“使”，雪華館本作“悔”。

〔三五〕"衆"，雪華館本作"象"。

〔三六〕天啓、雪華館本皆爲"撒"，依文意當爲"撒"。

〔三七〕"□□"，雪華館本作"國中"。

〔三八〕"□□"，雪華館本作"燈下"。

〔三九〕"□□"，雪華館本作"未幾"。

〔四〇〕"□"，據下文與雪華館本可知當爲"屋"。

〔四一〕"待"，雪華館本作"及"。

〔四二〕"□□"，雪華館本作"無耳"。

# 疏

## 太子講學疏[一]

詹事府右春坊掌坊事右庶子兼翰林院侍讀等官臣傅新德等謹題：爲恭逢聖誕敬效愚忠，懇祈亟復儲講之規，以衍靈長之慶事。

臣讀《詩》《書》所載臣子頌其君，如《天保》之章“戩穀受禄，萬壽無疆”，如是若可以止矣。而《梓材》篇末又“欲惟王至於萬年，子子孫孫永保民”，亦何其愛之深、戴之至而祝願之無已也哉？他日論三宗、文王之壽始終無逸，後王生則逸，而福算乃不逮四聖遠甚，則知無逸者固養壽之原而祈天永命之上術也。孔子以明王之心法衍而爲賢父之嚴訓曰：“愛之，能勿勞乎？”夫勞乃所以爲無逸，無逸所以能乃逸也。聖明之君以無逸所其身，故一人慶而兆民賴；以愛勞穀其子，故一人良而萬國貞。邦家有道之長所繇本矣。兹者玉露迎秋，金風薦爽。衣冠集闕，閶闔瞻天。同效萬歲之呼，旋致千秋之祝。即周咏克明而克類，漢頌重光而重輪，未有盛於此時者也。

顧群情猶有鬱焉而未邑者，則東宮輟講之多年；而輿望所爲翹焉而快睹者，則皇儲出閣之盛舉也。臣等備員坊局，官以講讀爲名，久欲效其款款之愚。顧惟兹事，閣臣言之，禮臣言之，六部大僚言之，台諫諸臣又連章累牘言之，不啻詳矣。臣等惟謬愚駑鈍，不稱任使，是愧是懼，胡庸越俎而有陳？乃今聖諭久稽，而臣等一念犬馬微忱終難自已，又何敢避冒昧之罪默默而處於此？臣聞禮制，人君之子年八歲爲置少傅，教之書記以開其明。十五置太傅，教之經典以道其志。及乎既冠成人，免於保傅之教，則有司過之史，虧膳之宰，瞽史詩書，工誦箴諫，士傳民語，春誦而夏弦，冬書而秋記。而又妙選前後左右端正博聞有道術者，以旦夕承弼其間。故太子生而見正事、聞正言、行正道，化與心成而中道若性，此虞夏殷周之所以代其[二]哲王也。

夫虞夏殷周其遠者也，我高皇帝甫立皇太子，即建大本堂居之，聚天下之英俊耆碩，俾從容譚説經義，又采經傳格言爲《儲君昭鑒錄》授之，且惓惓於稼穡勤儉之常、鼎彝寶愛之訓。文皇帝又推廣其書爲《文華寶鑒》《聖學心法》，俾日進講，曰帝王道德之方、修己治人之要盡矣。明明二祖，豈不知用安逸之樂哉？以爲東箭貫犀，匪鏃羽不能深入；西金躍虎，必磨淬始利發鋣。故時廑貽哲之謀，而不輟玩時之慮也。

夫二祖猶其遠者也，我皇上初年，經筵日御，寒暑屢更，遂志允懷，緝熙罔間。當時郊廟露禱，蚤朝宴罷，用人行政，批答如流。權獨運於持阿，澤不靳於屯膏。邇殖之端塞，游逸之志消。中外敉寧，災變不作。至今猶令人景憶，孰非講學勤政之左驗哉？今不範之以十五年前之勵精，而乃示之以二十年後之静攝，則臣見聖慮之不計也夫，我皇上猶云一體而分者也。臣猶記丁酉以前，皇太子之出講也，秉燭戴星，即隆冬栗烈，猶錦被擁護而出；諸臣之進講也，聞鐘待漏，即風雨晦冥，猶油衣趨蹌而入。於時皇太子經傳罔明，字畫端楷，間有屬對，矢口而成，雖天縱之岐嶷，然亦不可謂非披文采帙、叩典問津之效也。夫何丁酉而後間有傳免，甲辰以來遂致停歇。塵翳金華之席，蠹蝕玉檢之編，五年所矣。夫操縵者，三日不習則荆棘生於指間；爲山者，一簣未終則崔巍虧於目下。以兹典學所間寧止三日，而所虧寧止一簀也哉？且學非徒玩空文、占古語而已也。學而止於玩空文、占古語也，則一能文宮人可備勸講，一知書内侍可充輔導，有如宋儒程頤所譏者，而學果如是而已哉？其大者乃在涵養氣質，熏陶德性，故跬步不可離正人也。且夫廣厦之間，細旃之上，左右瞻矚，莊立以諷，則容體皆學也；戲言剪桐，執册請書，則言辭皆學也；檻前折柳，春和進規，則舉動皆學也；俎誡鮑魚，饌去邪蒿，則飲食皆學也。目不閱淫艷之色，耳不聞嫚笑之聲，口不習操斷之書，居不近邪佞之黨，游不恣禽獸之荒，玩不愛遐迂之珍，則耳目、手足、四肢無之而非學也。其與深宮燕處、玩日愒歲者可同年而語哉？且博學而審問，譬之日也；獨居而靜思，譬之火也。舍日於庭而就火於室，已爲小有所窺、大有所失矣。況乎輔弼、凝丞之日遠，則宦官、宮妾之日親，雖有萌蘗之生，亦爲茅徑之塞，其與儒紳啓沃、温故而知新者，又可同年而語哉？

臣稽唐史，乾封元年，皇太子久在内，稀與宮臣接見，典膳丞邢文偉徹膳進諫，帝下詔褒美。彼叔季之君猶能如是，今陛下聖明過乾封萬萬，而臣等愚忠豈在一典膳丞之後？伏願溯三代之芳軌，監二祖之成憲，緝勤學之初志，復出講之常期。當此普天獻壽之辰，而忽睹橫經問道之典，則東明之銀榜鞏金甌以無虧，而西海之瑶山戴嵩呼而增峻矣。臣等無任祈懇待命之至。

## 請行選貢疏[三]

太常寺卿管國子監事臣傅新德謹題：爲國學空虛已極，舊典曠廢，當與敬循執掌，懇乞聖明光復成憲，以重賢關，以培國脉事。

臣惟今天下事當言者衆矣，閣部臺省大小諸臣言之不啻詳矣。其間更有視若迂漫，不甚緩急，而生民之休戚、風俗之美惡、國運之否泰胥此係焉，則是至迂漫而至要，緩急所恃以爲濟而不可忽者，果安在哉？人才是也。張載有言："人才出，國將昌；子孫才，族將大。"國家之有賢才，猶人家之有子孫，所爲培養而教化之者，不可不蚤爲之計。不養士而求得賢，譬不琢玉而求文彩，此必不得之數也。臣至愚極陋，無以稱師儒之職，顧前後兩任成均，所耳剽於掌故、目擊於弊蠹者頗熟，敢冒昧爲陛下陳之：

臣聞三代之制，天子之學曰"辟雍"，即今之兩京國子監是也；諸侯之學曰"頖宫"，即今天下郡邑之學是也。學雖分而爲二，然諸侯所有俊秀，其德行、道藝未嘗不貢於天子。貢於天子，名之曰"選士"，故諸侯則小學居内，大學居外，如《王制》言"小學在公宫南之左，大學在郊"，以其選士由内以升於外，然後達於京故也。天子則小學居外，大學居内，如《文王世子》言"凡語於郊，然後於成均取爵於上尊"，以其選士由外以升於内，然後達朝故。於時天子太學所有，皆天下之士，澤宫之中，因選士而行慶讓焉。其重如此，是以《菁莪》《樸樕》[四]，歌其樂育；《鳬鷖》《既醉》，頌其隆平。王者所爲譽髦斯士，而世祚靈長之所繇本也。

周之衰也，教化頹而人才廢，《青衿》《城闕》刺焉。秦漢以降，養士之道微而其治益以不古，若無足怪已。我皇祖開天建學，詔擇郡縣學生徒之俊秀通經者充國子生，養其德器，以需大用。十五年，禮部奏，令各按察司[五]於州縣弟子員年二十以上厚重端秀者拔其猶，歲貢一人入，監從之，歲貢之名始此。曰俊秀德器，曰二十以上，則是於貢士之中未嘗不仿古選士之意，初未嘗以年也。列聖光嗣，不替前徽。教思無窮，才杰興奮。若師逵、許觀、黄福、曾彦、虞謙、張本、周新、劉子輔、吳寬之徒，皆卓然杰出，著名當世，明興得人，於斯爲盛。行之既久，不承權輿，令在學諸生以食糧次第挨貢，則非復昔之所爲歲貢矣。計其在學，或二十餘年，或三十年，而後出身。迨貢入太學，年力衰邁，教無所施。又歷事一年，待選數年，而後得官，則其人已老不堪用而至於物故者有矣。是國家虛費廩數百石以養一人，而曾不得其一日之用也，豈不悖哉？至納粟納馬之例啓，而國學愈淆，祖制益大壞。其間有以文行被黜而來者，有以商賈重糈而來者，以至總丱市童皆稱俊秀，侗頑俗子亦齒冠衿。是古之諸侯以其杰之杰、俊之俊者貢之天子，而今之郡邑以其最冥頑、最不肖者納之成均，可怪嘆也！

於時識時之士，先臣章懋、林瀚、周弘祖等建議請行選貢之法，雖其說不同，然皆憤末流之濫溢，而欲復祖先之成憲，可謂能善變者。自孝宗皇帝以來，行之既久，而得人功效亦略相當，其間不無暫有停閣，而要之旋廢旋開，卒以見此法之終不可罷，而祖先之典制爲慮遠也。我皇上昔年慨然准科道、祭酒諸臣之言，行之數年，於時諸士雲集闕下，充滿賢關，鼓淬大[六]鏞，藹藹多吉。即臣司業南雍時所見，猶有什之二三存者，其資材穎敏者，往往擢取巍科而去，即其餘困厄不前者，年力尚強，試之民社，猶尚可以修政而立事，故語稱三途并用，名不虛耳。彼衰朽頹廢及膏粱銅臭之子，何以稱焉？

選貢既罷，大學遂虛無人。臣自受事以來，見監中走班肄業不滿二百人，又什九皆援例諸生，而選貢遂無一存者。臣考國初，監生在監者近萬人；永樂二十年，監生蘇進等五千三百名；天順六年，監生劉鑒等一萬三千五百六十九名；天順七年，監生張瓚等一萬三千五百一十一名；成化元年，監生王俊等一萬三千一十一名；嘉靖二十三年，監生林養高等一千一百四十五名；隆慶三年，監生李世芳等一千一百二十一名。即我皇上龍興之四年，監生劉九澤等亦有一千六百一十二名，未有空虛寥落至於如此之極者。嗟嗟號稱陛下太學，而生徒之數曾不比於外之小州小邑。每一升堂，班次落落如晨星，意象蕭索，恐非升平景兆，是安可視爲末務而不之問也？

爲罷選貢之説者，不過有三：曰提學徇情作弊，輒將年幼無學行者濫充華選。夫何法無弊？去其弊，則法固無恙也。且今之鄉、會二試，不無以關節鑽刺而中式者，則鄉、會可罷與？少年登鄉、會舉者什常八九，又安能一一懸斷其賢而後中之？乃獨謂選貢之少年不皆賢也。其説之難通者一也。曰諸士子高才能文，即在諸郡邑能自致青雲，不必入貢。是古之諸侯何不各有其才而貢之天子，而天子之學亦不必有天下之才矣。臣考洪武甲子初科，監生張齡、黃緹、練子寧、許觀、丁顯、秦逵等皆在魁選，自[七]餘中式者十之六七。高皇帝喜甚，面諭祭酒宋訥，以爲教導之功大[八]。高皇帝何不令張、黃等在各郡邑自致青雲，而令之在監中式且動色相慶耶？其説之難通者二也。曰諸歲貢日暮途窮，不無可憫，而橫加之以選貢，則銓法沉滯。臣不知國家懸爵禄以用人，欲得康國理人者而倚任之與？抑將哀其老且窮不得已而收之也？如哀其老且窮，則彝倫教化之堂非優老恤貧之所，矧異日側縉紳而擁士民上哉？必欲得康國理人者而倚任之，則臣見歲貢之有妨於選，不見選貢之有妨於歲也。夫歲貢也，既哀其窮，收之援納也，又不以道利之，獨斷斷焉齮齕於才碩英俊之士，坐令太學虛無人，則諸寫仿背書諸蒙師一三家村學究足矣，安用臣等厢廳六堂多官爲哉？其説之難通者三也。

夫欲革歲貢援例之制，於今日而純用選貢，如推舟於陸，臣非敢云然也。臣所請者，於復古之中而不失從今之意，無大變易以駭士人之耳目，而固可收登選明公之效者。昔宋儒程顥有言"選士之法，必性行端潔，居家孝弟，有廉恥禮遜，通明學業，曉達治道者，以充薦舉。私非其人者覺免"。臣愚請選貢之例略

仿此意，申敕提學官參酌才行，矢公矢慎，敢有以進賢之典曲徇
私情者，撫按嚴劾治之，如鄉、會關節之禁。其選貢入監坐班
者，准新附之例，坐班二十四個月。而又責令太學司成振肅教
範，每春秋二季，合在班選貢諸生，考校其文，仍照歲考優劣發
落。其行檢有虧者黜，德行屢聞者序撥之時登報吏部，异日選
除。即執此爲殿最，則文行有虧之輩，自不得溷其間矣。臣考先
年諸臣選貢之議，多是合在學廩增附混同選之，又與歲貢并行，
所以高年之人不無沉滯。今第於廩膳諸生中校選，而又當年選貢
即充歲貢。此法或間年一行，如今歲以選貢作歲，來歲則否。或
間省一行，如今年南、北兩直，來年江浙、山陝，又來年四川、
福建，又來年兩廣、雲貴，派次輪流，周而復始。其監中饌錢不
敷，則惟考取優等者得充廩給。在國家不乏樂育英才之效，而於
哀憐衰暮之意亦兩無所妨。此臣一得之愚決以爲確然而可行者；
然非臣一人之言，而先年祭酒郭正域，及近年科道史記事、張孔
教諸臣之言也，抑臣又有感焉。

　　夫舉人會試下第，必令之坐監者，誠欲約束其才行，納之軌
物，俾躁心浮氣無所容而大受有地，非祇藉國學爲出身之途而
已。乃自來舉人進監者，自視以爲不速之客，而兩司成亦視以爲
不繫之舟，雖其間老成敦厚者自不乏人，而放縱不檢者亦往往有
之。不知國家設科求士，寧第令操不律爲藻繪之文，而士人進德
修業，自區區時義外別無問學，別無人品。奈何哉！其自滿而自
恣也？夫教之不行，法不立也。臣近見禮部條陳，入場點名，用
筆暗記之說，遂終場無敢譁者。吁！奚獨點名宜爾也。臣愚請令
舉人在監撥出者，復行國初考核之法，分爲德行、平常、不檢三
項附送吏部，其間有事迹可開者，不厭縷列，如今外官考語之
類。其餘新舊援例諸生亦照此送之，他年選除亦以此爲殿最。彼
且夕顧畏官箴，安得不冰兢約束？勝於壓罰參奏多矣。此又臣早

夜圖維求忠于職業之愚見，而竊以爲確然而可行者也。

以上選貢、考核二法，皆係祖宗已試之良規，在愚臣不過一申而明之，在陛下不過一舉而復之耳，何難之有？或曰：“教人者不務德行、化道，而屑屑焉法程之是議，本之則無，如之何？”

臣曰：“法程正，所以濟化道之所不及也。且高皇帝監規五十六條皆法程也，當是時，在監諸生或三十年、二十年、十年，不爲不久矣，然猶嚴立規條如此，所以教出人才個個中用。今入監多不過一二年，少則或五六月，去祖宗時大相懸矣。顧欲舍法程而談教化，雖孔孟設[九]科，亦安能令之速肖哉？語曰‘巧婦難爲無米之爨’，又云‘春風烈烈，不行折舵之船’。今責司成以教化，而不予之以士，假之以權，此正所謂無米而令炊，折舵而求前者也，其何以濟？伏望陛下鑒臣瞽言，敕下吏、禮二部，如果其言可采，題覆施行。其餘補偏救弊，無足煩聖聽者，容臣得酌自行之，不效則治臣之罪。至於彰軌樹則，涵育熏陶，非臣讅庸所堪任，然何敢不勉竭駑鈍，以少逭尸素之咎？臣不勝隕越懇祈之至。”

## 新修寇家梁邊垣碑記[一○]

九邊一大棋局也，善奕者置子雖疏，取數必多，蓋敵雖萬變，途雖百出，而我所以應之者，形勢足以相援，攻守足以相赴，所保必於其地，所制必於其變，故用力少而得算多也。其不善奕者不然，置子雖密，取數常少。吾方補隙於此，而敵已乘於彼；吾方塞漏於彼，而敵又出於此。故奕有以一子制敵命，有以半局爲人擒者，無他，得勢不得勢耳。古之善籌邊者，虜之所以擾我，與我之所以制虜，皆可以按圖而坐籌之，故邊城雖綿曠，虜人雖風雨來去，而其所從入大約可以先定。苟其所從入大約可以先定，則備可以不多，而力可以不分，此必勝之局也。我國家

塞垣，東起遼左，西抵燉煌，延袤幾萬里，而三鎮雄峙，北門屹
焉，拱護雁、平一帶，莽平壙漫，三關之命脉、積貯繫焉。其所
隸東至北樓東津峪，西至寧武神樹梁，而廣武綰轂其口，西接白
草溝，當其對處寇家梁亘焉。梁高且漫，其上可過師數萬。嘉靖
間，虜馬駐山頭瞰代、忻、朔、寧，諸處虛實立見，兩次大舉入
犯，皆由此出邊，其蹂躪殘破之慘不可言。蓋三關以雁、平爲內
門，雁、平以廣武爲外戶，廣武以白草溝爲藩垣，而白草溝以寇
家梁爲屏障也，豈非要之要衝哉？自莊皇帝朝虜酋款塞，迄今幾
四十年，時平備弛，因循偷玩，頹垣敗壁，僅存形影。兵憲李公
暇日躬率將吏循視城堡，至其地大駭，曰："此路不塞，使虜騎
乘虛而入，譬無異以毒下喉，不可爲矣。且兵法有之，土山邱
陵，曼衍相屬，此車騎之地而匈奴之長技所由騁也，奈何復授之
便？"會玄石李公以中丞開府在事，與公相得甚歡，凡所擘畫，
悉從決策，公益發舒自任。先於梁內虎龍溝、鐵裹門、牛大老溝
及樺皮溝增設磚石敵臺四座，以接烽燧。外議東自月牙邊，西至
猴兒山，邊垣曲折一千九百一十九丈三尺，磚樓一十九座，詢謀
僉同，具疏上請得旨。公乃命其丞史物土方，度丈數，揣高卑厚
薄，而差算其徒庸材糗，乃召陶人爲甓，塗人爲墍；廩人峙厥
糧，工師鳩厥材；因石於山，因灰於石。掘地深五尺，巨石基以
上琢石而鱗次之，又上則甃磚而連絡之。役發諸軍壯，不擾邊
甿；費取諸節剩，不煩內帑。經始於三十三年，迄三十五年，而
垣墻之成者八百六十丈，外削而內陁，豐下而銳上，高三丈，頂
闊半之，底如高之數而縮其尺者六，石以層計者十一，倍於石有
八而僅不及層之三者，磚也。馬道八處，敵樓座數準馬道，而別
以一大者冠梁巔焉，蠢乎望之崇山，而叩之立鐵也。郡之縉紳大
夫以及居民張目拱手，坐觀厥成，感公保障功，欲勒石雁門，以
余叨從記事之列，願碑成事。

　　余惟傳記所載保衆域民，内綏外禦，莫不先據要害，以爲勝算。《易》坎之卦："王公設險，以守其國。"《周禮》："司險掌周知九州山林川澤之阻，國有故。"則藩塞阻路，止行者，以其屬守之。故受降築而天驕不敢南牧，青澗城而曩霄遂鮮入寇，誠扼其要也。恃陋不備，於莒斯誅。《春秋》非惡用民，惡用民之輕耳。有如當閑暇之時，爲綢繆之計，賦不及民，刑不及役，量勢以興，計日而就，使當春秋之世，聖人當大書起例以詔後世。而謂凡城之志皆譏，固《穀梁》之舛哉！雖然，重藩叠嶂，險在地者也；謀臣猛士，險在人者也；慄慄危懼，毋流循玩，險在心者也。昔人云"擺邊爲自困之道，要之不可忘戰"，何謂戰？精團練於教閲，謹哨望於登陴，伏精銳於半道；扣垣則矢石備施以爲守，折墻則左右邀擊以爲援；深入乎清野以挫其鋒，惰歸乎出奇以躡其後：此皆以人和成地利之要務也。

　　公自受事以來，未雨懷桑，申畫固圉，如虜落之住牧、道里之險夷，與夫兵馬額設、主客糧餉、防援機宜，皆圖畫掌上，非區區版築、征繕之間論功次者。昔趙雁門歲苦虜失亡，王翦而授武安，卒出奇策，大創匈奴，不敢近趙邊者數十年。抱真之在山西，孳孳訓練三年，而澤潞兵爲天下最。二公皆李姓，皆久任而後成功，若待公鼎而三者。公在鎮七年，條教布宣，惠威遞暢，屬廟堂以邊功轉，陝右軍民數萬叩閽請留，仍加銜苼任。竊計節鉞之命。旦夕且下，此土之終不能久有袞衣也。嗣公而起者，能完其未竟之功，而遵其已試之略，豈憂匈奴哉？余不佞，與郡人視此梁爲峴首、銅柱可也。〔一〕

## 新建盤道梁堡碑記

　　國家防虜形勝，自遼、薊以西，綿亙萬里，中間要害大略以九數。其在三晉，則大同爲最。大同屏户太原，聯置雁門、偏頭、寧武關戍，要害以三數，雁門爲最。雁門當朔州、馬邑大川之衝，虜騎越廣武，則盤道梁、雕窩梁、燕兒水、夾柳樹、小蓮花與腹裏玄岡等口，均爲虜衝，要害以六數，盤道梁爲最。盤道梁其地，山勢平漫，土脉沙鬆，故屬東路，無邊界。嘉靖十九年，以北虜躪入殘掠忻、崞等處，議築土垣，而本口始有邊。二十年，虜躪破猶甚，於是與燕兒水各添一堡，而本口始有城。雕窩梁等口各添軍百名，盤道梁把總一員，軍二百五口統屬之，而本口始有兵有將。已改把總守備銜，增設操守、中軍二官及馬步旗七百餘。已，又爲東、西、中三路，分割中均改屬中路，而本口之規制爲益備。雖然，識者不能無遺議焉。蓋聞先王之營邑立城、制里割宅也，必相其陰陽之和，嘗其水泉之味，審其土地之宜，觀其草木之饒，其餘邊戍，猶所擇慎。舊堡孤懸邊外，湫隘陂陁，而野汲久之，且瑕且撓，且頑且折。假令虜以數千騎綴圍之於外，而以數千騎闌入，邊腹皆受敵，援調不通，豈能與雕窩等處成率然勢耶？軍民吳從等所爲合詞控也。於是大中丞下之本路，若本鎮之路鎮下之府，府下之本界守備。本界守備乃物土方，度丈數，揣高卑厚薄而差算其徒庸材糗，手畫而面區之。其位必向陽，其材必中度，其工必中程；其增高必中土物，其延袤必中地宜，其磚埴必中準繩，其塗塈必中物采。經始於乙未四月之望，期年而落成。周遭可二百丈有奇，高逾三仞，厚半之，臺隨瓮堞，翼如軒如。向之湫隘庚而爽塏，陂陁庚而廉隅；瑕庚而堅，撓庚而隆，頑庚而鋭，折庚而舒。金湯之險，邊人忽自有之矣。乃聚族而抵諸傅子，願礱之石，以碑成事。

竊惟《春秋》之義，城成必書重民力也。叔敖城沂，君子以爲敏；子囊城郢，君子以爲忠，顧叔敖三月，子囊易世，則功用殊矣。乃若決款謀，興曠事，不再計而定，不逾歲而成，則忠且敏於身兼之。在《易》之有事者，一曰屯，二曰蠱，三曰革。

夫弊之終也，利在變更，故受之以革，詢謀用僉，降我凶德，得革道矣。自是偵向背，樹犄角，寬則訓練，急則張皇，一邊之尺寸在睫，六口之首尾相顧，即虜騎如雷風，能從重險度師，犯千里趨利之禁哉？是役也，問誰主畫？則大中丞魏；問〔一〕誰經理？則憲使劉；問誰餉督？則總戎張、董，中糧府陳，中路參府趙、李，而本界守備錢則躬親其事爲終始者：并紀其事而勒之石。〔一二〕

## 鳳陽縣改建學宮記

鳳陽乃高皇帝龍興之地，號曰"中都"，蓋《詩》所稱商邑豐芑，首善之邦也。國初故有學宮，積二百年來，瓦老木腐，因之傾陊，砌也敗以滋蔓，垣也及肩，俯可窺也，堂廡敗檐疏漏，不庇風雨。其他官師所齋，弟子所舍，及桐鄉之蒸嘗與所謂鄉先生没而祀者，俱摧圮剥落於風雨之餘，而鞠爲茂草，荒烟白露，使人意象蕭然，無有過而問者。前令李公顧瞻興懼，以是爲風化之所係也，思徹而新之，諧〔一三〕郡守金公請之部使者，約得數百金，而兩公復益以百金，役舉矣。會令君以仙去，明年林令公來，益督備劼毖。又明年，而鳳諸生請諸侍御李公，乃得所牒鍰金千壹百金有奇，而郡倅關公、郡丞馬公、令尹孫公以次第來協心捐俸，共襄厥事。先是堪輿家言舊地湫底墊隘，於望相乘氣匪良，稍左得爽塏之地，曰可殿，稍後曰可堂，又稍後曰可閣，而前直鳳凰山之中峰類文筆者曰可門，其諸若齋若廡若門若祠若閣若衙舍之類，各有位次。規畫既定，乃懸賈致材，陶磚鑿石，鳩工具圖，誅荒闢穢，百爾器備，并手偕作，工饎以時，視責無怠。經始於萬曆壬寅之冬，至戊申而役始峻〔一四〕。於是乎棟宇結構，潔澤靚深，恢恢煋煋，若中天化人之宮，而驚目快心也。馬、孫二公介諸生請余爲記。

自余束髮游學宮，蓋嘗考先王所以興學造士之意。彼其立官師，辨材物，作宮室，勤講肄，始於比閭，訖於州鄉，本於家塾、黨、庠、州序，以達於王國，爲法甚詳。而肇自離經辨志，以至於强立不反，爲時又甚久。其磨揉者漸而浸被者深，故德成而智、仁、聖、義、中和之盛至於通性命，行成而孝、友、睦、姻、任恤之厚至於盡倫紀，而不可謂之上；藝成而禮、樂、射、御、書數之精至於窮物則，而不可謂之下。授之以政而其施宜，達之於進退、取舍、死生之際而其節著，此先王之所以一道德而同風俗也。周衰，王道微缺，兹教蒿焉亡失，《青衿》《城闕》刺焉；然六籍之遺教，猶有存者。孔子不得位，退而與弦歌之徒數千人删述彝訓，以憲萬世，蓋孔門師友與唐虞君臣埒然。帝王之學，不在乎州鄉京邑，而在乎山澤壇墠之間，雖其甚盛，而世道升降繫之矣。秦漢而下，聖遠言湮，古教學之義益微矣。宋之大儒始紹明孔孟之絕學以輔翼遺經，而揭《載[一五]記》爲大學，教人之法，而後此道復明於世。然觀程純公發憤於聲律小碎、糊名謄錄之弊，而朱侍講極言空言取士，無俾[一六]實用，則科舉之獘於時已然矣。明興，取士之典大率仿宋。二百年來，士漸被鴻涌，而起於學校者霏霏乎羽儀王路，可謂極盛。逮其後也，徒工爲應試之文，以媒青紫、取富貴，而無復知有人生當爲之事。尚論者至欲罷制科，復鄉舉、里選；一二講學者亦復不知古四教五常、遜志游心之務，第取近儒一二激世之論，如所謂“六經糟粕”、“須焚書一遭”之語以爲極：則愚以爲斯兩者俱遠於事實矣。

夫學患不自得耳，春誦夏弦，秋禮冬書，固古之舉業也。湖州教授，千古作絕，經義治事，固即今之前後場也。苟真有爲己之心，則鄉舉、里選祇道之偶耳。多士生高皇帝耕稼陶漁之鄉，被湯沐恩最厚，峩然冠，秩然衣，日藏焉修焉游焉息焉於此中，願[一七]卑之無甚高論。但取《易象》《詩》《書》《禮》《春秋》之格訓，而參以高皇帝之《大誥》諸篇，敬業樂群，講習討論，明君臣，敦父子，序兄弟，經夫婦，此學之大者。細而推之，弁裳之於容，珩瑀之於步，豆籩之於陳，琴瑟之於樂，弓矢車馬之於服，度量衡之於用，無物不可以明學；往於田，入於市，處於戶庭，覽於山川，立於廟堂，而行於軍旅，無地不可以見學。即此便是成德達材，即此便是盡性至命，固不必窮年帖括，濡首一第，又奚必逃之玄虛高曠，以爲解脱哉？

余敬因馬、孫二公及諸生之請，而僭爲論著如此，若捐資鼎建、造士育材之盛意，則侍御李公爲最，而太守金公等繼之。李公諱思孝，大名人。金公諱時舒，晉江人。前令李公諱存信，建昌人。林公諱應麒，河間人。郡丞馬公諱協，與令孫公諱承勛，俱關中人。其諸有所蠲發，俱列之後。

## 莒州新建文昌祠碑記

宇宙文明之氣，在天爲星辰，在地爲河岳，而其炳靈英粹，蜿蟺扶輿，磅礴而鬱積，則又勃發而爲人。故柄化以作人者，仰則觀象於天，俯則察宜於地，用以提挈[一八]陰陽，搏捖剛柔，濟濟多士，有不乘運躍鱗而奮起於休明之際者乎？莒於齊南爲上郡，即春秋時莒子分封地，所從來舊矣。山川形勢，左沐[一九]右湖，背絡山而面馬鬐，東層樓而西浮萊，海岱清淑之氣於是焉鍾。以故民聚如市，積如京，士旅如林，取高第如俯拾，雖齊魯之於文學，其性則然，亦光岳之氣有以呈祥而效靈與？舊未有文昌祠，郡人霽曉陳公率衆飭[二〇]材鳩工，以某時肇事，越某時而功成。爲殿宇三楹，中起甬道，直捷[二一]南之文明門，既完且美，庶幾乎瑶光之庭。事既竣，則謂新德使記之。

德嘗考之《史記·天官書》：“斗魁戴匡六星，一曰上將，二曰次將，三曰貴相，四曰司命，五曰司中，六曰司禄。”夫北斗定四時，繫八極，而文昌用事，則文武爵禄之司，其命曰文，右文事也。又其位在北斗魁前，而魁，海岱以東北也。夫莒之山川靈秀，嚇嚇[二二]如彼；人文炳煥，奕奕如此；而又地居海岱，上應文昌之象。然則仰天象而協地，宜隆基崇構，神道設教，於堪輿法最良矣。國家以文教綏太平，尊祀宣聖，家詩書而户弦誦，文不在兹乎？而文昌祠梓童[二三]帝君所以翊宣聖之教於不及者，亦所在有之。嘗降神於蜀，飛鸞書，九十七化，諸凡應緣現世開導有衆者，皆忠孝大節，昭升在上，位爲文昌，蓋申吕之降岳，傅説之騎箕，兹理之常，無足怪者。今士競於文，修於行，誦法孔氏，彬彬稱盛際矣。獨計祖宗二百餘年之造就，光岳數十餘世之炳靈，所以闡揚其教而乘除其柄者，微神之力與？今佛老之宫遍天下，宗其教者至鼎立而爲三，而或踞其上，嘗爲之言曰：“佛，日也；道，月也；儒，星也。”其果然也耶？余謂孔聖之教，若日月之耀乾坤；文昌神之教，若衆星之翊日月；而諸家則彗孛飛流，抱珥虹蜺，爲道光之妖耳。諸士被服儒教素矣，異日連茹而進，蔚爲國楨[二四]，上之爲周召之烈，訓誥之文，羽翼六經，經緯天地，煌煌乎明德也；下者猶足以謳吟性情，自成一家。雖德謝上聖，星隆則從而隆，抑或急近功，持卑議，弄文墨以邀利達，不則剗心虚寂，顛冥乎佛老之途，佟然以自得與於斯文，此之謂咎德咎星，其與彗孛飛流，抱珥虹蜺，爲道光之妖者一矣。豈惟無以仰答神教，而亦寧所爲分野山川之光哉？遂勒之石而綴之以歌。

歌曰：張廣樂兮天閶，樹金枝兮華堂。皎奔精兮照夜，穆黔羸兮上皇。靈之來兮雍雍，紛雲旗兮回風。駕來虹兮烟際，驅月御兮雲中。率九魁兮前揄，伊連蜷兮相從。光剡剡兮載揚，爛昭昭兮未央。歆明馨兮脅蕭，崇錫羨兮無疆。天門開兮窮隆，靈之上兮鴻濛。游八極兮無際，期汗漫兮安窮。釋余驂兮閶風，緩余佩兮離宮。奮景炎兮當世，歷萬祀兮升中。

## 涿州重修張翼德廟碑

　　國朝鼎建幽燕，道出西二百里有古涿鹿郡，實爲京師扞蔽，蓋有張侯廟云。按《漢志》，侯仕蜀爲車騎將軍，領司隸校尉，與關壯繆侯同輔昭烈，興漢業，齎志而歿，今婦人女子皆知與劉、關埒稱也。侯靈爽遍天下，而涿人祀之者何？涿，侯之所自出也。又廟像三人并列，而額獨稱侯者何？重侯之所自出也。談者以爲侯雄略猛鷙，亞之壽亭，批擣礌裂，前無衡敵，以爲祀侯權興止此耳。愚謂侯之所難及者有三，而摧鋒陷堅不與焉。當夫炎政中微，帝圖瓜裂，盜名竊地者不可勝數。瞞，陰漢賊也；權，陰瞞翼也；而侯所與傾心草澤中者，乃堂堂帝胄。此與鄧高密杖策河上奚异？是爲擇君之明也，其難一矣。及其間關於離喪之際，崎嶇於危敗之間，勢已八九不可爲矣，而矢志不迴，將復[二五]賫於浚谷，旋皇興於夷庚，是爲蒙難之忠也，其難二矣。《語》有之“交朋有信，同心斷金”，而張、陳不免凶終，蕭、朱至於隙末，何則？積揨[二六]約之漸也。侯與昭烈、壽亭、雷、陳契合，相信以死。及報吳之師，不難以死赴同讎之誼，是爲守義之烈也，其難三矣。

　　今國家北扼虜，南扼倭，將士怯懦，隳軍長寇，誠得羆虎之士、不二心之臣如侯其人者數輩，何至煩聖明旰食乎？而卒無有窺左足應者，疑無以風之。風之宜自近始，按勞定國、死勤事、禦灾、捍患，此四德侯兼有之，是宜祀以風世。涿故多慷慨俠士，意所不快，猛氣咆哮，目眦盡裂，惜不能用之於正，聞侯之風，可以興起矣。舊廟粗樸黔昧，不足以揭虔妥靈。天子曰：“吁！孰是式閭表墓？而今像教凌[二七]夷，其奚飭稚昧于長久？”

亟發内帑，新治之，於是撤杇刓蝕，扶攲植頹，丹腹鱄煥，枚枚渠渠，其於風起忠義不爲無助。乃命臣某碑而銘之。

銘曰：九有躞跦，炎精霧塞。逢辰之屯，歖歖張侯。作漢息壤，洪流其堙。致命中山，雲揚龍矯。軼絶壒塵，二矛重英。一騎環鐵，萬敵悛竣。劚擒顏郜，允張我武。人百其身，惟友及昆。金堅布信，飴踐員仁。如何彼蒼，興山止簀。中道淹淪，譬彼隕璧。光完魄碎，恒爲明神。聖鼎幽燕，屹其承輔。實風我人，帝篤不忘。乃命司空，遺廟惟新。崇棟揭揭，擊鼓坎坎。萬舞伃伃，阰蘭洲莽。清酒肥牲，伏臘明禋。驂虬翼鷖，嚴右豹御。雙甄儼輀，旌斾飛揚。陰風晻靄，來格來親。護我王國，殲彼妖厲。式兹民臣，岩岩西山。并表銘勒，千秋萬春。

## 校勘記

〔一〕篇名《太子講學疏》，據天啓本目録補，雪華館本此篇名爲《請復儲講疏》。

〔二〕“其”，雪華館本作“有”。

〔三〕篇名《請行選貢疏》，據天啓本目録補。

〔四〕“樸械”，雪華館本作“械樸”。

〔五〕“司”，雪華館本作“使”。

〔六〕“大”，雪華館本作“陶”。

〔七〕“自”，雪華館本作“其”。

〔八〕“大”，雪華館本作“夫”。

〔九〕天啓本缺十四至十九頁，本篇自“雖孔孟設”後至“臣不勝隕越懇祈之至”，均據雪華館本補。

〔一〇〕“記”，據天啓本目録補。

〔一一〕天啓本缺十四至十九頁，本篇據雪華館本補。

〔一二〕天啓本缺十四至十九頁，本篇“國家防虜形勝”至“問誰經理”，據雪華館本補。

〔一三〕"諧"，雪華館本作"偕"。

〔一四〕"峻"，雪華館本作"竣"。

〔一五〕"載"，雪華館本作"戴"。

〔一六〕"俾"，雪華館本作"裨"。

〔一七〕"願"，雪華館本作"顧"。

〔一八〕"挈"，雪華館本作"絜"。

〔一九〕"沐"，雪華館本作"江"。

〔二〇〕"飭"，雪華館本作"飾"。

〔二一〕"捷"，雪華館本作"接"。

〔二二〕"嚇嚇"，雪華館本作"赫赫"。

〔二三〕"童"，雪華館本作"潼"。

〔二四〕"楨"，雪華館本作"槙"。

〔二五〕天啓本、雪華館本均作"復"，據文意當作"覆"。

〔二六〕"揆"，雪華館本作"暌"，據文意當作"暌"。

〔二七〕"凌"，雪華館本作"陵"。

# 傅文恪公初集卷之四

## 應天府鄉試録後序

萬曆之丙午，應天復當大比士，上命臣新德副臣有經以往。録成，而臣以職事宜叙末簡。臣佔畢豎儒，荷上恩拔擢逾涯，曩待罪南廱，三年碌碌，未有寸樹。夫不能造士，又烏能選士？臣用滋懼。雖然，臣竊有所自幸者。臣聞之，丙位東南，萬物炳焕，昭明所發始也。《記》曰：“天地温厚之氣，始於東北，而盛於東南，此天地之盛德氣也，此天地之仁氣也。”又午於日爲正中，於時夏，於卦離，於陰陽爲泰，蓋長養之辰，文明之會，而君臣道合之徵也。昔人謂堯、舜之生實在午，故於時五臣出九德事，六府修而萬世賴。今歲運丙午，吳於分野，丙屬也。聖人久於其道而天下化成，履當午運，沛然欲昭明新政以與天下之士共。天下之士，被服於薪樗樸樕，慮無不厚自浣濯以距躍清時者。矧吳之地與歲運合，其雲蒸豹變而蜚英騰妙，有不數倍於他方者乎？臣兹所爲幸也。

而或者曰：“文藝不足以概士，制舉業又不足以概文，即摛藻如春華，何益殿最？”臣不謂然。夫文藝誠不足概士，乃言揚敷奏，獨非古之制也乎哉？皋陶陳安民之謨，而先之曰“在知人”，至孔子則曰“不知言，無以知人也”。夫嚕咕[一]閬輑以與吹萬答者，其觥鉅也；映然噫然響如蜩螗者，其窾微也。士修其言以備一時采聽，而神氣固已傳矣。故文中子於魏晉六季之撰，辨其深而典者、激而治者、碎者、誕者、淫者、繁者、捷者、虛者、急以怨者、怪以怒者，若秦鏡之照贍，曾靡遁情焉。而昌黎之舉歐陽詹、王應麟之舉文信國，至舉一生之慈孝節義而懸記之尺幅間，卒如所定，何神契也？烏謂不足以概文概士哉？獨今之爲制義者，藻繪悅，飾羽畫，綺靡軋苗，以倖詭遇之獲，至屢塵明詔，猶不爲衰止，則於世道、人心不無隱憂焉。而臣以爲此正不知言之咎，非文之以也。

夫文有眞有贋，贋者，不能文而外爲之文者也。偃師之木偶也，班輸之木鳶也，宋人之玉楮、楚人之棘猴也，是大冶所竊笑也。天下蓋有不爲文而不能不文，不能不文而卒歸之於無文者，造化以此見眞焉。雷霆碎〔二〕訇，霖雨霡霂，倏而收之，雲霽日出，百鳥嚶鳴，百卉敷榮，無隱乎爾。未幾而霜降歲寒，蟄蟲墐戶，此可以窺其朕矣。惟人亦然，凡炫而不藏，華而不實者，皆漓其眞者也，誠眞者所唾棄也。三吳畫長江、大湖以爲國，建康則古都會在焉。臣嘗以其間登牛首，步臺城，覽雨花、獻花之勝。江流浩渺，建瓴而下，鍾阜奠之。朱雀、長干與吳宮、晉代之衣冠、花草，俱烟荒迷蔓〔三〕於殘霞落照間。獨山川噴薄，英俊所纏，在昔季子言游，及六朝王、謝諸賢之文雅風流，尚可想見。而我明高皇定鼎九州八荒精靈之所，輻輳列聖湛恩瀹德之所，培植二百年來，閭閻詩書，衿裾禮樂，名公碩輔鬱相望於鼎呂之間，駕前代遠甚。乃近者文風士習，華競實衰，頗亦有如明詔所慮者。臣與諸臣約，椄守王章，軌遵聖訓，稍越軼於經傳而以跳蕩見奇者，雖材不録，因得合式者若干卷以獻。

臣晉産也，樸守其蟋蟀山樞之遺，如荆布村嫗而品題大國之莊姝艷娥，自謂無當。至於精五飯，冪酒漿，養舅姑，縫衣裳，則村嫗亦一二諳焉，敢再以眞之一字爲諸士申之？夫人一心耳，無所於入，乃守其一；一有入焉，繆繆萬緒起矣，而何以集事？藝之論射曰「左手如拒，右如附枝。右手發之，左手不知」，夫此不知者何也？亦射者之眞也，而微獨射也。爾多士之入棘而綴文也，湛思旁迅，神鶩八極，精瞳矐而彌宣，物昭晰而互進，可謂苦矣。思之極而冥於無思，至舉天地萬物、進退得失而忽不之知。夫然後鬼神之幾通，而深山之寶得，寧假炫爥哉？其不然者，盛鶴列於麗譙，步徒驥於緇壇，即疆爲矜飾，神者已先告之矣。天下事何處不爾哉？其不知之也，乃其所以有大知也；其知之也，乃其所以爲不知也。成敗心太明，安能爲天下建大功？利害心太明，安能爲天下定大難？生死心太明，安能爲天下立大節？一真既敗，故所向無成如此。綴文之真，諸生今日詭得之矣。搖空得風，鑿井得水，而風與水豈專在是哉？願諸生益茂明之，异日者，當官則赤心白意，義不自營；蒙難則極身無貳，計不還顧。爲甯武子之愚，不爲臧文仲之知；爲汲大夫之戇，不爲公孫丞相之阿。使天下謂今歲吳士果多奮庸，山川生色，斯聖明厘文正習之意無負，而臣亦藉以逭不知言不知人之咎。若其苟弄文筆以邀利達而已，是今日先資之言祇弁髦敝帚，而一時綴文之真特石火電光耳，豈所望哉！豈所望哉！

## 齒録前序

戊子，同捷三晉者六十五人，舊有齒録鑴京中。會其時，楊、陳二先生并家食，不獲請弁言之。教歲久漸，魯魚漶漫，屬觀試之歲，諸二三兄弟者[四]計者及與計諧[五]來者，并盍簪都門，載筆相過。則前所淆訛缺略者瞭然指[六]目，互相訂正，然後齒録始爲完書，而命晉昌傅子序其事。叙曰：

昔史載重瞳子之言，書足以記姓名而已。今録中所紀，不過年月日時之次，及祖父母、父母、兄弟、子侄爵里與仕進履歷之大概云爾。吾烏知其不异於昔所云？曰兹録之取義有三，而姓名不與焉。昔者先王之制禮也，鄉黨必齒以教讓也，長幼必倫以敦遜也，故宗廟、膠庠貴年敬老，進飲食則拜，奉几杖則拜。雖以國之世子，猶齒於成均，而況其下乎？器虛則貯，滿則撲；木小則培，大則伐。滿與大，胡可處也？夫或年長以倍而父我矣，或十年以長而兄我矣，或五年以長而爲我之肩隨矣，以一日之校藝先鳴而遂攔然思上。曩也推之，今也逾之，即腹五車、才八斗，其量奚觀焉？故崇讓而息爭，則飲射之意也。

夫此六十五人者，其初蓋萍蓬遭也。一旦而締異姓昆弟，行則連輿，止則接席。秋風桂籍，敘契好於班荆；上苑桃花，赴襟期於市駿。對硯中龍蛇之影，接天邊鴻雁之行，奚啻膠漆歡、塤篪協哉？未幾而歧路西東，風流雲散，平生分手，譬彼筈[七]弦。白香山有云：「阿閣鸞鳳野田鶴，何人信道舊同群。」一覽斯編，知會好之難常而行踪之靡定，他日解帶相遇，有喜於空谷跫音者矣。故敦睽而念舊，則丹雞之盟也。

自戊子迄丁未，中間廿年耳，而我二三兄弟游道山者，十有二人。露電不留，隙駒難繫，往契既逝，來歡如何？夫過大梁者尚結想於夷門，游九原者亦涕漣於隨會，而況同門故舊爰居爰處、爰笑爰語者乎？匠石廢斤於郢人，牙生輟弦於鍾子，死生契闊，今古一耳。故篤存而念逝，則挂劍之思也。嗟呼！余嘗求諸達人之大觀，更有進於三者之所云。夫任家國[八]則先之勞，急君父則效以死，此何論爭讓？海內知己，天涯比鄰，自此以後難得不相見，此何論離合？體孟軻氏之萬皆備，竪叔孫豹之三不朽，此何論生死？余么微不足以語，於是願就正諸兄之同是籍者。

## 南雍譽髦録序

或問：「文宜何師？」曰：「師古聖賢。」「古聖賢所爲文辭各不同，師宜何從？」

曰：「師其意，不師其辭，古文章家立言宗旨如此。世之爲文者，日取古昔陳言，衣被而合[九]説之，如枯楊之華，非不韡然，神理盡矣，豈惟修古制義亦然？吳會、毗陵二三諸君子，非博士家言所稱神品者耶？乃其要主於闡發前言，會文切理而止，亦何至如今之天吳、紫鳳顛倒短褐[一〇]者也？孔子曰'辭達而已矣'，所謂達者，蓋不止采色之絢爛，鋪綴之工巧，恢拓之充贍耳，各有一段不可磨滅之神理貫乎其中。如文與可之畫竹然，先得成竹於胸中，執筆熟視，乃見其所欲畫者，急起從之，如兔起鶻落，少縱即逝矣。此達意之説也。師意者，師古人之達意也，非拾其唾餘、噍其糟粕之謂也。六經無論已，今直以近時尸祝、愛慕最著者言之。今人讀太史公《刺客傳》便令人輕生，《游俠傳》便令人重交，《滑稽傳》便令人解頤，諸如此類。彼豈嘗執筆學古人為如此文哉？未嘗執筆學古人為如此文而至其昭垂不刊，懸諸日月，則若合符節同者。同者何也？余所謂一段不可磨滅之神理也。凡人才量皆有所至，及其至皆有可[一一]觀如其面，然不相同也。不相同亦不相能，能耳視而目聽乎？舌臭而鼻嘗乎？掌步而趾攫乎？豈惟人造化之工也？能運地而處天乎？冷日而熱月乎？天魚而淵鳶乎？東七曜而西四瀆，流五岳而結四海乎？其各不相能，有不得不異者；其能不相待，有不得不同者。同者何也？余所謂一段不可磨滅之神理也。今不反求其所為同者，而顧強襲其所謂異者，則徒為西施邯鄲所笑矣，曰'聖賢遠矣'。《六經》《語》《孟》諸書各具一體裁，亦各成一規製，不同矣，而烏乎求之。吁！此迹耳。及吾澄情旋照，三際不存，性光皎然如大圓鏡，則見二帝三王此中建立，四始五際此中歌咏，三百三千此中秩序，八八六十四卦此中畫列，二百四十年歲此中出没。杏壇一會，四科、十哲、七十子、三千徒此中儼然未散。凡宇宙內山水崖谷、鳥獸蟲魚、草木之花實、日月列星、風雨水火、雷霆霹靂、歌舞戰鬥、乾坤事物之怪變，可喜可愕，無不逢源左右，吐納毫端，無量為一，一為無量，化化相尋，新新不已，而天下之至文備是矣。奚外求焉？即有時乎？漱群言，按舊説，亦花鋒[一二]之釀蜜也，非澤麋之蒙虎也。光弼之將子儀軍，非騎劫之代樂毅帥也，無病於其同也。同者何也？余所謂一段不可磨滅之神理也。得是解者，馬不襲左，固不襲仙，唐宋諸大家各不相襲，而不然者，摹擬盜竊，取青媲白，外堪皮相，中實膚立，衣繫寶珠而緣[一三]門持鉢者也。傳法者云：'某得吾皮，某得吾肉，某得吾骨，某得吾髓，至于髓而皮肉骨皆剩枝[一四]矣。'吁！獨傳法然哉！"

## 《南雍錢糧須知册》叙

南雍錢糧故有須知册，歲久化爲烏有，而膺鼎售焉。今所傳者，非《南雍須知册》，黠吏之須知册也。明龍先生視事未幾，察之，置其人於李，乃寸量銖稱，疏剔棼穢，補苴缺漏，剪截齊整，定成一書，凡爲綱有四，爲款一百有八十。公自爲之序，且以視德[一五]。叙所言書始末義甚具，兹不贅論。則竊嘗達觀於莅官、行己之大要而深有味乎，知之爲訓也。以錢穀一事言之，利之藪而奸之召也。故或有所不能知者鄰於暗也，或有所不可對人知者宅於貪也，即能知、即可對人知，而或有所濡蔓不決，無能立之法以與衆知者，媮於懦也。暗召奸，貪召奸，懦召奸，此之爲弊不可不知也。

凡財賦之會計出入，簿書之交錯縱橫，蠱居棋處，其變難尋而其情難得也。矧莅乎其事者新故相仍，卒然而未得其要領，則必舉而付之吏。吏之分職乎其中者，皆老於其局，長子孫於其中，其耳目足以及吾之不及。是以能者不過粗舉其大綱，而不能者惟吏之聽，圓耀曀景，而魑魅魍魎公然爲之宵行矣。此其病在不能知者，如是者召奸。

夫吏胥之猾法，則是鋤之已耳。顧其本有根，其漸有因，影之屈直視其表矣。儻齋馬垂魚之潔不礪，而欲以豺狼問狐狸，若輩之習熟旅[一六]進而耳目五步之內者，夫焉能無反脣也？無瑕斯可戮人，反好焉能令衆？此其病在不可對人知者，如是者召奸。

韓子有言"布帛尋常，庸人不釋。鑠金百鎰，盜跖不搏[一七]"，則法之加焉必也。故白圭之行堤也，窒其穴；丈人之慎火也，塗其隙。法之立，非爲曾史也，亦防不肖之穴且隙也。服虎而不以柙，要結而不以符，禁奸而不以法，此賁育之所害而堯舜之所難也。故無畫一之法以防奸，雖刀鋸斧鉞不爲衰止，而況木索箠楚哉？此其病在濡蔓不決，無能立法以與衆知者，如是者召奸。

夫業已召之奸，而徒室於嘆，途於議，坐嘯畫暍[一八]而思去之，譬其以鸞逐犬也，以羶屏蟻也，豈惟不去，至乃愈疾矣。先生聰明敏急之材，得之天授，而又廉潔而沉密，開亮而卓偉。自不佞承乏以來，歡言填篋，同心參酌。凡舊所稱公用名色，刬除略盡，日惟市南山束薪，飲上池勺水耳。其所爲書，搜討碟裂，擼摅融結，條貫森然，若開群玉之府，珪璋琮璜，各有列位。其用心之精，若櫛者之於髮，繢者之於絲，雖細且多，而井井不亂。自言"吾爲此書，前無所襲，旁無所諮，蓋熟閱《南雍志》諸書，而徐以自己性靈沉思其間。蓋久之而後，流弊之委積、財力之傷耗與夫因革損益之故，若燭照而數計之者"，然則先生之所養可知已。即所云可知者、可對人知者、立之法以與衆知者，皆其緒餘耳，而況米鹽簿書之末乎？或曰："自己性靈，超此米鹽簿書之謂，執之則不是；即此米鹽簿書之謂，厭之亦不是。此又須知中須知者，請問之先生。"余笑曰："先生不能言，此冊却解語。"

## 朱侍御族譜序

譜，姓氏之史也。海內縉紳家修其宗譜，多務遠引貴閥以相誇詡，自馬仙、班固已不能免，而他何論焉？古今尚論者，或云以貴姓氏，或云以姓氏貴，而或又云能貴姓氏。楊用修釋《書》云"百姓昭明，黎民於變"，以爲五帝之時無姓，惟貴而有官者始有姓，以別於黎民，而左氏又云"因生賜姓，胙之土而命之氏，以別於姓"，此所謂以貴姓氏。江左之有王、謝也，魏隋之有崔、盧、李鄭、也，蟬聯冠冕，海内莫敢望焉，雖唐文皇以天子之尊，欲求勝之而不可得，此所謂以姓氏貴。自薦辟、科舉之政行，士或旦白屋夕朱户，爲之子若弟者，習其遺編以繼顯於世，皆彬彬誦法孔氏，紈袴比之懸矣，此所謂能貴姓氏。雖然，欒、郤降爲皁隸，房、杜大壞門户，護兒作相，虞男作匠，升沉榮謝，代若輪雲，此之所貴果吾之所謂貴哉？魯大夫有言："太上立德，其次立功、立言，此之謂不朽。"若保姓受氏以守宗祊禄之大者，不可謂不朽，此以知其解矣。

傅生曰："余讀侍御朱君世考及宗志，而知朱氏之族所以貴也。溯侍御君之一枝，自鼻祖環而下，廷杰洎廷雋，凡爲朱者三，廷雋最近。自廷雋而下，致魯、惟贊、惟甫、惟節，凡爲朱者四，惟甫最近。自惟甫而下，愛擇、愛振爲朱者二，愛擇最近。自愛擇而下，貴納、志、桂、清爲朱者四，清最近。自清而下，惠善、祥温、學温、最温、全温爲朱五，祥温最近。自祥温而下，夢仙、夢龍、夢炎爲朱三，夢炎最近。炎爲高安小宗，迄侍御君二十一世。推之又推，近之又近，如剝笋然，皆信而有徵，芬而實絡，非所謂遠引貴閥以相誇詡者。中間若韋齋、晦庵二先生之道學，荷山先生之文章，一齋先生之勳業，庶幾哉！叔孫豹之所謂三不朽者，即銅鞮鈒鏤、傅龜襲紫，奚艷焉？侍御君之父松崗〔一九〕公，以孝友、睦姻、任恤見推鄉黨。而侍御君益光大之，慨然有攬轡澄清大節，而痛絶譚玄課虚等事。衆中有語及之者，危髮指冠，義形于色，衆凜然憚之，曰：'真晦庵先生家子姓也。'自弱冠時，即云'古之有志井田者，謂不能達之天下，猶可買田試之一方。余意敦族亦爾，請試自一枝。'爰就親服未絶者，集爲《東里公小宗志》。迨宦游十八載，復作《朱氏世考》。且以揚既往，且以勵方來，且以明禮讓於不替。蘇明允先生云：'凡在此者，死必赴，冠娶妻必告，少而孤則老者字之，貧而無歸則富者收之，而不然者，族人之所共誚讓也。'兹宗志、世考之意也。然則侍御君之所以貴，與社山一派之所以貴侍御，豈禄與位之謂哉？自此義不明而收族之道廢，有庶見素冠者矣，有范冠而蟬緌者矣。父兄骨肉且然，他何論哉？當此之時，人心如豺虎據食，則露齗相狠惡。有思其類者，聞侍御之族，亦可以少愧已。故曰：余讀侍御君世考及宗志，而知朱氏之族之所以貴也。"

## 怡怡堂小序

　　侍御武麟史公二親畜逝，弱弟方在孩，與夫人委曲撫育，迄成立，誓不異爨，扁其堂曰"怡怡"。縉紳傳其事，分韵賦詩，更唱迭和，哀然而珠璣聚，爛然而雲錦章，颯颯[二〇]乎風雅之遺也。

　　傅子卒業，嘆曰："《詩》可以觀，詎不信哉？古之善道人意中事者，莫如三百篇；三百篇之善言兄弟者，莫如棠棣之華。説者曰'華鄂相承，覆而光明，猶兄弟相承，覆而榮顯也'，此猶自安樂時言之，未足以見其切至也。脊令飛則鳴，行則揺，首尾相應，有急難相救之象焉。原隰而哀[二一]求，閱牆而禦侮，皆此志耳。豈意患難既平，而飲酒不如友生，好合不如妻子也耶？善哉乎！馬仙推言之也，曰'衛宣公之子以婦見誅，弟壽争死以相讓，此與晉世子申生不敢明驪姬之過同，俱惡傷父之志也'，或父子相殺、兄弟相戮，亦獨何哉？"

太原生曰："此不足詫也。凡人之真心，卒迫之則乍見，擬議之則旋隱。見之則死生有所不難決，而隱之則簞豆有所不能讓。不難決則古今聖賢不離當念，而不能讓則禽獸草木或反不如。故三田哭荆，而三李則同氣推刃；二趙爭死，而二劉至遺恨戛羹。酪酥醍醐之目與尺布斗粟之謠交傳于世，豈天子之不如匹夫，而宴安之重於死亡也哉？則物有以間之矣。方其幼也，父母左提右挈，前襟後裾。食同案，衣傳服，學聯業，雖有悖亂之人，不能不相愛也。及其壯也，各妻其妻，各子其子，偏愛私藏，分門割户，雖有篤厚之人，不能不少衰也。諺云：'兄弟一塊肉，婦人是刀錐；兄弟一釜羹，婦人是鹽梅。'有如先生撫育遺孤[二二]，終生無間，難矣。又況粉黛笄褵之人，克相夫君，念鞠子之哀，篤中才之養，如夫人者不猶難之難哉？嗚呼！當其椿庭早謝，萱草含憂，烏啼霜夜，雁過南樓，攀連枝而雪涕，悲風木之先秋，何其愴也。及夫塤篪叶奏，華萼同春，池塘芳草，園柳鳴禽，吟携手之骿服，暢論文之盍簪，又何適也？扁曰'怡怡'，名不虛哉！抑予於是而印真心焉。今夫水之一滴也，火之一星也，光之一隙也，厥用幾何？此衆人兄弟急難時心也，於斯諦認而推廣之，以一滴水翻江蕩海，以一星火焚山燎原，以一隙光照天耀地，則堯舜之孝弟冒天下之道矣。先生孝愛達於家邦，直聲震於朝野，溯厥權輿意者，自撫孤一念推之耶。異日赫然著忠孝大節而光前垂後者，必先生也夫！必先生也夫！"

## 奉賀相國龍江沈先生八十壽序

太傅龍江沈先生，致其相事之六年，壽登八十。户部郎張君輩爲先生門下士，將以言祝，而命德修酌者之辭。德辱先生知甚深，得抒片語，以介眉壽，固樂效諸几杖者。

聞之莊周云，曲轅之木以無所可用，故大而且壽，私竊以爲不然。夫物無所可用，必不能自堅，夫且不能自堅。何壽之有？莊生所稱莫如樗如櫟，世豈有樗、櫟而能長年者？其惟徂徠、新甫之材，用之若廟若寢，爲棟爲榱，爲楣爲闑，皆可以數十百年。而其不用者，在深山大澤中，亦可以老烟霞而遠樵牧，是用亦壽，不用亦壽也。先生束髮登朝，歷金門，上玉堂，洊濟三事。癸卯之歲起家食，膺蒲輪，時海内士大夫望之若太山喬岳，乃即之又若無若虛，若太羹無味，太音無聲，真所稱[二三]斷斷有容者。異時老成屏伏，正人播越，識者不能無廢佚之嘆。自先生出而參大政，日夜吐握，求天下之賢人君子而登之，數年來鄉[二四]之鬱滯不通者漸以發舒。而施爲未竟，遭讒以去。先生雖去，而隱隱微陽一脉，猶得存于剥極之後，迄於今而皇路猶未至榛蕪，清議猶未至澌減者，伊誰之力也？及歸而堅北山之盟，理東皋之業，與田叟里父遙遙[二五]杖屨，日高春而眠，三商而起，老圃報竹、鶴無恙，即開《南華》，展《净名》，意盡而止，仙仙乎！登春臺而游華胥，適矣。由是觀之，先生用則以其顯者壽國，不用則以其藏者壽身，倘直以嗇氣葆真，不接天下之用而有餘於己爲先生羨，斯亦山澤之癯，而非所當於鴻碩之彦矣。

或曰：“古之怡性養壽者，安常處順，無滑無勞，故其恬不傷而神愈王。余迹先生出處遭遇，何趻踔也！當掌邦禮時，以戇直裁巨璫，卒爲所中，并湛不食者久之。及膺詔居政府，同事者挾内援之寵而踞先生上，先生示潔則見以爲形其墨，示平則見以爲形其險，示賢賢則見以爲收物情，示侃辭則見以爲幟衆議。諸所以窺伺下石萬狀，先生雖逡婉以應之，而卒不能釋其忌，徒以孤忠悃愊見亮聖明，故未及禍，然瀕於危數矣。及解綬歸來，門庭充閭之慶，海内日幾幾望之而缺焉。至今僅兩愛女出閣，又弱一個，斯何解哉？”

曰：“子不睹乎泰山之阿，嵩高之址，秦漢帝所封植松柏耶？

其竦造天，其臨無地，驕陽之所暴，寒霜之所剝，烈風、迅霆之所號呼而震撼，四者皆無患矣。然後能液完理堅，以成其參天溜雨之勢，何以故？物不艱不貞，不貞不久，而有所困厄於此，必有所挹注於彼，此天道也。世之遭讒放廢者，往往牢騷感憤，自鳴其不平，而先生意氣恬然，絶口不言當日事。彼其林居内觀人世之功名、眷屬，祇足以當蕉鹿、蝴蝶之一夢，而又何不常不順試之艱厄而可悴挹之造物而有窮哉？擬修年於壽類，則二岳松柏不足爲其久也。雖然，營平一武人耳，先零之叛且慨焉諸〔二六〕行，曰：‘無如老臣。’今中外不爲無事矣，有如天子，虚左而思舊賢，蒲輪賜詔，致齋訪政，先生宜杖而造朝，如我朝商文毅、謝文正往事，寧得溪刻自處而不挂蒼生於眉睫耶？故壽國與壽身，雖等之乎壽，愚謂必至于壽國，而壽身之用乃竟。《書》曰‘天壽平格，保乂有殷’，《詩》云‘天監有周，昭格在下’，請以是爲先生祝。”

張君等曰：“善！小子操牘載之。”

## 賀高峰楊隱君夫婦雙壽序

三代而上，先王之所以養老者，何其厚而尊！而率天下以孝悌之行者，何其曲而備也！以天子之尊，爲之饋漿〔二七〕而酳爵，祖焉冕焉，割牲而總干，祝鯁在前，祝噎在後，踧踧焉如子弟之事其父兄而無敢慢。其老者亦衎衎焉受之而無所讓。其在於鄉十年者父，五年者兄，班白者不負戴。蓋齒與爵、德并爲三達尊而匪所軒輊，故孔子曰“吾觀於鄉，而知王道之易易也”。由是觀之，盛世之老，進則尊於朝，退則尊於鄉，蓋王化之成如此。自周道衰而此禮廢，絳縣老人有白首而從征役者，雖洙泗禮義之鄉，斷斷然老者下其少者而莫之正。至於後世，天子之勢益尊，姑無望其屈〔二八〕體以奉匹夫匹婦之賤，即欲求老者之無凍餒亦不可得。而一鄉之所爲腥集而炎附者，惟尊顯是畏，惟勢利烜赫是崇，又烏睹所爲高年敬老之懿徽哉？嗚呼！先王養老之典，勢誠不可得而復矣。至於以其鄉之人而尊乎其鄉之人，吾以爲此民秉之彝，雖尊顯勢利相高相尚之日，而此風宜有不可澌滅者。今民間所謂上壽之禮，其亦尚齒之餘而俗之近古者與？

休寧節庵楊翁，本衣冠之後而隱於商。方其少時，吳越及四方舟車之轍無所不立[二九]，海內名士無所不交，雄於資而富於行，敬共[三〇]兄嫂，曲有禮意，有姜氏之風。其配孺人脫簪珥以佐家政，靜好之和，偕老之敬，內外無間言，有冀野之誠。而子孫森森穋穋，皆悅禮樂，談詩書，有袁揚之徽。歲時新晴，御輿升軒，周覽乎家園，芳樹列，白雲多，壽觴舉，慈顏和，一喜一懼，起舞抗歌，人生安樂，孰知其他。《詩》之純嘏，《書》之五福，凡傳之所謂吉祥善事者，亦既盡之矣。於是里中縉紳若姻好，咸舉觴爲翁及孺人壽，而翁婿汪仲子屬不佞以言。

不佞竊觀鄉人之壽翁夫婦，誠非有尊顯之畏、勢利之崇，而高年敬老之懿徽也。則雖不若盛世之進而尊於朝，猶得退而尊於鄉，豈非尚齒之餘而俗之近古者與？於是乎不辭而爲之言。若乃性命分際，自修自證，後天而老，或任或超，是則翁夫婦之所自爲壽者，則翁[三一]夫婦自饒之矣，無所事不佞言矣。

## 賀馮太夫人壽登六帙序

夫造化乘除之數，苦爲樂因，報與作稱，而能備人間所希覯之福履者，必其歷人世所難堪之艱厄者也。在《易》坤卦："先迷後得，主利。"余嘗反覆卦義，曰"東北喪朋"，曰"履霜堅冰"，曰"龍戰玄黃"，曰"天地閉，賢人隱"，斯其所謂迷者耶？曰"西南得朋"，曰"品物咸享[三二]"，曰"天地變化，草木蕃"，曰"黃裳元吉，美在其中"，斯又其所爲得者耶？至問其所以反迷歸得者，舉不出"貞"之一字，安貞、利貞、永貞，地道之所以承天時行，而君子之所以乃終有慶也。六十四卦、三百八十四爻中，貞之爲休，不貞爲咎，其訓戒不一類，顧所稱純陰而至順者，莫尚于坤。吁嗟乎！閨閣笲幃〔三三〕之人，柔順而剛方，粉黛而丈夫，其發祥受祉亦如此矣。余年友馮正子之母劉太夫人，二十三歲而嫠，又二十七歲而苦節聞於朝，下所司表厥宅里。是時，太夫人年正五十，同館兄弟具軸以賀，余時亦與賀中。去之又十年所而爲今，壽六十，稱觴堂下者更簪相磨、佩相屬矣，而門下馮生士濠等謁余言。

　　余惟貞之義，居四德之末，與六十之齡，盡甲子之數，其道若窮於無所進；然至於盡處逢生，周而復始，推引綿亘，如環無端，則又天地之所以恒久而不已也。嫠而貞者，見於《詩》之《柏舟》。夫《詩》何取於柏也？柏之生，上據危崖，下臨迴溪，風霆所擊，霜雪所摧，瀕於撓折者數，然後侵受久而膚理內堅，歲敘〔三四〕寒而蒼青不改，此其爲人之真且壽者哉！方太夫人孤旅窮愁，青燈弔影，殘機夜雨，破壁寒蛩，內持一綫之孤，外支四面之侮，其所經歷皆人間所酸鼻不忍道之苦，而太夫人甘之如飴，儻所稱"六二之貞"非耶？逮夫否者去，泰者來，而馮氏之慶門遂甲于都下。吾嘗屈指數之人，蓋有有子而不見其成立者矣，矧云貴顯？正子簪筆承明，授講青宮，兩出典試，梂樸之材後先而棟清廟，此一快也。子即貴顯，或行役四方，不遑將母，瞻望靡及，夙夜無寐，徒致嘆於白雲。而正子生長於京，以官爲家，膝下之歡，無間晨夕，此二快也。即旦夕聚首，而或藍〔三五〕玉蕭條，懸情無後，誰與樂含飴者？乃桂林蘭畹，芃芃充階，咸受介福於王母，此三快也。參之《易》教，殆所謂貞下生元，而亨通利遂因之者耶？然則溫綸華軸，六珈翟茀，未足以爲太夫人羨；法膳上尊，趨庭舞彩，未足以爲太夫人榮。即設麟文之席，散莖蕪之香，燃綠桂之膏，擘紫鳳之脯，金母降馭，阿環臨階，諸上真靈仙翱翔左右，參萬歲而一成純可也。余下土濁穢，何所容祝？第憶同正子共事南畿時，正子念太夫人不置，撤棘之日，即解纜而北，今誕日稱慶，樂可知也。而余有母，迎養都門不久，近迫家累而歸，茲之日竊脉脉心動云。

## 賀汪澄源先生由天津海防兵備升巡撫序

我國家宸居北極，東起遼左，西抵敦煌，往往重臣開府。日者倭氛不靖，發難朝鮮，搖毒甚廣而又甚烈，赤白之囊，星昧之燧，浹告踵至。自閑山失守，朝鮮之全羅、黃海、大同、鴨綠既處處可慮，而我中國之旅順、登萊、天津等處又在在當防。于是當事者建議特設禦倭撫臣一員，專理海防，督率道將，逆來遮往，分頭策應，於計便，得報可，乃以懷來兵備萬公爲之。而當是時，澄源汪先生爲治兵使者，護諸大校督東南餘皇組練以過島寇。時尺籍空虛，諸務茅靡，公乃簡諸郡邑良子〔三六〕子，日勒步騎射，講古人握奇八陣之法。已按樓船將軍布士若干，無得占虛籍爲斥堠若干，某最急，某次之，轉餉以時給，士不虛廩，廩不虛士。所不能視餐者，若而旴；所自甲而達粟治賦、睫不交者，若而宵；所謀野而不蓋、宿而不具下程者，若而寒暑；所拮據於旴宵而寒暑者，若而年。得飛休蹶張之卒十千，航海之餉十萬，火鼓、旌旗、戈矛、衣甲、舟楫、樵蘇之屬一切治辦。屬朝鮮經略使有所欺蔽，皇帝下明詔切責違玩，風火示威，乃即以萬公往代經略，而天津員役則命先生作其事。于是方伯長貳、百司、庶尹概郡邑吏民靡不舉首〔三七〕加額，即山川草木若有熟於先生之貌而色飛者。保定府諸公，舊屬先生宇下，則以贈言屬傅子。

傅子曰：“夫賢者之利益人國豈不大哉？小用之則小效，巨用之則巨效。然而匪藉主〔三八〕特達之知，罕有能盡其用者。夫外吏自郡邑守相以上至藩臬大寮，豈不稱貴仕？然爲而不宰，域外之議，非所及也。若夫奉璽書，持節鉞，操不御之權，出總數千里，大事得置驛聞，小事便宜裁決，左提右挈，無不雷動風合，惟吾意之所指而迅赴者，惟撫臣爲然。公挺鴻駿之材，歗歷中外，望實俱隆。自治兵天津以來，諸所指畫，省若括轉、若樞斷、若析薪，料敵情若觀火，亦既明效大驗矣。今晉拜中丞，位愈尊則其志愈得行而用，是以廣斥堠、築亭障、繕甲兵、開屯田、峙儲胥、習擊技，使長城之役比於思文之囿，甌脱之墟變爲桑麻之野，羸困之卒作其超乘之器，矯虔之將凛于揚干之僕。王靈所加，海宇清晏，蝦蜒小醜不日當獻俘闕下，以紓我聖天子東顧之憂，後之論中興元功者，匪先生其誰哉？今夫縫衣[三九]之士抵掌而談，司馬穰苴易易耳，即有緩急，輒瞪目而視，傴身而趨，談何容易？故曰‘有非常之人而後有非常之事，有非常之事而後有非常之功’。昔被廬之師謀元帥，郤縠説禮樂而敦詩書，遂將中軍，一戰勝楚，以其軍霸。夫子軍旅之事未之學也，至相魯公會夾谷，視叱齊侯不啻蓄狗，却萊夷，反侵地，故曰‘我戰則克’。蓋古之大受之士，樽中[四〇]折衝類如此，豈與大儒暗於大較，不權輕重，猥云德化，不當用兵，小至窘辱失守，大乃侵犯削弱，遂執不移等哉！聞公在職方，即圖天下地形扼塞於壁，號曰‘卧游’。彼其於安攘韜略籌之熟矣，一旦起而作事，不難舉跐踏掎攦之國而措之袵席，所謂非常之人哉！异日晉鼎樞以康四海，名表太常之旌，功綴羽陵之簡，不佞職在紀述，尚當簪筆以俟其盛。”

## 送兵憲錦源任老公祖移鎮懷隆序

兵憲任公莅任寧武之再逾年，是爲萬曆乙巳，屬懷隆使者缺，詔移公往鎮。於是郡邑司屬若塞垣以南父老子弟奔頓若狂，太息袞衣東，感相告也。無何，參戎趙公暨僚屬六人蹋門而徵言傅子。傅子曰：“輿人之頌〔四一〕備矣，諸君更欲何言？”曰：“吾儕靺韐曼纓，所習者軍旅，所不能忘公之教，而不忍愬公之行，若蘼蕪之失春陽而嬰孺之去慈褓也，亦軍旅以也。”

傅子曰：“善，微諸公之請，不佞固將有言。昔先王之道民也，生而懸弧，長而佩劍，隙而蒐狩，敵而戈矛，不欲其專文也。然又迪之詩書，導之六藝，軍有軍禮，射有射爵，不欲其專武也。文武并用，長久之術，是故羽旄彰於禮器，干戚存乎樂舞，兵車藏于比閭，敬義之儒可以把周鉞，詩書之帥可以靖楚氛，他日却萊夷而反侵地，固即嚮之辭軍旅而任俎豆者也。後世服習分教，典用殊傅，拘儒枯竹，劍士兜鍪，弓彎五石，一丁刺眸，土羹塵飯，木驪膠舟，若祭遵〔四二〕虜投壺豐範，羊叔子緩帶風流，固已邈哉，曠代而杳矣，其悠悠者已。我國家奠鼎幽燕，東西陲綿亘萬里。自款市以來，諸名王、骨都當戶而下，雖解辮奉珍，服役齒於編戶，然狡焉豺狼之性，狂猘而反噬，計未須臾忘也。而我公之來寧武也，申規畫，嚴扃鐍，繕兵甲，砌堠城，廣儲積，遠斥堠，自大帥以至裨校，人浹之投醪，而家暖之絖纊。片檄一下，而施旌組練爲之氣振而色飛，森晝戟以凝香，撫胡床而坐嘯，昔人所謂兼資文武而樽俎折衝者，殆公之謂哉！”

趙君等曰：“固也。聞之杜征南、羊鉅平之爲都督也，韓魏公、張益州之假便宜也，皆遲之數年。而後酋長問其姓名，朝廷倚爲長城。今縣官誠左右手我公，宜增秩賜金，以需節鉞之授，胡令之東西奔涉而僕僕道路爲？且東而上谷與西而雲中，孰辨？”

予〔四三〕曰：“唯唯，否否。雲中誠要害重地，然比於三輔，則門戶也；上谷外屏十一陵而內衛神京，則堂奧也：其勢固懸。天子若曰‘眷此承輔，唾息相聞’。詢事底績，中丞兩府之擢，吾茲試矣。夫劑緩量棘，畀重而投艱者，明主之微權也；急病讓夷，鞠躬而盡瘁者，王臣之亮節也。我分勞受，詎可以一隅專於是？"

諸君聽然而釋，竟愀然而不懌也，曰："辯矣，子大夫之言。然吾儕終不忍舍公，翹首加額而祝三晉中丞之命异日，庶幾其撫我乎！"

臨別，趙君爲賦《甘棠》，志遺愛也；沈君、杜君爲賦《燕燕》，悲別離也；萬君、陳君賦《蒹葭》，從之不得也；麻君、方君賦《九罭》，戚其去而望其來也。

## 送民部郎易州管倉任宇張先生榮擢河南河道　　水利參議叙

蒲坂任宇張公，蓋與余戊子己丑俱同年進云。公齒長於余六歲，弟畜我。當計偕時，兩人聯寓報國精藍數月，盍簪把臂，樽酒論文，於年輩中塤篪誼甚深。公沉静而澹默，與之處，如攀珠樹、踐玉田、輝映人數輩，余竊謂國之威寶。未幾，宦轍分岐，不相聞問，第聞公刺開守袁，著循良聲最。及戊申，憂闋北上，始重晤京邸，蓋判袂二十年矣，而歡若平生。無何，公復以民部郎督餉易州，兩閱歲，擢官中州河道水利參議。同事薊昌保定三鎮部道諸公以余辱在知契，命之以來。

余惟餉與河，在今日域中稱兩艱鉅務云，顧其勢政[四四]相反。餉之捉衿露肘，其患每窘于不足，此犯醫家虚怯症；河之壞堤决防，其患每乘其有餘，此犯醫家顛癇症。若夫道滯務疏其埋，塞弊務室其竇，若大醫王望色察脉，時其虚實浮沉，調劑藥餌而進之，令積痾立起手中，則治餉與治河道又未始不相通也。易爲神京右輔，三鎮軍士無慮數十萬待餉，一部使者一或不時，則猬聚訕譸，驕桀虎[四五]鷙。异時出納之際，部從事與主進者聲勢相倚，狐窟而狼攫。自公在事，裋身冰蘖，皭然不滓，爬搔宿弊，圭撮絲粟以上，具有可覆其有，不給則苦心巧炊，力濟艱匱。故軍士即枵腹待哺，而無一譁於伍、騰於市者。彼其羔羊、素絲之節，著於衆久矣。

天子嘉公有勞，重鎮選擇而使委任兹役，録舊績而勉新功，其何以策事？在昔歐陽公論治河三狀，謂："治水本無奇策，相地勢，謹堤防，順水勢之所趨耳。"萬世言治水者必曰神禹，禹之治水自積石、龍門以下皆順水之道而不障逆其勢，乃其自言則曰"予決九川，距四海。浚畎澮，距川"，而孔子稱之亦曰"盡力乎？溝洫而已"。今之河或亦古之所謂河也，中土之民茇牧竈釜，一遇水患，没爲巨浸，漂壞廬舍，旱暵之後則又無陂塘渠堰蓄水以待急，哀哀黎民，何罪而罹此？今或仿古溝洫之意，參以近代僉事江良材、御史周用諸人所建明，沿河州郡疏爲上、中、下三渠，旱灌潦泄以平水勢。此一舉而除天下之大患，墾田多得穀，其於水利，不可謂非一奇，顧病不爲耳。昔蕭相在三秦補軍轉餉，漢得專意撓楚京、索之間，天下既定，推爲首功。漢以來猶有繼其迹者，而禹之功遂隻千古無匹。今公治餉功效業著於前矣，若夫隨宜捍禦，免中州於河患，而道利布之，仰師大知，余見河之不爲公難也。天駟之驥，朝秣[四六]越而夕刷燕；炊飛之湛盧，水以斷蛟龍，而陸以斷犀兕。兼材利器，獨在馬、劍哉？獨在馬、劍哉？

## 贈寧武總戎鶴沚姜公移鎮宣府挂鎮朔大將軍印叙

余生關塞南，少嘗誦曹任城"大丈夫當效霍去病，長驅十萬横行匈奴，何能作博士"語，未嘗不壯其言，爲之氣振而色飛也，曰："嗟乎！毛錐子誠不濟事哉。"乃馬史載飛將軍之子孫以生降潰[四七]其家聲，而或者以爲三世爲將之報，則龍泉、太阿似又能作祟後人。若然，郭汾陽、李西平、曹武惠之世濟其美，非耶？要之縉紳家不必代昌，韜鈐家不必鮮後，都〔四八〕視其貽謀纘武何如耳。若近世姜大將軍累葉將門，日昌日熾，猶其大彰明較著者也。

大將軍者，系出呂尚，後由山東轉徙榆林。榆林士馬甲天下，其俗尚飛繮、控騎，講干戈戰陣、擒敵封侯之業。公家先人五世，或死難，或勤王，或扞邊，著在志乘。公以名德世胄附離而起，語云"崑岩之玉，產無弗良；丹穴之雛，毛無弗異"者，信哉！公本積戰庸，總大鎮，其在寧武，則壹意以拊循士卒、休息邊氓為主，曰："豺虎未橫，無挑怒也。怒而斃之，實兩傷也。固吾圉而已矣。"積錢穀，修險隘，練甲兵，開屯田，理鹽法，一切鞭撻膺懲之備，靡不犂具而未嘗一屑越用之，其持重如此。國家并列三鎮，雄峙北門，岳界星連，相為犄角，而宣府去京都僅隔一關，號稱肩背，厥勢猶重。近總戎告缺，當亭〔四九〕推公自寧武移鎮，諸參戎屬德以言贈。某弄筆札人也，軍旅未聞，公之行，何能為公贈，第願公無忘祖烈耳。虜患自正德以來，迄嘉、隆無寧歲，款塞而後，邊民釋戈而荷鋤，關城息烽而安枕，夷虜不敢少有問。塞上何如事？邊吏日持名籍，軍門報諾歸卧，無他事。軍士往往抱稚子，牧雞豚，或挾弓矢、獵狐兔為樂。當斯時也，輕裘緩帶，雅歌投壺，誠可以卧鎮。近者飽極思揚，形見跳梁，非他時節矣。此至尊旰食之秋，而志士挑戈之會也。為問將軍：公家先人薊鎮勤王，血衣猶在，今居庸岔道，即其所躍馬揮戈處。憶當時，血戰乾坤赤，而氛迷日月黃也，令人髮竪。東望大海，忠魂未没，夾河寧夏，烈骨猶香，而吐魯諸蕃迄今尚為破膽。公得無中夜按劍奮焉而動繩武之思也乎？使行路人羡霍去病，無使隴西門下羞李廣。此兩言儻可當繞朝鞭否？

於是姜公謂參戎趙君等曰："善乎！傅生之言。余小子所不纘乃舊服而無忝祖考者，有如此酒。"敬拜舉諸公之觴。

## 賀保定倪冠軍內轉督府僉書叙

國家文武并用，其倚重內外均也，而其途顯若判二，縉紳之士則重內而輕外，介胄之士則重外而輕內。今夫文吏，自守令而上及藩臬，專制一方，操斷劙割，得自由棅專而體重，視京曹鼈鼈車塵、馬足間懸矣。然簿領期會之煩，若吹猬毛而起，又風波履涉，危機潛駭，不勝陰陽之患。圻父入爲王爪牙，近在日月，春秋耀武於金門，建而不旆，囊而不馳，非有疆場之虞、蒙矢石而蹈湯火之難也。顧地閑秩散，無與於團操黜陟之權，旦夕囁嚅纖趨于大司馬門，暇借書空，坐嘯拔劍，斫地而歌耳。此所以其輕若彼，其重若此哉。而吾以爲此二端者，權輿不承於祖宗，而偏枯患成於積漸，可以概炎凉之俗見，而非所以語豪杰之襟期也。彼豪杰之士在內則爲內重，在外則爲外重。重而不挾其所爲重，不重而時養吾之重，斯能蚩英騰茂，不牽於卑瑣之觀耳。

大將軍倪肖泉者，塞上人也。少時以材武起裨校，捕首虜樹功，統兵薊鎮。居無何，轉任保定。保定爲神京右輔，西臨關塞，往者夷寇不靖，嘗抗刃蚩狐，飲酪倒馬，夷恒山之堁而焚易水之臺矣，厥地不重哉？比大虜款塞，邊塵無警者四十年，而保鎮見爲腹裏，兵糧[五〇]減半。然溏沱、易水之間，天下郡國北走京師道，其俗慷慨任俠，易遷徙，水旱不時，則去爲盜賊。前代禍亂之原，往往乘是而起。倪公鎮兹土十餘年，肅號令，作勇敢，穀器械，豐積貯，繕城堡斥堠，撫循士卒，恩若絖纊，戎事日飭而軍興不乏，士氣視昔數倍，故甲不必釋於橐，兵不必出於鬻，弓無解弮，矢無離服，而武衛以奮。

去歲，大盜逼挾縣令，亡命山澤間，勢張甚。公密發家丁捕獲渠魁，一時解散，他探丸伏戎之莽，脅息而不敢動。三輔枹鼓稀鳴，黎民樂業，薦牘屢騰，遂膺廷擢爲督府僉書。命下之日，保鎮軍民遑遑然若稚兒女之去其慈母、病者之得盧扁而忽復移其囊而之他家也。兵憲及戶曹兩張公與公同事久，把盞郊外，屬德修酌者之辭。

德嘗有慨於天下之事，位權弗得則弗以濟也，雖有賢德者抱雄飛之志，挾批搗之能，苟操柄未握，亦迴翔瞠視而不能奮。故郭、李一人耳，專制一面，則挫安、史方張之鋭而有餘、與九節度使逡巡相州之役，則熄朝義既灰之燼而不足。何者？則權之在不在焉耳。權不在而會，干將伍於鉛刀，梗梓昏於鄧林，騏驥惑於皮毛，鳳凰迷於冠鳥，雖有奇，安施？予聞公曩在薊鎮不逾歲，而地里之衝緩、將校之勇怯、夷情之反覆悉若燭照。嗣後虜騎入犯路徑及去來踪迹，卒如所料，其胸中將略可概見。已而，在保定適無他警，故惟以拊循士卒聞。夫善撫士者，未有不善能却敵者也。漢史載李牧備邊幕府，金錢盡以饗士卒，能攘胡制勝，匈奴數十歲不敢近邊。以公之材之杰，令得一當生部冠軍、長平之屬，粟轂騎，躪蒲類，逾高〔五一〕蘭，釁温禺而尸日逐，赭瀚海而犁車師，勒石燕然之顛，馳志伊吾之北，直掇之耳。乃推而納之乎曠閑寂寞之局，惟羽林夜直及都城筦鑰是司，曾不得一旅一隅登壇而自爲政，與抱關擊柝何異？不謂之捐所重、畀所輕哉？雖然，脱驂駐珂、休力養健者，御人之法也；投閑抵散、儲精需晉者，官家之度也。今方寓多故，邊烽遞傳，遼左患切剝膚，與東胡、烏丸爭一旦之命，天子拊髀而思頗牧，召之禁中〔五二〕，若曰“皇帝敬勞苦大將軍久處內郡，材略未展萬一，不日推轂秉鉞，提十萬長驅塞外，爲國虎臣。”下徹侯之印，則御街獻壽，遲以爲期也，故且休與計事。夫寶劍輕試，不缺則折，置之匣中則夜鳴。然其精具，其光完，時時射斗牛間，剚蛟截鵠易易耳，此天子召公意也。予所謂公在內則爲內重，在外則爲外重，重而不挾其所爲重，不重而養吾之重，願將軍蚤計而無與俗同。

倪公囅然曰："敢不夙夜以揚二公之祝。"干旄在門，劍履在楹，三雅既浮，則躍馬望長安去。

## 賀永平太守衷白高翁三年考滿序

蓋不佞嘗讀漢史，而知漢世良吏之盛也，以人主委任二千石之説，有以風之。然張京兆有言"僻處遠郡，胸臆結約，即有奇安施是"，在當時猶有不竟其用者。雖然，敝知遠之易隔，而不知近之難調也。遠之難，難在有奇而不得見；近之難，難在無奇而易爲見。故西京之扶風、馮翊、洛下之潁川、河内，在漢時并號難治。余嘗屈指而計，今之難又有倍筵[五三]於漢者。夫漢之太守，名雖治民，天子之銅虎玉麟不吝委柄以屬之，其權重比於三公九卿，得便宜行事。今據太守之上者，監司、兩臺不下數十人瓜分守之，精神以應之，簿書錢穀而外，一切不得問，去人主不啻霄壤，即欲達，故未易也。漢法三章，即鄷侯之所增不過十餘條耳。今走數十州邑之訟而受成，諸監司、御史中丞之所屢讅，窮甲乙之令，而不能遍。漢田賦歲三十而一，又時時賜蠲，諸關梁、山澤之禁多推以予民。而今常歲賦絲忽不停免，又横興無名之礦税以椎剥之，使餓狼側園圃，虎豹鞠春圃，誰司民牧而忍坐令見此也？故今之守難於昔之守，而今之近郡又難於昔之近郡，即使張、趙、龔、黄諸君子而在，亦惟有仰屋竊嘆耳。

永平者，畿東之三輔，股肱郡也。東控海門，西聯天關言瞻漢草，乃曰中州；遥望胡桑，已成邊地。非文武互用，無以建威銷萌而綏内捍[五四]外也。郡守高公之來蒞兹土也，考政問俗，修憲布令，爬雍解紛[五五]，搣撮關要，比及三年而頌聲洋溢。市廛之民曰横索絶矣，在官之民曰冗役清矣，輸將之民曰羨耗除矣，嘉師之民曰冤滯舒矣，都鄙之民曰税畝核矣，笇庫之民曰出納允矣，郵遞之民曰疲累省矣，衣冠之民曰宫牆新矣，蓋自史傳所載循良治績，公皆賅而有之。乃其大者内使，憑藉威靈，視郡爲外府，其爪牙吏虎而冠，公每事裁之。越數歲，奉旨掣回，衆噪，欲殺之，跳而免。過公，欲相見，公絶不與通。銜之次骨，抵京，僞爲好語達上，冀有以䃏公。公慨然請拂衣歸，上下堅請留，若失左右手，若赤子之戀慈母也，卒其毒不得施。

今歲□月報滿，所上課最於他郡，所先後積中丞臺若御史臺薦剡復裹然冠於畿東矣。天子坐法宫而閲最牘，宜且有不次之擢，不則增秩賜金，還敕行部，去襜露冕，以彰有德。此皆功載之可預必者。昔丙吉謂魏相：「朝廷深知弱公[五六]，方且大用。」今公知矣，載之以令名，奉之以勛烈，撫之以彝器，旌之以茂常，自此而登之方面，假之節鉞，極之於樞筦，中外皆自此而措之耳。子華子曰：「丘陵成而穴者安矣，深淵成而魚鼈安矣，松柏成而塗之人已蔭矣。」公之政成，而公之屬令在其宇下亦猶是也。會盧龍尹趙公欲不佞效一言之揄揚，遂書此以遺之。

## 賀代州守田父母榮膺臺薦序

蓋孔子之論政曰「安身取譽爲難」，聖人亦貴譽乎？他日讀《詩》至「執轡如組」，慨然曰「斯言也，可以爲政于天下矣」，言其爲之於此而成文於彼也。夫「組」之爲言柔也，聖人亦以柔道理天下乎？今之爲政者，三期而奏績上之，人爲綺語以報，且拔其猶者騰之薦疏，聽其言即古紝如之歌、神君之誦莫是過也。若是乎取譽無難者，而郡邑守若令緣殿最出，監司御史往往闊略於治條而畢聚精神之所事，其自卑過人臣也。而其先旨響[五七]而逆趨之也，始[五八]甚於媚人主，諸凡可以爲悦而先容者，靡所不至，即有百鍊剛胥化爲繞指柔矣，柔又安足貴哉？

曰：“唯唯，否否。予所謂譽者，不難得之於上而難得之於下；予所謂柔者，不難用之於事上而難用之於使下也。世之善事上官、釣取美聲者，每歲直指公報命，奚啻千百？龔黃卓魯，因而求之中逵之中、長林之野，牧夫田畯，老癃黃口，執其裾而問之，而不知其人者有矣，蹙頞而指詈之者有矣，奚其譽？古之爲政者，明恕而行，將之以禮，强而教悅，而安立於仁、信之間，而士忠民敦，工樸商慤，誠非髡髀，安用斧斤？而後世乃攘臂鼓掌於桓東之場、渭水之側，以爲不爲蠆尾，無所明得意；然其人即響[五九]之所謂闊略治條而畢聚精神於所事者也。嗚乎！彼其柔不用之乎下也，而徒用之乎上，則其譽亦徒竊之於上也，而安能得之於下哉？”

“善哉乎！”代守田公推言之也，曰：“昔人有生六子者，一子慧，一子魯，一子能，一子瞽，一子聾，一子跛。父使慧者讀，魯者耕，能者賈，瞽者卜，聾者歌，跛者守，無失所者[六〇]。推此愛民，然後可以爲民父母。”初下車即以此和吉言於百姓，日五鼓，坐堂皇，飭諸吏胥以某事某事，次第受署毌譁。已，晨朝三老、里賦長，延見諸博士弟子，人人慰諭，務盡其情。或單騎歷嶔岩壙峺中，清問郡父老諸利弊。已，徐采其所獻納，著爲條約，咸中肯綮。人曰：“美哉！政敏而悉，民知嚮矣。”約既具，發政施仁，首先無告。廣增養濟院，收孤之數，下逮貧士，捐俸周給，曲有恩惠。人曰：“美哉！政慈而恤，民知愛矣。”於是蕩滌宿蠹，與民更始。派糧編審，曙若皎鏡；徵收稅役，靡不子來；市價同價，苛苫戒絶；平冤息訟，出滯達幽。且以爲文石，且以爲金矢。人曰：“美哉！政孚以寬，民大和會矣。”安養之餘，乃議教化，捐俸起文昌祠學宮之東，暇日身自行，諸生課誦諄篤，咸自奮勵。人曰：“美哉！政雅以閑，民知興起矣。”其他保甲鄉約、社倉、社學、農桑諸務靡不悉心，次第舉行。其憂民也，蒿目而其中若焦；提耳而諭之，其論不厭煩，而其民以寧。一直指使遂疏其治行於上。嗚呼！公以其柔不用之乎上，而用之乎下，乃其譽不惟永之乎下也，而兼得之乎上矣。昔漢宣帝言：“與我共理天下者，良二千石乎。”當其時，廣漢、京兆二三君，果[六一]勢壯往，漢庭無出其右；然不能深中帝心，而其所尊寵者，乃其渤海、潁川之敦本節嗇，興教禮義。班固《循吏傳》亦去彼取此，公殆得其旨哉！

或曰：“公自受事以來，群吏革心，群胥濯手，堂皇之上，階墀之下，每一左顧，咸惴惴無人色。抉窩訪積役之宿蠹而置之理，群小情見瞻破，不啻負鉞而行。”公非純用柔者，諸大猾舞文，懼公之威照，曩鮮衣而盛氣，近懸鶉且鵠形矣，寧無一二反唇哉？何譽也？曰：“稂莠之除，嘉禾之愛也；奸豪之嫉，善良之戴也。下之人愛且戴，固上之人嘉且賴者也。”故匪剛，則其柔也爲養奸，匪小人之憎，則其譽也爲干炫；匪得民，則其獲上也不以道悅之而已矣。奚貴哉？

公既膺直指之薦，而其僚屬馬君、江君、汪君、胡君屬不佞以言叙。不佞椎不文，又僻在下邑，於公之善政得於耳剽，不能殫述。獨以孔子之所謂“安身取譽”、“執轡如組”之旨誦公。公即日功成且奏績天子，天子當下詔褒异，增秩賜金，以需不次之擢，所蒞者寧論代哉？即以此理天下可也。

## 賀郡侯張老公祖榮膺鸂臺旌獎序

吾觀於郡侯張公者，豈非古所謂學道君子哉？始忻自田公而後，爲守者率以貪敗、以墨敗、以不事事敗，故號爲難治。侯自静樂來莅此土，初下車則曰：“人言忻之難者，我知之矣。民間征科無藝，里甲困於箕斂，中人之産顛覆相仍，則節省之難；雕悍健訟，盈庭蔽案，攘袂而呼，則清理之難；赤幘白矛之徒，椎埋自喜，攓拟挨扰，而誰何於萑苻之澤，則彌禁之難；爪牙吏虎而冠，伺上若隼射，罔下若狼牧，則劫恣之難；閭右藉竿牘爲政，關周澤而格厲禁，咈則樹怨，從則害成，則謝絕之難；比無年，道殣相望，流離載路，鴻雁之歌滿耳，則招撫之難。雖然，是烏足以動豪杰之襟期哉？吾冰蘗自律，日惟需南山之束薪、上池之勺水，纍無欲清而賈不及市，則騷費省。直己而明聽之，辟則辟，衷則衷，莫逃微曖，則兩造孚。懸格名[六二]捕，廣布偵邏，獲於未突，則探巢取鷇，朝發而夕覆。屏群小，無偏聽，訶陽喬[六三]之爲近囑者拒絕之，則貪緣請托之路塞。而省刑薄斂，則近者悅而遠者來。是數難者舉不足以爲難也，業已定法而申責成，不數月而兼舉若掇矣。"已而曰："吾所謂[六四]難者，數百年之利明知之而不能興，數百年之害明知之而不能去，以視諸難誠筳楹矣。"於是羸精剡思，左睇右盼，日汲汲爲興利除害計。乃正經界，均版圖，籍諸悬户羡田以厘正徭賦，則昔之胥史[六五]飛灑而從來未清者也；夾門置櫃，令編户得自輸投入，無羡餘，歲賦不逋，則昔之敲摘取盈而從來未辨[六六]者也；引河水灌田三千餘頃，開墾荒地趙永節等處四十七頃，則昔之潟鹵墊隘、一望白茅而從來未藝者也；已於事而竣，乃慮事量功，撤故城而新之，易以磚石，斫斸、板幹、材漆、瓴甋之屬，靡不纖備，近且垂成，則昔之睥睨傾軋、不任衝車而從來未堅者也。凡茲卓犖較著，百世永賴，吾黨習見習聞，蓋公所自爲責難而程功累事者如此，當道移檄，遞致美詞。今歲醠臺黄復命持幣嘉獎，縣令劉公屬在下邑，浼德以言賀，不避不文，敬爲宣次其崖略云。

傅子曰："余觀漢史所載綜核郡吏之法，太上加賜黄金璽書褒獎；其次則一績一治必紀而書之，以聞於上，天子受而列之御屏，以待他日徵用。如東郡以捍堤獎，渤海以彌盜獎，南陽以溉田獎，膠東以增户獎。此數侯皆兼而有之[六七]，獲上治民，庶幾乎信而有徵已。公爲政大率宣厲威教，使民畏若鬼神而望若絶壁，然嚴而不殘，務在摧抑强梗，扶植羸懦，以直行己志，奬語中所謂‘知柔知剛，能好惡者’也。逸《詩》曰‘馬之剛矣，轡之柔矣。馬亦不剛，轡亦不柔。志之塵塵，取予不疑’，侯其知此道哉？自是加賜超仙，高其車蓋，其需不次之擢，猶之處子待年、真人待蛻，何難之有哉？不佞又當簪筆待〔六八〕詞以儲稗史已。”

## 賀汝含孫老窗丈春闈連捷序

戊戌，籍在春官者有傅生同窗友汝含孫子。傅生與孫子夜連榻，聞真如寺暮鐘聲，傅生謂孫子曰：“若知聲之説乎？天地間凡物之有聲者，必有所合者也。空谷無聲或呼之而應，比竹無聲或竅之而鳴，一以爲橐籥，一以爲吹萬金之戞石之擊，皆合乎人而聲者也。故雖有伯牙，不能鼓無弦之琴；雖有師曠，不能調無器之音。失其所合，則無聲矣。江自蜀走海數萬里，寂然無聲，一經石鐘山下，則窾坎鞺鞳聲驟發水上，噌吰〔六九〕而鐘鼓不絶，合於石也。山林之畏佳〔七〇〕，大木百圍之竅穴，其聲時激時謞，時叱時吸，而又叫者聲揚，譹者聲濁，宎者聲留，咬者聲續，孰鼓舞是？孰披拂是？木與穴皆不得其主也，合者，其風也耶？雖然，謂聲出於合者謬，謂聲出於所合者亦謬。聲也者，不出於谷，不出於竹，又不出於金於石於琴於器於水於木於人於山於風，固有真宰而不得其朕。苟知所謂真宰而不得其朕，則當其沸然聲熾，謂之無聲無臭可也；當其嗒然聲寂，謂之無間無歇亦可也。惟人之於世也亦然。人之言爲聲華，行爲聲望，伏嵁岩之下，則聲聞達於家邦；居廟廊之上，則聲教訖於四海。歷選列代載籍所稱，不遭時際會，即聖哲烏能奮乎？乃若孔之木鐸，孟之條理，又皆不合於當年，而懸合於來祀。是以孔孟之聲，雖遏閟一時，而振揚者萬世也。雖然，聖賢爲是區區之聲聞，而券求之合哉？道聲聞於聖賢之前，則一吷也。《詩》曰'鶴鳴于九皋，聲聞于天'，夫處下而聲高，有本者如是耳。實大則聲自鴻，雖辭之而不能，豈求之而斯至耶？"

記汝含童髫時，爲汝南中淮師所拔識，引而置之莊岳之間數年，不佞亦竊在下風。當是時，汝含之聲赫赫，冀北人耳之如黃鍾大呂，見謂飛聲雲路直旦夕耳。一試不振而音斷賢書，數再試，數不振，而響銷鰲信，非其才具之疏也，所爲遇合寡也。及至籟唱秋風，雷轟春雨，其休聲令譽又進之，鵲起霄漢間矣。浸假而民牧，有循良聲；浸假而司理，有明清聲；浸假而台諫，有糾繩聲；浸假而秉鈞衡，登樞要，有梅鼎聲；即撞萬石之鍾，樹靈鼉之鼓，猶不足以喻其大且雄也。雖然，道眼觀之，前後一孫君耳，惡至而睨聲聞之顯晦哉？其合也奚以喜？其不合也奚以悲？自今以往，任乎莫之致而至之命，而我無心焉，如合喙之鳴。他日醒名利眼，透死生關，淡然一切之外，乃真可有事于天下矣。至如不叩而自響，則爲鼓妖；鳥質而鳳鳴，則爲物怪；抱葉而戢翅，則爲寒蟬之譏；尚口以招猶，則犯金人之戒。聲與無聲，無一而可。吾願旋塵歸元，反聞自性，如所謂"心悟轉法華"者，其說在佛說羅睺羅之擊鍾矣。

孫君唯唯。於時邑人居京師者欲爲孫君舉賀，屬余爲辭。余不能文也，獨書《論聲說》與之。至如中淮師卵翼之恩、吾兩人蘭臭之誼，則罄南山竹不足書矣，故不具論。

## 送愛所褚老先生致政歸田序

夫析圭擔爵者，靡識山林之味；披裘拾穗者，不挂人代之憂。非不各適其適，乃皆未免局於一隅，閎曠之士絀焉。夫至人者，體包潔量，神凝域表，該落萬動，玄心獨融，進則建非常之功，退則抗區外之志。故吕尚垂翼北海，以待鷹揚之任；黄綺削迹南山，以集神器之贊。斯兩者行藏糾紛，顯晦奮駁，無异火炎水流，圓動方息，并立乎大通之境而妙乎時出之門者也。

愛所褚老先生，年近七帙，剔[七一]歷中外，鴻烈旬隱，如馳駭電有年矣。近以户部倉場出，總督漕運，既以穿通窘滯，决抉壅塞，已感頹曦之易下，嗟脆葦之垂折，遂疏老乞骸，累請得報，一旦鴻鵠舉焉。行之日，冠蓋車騎填塞路衢，道旁觀者咨嗟嘆詫，二疏之風流，於今有光；兩龔之徽迹，方斯[七二]爲劣。

或曰："先生去則善矣，所以去則幾乎煦與？夫翹關超乘，擊劍馳馬，加一日之老則憊，况七旬乎？至於承蜩世故，游刃多艱，稽謀前用之神龜，利涉大川之元吉，乃今日之老始壯耳。而先生翻然鳳舉，匿耀遠遁，使密雲不雨，朝無黄髮之詢，北風其凉，谷有白駒之咏，則謂之何？"

應之曰："唯唯，否否。夫四時之序，成功者去；百中之發，善息爲難。流行坎止者，道之所以光明也。方先生釋蘿襲衮，出野登朝，斯時也，籠張趙於往圖，駕卓魯於前録。馳聲三輔，無騖於聲色；動[七三]施四方，無變於頹壯。此其勞，豈與羔裘豹飾、委蛇在公者比哉？要之得時則駕，聊隨應世之緣；善刀而藏，宜反山中之服。今之歸也，樽[七四]流遁之觀，翔虚無之軫，蠟東山之屐，鼓西園之瑟。方將表大庭於絶代，恢玄解以釋紛。沽酤牧羊，協潘生之志；畜雞種黍，應莊叟之言。穋菽尋氾氏之書，露葵徵尹君之録。譬則虬驤慶霄，不絓豢龍之轡；鳳鳴瑶林，不屈伶倫之籠者已。豈與夫蹵足入絆，申脰就羈，鐘鳴漏盡而夜行不休者哉？故有不出，出則轟；轟有不處，處則冥。冥一龍一蛇，無可不可，所謂進則建非常之功，退則抗區外之志者。與彼逃山林者以伊吕爲笐庫，慕爵禄者以巢許爲桎梏，溺清虚則糠粃席上之説，束名實則蒭芥柱下之言，非以隱爲高，則以仕爲通，要之不該不遍，得人之得，概先生之出處，不其爽諸?"

同年山陽劉君一臨，父若子於先生并有師生之契。德厠在桑梓，飫聞懿徽，故於先生之行，屬德述其出處之概，以爲仕進退隱者風焉。

## 賀鄉會震宇姚兄生雙子序

吾黨之士官於京師者，職業之暇，嚶鳴求友，則相與盍簪解帶爲同社會。每開徑促席，班觴展晤，琢磨講習，比玉斷金，或事有瑣而助洪，或言有微而砒著。曜靈匿景，繼以華燈，酣濡之餘，間雜嘔噱，剪西窗之燭，橫北牖之參，每厭厭衎衎，不自知其疲也。或風日駘蕩，選勝行樂，遨步蘭皋，鳥舉魚躍，宴言談笑，情瀾不竭。如是者，同省及同府并有之，而震宇姚兄皆與焉。余素昧陋，以友朋爲性命，亦每於斯厠綢繆之歡。賤甲子小震宇一月，震宇弟蓄我，於投分最深。震宇開爽無城府，有懷於胸，如含蠅必吐，其性行猶俶儻瑰瑋，饒骨鯁之致，衆以國器歸之。而又工爲嘲笑歡謔，每發令人絕倒，若春霆震響而驚蟄飛競也。他日雅集談深，座中各言子嗣事。衆各有子，或四人，或三人、二人，即不佞德豚犬輩亦有三，獨震宇瞠而不對。予言："兄之齒長矣，諸賢郎有既已能御者乎? 不則咳而名者幾人乎? 又不則將就館者幾人乎?"震宇閉目搖首曰："全未，全未。"於是同會諸兄弟無不加額而爲姚兄祝也，日夕覘其門有弧矢也。歲己酉之六月，一産而得二男，衆歡言持羊酒往賀，謂不佞宜有言。

余考古善誦多男子，宜莫如《斯干》之詩，其言夢熊弄璋，室家之慶備矣。而於王公大人也，猶詳螽斯、麟趾，一咏三嘆，倘所謂二《南》之化洽，而澤鍾自貴者始耶? 然此皆人道之常，而未足爲異且瑞也。《傳》記許莊公一生二女，唐勤生一男一女，蓋异之矣，猶非盡男子之祥也。殷王祖甲生二子，以卯生嚚，以巳生良。霍將軍亦一産二子，以先生爲兄，後生爲弟，則异矣。後漢應樞一生四子，神光照社，則又异矣。陸佟〔七五〕娶异國君之妹，一孕三年，啓其母左脅三人出，右脅三人出，則又异矣。成周盛時，四乳八子，伯仲叔季多而且賢，則更异矣。夫一稃二米，和氣所生，且名之曰嘉穀，而况一産二男，豈謂非家之肥而國之慶哉？故越王勾踐下令，生三人與之乳母，生二人與之餼，誠震於异且瑞也。

言未已，震宇兄嚀吟而語曰：“諸兄之言慶，者者，不佞不敢當，抑鳩摩羅什有言兒障上肩，不佞竊懼其魔也。”余曰：“昔元美先生答其友之戲，九子魔母耳，八子乃遂魔父耶？今日之慶，兄如以爲魔，則弟輩祝兄以後更饒爲之。或三或四或六或八或九，徵天上之香蘭，結海中之仙果，對對荆山之玉，雙雙合浦之珠，惟恐其魔之不多也。故無奈傍〔七六〕觀者眼赤耳。東坡《洗兒詞》云‘犀錢玉果，利市平分霑四座。自愧無功，此事如何得到儂’，此弟輩今日之同情也。”

於是諸會弟持耳〔七七〕觴，姚兄曰：“傅生之言似嘲似賞，兄其聽而舉一觴哉。”

## 賀京營提督太谷林老先生生孫序

余嘗與客論“水之生物，孰爲易見”，曰：“井澗易。”又問：“孰爲難見？”曰：“江海難。”請徵其説，客曰：“今夫井澗之水，束以甃岸，齒以白石，廣不數丈，深惟計尺。鮒蛭所游，汲溉自出，溝塍刻鏤，原畛鱗列。江海則不然，萬派一宗，千里一折，納垢藏污，有會無洩。以此觀之，其效迴别。”余曰：“固也。當夫浮天亙地，出日入月，蛟室龍藏，珠宫貝闕，萬寶環瓌，鯤虬等蠪，生也無窮，取之不竭。於斯時也，屬之井澗乎？屬之江海乎？人之積德衍慶，纖微鴻鉅，何以异此？故猶龍氏云‘上善若水’。”

余髮初燥，即聞吾鄉有大將軍林公者，名將子，發迹武科，天與拳勇，神資機智，驅馳龍塞，爲國虎臣。其所歷自薊鎮、黃花、雁門，以至巴蜀，所任職自守備、參副、總戎以至今提督，廿餘年攻牢保危，震名裔夏久矣。比入都門，見公討練軍實，興衰起廢，肅然有趙營平、李臨淮風。於時京師多盜，公職在賊曹，益悉□□□□伍之□[七八]，而時抶其惰。布耳目，行鈎距，摘赤黑□於掌□[七九]，盜無所容。益以其暇拊循士卒，溫言絿繾，玄酒、甘瓠之謠時時盈耳。居數歲，如有所不樂，上疏請告。諸營衛軍遑遑如失乳兒，扣閽請留者數千萬人，其得人心如此。諸士卒既勉留公，感公恩無所取報，則旦夕焚香加額而祝公有後，於是商瞿之膝下亦既繩繩矣。嘉平之日，實始抱孫。諸同府縉紳姚公等持羊酒往賀，命德修酌者之辭。德何以賀公？無已，則以水之論爲公佐一觴可乎？

夫江海之所以爲百谷王者，以其善下也；所以能孕育蛟龍者，以其深蓄也。余聞公家前將軍赤[八○]誠報國，白首無貳，歷宦四十餘年，家無餘資。迄於公，纘乃舊服，益光前烈，而恂恂抑畏，延禮逢掖之士，其巨量宏受，又若惟日不足者。則夫梧桐孫枝，森英翹秀，玉芽珠穎，羅薦蘭湯，分甘命名，阿翁作噱，問安不識，披簿始知，是且於公身親見之乎？魯臧孫之後益有聞人，唐鄭公之孫克肖前烈，賦詩來文雅之襃，設伍詫武威之略，又且於公孫懸記之乎？《詩》有之“豐水有芑，武王豈不仕？貽厥孫□[八一]，以燕□□[八二]”，曹大家曰“天道佑善，雖父子百葉，□□□□[八三]”。□□□□[八四]曾、爲玄、爲來、爲晜、□□□□□□□□□□□□□[八五]之號，有不止一二世者，如是而即頌之□“□□□德[八六]，水之善下，爲百谷王；林公之孫，水之深蓄，爲蛟龍孕"，奚不可也？昔春秋時，卿大夫何可勝數，然往往不能以身衍爲數世之身，君子譏之曰"夫夫未老而偷，及身而已"，此鄉〔八七〕所謂井潤之濟不出十畝之間者，乃若欒氏之餘汰，隴西之敗名，則又涓涓不流，污以青苔，益不足爲公道矣。

　　姚公等聞之曰："善哉！傅生之祝。"慶昭乎充闐，喜溢乎湯餅，主人既醉，客顏亦酡，馨瀝而別。

## 校勘記

〔一〕"呿"，雪華館本作"吷"。

〔二〕"碎"，雪華館本作"砰"。

〔三〕"迷蔓"，雪華館本作"蔓迷"。

〔四〕"者"，雪華館本作"入"。

〔五〕"諧"，雪華館本作"偕"。

〔六〕"指"，雪華館本作"於"。

〔七〕天啓本、雪華館本均作"答"，據文意當作"筈"。

〔八〕"家國"，雪華館本作"國家"。

〔九〕"合"，雪華館本作"口"。

〔一〇〕"短褐"，雪華館本作"褐膝"。

〔一一〕"可"，雪華館本作"所"。

〔一二〕"鋒"，雪華館本作"蜂"。

〔一三〕"緣"，雪華館本作"沿"。

〔一四〕"枝"，雪華館本作"技"。

〔一五〕"德"，雪華館本以"某"代"德"、"新德"，表自稱意，後文不另出校。

〔一六〕"旅"，雪華館本作"旋"。

〔一七〕"搏"，雪華館本作"搏"。

〔一八〕"喔"，雪華館本作"諾"。

〔一九〕“崗”，雪華館本作“岡”。

〔二〇〕“颯颯”，雪華館本作“飀飀”。

〔二一〕“哀”，雪華館本作“敷”。

〔二二〕“孤”，雪華館本作“呱”。

〔二三〕“稱”，雪華館本作“謂”。

〔二四〕“鄉”，雪華館本作“嚮”。

〔二五〕“遥遥”，雪華館本作“逍遥”。

〔二六〕“諸”，雪華館本作“請”。

〔二七〕天啓本、雪華館本均作“漿”，據文意當作“醬”。

〔二八〕“屈”，雪華館本作“曲”。

〔二九〕“立”，雪華館本作“至”。

〔三〇〕“共”，雪華館本作“其”。

〔三一〕“翁”，雪華館本作“爲”。

〔三二〕“享”，雪華館本作“亨”。

〔三三〕天啓本、雪華館本均作“幛”，據文意當作“禕”。

〔三四〕“敘”，雪華館本作“序”。

〔三五〕“藍”，雪華館本作“蘭”。

〔三六〕“子”，雪華館本作“家”。

〔三七〕“首”，雪華館本作“手”。

〔三八〕“主”前，雪華館本有一“人”字。

〔三九〕“衣”，雪華館本作“掖”。

〔四〇〕“中”，雪華館本作“俎”。

〔四一〕“頌”，雪華館本作“誦”。

〔四二〕“遵”，雪華館本作“征”。

〔四三〕“予”，雪華館本作“余”。

〔四四〕“政”，雪華館本作“正”。

〔四五〕“虎”，雪華館本作“號”

〔四六〕“秭”，雪華館本作“抹”。

〔四七〕“潰”，雪華館本作“隤”。

〔四八〕"都"，雪華館本作"顧"。

〔四九〕"亭"，雪華館本作"寧"。

〔五〇〕"糧"，雪華館本作"餉"。

〔五一〕天啓本、雪華館本均作"高"，據文意當作"皋"。

〔五二〕"禁中"後，雪華館本有一"曰"字。

〔五三〕"徙"，雪華館本作"徒"。

〔五四〕"捍"，雪華館本作"悍"。

〔五五〕"紛"，雪華館本作"分"。

〔五六〕天啓本、雪華館本均作"公"，據文意當作"翁"。

〔五七〕"響"，雪華館本作"嚮"。

〔五八〕"始"，雪華館本作"殆"。

〔五九〕"響"，雪華館本作"嚮"。

〔六〇〕"無失所者"，雪華館本作"無所失者"。

〔六一〕"果"，雪華館本作"乘"。

〔六二〕"名"，雪華館本作"召"。

〔六三〕"喬"，雪華館本作"橋"。

〔六四〕"謂"，雪華館本作"爲"。

〔六五〕"史"，雪華館本作"吏"。

〔六六〕"辨"，雪華館本作"辦"。

〔六七〕雪華館本此句作"此數者侯皆兼而有之"。

〔六八〕"待"，雪華館本作"侍"。

〔六九〕"衣"，雪華館本作"吷"。

〔七〇〕"畏佳"，雪華館本作"崔嵬"。

〔七一〕天啓本、雪華館本均作"剔"，據文意當作"揚"。

〔七二〕"斯"，雪華館本作"茲"。

〔七三〕"動"，雪華館本作"勤"。

〔七四〕"樽"，雪華館本作"尊"。

〔七五〕天啓本、雪華館本均作"佟"，據文意當作"終"。

〔七六〕"傍"，雪華館本作"旁"。

〔七七〕“耳”，雪華館本作“酒”。

〔七八〕“□□□□□□□□”，雪華館本作“毖餙比閭卒伍之法”。

〔七九〕“□□□□□□□”，雪華館本作“摘赤黑丸於掌中”。

〔八〇〕“赤”，雪華館本作“竭”。

〔八一〕“□”，雪華館本作“謀”。

〔八二〕“□□”，雪華館本作“翼子”。

〔八三〕“□□□□”，雪華館本作“猶若一體”。

〔八四〕“□□□□”，雪華館本作“繼自今爲”。

〔八五〕“□□□□□□□□□□□□□”，雪華館本作“爲仍、爲耳、爲雲，如公家前代十德”。

〔八六〕“□□□□德”，雪華館本作“曰林公之德”。

〔八七〕“鄉”，雪華館本作“嚮”。

傅文恪公初集卷之五

# 賀　啓[一]

## 賀晉殿下啓

伏以桃熟千年，來歲星於漢殿；序成萬寶，啓壽域於唐封。注北海以開樽，指南山而作頌。恭惟賢王殿下，徛[二]蘭毓祉，喬桂凝華。早集大成，丕肩幼志。勝衣視膳，温然孝友之姿；好禮受經，不煩師傅之誨。樂東平之爲善，邁河間之博文。大[三]行汾水之區，久壯皇家之屏翰；懸圃昆侖之上，夙饒丹寵之刀圭。乃眷揆初，適逢秋孟。萬物之太和已合，二儀之淑氣獨完。方至方升，斂箕疇之五福；俾昌俾熾，宣君子之萬年。喜天開有道之辰，乃日進長生之酒。自抱九仙骨籍，暫繫於朱門；不用八公招名，已書於碧落。新德[一]樗散陋姿，蓬衡蓑品，慶商詩吞鳦之瑞，願祝岡陵；歌魯頌純嘏之詞，仰期松柏。筐篚不腆，敢侈瓊漿石髓之陳；蘋藻可羞，竊附碧藕冰桃之薦。臨楮曷任欣忭踴躍之至。

## 南京大小九卿賀蛟門相公以大禮覃恩加官蔭子啓代

伏審顯奉恩綸，誕膺异數。傳聞四海，歡喜一辭。雖三讓之彌高，公無慍色；乃九功之惟叙，國有彝章。恭惟相公台下，忠誠格天，德望冠世。任有難而不憚，利無知而不爲。當薾芽蠱積之時，故振救獨艱於前輩；妙潛消默化之術，故辛勞不盡於人知。屬者東定西除，猶謂特爬搔於蟣蝨；乃思人適政間，不如急根本於朝廷。誕扶日轂於重光，丕亮天工於繼照。眾言投石，久乏綺園之能；公計轉環，寧逃瓜衍之賞。秩增周太之重，蔭傳伊韋之芳。家國僉受其榮，遠邇暢聞其盛。某等丕視功載，逖聽敷言。曰勛下至曰多，已信蜚英之不朽；三命上登九命，佇看與國之同休。臨楮曷勝欣藉歡賀之至。

## 賀任錦源公祖

伏審顯奉帝制，移鎮燕雲。當宁思西方之美人，勞臣縮北門之鎖鑰。四郊聳聽，萬口騰歡。恭惟老公祖台下，社稷悅安，文武爲憲。春秋閱禮，韞義府以惟深；甲令書忠，載世家而有舊。久同惟穀，丕作干城。塞地風清一片，起關河之綠；胡天月白千山，消斥堠之紅。酋長舉識其威名，草木亦增之氣色。眷茲舊績，亶應新仙。若王良之駕車，行有餘力；若庖丁之持刃，目無全牛。蓋股肱已足於爬搔，而腹心允資於拱衛。空懷借寇，嗟行轍之不留；共祝歸周，看袞衣之遄相。恭將芹獻，薄引葵悰。伏冀鯨涵，無任雀躍。

## 賀馮德韞調繁澤州

伏以鳳詔起家，溓應三刀之夢；魚書鎮郡，重分[四]千里之符。黃蓋騰輝，彤幨耀彩。竊惟刺史諸侯，貴熊軾素重於百城；郎官列宿，應龍尾仍通於八隆[五]。故潁秀有封侯之賞，歡劇盰謠；膠東有璽書之勞，盛傳漢記。如二千石得人爲政，則十萬户僉受其庇。恭惟台下，瑞應滄溟，望隆泰岱。鴒原并秀，籍[六]甚繼踵之兩馮；貂裘相仍，不數傳家之萬石。遂用屠龍之技，小試割雞；更以一麾之餘，煩爲再皷。投之所向，揭利器以試盤根；不失其馳，駕輕車而就熟路。已著甘棠之舊愛，再看竹馬之新迎。前江陵，後洪[七]農，詎遜劉昆之異？治南陽，如上蔡，永軼召父之規。某質竊無奇，學落不直[八]，聳聞孚號，莫塵燕廈之惊；渴景神豐，聊致魚封之慶。芹將不腆，海納是祈。

## 賀魏順西父母壽啓

伏以南極一星，映琴堂而絢彩；東溟八柱，屹靈岳以標祥。喜兹皇覽之揆初，常值清和之佳序。恭惟老父母台下，錦裳織雲，玉斧修月。虎闈毓秀，兼聖門文學政事之科；鳳闕承恩，領清朝社稷人民之寄。滿腔惻隱，祇適先儒之言；奮髯譎奇，厭薄俗吏之術。甫下車而入，不餂僞澤溥一同；未逾期而化，乃觀成效覘三異。乃者惟月建己，屆節生申。會辰在實沈之間，壽星既見；占夢協熊羆之兆，男子呈祥。星火流輝，耀朱明於花縣；景風薦爽，播清穆於棠阡。仁人當天地之權輿，演二首六身之數；大造鍾乾坤之亭毒，會三統九章之元。洵矣無勞無搖，展也俾昌俾艾，某久累播鈞，遐瞻嚴石。震風凌雨，常依大廈之安；望日披雲，徒深遠室之噫。欲效野人之三祝，仰頌君子之萬年。斟沱水之波，過附瓊漿之薦；采臺山之芑，敢希碧藕之陳。滴晨露以箋忱，遙下風而起肅。謹將芹獻，用尾蔡惊。臨楮可任歡慶欣忭之至。

## 壽馮熙宇親家

伏以南極一星，映奎光而絢彩；東方五炁，迎景福以呈祥。喜兹皇覽之揆初，常值清和之佳序，恭惟親翁台下，秀鄰玉鑒，氣浥金莖，洗日修鎔[九]，壓河東之士鳳；睨雲上足，空冀北之人龍。攻八索九丘[一〇]有用之書，囊穎蚤脫；葆三光五岳未分之氣，蛻骨欲仙。由來降岳生申，適際剛辰建卯。玄鳥方至，於昭天命之符；倉庚初鳴，快睹春陽之候。五百年之名世，有開必先；八千歲以爲春，無疆唯[一]壽。新德兼葭道遠，蘿木情深。幸逢弧矢之辰，竊效岡陵之祝。瓊漿石髓，無緣稱獻壽之觴；丹竈刀圭，有日舐升仙之鼎。一言是布，寸草不虔。德[二]臨楮可[一二]任歡忭踴躍之至。

## 又壽馮熙宇親家

伏以陽日方亨，序貫四時之首；君子道長，祥開五福之先。望東海以添籌，指南山而作頌。恭惟親翁台下，昭回降彩，沉瀣融精。斗南佳士無雙，冀北人龍寡二。坐仙山而獨釣，掣盡六鰲；望阿閣以來巢，壓低三鳳。憶領群儷於天上，誤迎吞虎之祥；遂瞻一佛於人間，快愜占熊之夢。當此韶光履序，正逢皇覽揆初。會纏在角亢之間，壽星既見；懸弧屬三五之次，寶月常圓。有開必先，五百年之名世；無疆惟壽，八千歲以爲春。樂事駢臻，歡聲環匝。新德情深縞帶，誼切葭莩。遲日江山，奚取蘋藻而成獻；春風花草，敢依桃李之無言。斟沱水之波，遙傳仙掌；采臺山之芑，敬上華筵。介以戔戔，徒有耿耿。伏願斂時五福，至於萬年。大馮君小馮君，末聯芳於椿桂；俾爾昌俾爾熾，長祝算於岡陵。德臨楮無任歡馳欣汴之至。

# 與　啓[一三]

## 與沈蛟門相公啓

伏以天昌一相，埶高柱石之元臣；晉領三公，獨應台階之上象。凡聖化照臨之內，悉大德骿幪所周。況在瞻承，尤深汴[一四]蹈。恭惟師台閣下，股肱元聖，師保萬民。以道德而輔一人，應千載明良之運；理陰陽而遂萬物，隆百年禮樂之興。是以忠簡帝心，望高蓋代。幾年諧弼，已瞻揆文奮武之助；此日專丞，尤見旋乾轉坤之手。主器久虛而忽定，廟堂收園綺之功；諫員壘缺而漸收，海岳廣涓壤之助。自兹民風與主德，行看月异而日新。弼九重行健之勤，慰四海爲霖之望。新德短材何用，朴學已陳久累播鈞，遐瞻岩石。三年茌苒，罪過與歲月而俱深；五技迍邅，碎勵以冰兢而益切。敢作匏瓜之繫，不新木鐸之音。謹因歲報以抒忱，爰附書郵而裁候。朽株枯木，難酬雨露之恩；斷港〔一五〕絶潢，祇切朝宗之願。新德臨楮下情不勝瞻戀神馳之至。

## 與沈龍翁啓

伏以阿衡起莘野，商道聿興；良弼舉象嚴〔一六〕，殷邦咸喜。龍見文明之利，鳳儀首出之班。海宇生輝，朝紳動色，恭惟師相台下，人間先覺，盛世達尊。河馬洛龜，久應天中之瑞；雲龍風虎快，瞻物睹之期。大夫國人曰賢，賢於夢卜；天下蒼生之望，望起東山。飛赤烏於九霄，轉鴻〔一七〕鈞於一氣。自兹民風與主德，行看月异而日新。新德質窳無奇，學落不殖。函丈前之教誨，曾與摳趨；夾袋内之姓名，豈堪收録？但卑栖江表，分雖隔於雲泥；而翹首天庭，心第傾於造化。謹因一介之便，虔宣九頓之誠。泰階六符，皇極五福。伏惟與時迪吉，以幸清朝。新德臨楮曷勝竦栗之至。

## 與趙澉陽老師啓

伏以授材任能，固有國之通制；量力度德，實立身之格言。顧惟孤寒之踪，亦綴收羅之數。孰爲教化？自愧簡書。退省駑疲，不勝蚊負。竊惟立人建國，莫尚于尊儒；成俗化民，必崇于教學。故東膠西序，事隆於三代；環林〔一八〕璧水，業成于兩京。菁莪既盛於一時，豐芑尚遺於异世。於昭皇祖，丕建南雍。奎畫[一九]文章，丕若杏壇之至教；牙籤玉軸，蔚爲芹泮之榮觀。成均於是乎有光，瞽宗藉兹而丕振。自匪明該治具，佩服儒規，行實藹乎徽猷，識宇包乎賢業，則失職不稱，必爲時起[二○]羞。乃如新德者，單平冷系，迂暗常材。五技不成，有類鼯鼠之困鈍；六翮未備，敢期鴻鵠之雄飛？溝中不顧於青黃，爨下無心於宮徵。道常違俗，宜窶狗之是妖；材不逮人，何萑蠋之能化？伏遇老師台下，受天間氣，爲世元龜。文章百世之師，事業三朝之望。提七星而酌元氣，翊贊斗樞；撫八翼以登太[二一]階，爕和天緯。風震雨凌而梁棟自若，火炎水潤而鼎實各調。嘉善而矜不能，與人不求其備。謂德厠孤拙之迂迹，時賜抽揚；察德無左右之先容，每垂褒采。遂以太史下走，忝陪國子先生。工謝彩輪，猥竊歸風之價；伎慚湘乘，濫叨送目之珍。敢不益屬官箴，遵修士則。上規姚姒，敢云韓愈之投閑；道出羲皇，庶希廣文之獨冷。朽株枯木，難酬霖露之恩；斷港絕潢，徒有朝宗之念。敬專一介，修候萬禧。臨楮曷勝瞻溯感刻之至。

## 與禮部馮琢庵啓

伏以九重出綍，特咨命於春卿；八座升華，爰正位乎常伯。邦家胥慶，朝野蒙休。矧在瞻承，尤深怵蹈。竊惟春官六十，立之長以維尊；曲禮三千，待其人而後舉。明白百王之制，再青一代之文。恭惟台下，鄒魯家傳，孔孟幼學。度渺滄溟之潤，休休有容；望隆泰岱之崇，岩岩所視。言足以定國論之是，謨足以格君心之非。昔核選部於九流，已正清渭濁涇之辨；兹總容臺之三禮，更修上天下澤之儀。矧當大慶之始成，全藉匡襄之匪懈。寅清夙夜，暫承虞帝之咨；爕理陰陽，行拜周官之誥。新德鹿鹿，恒品魚魚。陋資自分永棄於泥塗，詎意升華於原隰。伏遇台臺，先覺覺後，己達達人。宮商爨下之焦，黼黻溝中之斷。幾年薊北，恒依覆護之天；此日周南，苦憶栽培之地。弔沙州之影，自鄰夜月之單鴻；賀大廈之成，幸入春風之雙燕。上林有樹，儻憐三匝於南枝；涸轍無枯，敢忘一升於東海。敬因歲報，恪附虔忱。臨楮依依，曷勝瞻注。

## 與朝鮮經略萬丘澤啓

伏以真氣東行，慶王正之無外；島氛南淨，喜周代之有成。威動海隅，歡馳日域。恭惟台下，虎頭封相，猿臂家聲。以社稷臣，爲詩書帥。北伐方吉甫，本爲憲於萬邦；東征若周公，遂是皇於四國。運奇兵於掌上，墮黠虜於目中。魚麗之陣幾呈，鴨綠之標頓紀。鯨鯢就戮，見東海之無波；彗孛潛消，仰大明之普照。三韓屬國，欣再造於箕封；百濟俾王，覃歸誠於禹貢。屬者鳳曆起黃鍾之籥，雲物書祥；鷹揚懋白旆之勛，天綸優异。一士賢十萬衆，已嘉發縱之謀；百里半九十時，仍需安集之略。小屈碧幢之駐，即看黃閣之登。德積愧疏愚，久塵昕眽。終纓未請，把綉慚一綫之長；燕谷方寒，吹葭沐重緹之芘。伏願玄袞赤舄，蚤還玉鉉之司；則廟社郊壝，永賴金城之助。新德臨楮曷任感刻神馳。

## 與周寅翁啓

伏惟台臺，道爲世表，覺在民先。蘊淵雲司馬之才，邁晁賈公孫之學。幾年梓里，蒼生悵望於東山；此日槐廳，丹詔傳宣於南國。六如之重，自古爲難；而七事之徵，於今爲烈。修筐濯鵠，賀袞衣之重來；畫閣烟嵐，識文石之舊主。從此雙栖之鵲，報慶海棠；佇看一條之冰，芒寒溫樹。新德鄰虛壖[二二]品，點岳登崇，折刃族庖，越俎代割，遘此遭逢之盛，猶深怵蹐之私。敬勒八行，肅馳一介。遠硯[二三]紫氣，惟旄旆之是從；今附青雲，幸步趨之可即，臨風[二四]可任瞻溯懸遲之至。

## 與寧武道郭一陽啓

伏以龍庭孚號，聖主念西方之美人；雁塞傳宣，勞臣縮北門之重寄。用人如此，通國歡然。恭惟老公祖台下，際天蘊抱，驚代鍾材。合文武以兼資，佩安危而注意。投之所向，揭利器以試盤根；不失其馳，駕輕車而就熟路。爰簡求於[二五]夙望，實大穆於師言。謀帥推先士，感投醪而挾纊；在師稱吉邊，看卧鼓而息烽。森畫戟以凝香，撫胡床而坐嘯。羊叔子之輕裘緩帶，祭遵[二六]虜之雅歌投壺。弓劍鳴風，威重嚴於細柳；琴樽酬月，清曠擬於柴桑。丕蘇民力之中乾，允革夷情之内訌。德塞南弱草，冀北駑駘。高山久切於驥塵，煦照忽邀乎春日。逖聞成命，喜陶冶之方新；退省孤踪，覺蚷蟓之有托。謹專一介，仰布八行。頌咏之私，敷宣不既。臨楮曷任欣躍之至。

## 與運倅張起東啓

恭惟台下，一代偉人，百年名世。鍾紫帽扶輿之氣，道直以方；把金莖沆瀣之清，氣溫而厲。望積雲間之弘譽，復高鵷鷺之班；總半天下之貨權，坐給貔貅之餉。計關鹽鐵，勞倍轉輸。萬里培風之益高，鵬程在望；三月溯河而直上，魚服幾時？舍人端合治裝，天子行將有詔。新德久懷仰斗，未遂識荆。迹雖阻於登龍，心竊布於附冀。問兩鴻鵠，敢削牘以抒忱；遺雙鯉魚，敬捥鈴而將悃。愧莫遑於參觀，聊少寓於皈依。臨楮神馳，望光悚息。

# 答 啓〔二七〕

## 答福建撫臺陳懷雲啓

伏以賜環遠下東山，人望推一時之柱石；授鉞即臨南海，歡聲動千里之封疆。厦燕凤庇，屋烏新寵。四詮驚賢於十部，八行乏報以七襄。恭惟台臺，翼軫毓精，衡廬挺秀，筆下文瀾汹涌，飛倦譽於鵾鵬；腹中武庫森羅，負壯猷於彪虎。歷揚清要之秩，漸膺齋鉞之除。地控全閩，經緯運而憲昭文武；天擎半壁，安攘神而威震島夷。會見海霧之清，還看衮綉之入。淮蔡既定而裴度相，徐方不回而召虎歸。德雕篆腐儒，斗筲小器。嚮在周南，匏繫曾快雲霧之披；今局冀北，鶡翔遂杳山河之隔。睹兹簡除之制，遥深燕厦之私悰；雖懷踴躍之忱，莫綴龍門之賀客。台臺履簪念厚，軒輊眷深。墜惠問以先之，佩高情之已甚。立下風而起肅，滴晨露以箋忱。不盡謝私，諸惟心照。

## 答雲南撫臺周敬松啓

伏以玉帳宏開，六詔開百蠻之鎮；琅函遥賁，四銓〔二八〕驚十部之賢。清風入懷，垂露在手。雖乏七襄之報，難誼〔二九〕五内之藏。恭惟台臺，紫電標奇，白虹挺秀。毫端禮樂，飛倦譽於鯤鵬；腹内甲兵，負壯猷於虓虎。魚凫蠶叢之域，久籍姘嶸；金馬碧雞之區，更資統御。金城閫外，玉燭滇南。遠斥堠而省文書，士皆爲之效力；徹師徒而討亂略，疆由是以輯寧。宣察吏之〔三〇〕六條，紀綱震灼；飭當官之三事，政化醇濃。大纛高牙，暫寄一方之保障；綉裳赤舄，遄陶大化之鈞衡。新德雕篆腐儒，斗筲小器。未識荊州之面，翹注龍光；仰瞻元禮之門，實懸蟻悃。未遑展賀，忽枉撝謙。拆白雲之封，坐驚雲漢；瞻紫芝之宇，徒想風裁。誼斯戢於心丹，謝敢宣諸子墨。臨楮可任感佩神馳之至。

## 答劉孔老啓

諗惟老公祖台下，河華毓粹，奎璧[三一]含精。曾子文章，水之江漢星之斗；趙戩人物，劍則干將物則桐。委大任於棼絲文武，作萬邦之憲；表兼材於不器，精神折千里之衝。仲淹胸中之甲兵，方寬西顧；富弼河朔之籌策，更藉北門。百煉鋒所向無前，萬鍾器尚虛其半。屹中流之砥柱，保障功高；橫野渡之孤舟，林壑望重。雲中守若能用，何憂匈奴？天下事尚可爲，今在君實。德夙庇宇下，竊附籠中。憶瞻韓斗之輝，葛蕭在念；忽拜郇雲之麗，葵藿愈傾。既煩十部之賢，兼荷百朋之重。捧持戴德，踟躕銘心。謹烹鯉以識情，用還璧而鳴謝。亟熏子墨，祇叙寅恭。伏冀台涵，無任瞻切。

## 答霍南溟啓

伏以鎖鑰北門，久著三陲之績；怙冒西土，遙驚十部之臨。惠逾投瓜，心競集木。恭惟老公祖台下，四時玉燭，九塞金城。禮樂三千，筆下文瀾汹涌；甲兵百萬，胸中武庫森羅。綱紀蕭而一路恬熙，野無鴻雁；麾纛明而三關寧謐，塵静犬羊。若君陳保厘東郊，更多導款；即召伯拊循南國，猶遜折衝。上谷雲中，幾載歌興韓范；黃樞紫閣，計時召拜郭裴。新德鉛槧督儒，瓮繩賤士。萬間大厦，長懸北斗之瞻；一路福星，頻思西方之美。久爲枌榆而稱慶，詎期葑菲之不遺。青鳥銜箋，既訝八行之貴；朱提遠貺，更銜九鼎之恩。謹對使以登嘉，附一言而鳴謝。臨楮曷任感刻神馳之至。

## 謝喬公祖川錦川扇啓

伏以虞弦風動，九天揚解慍之歌；蜀簟霱回，萬里拜揚仁之賜。舉眸見德，置袖含恩。恭惟老公祖台下，風雷氣概，冰月清標。正笏領東方之縉紳，朝資黻黼；建牙作西陲之保障，人賴絣幪。蠶叢戴酷暑之驅，鳥道羡妖氛之靖。當此無虞之序，恪修惟正之供。巧出天孫，重塗〔三二〕云母。文均析縷，香發海檀。六翮颷流，頓覺南薰之解；五明價重，不爲秋氣之移。某何人斯。縈叨恩口〔三三〕。提携在手，儼飛雪於三峩；吹噓入懷，頓生風於兩腋。一字之褒榮於袞，珍襲難忘；七襄之報不成章，空函增愧。臨楮可任感刻神馳之至。

## 謝同鄉萬邱澤啓

伏以歲除赤奮，驗正月之始和；律動青陽，瞻樞星而有耀。履端於始，何福不臻？恭惟台下，道牣三靈，識超五際。幾年推轂，儼玉壘於西東；此日建牙，屹金城乎〔三四〕南北。爰當水陸門户之地，特命輕裘緩帶其間。天關虎豹雄，已落犬羊之瞻；海窟鯨鯢沼，坐銷蛇豕之氛。兹一陽開九地之春，乃三輔書五雲之瑞。銅焦斂舌，春驅龍塞之寒；畫戟凝香，雪暗雕旗之晝。屠蘇釀醉，客獨按堵之自如；莒蓿馬嘶，風曾驚〔三五〕烽之不作。宜從桃葦之候，茂迎椒柏之禧。新德落植無奇，荷寵有素。福長添綉方遠，祝滋至之休；庇暖春緹，乃更辱先施之貺。恩從春洽。感與愧并。所願袞衣歸我公，不淹斧斨之役；則中國相司馬，益寒蠻狄之心。謹啓。

## 答按臺黃雲蛟啓

伏以東方紫氣，雲霞出海日之輝；南國宗工，風雨度江春之化。未遑奏記，遽枉撝謙，恭惟台下，氣軼金莖，照臨玉鑒。度闊滄溟之潤，休休有容；望隆泰岱之崇，儼儼所視。顯膺帝制，超擁使華。達公論於九重，木之繩金之礪；亞官儀於三獨，緯以武經以文。宏豸苓雞壅之收，出牝牡驪黃之外。四方之訓於我，無競惟人；多士之生斯時，不顯亦世。惟樸械首沾化雨，故桃李悉在公門。德鹿鹿陋儒，魚魚末學。道常違俗，彘〔三六〕芻狗之致妖；識不逮人，何荊琨之能別。寧期庸剪，上辱注存。既勤雙鯉之投，兼荷百朋之錫。賁諸行李，驚瞻筐篚之光；顧此投桃，安得瓊瑤之報！附言申謝，難瀝悃以布衷；踖厚跼高，但撫躬而無措。德臨楮曷任感刻神馳之至。

## 答某按院啓

諗惟顯膺帝制，超擁使華。内通玉笋之班，史聯彤柱；外秉綉衣之斧，節按霜臺。達公論於九重，屢聞繩肅；亞官儀於三獨，益見寵褒。六轡交馳，百雉聳睹。恭惟台下，章天奎璧〔三七〕，鎮地嵩衡。進升峨豸之班，望峻翔鷺之簉。昔在河隴，五寇風狂，蕩巨奸於間不容穟之時，制大變於危如累卵之勢；方寬西顧，又趣南臨，藻鏡洞開而秋毫在照，霜華普墜而炎嶺生涼。舉頭卬在〔三八〕長安，濯足會登於雲漢。某樗櫟靡質，譾劣庸儒。常願操篸醫門，掬溜蘭室。良辰不與，夙志多違。曾旅進之末由，何撝謙之先辱。跽而捧讀，感與愧并。九頓伻旋，附言申謝。未識荊州之面，已托庇於帡幪；仰瞻元禮之門，但馳誠於履舄。臨楮曷任感刻神馳之至。

## 答南京侍御蔣道充啓

伏以北闕演綸，赫赫恩頒於芝檢；南床秉憲，堂堂望重於柏臺。衆曰賢而賢，慚代言之未罄；何所謝而謝，辱有斐之多儀。

恭惟台下，道備軻醇，行高汲直。大受吞雲夢八九，孤標蠹太華千尋。儼仁杰之在斗南，耻爾呈身識面；瞻歲星之來天上，慨然攬轡登車。一時欣睹於風裁，兩都祗嚴其露劾。行行避驄馬，已空當道之豺狼；跕跕下江鳶，更凛橫空之鷹隼。山岳堪爲之摇動，絲綸宜賁之寵褒。慶君子之得輿，有來帝眷；慚小人之作頌，莫稱王言。敢云黄絹之好詞，用附金函之貯；忽奉彩箋之嘉貺，特來玉案之珍。渥矣瓊瑶，愧木桃於何地？鏗然鍾吕，知瓦缶之希聲。拜蓬使以佩鐫，常依夏屋；望芝眉而馳結，遥隔秋旻。誼難遺贄以三辭，謹用捧筐而九頓。臨楮可任感謝神馳之至。

## 復區海目啓

伏以鶯鳴帝苑，正勤出谷之思；鯉送江天，忽枉停雲之訊。四詮[三九]賢於十部，八行重以雙南。罔酬注存，祗深愧佩。謚惟仁兄台下，斯文先覺，吾道主盟。班荆麗澤之軒，人同倚玉；盍簪瀛洲之選，誼諧斷金。遂令蓬艾之資，亦入芝蘭之室。友人規過，身行霧露之中；執手知心，道叶漆膠之契。管鮑王貢，未擬纏綿；荀李尹班，雅同綢繆。何期兔爰雉離，忽爾魚服馬曹。分手括弦，幾見草生春沼；懷人瓊玖，徒聞楓落秋江。懸知仁智之襟，居多山水之樂。醉翁亭上，先賢動羹墻之思；柏子潭前，上聖留鼎湖之迹。聊兹六月之息，仁搏萬里之風。賜環詔下承明，班趨鵷鷺；虛席問臨宣室，池來鳳凰。凡我同盟，跂予日望。遥下風而起肅，滴晨露以箋忱。别有芹私，附陳葵悃。具在公楮，伏惟照原。

## 答王衮宇啓

謚惟台端，岳瀆間氣，伊韋名家。五色鳳毛，重見天池之

瑞；千金駿足，連空驥〔四〇〕野之群。乃眷陪都，言升禋省。禮樂
籩豆，非徒玉帛之陳；宗廟瑚璉，力正菱蒲之薦。識國家表裏之
體，達天人精祲之交。於以勞王，因而將母。顧潘輿回馭，方懸
門閭之懷；而狄雲斷飛，忽下風林之泪。腸剸九曲，愁黯三峰。
新德夔下焦桐，道旁苦李。上林有樹，獨憐南翼之栖；涸轍無
枯，幸借北溟之潤。望長安之日，常同王粲登樓；對江東之雲，
苦憶傅咸惜別。情深倚玉，誼締斷金。始鹿鳴而鶯求，倐風流而
雨散。山高河廣，難尋縮地之盟；露往寒來，各抱終天之痛。君
乘車而我戴笠，猶憶相逢；客遺魚而中有書，不覺長跪。豈謂龍
華之繪〔四一〕，付諸蟲篆之工？努菶于詢，那得蓬心可采；葑菲不
棄，疇云蘭味難忘。既煩一札之頒，更荷百朋之錫。賣諸行李，
驚瞻筐篚之將〔四二〕；顧此投桃，愧乏瓊瑤之報。謹專一介，附謝
八行。并將芹私，言申藿悃。臨楮曷任感刻神馳之至。

## 答姚養翁啓

諗惟台下，受天間氣，爲世元龜。覺在民先，有伊訓説命之
學；道爲世表，兼房謀杜斷之長。昔待詔於北門，銅龍借色；今
承恩於西掖，木鳳生輝。十事備陳，不數君家之宰相；九鼎廷
靜，豈羡太宗之納言？德曩以陋庸，忝陪英彦。觸籠折翮，望垂
天而戢翎；伏櫪羈蹄，瞠絶塵而跪足。仰分鄰燭，竊愧他山，台
下嘉善而矜不能，與人不求其備。封植樗散，謬齒於翹薪；漚潤
汀鱗，不惜其升斗。乃浮沉之兩地，遂南北以各天。樽酒何時，
幾費池塘之春夢；魚鴻遠遞，更兼瓊玖之寵投。感與愧并，璧
而〔四三〕心領。有懷如渴，不罄所言。臨楮不勝感刻神馳之至。

## 答李涵醇啓

伏以雨別帝京，久憶龍光於北夢；雲飛天目，俄瞻鴻翰之南

來。四詮騖十部以遥臨，雙素并百朋而載錫。心兢集木，報愧投桃。恭惟台下，金粟分香，長庚散彩。冀之北萬馬群空，逐電之踪；斗以南一人價重，彌天之譽。鳴琴赤縣，杜後召前；批敕黄門，蕭忠汲直。香案螭頭之側，偶觸鱗而暫違；屬車豹虎[四四]之間，還結絢而徑上。帝曰疇咨四岳，使若予工；周云餝化八材，汝爲已試。瓊樓玉闕，喜逢修月之名家；清廟明堂，共藉成風之妙手。枕湖光而醒夢，事有餘閑；餐山色以療饑，公無不了。上[四五]箴藝事，暫煩稽核之能；蘭省楓宸，佇待襃仙之任。德粉榆朽質，雕篆腐儒。嚮獲御於龍門，忽分携於燕市。暮雲春樹，心旌摇求友之情；秋水落霞，手墨送驚人之句。傳來青鳥，發函如見芝眉；貺以朱提，戴德敢忘葵臆。立下風而起肅，滴晨露以箋忱。不盡謝私，諸惟心照。

## 答愈忠老啓

諗惟老年丈道備軒醇，望隆汲戀。直方大協坤元之二，智仁勇根達德之三。鳳鳴崗而梧桐以生，讜論常伸於簪筆；虎在山而藜藿不采，威靈丕振於垂紳。屹然柱砥中流，久矣孤舟野渡。方震衷之圖舊，乃計部之暫投。念國家經費有常，正藉阜通之術；而朝廷權利已盡，務捐苛刻之文。狹地舉袖以迴旋，寥天舉翼而直上。自天有命，固已勤宣室之思；惟帝念功，寧久作南邦之式。某乘風朽鐸，附月小星。仰天外之故人，問兩鴻鵠；拜雲中之從事，獲雙鯉魚。曾口[四六]削之未修，荷好音之先及。四詮貺自千里，惠然投我以夜光；八行重以雙南，何以報君之玉案？衹乘便羽，聊報赤蹏；不盡寸衷，徒懸遠道。臨楮可任感謝神馳之至。

## 回黃公啓

伏以雨別薊門，久望龍光於北夢；雲飛代塞，俄傳鴻翰之南來。寵逾百朋，恩隆三錫。恭惟台丈，際天蘊識，驚代鍾材。尚邵穀之詩書，兼吉甫之文武。操持綱紀，自來喜見於朱絲；明習憲章，詎得久淹於丹筆？鴻曹鷄省，嘉轉箸聚米之能；瓜戍桐封，服羔羊素絲之節。爰領司會之屬，出膺版部之繁，批邵竅而鍔不傷，處盤錯而器愈利。持衡如漢三尺，洞出納轉輪之宜；握算如周九章，析調停度支之節。布天恩而軍情暖於綖纊，鼓敵愾則兵勢捷於建瓴。萬貨修穰，不數計然之霸越；三秦補給，籍甚蕭相之安劉。大需黃閣之登，小屈碧幢之駐。新德夙陶型范，迤映焚煌。顧潢污雖渴於朝宗，而駑駘頓疲於沃若。近長安之日，已陪天上之游；對江東之雲，健想軍中之樂。池頭春草，目方送於燕墙；隴首寒梅，手忽披於魚素。歡已深乎賀厦，愧更劇於負墻。一道冰銜，荷渫辱先師之睨；五色雲物，顧茂迎方至之休。謹因伻旋，附言申謝。臨楮可任感謝神馳之至。

## 答雲南方伯猶雲谷啓

伏以屏翰勛崇，久著掀騰之望；保厘績最，渥承褒寵之榮。愧萎薾以不文，辱葑菲之過采。百朋珍重，十部光華。恭惟台下，社稷具瞻，文武爲憲。器超管樂，類孔明之自謙；識洞孫吳，等山濤之暗合。遭時多故，能人所難。借前箸於留侯，屢次幄中之勝；示輿圖之鄧禹，時分麾下之軍。迎敵鼓行，靡待前茅之勇；擒囚歸報，遂成獨柳之誅。空寇巢於乘雪之餘，振王旅以如雷之氣。暫煩共理，式重于藩。民游愛日之中，吏畏肅霜之下。嘉三年之課最，降一札之璽書。汗青遄紀於竹編，即勒之旂常而無所愧；泥紫已塗於芝字，即升之鉉鼎而不爲高。某云云伏望日膺祺福，月奏膚功。博陸之益户萬七千，駢蕃寵數；汾陽之書考二十四，超越常倫。臨楮可任感荷翹仰之至。

## 答岢嵐兵憲劉厚吾啓

伏審憲府書庸，明庭疏寵。秦大夫掌北門之管，豈惟增重於鱗符？漢高皇無西顧之憂，正欲信[四七]威於虎落。光生綸綍，歡益疆陲。恭惟老公祖台下，白虹挺秀，紫電標奇。尚郤縠[四八]之詩書，兼吉甫之文武。茂先三千[四九]，乘供繡虎於毫端；仲淹數萬，兵運韜龍於掌上。受冕旒之簡眷，歷垣掖之清階。一麾出鎮秦關，久茂西陲之保障；載命提兵晉鄙，彌堅右輔之金湯。遠斥堠而省文書，將吏咸遵約束；整旌旗而固壁壘，兵農悉藉骈嵷。翳崇節鉞之勛，仁拜繡斧之召。新德塞南弱草，冀北駑駘。記倍[五〇]天上之游，健想軍中之樂。一官如旅，空持燕厦之私心；萬蓋成陰，莫綴龍門之賀客。方競集木，忽枉投桃。雖拜命以爲恭，實省私而增愧。一函附謝，九頓不宣。臨楮可任感刻神馳之至。

## 復高嵒塘啓

伏以朝廷推重鎮，聿求二千石之良；刺史得賢臣，兹爲十萬户之福。矧輝躔其猶邇，竊華潤以滋多。忽驚十部之臨，兼訝五漿之餽。恭惟老公祖台下，四時玉燭，九塞金城。蓋代鍾材，金鍾大鏞在西序；脱塵標格，冰壺玉衡懸清秋。方展翮於鵬圖，肆移輸於熊軾。子幹之文武兼備，四府交稱；長源之清白自將，二乘不愧。彩鳳仙盈[五一]，遠兵衛森畫戟之香；塗雌郡閣，閑談笑開青油之幕。索棗而誇新政，共傳杜甫長吟；拔葓而擊强宗，無待任棠隱諷。澤眠鴻雁，西土之怙冒惟時；塵静犬羊，北門之鎖鑰彌固。左饘右粥，活居民四十萬餘；今袴昔襦，過中書二十四考。淮陰非薄，長孺已需。治聲朝廷深知，弱翁即趨嚴召。新德就陽塞草，附驥駕胎。迴瞻碧落之堂，如隔蓬萊之水。邊秋一雁，伴天上之槎通；到案雙魚，帶雲中之河潤。一字之褒榮於袞，重以百朋；七襄之報不成章，惟有九頓，臨楮無任感刻神馳之至。

## 答臨洮府唐七海啟

伏以佐郡宣猷，久助建隼之化，記功疏寵，聿褒展驥之能。榮增從事之光，眷膺陟明之典。方稽修賀，遽枉撝謙。恭惟台下，玉水方流，金莖寒露。杞梓人間之秀，喬木名家；珩璜席上之珍，天球世寶。魯臧孫之後，益有聞人；唐鄭公之孫，克肖前烈。乃兹古丞之槐署，何殊召伯之棠阡。故從二千石以起家，職專刺割；能使十萬戶之蒙福，樂布中和。無勞換司馬之居，已爭傳飛鵠之履。謠同襦袴，樂哉皂蓋之行春；錫賚經綸，行矣青氈之復舊。聲名籍甚，功用赫然。惟兹代草之辭，須得如椽之筆。乃如德者，豈其人哉？游聖人門，既有難言之懼；代大匠斫，更深傷指之慚。翰覬隆施，心顏增靦。遙下風而起肅，滴晨露以箋忱。謹附來伻，函辭請政。德臨楮可任感荷神馳之至。

## 答重慶府鄭通判

伏以半刺展斡，久助中和之布；十行疏寵，聿褒參校之能。秩分從事之輝，典重名城[五二]之理。方稽修賀，遽枉撝謙。恭惟台下，玉水方流，金莖寒露。杞梓人間之秀，珩璜王國之珍。乘扶搖之風，刷羽翰而直上；枉玲瓏之鬱，分風月以同來。周景題輿，允重豫州之望；呂虔贈佩，聿騰海沂之謠。何恭祖以麗幘而馳稱，不廢三巴之坐鎮；孔休源以別榻而擅美，特從四岳以宣猷。品置六雄，股肱之寄在忠力；策弘八事，道德之威成安強。

兹當報政之辰，特膺陟明之典。錦裳霞佩，久著神明之稱；泥軾星屏，立見崇隆之選。蓋子美晚趨幕府，人謂非宜；而蕭生雅志本朝，自當大用。某鉛槧末品，章句豎儒。久懷御李之忱，未遂識荆之願。璽書之嘉昌寓，遙瞻別乘之光；德政之紀姚崇，景懸公輔之望。豈圖龍華之制，付諸蟲篆之工。模寫無能，隆施增愧。敢介銜書之青鳥，附陳報德之案魚。俟秋之終，函辭請政。臨楮可任感刻神馳之至。

## 答兖州府推官矯公啓

伏以教民祇德海隅，仰風動之休；惟帝念功天闕，疏露濡之寵。方修賀之未悉，忽攪謙之下施。感戢良深，掞裁靡竟。恭惟台下，道航聖瀆，學冠儒縷。蚤空冀北之群，夙竪斗南之譽。鑒邪古鏡，與日長明；抱直蒼松，到天不屈。御屏久書其姓字，李曹特藉以平明。謂虞廷司士之官刑，以懲於猾；而魯人長勾[五三]之戰獄，貴得其情。惟大雅乃制於中，斯小民無辭於下。風雷號令，徑煩丹筆之春；金科玉條[五四]，宣布紫泥之旨。三尺之法安在？肯深俗吏之文；一歲所斷幾何？行奉清朝之問。福星纔動，已消貫索之光芒；教雨隨敷，廣鞠圜扉之茂草。衰[五五]矜如定國，民自不冤；清静如蓋，公獄稱無擾。會齊飛於五鳳，將迅召於一夔。活千人者侯，便合對内庭而納甘棠之笏；績三年者陟，寧復淹外郡而製芙蓉之裳。德櫟樗陋姿，粉榆末品。蓬萊之隔弱水，迹雖判於仙凡；寒谷之轉陽春，心第傾於造化。方懷御李，忽枉投桃。清於玉壺冰，霽顔近呾；贈我錦繡段，報稱缺如。謹九頓以緘函，附一言而鳴謝。臨楮可任感刻神馳之至。

## 答薊州守楊陶庵啓

伏以鳳箾奏曉，正木官用令之秋；麟筆書元，肇竹使行春之會。祥開五紀，祉集三朝。方獻賀以未遑，心競集木；忽飛緘之下貺，感重投桃。恭惟台下，忠孝傳芳，雲霄接武。手握雕龍之筆，袖藏剚犀之鋒。三萬軸之牙籤，久瀝芳潤；五十弦之琴瑟，暫藉揮調。上方重煩保障之臣，公乃近牧股肱之郡。揭盤根以試利器，遵熟路而走輕車。守馥蘭蓀，重睹漁陽之秀；戶豐穋稌，咸騰召陌之謠。懸知漢殿之芝香，不待齊州之瓜及。乃者勾芒布令，有開端月之祥；戩穀迎休，實爲君子之慶。屬雁翎之未集，致燕賀之有違。詎期明月之投，懷人千里；怳對清風之穆，錫我百朋。恩斯戢於心丹，謝敢登之手墨。一言鳴悃，九頓裁虔。德臨楮曷任感刻神馳之至。

## 答薊州守楊南容賜李子啓

時臨三伏，莫禦炎威；札賜十行，鼎來芳惠。珍重在門之品，殷勤推食之恩。竊用心銘，寧惟口實。恭惟台下，陽春有腳，大造無言。多實屢兆於豐年，成蹊久彰乎芳譽。乃者朱呈東苑，離離光散於玉衡；熟綻南居，馥馥香垂於金谷。走櫻籠而敷惠，摘自房陵；寄梅使以緘情，貽來琳國。清香連翠蔕，奪荔枝之五滋；馨潤發紅顔，類芙蓉之十酒。菊泉無汲，丹井可捐。正席而拜投瓊，無能爲報；嘗新而弗致核，聊以爲恭。敬因伻使之旋，緬上函辭之謝。臨風瞻溯，不盡所陳。曷任感刻神馳之至。

## 答薊州守楊南容啓

伏以星回鶉首，方瞻韓斗之輝；節應蟾書，忽拜荀雲之麗。捧瑤函而溢目，馳蕪牘以傾心。恭惟台下，龍比室堂，龔黃衣鉢。聲望獨高於稽鶴，才猷甫試於庖牛。五馬專城，感今昔之襦袴；雙熊就郡，徵岐附於麥桑。照人百煉之菱，秋毫罔遁；醫國三年之艾，春腳先回。乃者黃雀扇風，穆南薰於薊北；蒼龍永日，延地臘於天中。有懷契闊之情，何幸問遺之至。百朋大貺，應角黍之包金；千日芳醇，泛香蒲于凝珀。誼難還贄，禮愧多儀。遥將彩繒以縈懷，謹佩赤符而銘謝。臨楮何勝感刻神馳之至。

## 答益都令冀玄樞啓

伏以芝檢自天，眷人賢而推轂；花封應宿，承帝簡以分符。行蠱三異之英聲，已動一同之喜色。久疏雀賀，忽拜鯉遺。恭惟台下，耀穎奇材，辟塵清表。學能稽古，腹膏三萬斛之牙籤；政妙匡時，曲調五十弦之琴瑟。一鼓而全牛立解，初駕而凡馬皆空。野遍桑麻，政績渾同於漢史；蹊成桃李，仁聲早鬱於周行。久煩戴星之勞，立見培風之迅。理邑著譜，即窺傅令之新編；褒德疏封，行踵卓侯之故事。某斗筲小器，鉛槧瞀儒。鳧依韓斗之輝，葛藟在念；忽拜郁雲之麗，葵藿愈傾。惠然投我以夜光，何以報君之玉案？德音如面，既忻情慰三秋；仁政洽膚，更快譽聞百里。謹附來伻之便，以申謝候之私。不盡寸衷，徒懸遠道。臨楮可任感刻神馳之至。

## 答南宮令馬忠銘啓

伏以壽域弘開，三祝攄一辭之贊；琅函遥賁，四詮驚十部之賢。采蕝菲以不遺，荷瓊瑶而匪報。心顔增靦，登受爲慚。恭惟台臺，正己大人，學道君子。行山汾水，鍾靈秀於冀方；寶軸牙籤，富淳泓於鄴架。咀英漱潤，文學升游夏之堂；展采宣猷，政事入由求之室。兆行三輔，澤普一同。在蛟龍得雲雨之時，誰謂其晚；以鸞風栖枳棘之野，暫屈其儀。行政比及於三年，奏課遂徵於五美。製成异錦，歸我公是有袞方；目無全牛，宰天下如此肉矣。維此南宮卓异之績，皆本北堂聖善之貽。彩鳳翩翩，方自

楓震頒寶軸；青鸞燁燁，又從桃實薦瑤池。挹北斗而吸露漿，天
瓢分湑；對南星而奏霓羽，雲板鳴璩。敢畫鶴以進圖，載續貂而
獻祝。紫霞杯遞，幾人爭上萬年觴；白雪才慚，一曲聊歌千秋
歲。挂漏緣於率爾，篆刻謝其斐然。未罄豫鳴，猥蒙離照。讀絶
倫之麗藻，幾欲襲藏；驚破格之駢繁，衹深銘刻。敢介銜書之青
鳥，附陳報德之案魚。不盡神馳，諸惟心鑒。臨楮可任感荷屏營
之至。

## 復劉大尹啓

伏以花縣承流三異，騰試功之美；芝泥錫命十行，彰庸服之
恩。枳棘久負鸞栖，滇海式觀鵬運。恭惟台下，榮離霧隱，出宰
雷封。齋馬垂魚，秋水淨千潭之照；烹鮮馴雉，春風生萬物之
輝。錦愈濯而愈新，琴一彈而一咏。轂有鹿輴之瑞，野無鶴訴之
冤。之武城而聽偃歌，昔聞此語；由密令而禮卓傅，今見其人。
郡邑爲勞，寧久淹公琰之轍；賢能越次，行看飛葉令之梟。某伏
櫪駑蹇，蓋嘗附驥奔塵；羈棘翩翩，無能隨鴉振羽。拮據佔畢，
忝惡班行。樽酒何時，幾費池塘之春夢；驛梅遠寄，更兼珍貺之
寵頒。片雲墮冷署間，百朋之錫不是過矣；寸楮緘遙天末，九頓
之忱何云宣之。伻旋謝言，兼鳴候悃。某曷任感竦瞻注之至。

## 復趙大尹啓

諗惟魏闕分符，簡重循良之寄；名邦作牧，化隆鉉鼎之猷。
方貢記以未遑，忽飛緘之下及。恭惟台下，耆明山立，廉潤春
溫。梗楠大厦之材，瑚璉清廟之器。霜蹄發靭，無嫌如斗之區；
牛鼎方俎，正藉成風之刅。福星載路，山林野叟之屢書；棠陰滿
天，道路口碑之交頌。連城絶玷，風高月旦之評；照乘騰輝，普
宣聲教之訖。三異方流於下國，十行早達於楓宸。大夫曰賢，詎

止鳴瑤琴于五柳之邑；天子在召，行看鏘瓊琚於萬笋之班。仁攀報政之來，即遂侍朝之願。斗山在望，瞻景非遙。某樗櫟朽株，久薰日炙；兼葭栖露，頻懷道長。錫百朋以何堪，拜三施而匪報。何時樽酒，用豁論文之悰；指日鶯鳴，即看仙喬之慶。聊因伻返，申附謝忱。臨風某曷任感刻神馳之至。

## 復李大尹啓

恭惟台下，惠德鸞翔，循聲鵲起。民懷吏畏，久道化成。攝乎大國之間，人歡借寇；赫矣賢書之首，望重仙喬。牛鼎方俎，豈云尸祝之代？衢尊應酬，實資明德之馨。緬追型范之遠違，不覺春秋兮代序。眷惟再命，猥荷百朋之施；顧此投桃，安得瓊瑤之報？又況琬琰之盛叙，須藉雕龍；而慚心手之愚矇，寧堪綉虎？敬呈音於鼓缶，知取誚於覆瓿矣。敢因伻旋，附言申謝。臨楮可任感刻神馳之至。

## 答縣令魏震夷啓

伏以龍纏改候，律轉三陽；鳳曆更新，氣回五始。緬惟祺祥之擁，君子克綏；喜逢節序之來，嘉時是覬。方圓稱慶，忽奉緘題。恭惟台下，胸蘊甄陶，手持化冶。剛養而氣方大，行仁而春爲溫。光照覆盆，已見珠還合浦；澤弘蔀屋，仍聞枯木生枝。吏不擾於窮鄉，盜潛亡於他縣。中牟政异，雉感德以皆馴；榆次化隆，鳳迎祥而且至。蓋斯民戴父母，咸騰召杜之歌；若今上獎循良，定拜龔黃之寵。德樗櫟靡質，桑梓葉材。餘寒尚勒花親炙，夙殷於趙日；霽色初含柳披拂，益想於程風。方展候之未遑，忽搤謙之下及。情濃投鯉，賢於十部之見臨；惠溢傳椒，寧止五漿之先餽。鏤德徒深於五內，報章殊愧於七襄。脣獻歲之繁禧，遙深頌咏；鑒傾陽之微悃，不既箋函。臨風可任感謝之至。

## 答魏順西父母啓

伏以犬馬賤辰,正抱桑蓬之愧;鱗鴻寵貺,有華薑白之言。詎云剛卯之臨,上荷顯申之賜。心兢集木,報負投瓊。恭維老父母台下,玉樹扶疏,冰壺瑩徹。鸞鳳瑞世,栖苞采於枳林;騏驥絕塵,騁康莊之逸足。清苦比虞城之井,辭果奚誇;寬仁過陳元之家,蒲鞭不事。一牛橫笛,第令安雨外之耕;孤鶴隨琴,政恐有日邊之召。德勞勞大夢,擾擾浮生。倦馬載馳,誰云攻步;分龍適紀,又直初生。感太行之雲飛,蓼莪有恨;悵西山之日薄,菽水無歡。當茲皇覽之揆初,莫省我辰之安在。河陽之花滿縣,悵遠仁風;玉川之屋數間,幸依德宇。越直小春時之甲子,迴辱大庭氏之宮商。文一字,綃一縑,莫酬珍貺;匭十重,巾十襲,第謹寶藏。敬因將命之還,緬上函辭之謝。仰懷冬日,慚無寸草之忱;欲報春暉,但有萬年之祝。伏惟晥鑒,無任斗瞻。

## 答王振華啓

犬馬賤辰,正訊斗箕之句;鱗鴻寵貺,有華雲漢之章。佩蘭蕙之襲予,奉瑗瑤而驚座。恭惟門下,黃鐘調古,白雪才清。猷爲屢試於庖牛,雷封奏最;表望獨高於稽鶴,星部升華。愛分錢穀之司,兼鎮鎖鑰之地。已煦邊城於谷暖,更篤交誼於歲寒。倦念揆初,遠勤渥貺。不佞勞勞大夢,擾擾餘生。冷署二十年,雖羝亦乳;薄宦再三仕,如魚上竿。嗟尺寸之無聞,慨春秋之虛負。非絳縣老人之甲子,敢辱記存;驚黃絹幻婦之受幸,過勞注訊。非分之施何副,有加之愛慚承。感刻寸丹,報裁尺素。寅忱莫罄,丙鑒是祈。臨楮可任瞻溯之至。

## 答馮熙宇啓

伏以犬馬賤辰，正抱桑蓬之愧；鱗鴻寵貺，忽來齎臼之章。敢云剛卯之辰良，上辱顯申之錫厚。心兢集木，報負投桃。恭惟親翁台下，捲織雲絲，懷修月斧。奪龍頭而鼓餘勇，冀北無雙；斬雁峰以築吟壇，斗南居一。暫息風鵬之翼，久深霧豹之文。茹古含今，下帷已勤董子；弸中彪外，脱穎咸待毛生。新德鹿鹿凡材，魚魚末學。三旬有九歲，嗟尺寸之無聞；一官二十年，慨春秋之虚度。莫省我辰之安在，又逢皇覽之揆初。感太行之雲飛，蓼莪載恨；悸西山之日薄，菽水無歡。敢辱仙語之庚申，下問塵寰之甲子。鸞箋燁燁，瑶函并妙墨以爭奇；駿惠翩翩，緗帙映精繆而競寶。心乎愛矣，不啻厚之而使生；吾不憚焉，何能加之以爲報？輒將薄具，用答優施。擬修玉案以飛鴻，聊虔此日；欲附金籠而放鶴，翹俟明春。尺素裁將，寸丹莫既。臨楮可任感謝神馳之至。

## 答馮熙宇啓

伏以星回斗轉，每廑芝範之思；秋去冬臨，又感黃開之序。念么麽之不淑，枉大惠以逾涯。葭莩載榮，桑蓬動色。恭惟親翁台下，雄才倒峽，邃學淳淵。字挾風霜，藝圃建一時赤幟；章分雲翰[五六]，文衡呈萬選青錢。采虎玉於學山，蚤折廣寒之桂；探龍珠於筆海，行看上苑之花。既挼春麗於毫端，猶篤歲寒之交誼。每逢賤誕，必賁好辭。既愛之而欲生，且喜之而溢美。伏念某才疏不韵，學淺無根。登第二十年，雖羝亦乳；歷官再三仕，如魚上竿。索長安之米而見揶揄，對昆明之荷而逢摇落。莫住[五七]韶光之去，安知初度之臨？敢辱記存，重煩使命。鼎來芳翰，彩絢駢珠；碝然谷音，折我展齒。一縑一字，珍重八行之頌；十襲十重，寶貯百朋之貺。敢申短牘，用答長懷。悃<sup>〔五八〕</sup>款粗陳，寒暄不具；副函不腆，麁頓爲榮。臨楮可任感荷神馳之至。

## 答晉殿下啓

伏以草土憂沉，久離凶殃之造；雲天悠遠，驚煩解澤之頒。戴象鼎以難勝，映龍光而破暗。抌心躑躅，雪涕汍瀾。恭惟賢王殿下，雲表殊姿，日邊佳氣。五車蘊藉，踵河間之博聞；四國儀刑<sup>〔五九〕</sup>，邁東平之好禮。懿德麟祥乎境內，賢聲鵲起乎天朝。猶復虛己下人，懷休休其無外；好善忘勢，技九九之不遺。新德襪綫庸材，蓬衡蕞品。一自丙甲之歲，獲依臨照之光。阿閦初逢，悵良緣之難再；昊天不弔，俄大故之是臨。方席藁以銜憂，念曳裾而何地。忽蒙藻貺之錫，賁爲泉夜之光。華誄溫詞，賢於十部；兼金厚幣，迴逾百朋。謹什襲以珍藏，附一言而鳴謝。念死生之含惠，豈特銘肌；誓溝壑之餘身，惟當結草。臨楮感泣，不知所云。

## 上沈朱二相公謝啓

草<sup>〔六○〕</sup>土憂傷，丕凶罹殃之造；履簮眷厚，頻煩寵澤之頒。戴鼇極以知恩，映龍光而破暗。捫心躑躅，雪涕汍瀾。緬維師衡台下，天幬有容，海涵無外。春風戴物，不棄折柁之船；化雨滋生，豈擇斷根之木？如新德者，朽糞下質，襪綫庸材。久伴鴻栖，唳江干之夜月；忽同燕賀，庇大廈之連雲。而命緣罪屯，咎與禍會。神理垂盡，惟餘息之僅存；佩戴雖殷，悵瞻依之無地。重蒙奠賵之賜，賁爲泉壤之光。隆旨溫詞，賢於十部；憂纏病阻，久廢八行。茲當歸雁之高風，乃敢托鱗而獻素。念死生之銜惠，豈特銘肌；誓溝壑之餘身，惟當結草。俯伏流涕，不知所云。

# 婚　啓

## 與李龍峰啓

伏以隴頭梅弄粉，喜逢佳景駐三春；足底綫牽紅，擬結良姻偕百世。敢因鳳卜，以冀天緣；妄擬雎求，而憑月老。恭惟台下，聲蜚冀北，價重斗南。歷颺清要之階，晉陟保厘之任。龍韜豹略，風掃玉關之塵；犀甲熊旆，雨洗賀蘭之色。功茂召周之分陝，人歌韓范之在軍。鴻名久著於楓墀，行除節鉞；駿望遂騰於梓里，爭附絲蘿。德下里鲰儒，鄉曲瞽士。高車四角，常依宗匠之輪轅；大厦萬間，更旁誰家之門户？矧令愛德儀素備，蚤閑中壼之規；屬小頑頭角未成，僭擬東床之倩。敢謂朱陳世講，敬托冰使於再三；亦知齊鄭相懸，聊布葵忱於萬一。儻蒙好逑定契，獲諦射雀之盟；庶幾宗祧傳芳，不負乘龍之願。不惟不肖身榮明德，抑且先人永戴洪慈。伏望照涵，可任顒懇。

# 請　啓

## 請新進士啓

伏以鳳穴來儀，絢苞符於日下；龍門標峻，濯珠錦於雲間。彝鼎垂芳，枌榆動色。恭惟執事，行沴毓秀，恒陸孕靈。藻逸潘花，爛朝虹於璧水；光浮衛玉，縟翠蕚於詞林。惟天步方夷，正皇階甫闢。漢庭〔六一〕得人爲盛，廿三年利見九五之辰；而晉國天下莫强，十五人差踪二八之彦。彯華纓而接武，燦大筆以争輝。滿月彎弧，正鵠入穿楊之穀；長風破浪，花堤看和露之桃。遂使電鋒倏耀於豐城，雲轡在騁於昆圃。黃金臺上，群空冀北之良；碣石館前，譽盡斗南之美。鄉人胥慶國士，晉室用多卿材。謹以某月之吉，静潔葵樽，仁攀鶴馭。揚鞭九陌，杏花與芝蓋齊飛；聚德四筵，楊柳共春袍一色。儼夔龍之接武，詎寧俎豆借光；宛游夏之升堂，兼亦縉紳增重。虔馳子墨，恪仁前旌。

## 請陰春元啓

伏以鴻漸天京〔六二〕，喜近長安之日；鹿鳴仙苑，平分帝子之秋。動榮觀於綏紳，人懷擁篲；望清光於咫步，共效登龍。恭惟台下，竹箭貞姿，天球秘寶。未逢伯樂，田〔六三〕鹽車於太行；一遭九力〔六四〕，騰逸駕於碣石。由黌英而薦冑，乃籍甚以馳聲。豹霧雍墀，雅稱在廟之品；虬翔桂藉，俄先入穀之英。漫彎楊葉之弧，已看没鏃；低躍桃花之浪，行見噓雲。匪特行岳龍源，藉以生色；即如宦游鄉達，亦與榮施。某等瞻奎宿於璇霄，幸厠桑榆之末；睹德星於珂里，欣披泰斗之輝。翠竹碧竹〔六五〕，願吾〔六六〕言於色笑；澗潢沚酌，聊傾葵於賓筵。維月之某日，梧井澄烟，桂輪浴露。函丈動星珠之采；九霄環珮秋聲；幾席筵〔六七〕圭璧之光，四座衣冠春色。前旌不遠，尚迎謁於修門；子墨惟勤，遥馳誠於記室。

### 校勘記

〔一〕"賀啓"，據天啓本原目録補。

〔二〕"猗"，雪華館本作"猗"。

〔三〕"大"，雪華館本作"太"。

〔四〕"分"，雪華館本作"封"。

〔五〕“隆”，雪華館本作“柱”。

〔六〕“籍”，雪華館本作“藉”。

〔七〕“洪”，雪華館本作“宏”。

〔八〕“直”，雪華館本作“殖”。

〔九〕“鵠”，雪華館本作“翎”。

〔一〇〕“丘”，雪華館本作“邱”。

〔一一〕“唯”，雪華館本作“爲”。

〔一二〕“可”，雪華館本作“曷”。

〔一三〕“與啓”，據天啓本原目録補。

〔一四〕“汴”，據文意當作“忭”。

〔一五〕“澷”，據文意當作“港”。

〔一六〕“嚴”，雪華館本作“岩”。

〔一七〕“鴻”，雪華館本作“洪”。

〔一八〕“林”，雪華館本作“橋”。

〔一九〕“畫”，雪華館本作“璧”。

〔二〇〕“起”，雪華館本作“所”。

〔二一〕“太”，雪華館本作“泰”。

〔二二〕“鄰虚壤品”，雪華館本作“鄰墟喓品”。

〔二三〕“硯”，雪華館本作“覘”。

〔二四〕“風”，雪華館本作“封”。

〔二五〕“於”，雪華館本作“以”。

〔二六〕“遵”，雪華館本作“征”。

〔二七〕“答啓”，據天啓本原目録補。

〔二八〕“銓”，雪華館本作“詮”。

〔二九〕“誼”，雪華館本作“宣”。

〔三〇〕“之”，雪華館本作“以”。

〔三一〕“璧”，據文意當作“壁”。

〔三二〕“塗”，據文意當作“逾”。

〔三三〕“□”，據文意當作“覘”。

〔三四〕"乎"，雪華館本作"於"。

〔三五〕"驚"，雪華館本作"警"。

〔三六〕"彘"，據文意當作"疑"。

〔三七〕天啓本、雪華館本均作"璧"，據文意當作"壁"。

〔三八〕"卭在"，雪華館本作"即在於"。

〔三九〕"詮"，雪華館本作"銓"。

〔四〇〕"驥"，雪華館本作"冀"。

〔四一〕"繪"，雪華館本作"會"。

〔四二〕"將"，雪華館本作"光"。

〔四三〕"而"，雪華館本作"同"。

〔四四〕"虎"，雪華館本作"尾"。

〔四五〕"上"，雪華館本作"工"。

〔四六〕"□"，據文意當作"柔"。

〔四七〕"信"，雪華館本作"倍"。

〔四八〕"穀"，雪華館本作"穀"。

〔四九〕"千"，雪華館本作"十"。

〔五〇〕"倍"，雪華館本作"陪"。

〔五一〕"盈"，據文意當作"楹"。

〔五二〕"城"，雪華館本作"成"。

〔五三〕"勾"，雪華館本作"勺"。

〔五四〕"金科玉條"，雪華館本作"金玉科條"。

〔五五〕"衰"，雪華館本作"哀"。

〔五六〕"翰"，雪華館本作"漢"。

〔五七〕"住"，雪華館本作"駐"。

〔五八〕"恫"，雪華館本作"栖"。

〔五九〕"刑"，雪華館本作"型"。

〔六〇〕據上下文内容，"草"前疑脱"伏以"二字。

〔六一〕"庭"，雪華館本作"廷"。

〔六二〕"京"，據雪華館本當做"凉"。

〔六三〕"田"，雪華館本作"困"。

〔六四〕"力"，雪華館本作"方"。

〔六五〕"竹"，雪華館本作"梧"。

〔六六〕"吾"，雪華館本作"晤"。

〔六七〕"筵"，雪華館本作"延"。

# 傅文恪公初集卷之六

## 表　箋〔一〕

### 擬皇長孫生恭遇聖母皇太后壽誕上率廷臣祗上徽號禮成頒詔中外群臣賀表萬曆三十四年

伏以天心佑命，重開甲觀之祥；聖孝尊親，丕介璇宮之慶。恩覃函夏，喜溢長秋。臣等誠歡誠忭，稽首頓首上言：竊惟帝出之震繼離，畫表元孫之象；先天之坤居巽，生資大母之功。丹陵啓瑞於堯封，塗女開刑〔二〕於禹甸。殷祥長發，自有娀之方將；姬後克昌，本太任之思媚。咏螽斯而集祉，《周南》載美詵振；歌燕喜以揚休，《魯頌》申言令壽。顧祖孫繼世，從來罕萃一堂；而尊養至情，自古難兼兩大。奉觴前殿，徒爲得姊之歡；含飴後庭，未見篤曾之慶。延英昆弟之宴，寶號無聞；建隆母后之稱，行冊未果。惟有天安會慶，備名壽之二儀；僅見仁福睿慈，閱子孫於四世。自兹而外，斯不足觀。蘭夢釵占，逢吉之徵遜矣；萱宮椒寢，循陔之慕杳然。史皇孫盛事虛傳，萬歲巷鍾祥未睹。修儀注於延恩之殿，祗侈繁文；上寶冊於玉清之宮，何關令典。豈如昭代，曠擧彝章。兹蓋伏遇皇帝陛下廣運聖神，兼資文武。仁深必世，合華夷内外莫不尊親；德健統天，自南北東西無不思服。穆垂裳於宸極，五雲長護龍樓；勤問寢於彤闈，三至頻瞻鳳輦。國本圖建，既以孝而爲慈；新政弘敷，復因心而廣愛。眷此孫謀之貽燕，適逢吉兆之徵熊。五百歲而合貞元，正月吉誕彌之會；六十年而周甲子，恰皇慈初度之辰。重輝星底一星，光映壽星之彩；少陽日下有日，禎符愛日之誠。綉襕銀盆，共斑萊而動色；冰桃雪藕，諧湯餅以承歡。啓有道之曾孫，天上麒麟再降；受介福於王母，女中堯舜齊芳。木有本，水有源，當思報稱；乾之高，坤之厚，難繪崇深。得壽必得名，强裁一十二字；惟良斯惟顯，招〔三〕揭億萬千年。玉札金函，不羨雲華真誥；霞霏霧燦，恍移洞府靈篇。紀安貞應地無疆，羨遐齡後天不老。門開魚鑰，來萬乘之起居；樂奏龍笙，響六宮之環珮。輦出房而雷動，扇交翟以雲移。幸集靈宮鸞輿，映扶桑之旭日；游祈年館鳳墀，轉蕙草之光風。驚傳漢殿，三呼式同頌禱；備斂箕疇，五福用錫臣民。丹詔擎來，率土荷堯仁之賜；黄封賫處，溥天含舜孝之施。共歡文子文孫，薦徽音於文母；更祝多男多富，延歷所於多年。誠宗社之洪庥〔四〕，爲情文之盛舉者也。臣等有懷踴躍，莫罄贊宣。矢麟趾以揚言，用陳鰲忭；熙鴻號於永世，敢後蟻誠。慚東方祺祝之文，具瞻百禮斯洽；乏子建母儀之頌，祇承萬福攸同。伏願天命用休，孝思不匱。融融洩洩，絳桃永駐乎慈顔；蟄蟄繩繩，蒼籙坐觀乎寶祚。上壽中壽下壽爲三壽，昌景爍以無前；大書特書屢書不一書，垂休光而照後。臣等無任瞻天仰聖歡欣忭躍之至。

## 册立皇太子賀皇上表

伏以聖主當乾，方撫中天之運；元良出震，弘開復旦之祥。訏謨定自宸衷，洪慶默由天啓。計關宗社，喜溢臣民，恭惟皇帝陛下，秉德欽明，體元中正。丕承祖烈，混車書文軌之攸同；奮揚威武〔五〕，合東西南北以思服。三靈錫羨，九廟儲庥。如山阜而如岡陵，多壽福而多男子。眷此神明之胄，卓然岐嶷之英。應三祝以挺生，人心胥戴；得一索而居長，天序彌昌。元德足以有臨，皇衷眷於克類。仰遵慈諭，曰受祉而施孫；俯察輿情，頌吾君之有子。深惟大計，涓選剛宸〔六〕。惟月在陽，占少陽之麗正；

厥辰在卯，應日卯以方升。遵周道而立長立賢，肇東朝之正禮；舉漢儀而備官備物，敞西阼之榮觀。鶴禁呈祥，煥玉篆金鏤之冊；龍樓煥采，耀蒼斾青輅之華。上以應乎蒼穹，下以答乎黔庶。乾剛[七]獨斷，羽翼無假於商山；離照重光，波瀾爰澄乎少海。於以承祧而主器，謳歌、朝覲咸歸；由兹[八]監國而撫軍，華夏、蠻貊率服。臣等職羈南土，心戀北辰。瞻望紫垣，戴一人之有慶；遥攄丹悃，祝萬壽以無疆。伏願聖敬日躋，天休滋至。前星朗曜，助日月之光華；蒼震常宣，并乾坤之悠久。臣等無任瞻天仰聖歡忭踴躍之至，謹奉表稱賀以聞。

## 聖母徽號禮成賀皇上表[九]

萬歲以嵩呼，故旅賀不一書而足。伏願萃歡萬國，協覬三靈。慈慶如月之恒，引文子文孫於勿替；聖孝與日方至，總必名必壽以無疆。

## 册立皇太子賀皇太后表

伏以坤厚承乾，懿德久隆於中壼；離明出震，大猷今啓乎東闈。承帝祉而施於孫，奉皇圖而作之貳。惟元良正四方之本，乃文母亨[一〇]萬年之歡。莫罄山呼，曷勝雀躍。恭惟皇太后陛下，安貞迪吉，淑慎凝和。承佐先皇，篤生上聖。思齊繼咏，德已邁乎姬任；含飴宣慈，心更切於漢母。用啓殷王之元子，是稱周代之文孫。克明克類，克長克君，亶應承祧之選；重光重輪，重輝重潤，茂昭主鬯之符。雖宸陛久屬撝謙，賴聖慈力爲諭贊。涓兹陽月之望，煥頒登建之綸。朱芾生輝，綠綈動色。寶册初傳於蘭殿，見佳氣鬱鬱葱葱；慶儀早獻於椒宮，想慈顔融融洩洩。是誠華夷之所積望，而中外之所歡騰者也。昔殷武貽孫之謀，娀娥肇緒；迨周成纘祖之烈，姬姒垂休。振古如斯，於今爲盛。臣等躬逢昌會，喜與明時。矢麟趾之歌，率同獸舞；迎鳳闕之詔，竊懷燕私。溯少海以朝宗，并效添籌之願；仰前星而拱北，齊祝後天之齡。伏願攸[一一]游爾休，柔嘉惟則。斂時五福，用錫有道之孫曾[一二]；胡不萬年，常受介福於王母。臣某等無任瞻仰歡忭蹈躍之至，謹奉表稱賀以聞。

## 聖母徽號禮成賀聖母表

伏以鳳掖宣慈，懋舉盡倫之至；龍廷孚號，益光重慶之尊。惟聖子承百順之歡，斯文母介萬年之喜。恭惟慈聖宣文明肅云云皇太后陛下，功侔持載，德備含弘。儷有娀之方將，等周姜之思媚。祥開鳥降，五百歲而聖人生；慶誕雲仍，萬斯年而景命僕。毗聖志於先定，宣裕謀於後昆。帝子之星，憑紫潯而啓耀；天孫之岳，峙青路以摛光。聿觀慶典之成，丕膺巍崇之號。鳳儀椒掖，五雲麗彤管之輝；燕處蕊宮，三島共瑤池之壽。尊之至，養之至，芳徽烏奕於古今；見而知，聞而知，忭舞率同於遠近。臣等有懷蹈躍，莫罄揄揚。阻班賀於西清，敢忘犬馬戀軒之意；喜輝騰於南極，竊致葵藿向日之忱。伏願無疆惟休，聖箓配坤元而并久；不顯亦世，高明與月照而常新。

## 册立東宮賀中宮箋

伏以青宮肇正，明昭天叙之繼承；紫掖宣慈，隆啓皇家之福慶。覃榮施於函夏，化普明龍；茂蕃祉於延秋，道光貽燕。敬惟皇后殿下，柔嘉維則，淑慎自持。塗山輔台德之先，太任嗣徽音之後。是以光扶明聖，首護元儲。坤道承乾，震陽獨高於六子；月華助日，前星丕耀夫三光。默成啓佑之功，顯膺儲闈之號。幾年請建，群懷就日之忱；一日歡傳，共仰倪天之助。國本爰定，母儀益尊。寶籙瓊符，靄椒塗而并馥；綠綈朱芾，與琚珩而爲〔一三〕昭。元良萬國以貞，宗社億年之慶。銀潢衍潤，瓊幹分輝。臣等叨任留都，神馳魏闕。少陽麗正，占寶婺之增光；內寢晨嚴，想班輪之頻至。伏願風行樛木，業固苞桑。鳳寢三朝，正母儀於天下；鴻基萬祀，昌大曆於日中。臣等無任瞻仰歡忭踴躍之至，謹奉箋稱賀以聞。

## 賀東宮箋

伏以鶴禁天開，久著重華之範；龍軒帝錫，峻瞻貳極之尊。萬國之本以貞，九廟之靈斯慰。有懷忭蹈，莫罄名言。敬惟皇太子殿下，性稟英明，氣鍾清淑。毓靈堯母，宣迎三祝之祥；邁德啓賢，敬承九疇之範。自分坊而齒冑，智益長，斯學益崇；勤視膳以問安，孝斯崇〔一四〕，惟民斯戴。順膺天序，簡在帝心。少陽儲麗正之階，洊雷居主鬯之位。卿士庶人卜筮，兆逢吉於大同；朝覲訟獄謳歌，頌吾君之有子。瑞蓂已遍，天昌卜曆之辰；寶月方盈，上應重輪之象。愛日上朱明之服，寶冊生輝；前星燦碧鏤之題，班輪動色。允矣熙朝之盛事，誠哉率土之休徵。臣等幸際昌辰，快逢巨典。職覊南服，未得睹龍鳳之光；馳望東華，竊敢附鶴鷺之祝。伏願教承君父，法監祖宗。正事正言，出入每嚴於師保；爲律爲度，作述相傳於聖明。聿追三代有道之隆，永保萬世無疆之慶。臣某等無任瞻仰歡忭踴躍之至，謹奉箋稱賀以聞。

# 傳〔一五〕

## 光祿黃源吳公傳

去徽之西北百貳拾里，蒼厓丹壁，卓筆抽笋，泉石洞壑，往往幽絶。上有石床藥竈、仙橋丹峰之屬，世傳黄帝與仙人容成、浮丘、曹、阮之流於此山上升，故名黄山。黄山之溪二十四，歙之溪南村，吳公所居。溪實發源黄山，因自號黄源云。嗚呼！黄源公殆隱者也！或曰：“黄源公非隱者也。隱者蛻妻子，芥功名，膩垢財利，而朋群鳥獸，是數者黄源公亡處一焉。黄源公非隱者也。”曰：“不棄妻子，不墮色障，是隱於家也；不逃功名，不茹禄餌，是隱於朝也；不諱財貨，不繫利鎖，是隱於賈也。黄源公隱者也。”

黄源公之先出吳太伯，轉徙至歙，遂爲歙溪南人。數十傳至石竺翁，娶羅，有五丈夫子。公居長，諱時修，字懋敬。髫而端敏，屹若老成人。比舞勺，授《尚書》，下帷治博士家言，探藟飲醇，含英咀華，睨一第芥取。已不利，督學使者奮曰：“此一鄉士不足友，當友天下士。”遂例入南雍，所締交盡知名材俊，益肆力於文學。然數奇，累試不售。而是時，石竺翁以鹽筴賈淮楊[一六]，會出入，權子母，一切主計不能無藉力長公。長公叩囊底慧，稍應之，屬有天幸，鬥智智勝，爭時時會，業隆然大起。已喟然嘆曰：“所貴於天下士者，徒令挾籌握算，計贏量息，千甔之醬，千鈞之鮑，稱素封已耶！即不然，而嘔嘔章句，日夜坐帷中呻其佔畢，如病嫗之就蓐，以蠕望科名，則河清難俟，楊[一七]州鶴何時跨哉？吾且暫邀兩尊人寵命，然後從吾所好耳。”於是投筆走京師，入資爲光禄丞。光禄署在大内，得縱觀上林、太液宫闕池島、花木禁籞之勝。居越歲，仙南京。南京故冷曹，而署正益無所事事，暇日陟鍾阜，眺牛首，覽栖霞、獻花，振衣燕子磯，臨大江而長嘯，若不知身世之有纓組者。居三載，考績，封石竺翁如其官，母羅安人。人或爲公賀，公嘆曰：“丞哉！正哉！微二親一命，不至此。二親今且老，古人尚不以三公易一日之養，矧兹雞肋。”因拂衣歸里，人始知屈首一官，非公之本志云。

公生平世味甚澹，於財色、功名之間猶介特不没。淮揚[一八]

爲佳麗名區，商賈走集，賈中以鹽筴爲最。而其人率華居綺食，飾冠劍裘馬爲富貴容泰者，日馳章臺傍，蠑蛾曼睩，秦聲燕絲，鼓瑟跕屣，驅心志、耳目從之。公佐太翁主計時，獨折節爲恭儉。其在京而適新安，相公當國，於公爲周親，公顧遠嫌自避，竟以南署終焉。居恒孝友睦姻，泛愛喜施，緩急叩門立應。梁津甃道，傾筐暨之，猶未慊於志。至某歲，直上疏捐資十餘萬助大工，急義聲動於朝廷，下詔褒美。其胸次磊落真[一九]樸邈，季倫君夫，守財虜矣。所配汪、羅二安人，相繼下世，公方艾年，竟擯媵御，誡子孫家事勿溷，乃公旦夕坐臥一靖[二〇]室。葉落歸根，如冬枯木；風止波定，如古澗水。至於屬纊之際而神清不亂，又庶幾乎晚年聞道者。

太原生曰："依違玩世，詭時不逢。首陽爲拙，下惠爲工。古有東方生，而今有黃源公，并稱爲隱者之雄。黃源公之隱行，視志狀可考，余謂一言以蔽之曰早。故在功名而抽簪早，在財貨而割贅早，在家累而脫纏早，有此三早，是謂善世、出世之寶。"

## 恒山隱吏傳

中州名岳，其北恒山，恒山直下，一帶蜿蜒而南，交牙結織，井陘當其盡處，綿蔓甘、陶二水，如玉環抱焉，神岳清淑之氣，於是焉窮。余嘗從太原抵鉅鹿、河朔，攬轡周覽，意必有英偉名世傑出此中，以應蘭臺華陽、紫微太乙之秀，則今雲中大中丞南滇霍先生其人哉。既又思之，風、水之積不厚，則負大舟、翼無力，蛟龍孕育，蓋必有巨澤焉。彼霍氏之先是遵何德而鵲起若斯之盛也？及觀先生所自草其曾祖霍公行迹，而後知發祥隤祉有原本已，作《恒山隱吏霍公傳》。

霍公者，諱朝用，趙之井陘人也。生而岐嶷不凡，弱冠時，其父東園公命今名，且曰："孺子能砥名行爲朝家所用，此所以志也。”公遂發憤下帷，至忘寢食，或暫假寐，則繫雞於桌脚下，聞呷喔聲，趨起理業，其勤勵如此。遂游泮林，越三年，文譽已藉甚諸生間。無何，直指使至真定，行文校士。忽嬰寒疾，不能赴，遂以違約觸怒使者，落博士籍。自惟千鈞之弩，一發不中，則藏弓折矢，安能復呶呶焉抱其已破之甌而號乎？於是奉東園公之命，輸粟拜爵一級。郡大夫聞其能，名牒下縣，使主俱盈倉粟。公捧牒力辭，郡大夫笑曰：“此倉庾不足汝所乎？孔子嘗爲委吏矣。”公不得已，視倉庾三日，輒條議計多寡、酌出納、免淋尖、減鼠耗等四款以聞。郡大夫則又喜曰：“汝能如是，即吾之曹元理也。”而不知公直以是爲游戲也。美鬚髯，神姿高徹，見之者以爲瑶林玉樹，非復風塵中物。嘗騎白馬過真定市，有善姑布子卿之術者，邀謂曰：“君膚神清映，豈杜乂、衛叔寶後身耶？則何以老抱關也。”於是恒山人翕然稱公爲隱吏云。

公天性孝睦，事東園公及母郜夔夔色養，内外無間言。積稍裕，則散之親族，或喪不能舉者，婚嫁不能時、老幼不能自衣食者，或稱橐而濟之，不少吝。初娶郜，生子岳。繼娶楊，生子岱及昆。岱生於壬申四月十四日，即中丞公之祖也。甫盈月，有道人過門賀曰：“此子與吕純陽同日生，可施財以益壽。”公白於東園公，東坪有穮麥數十畝，與族人早穫，均之以當湯餅之費。又坪以西棗百餘株，每至秋熟，與行道之人共之，毋令徒仰視纂纂。其他喜施睦族皆類此。郡大夫慕先生名，往往式廬虛席。里人薰其德，有不善，畏公知甚於畏官府。即古之表通德門，稱鄭公鄉何以加焉？使得稍躡尺寸，其脱穎建豎，必有可觀者，顧運蹇厄塞，卧草莽終身焉。悲夫！昔賈大夫沮志長沙，馮都尉皓髮郎署。君山鴻漸，鎩羽儀於高雲；敬通鳳起，摧迅翮於風穴。古之英髦賢達，遭時顛頡，候草木而同凋，與麋鹿而同死者，大率類是，此史遷、董相所太息於不遇之文也。公之卒也，實從倉庾。請休沐爲東園公壽，留一僕張斗。適上官盤問倉中事，第張目左右視，不能對。上官發怒，杖之死。公卒聞之，盡傷厥心，遂感痰症，不能起，得年四十有八耳。聞之劉孝標《辨命》"管輅天才英偉，圭璋特達，官止少府丞，年終四十八"，公適與之同壽，豈非命哉？卒之前一夕，夢赤肚[二一]子與之游，語曰："兔葵無草，蟻酒無水。一人來叩，絲有色矣。"醒以語人，不解。及正德癸酉十月二十八日卒，始知"兔葵無草"等語乃"癸酉命絶"四字也。

傅生曰："余讀《高士傳》《逸民》《耆舊傳》，見古之幽人隱士，考槃澗谷，嘯傲烟霞，飲石泉而蔭蘿月，拾遺粒而纖落毛，若許由之箕山、巢父之潁川、龐公之鹿門、子真之谷口、貞白之勾曲、嚴陵之富春、圖南之太華，皆遁迹山林，長往不顧，不以世故痗其生者也。迹公所爲，將無螫哉？"

曰："隱不獨山林也，山林之外，若魯連先生隱於辨，嚴君平隱於卜，韓康伯隱於醫，柴桑翁、阮步兵隱於酒，郭林宗、陳太丘隱於通。柳惠士師，老聃柱下，南華漆園，曼倩執戟，王喬葉縣，稚川勾漏，梅福吳市[二二]，許穆長史。兹數者，行藏紛糾，顯晦蹐駁，其於歸潔其身一而已矣。若乃降志辱身，和光同塵，聲華照當時，則人不得而厄之；慶澤流子姓，則天不得而夭之。若霍公者，其大隱之第一流乎？稱之曰恒山隱吏，名不虛矣！"

# 行　狀[二三]

## 定遠侯鄧氏祖母湯太夫人行狀

萬曆二十八年庚子三月二十日，定遠侯太夫人湯氏卒於留都。訃聞，令予恤如令甲，厥孫胄子紹煜將邀惠於名公墓銘，以不朽太夫人，於异日請余爲之狀。謹按，鄧之先世，鳳陽虹縣人，始祖征戎大將軍、右都督衛國公，追封寧河武順王愈，佐高皇帝，以武功定太平，世襲定遠侯，事具在[二四]國乘。垂緒龍山，方八葉也。其元配即太夫人，靈壁侯佑賢公之女，蓋寧河與東甌奮起高帝朝，其定鼎執俘功業大相魯、衛，以故兩家閥閱相當，世爲姻婭云。太夫人生而婉孌貞惠，有淑慎之德、窈宨之容，凡沼沚蘋蘩之訓，盥饋紃織之儀，總制慧衷，不勤姆師。佑賢公及母氏絕憐异之，偓寋其配而久之，始歸於龍山公。夫人之歸也，順正不違，動中規萬[二五]。其事舅姑，曲有禮意，每質明問安，虁虁齋栗，日務探志不怠。其持身温静嚴重，即藥砧燕私無媟容，閨門内寂然無人聲。其供事籩豆敬齊，琴瑟静好，珠玉翡翠之飾不眩[二六]，而瀚濯組纂，職是其儀。其待人恩洽宗姻，德化妯娌，周貸[二七]貧困，下至僮婢，皆仁慈遇之，弗加嗔恚，外内稱之無間言，兹不具論。

龍山公當弱冠，雅好儒術，慨然欲脱去貂蟬紈褲，而以辭賦顯名，大肆力於往牒。夫人敬供佐之，夙夜匪懈，龍山公以是有聲翰墨場。而無何暴得疾，遽捐館，年僅二十有七耳。太夫人痛不欲生者數矣，顧遺孤方在齠齔，未有立，撫而嘆曰："吾捐吾身以下從逝者，則孰與衛生者？且鄧氏如綫之脉，獨是子在，可若何？"於是力疾扙血，屏膏沐，剔鉛粉，而精專其志，日夜撫嗣子怡堂君而立之。稍長，爲擇名師經儒傅之，而身自[二八]爲内傅，蓋未嘗須臾間也。已怡堂君卒爲令器，受秩闕下，膺簡命，代祭西岳；南北兩軍，操鑰在手，銘績旌常。會大婚盛典，晉封太夫人。太夫人泣謂嗣君："未亡人豈以是爲榮？第艱辛半世，幸兒之成立，庶幾可藉手見地下耳。"乃蔗境漸臻，蘭香又萎，以其哭日者哭夜，謂媳婦曹曰："若今日坎坷，即我鄉者所遭也，若志謂何?”曹感且哭曰:“死不令姑獨見地下也。”更相與撫弱孤紹煴、次紹焯,力疾拉血,屏膏沐,剔鉛粉,而精專其志,名師儒爲外傅,而身自爲内傅者如太夫人。而太夫人拮據視初,不少懈。紹煴業已長,襲祖蔭,悦禮而敦文,志卓不群。次紹焯亦頭角嶄嶄,能成立。每春秋令節,姑、媳、孤相對垂泣,已竊相慰也,蓋太夫人兩世不忘爲鄧氏女程嬰者如此。屬纊之日,首兩孫囑之曰:“惟忠與孝,吾家之寶也。先上世既有勞於國矣,今傳至爾,不可自爾而墮先緒。抑鄙人有言曰‘何論根株,幹大則枝斜’,戒之哉!”澄心定氣,儵然而逝。

傅生曰:“余聞之弇州云,讀秦始皇帝禮巴寡婦清事,而嘆秦風之不及貧也。乃至如公父文伯母所稱,則沃土之爲善難於瘠矣!夫沃土猶難,況乎傳龜襲紫、鐘鳴鼎食之家,驕奢淫泆,所自邪也。乃室有女德,家有婦儀,下闕閾而撫藐孤,易世不怠,心如死灰,操如嚴霜,與哲人烈士争名不朽,可不謂難之難哉!《衛風》之咏碩人也,曰‘齊侯之子,衛侯之妻’;而唐史稱苗夫人,其父太師,其舅張河東,其夫延賞,其子弘靖,謂近代婦人之貴,殆無其比。斯兩者,太夫人皆有之。然苗處順境,其節無所表見;而碩人之思先君,見於燕燕之詩,然美而無子,又不聞其撫孤成立如鄧太夫人者也。《語》云‘高陸大澤,實産龍蛇。長松之下,其蔭千人’,然則鄧門之福澤,夫人所留尚未有艾哉?”生以嘉靖云云云云〔二九〕,不佞竊附通家,故不辭狀而以俟名鉅公之采擇焉。

## 明誥封南京國子監司業前翰林院檢討先考肖岩府君行狀

嗚呼!先府君之生也,拜恩僅十有三年,享齡止六十二歲。不肖德以愛勞夙訓,幸得策名於朝,叨升斗以充甘旨,而匏繫宦游，實惟强半，承歡膝下，爲日無幾。今歲報滿過里，方上疏請告，堅圖歸養，而府君已奄不及待矣。嗚呼痛哉！欲詮次遺行，以丐立言君子爲不朽計，輒中投筆而止，今葬期迫矣，乃始抆泪爲先府君狀。

府君諱應期，字子昌，別號肖岩，歷世業農，隱德弗耀。又太原數遭兵火，譜亡無稽。先大父汝楫，補文學博士弟子，爲諸生，有聲。以目盲疾，不獲竟業，獨生府君一子。府君生而勤敏好學，讀書務精誦，弗熟弗止，一熟則終身弗忘。縣中有范南川先生者，善成就後學，先生〔三〇〕大父遣從受業。在學館同輩中恂恂雅飭，不爲嬉弄，攻苦食淡，歷寒暑忘輟。顧數奇，累試弗售，年二十四，補博士弟子。當是時，先曾祖初逝，而先大父及先叔祖汝義猶同爨也。叔祖性强悍，日閧先大父割而悉手其豐，先大父不能無幾微介。府君委曲諷悅，卒無間言，獨取瘠田數十畝，敝屋數椽，老牸一具而已。連遭大荒，田廬一并罄廢，生計奔馳，遂不得一意爲公車業，衣食於館穀。時先大父大母老矣，雖家食於貧，然筆耕所得一果一菜，及食品有一鮮珍，必持歸，先獻兩尊人。兩尊人亦怡然甘善養，忘其貧也。而不肖兄弟德方在童髫，時謬爲長者所推許。君〔三一〕躬爲課督，每旦夕廉其日程不少貸。乙酉，不肖備邑庠弟子。戊子，遂領鄉薦，明年成進士。初，先大父大母并年逾古稀，相繼下世。府君居喪，雞骨支床，幾至滅性。及不肖德能勝衣冠，由青衿以至釋褐，府君輒爲一咨嗟垂涕云：「小子，惜而祖若祖妣之不見爾顯也。誰爲種之？誰爲食之？前人積德而集慶於爾躬，寧一纓組之爲榮？將立身行道以有辭於永世，是望慎旃哉！」不肖謝唯唯。比不肖讀書中秘，官授檢討，府君每至任月餘，輒不耐遄歸，曰：「吾見長安繁華，不若雲山魚鳥之閑且適也。」歲己亥，不肖轉南京司業，北人故不習南方炎濕，聞報輒爲不肖苦。府君曰：「行也！爾謂不習南，誰謂習者?"因偕不肖抵南京。南京山水佳麗,府君故好游,居三月,竟不肯出一觀,曰:"任邸非游觀所也。"及睹不肖官況,復笑謂吾:"初慮若苦炎濕,今官舍如冷冰,無憂炎濕矣。亟去,無留我。"不肖泣別江滸。嗣欲請病爲歸計,府君輒移書戒止之曰:"汝受天子命造士,勞之不圖,而遽請身便,可乎?"不肖忍割三年,北上考滿既竣,便過里中,復申前請,府君曰:"可也!亦既報政,吾所額望若三年,父子聚首今其時矣。"疏纔發,未及上,忽感痰症危篤,醫藥竟無所措手,五日而逝。嗚呼痛哉!

府君平日於孝友、睦、姻、信義之行篤根至性,事二親夔夔色養,終其世無忤顔。先大母性厲嚴,或時有所訶譴,必多方承順,歡其心然後已。歿後所遺手澤器皿之類,每涕泣收藏不忍視。歲時展墓,泪簌簌不休。處伯叔、昆仲、親族、師友之間,務一出於仁厚。叔祖汝義子應奎,闔門罹瘟疫,雖同胞姊妹亦懼染,無敢候視。府君獨朝夕調具藥食,躬蠱楗其病没者,再逾月,疫卒弗染。而族伯傅思仁以訟事問發盤沱〔三二〕驛徒,乘夜跳去。時府君猶未入學也,邑令乃逼使代往,罄家具資斧,僅而贖歸。旋遇之於縣城,族伯慚懼無所容,府君歡然道故,竟無一言。表叔楊世榮負人息甚夥,府君以先大母之命,口約腹裁爲代償其負,二年始盡,時家計壁立,米珠薪桂時也。業師范先生歿,遺一孤尚幼,親族無賴者群齕齕之。府君爲經紀其田廬,不令失墜,待孤長,始委授焉。今其子漸能負荷,每語及府君,輒垂涕曰:"微封公,吾骸骨皆爲豺狼食矣。"生平與人交,敷心腹腎腸,白首無忤。里閈中即有甚讐搆不釋者,府君爲居間,片言輒解。自南廓〔三三〕移居城中,南之人若有失也,曰:"久不見肖岩先生,使人意不懌。"同鄉善友异時結爲社會,府君以齒德推祭酒,忘分爾汝,披襟解帶,毫不爲官態。丁酉歲,不肖以檢討考滿，蒙恩受封，賷命服至，凡一再御，輙鑰之笥中曰："吾安吾褐素耳。"邑令舉鄉飲，虛左席以待，初一赴後，再謝不復往，曰："終不以孺子故而多上人。"至歲時，禾麻被野，徒步隴畝中，與田夫、牧豎商晴較雨，數相過不知倦。所自奉食無重肉，衣無重采，子孫教以澹泊惜福，至周給親族、梁津甃道之義，罄筐不吝也。卒之前二日，皇儲覃恩，封司業之誥命適至，猶力疾從枕上叩首，語不肖以君恩難報，實自是長訣矣。嗚呼痛哉！生平徽迹懿行，不肖荒迷中不能殫記，聊述其崖略如此。

府君生於嘉靖壬寅八月十六日，卒於萬曆癸卯四月十七日，得年六十有二。男四：長新民，冠帶贊畫，娶張氏；次即新德，娶閭氏，封孺人；其三新命，庠生，先府君卒；四新國，邑廩生，娶單氏。孫四：庭選，國子生，新民出，娶喬氏。庭詩、庭禮，新德出；庭訓，新國出：俱年幼。卜以某月某日葬於某山，不肖新德敢邀惠大君子一言以為泉壤光，府君死且不朽，泣血哀懇。

### 校勘記

〔一〕"表箋"，據天啓本目録補。

〔二〕"刑"，雪華館本作"型"。

〔三〕"招"，雪華館本作"昭"。

〔四〕"麻"，雪華館本作"麻"。

〔五〕"威武"，雪華館本作"天威"。

〔六〕"宸"，雪華館本作"辰"。

〔七〕"剛"，雪華館本作"綱"。

〔八〕天啓本缺一頁，"由兹"後至篇末文字，均據雪華館本補。

〔九〕本篇雪華館本未存，天啓本缺一頁，故僅可見篇末一段文字。

〔一〇〕"亨"，雪華館本作"享"。

〔一一〕"攸"，雪華館本作"悠"。

〔一二〕“孫曾”，雪華館本作“曾孫”。

〔一三〕“爲”，雪華館本作“齊”。

〔一四〕“崇”，雪華館本作“純”。

〔一五〕“傳”，據天啓本原目録補。

〔一六〕“楊”，雪華館本作“陽”。

〔一七〕“楊”，雪華館本作“揚”。

〔一八〕“楊”，雪華館本作“揚”。

〔一九〕“真”，雪華館本無此字。

〔二〇〕“靖”，雪華館本作“静”。

〔二一〕“肚”，雪華館本作“松”。

〔二二〕“市”，雪華館本作“甫”。

〔二三〕“行狀”，據天啓本目録補。

〔二四〕“在”，雪華館本作“載”。

〔二五〕“萬”，雪華館本作“範”。

〔二六〕“眩”，雪華館本作“炫”。

〔二七〕“貸”，雪華館本作“代”。

〔二八〕“身自”，雪華館本作“自身”。

〔二九〕“云云云云”，雪華館本作“某年月日”。

〔三〇〕“生”，雪華館本無此字。

〔三一〕“君”，雪華館本作“府君”。

〔三二〕“沱”，雪華館本作“陀”。

〔三三〕“廓”，雪華館本作“郭”。

# 墓志銘〔一〕

## 明故東閣大學士兼禮部尚書贈太保王文
## 端公暨配淑人墓志銘

萬曆癸卯冬十二月二十一日，禮部尚書兼東閣大學士對南王公卒於家。先是數月前，雲朔遠近傳聞，山陰城内外林烏滿樹，鳴聲嗚嗚悲，乃其夜空色慘黯，又巨星流東南也，徵何哉？已無何，王公以訃聞，朝野内外，靡不隕涕愾嘆曰："人之云亡，西北天柱折矣！"疇昔星鳥之异，蓋徵乎！蓋徵乎！

公諱家屏，字忠伯，號對南。先世自太原徙鳳翔，有長眉王者，以材勇充南京龍江衛士，從文皇帝北上，屯雲中，遂爲山陰人。七世祖顯，顯生文秀，文秀生得林，得林生冲，朝邑尉。朝邑公生緝，知臨邑縣，有惠政，事見邑志。臨邑公生黄坡公朝用。公之父歲貢石溪公，乃黄坡公之子，兩公同贈吏部左侍郎兼東閣大學士，以公貴故，而母姙韓及祖姙趙亦并贈淑人云。公十三補博士弟子，甲子，舉於鄉。乙酉〔二〕，丁石溪公憂。戊辰，成進士，選庶吉士，授翰林院編修，充纂修《世宗實録》，尋教習内書堂。辛未，分校禮闈。今上改元，同修《穆宗實録》。甲戌，升修撰。乙亥，充經筵日講官，冬至郊祀扈從，賜文綺。丙子，請告，賜銀幣給驛以行。已卯，起補經筵，同修《會典》。庚辰三月，充廷試掌卷官。壬午七月，升司經局洗馬兼翰林院修撰，八月升右春坊右庶子兼翰林院侍讀。癸未三月，充廷試受卷官，九月主考武闈，尋升詹事府少詹事兼翰林院侍讀學士，掌院事。甲申正月，解院篆，教習庶吉士。四月升禮部右侍郎，兼官如舊。逾月，改吏部左侍郎，兼東閣大學士，參與機務。八月景淑人訃聞，賜賻及銀幣，特予誥命、諭祭，遣使營葬護行。比禫除，復起禮部尚書兼東閣大學士。七月召對暖閣，議西事。壬辰三月，力引疾，解朝政，凡十有二年而即世。

公之生也，石溪公蓋夢有仙仗擁金童自雲中下云。髫而有异質，書過目輒成誦。戊辰之捷，廷試擬第一呈上，已無何，抑置二甲二名，然廷試策中外靡不傳誦，而公深自韜晦，若不知其事者，人業以公輔器目之矣。及侍上講幄，開陳愷切，音吐高亮，上改容傾聽，親書"責難陳善"四大字賜之。他日宮中謂左右曰："王講官舉止凝重，目不迁視，真端人也。"遂手敕，與太倉公同麻而拜，朝野歡傳，賢於夢卜矣。時宮府鼎革，國是紛囂，公從長洲、新安、太倉後，矢心精白，修和衷之誼，補助為多。丙戌三月，風霾示變，條上病民四事，而亟請寬杼軸，減型器，罷水田。上召對暖閣，面嘉納之。及公既憂去，當推閣臣，上不允，虛席以待。比禫除，手詔即其家起焉。疏三上辭，不允。比入朝，上疏曰："臣入京逾三月，尚未獲一覲天顏。臣雙鳧乘雁，誠不敢邀一顧之恩，獨念朝講久輟，儲位久虛，郊廟祀久代，章奏久留中不省閱。凡此數端，所關於聖德、朝常不細。不宜端居大內，隔越廷臣，但令聞聲禁中而已。"上覽疏感動，亟御朝，面嘉忠愛，目屬者久之云。嗚乎！公之際聖明初中眷注如此，豈顧問哉？何嚮者相與之深、後來相遇之疏也？公性好直諫，數犯主顏色，爵祿進退，毫髮不為縈念。嘗謂人曰："岳武穆有言'文官不愛錢，武將不怕死，天下太平矣'。居今之世，大臣能不持祿，小臣能不怖罪，天下事亦未必無濟也。"其素所自矢如此。

庚寅年四月，以灾異同疏應天實事。公自以起用逾年，所靖獻鬱結不得申，疏凡再上，因自劾求去。上不允，諭留之。疏略曰：間者天鳴天[三]震，星隕風霾，川竭湖涸，水旱疫癘之灾交叢叠見。邊腹與兵農并潰，議論與名實共淆。臣間嘗一進瞽言，竟與諸司同閣。且臣事君猶子事父也，有疾必謹侍湯藥，須瘳乃已。今静攝之旨屢形傳諭，果聖體委愆和而臣等不能調之元吉乎？抑聖躬實康豫而臣等不能道之緝熙乎？此皆下情之所不能安者。皇長子冲睿，中外繫心，主器久懸而未定。又禁庭深密之中，侍御僕從之事，喜怒過當則聖性累其和平，訶責太嚴則群小震於摧壓。臣夙夜抱此隱憂，而忠誠不能感格，所爲俯愧尸素，仰乞罷歸者也。

公既不得請，而私念公朝[四]缺典未有甚於皇儲之未建者，前疏雖略及之，而未及公疏以請。若大小臣工協力以去就争之，則明主可以理奪，當必有轉移之日。十月内，四臣同具疏請册立，上諭以候旨行，且切責臣下激聒。時三公引疾出閣，公單身守直。已三公奉諭旨陳謝，而新安、太倉語涉册儲，上復持其疏不下。公力請宣旨，令二公亟出并擬諭旨以上，得旨“從原擬”，復特諭公云“待過十歲後，册立出閣，一并舉行”。公復力言十歲之期太遲，有旨“册立事便於明年冬傳旨，如科道官再來瀆擾，直待十五方行”。公大喜曰：“此宗社之福，事機不可失也。但十五之諭，猶涉疑豫。”復上言：“聖心一定，臣下喜色，以歡傳。明冬邇臨，大禮屈指而拱俟，誰復敢有瀆擾者？臣恐口傳天語未周，謹擬傳帖一道，所有十五方册之説，容臣密示聖諭，似未可入之帖中。”遂擬帖，附文書官李竣入奏。公度不得請，則令閣門吏馳報禮科、禮部。竣出，果傳旨“札子不必用”，而科部回話“疏已上矣”。上雖不懌，而止奪部科俸，儲議遂决。公在閣七日，疏揭凡七上，斡旋調護，國本賴以不摇，三公皆服焉。

居無何，而有主事張有德、禮科李獻可之事。初，公直閣，傳明春冊立，諸司恪守成命，無敢譁者，至是有德以造辦錢糧請。是時，太倉公以省親行，長洲在告，獨新安與公直，相與議，有德小臣，忤上成命，即獲罪，恐事遂渝改，乃亟具揭，署三臣名，引諭旨以請。奏上，上震怒，罪有德，責輔臣附和，改冊期遲三年。申公密揭前疏臣不與聞，欲委曲調停於內，而上怒，竟不解。許公罷還，申公亦用言者乞身去。公力引罪，言：“國今日所請，本臣前歲所宣。臣實誤國，且誤部科黃鳳翔、羅大紘、鍾羽正等多人獲嚴譴，稽宗社大計，罪皆由臣。請留國，并留時行，放臣還。”不報，而手諭公攜藥餌扶掖入閣。公念曩所與同心共事者，尚有太倉王公，因擬敕，請遣官趣入朝。徵車未到，會蘭溪、新建以長洲薦相也。

壬辰春，獻可等復以豫教請，中旨降罰有差。公封還御批，力請寬宥諸臣，遂大咈上意。會有申救獻可者并獲譴，自念處父子君臣之間，周旋甚力，終不能得之於上，且孤忠不能結主，浩然有去志，力請疾罷歸，前後凡三上疏。疏云：“頃科臣李獻可等降罰之旨，臣不揣封還揭請，未允，而諸臣申救者又已得罪。兩日之內，嚴旨疊出，奪俸謫官，投荒削籍，甚之廷杖，雷霆橫擊，風雨淒陰。原其釁端，則自臣揭救獻可以始。是臣惜諤諤之一士，而反累濟濟之群英；爭降罰之輕刑，而反搆放逐之重禍也。用是自陳乞罷，以謝諸臣。席藁累日，未奉處分，詢之同官，乃知為臣具揭奉旨，謂臣希名不遂，托故稱疾。臣聞言怔忡，負罪彌甚，竊念名非臣之敢希，亦非臣之敢棄。臣所希者，期皇上為堯舜之主，而臣為堯舜之臣，此之為名垂千載有餘榮，故足希也。若犯顏色，觸忌諱，抗爭憤[五]事，被譴罷歸，此何名之可希乎？必不希名，將使臣身處尊官，家享厚祿，主德愆違而莫救，刑政壞亂而罔匡，此可謂不希名之臣矣，而國家將奚賴焉？更使臣棄名不顧，將逢迎爲悦，阿諛取容，雖許敬宗、李林甫之奸佞，無不可爲，是九廟神靈所陰殛、天下萬世所唾罵也。伏望皇上將臣特賜罷免，以示首事之懲，仍召還降謫諸臣，以釋株連之累。”

不報，再疏云：“臣聞漢臣汲黯有云‘天子置公卿輔弼之臣，寧令從諛承意，陷主於不義乎？且已在其位，縱愛身，奈辱朝廷何？’每感斯言，惕然深省，自念遭遇聖明，具員輔弼，既不能婉道密規，防君志未萌之欲，又不能明諍顯諫，扶乾綱將壞之樞，曠職瘝官，久當退避。所以逡巡未去，徒以被恩高厚，毫髮靡酬，庶幾殫竭愚忠，漸次匡正。乃今數月之間，請朝講不報，請廟饗不報，請元旦受賀不報，請大計臨朝不報，犬馬微誠，不能感迴天意，已見於此矣。至於升儲大典，九廟之神靈共屬，萬方之想望惟殷。即册立或可少待，而豫教委宜蚤圖。科臣所言未爲差謬，譴訶一出，遠近驚疑，臣誠不忍明主蒙咈諫之名，清朝有横施之罰，科部罹無妄之罪，宗社蓄不測之憂。循省虛庸，終慚匡救，若復依違保禄，澳忍苟容，正汲黯所謂從諛承意以陷主不義、詒辱朝廷者耳。願亟賜罷歸，俾全晚節。”辭愈直切，上弗省，已遣中官捧御札，嚴諭公暫假數日，趣入閣辦事。

公去志益決，復上疏云：“本月三十日，恭奉御札到臣私寓，臣謹焚香叩頭祗領訖。伏念臣以至愚極陋之質，蒙皇上生成作養之恩。十年講幄，六年政府。雖天地父母，未足比其恩慈；粉骨碎身，莫能申其報塞。豈不知將順聖意，鎮戢群囂，可以全君臣喜起之風，養中外和平之福。而止以册立一事，爭[六]議數年。在皇上欽定吉期，已有確然之信；顧小臣數生激擾，殊無静聽之恭。聖諭謂之‘逞臆喜事’，此誠諸臣之罪也。幸蒙薄罰，臣但當委曲調停，從容緩解。而封還御批，致激聖怒，聖諭責臣甚失禮體，此臣之罪，臣亦何辭？但皇子於皇上，父子之親也；册立與豫教，典禮之大也。言涉至親，不宜有怒；事關典禮，不宜有怒。臣與諸臣知以盡言為效忠而已，豈意其激聖怒哉？忠非素蓄，志未上通，而謬以狂瞽之詞，自取決裂之禍，此自不能一日安於其位者。復荷天言切責，兼之溫旨慰留，雨露雪霜，何非至教？臣誠不勝感激流涕。惟是孤忠獨立之身，抱下愚不移之疾，俯循深痼，恐非數日之假可瘳，望乞生全，實以一朝之褫為幸。”

上不報，至三月廷試，辭免讀卷，賜玦之命始下。公之去也，有以書挽之者，公復之曰：“以道事君，不可則止。”某曰：“公誤矣！不可則止，謂止而不諫耳。”公咈然曰：“此公之《論語》也！”時稱“胡廣《中庸》某《論語》”，今其書具存云。

龍江叟曰：“世人不知公者，以為公一時奮不顧爵祿，慷慨取一決以為名高，而不知公自筮仕始，已挺著大節。其稍名能知公者，亦止辨得公出處諫諍梗概，而不知公勛勩蘊略，十九結約，未得施其家庭閨黨，懿行粹德，善良薰炙，如黃星絳雲，固視立朝猶耿著也。”

當公在纂修時，新鄭秉政，其兄為中丞，有某事，公據事直書。新鄭見之，大恚曰：“後生輩殊不相借。”諷改之，屹不為動。江陵奪情起復，盈朝唁候，獨不得公寸楮。及病劇，詞林為建醮，公又不往。至江陵敗，司寇往籍其家，始服公之高。初，江陵之敗也，上怒不測，禍且及泉。予密約公疏救，以故相功過不相掩，乞稍從寬宥，存國體。公慨然屬草，擬於經筵日面奏。會有旨，從末減，乃焚草。其不隨人炎熱又如此。而在首揆數月，適京衛官鬨於朝，能以片語定反測[七]之變。先是，曾少卿乾亨議汰武弁，部覆未上，而少卿以閱邊行。其兄司空某入朝，諸衛官遮訴呼譟，麻起投瓦石，禁庭大沸。公聞狀趣出，遣人傳諭曰：“汝曹敢於禁地窘辱大臣，不畏赤若族耶？”眾鳥散。已下兵部議，本兵虞禍及己，乞不問。公曰：“魏張彝事可鑒也。”詰主名者置之法，事遂定，朝野咸服公能鎮靖。新進某某，以摘發權相巨璫受上知，益務搏擊不休。自後臺省發舒，争求多於政府，當事者畏其口，務折節柔之不能得。公獨正色率臨無假借，然人人罔不衹師也。比其去，至欲伏闕請留，固止之乃已。公辭朝疏云：“情依依而戀主，頻回棄婦之頭；心惙惙以憂時，横灑孤臣之涕。”聞者皆爲隕泣。自謝政後，推轂引薦無虛日，比於太傅東山焉。上雖聽公去，心實知其忠，竟以辛丑冬肇舉儲禮。公聞之，手額祝天曰：“上幸用臣言，死且不朽。”疏賀，上遣官持銀幣、羊酒存問。疏謝，又官仲子湛初中書舍人。謝疏言視朝勤政，罷礦税，起廢佚，所知或削藁以進，公聞之，惘然不悦。識者曰：“君臣相與，兩無負哉！”皇上之遂公高也，用公言也，公之畎畝而不忘憂君國也。公病，夢同馬文莊應制咏獻芹獻曝詩，覺猶能舉其辭。既病甚，囈語皆國事，諄諄不可了，如宋司馬公之臨終時者。乃殁之年，亦竟與温公同算，不偶然哉？不偶然哉？

公於書幾無所不讀，獨不喜詞賦。又惡立門户，聚徒黨，曰：“學貴實踐，標榜何爲？”奔景淑人之喪，至舍，有黄雲覆畢，上如華蓋然，人以爲哀感所致。居鄉，重禮教，厚風俗，有匱窘者傾資賑給之。嘗大書客座云“周恤故人，橐裹金錢揮已盡；静觀真我，枕中軒冕夢皆空。”没身之日，幾不辦葬焉。元配霍氏，封兵部主事宗岳女，未廟見卒，累贈淑人。繼配李氏，處士松女，累封淑人。淑人[八]性真静勤敏，善事舅姑[九]，饗賓客，供祭祀，事事精辦。然性朴素，既貴，綦縞而過諸戚屬家，諸戚屬相視而笑，淑人曰：“人以有勝人，吾欲以無勝人。”公課弟璽或過嚴，淑人輒從旁解之曰：“叔尚稚而違慈母，奈何苦之？”然至醮[一○]責諸子，則不減義方之訓也。寡姑遺幼女，傾妝奩嫁之。待前霍氏有加等，然至李氏外家則不私一錢也。公立朝不得志，懷歸，淑人贊之。既歸，淑人忽病，竟不起。公每誦"鄰靡二仲，室無萊婦"之語，輒泫然泣下焉。

公生嘉靖丙申閏十二月初二[一一]日，卒萬曆癸卯十二月二十一日。霍淑人生嘉靖丙申七月十三日，卒嘉靖甲寅五月二十五日。李淑人生己亥閏七月二十八日，卒癸巳十一月初二日。子男八：潛初，乙酉舉人，娶霍氏，大理評事廷楠女。湛初，中書舍人，娶孫氏，兵部主事訓女；繼李氏，陝西兵備按察使楠女。沛初，廩生，娶薛氏，陝西兵備副使綸女。汲初，廩生，娶安氏，湖廣布政嘉善女。俱李淑人出。瀹初，庠生，娶薛氏，亦陝西兵備副使綸女，側室林出。演初，聘薛氏，山東兵備副使鑰女。灝初，未聘。俱側室徐出。洞初，幼，側室門出。女二：長適國子生郭煥然，山東臨淄主簿時子，早卒，李淑人出。次適庠生李昌時，亦陝西兵備按察使楠子，徐出。孫男六：泰庚，娶焦氏，戶部主事承光女。泰筴，娶鄧氏，舉人應元女。泰符，聘張氏，進士爾基女。泰籥，聘郭氏，廩生鄰女。俱浚初出。劉寄，幼，沛初出。孫女七：浚初出者二，一適戶部主事施重光子應坼[一二]，一適廩生郭際子震祥。湛初出者一，沛初出者一，汲初出者一，瀹初出者二，俱幼。曾孫男[一三]一：泰庚出。卜以甲辰十一月卜葬桑乾之陽。銘曰：

公昔紅雲侍玉皇，下哀濁世浩茫茫。抉雲乘風降朔荒，雞群鵠立鳳朝陽。一鳴驚世聲渾鍠，研精六籍掃粃糠。秩秩而積淳汪汪，昭回星漢燦文章。擢列侍從直明光，帝瞻秀出玉笋行。白麻重拜坐巖廊，炎天霖雨巨川航。追琢稷契鑄虞唐，批鱗叫閶悟君王。要扶日轂上扶桑，天門九重虎豹揚。解除簪綬着荷裳，袞衣西去東彷徨。萊鴻令德偕行藏，河洲比翼雙翱翔。三槐森秀八龍昌，衡門之下泌洋洋。豐草長林麋鹿場，策蹇朋[一四]游樂未央。

鈞天需人回上方，滅没倒景不可望。百身莫贖群悲凉，桑乾水深復宿蒼。厥土燥丹啓玄堂，温明賵襚歸黄腸。宰[一五]木蕭蕭拱白楊，龍章燭天賁熒煌，佳城合璧永無疆。

## 明故大司馬西池賈公墓志銘

蓋余丙戌秋識大司馬賈公於濟上，當是時，公方領齊右轄，而余從故督學使者中淮吳先生游，時公以桑梓誼時時召坐留飯，飲甚歡。久之，余濫竽鄉薦，己丑遂北上，公則僉撫延綏去。又三年所，而公以勞績一再轉綰戎政，復會公於京，益得近公謦欬。而容巖然，而目衝然，福履且未艾也。而無何，公以股疾乞休，不允，凡三疏，乃得請，加銜如今官，馳驛而歸。歸之數月，忽坐中暈疾，竟捐館舍，其冢君錦衣璞纍然而哭，且先期爲狀，徵予銘曰：“惟先大夫不朽在是，吾子圖之。”嗟！公余鄉先達，國老成人也，余少賤且詞娬鄙，曷敢以溷公？顧雅嘗習公，即不敏，不敢以不文辭。

按狀，公諱仁元，字子善。家西有池，淵渟泓澈，公殊樂之。嘗自以爲人能修潔其躬，皭然無涴節辱行，若池水然，斯可謂士矣，欲比德於池，因號“西池”。西池公之先居仁孝里，有祖宜禄，生恕輕，恕輕生致中，致中生仲名，仲名生勝，勝生玉，即歲歉，出粟賑饑，欽給冠帶者也，是爲公祖。生佑庵公朝忠，六世而至公。賈氏自上世以來，世以勤儉好施甲里中，而玉與朝忠猶著，皆贈陝西參政。玉配趙氏，贈孺人，朝忠配董氏，封孺人，贈淑人，皆以公貴。佑庵公三子，長即公也。公初生，舍中甘泉涌溢。自爲兒時不弄，豐神穎敏。甫六歲，佑庵公以錐畫地千文教之，數日便能默書。佑庵公喜曰：“大賈氏者，必之子也。”十一而就業，十三而領庠生。時金縣金公、嵯臺魏公者，人倫鑒也，一見亟許可曰：“伊誰寧馨？奈何從諸生後？”而金公至爲公議婚王道女，王不受財，爲旌其門焉。自是累試輒冠，乙卯、戊午皆中乙榜，不第。公益自奮勵："不務稼而罪歲凶，何爲？"辛酉，遂領鄉書，登壬戌進士，除爲山東歷城知縣。未浹歲，上下信悦，先後薦牘沓矢而入。滿三年，舉治行高等，格在披垣。會在事者基[一六]之，乃除户部主政[一七]。未幾，連丁二艱，柴毁支骨，易戚咸如禮。既禪，除刑部，已復除户部員外郎。逾三年，夏，出知保定。庚辰春，擢兵憲，備臨清，尋分參陝右涼州政。久之，升山東布政，凡一再轉至今官。

公天才開敏，而猶熟於國家故實，其析利病若鏡，讞決宿牘若神，而恒以情衷法而行之。所部不縱不苛，即去後嘗見思，即下車若從薈蔚而得鸞雛也。辭受取予惟謹，纖有浼不加身。初爲歷城時，捃束吏滑，不假毛髮，前後條陳，歷歷皆中肯綮。異時郡邑稅糧達府轉解，府不能無所乾没，郡邑苦之。至公爲保定，悉移令自解。又奏蠲完唐遺[一八]負及厲民苛斂萬餘，當事者韙之。居刑部，以官况蕭冷，獨携一蒼頭，不以家累自隨，其清苦如此。京倉錢穀之地，多涉染指，乃當量出時，特請同事者一人貳之。故事，户部出糧無二[一九]者，出糧用貳，自公始。臨清民繼母被殺，用考掠不勝楚，自誣服。立廉得其情，豁除之，一郡稱爲神明。公之雪冤申枉，皆是類也。

公宦游所至，凡一再蒞齊魯關陝，而關陝猶著。初，公之以大參布政山東也，涼自將佐偏裨，下至編伍，攀轅雨泣，班馬不前。比己丑，有延綏之命，則陝之人舉手加額曰："此非向者枳車公耶？何吾陝之多幸也！"蓋公前後蒞陝幾八年，所擘畫便宜，慮亡[二〇]不棋布縷析，而其大者則在扼虜。涼、綏孤懸絶塞，逼鄰番虜沙漠不毛之區，仰食内地，無歲無備，屹屹不支。公至，則申軍令，豐儲偫，廣埤堄，選鋒鋭，繕甲械，遺畝廢丘如甌脱者懇[二一]治之。虜嘗以萬騎集永昌大河口，挾侵略攫賞。諸將請方略，公下令曰："虜騎充斥如此，而不能以一矢相加遺，謂死綏何？嚴兵以俟進止，彼退乞憐，則予之；或匪茹，則兵之。予之惠，兵之武。"士氣距躍思奮，虜遂徂遁。大落赤、抄胡兒糾兵南牧，戒諸將挺鈹揩鐸，嘬鋒南山，弩礮四合踏之，躪其穴，事在涼州，丙戌前。其後明愛、莊禿賴、明安、土昧徂寇他境，懸回挾款，奏裁之，遂麋入犯。乃決策先攻瑕者，大鞶平安，三酋遂噎媚不能出氣。延綏人言："當是時，斫鋸禍拏，非公在撫，陝不一日爲燐鬼躍矣。"事聞，加侍郎銜，賜銀幣，廕一子錦衣百户。是歲也，哱賊起而虜翼之，再出師，搗其剿[二二]，剥之計，前後出師凡獲甲首八百餘，鹵倍之，生降無算。自後虜遂抱觸髏，刑白犬，鑽刀蹲林，款益堅。事平召還，乃以去。後便宜奏其略曰："竊見狂虜啖我，市賞不啻甘蔗濟以驕虎，狡黠要挾，背慢排乍[二二]之勢漸成。與其忌醫而諱疾，孰若辨症而早圖？自今與虜約，必悔罪乞憐，遵舊例，一物不增。與卜失兔并來乞求，則可款耳。而不然者，寇日封，備日削，此人臣不忠之利，非社稷之福也。"又奏責成撫臣數事，皆報可。潔而令[二三]，時上方倚重眷留，不欲聽其去，而公力請，竟歸。歸之後，朝議方注目傾耳，以冀東山之起，而公業以奄不及待矣。訃聞，上震悼輟朝，賜葬如例，祭加一壇，用邊功也。

公爲人燕頷虎頰[二四]，台背電目，望之偉如，坦衷而危行，進退出處之正，雖自謂賁育不能奪之矣。或曰："公方赴秋闈，路捐金，活一寒沍棄兒，异日愛衆恤孤，肇端於此。"在歷城時，以搗[二五]雨忤撫臺，以請托忤鄉貴，人皆危之，屹弗動。既除刑部，當路者復欲餌以臺省。公謝曰："即不臺省我，而與涸畜我也，孰安？"竟不就。江陵奔喪，過保定，所在脂韋承迎，撫按而下皆茅靡。公挺舒自如，無所屈。當寧夏之未平也，上震怒，逮督臣碻庵魏公，天威不測，乃特爲上疏，明其功，竟得寬釋。

所謂中立不倚、以道事君者哉!

公配王氏,持家勤儉有法,先公卒,封孺人,贈淑人,即金公所議婚者也。繼配王氏,封安人,又繼曹氏,封恭人,加封淑人,皆先卒。生男子三:長即錦衣衛千户璞;次珍,國學生;次瑋,邑廩生。女三:一適澤州訓導吳子新,一適儒士范文煥,皆元配王氏出;一適少參滎河周有光公子廩生炳,爲繼配王出。孫延年、彭年、松年、鶴年、萬年,又鹿年、億年,璞、珍繼嗣子也。孫女子四:一適庠生張子文,一適李汝檜,一適李用極,一適張國柱。公他鄉行猶多,不能具述,述其大都如此。

太史氏曰:諺有之"蓋棺事始定",此豈不謂存有徵疵而歿有彰貶哉?然亦有未定者。賈公文武爲憲,所至聲績砰隱[二六],其執不倚,其出不訾,翮翮獨行君子也。今之寵俞隆矣,而一字之褒議者,猶遭延未之與,果昭譎非耶?要之人能勝天,天定亦能勝人,异日求閭史以徵國乘者,目余之言,則華袞之典尚有待也,是則公之定也。夫銘曰:

介山雲泉,降神合符。是生偉人,有碩其膚。桓桓司馬,名德之裔。駿發鼎材,鬱爲名世。起家儒宗,簪迹皇州。宣力中外,克壯其猷。所至極思,必悉利病。菱枯以膏,燠喝以醒。匪直也文,爲王干城。馳驅四塞,戮力專征。帝曰虎臣,畀汝全陝。鎖鑰是毖,戎狄是剪。月行太白,獫狁內訌。梟其屠耆,振落發蒙。三捷載馳,褒書下册。晉爾亞公,美鐐重帛。功成引退,馳驛而西。宜爾壽考,胡不憖遺?憫忠恤勞,九重有屬。少牢秩祀,祈[二七]連象築。奕世主鬯,繪純錦衣。堂斧幽封,司馬之居。

## 誥贈奉政大夫禮部祠祭清吏司郎中李大川先生墓志銘

大川公之葬於攝家祠山也以隆慶元年,而其時猶稱處士云。

其後公之子炳乙酉舉於鄉，登壬辰進士，縣元城令歷任祠部郎，皆贈公如其官。迄萬曆丁未，於是公之葬四十餘年矣，雨水齧其墓，見棺之前和。適祠部君升參秦藩，歸里拜掃，登壠以泣曰：“其惟改卜！昔先公[二八]隱德未耀，微志不遑，孤小子恒怦怦營營。今天降澤以彰先公之德，是欲小子啓攢於高原，登文於幽石也。孤小子敢遏佚前人光？”乃卜徙郡西之玉龍崗[二九]，坐巽向乾，徵銘傅子焉。

志曰：公姓李氏，原系出山東，稱有唐之裔。宋元時，相傳有諱遠者封定遠侯，其後徙家岢嵐，而國初始祖泯，以武功封都督。再世勛，封都指揮。而昭信校尉永者，勛之子，所生文，襲父爵，凡數世皆用武顯。至曾祖銳，以太學生任縣令。祖澤民，登嘉靖科鄉進士，任忠州守，名宦、鄉祠兩志之，所謂拙庵先生者也。有丈夫子六，公爲冢子，生而端靜自如，不受狎侮。少吐穎鍔，爲文突峰奔濤駭人。時數冀北才士，爲公首屈一指，然公不俯首竽時好。世廟末年，文體浮靡，柄文者承襲敝[三〇]常，見公文不可眼[三一]抑，惡之曰：“是賣平天冠者。”竟屈一第，歲丁卯，貢入太學，而疾作矣。時同輩有獲雋者，惜之曰：“大川數奇。”公亦喟然嘆河清之難俟。已復奮曰：“夫爵祿功名誠有命，不可幸致矣。砥名礪行，此不由之我耶？”於是禮義廉隅，畫綫而蹈，善戲之謔、露齒之笑未嘗一出於口；撥衣蹶足、箕踞跛踦之小過，未嘗一加於身。拙庵先生卒於官，貧無以爲斂，寮采佐之，歸至襄陽，弗能前。先生家居，一號而絕，有頃甦，乃徒步至襄陽，負棺以歸。既葬，家徒壁立，力供太宜人甘旨，訓迪諸弟，皆成青衿士，孝友之稱，內外無間。且得遺金於道，且數斤，俟其主還之。欲以其半爲公壽，公笑曰：“若不聞五月披裘而負薪者乎？”里中大事，以公爲三老，有違言，居間輒解，或有不讐，畏公知，比於漢之王彥方、管幼安云。公雖循循雅飭，而負氣尚俠烈，屹屹不可下，急人之難甚於己。親族中有紈絝驕稚者，公目懾之，夫夫冠猴衣狙者也。而故督臣爲分宜所陷，謫戍衛中，倉卒寄妻子，廣柳車未有，舍人畏分宜螫，無敢應者。公曰："嘻！男兒死無時哉！"慷慨延之家，兼助薪粲。其他貧者、病者、喪不能舉者、露骸不能掩者，皆悉資力而濟之，未嘗以囊耻辭。時虜患孔熾，公家絶塞，時時與少年俠客習騎射兵法，上《安邊至要》於當事者。適虜大舉入犯，所過城破落焚，鉦鼓震沸。兵使葛公稔知公有奇略，委攝城守，得以軍法從事。公自擐甲登睥睨，晝夜贊畫，治虎落：躪石，勁弩長戟，申令嚴約，慎邏謹諜。一奸虜行乞，公微察偵也，屬之官，訊吐實，立令五百將下箠殺之。虜望見守禦嚴整，且失內應，不數日引去。當是時，靡公蚤絶禍本，嵐不日爲燐鬼躍矣。幕府上公功，受上賞，嵐人至今思之曰："嗟！茲城之老幼皆大川公之生聚也。"

論曰：絳灌無文，隨陸無武，朱郭義俠，其于孝弟之行未有睹也。以公之才之品之全，使得奮迹賢科，施於有政，必能爲縣官弘濟蒼生，奠安廟社。即不然，而長驅十萬，橫行匈奴，則長城必屹於塞北，王庭必空於漠南矣。惜也！婆娑茂材，終其身齎志長畢。諺有之"時來則鉛刀奮切，運去則龍泉當鐵"，此英雄所爲嗚咽而唾壺每爲擊缺者也。雖然，公之樹德大不異樊侯之樹漆，今觀其後世子孫，繩繩而緝緝，則天之報施善人，又未始有忒也，何謂數奇哉？何謂數奇哉？

公生於正德十二年四月初八日，卒於隆慶□年□月□日〔三二〕，享年五十歲。初娶偏關指揮使陳卿女，先公卒，繼娶宋布衣女，公逝後數年卒，皆贈宜人。生子一〔三三〕，即新升陝西大參、今在告諱炳者。女一，適本郡指揮岳拱中。皆陳宜人出。炳前娶衛鎮撫郭武女，贈宜人，繼娶朔州贊畫官郭登瀛女，封宜人。生子三：伯在庭，郡廩生，今年卒，娶指揮宋湯緒女；仲在遼，襲百户，見任真定游擊，娶游擊賈模女；季在遜，國子監廩例監生，娶庠士[三四]賈士言女。炳生女一，適儒士李杜詩。皆前郭氏出。曾孫二：鏡典，在庭子，鏡禮，在遜子，俱未娶。謹爲之志而系之以銘，銘曰：

造化之於公有意耶？而胡以斬一命之榮，於生前侵三尺之墳於水邊。無意耶？而又若錫子孫以瑤華之田，移令魄於坦牛之阡。其用於生世者若嗇，而償於没世者若奢。余一言以蔽之曰，畸於人而贏於天。嗚乎！玉龍之川，幽石允堅。匪石也堅，君子萬年。

## 敕贈承德郎刑部河南清吏司主事捷軒史公墓志銘

史公之葬孟邑某地也，蓋時猶稱處士云。而其後十八年，公之長子文煥以束鹿令轉刑曹，考滿、覃恩，皆推恩贈公如其官。暇日謂新德："先公倍諸孤，其葬有封樹而無志銘，孤雖遠，然中心恒怦營焉，未嘗一日忘不朽於地下。今幸邀天子之寵靈，墓顔拓矣，敢藉子之一言以重。"余猶記垂髫時，與文煥同爲太原守中淮吳先生所拔識，聯床琴署，史公時時自其家來督。文煥學秀，眉目豐下，長身玉立，偉男子也。而先府君亦得接杯酒，講通家縞帶之誼，約異日兒子輩苟顯貴，毋相忘。今文煥與新德俱幸策名朝署，而兩先人并下世，中淮師墓木亦拱矣。嗟！史君，余何能銘汝翁？

按狀，公諱登科，號捷軒，其先仇猶郡元吉里人。家世樹惇業，累葉弗墜，迨史公父廷弼，中落矣。廷弼卒，母劉早孀，家壁立。而姨舅孫公名相者，見公眉宇，器之，因收爲己子，冒孫姓焉。時年方十二，嶄然露頭[三五]角，雅志業儒。孫公以食指之衆也，迫而奪之賈。於是始習計倪、白圭家言，觀萬貨之情，豫居而消息之，若數年，資大起。孫公善之，曰："此何如矜裾而方朔僵乎？"君雖游賈人，其孝友、睦姻、任恤之行，有篤行君子所不敢望者。初，姨舅母蚤[三六]卒，遺一子登亮并女甥、繼母輩，瓶罍匕箸，咸仰給於公，公拮據所得，悉與共之。而以其間往候所生母，甘臲輕暖之奉，蓋以朝於孫，而夕於劉也。登亮傲而狠，數以黨易罹岸獄，賴公拔之歸，歸而反眈眈公所致産，尋端欲窘之。公怡然曰："大丈夫能棄千金産、能致千金之産者也，且也尺布斗粟之故而傷親心，薛孟嘗不笑人乎？"於是脫身出，財物盡推與亮，而戮力修業如前。居久之，業復進。亮所攘産耗且洗，公復分與之。以是之故，舅父母及所生母各歡然恬養，終年無間言云。嗚呼！人生自少而見苦爲生難者，必重棄財，簌簌怴怴，口約腹裁，雖一錢捫之汗出，肯捐所致以遺天顯之弟已，不數數矣！矧二姓，矧傲且狠，乃公竟饒爲之也。舅叔廷[三七]有子而中道夭，公曰："於我乎養。"及與其姥老死，公曰："於我乎葬。"繼舅母携來子粟，及外父母没而遺孤鄭，俱有所成立，公曰："於我乎婚且娶。"其他宗姻間在[三八]，婚喪贍助，無不畢願而去。邑人矆然異之，曰："孫捷軒踽踽創業也，而又踽踽創義哉！"

公性素温謹，不喜上人。惡少年故突門恣詈甚口，冀公應之，以爲訟端。公戒左右無應，而瞯其去，具袋米遺之，惡他日語人："吾愧見長者。"縣重差，社倉老人爲最，所當家無不立碎者。公雖稍温，然資實不中程。或孽之於署令事者，公名遂在籍，公夷然應之。署者行，仍遠送焉，乃怢墨而謝，以孽者告。公頓首唯唯，退而弗與校也。其仁厚接物，不芥蒂睚眦類此。及持身又嚴，衣冠端步，趨視穢言詭行若浼，室語可市也。程督文煥學，晨夜不令敖蕩，時時呼過庭提命之曰："而父少孤單，誰爲具修脯者？欲爲而今日不得。而偷不自力，日月逾邁，欲不爲而父今日亦不得也。"文焕用是奮績於學，十五入黌序，才名蔚一時，公意稍舒。再閲歲，戊子試不中，猶勉慰之。無何，驟病疫，五日而逝。逝之前中夜整衣冠，南向拜，若將有信宿之行者，可謂不怛化矣。

傅生曰："夫子不語怪神，雖神亦豈异人意？福善禍淫其教也，聰明正直其理也。往聞捷軒公在社倉時，其厫倉粟破攔板而溢出者三，每溢過百餘石，又鼠絶迹若虎渡河也。嘗置産與某爲鄰，某藉官府力奪之，公無怨言，居數年，竟回禄燼矣。有天道哉！而文焕又爲余言，公没後，老僕見夢約相從，不數日竟踐也。養子文煌，結伴賈臨清，伴者糾他盜中途劫之，謀定矣。前一日，里中人夜見公與拱别，倉皇入宅，怪之。翼日，賊加刀文煌，刃忽裂數段，蓋陰〔三九〕護云。自後若鄉會試、休咎徵，皆先期豫告，若龜卜燭照也，公殆所謂没爲明神者哉？"

公生以嘉靖戊午年五月十五日，卒於萬曆戊子九月二十一日，壽四十有六。配鄭氏，加封太安人。子三：長文焕，即今刑部主事，疏復姓者，先娶處士梁光明女，贈安人，繼娶庠生王育鯉女，封安人；次文煒，武生，娶樊氏，繼石氏；三文炳，娶郭氏。養子文煌，娶傅氏。女二：一歸故增生劉雲柱，一歸儒士邢九階。孫男缺。孫女五：長許聘劉孝廉子，三未字，俱文焕出；一文炳出，未字。謹爲之志而系之銘。銘曰：

造化之所不足公所者有三：幼無家也，躬匪爵也，没不壽也。公之所取赢於造化者亦有三：大兩門也，膺重誥也，神千祀也。嘉木之本也，寒泉之源也。枝竟繁也，流更長也。冥兹幽宫，永即康也。

## 明故奉政大夫彬庵劉府君墓志銘

萬曆廿四年丙申十一月晦日，大夫彬庵劉先生卒於泰之宦邸。越二歲戊戌，其仲子耿光馳生平所爲狀詣太原傅新德曰：
“先君隧中之石，敢以累先生。”余唯唯。嗚乎！先生天下士也，
其德望在朝紳，口碑在兆庶，即微不佞言，彼州人士固以尸而祝
之，社而稷之矣。雖然，不佞於先生爲門下士耳，目先生之生平
甚悉，敢以不文辭？於是抆泪爲先生銘。

　　按狀，先生諱應文，字質甫，別號彬庵。其先世遼遠無譜
籍，自宋元來，籍觀州之機房，觀州即明改爲東光縣也。國初，
始祖有仕主事者某，傳五世祖震，震生大成，大成生介，皆潛德
弗耀。介生桂，增廣生，誥封奉政大夫、太原府同知，配崔氏，
誥贈太宜人，有二子，先生其仲也。幼而卓穎，言動如成人，書
經目輒曉大義，塾師爲之遜席者數矣。及長，天才逸發而嗜學不
倦，每丙夜籌燈，密室伊吾聲迄夜分。甫昧爽，已巡檐認蠅字，
不敢抗聲愕寐者。以故其蓄日以宏邃，間發而爲博士家言，雄渾
有奇氣。十九入黌序，明年，督學使者歲考，閱其文大驚，置甲
等，自是屢試俱超等夷，而聲名藉甚。庚午，領順天鄉薦，人謂
蘭筋勁翮，從以陵厲青浮而芥睨一第矣。以中煤毒不中，歸而益
精其業，顧數奇累詘，乃喟嘆曰：“河清可俟乎！丈夫膂力方剛，
會當經營四方，安能老守一經，呻其佔畢，頭搶几如病嫗就蓐，
躘屬擔簦，僕僕風塵，無已時也？”於是投牒，授太原府通判。
四年，仙本府同知，管平定州事。久之，調揚之泰州，考最，升
淮安府同知，總理河防，以勞瘁郡事，車未膏而卒。仲子扶柩
歸，泰之男婦路祭巷哭，至爲罷市，卒以此見先生恩德之入人
深也。

　　先生歷官十有四年，操概凜潔，遠利如膩。其所至不擇劇易
利害，毅然任之，雖有蹉跌，不爲改悔。宦途一切競爽鑪氣、鈎
距機警、鑿空籠罩之巧，非特有所恥而不爲，亦若其性不可改而
爲之者。以此事上，亦以此接下；以此待其良吏民，亦以此待其

頑吏民。以故前後薦牘章滿公車，而所居民樂，所去見思也。其他細行不著，著所見知鉅者。太原故有大盈倉，王糧、兵餉四十八萬有奇，舊設郡丞領之，後以裁革，統於倅出納焉。先生抵任，日給散餘羨金六百，左右嘖嘖：“故例，囊中物也。”叱之曰：“禄入之外皆贓耳，奚其例？”竟不私一錢，報直指作賑饑費。且白倉務重鉅，非可兼攝者，仍舊便。兩院如先生指具疏，竟得請，郡丞之復自此始。偏頭關逼鄰虜穴，每歲互市，郡丞蒞焉。虜驕悍久，調停一失宜，則張憤跳踉。又舊董其事者率不能無狐鼠乾没，往往開釁辱國。先生以選擇往，一切物幣纖不染指，諸撫賞悉中肯綮，虜酋崩角稽首曰：“今歲大[四〇]好那顏者。”那顏，華言大人也。事竣，餽以名馬錦轡，弗受，虜益戢畏，而兩院羨以為廉勤無私，恪恭職也。繁峙城近虜，且塌蝕有年，生戎心矣。先生為倅，請於帑銀築之，居民始安堵如故。歲大祲，受委煮粥，殫精拮據，活濟不下數萬人。平定暵且風，徒跣籲天，天乃雨反風，禾則盡起，四封之外，亢暵如故也。民有“禱雨雨應，禱風風息”之謠。而重囚賈槐者，二十年冤獄也，一訊得雪。其仁平不苟，大率類此。然先生急於保障，而寬於繭絲，不虐煢獨，而不畏高明。倅太原時，寧鄉兩巨室隱地糧二十餘頃，以相左互揭出，雖直指亦難其事，先生力為剖斷仗[四一]出之。而平定廣陽、塞魚二都素刁悍，不輸税，官司相沿，一切以鞭箠鉗鈦從事。先生獨深隱之，諭以急公大義，始郡人無不笑公寬此兩都，此兩都卒革心畣輸，則又無不駭且異者。其在泰州也，適河淮夾溢，州地蕩為巨浸，不播種十之八九，閭閻食不半菽。公至，力為乳恤之。已查舊有空糧二萬餘石，又有包區税糧、民竈過代不明，而概州包賠業已百年者三百餘石。又有竈買民糧業已有半，而額完時格於寫遠，不便勾攝，累民代納者若干石。曰：“此民巨蠹也，焉可坐視？”則請空糧每石照一屯糧例折納三錢五分，拘集書算，清對厘正，包賠之弊始絕。而分徵竈者各場轉解，民者本州起解，而民、皂〔四二〕兩爲之便。郡民德之，爲樊茶鎮生祠焉。凡前後保薦三十二次，欽賞三次，考最封贈者二次。

先生爲人儀幹穠〔四三〕秀，風神軒舉，與人交敷心腹腎腸，每慷慨譚古忠孝節義事，獵髯振袂，舌本如捲白波，以此見諒上官，亦以此取忌當事云。其調泰州也，實中姜菲，平定民無不扼腕裂齒，欲走白都下借寇，君力過之，乃止。自爲孝廉時，家四壁立，不一濡足公門，用此爲高。故其在泰州，企因嘉靖〔四四〕壬辰榜首故〔四五〕林東城先生之清風，爲請給其孫衣巾崇祀云。天性孝友，七歲，崔太宜人見背，哀毀如成人。而奉政公病，不解帶交睫彌月，沒後，哭幾滅性。教子孫以忠孝大義，而族中待舉火者若而年。爲詩古文詞峭健有法，且雅意作人。余不佞，眊年受知汝南中淮吳府君。府君於先生僚契最深，故不佞亦得交於先生，側與進之末。外如孝廉李伯子棠、仲子縈、寶生楷、黃生門，及戌戌〔四六〕進士孫生煥，皆先生在太原豫所識拔士也。先生以某年生，某年歿，得壽某。銘曰：

古人有言，人貌榮名，無有遠邇。於鑠先生，含淳味道，蜚英臛仕。貳彼牧伯，縮茲郡符，西土南紀。豈惟經術？以經世務，罔試弗理。書獄獄平，治人人安，風士士起。既奮而飛，復曳其輪，逢辰之否。鴻飛冥冥，羅者不忘，思儀其羽。爾榮爾哀，有碑有祠，令聞不已。不究其施，而世其澤，宜於孫子。修原臛臛，其壙窒如，德人之理。

## 明故敕封文林郎宣城縣知縣龍泉盧翁墓志銘

蓋京生有云"孰易如葦，孰化如毀"，言死生之期迅也。余宅憂里居時，盧封翁入盧枉吊，清癯鶴立，健步履，髮髯雖班白，然神觀甚王，未可量其年也。居越歲，翁忽告殂。翁之長嗣宣城令維屏自任奔歸，痛自搏幾死。余反弔其門，因竊嘆人命危脆如此，京生所云信哉！及余起家北上，待罪承明，而長君以翁幽宮之銘函狀來請。余於〔四七〕翁有通家之誼，不得辭。

按狀，公諱文科，字彥香，別號龍泉。世居郡城南上佐之蘇里村，有田一廛、宅一區，業農桑，樹惇，累葉弗墜。至四世祖釗，生公大父永朝，再傳而生公厥考現，以母張配，生公兄弟者三，公其家嗣也。公生而有慧質，所受書即能通大義。會家計蕭窘，不得委己於學即行，舉天性而已〔四八〕；然彼〔四九〕服造次，固無異於儒者。方弱冠，母趙祚不延，公顓精醫禱，調棺斂，治窀穸，哀毀骨立，戚易咸備，以孝篤稱里中。公父不再娶，公所以娛侍之萬方，每三時視瀡瀡，躬爲浣中裙、厠牏，暮則布席於榻旁，中夜候喘息，稍失度則彷徨走醫藥，終其身無倦。兩弟幼弱，爲授室分橐者再，使有成立。其天資孝友，終不假學問如此。翁雖以食貧廢儒業，及生子維屏等三人，程督之門外。常扃夜視讀，至漏下二鼓時，指架上編示之曰：“吾先世夷編戶久矣，匪儒術無以亢吾宗。吾代若王父治家秉〔五〇〕，又不能竟業以貽若曹。不使若曹風震雨凌如曩時，若曹偷不自力，洵自棄已。”維屏恪遵其訓，文譽日起。庚子，舉於鄉，連舉辛丑進士，筮仕宣城令。公雖家食，貽書程督之如書生時，然大較《廉、愛》兩言耳。三載考績，竟以子貴封翁如其官云。公恭儉樂施，性愷悌無忤，歷賤貴隱顯如一，嘉、隆之季，歲薦饑，道殣相望，公家徒壁立，又奔疲差徭，口約腹裁，久之，得羨粟百有五十。會王、馮、劉三姓者闔門待斃，公慨焉指囷貸之，所全活數十命。嗣後不克償，公召之，面折其券，曰：“粟償竟，公等休矣。”各舉手加額爲公祝有後而去。及貴有禄養，益務爲施濟，宗黨緩急，叩門亡不立應。環公而近者，橋道、邸舍、宮寺，靡匪公題名也。其自奉衣必三澣，食不重[五一]簋，垣屋庳陋，無所增飾。身爲封君，而側身局影，懍懍然自下。每出入，安步里閈中，無異布素。或訝其太簡脱，公曰："吾幸未僜，庶幾與親戚故舅[五二]遇諸塗，話農桑爲樂，何遽使之引避，轍迹畏人，挾兒輩尊寵於車上儛耶？"其持論如此。里中父老、衣冠與公結社爲歡，戶履常滿。有大事，公爲祭酒，取片言而決。小不若淑者，愧公知甚於畏官府，説者比於漢之王彦方、管幼安云。

傅生曰："周《魯語》有之'動莫若敬，居莫若儉'，又云'君子能勞，後世有繼'，其盧封翁之謂也。盧封翁之生平，雖未及表樹功名於竹帛，然潛居静默，揚徽月旦，亦何忝於幽人之真趣、高士之遠圖哉？且以令子能其官，天子下書褒其教自躬，食報望門者以爲華於公足矣。而或者又以養未極豐窿[五三]，齒未登上壽，猥爲翁[五四]歉。諺不云乎？'不竟其禄，子孫之穀'，余固知盧氏之餘慶後且未艾，不啻如任宣之窖粟、樊俟之樹漆而已。向令盧翁黄耇瓮牖，以與草木并腐，即過是而數十百年，亦奚以爲哉？"

公生於某年月日，卒於萬曆三十三年九月廿日，享年六十有三。生子三，長維屏，即宣城令，次維藩、維翰。屏娶處士潘應武女，封孺人。藩娶薛欽女，翰娶李纘宗女。女一，適庠生史一謨子誘。孫一，名昆，幼，未配。二女[五五]，長適御史崇齋陳公孫萬策，次適處士張通子所抱。皆屏出。謹爲之志而系之以銘。銘曰：

先民有言，期年樹穀，百年樹德。不見盧封翁積豐而用嗇，竟於其躬見井渫之食。冀[五六]子睆雲，鳳毛洗日。其所取於生前生[五七]不盡，而所留於後嗣者無極。乃其所爲妥靈於櫬梓之封，而發祥於堂斧之域者耶？

# 墓　表 [五八]

## 明故豐城侯守備南京掌中軍都督府事紹東李公墓表

　　自倭奴發難，東南兵事孔棘，而陪 [五九] 都文武重臣爲國家倚藉長城者，以余所見，有大司馬郝公、豐城侯李公。此兩人者，皆朝家偉人巨公也。無何，郝公以疾逝；而旬月間，李公復繼之。朝紳、士庶無不走哭相言曰：“人之云亡，邦國殄瘁。”而於惜李公猶深，以其年不登中壽而雄略未盡表見也。公長男胄子承祚當返襯營葬，則頓首謂不佞言：“墓中之石則徵言於大司成先生矣，惟是螭首龜趺，揭於墓隧，宜有辭而闕焉，敢請。”德謝不獲命，謹按李氏本所以出，與其世系、里居，起唐、宋、元。入國家以來，高曾祖考，條葉被澤。服勞王朝，報恤追崇。劬躬燾後，委祉於公。公之所以逢將承應，紹開厥家，有概有詳。嗚乎遠哉！狀志中具 [六〇] 之，以茲不論，論其近者：

　　公父儒，字子臣，別號東潭，以支庶襲祖封。初任後軍都督僉書，兼管理紅盔將軍。再任協同守備南京，掌右軍都督府事。配張夫人，生一子，諱環，號紹東，即公也。方七齡而張太夫人薨，十一齡而東潭公繼薨。越二年，萬曆癸酉，始紹祖爵。丙子，典禁兵紅盔將軍。戊寅，以加上兩宮尊號覃恩，錫公暨東潭公誥命，又以貴贈公曾祖考輝、祖考寶俱豐城侯，曾祖妣陳、祖妣郭、妣張、配張俱稱豐城侯夫人。會今上祀圜丘、謁山林 [六一]、幸大 [六二] 學、耕籍田、閱武事，公五與扈從，而五受蟒衣之賜，蓋異數也。辛卯，擢公前軍都督府僉書管事，已掌南京右軍都督府事，已提督操江兼管巡江。丙申，奉命兼署南京右軍都督府事，尋晉守備南京，掌中軍都督府事，薨於任。始，張夫人娠公，及辰，某媪夢天神雲冠霞帔，促之起者三，驚寤，披衣起，呼者已在門矣。公墮地豐耳廣顙，目光奕奕。幼出抱就外傅，受儒業武經，輒通曉大義。居東潭公喪，哭泣如成人。比長，偉幹負氣，日習擊技、騎射，揣摩《黄石》《陰符》短長家言，悉覽邊圖要扼壁壘形勢，慨然有封狼居胥意。暇則韎韋附注，與六郡良家字〔六三〕射生野外，拓弓弦作礔礰聲，逐麋鹿深谷中，取熱血注挏馬酒，倚劍歌出塞，吹觱篥而和之，時人莫測其際。一日，抵八里莊，聞弓刀之聲甚厲，則群盜禦人於貨者。衆惶急，公怒馬獨出，彎繁弱而擬之，因直前薄賊，賊嚙指遁去。見者咸賀公，公喟然嘆曰："嗟乎！使環得提十萬衆，横行倭虜間，當如是矣。"時胡虜款貢日久，朝紳諱言兵事，即勛閥家率踵紈袴餘習，不識戰陣，其高者不過拈弄不律，繪辭賦爲名高耳。公獨謂夷性不常，一旦卒起，匪可張空拳談詩退也。日集海内奇材劍客，講習星緯韜鈐營陣諸法。公雖在五侯之烈〔六四〕，然累世支庶承襲，裁禄僅二千石，不足充賓客之費，多方拮據，至質邸第、典簪珥不顧也。

已亡何，西虜火落赤連結北虜扯力克入犯洮河，嘬全陝，勢張甚。天子下明詔，兩都臺省會舉勛臣備簡任，於是南北一辭首舉公，因有僉書之擢。已倭寇朝鮮，東南赤白羽交馳。上念陪京重地，允庭臣會推公都督府事，操巡兩江。時軍實舊額一萬七千有奇，而見在者僅存六千，又老弱不任兵革，中使占役無算，諸司假鼓吹、旌旄者無虚日。公一切厘正謝絶之，因以其暇，親教之三奇六合、七變五成之用。方暑，簡閲江上，竟日未嘗張蓋揮翣，左右進餐，却之。已上疏條十事，疏略曰：留都，國家根本，江淮，財賦咽喉。長江雖曰天險，然險無兵，兵無器，器不練〔六五〕，究與無同。今衛總而降，範錫爲胄，裂布爲甲，軍士巾幘、靺鞈不完，戰艦朽蠹。又臨營操練，兵部歲給犒金止百四十兩，故年來相仍，止會閱四次，薄賞營官且不足，安所得鼓舞三軍乎？謹陳其事如左；一曰請專敕；二曰請符驗旗牌；三曰添兵士，設中營；四曰造戰船，增器械；五曰鼓士氣；六曰嚴號令；七曰增軍糧；八曰議巡歷；九曰添家丁；十曰置烽墩。疏入，上嘉納焉。是秋，旗牌至，軍容一時改觀，因捐俸金二十助賞格，士卒蒸蒸樂用矣。始南京守備，在文皇北狩時，其權屬之青宫。其後擇勛舊中威望素著者畀之，事無巨細，一切皆得何〔六六〕問。後增協同及參贊二員，按題名記，公前人任是職者五。公捧檄感泣，曰：“聖恩渥矣，何以圖報？”時奸民趙古源倡謠言於淮徐間，遠近不逞，延頸思亂。中兵馬司獄囚越犴狌去矣，應天府獄囚復〔六七〕謀斬關闌出，公夜半聞警，率家衆露刃聯騎以往，賊死咋不能嚄尺寸餘。先事候情，壞其機牙，奸宄不得發，東南方藉爲屏柱，而公病疢卒矣。

公雖長自勛閥，然委己於學，耻一不通。生平仁孝喜施，畏暮夜之知，謹瓜李之嫌。少育於伯祖母王，終身母事之。一姊適天津總兵宋三省，中道孀居而貧，厚奉養之不少怠。從弟璇爲京營衛官，世居南京，公不以一官庇弟，弟不以一官望庇於兄，人兩賢之。齊庶人承綉等二十五人，無宗藩管理，不得請名者三紀矣。公與内守備代爲題請，并得賜名。諸宗筐筐致謝，盡却不受。其他介修類此。公故猿臂善射，居恒慷慨，自負家世勛舊，承襲貂蟬，藉第令起自瓮牖，終不局促轅下，大丈夫身取侯耳。每感風露，布侯引弓，發數十百矢，汗出隨愈。庚子夏，忽病瘴，已病痢。十一月念三日猶力疾視事，已而大漸，曰：“四十非夭，寵榮過矣。第始願提三尺畢命疆場，乃令我艾炷灸額，瓜蒂噴鼻，而死兒女子掌中乎？”已令取督府、守備二印，分送協守柳公、僉書焦公。命舍人子[六八]毋盜印告身，砧乃公一生清白。謂二子：“吾歷官二十年，無長物，尚負子錢，當以先世所傳田宅償之，毋忘祖父之勤，是吾子也。”語畢，沐浴更衣，端坐而逝。訃聞，上震悼，賜祭，下有司營葬於某山之麓。始，公未卒前數日，群鶴鳴舞於庭，後每哭臨，輒如前鳴繞，移時不去，若助悲哀者。

太史氏曰：“諺有之‘胡荽不結瓜，菽根不產麻’，言有種也。公上世先人佐二祖從龍日月之際，以武功顯。其杖鉞提戈、風雲叱咤之概，迄今猶可想見。數傳而至公，豹尾神旗，橐兜戟纛，所以滋大樹惇，無隤其家聲者，是豈諸侯子餔勛而啜積可同日語哉？稱之曰‘將種名不虛耳’，而天下猶以不及盡用、壽不及中人爲恨。雖然，令公黃耈紈袴間泯泯無聞，以與草木同腐，藉過是而數十百齡，亦奚以爲也？胄子閑武而恭讓，次亦英英競爽，視君家飛將軍後世名敗而隴西士恥居門下，則公所贏不既多哉？故刻石於隧上以表公之陽，使夫過者式焉。餘家世、配系、生卒年月日，詳具志中。”

## 詹事府少詹事兼翰林院侍讀學士沖虛莊公并配趙宜人墓表

上之三十有六年，學士莊公京邸聞太翁疾革，亟疏請歸。上哀其誠，一疏得請。館中諸昆弟把盞郊關，公未沾唇，倉皇去也，而握別慘澹意，若無幾相見云者。無何，南邁五日，途次聞太翁之變，痛幾絕，久之始蘇。抵家，踴而哭，水漿不入口累日，裁餘息耳。未幾，趙宜人繼之，遂傷慟不起。公以甘盤宿學，海內繫望，旦暮取次鼎鉉，翼主庇民，齎志而没。縉紳悼於朝，親族朋舊哭於家，下至樵野負擔不識面之人，無不咨嗟涕洟，傷時棟[六九]之中折，而況余同袍輩哉？憶己丑同籍瀛洲，廿二人行則連轡，坐則接席，歡然適也。其後或去或留，留者未及其半，其以病歸及遭蹶者又半之，聚首京華率不過四五人或二三人耳。然有天幸，俱未至短折。丙午歲，余至金陵，大司成劉幼安謂余："吾輩偃蹇廿年，無人益，亦無天損，差快！"嗚乎！今公之逝，則數人之中，又喪其一人矣。一葉落而樹將秋，更逾此廿年，其聚散存亡之感更可道哉！人世間夢幻空華大率如此。

公諱天合，字得全，別號沖虛，其先鳳陽之濠州人。元末祖壼從高皇帝，以武功授百戶。壼生烈保，烈保生敬，敬生貴，爲指揮僉事。貴生斌，斌生銘，爲指揮同知，升都指揮使。銘生琇，琇生位，位生如岱，即累封春坊庶子公也，配栗太宜人而生公。公生而韶秀。方在襁褓，有小恙，父封翁見一緋衣人執戟護之。及稍長，美姿玉立，風度凝重，終日匡坐讀書，且讀且錄，嘗三日書《埤雅》一編，無一脫誤，且[七〇]精刻如此。操觚爲文，波涌雲興，不數千言不止。十四，補邑諸生，每試褒[七一]然前列，諸縉紳里黨交口器重之。邑人有趙恕翁者，覘公非凡士，欲以姑之子妻之，不許，則恚曰："世有美好如莊生而不與，則更與何人乎？"乃薦其愛女，於是公委禽趙氏，即累封宜人者也。戊子，以壁經魁楚闈。己丑，成進士，選翰林院庶常[七二]士。公自爲諸生，已博雅能古文辭，及讀中秘書，益發憤修業，筆鋒縱橫，機軸宗蘇、柳，而不爲刻削擬仿之態，於是每試又輒右諸人。辛卯，授編修。自以身爲國史，宜究心當世之務，不欲群墨卿、弄柔翰以自畢其生平而已。盡括古壙典書刺取之，如本朝典章、諸司法令、人物臧否以及邊防國計之宜，靡不練習考究，覯[七三]若指掌。壬辰，同考試，册封粤藩。癸巳，直[七四]史館，掌制誥，教習內書堂。乙未，奉敕纂修郡國志。己亥，升右春坊右中允。庚子，典試留都，所得多名儁。辛丑，充東宮講讀。壬寅，以册立大慶，封太翁如其官，母栗氏、黃氏皆太安人。尋升諭德，值覃恩予誥如中允例。甲辰，復同考會試，升右庶子。乙巳，以皇儲慶，予誥如諭德例。丙午，升詹事府少詹事兼翰林院侍讀學士。丁未，會試知貢舉，廷試充讀卷官，尋推禮部右侍郎，未奉俞旨。公在詞林凡廿年，其直東宮講幄最久。念以經藝事儲[七五]邸，天下治忽繫之，每當進講，必先期肄習，齋戒寅畏，冀有所感動。凡君德、治道所關，或理亂興亡之際，及權奸、女寵、宦寺、外戚之禍，皆反覆具陳其所以然。儀度端詳，音吐洪亮，皇儲改容嘉納，左右侍從聞公敷陳，亦無不灑然變色易容者。其居家不殖資產，俸賜之餘，親族或分挈以去，一無所愛。或諷之潤屋者，公曰："季倫、君夫，視范文正何如人哉？"有太學生某持先世書一篋，易十金去。閱數月，生悔之，而難於發言。公亟付原書，且慰藉之曰："子歸而讀之，滿腹差勝一囊也。"生以此感奮，遂成佳士。生平仁而愛人，傾蓋吐肺腑，聞交知中有患苦，酸鼻蹢足，若將投袂往赴者。至於禔躬履道，則榘矱截然，不爽尺寸，辭受交際，猶介特不苟。門生、知舊或竿牘相諷，絕不及私。其與人論學及課子弟，以《論語》首篇"孝弟忠信"時切究之，曰："士不敦本務實行，而徒多張馨悅，即華霽洵美何益爲？"閫以內，與趙宜人相莊賓友，旁無媵侍。宜人以爲請，公曰："昔人不登孌童之床，不入季女之室，此吾志也。"卒不許。宜人年十二歲而歸於公，適會姑栗太宜人之戚，撫棺痛哭，家衆嘖嘖，嘆新婦老成。晨昏奉堂上舅及繼姑，夒夒修色而見之，退而治脯瀹漿粥必腆。一畝之宮，言笑不出於鄰。待親黨以禮，下至童僕幼稚，亦皆遇之仁慈，弗加瞋恚也。丁未六月，自京邸將子以臨由潞河歸，行出金陵，抵蕪湖，夜泊沉舟，宜人與以臨俱没至頸。舟師皇迫，出死力挽救出之。宜人曰："吾母子相將，幸不害，爾亦宜爲妻子計，無太苦。"質明，命各覓小艇自存，凡同舟無一失者，群而舉手頌宜人仁愛云。及抵家，值封翁病革，大痛，私謂以臨："大父病，如不諱，衣衾、棺槨草草，將無缺大事；如其不然，備之何害？"及大漸，封翁[七六]以爲憂，因出所備者陳於前，既完且美，爲一破顔。擧斂從容，宜人之力也。公抵家，而宜人慘慘勞瘁病矣，久之益篤，遍召諸尊卑長幼及奴隸婢侍，各以簪珥授之，擧手作別，如遠行然，庶幾女丈夫不怛化者。

太原傅生曰：余與莊公交知廿年，而始得其爲人有不可皮相者。公體貌閑麗，鬚眉如畫，望之以爲風流仙客，而實踔厲矜莊，無綺靡柔曼之好，遇朋酒聲伎，面赤反走。客歲，衆至其邸寓，一塌[七七]蕭然，平頭雛時添香危坐耳。余戲謂："兄所居閑寂若是，豈其有髮僧？不然，則曩在天門下誤盼真人三千粉黛，故被罰作儋父，了與風月無緣耶？"生平操砥嶄絕，凛不可犯。至接對賓友，又溫平不爲崖異，即遇輿臺賤役，未嘗以疾言遽色加之，居然黄叔度千金[七八]陂也。衣冠、垣屋好潔靓整飾而實，室無藏廩，官無藏橐，獨與麴君舊頗莫逆，遇宴會雅歌，傳觴無算。近歲以謹疾之故，杯中物亦并斷遣。然則諺所云酒色財氣四者，公皆澹然，不啻三不惑而已。天假之年，其明志致遠，炳烺之業可量哉？宜人仁慈孝敬，不謬爲公伉儷，而先公長逝，豈慮夜臺倡隨偕奉兩尊人少一人耶？孔論仁壽，猶龍氏以死而不亡當之，此無不足公夫婦所者。彼龐眉皓髮而德不聞世，亦終草木腐耳，何足羨哉？何足羨哉？余於公得之目，於趙宜人得之耳，敬諾嗣君之請而表其墓，令過者式焉。公所著有經筵講章及文集若干卷，方壽梓行世，餘生卒年月及子姓，詳具銘志中。

## 大中丞肖山何先生墓表

嗚乎！肖山何先生没而不佞德表之曰"古郇賢大夫何公之墓"。公以名家承學致青雲，剔[七九]歷中外廿年，巨材閎識，違越倫輩，所建竪皆有功伐可紀，庶幾時之棟宇，國之禎〔八〇〕幹。及鴻冥鳳舉，隱居林下又三十餘年，海内士大夫無論識不識，咸指目何公，如清鏞大敦，冀以想見昭代之象，望以爲喬岳巨川，而今亦不可作矣。德於先生爲晚進，未及領謦欬之誨，然手大編，耳榮名，私淑先生之日久矣，九原可作，所願執鞭而御者。乃兹以郎君洪岳之請，揭其大者於墓之陽。

先生諱東序，字崇〔八一〕教，肖山其别號也。何之先世爲猗氏人，四世祖濟，成化間以貢任兩京鴻臚。高祖純，生子四，俱以文學顯。其季廷璋獨不仕，是爲公祖。生開封公尚德，中嘉靖壬午春秋第一人，授陝西金州知州，晉開封同知，封奉政大夫，公之父也。配潘氏，封宜人，於辛卯歲感太陽入室之夢，誕公。公少而穎秀，儒步詳視，若老成人。甫七歲，授《春秋》，通曉大義。十五，補博士弟子員，時業已抉精擿華，該綜群籍，文突峰奔濤駭人。學官見而奇之，數置高等，食廪餼，聲稱藉甚。尋入己酉鄉試，不第，益自刻苦讀書，恒達丙夜。母潘慮其過勞，不爲設燈燭，乃潛以香畜火，伺寢熟，燃燈誦讀。從叔某之任行唐，達燕臺，投翰林林公燫，受業門下，二期始歸，業大進，遂中壬子鄉試。癸丑連第，廷試第八人，卷在進呈數。考選庶吉士，時分誼〔八二〕柄政，鑽賄結轍於門，公喟然嘆曰：“此爲開館登瀛地耶？吾束吾腹卧矣！”竟不與。觀户部政，授主事，即以古名臣自期。時清源缺税使，同曹以其地爲財貨區，且中貴請托無虚日，避嫌鳖無敢往者，公曰：“酌貪泉、試盤錯者，何人哉？”單車之任，冰蘗自勵，聽事置一大瓮，有干囑者，輒投其中不視。及瓜代，積羡四千餘，商人感德，竪碑觀音嘴，見關志。已升郎中，遼陽管糧。大虜臨〔八三〕廣寧，號四十萬。時鎮兵入衛，鎮巡官盡括兵馬移駐山海關，大雨，城且圮。公督率老弱，且防且築，晝夜不懈。虜聞有備，遁去。歲大祲，道殣相望，公捐俸拯救，奏聞得旨運通州倉糧四十萬，泛海至遼，全活數十萬。時總兵楊照貪剋異常，軍伍旦夕且激變，公盡發其不法事奉[八四]聞，有旨"解綏回，聽勘"。行李蕭然，抵家隱居孤山桃花洞，足迹絶城市二年。

前疏勘明，起補刑部，旦暮坐法曹，取法書簡練[八五]以爲程式，曰："是三尺人主所用以提衡天下者，吾幸獲從事，安能嘆喑睨猾吏面孔也？"遇疑獄，則反覆詳核。會詔逮侍郎楊選、編修趙祖鵬下法司議，時上意堅，欲從重比，尚書黃公特屬公，公從末減。上不許，公曰："法如是止也。臣雖卑在交戟，爲陛下守法義，不徇喜怒宥辟，此固臣并命之日也。"極力爭之，忤旨，出守徽州。洗手奉職，積鍰金六百置學田，永爲諸生婚喪費。會浙中雲霧山[八六]礦盜余相等聚衆數千，所過城破落焚，旗幟蔽野，鉦鼓震沸。捕盜同知張懦懦逗留，擁兵不進。公授甲置陣，從壯士扼賊衝，呈撫按，刮府鍰五百鑄牌懸賞，盜魁就縛，立解散其黨。御史宋公繻疏其功，部覆准不次超擢，載在《兩朝》獻[八七]章。已追逆犯羅文龍贓，任怨中傷，僅調衢州。躬至礦山，焚棚解從，賊患始絶[八八]。時徽之婺、祁、黟、績四縣，衢之江、開二縣，俱無城，公條奏創建，士民建生祠竪石紀焉。前後徽、衢兩任，皆苦節自勵，入覲一切無所餽遺，即納賄如嚴門，亦悉其廉，不問也。考績爲天下廉官第一，莊皇帝御路朝召見，面勞之，曰："若等良吏，其爲朕善撫元元。"因咨詢時政。公疏陳六事：一曰重正官，二曰察輿論，三曰勵任事，四曰課樹藝，五曰議保障，六曰開鼓鑄。上嘉納之。戊辰，轉易州備兵紫荆，衢民詣闕，保留不得，悲號如失慈母。公抵任[八九]修葺關隘，督[九〇]兵禦虜，設立鄉約，境內敉寧[九一]。庚午，升僉都御史，巡撫延綏，選將練卒，講武足食，恩威大著，道路口碑謂"榆鎮自蕭敏公後不再見"。請督將士出塞紅山，所馘斬、獲生過當，論功賜白金文綺，晉副都。公感恩思奮，誓期殄滅。虜酋吉能等大讋服，遣夷使擺言恰等俯詣闕下，交臂請和，乞止漢兵搗殺，少存種類。公宣布朝廷德威，傳戒沿邊酋首吉能、威正恰、打兒漢、把都兒、黃台吉等三十一部落，誓以永不侵犯。會聞母訃，奔喪歸，藏吏奉羨金五百爲裝，曰："故事也。"公叱不納，以一騾千里代步，人謂清獻公之琴鶴不過是已。

公純孝出自天性，爲兒時即知定省溫凊，迄白首匪懈。及親終，營葬鳴條崗[九二]，廬墓三年，有馴兔、側柏之祥。鑄金成二親像，以識永慕。繼母解終，公逾七旬，猶執絰哀送如[九三]嬰兒時。尋前母遺骸，與嚴親合葬。春秋霜露，躬往掃除，哭盡哀然後已。御諸弟友愛，至老有加。歲首必大會族人於宗祀[九四]，有貧不自存者周之，期功子姓待而舉火者數十人。丙戌、丁亥，連遭饑疫，捐百金振荒，全活甚衆。生平守正不阿，至遇大事，定大變，不動聲色，處之裕如。寧國推官某激變鬧學，數日不解，得公片言而定。新鄭修郄華亭，諸附離之者扼腕而進。公謂朝廷優禮元臣，宜存大體，疏上，遂得解。後新鄭門人張煥追論，致仕，朝論惜之。家居三十五年，閉門却掃，郡邑長吏不通請謁。庚辰、辛巳，公門下士按山陝者黃公、房公、羅公，一時三人，時聞喜、西安二處有亡命操數百金求解，公愕然曰："奈何以苞苴污吾垂老名？"麾之去。衢門生詹公守潼關，有世襲揮使某犯令甲，坐拔黃，懷千金求援，竟不得其一面。絕意仕進，徜徉山水，有東皋、栗里之興。今上改元及東宮册、立上聖母后徽號，累奉詔進階資善大夫、正治上卿。海內方望公之復出，以爲社稷之衛，而公竟卒矣。卒之前三日，遍拜親友，若作別狀，游羅村草堂，謂莊人曰："余從此不再來矣。"乃具糧糗，卜翼日約老友常尹游五老峰，以病作，不果，是夜正襟危坐而逝。鄉人見星隕，天門開。黃門村牧童望見公戈戟前導，騶從甚盛，若出師狀。嗚乎异哉！公生平嗜書，未嘗一日釋卷，猶善籌邊務，歸田後十年纂《益智兵書》十卷，此外有《史漢抄評》《劉氏書抄》《鴻烈類選》《文選抄評》《古文會編》《四六玄圃》《韓非類選》《唐詩類苑》《唐音彙雅》《律詩類韵》。公於書鮮所不窺，而所猶習六經、左、國、班、馬，稱詩則建安、正始、開元、大曆。自罷吏家居，益刓精藏山之業，爲詩文沉浸奥雅，如伐竹瀟湘，探寶岱淵，洵博物宏通君子哉！所著有《九愚山房集》《佐佑集》《遼陽疏》《榆關奏議》《髭甀子》《聚雁樓集》《四書正理》《麟經發微》行世。

　　傅生曰：往讀劉邵《人物志》，品十有二流〔九五〕，清節家第一，常庶幾見其人。今觀肖山先生，束修登朝，嚴氣正性，糾債帥，忤權臣，執法明刑，犯主怒，觸九死而不悔，可不謂節乎？歷官廿年，樵關林墅三十載，又何其皭皭耿介，涅而不淄也。至若文武自將，建威銷萌，南北之際，竟其所施，圖麟勒燕，無足難者。而中折其翼，惜哉！雖然，經國之大業，黼芾人倫，膾炙群吻，寧渠以一時而圖吾千萬世？先生所詣，非一方一域之所能評矣。余受長君之命，表其大者，餘家室子姓、其葬月日，具狀志中。

## 南郭李太翁墓表

　　南郭李太翁者，襄之隱君子也。李爲襄之著姓，聚族而居於縣城之南，不下數千指，中名〔九六〕德行善士，而太翁爲最。太翁家世業農，隱德弗耀，其在族中齒輩爲祭酒，不敢以諱呼之。又前輩質朴，不稱字號，但相稱曰“李太翁”，即予髫聞之鄉人，亦但稱曰“李太翁”、“太翁”云。始予自舞象時，先祖、先君居於南郭，於太翁爲北〔九七〕鄰，太翁之父壽幾九十，予猶及見之。時太翁年已近耆，每歲時，禾麻被野，予從先君操作田間，見太翁杖藜徐步，巡行壠畝中，鬚髮皤然。及予自青衿釋褐，迄服官南北廿餘載，時李太翁尚無恙也。壬寅冬，予自南雍考滿，旋里見之，驚曰：「此余少所遇皤然翁耶？何其健也！」南郭人曰：「太翁尚能入鄉者，任衣冠趨拜跪，膺縣官之敦請者三矣。」予不覺舉手曰：「福人！福人！」明年春，太翁以壽終於正寢，予哭之。無何，首夏先君亦遂即世，煢煢草土中，不關通人事久矣。忽太翁之子承爵，以乃翁生平行實，欲碑之道左，請文於予，承爵於先君爲貧賤石交，行坐相隨，窘乏相助，患難相扶，有心事不可語人者，不憚瀝腸相告，蓋異姓兄弟也，予安敢以憂居爲辭？

太翁諱尚德，字自純，別號汲泉，配南邢之張氏。生平富而好禮，周人之急，出貨力猶棄糠粃，親族鄉黨多德之。歲大荒，輸粟賑饑，所全活甚衆。舍義冢、義棺殯死喪之無後者數十年，今其子尚力行之無怠也。伯兄尚忠及妻高氏，貧老無嗣，敬養三十餘年。高年八十，備衣棺送終，尚忠蓋年八十七歲，今猶在云。其他梁津甃道，赴義如流。故縣令聞其德，敦請鄉飲，人莫不以爲當。或曰：「昔東坡居士有云『仁者不必壽』，乃今翁壽至七十八〔九八〕，竟能必之矣〔九九〕。又云『仁者必有後』，今厥子承爵年五十餘，尚無箕裘血胤，兩女適人，相繼夭亡，孑然遺一身，天之報施善人何如哉？」予曰：「不然！諺有之『善惡必報，遲速有期〔一〇〇〕』，李氏父子陰德於人著矣，天必來〔一〇一〕之，以克昌厥後，其報愈遲者，其效愈厚，三槐五桂之兆蓋可券俟者。」獨今昔存亡之感，予於此有深悲焉。予年未四十而見李氏之大歸者兩世，吾祖吾父皆前後下世，今南郭之間，吾祖之黨蓋無一存者，吾父之黨亦太〔一〇二〕半凋謝，其幸而在者，齒髮頓異，卒然見之若異世。然人生斯世，真石火電光哉！撫今追昔，爲之一慟，令人學道之念轉深轉篤耳。其李翁世系、親族不贅表，其大都如此。

## 處士章泉馮先生配劉孺人合葬墓表

余不造值先嚴之喪，閉門枕塊，不關通人事久矣。忽孝廉馮伯子叩門，手其兩尊人狀請曰："先孺人之喪祔先府君葬有日矣。惟是樹墓之石無所稱載，敢以累吾子。"言與淚發。嗟！馮君，余方抱終天之痛，而安能寫子痛？抑諺有之"同病相憐"。余觀馮先生有文行忠信之實，而不獲永其年；孺人有淑慎惠慈之賢，而不獲豐其享。其兩人者均之乎？有作則燕翼之勤，有顯承繼述之胤，而又不獲食其報。樹欲靜而風不寧，子欲養而親不待，蓋黯然悲悼，不能喻之於懷，則安得而無言？

馮先生者，諱愈，字汝進，別號章泉，貫世振武衛。父天祿，敕贈文林郎、知縣。母劉氏，敕封太孺人。生男四，其所由顯，以仲子昌黎尹恩，而先生其季也。先生幼而敏慧，諸所覽誦領會，超詣常詮。年十七，補學官弟子員，常築室沱水之陽，集同志十餘輩攻苦鉛槧，極伏臘弗稍輟。時業已抉精摘華，該綜群籍，文突峰奔濤駭人，前後督學使者屢擢高等，曰："馮生龍華發霜硎哉，剚犀截鵠易耳。"先生亦自擬芥拾一第。而文奇，累試不售，益發憤爲焚舟計。乙酉，本房擬首，竟以表觸時忌落格。同志輩戲先生曰："龍華發霜硎未？"先生曰："咄！鬻周敦於螻蠛雕鏤之市而不回世眄，吾何覷焉？"於是進取意絕。先生孝友，根於至性，與人交，相然諾以信義，矢死不移。性喜施，遇所急，傾筐倒囊不吝也。當文林公、太孺人無恙時，夔夔奉養，日務探志不懈，遇所獲廩餼，一切跪獻，任分給諸昆焉。居父喪，哀毀支床，幾至滅性。仲兄昌黎公疾，祝天以身代，病霍然已。南涯張生病篤，母老，哭託以後事。先生爲盡力延醫，得一异人，起其疾，張生每語人："今世可以托生死交者，馮君耳。”其他行率類此。先生雖困於一第乎，所綰帶知交皆翩翩有名士。下帷授經，戶外履滿，人各望其腹而去，有超登顯仕者，先生垂翅自若。居無何，竟卒，年四十二，惜哉！仁者未必壽耶？

孺人痛絕呼天，誓以死殉。當是時，遺孤男女六，太孺人春秋高矣，泣諭之曰：“以是貌諸孤呱然在抱，而余髮如此種種也，可若何？”孺人以爲然，遂勉襄大事，風持而雨披，行綜而坐理，食規而寢畫，卒奉太孺人終天年而保孝廉諸昆弟底於成立云。孺人者，姓劉氏，蘇村大安之行三女。十五歸於先生，言動閑恪，壼政斬斬。遇姒娣以和，撫婢媵以恩，內外六親，曲有禮意，而其大者在孝親慈幼。蓋先生没而獨以一身支府[一〇三]仰之累，數十年不爲劫。每雞初鳴，問姑安，凌晨進食，如新婦儀。姑病，旦夕侍寢藥、水火，坐臥必親，蓋不解衣者三月，其勤瘁如此。及姑之没，而孺人哀可知也，有伏棺捍火所不難爲者。自馮先生背後，諸孤鞠育，稍長遣就外傅，夜則以紡績課讀，時時道説先生之平生奮勵之。及伯子補青衿，拜堂下，孺人望之，喜且悲曰：“咨！孺子，余不見若父衣冠若干年矣！”言已泣，諸孤亦泣。歲庚子，伯子遂舉鄉試第二。伯子天才近[一〇四]發，青霜紫電品也。人曰馮氏諸福方來，劉孺人壽未艾乎！而再逾年癸卯，孺人亦遂即世，孝廉君所爲擗踊哀號，轉益悲也。

傅生曰：昔司馬仙有言“學者喜言無鬼神，然言有物”。聞之馮先生初生時，母劉夢慶雲瀰天，中有神女，首裝翡翠，以銅索下一金系白澤，變化閃爍，不可迫視，而先生誕，卒昌厥後。又庚子秋，孺人夢白衣婦人報曰：“汝賢孝，吾爲而子送書釋棘。”果得雋，蓋觀音云。而里中尼有黃氏者，精於禪，其化頗異。孺人未卒時，入夢曰：“涉世苦乎？業緣畢矣，盍西歸去來？”越十日而孺人逝。夫仁者之有後，作善之多祥，則天兆之哉！則天兆之哉！其他世系子姓，具詳志中，表其大都如此。

## 明故田莊處士東園傅公墓道碑

太史公曰："古之富貴而名泯滅者，不可勝紀，惟倜儻非常之人稱焉。"以是之故，布衣韋帶得標高揭己以自顯於窮居，而王公大人不得以一時而驕吾千萬世。雖然，亦有幸有不幸。世之衰也，赫爍[一〇五]當途者，往往托青雲驥尾以傳，而岩居穴處、懷奇砥行之士，或困厄下位，多暗汶無聞。以勢若彼，以行若此，安在其必稱也？譬之奇秀之山，汪濊之川，靈異之木，詭怪之石，使耳者[一〇六]未之聞見，載籍未之紀録，亦終佚棄於荒閑遼逖之域焉矣。而顆珍枝寶、隻禽孤獸，光色羽毛稍爲人所傳播，則慕之者求，獲之者憐，失之者惜，豈其物真大殊哉？則余所謂有幸有不幸也，若東園公可深惜焉。

東園公者，九原郡之隱君子也。諱琦，字邦珍，居郡西南之田莊村，家世殷阜，以耕農爲業。公年十餘，即已嶄然露頭角，稍長而問業於宿儒牧心張公。當是時，負其材謂睨一第直芥取耳。顧數試督學使者不利，既而嘆曰："昔曹任城有言，大丈夫當效霍去病，長驅十萬橫行匈奴中，何能作博士乎？"復從師受孫吳陣法，日事毅率，若將爲萬人敵者。乃復試武闈，連捷隆慶丁卯、庚午兩科。

公長立岳立[一〇七]，鐵面虬髯，猿臂善射。遇事瞻勇奮發，生平以俠節自喜，周人之急，出貨力猶棄糠秕。嘉靖間，虜頻年入，村邑奔竄，至墟落無人烟。公促鞅帕韋跗，注毂而從少年蒼頭數十人，前當要地，令鄉人、婦女徐徐避去。虜覘知村有備，不來。有巨盜竊公良馬，戕其僕，公憤然曰："此曹子真無耳者，即馬可不問，僕之冤何可不報？"乃單騎出井陘道，下真定迹之，竟縛其魁致之官，群凶咋指，自是終其身無伏梁遺縑之警。嘉靖辛酉及萬曆壬午，歲大荒，餓莩枕籍，公前後輸粟數百石，所全活不可勝計。上官高其義，爲給扁示旌焉。及賜之冠帶，免徭役，則力辭曰：「吾自盡吾心耳，曾是區區者而博一榮，又因以爲利，獨不令麥舟笑人乎？」其氣尚豪邁如此。其他周給宗黨，賑恤艱厄，恩施而不責報，及諸多德陰細行[一〇八]，可誦説者不能盡其文也。内孚而外化之，鄉人質平剖疑，決謀丐益，必之焉。語效良則芳，標美規懿，必曰：「傅東園！傅東園！」嗚呼！斯其行可與憒憒伈伈者道哉？

太史氏曰：傳有之「豐城之劍，非華莫識。荆山之輝，遇和乃彰」，故得時則龍翔虎躍，不得時則虬潛豹隱，人非盡拙，時有利鈍然也。以東園之才之氣之德，使登壇授鉞，建威銷萌，則長城必屹於塞北，王庭宜絶於幕南。即不然，而佩青綬，縮銀黃，司民社之寄，亦能使棘林高鳳凰之栖，哀民歌鴻雁之章。乃顧令歿齒草野，臥烟霞，獵鹿豕，生前遺一命之榮，而身後缺累行之謚，悲夫！然余又聞東園公晚年耽好玄禪，往來臺山、武當，與諸黃冠衲子、高人韵士相印証，充然有得。所娶一妾，亦遣去不御。庶幾乎聞道者，彼其視功名遇合直土苴耳。余之惜東園公淺矣，余與東園子商楫夙有盍簪之契，故不辭而爲之表其墓，使後之過者知有考於傅氏之阡也。若夫族里子姓，具在志銘中，不具論。

**校勘記**

〔一〕「墓志銘」，據天啓本原目録補。

〔二〕「酉」，雪華館本作「丑」。

〔三〕「天」，雪華館本作「地」。

〔四〕「公朝」，雪華館本作「朝宁」。

〔五〕「憒」，雪華館本作「債」。

〔六〕“争”，雪華館本作“諍”。

〔七〕“測”，雪華館本作“側”。

〔八〕雪華館本無“淑人”二字。

〔九〕“舅姑”，雪華館本作“姑舅”。

〔一〇〕“醮”，雪華館本作“譙”。

〔一一〕“二”，雪華館本作“三”。

〔一二〕“坼”，雪華館本作“坼”。

〔一三〕“男”，雪華館本作“女”。

〔一四〕“朋”，雪華館本作“明”。

〔一五〕“宰”，雪華館本作“冢”。

〔一六〕“基”，雪華館本作“忌”。

〔一七〕“政”，雪華館本作“事”。

〔一八〕“遺”，雪華館本作“逋”。

〔一九〕“二”，雪華館本作“貳”。

〔二〇〕“亡”，雪華館本作“無”。

〔二一〕“懇”，雪華館本作“墾”。

〔二二〕“剿”，雪華館本作“巢”。

〔二三〕“令”，雪華館本作“去”。

〔二四〕“頌”，雪華館本作“頭”。

〔二五〕“搗”，雪華館本作“禱”。

〔二六〕“隱”，雪華館本作“鋤”。

〔二七〕“祈”，雪華館本作“祁”。

〔二八〕“公”，雪華館本作“君”。

〔二九〕“崗”，雪華館本作“罔”。

〔三〇〕“敝”，雪華館本作“故”。

〔三一〕“眼”，雪華館本作“遏”。

〔三二〕“□年□月□日”，雪華館本作“某年某月某日”。

〔三三〕“生子一”，雪華館本作“生一子”。

〔三四〕“士”，雪華館本作“生”。

〔三五〕"頭"，雪華館本作"頂"。

〔三六〕"蚤"，雪華館本作"早"。

〔三七〕"廷"，雪華館本作"庭"。

〔三八〕"在"，雪華館本作"左"。

〔三九〕"陰"，雪華館本作"隱"。

〔四〇〕"大"，雪華館本作"太"。

〔四一〕"仗"，雪華館本作"丈"。

〔四二〕"皂"，雪華館本作"竈"。

〔四三〕"穠"，雪華館本作"濃"。

〔四四〕雪華館本"嘉靖"前無"企因"二字。

〔四五〕"故"，雪華館本作"翰"。

〔四六〕"戌戌"，雪華館本作"戊戌"。

〔四七〕"於"，雪華館本作"與"。

〔四八〕雪華館本"於學"後無"即行，奉天性而已"。

〔四九〕"彼"，雪華館本作"被"。

〔五〇〕"秉"，雪華館本作"事"。

〔五一〕"重"，雪華館本作"盡"。

〔五二〕"舅"，雪華館本作"舊"。

〔五三〕"窿"，雪華館本作"隆"。

〔五四〕"翁"，雪華館本作"公"。

〔五五〕"二女"，雪華館本作"孫女二"。

〔五六〕"冀"，雪華館本作"驥"。

〔五七〕"生"，雪華館本作"者"。

〔五八〕"墓表"，據天啟本原目錄補。

〔五九〕"陪"，雪華館本作"部"。

〔六〇〕"具"，雪華館本作"見"。

〔六一〕"林"，雪華館本作"陵"。

〔六二〕"大"，雪華館本作"太"。

〔六三〕"字"，雪華館本作"子"。

〔六四〕"烈"，雪華館本作"列"。

〔六五〕"練"，雪華館本作"鍊"。

〔六六〕"何"，雪華館本作"倚"。

〔六七〕"復"，雪華館本作"腹"。

〔六八〕"舍人子"，雪華館本作"舍子"。

〔六九〕"時棟"，雪華館本作"梁棟"。

〔七〇〕"且"，雪華館本作"其"。

〔七一〕"褒"，雪華館本作"襃"。

〔七二〕"常"，雪華館本作"吉"。

〔七三〕"覯"，雪華館本作"顜"。

〔七四〕"直"，雪華館本作"置"。

〔七五〕"儲"，雪華館本作"諸"。

〔七六〕"翁"，雪華館本作"公"。

〔七七〕"塌"，雪華館本作"榻"。

〔七八〕"金"，雪華館本作"頃"。

〔七九〕"剔"，雪華館本作"揚"。

〔八〇〕"禎"，雪華館本作"楨"。

〔八一〕"崇"，雪華館本作"從"。

〔八二〕"誼"，雪華館本作"宜"。

〔八三〕"臨"，雪華館本作"過"。

〔八四〕"奉"，雪華館本作"奏"。

〔八五〕"練"，雪華館本作"鍊"。

〔八六〕"山"，雪華館本作"出"。

〔八七〕天啓本、雪華館本均作"獻"，據文意當作"宪"。

〔八八〕雪華館本"從"字後，無"賊患始絶"四字。

〔八九〕"抵任"，雪華館本作"祇令"。

〔九〇〕"督"，雪華館本作"訓"。

〔九一〕"境内敉寧"，雪華館本作"地方保甲"。

〔九二〕"崗"，雪華館本作"岡"。

〔九三〕"如"，雪華館本作"若"。

〔九四〕"祀"，雪華館本作"祠"。

〔九五〕"十有二流"，雪華館本作"十二有流"。

〔九六〕"名"，雪華館本作"多"。

〔九七〕"北"，雪華館本作"比"。

〔九八〕"七十八"，雪華館本作"七十八歲"。

〔九九〕"竟能必之矣"，雪華館本作"竟能必矣"。

〔一〇〇〕"期"，雪華館本作"時"。

〔一〇一〕"來"，雪華館本作"報"。

〔一〇二〕"太"，雪華館本作"大"。

〔一〇三〕"府"，雪華館本作"俯"。

〔一〇四〕"近"，雪華館本作"迅"。

〔一〇五〕"燿"，雪華館本作"耀"。

〔一〇六〕"者"，雪華館本作"目"。

〔一〇七〕"公長立岳立"，雪華館本作"公長岳立"。

〔一〇八〕"及諸多德陰細行"，雪華館本作"及諸凡陰德細行"。

# 祭　文 [一]

## 祭趙相公文

嗚呼！相臣難矣，相臣而首揆抑又難矣。我享其名，天下日受其敝；我委蛇其道以計安天下，天下陰受其賜，而我乃始不得居其名。自山陰去位，公之首端揆者，垂十餘年，中間調劑遭迴，竭盡苦心，屈其身以信計，委其炳以濟事，卿士不及知，臺省不及知，天下不及知，而公亦不能一一以告于人。其昭昭可共見者，乃有二 [二] 端：事獨斷之主，徘徊不忍遽去，而威福一無所干，深衷似李文正。當群疑之衝擊，排付之不校，而睢盱不關其慮，雅度似梁文康。乃公遭際之异，榮利之淡，福祚之隆，抑又過之。公之登第，業已逾強，迍邅坎坷者累歲，卒步鼎鉉而歷年祀 [三]，一矣。一人當國，甲第聯翩，獨公子姓如雲，不聞晉陟，寧乏象賢，實存公道，二矣。西訌於哼，東躪於倭，播蕐爲梗，緬酋作頗，勢難結局，卒保無它，三矣。凡此三端，皆諸公所希有者。聞公平生，六還自矢，可謂不食言矣。是以公甫歿而眷顧無替，恩禮轉嬴。元良正位，大禮斯成。旋徵公輔，載晉糾繩。此信明天子之英略，意亦悟劉曄之規諷，而思史鰌之遺銘哉？公可以歿矣，尚享！

## 祭東閣大學士兼禮部尚書王文端公文

嗚呼！光岳五百之氣，間一發爲偉人，乃猶鬱閟而竟，豈造化猶莫信？惟公擬從皇覽，命由帝庭。起北方之學，若去周孔未遠；應南宮之對，已非堯舜不陳。當其五雲叶唱，九德登瀛；萬流仰鏡，三禮惟清。如駕輕而就熟，乃小試乎大行。迨夫金甌啓覆，玉鉉超登，依霄漢而鄰日月，聽劍履而上星辰。或補仲山之衮，或調傅相之羹。或蕭規而曹隨，或崇利而璟貞。匪人適與政間，允謨諧而弼明。猶僅僅露豹之一斑，而未及滿志於發硎。泊乎晉秩元輔，手握機衡。盡塞倖穴，獨留化扃。方竭股肱之力，作炎天之霖雨；忽逢柙鑿之會，貞介石于浮雲。嗚乎！公之德足以亮天地，公之誠足以貫神明。公之勇不難於奪三軍之帥，公之直不憚於攖九重之鱗。當夫震器久虛於主鬯，離光未煥於重輪，抗三疏兮天遠，飄一去兮其葉輕。鳳鳴朝陽兮噦噦，鴻飛寥廓以冥冥。野有白駒之咏，朝無黃髮之詢。嘆衮衣之既歸，佇蒲輪之再迎。詎意君平棄世，世棄君平。睹玉棺之下墜，騎箕尾而上征。庸直罷春於閭巷，抑亦流痛於朝紳。嗚乎！師閱世兮不盈七旬，師去世兮不朽千春。廊廟與山林而昭曠兮，長松豈蔓草之荒陳。況夫太常歸贈，秩宗易名，階蘭庭桂，蟄蟄繩繩。聊乘化以來往〔四〕，亦何憾〔五〕於哀榮？獨予小子，升堂之後，肺腑之情，南來趨侍，語笑歡欣。俄靈椿之先萎，忽梁木以隨傾。生我成我，一旦俱零，雖形骸猶膚立，而神志已埃塵矣。生非金石與土木，寧不泣血而沾膺。嗚呼痛哉！尚饗！

## 祭吳老師文

萬曆二十年冬，固始中淮吳老師卒於苦次，其門生傅□，隔二千里外聞仆〔六〕，不克赴奠，爲位哭於家。越明年，仲春，乃制爲奠詞，謹以雞絮之儀，馳祭於靈之前。

嗚乎！惟我先生，卓生淮土。炳焕家聲，珠藏玉府。政傳楷模，文爲黼黻。敭歷中外，允文允武。起自吳秦，迄於晉魯。清霜晝燦，白日宵炬。乙酉之秋，逢師汾會。不鄙譽余，南金大貝。嗣從南征，旋言東邁。高揭太行，嵯峨岱泰。黃河其間，炯一〔七〕衣帶。日夕話言，披瀝肝肺。分袂而返，濫竽于鄉。于時重晤，在濟之陽。顧我色喜，載吟載觴。師止于署，余又觀光。把盞相泣，後期杳茫。解手背面，實始參商〔八〕。長安之里，淮陽之浦。衡隔湘沅，鱗鴻無所。兩都相望，於別何許。無幾潞上，又一相語。□〔九〕別幾時，載離寒暑。坐而丙夜，開襟清叙。南轅北轍，契闊如前。一莅于代，一滯于燕。一中一外，如相避然。師之令考，悠然見捐。扶服修途，拜泣道邊。孰知死別，猶挽歸轊。梁木風悽，忽傳師耗。魂魄震飛，悲酸驚號。髓泪駢枯，肝腑寸鑿。展竟耒〔一〇〕音，絕弦有悼。遺寡托孤，小子是告。興言念茲，出涕如瀑。

嗚乎哀哉！余與夫子，休戚情關。皈依四教，窺見一斑。相期遲暮，溘爾莫攀。更復何地，而覲容顏？更復何心，而游世間？神迷落月，憂若連環。嗚乎哀哉！世態炎凉，人情非昨。昔也蟻附，今若冰薄。昔巷盈車，今門羅雀。敢云小子，緩急可托。矢承師命，庶無負諾。含酸望南，遥遥河洛。嗚乎哀哉！尚饗！

## 奠吕滄南老師文

嗚乎！兩儀間氣，箕尾星精。自岳而降，惟誕申生。於爍先生，純懿隱璞。匪暴其光，而輝眾目。弱登天路，龍矯鵠停。踐更中外，以康世屯。初政西曹，噬嗑明解。出縮郡符，郡州承楷。乃陳臬事，勿幕并收。乃任保釐，敷政優游。乃晉中丞，建牙開府。召保西方，厥施逾普。橐兜戴纛，戎狄是膚。利用禦虜，莫我敢承。所至宦轍，極思利病。萎枯以膏，燠喝以醒。群用既效，惟帝曰都。迪簡冬卿，龍躍天衢。柏梁既灾，建章是更。公既定宅,《斯干》再廣。龍蛇之歲,象折中台。天不憖遺,哲人其萎。帝里罷舂,人亡蓍蔡。愴矣門徒,山崩梁壞。矧在吾儕,佩德瓊玖。宛其逝矣,胡不疾首?嗚乎!侯王僕隸,同爲沉沙。大人達士,應景登霞。千歲乘箕,在帝左右。猿吟鶴飛,死而不朽。獨[一一]有吾黨,慟無所裁。華屋山丘,悲從中來。夜雨草堂,秋風蕙帳。賓酒既室[一二],人琴俱喪。嗚乎哀哉!尚饗!

## 奠封翁孫老伯文

嗚呼!始終者造物之所總,生滅幻化之不齊,孰爲可喜?孰爲可悲?乃某等聞公之訃,始而愕然以駭,既而愴然以悲,終而相與追數其所遘之希,則又以爲公怡。公之仁施,勿幕井渫。慕揮金之郭震,比化鄉之王烈。標懸德里之旌,評高月旦之哲。公之吏隱,治獄活人。廣于公之陰德,播爰延之令聞。香火遺桐鄉之愛,升卿兆虞祖之仁。公之孝友,瞻喬吟棣。修啜菽以承歡,鑒分荊之同悴。析箸敦薛苞之仁,急難篤陳業之義。公之令子,庭桂堂槐。剖良玉於藍田,挺棟幹於徂徠。伯氏吹[一三]塤兮仲吹篪,雙龍蜿蜿兮雲霧開。公之歸休,林皋舒嘯。策鳩杖兮鹿門,聽鶴岑之猿叫。招勝侶以觴吟,締真率而歡笑。公之榮壽,既顯且超。屆星髮以彌強,膺霞采之重褒。邑奉嘉賓之席,門推萬石之高。嗚乎!箕錫華祝,得一稱福。若公於茲,靡屆弗篤。想見丹臺之迎,曷憾紫衣之促?諒大饗於鈞天,樂帝所兮清淑。某等通家世講,耆德懷芳。悼梁壞兮山頹,瞻箕尾之光芒。望馬鬣之遙封,托雁帛以馳觴。儼靈炯兮孔赫,鑒明薦於馨香。

## 奠陶年伯文

嗚乎!先生學綜萬流,位隆三事。道結一人之知,望重六曹之次。皆先生之固然，不足爲先生异也。先生之所爲難者，蓋有五焉：傾也而[一四]正之難。逆鷥鷗視，萬羽奪聲，而先生抗疏折其萌，蓋人爲寒蟬，而己爲鳳鳴。枯也而蘇之難。皇木協濟，列郡騷煩，而先生解張滌其源，蓋人爲推溝，而己爲引援。撼也而定之難。流賊豕突，踣城摽[一五]邑，而先生嚴備寢其軼，蓋人爲蟻潰，而己爲山立。進也而退之難。江陵柄國，冰山争庇，而先生高彭澤之義，蓋人爲褰裳，而己爲脱屣。動也而靜之難。蒲輪四召，逸民出潛，而先生堅東山之眠，蓋人爲跳猿，而己爲枯禪。蓋先生之德望在朝著[一六]，而其口碑在兆人。其進也，將以行其志；而其退也，匪以潔其身。其光明俊偉之業，既彪炳於圖史；而其深藏固蓄之氣，又勃發於鳳麟。鵬程首翰，虎觀横經。連芳寶院，接寶謝庭。白日未駕，青山可盟。五福既錫，三壽作朋。是皆夫人之所深願而不可必得者，而先生皆操其贏終焉，厭塵劫而翔冥漠，遂至超乾闥而依化城。通家末學，涉世也晚，雖不能見先生於霄漢日月之際，而私淑服膺，猶得陳詞酹醑而薦以潤溪沼沚之蘋，則某等於先生，固不必雪涕茹痛，而相忘於太上之忘情矣。尚饗！

## 祭莊冲虛年丈文

仁兄今生已矣！夫天損人益，兩有所受；斯人道陰陽，兩有所患。今兄一無所受，而其年又未可歸真時也，適觀化而化及，是孰爲之患哉？悠悠蒼天，不可致詰，倉[一七]聞凶問，實疚此心。弟輩竊嘗觀兄冲襟勁操，遂抱宏猷，宛如萬斛之舟，連牛之寶，輒私相期曰：“當他日而名世乎？黄閣台杓之任，必莊兄也。”已又觀兄净几竺編，爐香花塢，宛如維摩之室、化人之宫，輒私相嘆曰：“當百年而厭世乎？丹臺玉籍之侣，必莊兄也。”乃未展名世之業，遽爲厭世之游。緬想兄邸寓時，感時事之日非，屢有錢淡成幡然移疾〔一八〕意，會太公之病聞而以歸省行。意兄瞑目之時，必如吕獻可念天下事尚可爲，惜無君實相與對語耳。嗚呼！正人君子之出處尚關氣運，何況存亡？顧泡影終盡，薪火遞傳，造物自然之理，亦人生必有之數，夫復何疑哉？衡雲慘淡，湘水潺湲。束芻遥奠，目極長天。臨風哀哽，有泪潛而〔一九〕。百年泉下，冀盡交期。聊以此爲兄慰。尚饗！

## 祭羅太恭人文

嗚呼！光騰寶婺，奇吐天葩。丹源鸑鷟，大澤龍蛇。凡〔二〇〕疑蕁緑，南岳胡麻。《易》稱貞順，《詩》咏柔嘉。太母徽音，贈君德配。亦既視星，亦既解佩。愛贊明經，用光大對。小嗣甫成，君子見背。家政專秉，父道兩兼。能忘荻劃〔二一〕，宛彼髮銛。張母誦策，潘母垂簾。閨儀雍肅，内範森嚴。看子高登，讀書中秘。倚閭時切，御與〔二二〕暫寄。藜火常吹，函章獨喟。悼天不吊，有子堪慰。匪朝匪夕，偕往偕來。深懷樂杍，未遂燕臺。褒封需命，掃除興哀。謂兹北扉，且賦《南陔》。爰解儤直，不遑將母。萱藹春暉，酒介眉壽。娱彩于階，窺仙自牖。錫命再臨，從子靡後。隨官國學，就養留都。宮詹既陟，魏闕偕趨。因思遐年，兼涉修途。京師雖樂，首丘當圖。性果冥通，神如先告。郵疏未〔二三〕陳，家廬已到。燕喜方深，雞夢預報。得理自然，受正大造。劬勞罔極，子母相依。倏忽觀化，吁嗟曷歸。能誰不死，如母者希。宮詹碩望，嚴勿端祈。某等視母如母，是二非二。倉〔二四〕然聞訃，潸如〔二五〕墮泪。引望長天，抒哀無地。誄悿遥將，靈晶不寐。

## 奠白紹明鄉丈太翁

璧藏有璞，蘭馨有芽。深山大澤，實生龍蛇。猗與先生，履道含淳。若金在礪，覆簣基仁。停之涵涵，積之秩秩。蜚英振藻，屢曜其特。大才小用，繼迹皇州。位卑執戟，實命不猶。解組賦歸，考槃是卜。與道爲徒，以農代祿。衡茅之下，孤石蒙筍。囊括世道，身栖白雲。人亦有言，仁者必後。露津桐青，銅池芝秀。厥祥浚發，厥息兢[二六]爽。養在蒙泉，流爲潏沆。入登天路，出厭承明。朝陽一振，萬羽奪聲。既效三多，亦備五福。得全全昌，宜爾戩穀。肩輿就養，鳩杖華顛。承歡百順，甘旨芳鮮。我躬既閱，攸往斯利。如日方升，如川方至。馳恩行逮，家造彌昌。壑舟遽逝，鸞馭上翔。帝里罷春，頻眉寡笑。華表遲翎，少微隱曜。素幰遄東，丹旐翩飛。風呻雨唷，桑梓纏悲。籩豆非馨，塋窆有位。滿目悲涼，非關秋氣。嗚呼哀哉！尚饗！

## 同鄉奠楊本庵先生

嗚呼！條之山猶千仞其雲嵲兮，而公何遽摧其嵬？河之水猶萬里其東注兮，而公何遽屯其施？方其魁揚天路，歸表彤墀。仡丹穴以毓采，攬慶雲而遐飛。人業以爲庭之結綠、國之懸黎，而余猶謂科名者。特公之階梯耳。及其郎署藩臬，隨地輒宜。舉條綱之絕紀，紐大音之解徽，人業以爲民之父母、國之蓍龜，而余猶謂兆試者特公之小知耳。乃至三禮之典，五刑之疑，漕馬之務，兵食之規，皆人之所視爲盤根錯節縮手而徘徊者，公悉游刃與斤揮。猶所難者，其在司農也。雲火景爍，羽檄風馳。戍人枵腹而荷戈，則懼有脫巾之變；計吏量入而詔出，則難爲無米之炊。而能內籌外畫，目睇心算，不窘於度支者，九載於茲。蓋公有回天倒日之力，而本之以貞介；有濟世夷難之智，而載之以咸虛。其翕受如沃焦，即灌之百川而不爲潰；其敷施如浩海，即洩之尾閭而不爲虧。故公之生，調停軍國之匱乏，而潛消內用之橫需。譬之大川喬岳，不見其運動，而功利之廣被者蓋[二七]不可以數計而周知。公之没，督者急於水火，而用者盡於沙泥；內供切責以千萬，而主計仰屋而盱睢。譬之棟摧梁折，則大廈就圮，幾幾乎不可以寸梃而撑持。其生也，人寧直爲公幸？而所重爲國幸者，伊摯之有子；其没也，人奚直爲國慟？而不能不爲公慟者，伯道之無兒。想夫喪柩遄臻，靈輀迴軌。格於上下者，藏於區區之木；光於四表者，翳乎蕞爾之墟。凡在綏紳，無賢不肖，莫不愊抑慨噫，而況桑梓游從，均休共戚，夙昔之所山斗而瞻依？嗚呼！歷陽之都，一夕魚鼈。空桑之里，變成洪瀰。鵾龜千歲，朝菌昏摧。華衮與緼緒俱敝，山藻與蓬茨同灰。自古宰衡皂隸，猗頓黔婁，容彭殤子，睿聖蒙蚩，無不爲有力者負之而趨矣，而於公又何悲？況乎國有隆恤，史有鴻垂。名綴羽陵之簡，續紀太常之旗。其英魄靈氣，結爲大年，不隨異物腐殽者，又庶幾乎傍帝紅雲，陟降上下，而常在乎華山之側與湖水之湄，則又何必三槐五秀，綿綿其胤，而後爲不不之基也哉？尚饗！

## 祭　文失題

長淮北帶，大江南襟。盤澤巨匯，涵珠毓琛。駿發厥祥，魁光賁臨。爰誕人哲，邁昔軼今。英標穎秀，壁立千尋。高[二八]揚鵬路，歸表藝林。列迹清華，其書滿家。中秘萬卷，悉探其葩。作爲文章，雄思轟車。風雲變化，雨霓交加。山川草木，開發萌芽。才陵漢魏，譽洽龜沙。兩使督學，柄文校藝。吾黨有裁，迄於閩際。雅化浮漓，手抉雲霓。如鑒斯懸，若金在礪。譽髦用成，彬彬繩繼。吾道西南，無遠用戾。爲帝喉舌，通奏銀臺。維斗切辰，朗象三台。夙夜惟允[二九]，出納無猜。爲帝司成，芹泮弘開。環橋冠帶，三老追陪。南國多士，我用是培。爲帝秩宗，惟清作式。五典克從，三禮不忒。帝曰茲休，誰錫之極？汝以夔龍，爲朕契稷。公曰歸止，遄迹家食。末疾攖躬，溘爾長息。維師之才，內贊外襄。維師之壽，如陵如崗〔三〇〕。師有令子，麟鳳其祥〔三一〕。光啓丕緒，作藩大邦。備福有五，不朽者三。乘化而往，何思何忘？緬余膠序，久御知己。自隔參商，常懷杖履，驚聞仆〔三二〕音，號躃〔三三〕何已。繐帳凄風，草堂夜雨。瞻烏遠道，遙遙千里。欲報之德，嗟惟已矣！嗚乎哀哉！尚饗！

## 祭李太夫人文

惟靈發祥令族，毓德笄年。降神惟岳，作合名賢。昔在于歸，遭家集蓼。載嗣徽音，展也令淑。爰及廟見，克謹婦箴。易室授梱，異形同心。有定委裘，無駭發笱。遂使君子，若未忘耦。嫁未學養，卒撫之後。愛非己出，遽怙之母。婦則曷婉，柔嘉以貞。母政曷淑，義方以成。有睟其裔，天祉昌祓。如日方升，如川方至。正期萱茂，溘爾雲翔。婺采潛耀，娥月寢光。嗚呼！疇不云仇，惟夫人仇。委蛇翟茀，淑慎爾相。疇不云子，惟夫人子。赫赫毗臣，祚靈集祉。疇不云養，惟夫人養。鼎鉉穹窿，分大官饎。疇不云亡，惟夫人亡。氛禮臺朔，悲纏廟廊。榮名上壽，靡屆弗篤。是謂箕疇，是謂華祝。珩珮音徂，琬琰志之。泉壤相輝，龍光賁之。某等舊屬猶子，景奉姆儀。遑遑聞訃，悠悠我思。遠于將之，秬鬯一卣。魂其歸來，庶幾昭受。尚饗！

## 王太宜人奠章

條華之麓，潙汭之源。山川苾馞，馨藹孤騫。金魄降精，蘭光啓度。月照方娥，星輝皎婺。天作之合，曰嬪於王。鳴叶鳳凰，采儷珪璋。婉娩聽從，齊眉舉案。簪蒿杜藜，考槃在澗。滌華挽鹿，警夜聞雞。倡隨賓友，令德攸齊。變彼鵗雛，來自丹穴。一鳴驚人，儀於帝闕。明刑司李，佐禮秩宗。迄於卿寺，氣節凌虹。惟帝念功，推恩所自。翟茀斯皇，雲懸日麗。鼎茵就養，鳩杖華顛。壽康福履，方至如川。潘輿載旋，瞻雲陟屺。日薄崦嵫，心之憂矣！心之憂矣，河流繞閭。豈不懷歸？畏此簡書。不弔彼蒼，風木遙夜。萱草萎榛，珮音徂謝。慈容頓掩，手澤依然。探囊何有？尚餘熊丸。含飯疇問？緪縮疇結？倉皇徂奔，泪盡以血。嗚乎哀哉！丹臺來迓，紫衣徵祥。瑤池稅駕，鸞鶴翱翔。某等分辱通家，義埒骨肉。束帛薦辭，楚些代哭。白雲千里，柜鬯一卣。靈兮來格，鑒此悠悠。尚饗！

## 奠李太夫人文

翳沙麓之肇慶兮，毓厚祇以鍾靈。誕華宗之澄粹兮，奇朗照於瑛瓊。粵鬒髮之既笄兮，懷靜婉而潔貞。展玉韞而金相兮，方月采與星精。纕寶璐之陸離兮，又雜佩夫蘭蘅。肆結褵於茂宗兮，媲前德之徽音。遵沼沚之嘉訓兮，揚蘋藻之芳馨。食必舉梁鴻之案兮，敬每覘冀缺之耕恤。無憾於梁筍兮，合并好於瑟琴。惟冬絮之與晨霜兮，自昔多一膜而隔恩。展如夫人之未學養兮，毛裏遽同於所生。極乳哺而提携兮，惟熊苦之與鳩均。篤象賢竟大厥家兮，翩羽儀於帝京。歷晉中丞而仗鉞兮，冀方久戴乎福星。帝念休功之豐邵兮，駢寵錫於門庭。螭頭紫泥之炳煥兮，暈[三四]褕[三五]翟茀以虵榮。娛彩輿之迎奉兮，豐禄養瓶以罍盈。紛芝草與琳瑯兮，應雛鳳而角麟。愉慈顏之有酡兮，萱祝齊於大椿。忽鶴書之見下兮，訝紫衣之來迎。指西昆以叱馭兮，總煙轡而騰征。里喪淑其共悼兮，家竇庇以酸辛。想玉顏之如在兮，秘盙簏以生塵。鑒蟾輝之炯夜兮，嗟婺采之銷辰。啓魚軒於丹旐兮，疊馬鬣於玄扃。曖金缸[三六]而閉照兮，嘯松柏以長吟。秋霜凄於蕙帷兮，玉露下於高旻。瞻梧楸而孺慕兮，遥陟屺而沾巾。

某等席蔭庇於德宇兮，仰聖善之令聞。迢遞高天之引首兮，哀些咸切乎輿情。局一官之鞅掌兮，托奚奴以緘陳。瀝素衷於尊閫兮，靈其鑒此悃誠。尚饗！

## 祭王老夫人文 三句韵

邈彼恒山，高標昂畢，盤紆代壤。淑氣鬱勃。降神惟岳，婺采重彰。於惟碩傅，爰有令室，二德相望。蚤毓粹質，玉清蘭潔，蕙茂瓊芳。秘儀景胄，嬪於名族，晨夙齋莊。機杼佐誦，簪珥損飾，糟糠在堂。始相夫子，承明載筆，啓沃元良。退食多暇，稱詩納順，蹈履允臧。再相夫子，晉樞鼎輔，燮理陰陽。賓饎左右，必聞其政，以迪周行。終相夫子，危言幹國，拂衣故鄉。壼訓肅穆，桑梓胥效，内範永張。八龍有嗣，咸嶷其角，雲路高揚。箕疇五福，華封三祝，既備且昌。忽厭塵埃，遂騰仙馭，超搖顥蒼。嗚呼哀哉！夫人之生，袞衣翟茀，榮錫上方。比其云歿，氛禨[三七]臺朔，悲纏廟廊。塞垣悽露，邊蕭咽[三八]霧，娥月寢光。某等於學士，或聯楓陛，或附驥尾，締誼門牆。飫聞令淑，方期南[三九]老，云胡上翔？遠申椒醑，緬懷靈鑒，來格洋洋。尚饗！

## 祭杞縣老孺人文

噫！夫人之醇淑兮，□[四〇]華宗之澄粹。奇朗照於韶亂兮，四教成於弱笄。賦夭桃以宜家兮，珮秋蘭之九畹。躬賓饎其克□[四一]兮，嗣徽音之不遠。内猷信嫕以練[四二]要兮，辨□□□[四三]爲瑁。供瀡髓[四四]與蘋蘩兮，聖善匹休乎伯鸞。相□[四五]子終大厥家兮，井渫食而攸利。紛寵錫之自天兮，芳菲菲兮未沫。曷丹臺之來迓兮，倏紫衣之徵異。雲駢□[四六]其震賈兮，中道溘其仙逝。若春華方茂兮，□□忽□悴之[四七]。木欣欣而向榮兮，回風摇而披□〔四八〕。□□□□零落兮〔四九〕，蹇佇儚而含悲。落月在麻枭兮，耀芳閨□〔五○〕彌固。何夫人之中道兮，□〔五一〕忍焉與此終古。亂曰：悵悵兮遲遲，丹旐兮南飛。雲霏兮承蓋，風冷兮入帷。視天□□□□〔五二〕，□〔五三〕邑悶兮無輝。河廣宋遠兮可□〔五四〕以涉，靈輀一去兮何時來歸？嗚乎哀哉！尚饗！

## 校勘記

〔一〕“祭文”，據天啓本原目録補。

〔二〕“二”，雪華館本作“三”。

〔三〕“祀”，雪華館本作“紀”。

〔四〕“來往”，雪華館本作“往來”。

〔五〕“憾”，雪華館本作“感”。

〔六〕“仆”，雪華館本作“訃”。

〔七〕“一”，雪華館本作“炯”。

〔八〕“啇”，雪華館本作“商”。

〔九〕“□”，雪華館本作“遽”。

〔一○〕“未”，雪華館本作“誅”。

〔一一〕“獨”，雪華館本作“猶”。

〔一二〕“室”，雪華館本作“空”。

〔一三〕“吹”，雪華館本作“吟”。

〔一四〕天啓本此處缺“而”字，據雪華館本補。

〔一五〕天啓本、雪華本均爲“摽”，據文意當爲“剽”。

〔一六〕“著”，雪華館本作“宁”。

〔一七〕“倉”，雪華館本作“愴”。

〔一八〕“疾”，雪華館本作“會”。

〔一九〕“潛而”，雪華館本作“潛然”。

〔二○〕“凡”，雪華館本作“九”。

〔二一〕“劃”，雪華館本作“畫”。

〔二二〕“與”，雪華館本“輿”。

〔二三〕“未”，雪華館本作“未”。

〔二四〕“倉”，雪華館本作“愴”。

〔二五〕“如”，雪華館本作“然”。

〔二六〕“兢”，雪華館本作“競”。

〔二七〕“蓋”，雪華館本作“則”。

〔二八〕“高”，雪華館本作“萬”。

〔二九〕“允”，雪華館本作“光”。

〔三〇〕“崗”，雪華館本作“岡”。

〔三一〕“祥”，雪華館本作“翔”。

〔三二〕“仆”，雪華館本作“訃”。

〔三三〕“擗”，雪華館本作“擗”。

〔三四〕“暈”，雪華館本作“翬”。

〔三五〕“褕”，雪華館本作“揄”。

〔三六〕“缸”，雪華館本作“缺”。

〔三七〕“褉”，雪華館本作“褉”。

〔三八〕“咽”，雪華館本作“烟”。

〔三九〕“南”，雪華館本作“難”。

〔四〇〕“□”，雪華館本作“誕”。

〔四一〕“□”，雪華館本作“裹”。

〔四二〕“練”，雪華館本作“鍊”。

〔四三〕“辨□□□爲璿”，雪華館本作“辨明月以爲璿”。

〔四四〕“髓”，雪華館本作“遹”。

〔四五〕“□”，雪華館本作“夫”。

〔四六〕“□”，雪華館本作“預”。

〔四七〕“□□忽□悴之”，雪華館本作“霜霰忽以悴之”。

〔四八〕“□”，雪華館本作“離”。

〔四九〕“□□□□零落兮”，雪華館本作“忽緯纏其零落兮”。

〔五〇〕"□"，雪華館本作"之"。

〔五一〕"□"，雪華館本作"獨"。

〔五二〕"視天□□□"，雪華館本作"視天日兮蒼茫"。

〔五三〕"□"，雪華館本作"望"。

〔五四〕"□"，雪華館本作"望"。

附　録

# 雪華館本叙跋

## 原　跋

近世翰林先生人各有集，詩賦、制誥、叙記、碑志之文無不臚列。其門人子弟薦而陳之，如大饗之有形鹽、折俎，用以觀美備物，罕有能染指嘗鼎、知其雋永者也。先師定襄文恪公有集二十卷，櫝而藏諸久矣。暇日謹爲詮次，鈎玄提要[一]，存其可觀者數卷。文之傳也，貴使人得其神情聲欬，千載而下，如或見之。若應酬卷軸之文，學徒胥史互相傳寫，概而存之，則其人之精神反沈没於此中不得出矣。或曰："公之精神在《大事狂言》。"讀陽明之集者，先《傳習》而次《文錄》，古人所謂入海千珠，先求如意者也[二]。

崇禎巳卯夏五月門生錢謙益再拜謹跋

## 原　叙

先師定襄傅文恪公文集二十卷，公歿後十一年，得諸其冢子庭詩，藏弆書樓，貯以篋衍，封題護惜，比於河圖、琬琰。庚寅孟冬，不戒於火，新宮三日之哭，於吾師之文。有深恫焉。又五年乙未，公次子庭禮訪舊入吳，執手問故，相向而哭。歸而搜討遺集，兵殘火燼，蟲穿蠹蝕，蠟車陣[三]壁之餘，十存四五。公之婿方伯馮君官[四]於白門，爲鏤版行世，而屬謙益爲其序[五]。

竊惟公以含章挺生之姿，居承明著作之署，銜華佩實，渙爲文詞。其大者主於謀王體，斷國論，崇教化，明道術，而其緒餘則用以藻繪典册，鼓吹休明，學士大夫皆能望而祀[六]之。若其所以爲文者，則未之或知也。蓋慶、曆之間，山陰王文端公碩儒偉望，斗杓一時，芒寒色正，如五星之在天。公以鄉邦後進躔其清塵，言坊行宇，難進易退，風規羽儀，肅穆映望，而其文章爾雅，亦仿佛相似。文端之文不以質掩其文，而公之文不以文掩其質。如金有聲，如玉有色，如麒麟之吐文章，如鳳凰之中律呂，彬彬乎，或或[七]乎，其斯爲盛世君子之文已矣！國家育才史館，儲峙公輔，至[八]神廟中年號爲極盛。謙益登朝，猶及見公等數公雍頌殿陛，舒雁行列，古所謂“王多吉士”，高岡、朝陽之儔侶也。壬辰[九]已後，台階失度，芒角浮動，奔約四出，禁近之地紛如，而國脉亦稍夷[一〇]矣。嘗試取公之文覆而視之，味其和平，知其有和羹既戒之德；襲其温厚，知其有騶虞不殺之仁；含咀其咏歌俯仰，不携不迫，知其有朱弦疏越、一唱三嘆之風流[一一]。讀公之文，不獨想見其人，而國家日中鴻朗之會，太和元氣在成周宇宙者，盎然攢聚於尺幅之間，於乎休哉！河山如故，典型不遠，以東京之遺老，追華胥之昔夢。昔之哭也，哭斯文之亡；而今之哭也，哭斯文之存。白首門生，摩挲青簡，悠悠窮塵，曷日而已乎？

公集外之文有《大事狂言》四卷，镜儒释之源流，搜[一二]狂僞之窟穴，發揮心學，開闢手眼。唐之裴公美，金之李屏山，未能或之先也。黄帝之珠，得於象罔[一三]；豐城之劍，合於延津。修毋致子，以斯文爲之先，安知夫劫火之餘不有焰焰而起者乎？《易》有之，“先號咷而後笑”，謙益謹[一四]啜泣爲叙，而載筆以俟之。

順治丁酉夏四月五日虞山門生蒙叟錢謙益拜手謹叙

# 原　叙

嗚呼！此京外舅氏傅文恪公所遺詩若文也，歌行古近體詩一卷，賦評論議一卷，疏記一卷，叙啓表箋三卷，志銘祭文二卷。長君庭詩任比部時，業集而刻之燕邸矣，垂今三十年所，兵燹之後焚散一空。次君庭禮悲號拮據，于子壻張士麒家獲原稿一集，携而訪余白門署中，泣而相告曰：“此先人一生心血也，散失之餘，僅存若此，其他著述皆湮滅弗傳，斯可痛恨也已。子其爲我序而重梓之。”余唯唯，既而嘆曰：“此余之責也夫！此余之責也夫！”方余四齡時，公以次女字余，余雖未受公業，而已識公面也。先君子携余往見公，公撫余頂曰：“此馮氏千里駒也，庶幾當世其人乎！”既而公歿燕邸，敝榻故書外無長物，瓦燈丹旐闃如也。抑聞之先君子矣，先君子攻苦力學，年二十，應庚子鄉額第二人，而公先先君子十二年，應戊子解額第一人，年甫十九也。兩公若宮商相生，水月相映，三晉之人莫不視爲魯衛兄弟之國。然公則隨捷南宮，而先君則賫志以殁，此又余所腐心疾首而痛恨莫置者矣。嗟乎！嗟乎！遺文在手，遺言在耳，而兩公之音容已杳然莫追，余復何心，尚能泚筆序公之詩若文爲不朽計哉？雖然，非余序之而誰序也？昔韓昌黎之文得李漢編次而傳，余才雖不逮漢，而公則今之昌黎也，爰不辭鄙陋而爲之序。序曰：

人與文有二乎哉？有是人必有是文。是以擴[一五]達峻潔之士，其文多清新遒勁，究則能以正爲奇，而意恒在於法之外。深雄沈驁之士，其文多汪洋宏肆，若顯若晦，而法亦寓於意之中。故韓醇以典，柳麗以則，歐、蘇疏以暢，各隨其學力之所及，以成一家言。而世獨推韓，謂文起八代之衰者，洵人與文并重也。公之品不下於韓，而所爲詩若文則又隱隱若相吻合者。公起家庶吉士，首建“儲訓”一疏，汪洋數千言，則公之精忠素所蓄積然也。及晉少司成，作《誠勖淺言》以正士習，以視《進學解》何異？作《原命論》，又與《原道》不殊。獨《題維摩說》及《金剛跋語》似與《佛骨表》稍相矛盾，然深於佛理則一也。丙午，典應天試，所拔士若鄒臣虎、錢受之、王念生、丁蓮侶、虞來初諸公，皆卓冠一時，彪炳千古，又何減李翱、皇甫湜諸人哉？總之，公胸次灑落，坦夷空洞，内無城府，外無組織，故文亦舂容爽朗，若雲流霞布，無聱牙刺齟語。性復恬退，咀藜衣褐，不好紛華，不邇聲色，故文亦冲素淡冷，若太羹玄酒，無濃艷妖异態。詩五七言律、排律、古體歌行，皆清勁流麗，如矢飲石，有餘力焉。使天假之年，其文章、勛業當有不可量者，奈何遽奪其算，弗克申厥志也？嗟乎！嗟乎！典型具在，風流若掃。吊影青燈，空慟山陽之笛；曝晴散帙，益深人琴之感矣。然雄文佳什，勒諸琬琰，永壽天壤，寧不足爲公不朽哉？是爲序。

時順治丁酉夏午月廣東布政司左布政使子婿馮如京頓首拜撰

## 傅庭禮序〔一六〕

嗟乎痛哉！不肖禮讀先府君文恪公集，不覺失聲腸斷也。當先府君見背時，禮方九齡耳，聲音笑貌，猶及記之。迄今垂四十七年，所遺文在笥，手澤徒存而聲音笑貌渺不可攀矣。況不肖禮鹿鹿牛馬走，無能少有豎立以克纘先緒，徒耿結耳。改革以來，家業灰燼，所最幸者，遺文尚在，不肖禮懼其失也，雖當流離困苦中，負之而趨，不敢頃刻離左右。今幸辱家姊丈秋水馮公爲捐資，重刻於江南藩署中，而且得先府君門下士牧齋錢公爲之序，庶足以垂不朽矣。嗟乎！嗟乎！自先府君丙午典試南中，所拔者若而人，皆名伐輝映一時，今皆殂落，散如晨星，其巋然獨存如魯靈光者，則惟牧齋錢公耳，越數十年尚能爲其師序而重刻之，亦奇遘矣。禮聞牧齋公有言，先府君生平著述雖甚富，其所最留心而得力者惟《大事狂言》一書。余藏之綺霞樓，不啻天章雲笈。不意罹祝融之厄，已化爲烏有先生矣。嗟乎痛哉！人琴俱杳，手澤徒存，禮安得不失聲腸斷而能三復是集哉？梓成携歸，留珍後世，凡我子孫能世世守之，勿替先緒，則余之志也夫！則余之志也夫！

順治丁酉十二月不肖男庭禮百拜謹識於粵東客舍

# 雪華館本附録

## 嘉議大夫太常寺卿管國子監祭酒事贈禮部右侍郎謚文恪傅公神道碑

嗚呼！吾師太原文恪公既没之三十三年，而門生錢謙益始書其墓隧之碑，曰：公諱新德，字明甫，太原之定襄人也。世爲農家。祖汝楫，父應期，始爲儒生。母樊氏，夢月光四射，星斗文字粲然，光屬於腹，驚呼而生公。甫能言，輒能記太公所讀書，倍誦於懷中。七歲，屬文如風雨驚驟，時以爲聖童。十九〔一七〕，登鄉書。明年己丑，舉進士，選翰林院庶吉士教習。三年，請假歸。又三年，盡讀經史子集之書，近窮掌故，旁摭釋典，鈎連穿穴，而後其學始大就。甲午，除翰林院簡討。又六年，遷南京國子監司業。三年，滿考復任。又二年，始升右春坊右中允。丁太公憂，喪葬用古禮，墓祭徒步五十里，哀動路人。終喪，將不出，樊安人固命之，乃強起。丙午，主南京試，歷春〔一八〕坊右諭德、庶子。又四年，始升太常寺卿，管國子監祭酒事。詞林覬望仙拜，不樂居兩雍。公嘆曰："養賢造士，國家之急務，此官非冗長也。南陳北李，彼何人哉！"後先條奏，主於崇教化、考德行，謂從祀不當專重文學，宜推廣許讚之議，進張巡、文天祥等，以風厲人心。在南雍申明條約，作《八勸》以聳善，作《八誡》以抑惡。晨夕集諸生堂下，勸誘如謳誘，訓誡如誓命，反復懇悝，如家人父子，孝秀簡習，榎楚廢弛。滿考及仙，投業遠送，望慕嗟咨，唐之陽城，無以尚也。在北雍講貫教督，不懈益勤，故有弱疾，寢劇。辛亥七月十四日，卒於官舍，年四十有三。疾革，命授几，焚薌擁被，南北向叩頭而沒。同官合賻之，乃克斂。上賜祭葬，給驛以歸。贈禮部右侍郎，謚曰文恪。娶閻氏，三子：庭詩以蔭爲刑部郎中，庭禮、庭蘭皆諸生。葬於定襄城東南十五里高長山之原。

　　公生而短小文弱，手足皆纖細异常人。順祥和雅，聲出金石，見者皆心醉，曰：「真翰苑人物也。」明内柔外，恭大慈小，足布武惟恐先人，口噓氣猶恐傷人。其於進退泊如，取予介如也。南司業滿考，旦夕當仙。四明謂曰：「此官無肯往者，盍再借一二年乎？」公謝曰：「與南諸生殊相安，倘不即幽黜，亦不願去也。」四明有意遠公，公亦心喜其遠己，而不見辭[一九]色。福清雅知公，公不能作意近之，叙仙平進而已。久於南雍，詞林有嫁老女之嘖。公笑曰：「縫衣裳，冪酒漿，老女亦有微長。終不能顧千金之求、百兩之迎，倚門而相招矣。」福清當國，公語所知曰：「痞膈病深，須大承氣湯疏解。猶悠悠泛泛用補中之劑，令人轉思王山陰耳。」公之生平，立身持論，此其大端也。公在史館，與南充黄昭素、會稽陶周望深研性命之學，嘗謂昭素：「人議趙大洲學禪，大洲直任不辭，騰諸奏牘，視陽明改頭換面，更進一格。」又謂周望：「二程闢禪，語録中却多妙義，是從儒宗中透入禪宗，暗合而不自知，若東掩西護，陰用而陽斥之。此禪門五宗技倆，非吾儒立誠之行徑也。」公内閟心宗，外修儒行，重規叠矩，不染狂禪氣息，人以爲學佛作家，吾以爲吾儒世適也。蓋嘗論之，賢者之生於世也，譬諸商彝周鼎陳宗廟而後尊，干將莫耶試剸割而後利，此其恒也。其有含章履和，間世而一見者，如麟趾、騶虞，雖異類，知其不踐不殺也。如譽星卿雲，盲者知其為祥；明玕良玉，愚者知其為寶也。天之生之，固將置之明堂東序玉瓚黃流之間，世莫得而垢氛，人亦莫得而軒輕也。吾所見偉人碩儒亦多矣，若是者非公不足以當之。至其微言精義，闢儒釋之牖戶，出死生之津流者，固非末學之所識，而豐碑亦不可得而詳也。公嘗授天官律曆於范禮部，授幾何數於西人，授青烏於平定李生，授黃白於胡叟，其書皆不傳。其藏於家者，有文集二十卷，《大事狂言〔二〇〕》四卷，總集、類書千餘卷。銘曰：

嚴嚴紫宮，孰疏禁詞？睥睨斗柄，鞾鞍雷車。帝曰豎子，汝下無苦。乘風躡雲，送汝帝所。雖則下謫，不在塵寰。何以置之？瀛州道山。中秘之閣，列仙所居。紅藥當階，青藜照書。出入金門，迴翔頹宮。劍佩參差，禮樂蕭雍。朝市熏灼，火聚炎蒸。清秋蕭辰，冰壺玉衡。名利喧呹，吞腥啄膻。閑房燕處，靜嘯清弦。觀化而來，限滿而去。東觀西清，累蘇何處？英聲八區，遺書千軸。雲過太虛，燈傳空谷。聖人之山，河曲湯湯。山宮水襲，公魄所藏。白首門生，怛化無極。敬撰蕪詞，以篆好石。

賜進士及第禮部右侍郎協理詹府事兼翰林院侍讀學士纂修國史經筵講官門生虞山錢謙益拜手謹撰

## 祭傅文恪公文

萬曆辛亥，我師太常寺卿管國子監祭酒事定襄傅公卒於京師之邸舍，其門人錢謙益方在苫塊，為位而哭，行心喪之禮。既免喪，浮湛里門，又七年所，復就班行。今天子改元之歲，奉簡命偕屯留暴給諫往典浙試，既蕆事，始得遣一介附給諫以入晉，謙益乃洮頹焫蕭，望拜稽首，爲文以告於吾師之墓下：

於戲哀哉！昔在丙午，獲登公門。遇我國士，付以斯文。曰我得子，可謂弋獲。如陸得愈，如歐得軾。載上公車，拜公邸舍。長其羽毛，借以聲價。吁嗟末俗，限隔勢位。舉主門生，儼然相吏。惟公於我，德音孔咸。乃授几席，乃親杖函。僕隸歡迎，家兒掣曳。不辨主賓，況乃師弟。我居[二一]南宮，公笑筦爾。非我實賀，乃爲國喜。麻衣如雪，嚴霜夏零。喑兼以勞，慟涕交并[二二]。虞羅高張，宦海喧豗。我既銜恤，公亦念歸。公書告我，長安棋局。拙工斂手，且晚初服。歸未再期，俄得公訃。創痛因仍，噩夢錯迕。荆棘布地，風濤稽天。沉沉故園，一瞬十年。敬走一介，拜公墓門。陳根幾宿，漬酒尚溫。哭不憑棺，奠不親斝。臨風告哀，有泪如寫。嗚呼哀哉！自師之没，星霜遥遥。歲將一紀，代更三朝。朝著鼎新，班行嗔咽。人材日凋，黨論未輟。東方小醜，訌我全遼。兵餉鈍敝，征輸繹騷。我躬不閱，惟憂用老。滄海横流，嘆彼腐草。寸心如折，酹以告公。没而猶視，公神所恫。我心雖長，髮已種種。三組無聞，一官猶冗。感恩知己，先民有言。何以報公？不辱其門。嗚呼哀哉！尚饗。

## 跋傅文恪公《大事狂言》

昭代館選，至萬曆丙戌、己丑號爲極盛。丙戌則袁伯修、蕭允升、王則之，己丑則陶周望、黄昭素、董思白及吾師文恪公。朝講之暇，作爲講會，幅巾布衣，研討性命之學[二三]，以齒叙，不以科叙，詞林至今以爲美譚。

文恪公温文静退，光風淑氣，熏然襲人，不以講學樹壇墠，而其論[二四]學視諸公爲猶精。著《大事狂言》四卷，累數萬言[二五]。每謂昔人移頭換面，是學問中穿窬手，於單傳直指深信不疑。然實死心於儒門，乃能穿穴逗漏，打破漆桶，非如今人影掠話頭，從鬼窟中作活計也。謂[二六]大慧大悟一十八遍，小悟不計其數。元晦先生及伊川、橫渠、我朝羅整庵，雖嘗學禪，微有所見，安能透徹如許？又謂陽明、龍溪尚未了向上一著、獨知一念，禪家謂之獨頭無明，蓋無量劫來，生死本也，須知有向上事，將此生死根本轉爲涅槃妙智。陽明云：“無聲無臭獨知時，此是乾坤萬有基。”認此爲極則，毫厘千里矣。近世儒者亦能知雛閩已上更有事在，至姚江、龍溪，則相與推爲宗極。公獨能搜剔根苗，謂未了向上一著，至論儒者之於禪宗，東掩西護，陰用而陽斥之，非其修立誠之學，非其窮理盡性，剖骨得髓，眼光爍破四天下，何以有此？

公固守闇然之學，此書藏弄篋笥，不以示人，而同時論學諸公亦未有能表而明之者。後生末學，畫地面墙，如牛羊之眼，僅別方隅，將使誰正之？此可爲嘆息者也[二七]。夷[二八]考公之爲人，繩趨矩步，進寸退尺，嘗作《省心記》記過差以自省，曰：“平生亭亭楚楚，以丈夫自雄，乃爲百欲作臧獲，驅之禽獸之群。”又云：“今之譚禪者，皆宗趙大洲‘只貴眼明，不貴踐履’之説，終日談玄説妙，考其立身制行，辭受進退之際，無一毫相應者，乃反貶剥周、程。豈知彼在塔中安在[二九]，而我乃遥説相輪耶？”因病發藥，箴砭乾慧、口鼓之流，可謂至矣。讀公書者[三○]，正宜於此處著眼，庶可謂學佛作家，不負吾師一片老婆心也。

己卯夏日門生錢謙益再拜謹跋

## 張友桐跋[三一]

曩讀范胤侯《晉乘蒐》及《彪西續編》，載傅文恪公文數篇。胤侯稱文恪有集行世，購求數年未得，續編所補亦祇二篇，

嘗以未睹全豹爲憾。乙卯秋，定邑牛君明允携公全集見訪，亟讀
之，乃順治丁酉公哲嗣庭禮所輯。考馮叙，公集八卷，於明季業
刻之燕邸，旋毁於兵火。又錢叙，公集二十卷，牧齋嘗爲詮次，
鈎玄提要，存其可觀者數卷。今牧齊詮定之本不可見，而此本實
秋水方伯取庭禮所輯而刻之江南藩署者，視虞山所定，未知若
何。然虞山再叙，深幸斯刻之存，謂"白首門生，摩挲青簡，悠
悠窮塵，曷日而已"，吁！是可貴已。曠數百年，傳本甚稀。爰
略依舊次，稍加編整，厘爲十卷，於啓答一類節録若干首。虞山
有云"應酬卷軸之文，概而存之，則其人之精神，反沈没而不
出"，殆猶是志也。

　　民國五年春仲雁門張友桐

## 校勘記

　　〔一〕"其門人子弟"至"鈎玄提要"，《牧齋初學集》卷八十四《跋傅
文恪集》作"觀者多束之高閣或用覆醬瓿耳，先師定襄文恪公之集高可數
尺余爲"。

　　〔二〕"讀陽明之集者"至"先求如意者也"，同上書作"此集雖不傳
可也"。

　　〔三〕"陣"，《牧齋初學集》卷十六《傅文恪公文集序》作"障"。

　　〔四〕"官"，同上書作"宦"。

　　〔五〕"而屬謙益爲其序"，同上書作"而辱某爲其序"。

　　〔六〕"祀"，同上書作"祝"。

　　〔七〕"或或"，同上書作"郁郁"。

　　〔八〕"至"，同上書無。

　　〔九〕"壬辰"，同上書作"丙辰"。

　　〔一〇〕"夷"，同上書作"替"。

　　〔一一〕"風流"，同上書作"流風"。

　　〔一二〕"搜"，同上書作"披"。

〔一三〕"象罔"，同上書作"罔象"。

〔一四〕"謹"，同上書無此字。

〔一五〕"擴"，據文意當作"曠"。

〔一六〕標題乃編者所加。

〔一七〕"十九"，《牧齋初學集》卷六十三《嘉議大夫太常寺卿管國子監祭酒事贈禮部右侍郎諡文恪傅公神道碑》作"二十"。

〔一八〕"春"，同上書作"本"。

〔一九〕"辭"，同上書作"詞"。

〔二〇〕"言"，同上書作"談"。

〔二一〕"居"，《牧齋初學集》卷七十七《祭傅文恪公文》作"舉"。

〔二二〕"并"，同上書作"拜"。

〔二三〕"至萬曆丙戌"至"性命之學"，《牧齋初學集》卷八十六《跋傅文恪公〈大事狂言〉》作"丙戌、已丑爲極盛，諸公有講會研討性命之學。丙戌則袁伯修、蕭允升、王則之，已丑則陶周望、黃昭素、董思白及文恪公。幅巾布衣"。

〔二四〕"論"，同上書無此字。

〔二五〕"著《大事狂言》四卷，累數萬言"，同上書無此句。

〔二六〕"謂"前，同上書有"狂言"二字。

〔二七〕"近世儒者亦能知"至"此可爲嘆息者也"，同上書作"此公之心學也"。

〔二八〕"夷"，同上書無此字。

〔二九〕"在"，同上書作"坐"。

〔三〇〕"者"，同上書無此字。

〔三一〕此標題乃編者所加。

# 誠勸淺言

〔明〕傅新德　撰

李雪梅　點校

# 點校説明

　　《誠勖淺言》，明傅新德撰（傅新德生平學行概況見《傅文恪公初集》點校説明）。

　　《誠勖淺言》收録于民國五年（1916）定襄雪華館主人牛誠修排印的《雪華館叢編》之四，鉛印本，内容包括“誠言”八篇，“勖言”八篇。此本由時任山西大學歷史系教授張友桐據順治本厘定，現藏於山西省圖書館，《四庫全書存目叢書》子部第〇一四册曾予影印。

　　《誠勖淺言》十六篇文字，全面體現了明代中央學官傅新德在“正士習、勵士風”方面的探索與擔當，他以振興官學、扭轉士風爲已任，涵育人才，在文化與學術上爲社會的發展貢獻了力量。對其《誠勖淺言》展開整理研究，有助於在明史、古代教育史領域進一步探討明代官學教育的發展特點。

　　本次整理的《誠勖淺言》，以民國雪華館本爲底本進行點校。

# 自　叙

　　師教之不行，士風之不正，非古今人士遽相頓殊，其所以造士者異也，以我朝知之矣。國初仿《王制》論秀選俊之意，定國子爲官生、民生。官生取自上裁，民生則由科貢，并未有以資進者。宣德、景泰以後，始爲救時權宜之例。太學生遂有不由科貢者。自是遞止遞開，遂爲不塞之竇，近且罷選貢，行加納矣。每升堂坐班，滿目皆銅山主人及驕稚公子，而科貢落落如晨星。此一異也。

　　國初，坐班肄業者十年以上方得撥出，諸雜歷等項亦須七八年。其後納粟等亦大率十年、七八年。磨礪既久，習變風移，如燒試美玉，栽培豫章，必積久方效。而今多不過二年，少則一年或數月耳。源源而來，攘攘而往，視國學爲傳舍，即令孔孟設科，亦安能令速化翼飛也？此二異也。

　　國初，行積分之法，自廣業堂遞升至率性堂，有初任即擢藩臬、方面及部屬、科道等官者，故人人被濯，不敢自惰，而今有是乎？此三異也。

　　國初，規條極嚴而越規之法極重，誠以齊大衆、定大志有非可區區姑息行之者。而今犯規者檟鎖已耳，曾不如外省一督學使者黜陟自由。其皋比而師率者，又浮慕在寬之義以要士譽，稍涉嚴峻，動虞反唇，故有法未及信，而風聞交責者且四面至矣。此四異也。

　　夫開之以利而教之以義，未培其苗而遽責其實，格限於無所之而法撓於有所掣，師教安得而行？士風安得而正也？雖然，揉曲木者不累日，銷金石者不累月，人心之難化豈加木石哉？亦在乎加之意而已。余待罪南雍，久從大司成郭公後。凡可以申規厘弊，誘臧繩愿，與多士相告戒者，業不敢不矢效其愚。而會大司成北轉，承乏署篆，懼諸生或荒於嬉，因攄愚見，揭爲八誡八勖。間召諸生至堂下，示之曰：若曹不熟聞高帝之訓規乎？在學生徒當以孝弟忠信、禮義廉恥爲本。夫人性至善，則八者乃其所固有也。拘於稟，錮於習，遂陷於邪僻而不自知。余所誡淫蕩八條者，不敢謂爾諸生盡然，然而濡足其中者亦自不少矣。夫惡不易，則中不至。譬如金玉寶器，體自光潔，忽墮坑圊，滿中貯穢，得有力者提拔清流，純灰洗滌，徐復其舊，乃可用也。故先之以誡，而後次之以勖。昔鳥巢語香山云：“諸惡莫作，衆善奉行。”又云：“三歲小兒解道得，八十老翁行不得。”此言雖出異教，卓有意味。今余所言者，皆常談庸行也。諸生幸無以淺近而忽之，亦可以寡過矣。故原國初立教之意，而名其篇曰《誡勖淺言》。

萬曆二十八年歲次庚子，南京國子監司業傅新德自叙

# 誠言八篇

## 淫蕩誠言

學問之道無他求，其放心而已矣。人心放逸，先從情識上開端；情識溺人，先從色欲處受病。《書》之五歌，孔之四勿，君子之三戒，皆以色居首，古今聖賢禔躬垂訓，其吃緊處在此，其得力處亦在此也。展季不亂坐懷，魯男弗納叩扉，顏叔縮屋遠嫌，劉璡解裳自隔，次山六十未嘗識婦人、視錦繡，許散愁自少不登孌童之床，不入季女之室，載諸傳記，古今以爲美談。此外如司馬之竊資，謝鯤之折齒，言之污口舌，書之污簡編。唐宋以來，風流放蕩等事有一條係士君子行徑乎？

我朝一洗前代陋風，士人宿倡有禁，至顧東橋先生疏革官伎，風清到今，直與載記聖賢前後一揆，諸生所飫聞也。奈何舍此聖賢芳軌，蹈彼狂愚覆轍？妖童艷娃，謳唱伎樂，快意當前，窮明極夜，平日讀聖賢書，到此一旦掃地，可爲痛哭流涕長太息也。且諸生負笈鼓篋而來，遠者數千里，近者數百里。父母妻孥倚門翹首，上者望汝隆師取友，爲聖爲賢；次亦望汝讀書肄業，決取科第；不則亦望保前程、蔭門戶，他日不失一官半職。而一聞若此，不懟憤於堂上，則訕泣於庭中，呼天搶地恨不遄死。而汝於此地方，揚揚然爲五陵之裘馬、六朝之冶游也，樂耶？否耶？往者勝國品儒，介在丐上倡下，說者謂其賤儒。嗟嗟！以若所爲惡得無賤？《孟子》云"無羞惡之心，非人也"，《曲禮》又云"禽獸無禮"。今淫倡之啓穢自臭，禽獸奚擇？而側名士類者乃樂與之偕，則旦夕以溺，自照其品格當在何等？余所不忍言也，況禽獸中猶有不再偶、不亂群者乎？抑此猶以道義言，未及利害也。

《商書》之戒"淫風"曰："卿士有一于身，家必喪；邦君有一于身，國必亡。"《左傳》楚武王伐隨，將齋，入告夫人鄧曼曰："余心蕩。"鄧曼嘆曰："王禄盡矣，盈而蕩，天之道也。"果卒於橢木之下。故蘇文忠云："傷生之事非一，而好色者必死。"丈夫生世，所恃以任重道遠，策名樹勛，爲宇宙間奇男子，賴有此身耳。即身有可捐，亦宜用之成仁取義，尋一片乾净地，而乃燠糟齷齪於此等中乎？夜蛾撲燭，自貽焦爛之灾；醯雞投罍，速啓沉溺之禍。伊川先生云："吾以忘生徇欲爲深耻，徇欲之死，直枉死也，就令靦顔視息人世，而名虧行隳，精敝神枯，已厭厭如曹蜍、李志矣。"故曰："禍莫大於心死，而身死次之。"夫以師言之，則非徒也；以親言之，則非子也；以妻孥言之，則非夫也。繩之以經書之言則淪於禽獸；愓之以風愆、天道之訓則涉於死亡；而相提深論直窮到底，則又禽獸、死亡之不若也。哀哉！

余非薄待諸生，以此屬言相聒也，謂夫罰之不從，檟[一]鎖之不從，無可奈何，不得已而爲鳴鼓之攻也。諸生自揣良心，當必以余言爲然矣。今與諸生約，自相誡後，其有能直契心體，了悟空華，打破畫瓶革囊，還我本來面目，上也；平旦雞鳴，憬然悔悟，已過者日亡日去，未來者日新又新，次也；忽之而不信，棄之而不從，聆正言則如風過耳，貪淫樂則如膠着盆，斯爲下矣。監規首一條寧能爲諸生解乎？莫謂余今日不言也。

## 酖酒誡言

《周禮》："萍氏，掌國之水禁，幾酒，謹酒，禁川游者。"夫掌水禁而兼酒禁，何也？明酒之溺人猶水也。班伯之告成帝曰："沈湎于酒，微子所以告去也。式號式呼，《大雅》所以流連也。"《詩》《書》淫亂之戒，其原皆在於酒。是以在《禮》

"賓主百拜，終日飲而不至醉焉"，禹惡旨酒，湯戒酣歌，衛武公作詩悔過，黃石公以省酒爲修身。司馬溫公父母宴客，率三五七行而止；陳瓘量可斗餘，飲不逾五爵。他如陶侃之遵限，文忠之憂親，枚乘標《七發》之喻，庾闡著斷酒之文。斯數聖賢者，非不知酒以合歡，懼酒之流生禍，而力爲之防耳。抑此猶廣記而備言之也，言不近，則諸生聽不切也。昔邴原爲太學生，不御酒肉。瀕行，諸生爲索乾餱贈之，取酒一傾而別曰："非不能飲，恐妨業耳。"古人立志，堅忍如此，安得無成？乃如修爵無算，夜以繼日，興酣耳熱，豪舉雄飛，傾跌喪儀，凶衢罵坐，以詩書之府爲麴蘗之場，招肆業之朋爲酒人之侶，此所謂朽木糞土不堪雕畫者，吾其如彼何哉？

魏晉人放達，以飲留名。今之好飲者動輒稱之，而不知彼等自是挂冠避世、長林豐草中一種人物，所謂有托而逃焉者也。今諸生業已冒人世之羈絆，繫功名之縲鎖，顧欲跳周孔之軌躅，步嵇阮之轍塵，不幾於景興之學子魚，都在形骸之外，去之更遠乎？雖然，藉令諸生异日果能挂冠避世也，長林豐草也，余不願諸生之有此行也。樂令不云乎："名教中自有樂地。"彼惟不知名教之樂，故尋樂於杯勺中耳。藉令稍窺一斑乎蔬食水飲、簞瓢陋巷，亦可以高世，何必酒哉？所願味《周禮》之訓，繹班伯之言，以禹、湯諸聖賢爲師，以嵇[二]阮諸人爲戒。移其酣於酒者酣於道德、酣於墳籍，毋使人謂邴原之後，太學士更無人，庶幾哉！於朝家菁樸之教爲無負矣。

## 鬥狠誠言

山藪有容，故能藏其疾；川澤有容，故能納其污；士君子有容，故能成其德。容之一言，乃吾人修身繕性吃緊工夫，涉世之寶筏而平情之量衡也。雖然，容豈易言哉？凡人有血氣，必有争心；有爭心，必有爭事；有爭事，必有爭形。小則詬誶凌捽，大則干戈戰伐，畢從此起。是以季郈逐君，隙生介羽；吳楚興甲，釁兆采桑：皆以一念之忿爭而釀成滔天之巨禍，容豈易言哉？

學有容，先自有忍始。《書》曰“必有忍，其乃有濟”，而繼之曰“有容，德乃大”，是忍之爲言正有容之胚胎也。劉伯倫與俗士忤，其人攘臂欲築之，伯倫和其色曰：“雞肋何足以當尊拳？”婁師德戒弟曰：“人唾汝面，當不拭自乾。”富鄭公人告以指名詬己，曰：“天下有同姓名者。”呂蒙正入朝堂，爲人所嘲侮，不復問其姓名，曰：“若一知其人，則終身不能忘。”斯數君子者，并忍人之所不能忍，然後能容人之所不能容。

肆我聖主，揭示監規，申敬恭之訓，嚴違禮之懲，陽春布德，鷹化爲鳩，矧爾青衿，友生是釁？仲尼云：“血氣方剛，戒之在鬥。”夫所謂鬥者，非必手足相加，傷殘相藉，如李石之爭漚麻池也。凡一念之不能忍，而人我山高，怨毒海沸，皆所謂鬥也。況乎一言之忿，一事之激，科頭奮足，裂冠毀裳，以自陷於亡身及親之罪也哉！杜牧之云：“忍過事堪喜。”爾輩試靜觀忍過與堪喜時意思，如人一身本無疾痛，一旦毒魔怪魅震撼排衝，而應以鎮靜，元氣不泄，頃之意定氣清，四肢百骸欣暢倍昔，乃知向者毒魔怪魅，皆我受用得力處。陽明先生云：“凡橫逆之來，自謗訕怒詈，以至不道之甚，非唯不以之動情，且可資之以爲修省之地”，此由忍而容之善法也。嗚呼！此詎可與冥頑恣睢之子道哉？

## 罔利誡言

古今學問，第一純駁關頭，要在“義利”二字。王、霸之所以异，舜、跖之所以分，毫末尋丈，入門便懸，左足右足，跬步千里。故利者，義之反也，見利當思義也。榮公好利，屬王近之。芮良夫諫曰：「夫利，百物之所生，天地之所載。而或專之，其害多矣。」故曰：「放於利而行，多怨。」

太史公讀《孟子》，廢書而嘆天子以下好利之弊。則利者，害之招也，欲利又當虞害也。稽之於古，成湯不殖，文王同民，孔子罕言，茲數聖人者，豈固爲是矯哉？蓋深訓乎義之不可悖，而害之不可招耳。嗣後若管寧揮鋤不顧，文王見藏則埋，裴晉公還帶於香山，甄彬歸金於束苧，於物之無主者，獨不拾遺，況肯智營力索，效壟斷賤丈夫之爲者哉？

夫賤丈夫身居市井，以左右望而罔市利，吾無責爾也。乃若家襲溫飽，腹脤詩書，具號國秀，而猶終日蠅營，規牟市肆之入，或張典質錢，或貨人收息。今日鼓篋，猶競錐刀；他日蒞仕，安恤脂膏？無論道義所不載，即後害亦安所逃乎？

謝上蔡云：「士君子看得名利關透，便是小歇脚。」胡武夷訓後進曰：「士人當修己俟命，毋爲造物所嗤。」石季倫以貪溺取禍，臨刑嘆曰：「奴輩利吾財爾。」行刑者曰：「既知財之爲害，何不散之？」嗚呼！由前二說，可謂思義；由後一說，可謂遠害。衡較於義與害之間，則積利又何如積德之爲愈乎？

朱異遍治五經，涉獵文史，兼通雜藝。沈約戲之曰：「年少何乃不廉？」異逡巡未達其旨，約曰：「天下惟有經書雜藝，卿一時將去，那得廉？」嗚呼！此猶文學耳，儻積德者有能如是，即使人謂諸生不廉乎，吾且爲諸生甘之矣。

## 詞訟誠言

《易》之訟卦，乾上坎下，其義則剛險相遇，其象則天水相違。聖人於此始而訓之曰：「君子以作事謀始。」至初六、九二、九四，則以不永所事、不克訟爲終吉；而上六，帶既錫，竟以三褫戒焉。此何以說也？

若曰詞訟，雖云不得其平則鳴，然能於事機初起，易氣平心，反身行恕，則柔能制剛，靜可御躁，亦何至動干戈於讞牘，爭勝敗於爰書乎？如是者，上也已。不能慎其始矣，能返處安柔，渝變初心，復就正理，猶爲不遠之，復次也。若夫縱其奸險之心，乘其剛健之性，游詞聳聽，務求終訟以快乃心，卒之鼠牙，害於彼己，蚌鷸收於漁人，縱令得勝受服，豈能安久乎？斯爲下矣。

國家嚴刁訟之禁，凡出入衙門者，小民則罪打點，衣巾則問行檢。金科玉律，炳如日星，而士固有不畏聖言、自干憲例者。夫士也，口誦堯言，身佩孔訓，一戴弁曳裾。雖貴僚長官，咸得禮數接引。奈何小忿相觸，引繩批根，俯首公庭。腼顏下吏，免冠易服，受辱不慚。而甚至有木索箠楚，極人情所不堪者，至是而始歸咎於有司之賤士也。夫非自賤也哉？

嗚呼！澹臺遠室，干木逾垣，接輿鑿坏，莊周垂釣，王公大人見且猶不得亟，而況得而辱之乎？仲山愧竊馬之黨，彦方變盜牛之習，溫公、康節居洛里，後生相戒：“無爲不善，恐司馬端明、邵先生知之。”此數公者，和風慶雲，昭蘇品物，方且化人，寧用自理？

諸生試取一思之，雖未能埒其風烈，而一切躁忿之心亦可爲衰止矣。是故大道不競，君子懷刑，與人容我，寧我容人？事理果直，弟子當建白於師前；非意相干，達士可理遣於度外。入見官府，出唾不祥，不勝再羞，勝之不武。學《易》可無大過矣，古人實獲我心哉！

## 詭服誠言

士人進德修業，要從淡泊寧静處豎脚。衣服雖稱外飾乎，亦以表微章身也。自朝祭、宴饗以達於私處，先王各有定制，遵之者吉，悖則凶焉。故曰："非先王之法服不敢服。"又曰："服堯之服，是堯而已矣。"服之不衷，身之灾也，古今所記多矣。

若《書》戒服美于人，而稱文王之卑服；《詩》刺衣裳楚楚，而美碩人之尚褧。仲尼章甫縫掖，象環五寸而綦組綬，其學也博，其服也鄉矣，而深鄙夫耻惡衣惡食者。至於縕袍褐寬，懸鶉百結，捉衿露肘，至菲陋也，至賤敝也，而仲由、子夏、子輿、季次、原憲、胥安之，且以大賢名後世。由是觀之，所謂法服、堯服，豈有他哉？不過一樸雅而已矣。

我皇祖首示衣帽之例，再申吏員之分。制三易而始頒，服一體而無斁。蓋聖天子議禮而古先民是程，盡乎美且善矣。乃項纓弁之中，間有紈袴之子，不務內實其腹，而務外華其躬。輕綃霧縠，纂組綺靡。巾漢唐而衣紫緋，披四明而冠三玉。百般粉飾，藉以宣淫，群衆效尤，羞不相及，一副低見識、一片俗心腸。滔滔胥溺而不悟，真可爲之浩嘆也！

嗚呼！子臧鷸冠，見賊陳宋；江充紗縠，卒死巫蠱。儻所謂不衷之灾非耶？而吾奈何效之？昔我聖祖，特令教坊伶人衣綠，以別於士庶；今士人反詭衣奇服，以偶於伶人。夜對枕衾，良可耻也。終朝三褫，寧無懼哉？

## 黨比誠言

夫獨學而無友，則孤陋而寡聞。盍簪切磋，麗澤講習，士詎可孑然無與爲侶哉？顧于野于宗，廣狹殊路，芝蘭鮑肆，習染歧軌，朋友不可無，黨比何可有也？

黨比之興，自不學始。陸象山先生有云："束書不觀，游談無根。"吾人若果埋頭術業，涵咀義味，屏居一室，尚友古人黃卷中，日與聖賢爲對，何暇爲游朋比德之游哉？昔符融名高太學，賓朋滿座，仇季智獨不交一語。融詰之，對曰："天子修設太學，但使人游談其中耶？”夫融，漢庭高士，所商榷良非孟浪，而猶不足煩季智一解頤，則其他可知已。我聖祖豐芑後人，譽髦斯士，揭示監規。如往來他班，談論是非，結黨恃頑，豈不炳然丹書之戒哉？諸生日陶鎔於中，宜顧瞻明命，砥名礪行，深居簡出，孤介自守，如古之季次、原憲，爲獨行君子可也。又不然，則間擇謹厚博洽之士相與，合志同方，會文切理，多聞廣見，導吾者是吾師，諫吾者是吾友耳。一涉於黨，即令然諾必誠，困厄必護，如古任俠士，千里誦義無窮，然猶未軌於正也。況乎群居終日，匪彝慆淫，兩兩三三，蚩蚩瀏瀏，以黨相溺者？況乎睚眦憤懥，引類呼朋，淩壓齊民，唐突官長，以黨相藉者？又況乎喜同惡異，忌嫉傾危，冰炭枘鑿，落井下石，以黨相軋者？此素交盡，利交興，小人之所以貌合中睽而可列於士君子之林哉！譬諸草木，君子則亭亭松柏，拔地參天，雖千林萬樹，并秀聊柯，終不作藤蘿相依態。小人直圈馬耳，喜則交頸相靡，怒則分背相踶，結納雖勤，款洽雖密，竟未有能善其終者。張陳蕭朱之流，所以接迹於世，而羊左范張笑人齒冷也，可不戒哉？《易》曰：“物不可以苟合，故受之以賁。”又云：“物相遇而後聚，聚而上者謂之升。”士君子將爲聚升乎？爲苟合乎？必有能辨之者矣！

## 傲惰誡言

士君子於處衆不可在人前，於自處又不可在人後，斯兩者，惟謙與勤足幾之。《記》曰：“禮者，自卑而尊人，雖負販者，必有尊也，而況富貴乎？”《詩》云：“溫溫恭人，惟德之基。”在《易》謙之一卦，六爻皆吉。而孔子象之曰：“天道虧盈而益謙，地道變盈而流謙，人道惡盈而好謙。”夫造化人情悉取於謙，何獨至於處世而疑之？

謙之反，便爲傲，《書》戒丹朱，《大學》言所辟，往往三致意焉。昔伊川先生謂謝良佐："比來做得甚功夫？"良佐云："只去得個'矜'字。"曰："何故？"曰："仔細檢點，病痛盡在這裏。"良佐之所謂"矜"，即《書》傳所謂"傲"也，斯所謂處眾不敢在人先者乎？《易》曰："天行健，君子以自強不息。"曾子曰："士不可以不弘毅，任重而道遠。"子曰："望其壙，宰[三]如也，嵮如也，鬲如也，此則知所息矣。"胡澹庵見楊龜山，龜山舉兩肘示之，曰："吾此肘不離案三十年，然後於道有進。"斯又非所謂自處不敢在人後者乎？雖然，世之處眾在人先者，其自處未有不在人後者也。傲之與惰，如惡义果，竟不孤生，而傲尤惰之根、德之棄矣。

傅說之告高宗曰："惟學遜志，務時敏。"遜志，謙也。時敏，又謙生勤也。吾人苟存一上人之心，儘見得自己可以滿足，不復求進。纔一自知抑損，便見得自己性分內有多少未盡處，識分內有多少欠缺處，孜孜汲汲，斃而後已。如急行者只見道遠而足不前，急芸者只見草多而鋤不利，寧有駐足息肩之期耶？大禹，不矜不伐者也，而惜寸陰矣；周公，碩膚几几者也，而坐待旦矣；孔子，恭而安者也，而忘食忘憂矣；萬石一門，孝謹者也，而不言躬行矣。他如有子之焠掌，玄德之撫髀，陶侃之運甓，祖逖之聞雞，皆克勤無怠以垂憲乃後，未嘗不從一念之不自滿假始。彼昏不知，積驕成怠，於人不勝其凌忽，於己不勝其便安，一毫自責自修之意寧復有哉？所謂惰之根而德之棄也，抑不特此也。

昔苦成以慢享，而寧惠卜其將亡；温季以掩上，而單襄知其階亂；程鄭不知降階，而公孫揮斷其憂死；桐門右師無禮，而昭子占其不終。嵇康、禰衡之徒，皆以輕世玩物債其宗、滅其身，益信乎傲之為凶德也，將疾疢死亡之患於是乎在，寧止惰之根、而德之棄哉？今諸生置身齒胄之列，習聞禮讓之教，謂宜彬彬雅化，虛以受人，勤以勵己。而嚮者乃有傲慢自居，肆行狎侮，乘堅策肥，途遇官長不爲下，尊己卑人，見賓朋不修容者。及詢察之，則率多足已遂非、自暴自棄人也。彼以爲富貴可以驕人乎？抑學問可以驕人乎？以富貴驕人，不過一紈袴輕薄子；以學問驕人，則亦河伯之自雄，夜郎王之自大，而不足以語於達人大觀矣。所顧去而態色，降而盛氣，爲溪爲谷，若無若虛，早夜以思，維皇厥賦。萬年難再者此生，兩間最重者人品。苟營目前之務，而遺千載之慮，日月逝於上，體貌衰於下，忽然與萬物而仙化，曩之所以自滿者乃其所以自誤也，豈不痛哉？

**校勘記**

〔一〕“檄”，據文意當作“墩”。

〔二〕“稽”，雪華館本作“秬”。

〔三〕“宰”，據文意當作“皐”。

# 勸言八篇

## 孝　勸

　　夫百行之本，則未有加於孝者也。故夫子言曰："吾志在《春秋》，行在《孝經》。"十八章中，與門人問答，孝之始終備矣。乃他日，《魯論》色難之訓、敬養之訓、謹疾之訓、無違之訓、遠游之訓、知年之訓、幾諫之訓、三年無改之訓，又何若是其意之勤勤、誨之諄諄哉？曰：夫子固慮後世必有疾視其親者矣，必有不顧其親之養者矣，必有忘身虧體辱及其親者矣，必有陷親於非禮，從親於不義，絕裾他鄉往而不返者矣，必有生無愛日之誠，死有終天之憾，肉未及寒而改父之行與父之政，以自表異者矣。匪直後世，當時及門，然且有之。故曰："予之不仁也，有三年之愛於父母乎？"諺曰："養子纔知父母恩。"嗚呼！知恩者一飯不忘，矧父母之恩哉。

　　《蓼莪》之詩曰："父兮生我，母兮鞠我。拊我畜我，長我育我。顧我復我，出入腹我。欲報之德，昊天罔極！"王偉元讀詩至此，未嘗不三復流涕也。吁！何獨偉元也？試觀烏之反哺，羔之跪乳，禽獸如此，人宜何如哉？工女論弓，免父於辟；津女舞棹，脫父於刑。緹縈上疏贖罪，曹娥赴江尋屍。女子如此，丈夫宜何如哉？文王有疾，武王不脫冠帶而養。文王一飯亦一飯，文王再飯亦再飯。天子如此，庶人宜何如哉？陸績六歲奉母，登筵懷橘；滕曇恭五歲療母，冥感寒瓜；王叔治七歲哭母，鄰里罷社。齠稚如此，冠長宜何如哉？老萊子事二親，行年七十，作嬰孩自娛，著五色彩衣，取漿堂上，跌仆臥地，爲小兒啼。衰齡如此，壯者宜何如哉？虞舜完廩浚井，申生稽首待烹。曾參擊仆，蘇而鼓琴；敦儒受杖，顏不變色。父母惡之如此，愛之宜何如哉？伯奇無衣無履，踐霜挽車；閔子騫絮著蘆花，寒甘失靷；王祥臥冰得魚，黃雀飛幕。事繼母如此，所生宜何如哉？朱壽昌少不知母所在，刺血寫經五十年，卒得之楚中。離出如此，在堂宜何如哉？丁蘭刻木爲親，視之若生，郡縣表上其名，圖形靈臺。木人如此，生親宜何如哉？子路追負米之無從，皋魚悲風木之不待。朱百年母亡無絮，終身衣袂。思亡如此，事存宜何如哉？《孝經》有之：「居則致其敬，養則致其樂，病則致其憂，喪則致其哀，祭則致其嚴，五者備矣，然後能事親。」是故筍可生，鯉可祝，金可感，泉可涌，烏可栖，兔可馴，水可退，火可止，露可降，岵屺、白雲可以望，噬指、嚙臂可以歸，葡萄、肉炙可以動君王，昫嚅、拾椹可以化強暴。一念誠而百順聚，一孝立而百行從之矣。

嗚呼！繫古暨今，蒸民有則，矧伊纓弁，首出四民，身豈出於空桑，心可同於槁木。近者有在庭之訓，遠者有依閭之慈。瞻南山之橋，可以知敬矣；誦完山之鳥，可以知思矣。身體髮膚無毀傷，立身行道以顯世，得無意乎？曾子曰：「居處不莊，非孝也；事君不忠，非孝也；蒞官不敬，非孝也；朋友不信，非孝也；戰陣無勇，非孝也。五者不遂，災及於親。」斯皆毀於行，違於經，悖於倫，而不可列於人子之間者也，吾願與諸生共勖之。

## 弟　勖

夫長幼有序，序之義何昉也？其昉於四時之錯行而不相悖乎！四時之氣，稟於天人之氣，稟於親天之氣，由春而後有夏，夏不得以先春；由秋而後有冬，冬不得以先秋。人之有伯仲叔季也，亦猶是也。是故兄得氣之先，弟得氣之後；兄必友其弟，弟必恭厥兄。天叙天秩，良知良能，不假強爲，在人自識其真耳。

古之善言兄弟者，莫如周公《常棣》之詩，而粵稽古事，有足與此詩相發明者。史稱唐明皇造花蕚相輝之樓，召諸王兄弟日宴賦詩，世謂天子友弟無比。而京兆田真三人欲分，庭紫荊破而為三，明旦枯死，兄弟感泣同居，後荊復榮。斯所謂“常棣之華，鄂不韡韡”者耶？陽城生長不肯娶，謂諸弟曰：“吾與若孤獨相育，既娶，則間外姓，雖共處而益疏，我所不忍！”諸弟感其言，亦不娶，遂終身。此其行雖非中庸，乃其志殊可念也。所謂凡今之人，莫如兄弟者耶？王徽之與獻之俱病困，徽之謂術人願代弟死，及獻之死，嘆曰：“人琴俱亡！”一病而卒。陸雲駒遭母憂，弟搏遇疾，臨終謂諸兄弟曰：“大兄毀瘁如此，不可令知。”後雲駒聞之，一慟便絕。溫大雅改葬祖父，卜地害兄而福弟，大雅曰：“若得家弟永康，我當含笑入地矣！”歲餘竟卒，亦無悔焉。斯所謂“死喪之威，兄弟孔懷”者耶？陳業兄渡海，同死六十人，骨肉消爛而不可別，業乃割臂流血，灑骨上而後別，卒負之以歸。斯所謂“原隰裒矣，兄弟求矣”者耶？衛宣公之子以婦見誅，弟壽竊其節，往而代死，兄又死之，國人悲之曰：“二子乘舟，泛泛其景。”而趙孝、姜肱兄弟遇賊，皆以死相先。孔融納亡而爭坐，世南匍匐而代誅，斯又非所謂“脊令在原，兄弟急難”者耶？鮮卑將死，召其子以箭示之，曰：“若知否？孤則易折，衆則難摧，兄弟戮力，庶可捍敵也。”斯又非所謂“兄弟鬩於牆，外禦其侮”者耶？

乃其弊也，則有入兄之宮者矣，紾兄之臂者矣，殺兄之牛者矣，碎兄之甖者矣，兄桎梏而受誅，弟舞蹈而求免者矣，故曰：“雖有兄弟，不如友生。”嗚呼！孩提知愛長知欽，古聖相傳只此心，凡厥有生，誰無是念？且鳥有排空之序，樹有交讓之名，而況於人乎？同陰而息，尚有將別之悲；合轍以游，亦起中途之嘆；而況於同氣乎？試令彼不孝不友之人誦《詩》之言，覽

《記》之事，至死生急難諸處，未有不泫然淚者，而卒至於不念天顯以及鞠子之哀，何哉？由溺於物欲，蔽於利害，遂將此一段天真籠罩而不得顯，孟氏所謂"失其本心"者也。

是以君子無頃刻不察於斯焉，坐抑抑而居下，行徐徐而處後，貌恂恂而不以賢知先，皆由能識其端而推廣之耳，庸假外求哉？抑傳又有之："弟者，所以事長也。"又曰："五年以長，則兄事之。""爲人孝弟而好犯上者，鮮矣。"四海之内皆兄弟也，斯不亦能推之明效哉？今諸生連枝一室，則有手足之情；負笈三雍，則有壎篪之雅。和順一心，恭敬一道，其在太學而溫溫有恪，不敢慢於人者，必其居家而和樂，且耽克恭厥兄者也。堯舜之道，孝弟耳。"歸而求之，有餘師"，吾願與諸生共勖之。

## 忠　勖

吾人爲學，大段不外求心。而心之爲物，不見不聞，無處下手，惟念頭動處可以著力。然念頭又自不同，有初念，有轉念。初念去無念不遠，如第二月，非是月影。一涉於轉念，則千思萬慮，私意叢生，迷亂而不能自主矣。古聖賢之學，寧有他奇哉？亦惟尋此最初一念，葆而復之於無念焉耳。

"忠"之一字，解者曰："中心之謂忠。"又云："發己自盡爲忠。"夫曰："忠則無所依著，如室之有中央焉。"曰："發己是内心所現，不染外境，如水未生波，如箭初離弦。"曰："自盡是隨發隨達，如芽之必苗，如火之必燃，而更不令其壅閉焉耳。"由是觀之，忠也者，其即吾人之最初一念乎？至誠至一，不矯不偏，意望之所未及生，而聰明之所未及用也。夫子之論寧武子曰："其愚不可及也。"夫寧武子豈愚者哉？在聰明意想之人，則或有視之爲愚者矣。聰明轉多，意想轉深，去道轉遠，古今成仁取義、孝弟廉節等事概無望於此輩，皆轉念爲之祟耳。是故見孺子之入井而怵惕惻隱焉，此初念也；俄而轉之納交要譽惡其聲，則他日或有推井而下石者矣。行乞寧死，而不受嘑蹴之食，此初念也；俄而轉之宮室妻妾窮乏得我焉，則他日或有攫金而祈哀者矣。不忍一牛之觳觫，而以羊易之，此初念也；俄而轉之以小易大愛其財焉，則他日或有興甲構怨糜爛其民者矣。故初念誠矣，轉念偽矣；初念一矣，轉念雜矣；則初念闊矣，轉念狹矣。是以君子只從最初一念而返照之。發端雖微，全體森具，如鑿井得泉而遍地皆水也，搖箑得風而漫空皆風也，執鏡得火而盡界皆火也。亘古亘今，蓋天蓋地，含吐充塞，寧有方所。由是用以立朝，則名之爲忠義；用以事主，則名之爲忠直；用以奉親，則名之爲忠孝；用以主內，則名之爲忠信；用以順外，則名之爲忠恕。如培其根而葉自茂，納其口而節自肥。性之所以盡，命之所以正，大本達道之所以立，所以行，一以貫之而無難者，夫孰非最初一念爲之基哉？粵稽孔之四教，曾之三省，莫不以是爲拳拳。范文正公事上接下，以一自信，不擇利害爲取舍，其有所爲，必盡其心，曰："爲之自我當如是。"范純仁拳曰："吾生平所學，得之忠、恕二字居多。"元世祖命廉希憲拳受戒於國師，對曰："臣已受孔子戒，爲臣當忠，爲子當孝。如是而已矣。"此皆古人以忠爲訓之明白表著者，可不念哉？文信公拳曰："哲人日以遠，典刑自夙昔。風檐展書讀，古道照顏色。"旨哉斯言！吾願與諸生共勉之。

## 信　勉

《易》卦兌下巽上曰：中孚。解者曰："孚，信也。二陰在內，四陽在外。以一卦言之爲中虛，以二體言之爲中實，皆孚信之象也。"《記》曰："惟天下至誠，能盡人物之性，參天地之化。"《書》曰："咸有一德，德惟一，動罔不吉；德二三，動罔不凶。"故世或有以千金與人而人不喜，或有以一言而人死之者，誠與不誠故也。稽天之潦不能終朝，而一綫之溜可以穿石者，一與不一故也。誠且一，則《易》卦之所謂中實也。難曰："信之爲言實也，古今書傳不啻詳哉其言之矣。乃中虚亦謂之信，則我未之前聞也，其義何居？"曰："子不睹夫五行四時之有土乎，今夫土掘之得甘泉焉，樹之得五穀焉；草木植焉，鳥獸魚鼈蕃焉；生則立焉，死則入焉；金不得無以生，水不得無以淹，火不得無以燔，木不得無以長。故《洪範》之疇，土質大爲五，然而四時之叙，金木水火各旺一時，而土則寄旺於其季，無成名，無專位，變動不居，周流六虚者也，不又昭昭然中虚之象也哉？"

彼五常之有信也，猶五行之有土也。四時不言土，土在其中矣；四端亦不言信，信在其中矣。其體實，故君子以信爲信；其用虚，故君子時或以不信爲信。子曰："人而無信，不知其可也。車無輗軏，其何以行之哉？"此以信爲輗者也。齊伐魯，取讒鼎，魯人以其贋者與之，齊人曰："必以柳下惠之言爲信。"魯人以謂下惠，下惠曰："吾亦愛吾鼎。"此以信爲鼎者也。子貢問"必不得已而去"，夫子議及兵、食，而卒不言去信，曰："自古皆有死，民無信不立。"此以信爲兵甲米粟者也。故或援誓於曒日，或投璧於長河，或把臂而托妻子，或立表而待日中，或人亡而挂樹頭之劍，或道遠而赴雞黍之盟，制行不同，總之不欺其志者，此所謂以信爲信者也。乃若有盟無犯，信也；而陳蔡要盟，不旋其轅。有言不欺，信也；而父子相隱，不害其直。不虚美，不隱惡，信也；而昭公知禮，不病其黨。至他日論必信必果，則又鄙之曰硜硜。而"義以爲質，禮以行之，孫以出之，信以成之"，夫然後與其爲君子。夫子之言信，固自有無可不可者在也，豈與尾生、白公者流，抱咫尺之諒，而不軌於正者哉？小邾射以勾繹奔魯，曰："使季路要我，吾無盟矣！"使子路，子路辭，曰：“魯有事於小邾，不敢問故，死其城下可也。彼叛其君而以地來，是不臣也。不臣而濟其言，是義之也。由不能。”若子路，可謂能善用其信者。《中孚》之初曰：“虞吉，有他不燕。”上曰：“翰音登於天，貞凶。”考占於二爻，而用信之道思過半矣。今日居業，他日居官，均之不可不是究是圖者，吾願與諸生共勖之。

## 禮　勖

甚哉！世俗之憚煩勞而偷簡便也。先王承天道以治人情，經典章程動逾千百，將之以玉帛，群之以學校，觀之以鄉射，而謹之以冠婚喪祭。其間無論親疏貴賤有體，登降上下有度，即左右起居，槃盂几杖，刀劍户牖，往往銘戒存焉。是故上而至於朝廷，下而至於民庶，凡所以觀聽其耳目而檢束其身心者，皆甚具而有法。回翔容與而不可以馳驟，世之人率視之爲强世之具。高者跳軼於其外，而卑者屑越於其中，如《曲禮》《少儀》諸篇，徒案上目飽耳。夫越禮教而惟安之偷，則舉凡先王節文度數之詳，與夫周旋裼襲之具必盡廢之而後慊。如東坡所云：“磬折不如立，立不如坐，坐不如箕踞，箕踞不如偃伏，偃伏而不已，必至於裸袒而不顧。”皆一念便安之心爲之也，非憚煩勞而偷簡便耶？久矣夫！世俗之舍簡便而樂煩勞也。耳目口鼻，四肢之欲；聲色臭味，安逸之奉。先王之世，皆渾樸儉素，澹泊而易充，寡營而自足。乃世變日趨，風會日下，往往任其江河之決，而縱其奔馳不返之轡，則有目極靡曼之色，耳極淫濫之音，口極濃甘之嗜，而四體極佚樂之娛。如老子所云“五音令人耳聾，五色令人目盲，五味令人口爽，馳騁田獵令人心發狂”者，皆攘臂快意爲之，即陷於僭濫刑辟而莫之顧也，又非舍簡便而樂煩勞耶？夫煩勞憚矣，又或樂之，簡便偷矣，又或舍之，兩者何以解焉？曰：

"此天理、人欲之分也。"先王之禮，於天理中似煩勞，於人欲中則甚簡便也。世俗之好，於天理中偷簡便，於人欲中則樂煩勞也。今夫人欲之張憤虛憍而奔突怒悍也，其熱焦火，其寒凝冰，其泛溢而流濫則水之就下，不以禮教隄防之不止也。故曰："禮其猶坊與？治亂曰亂，洗污以污，出撌用撌。先王之品節詳明乎天理，正以祛除懲窒乎人欲耳。"

一時無禮，則耳目無所加，手足無所措，譬猶瞽之無相，倀倀乎其無所之矣。故孔子自少至老，未嘗一日不學禮。以之出入周旋，亂臣強君，莫能加焉。孟僖子病將死，召其大夫曰："禮，人之幹也，無禮，無以立。我若沒，必屬説與何忌於夫子。"故孟懿子與南宮敬叔師事孔子學禮焉。子路之死也而結纓，曾參之死也而易簀，二賢之不亂，蓋儼然孔氏家法也。元人兵人潭州，進士尹穀召鄉人爲二子冠。鄉人曰："此何時？行此迂闊事。"穀曰："正欲與兒曹冠帶，見先人地下耳。"宋至崖山之變，國勢垂亡，君臣將與國同死。陸秀夫獨垂紳正笏如治朝，且日書《大學章句》以勸講。古人於顛沛死亡之際，猶惓惓禮教如此，又況從容暇豫之時乎？其齋心儼思可勝道哉？

彼放達之徒，以禮爲贅疣、芻狗。如王衍、何晏諸人，聽其言豈不甚曠，乃其終竟何如也？咸和中，貴游子弟慕王平子、謝幼輿等爲達，卞忠貞厲色於朝曰："悖禮傷教，罪莫斯甚。中朝傾覆，實由於此。"卒如其言，豈不痛哉？故曰人有禮則生，無禮則死。死生之説明，而煩勞簡便之趨決矣。雖然，謂禮教爲煩勞者亦謬，"甘受和，白受采，忠信之人，斯可學禮"。夫忠信豈煩勞者哉？彼無其實，而屑屑焉習儀是亟，斯見其煩勞耳。魯昭公如晉，自郊勞至於贈賄，無失禮者。晉侯善之，叔齊曰："是儀也，非禮也。魯侯焉知禮？"故魯昭公則可謂煩勞矣。先王之禮不煩勞也，吾願與諸生共勖之。

## 義 勘

自古非常之士，建大事、樹大節、舉大名於宇宙間者，大率以氣爲主。氣者，百物之精也，而載物之具也。天之運，地之處，渾淪磅礴於三十八萬七千裏之外，廣矣，大矣。而說者以爲大氣舉之，故盈方寓間，下而河岳，上而星辰，幽而鬼神，明而人物，無非氣者。一日無此氣，則天地之體將恐墜，而天地之化或幾乎息矣。孟子曰："我善養吾浩然之氣。其爲氣也，至大至剛，以直養而無害，則塞於天地之間。"嗚呼！天地如此其大，天地之氣如此其盛，人於萬物僅處一焉，含抱陰陽，冉冉口鼻中，曾不足以呼吸，而雲塞天地，談何容易哉？曰：天人一也。人之氣，天地之氣也。以天地之氣塞天地，固其所也，而何怪氣而養至於塞天地？則天下之事有所不足建，而節有所不足樹，而名有所不足舉者矣。故曰"以氣爲主"。雖然，拔山蓋世之雄，世寧無哉？而有道者不之處，則又何也？氣固以理爲主也。今夫灰心冷念，縮弱首鼠，氣息奄奄如九泉下人，天下事非此輩所能辦也。嗔目扼捥，拊膺頓足，拔劍斫地，日規規焉急，冀得一當以圖一騁，天下事又非此輩人能辦也。孟子曰："是集義所生者，非義襲而取之也。"浩然固天地之正氣，而義其天地之正理也與！

氣之最勁者，無大於風與水二物。其初起也，颼颼涓涓耳，指之則勝，鰭之則勝，寧有异哉？及其竅相和，派相合也，拔大木，偃大屋，排山振壑，奔雷吼空，無有能當之者。君子之養氣也，亦猶是也。至莊子論大塊噫氣，怒號爲風，而又問之曰："怒者其誰耶？"子在川上曰："逝者如斯夫，不舍晝夜。"夫莊子之所謂誰，仲尼之所謂斯，非風與水之謂也，其必有至大中至大、至剛中至剛、浩然中浩然者矣。君子之集義也，亦猶是也。彼不集於其內，而務襲於其外，則亦一篲之搖，一澮之盈，旋止而旋淚耳。嗟乎！集豈易言哉？從人合天，從細合巨，從暗室屋漏合大庭廣衆，頭頭見是物，步步不迷方，衾影無慚，俯仰無累，死生無變，物無得而屈焉者。蓋其始也，則戰戰兢兢，而其終也，則轟轟烈烈矣。子路曰：“士不能勤苦，不能輕死亡，不能恬貧窮，而曰‘我行義’，吾不信也。”此義之説也。曾子曰：“君子攻其惡，求其過，强其所不能。難者勿替，易者弗從，惟義所在。日旦就業，夕而自省思，以殁其身，亦可謂守業矣。”此集之説也。夫孰知至小之爲至大也，夫孰知至柔之爲至剛也，夫孰知怵然惕然者之爲浩然也。眉山氏有言：“不依形而立，不恃勢而行，不待生而存，不隨死而亡。”了得此物，一生學問事畢矣，吾願與諸生共勗之。

## 廉 勗

夫有所取之爲貪，無所取之爲廉，此迹之易明者，不難辨也。至於無所取而實有所取，有所取而實無所取，尤貪與廉之最精者，非充類至義之盡，其孰能辨之？語云：“天下熙熙，皆爲利來；天下攘攘，皆爲利往。”利之中人也，其蟻之於羶，蛾之於火，猩猩之於酒乎？麾召而不來，屏去而復至，究與之俱没而後止。故太史公有云賢人深謀廊廟，隱士設爲名高，壯士先登，閭巷椎埋，趙鄭之冶，搏琴揄袂，游閑公子，弋射漁獵，醫方諸食技術之流及吏士舞文弄法，農工商賈畜長，歷選前人，無不皆歸於利者。渠伊捋鬚，黄魚銅山，遺臭史册，推原所由，惟有一貪，更無餘咎。如外教所云：“貪物爲怪，貪色爲魃，貪惑爲魅，貪恨爲蠱，貪憶爲厲，貪傲爲餓，貪罔爲魘，貪成爲魖魖，貪黨爲傳送。”其説雖誕，然亦足以發明妄生取染者之爲敗德已，故曰“有所取之爲貪”。

君子則不然。君子之所重者道義也，所惜者名節也。彼其視金玉珠璣也，與瓦礫土苴無以异；其視三旌九錫也，與纖塵一芥無以异。行一不義，殺一不辜，而得天下且不爲也，而況其他乎？故不惟嚴於大也，而且不忽於小；不惟修之昭昭也，而且不惰之冥冥；不惟不求人知也，而且不必自知。凡古今書傳所載赫赫厭人聽聞者，余不暇具論，論其一二軼者。如仲山飲馬渭水，每投三錢；范宣却縑豫章，減至一丈；王義方佳樹酬直，皇甫逸斷帶爲炷；桓文林之繫橘，山巨源之懸絲，蕭嶺南之還梅，羊廬江之垂魚。此所謂雖小亦不忽者，真能不取者也。韋詵休日登樓，見人於圃有所瘞藏者，召問之，乃參軍裴寬也，適有人以鹿爲餉，義不以苞苴汙家，故瘞之，此所謂雖冥冥亦不惰者，真能不取者也。王荆公居鍾山，過故人飲，小憩水亭，顧水際沙間有饌器數件，皆黃白物，使人問之，乃小兒適聚於此食棗栗盡，棄之而去。公謂余秀老曰："士欲任大事閱富貴，如群兒作息乃可耳。"此所謂雖己亦不自知者，真能不取者也。故曰"無所取之謂廉"。

雖然，狂者東走，逐者亦東走；溺者赴水，援者亦赴水；廉者不取，矯僞者亦不取。世有紾兄之臂而忍飢於壺殮簞食，豆羹見色而能讓千乘之國者，則好名之人也。如釣者舍餌求魚，畢竟是貪心所使耳，而可謂之不取乎？乃若君子，則固有所取矣。孟子曰："君子深造之以道，欲其自得之也。居之安，資之深，取之左右逢其原"，是故取仁以爲宅，取義以爲路，取禮以爲門，取天爵以爲貴，取飽德令聞以爲富，疏水簞瓢則取以爲樂，童冠沂雩則取以爲諧。鳶飛魚躍，雲淡風輕，庭草方塘，天根月窟，凡盈天地間，耳得之而爲聲，目遇之而成色，無一而非吾之所取者，第其所取，與喻利之小人不同耳。故曰："以百金與搏黍與兒子，兒子必取搏黍矣；以和氏之璧與百金示鄙人，鄙人必取百金矣；以和氏之璧與道德之言示賢者，賢者必取至言矣。"其知彌精，其取彌精，取而至於如是，則雖謂之一無所取亦可也，而豈與入市攫金不見白日者可同年語哉？故曰"無所取而實有所取，有所取而實無所取，尤貪與廉之最精者也"。

嗚呼！富貴在天，得失有命，執鞭失己，笑罵從人，其亦弗思之甚矣。向子平讀《易》，至損、益卦，喟然嘆曰："吾已知富不如貧，貴不如賤，第未知死何如生耳？"士君子辭受取予，苟能知富貴不如貧賤也，不忮不求，安往而不得哉？今日爲士，他日爲官，三要之中清爲第一，吾願與諸生共勖之。

## 耻　勖

人生天地間，大率有五等：其宣聰作哲，踐形惟肖，可法於天下，可傳於後世者，曰聖人；擇善固執，行法俟命，篤實而光輝，德尊而業廣者，曰賢人；蹈繩履矩，足縮縮如有循，兢兢焉不敢自蹈於匪彝者，曰士人；隨波逐流，生無聞於時，死無傳於後，而與草木同朽腐者，曰庸人；濟惡不才，窮奇饕杌，不能流芳而但能遺臭，與禽獸不遠者，曰凶人。

五等之中有四反，四反何也？曰：惟聖人爲能無耻，子思曰"內省不疚，無惡於志"、孟子云"仰不愧於天，俯不怍於人"是也。亦惟凶人、爲無耻，《詩》云："相鼠有皮，人而無儀。" "有靦面目，視人罔極"，孟子云"爲機變之巧者"是也。此兩者無耻則同，其所以無耻則反矣。雖聖人亦有耻，孔子曰"吾有耻也，吾有殆也"，"巧言、令色、足恭，匿怨而友其人，左丘明耻之，丘亦耻之"是也。雖凶人亦有耻，曾子曰"小人閑居爲不善，見君子而厭然"、《萬章》曰"傲象日以殺舜爲事，見大舜而忸怩"是也。茲兩者有耻則同，其所以有耻則反矣。

四反之中又自有三關，三關何也？曰：不見不聞，常惺常寂。十目十手，自責自修。此性地脫徹自作主宰者，上也；過此則境細心粗，而轉機爲不易矣：名爲顯微關。景行賢哲，尚友古人，立身行己，稍有軼於名賢之芳躅，則其心愧恥，若撻市朝。此以人爲鑒、有待而興者，次也；脫也不恥不若人，則鞭己不力，而進修之程或幾乎息矣：名爲作止關。自底弗類，以速戾於厥躬，下流所歸，翻然憬悟，思以晚節蓋之。此燈之未滅而迴光、卦之剝極而生陽者，又其次也；至於不愧不畏，公然犯天下之不韙而不恤，則其心始死而不可儕之人數中矣：名爲生死關。

三關之中又止有二途，二途何也？曰：恥之心、恥之事，如是而已矣。恥之心不可無，恥之事不可有，如是而已矣。

二途之分又起於一念，一念者何也？曰：統之則所謂恥也，而人禽判矣，舜跖分矣。或始乎有恥，則終造乎無恥矣；或始乎無恥，則終蹈於有恥矣。

欲進此五等，先鑒四反；欲鑒此四反，先破三關；破此三關，先決二途；決此二途，先轉此一念：則信乎恥之於人大矣哉。人而有恥，天下事何不可爲矣；人而無恥，天下事又何所不爲。稽之於古，夷齊恥食周粟，寧餓首陽；仲連恥帝秦君，寧蹈東海；沈勁恥父之逆，以死難蓋愆；周處恥衆之惡，以授命植節。他如許由之棄瓢，巢父之洗耳，爰旌之據地，鮑焦之槁死，原憲之辭穀，樂羊之捐金，王蠋之絕脰，豫讓之漆身，陳三之却金，戴逵之碎琴，古今忠孝廉節等事，皆自行己有恥一念始，是以心地光明，俯仰無累。趙清獻公旦晝所爲，夜必焚香告天；司馬溫公平生行事，未嘗不可對人言，正謂此耳。此義不明，則有奉璽若褚淵者，十主若馮道者，笑罵如鄧綰者，攫金若祖挺者，犬吠如師罷[一]者，嘗糞如弘霸者，此宜犬彘所不忍爲，而其人率攘臂爲之，寧識人間有羞恥事耶？諸生居今慕古，下學上達，夜氣清明，靈光不昧，循省故我，衾影多回，當必有懍然骨竦而澀然汗下者，對天寧無愧色？對人寧無赧顏？昔王嘉叟與王龜齡別，語龜齡曰：“吾輩會合不常，留面目异日可以相見。”至哉言乎！具作人之炯戒矣，吾願與諸生勖之。

**校勘記**

〔一〕“睪”，據文意當作“擇”。

# 叢篠園集

〔明〕孟時芳　撰

王書豪　點校

# 點校説明

《叢篠園集》，明孟時芳撰。

孟時芳（1570—1634），字斯盛，號晉醇，明山西蒲州（今永濟）人。萬曆二十六年（1598）舉進士，選翰林庶吉士。萬曆三十一年，授編修。萬曆三十五年，分校禮闈，以得人稱。萬曆四十年，擢國子監司業代祭酒，以御史辱國子生、東宫不親講席、皇太孫未出閣抗疏力争，時稱得體。萬曆四十二年，遷右春坊右諭德。丁憂，服除，起爲南京國子監祭酒，購遺書數萬卷以資諸生講習。萬曆四十八年，入爲詹事府少詹事兼翰林院侍讀學士，參與纂修玉牒。天啓元年（1621），任禮部右侍郎，協理詹事府事，教習庶吉士。爲經筵講官，儀容嚴重，議論剴切，光宗嘆息稱善。天啓二年，遷南京吏部右侍郎。天啓三年，入爲禮部左侍郎。天啓五年，任實録副總裁，迁禮部尚書兼翰林詹事府事。念時事浸非，連章乞歸。崇禎元年（1628），起爲南禮部尚書。召爲禮部尚書兼翰林院學士掌詹事府事，以病辭歸。著有《碧山堂草》《叢篠園集》《良冶集》《凌冰建議》《金華講要》等書。其生平仕履詳見清王鐸《擬山園選集》卷六十九《禮部尚書贈太保晉醇孟公墓志銘》。

《叢篠園集》，今僅存四册殘抄本。山西省運城市鹽湖區圖書館藏三册，内容爲奏疏、序及傳狀、碑記等，山西省臨猗縣圖書館藏一册，内容爲墓志。四册開本、行款一致，且鹽湖區藏本書根即書籍下端切口處有墨筆蘇州碼子〢（二）、〣（三）、乄（四），臨猗縣藏本同部位亦有蘇州碼子標識〤（五），無疑同出一源。書中避諱“弘”字，不避“顒”字，可知謄寫當在清乾隆年間。各冊字體間有不同，當是合抄而成。

此次點校整理，依蘇州碼子依次標爲冊二、冊三、冊四、冊五，以見其殘抄本面貌。抄本通書原有校改，訛者字中加點，字旁補書示改，脱者字旁填寫示補，衍者字中加點示删，倒者字旁標點示乙，今皆從改。抄本有一處佚名校語，今移入校勘記。清王鐸《擬山園選集》卷三十七有《孟太保宗伯叢篠園集序》一文，今録置於卷首。

在整理點校工作中，山西運城市鹽湖區圖書館吴雲科、尉潔，山西臨猗縣圖書館荆福奎、安曉萍，山西省圖書館樊佳琦五位同志慨伸援手，畏友許中匡我不逮，在此謹致謝忱。

鈔本文字訛謬紛如，雖殫心力，不能掃除，高明教我，幸何如之！

# 孟太保宗伯《叢篠園集》序

## 王　鐸

予髫年即聞蒲州晉醇孟公其人，洵有用之材也。己丑，次子縉祚成進士，以公《叢篠園集》問序。公戊戌通籍，三十年家食半焉，學士大夫但知公嗜學不倦，文詩駸駸古轍，不知公蓋爲時所齮，處晦而用不究者乎！方公爲少司成，請復選首，請行大典，其榮道寶法已自不苟，全太學體，勇與觸悟，嚴嚴分分，服狡蟲以裁萬物，材豈球球也者？斯時國本恫疑，貽禍將有不可言，公于洶匈震撼之日請藩之國，氣倍力多，國變不斷，磐石無恙，其識何讓古人耶？迫璫禍作，而萬主政批，死內蛇外鬥矣，公不濡首，拂袖歸蒲坂山，此《叢篠》之所繇，高臥不出也。夫以公之材志匡社稷、太子磐安，則上救三光，下不沒于馮湣，得其火性，櫩林槾櫨，獨有支撐。此時即用公宅揆，其鯁固慎完之功烈與古人合彎揚鑣，曄然可觀，復亦奚難歟？嗟夫！此宗伯竟以詩文老蒲之坂也，世之視公爲若何耶？予盱古來豪杰，生原不耦，率能察天下國家情形利害之故，瘖瘖憂心，睹人未睹，而當時執政嚬嚬牙蘗，惟賄是營，同升諸公者誰乎？至于末造，癸酉、甲戌以後，市官鑽笮百姓，政地與貂豎煽毒，而天下不至于壞極潰爛不止，良可慨也！天生宗伯，將以昌其材歟？將以昌其文歟？

　　《叢篠園》炳炳雅正，萬籦不在孫可之、皇甫輔正之下，海內誦之，知古轍可式，視彼夜金熏鑠、兵廬煤土、荒草沙墳、無文無詩、何政何執、竊焰詭輝、毫毛之功烈蔑如也，孰與仲多？善齮人者亦疇得疇失哉？斯集也，懦夫誦之慕其侃，躁競覽之頌其静，龍蛇蟄以藏身，遇不遇，用之不究，公有立其大者，公可無憾，學士大夫何必爲公嘆歟？公次子爲予門生，能纂修于躬，刻公《良冶集》十二卷。若宗伯掖善類、訓後學、却饋諸事，不細臚也。噫！古來大用之材往往多晦塞，大約若此。

　　輯自北京大學圖書館藏清順治十年本王鐸《擬山園選集》卷三十七

# 傳<sup>[一]</sup>

## 展贈公傳

展贈公，山西蒲州姚温里人也，名希文，字汝學，別號槐亭，以子自重貴，累贈如其官，故稱贈公。展之先爲魯公子賜姓，華胄遥遥。宋有大恭者，肇自秦之醴泉遷蒲；有忠者，始析蒲戶爲二十有七。忠後又六世，是爲太翁旦，好行其德，里中推爲長者。宗支雖甚蕃衍，而世守農畝，鮮通籍臚仕之人。

公生而警敏，從塾師學，將以經術進身，心念田家子逢年多獲五斗厚幸，安能俯首刺促章句，以徼不可知之榮遇？顧能餒而學邪？則軼掌廢業，輒已操奇贏矣。公饒有心計，視猗頓、陶朱之積可徙倚俟，會無良子乾没其貲，公置不問，用是驟落，然其好施予益甚。南度荊襄，溯淮泗，北抵滄博，喜燕趙習俗，慷慨激昂，有古豪杰風，更多鹽策之利，遂税駕焉。拮據凡若干年，業崒嵂鼎盛，而坦衷洞懷，高岸闊步，所至人服其高義。比大卿君束髪，嶠<sup>[二]</sup>嶄露頭角，公悉以籌算畀之，語大卿：“吾殖即不豐，有子可以負荷，而僕僕不已，不爲造化小兒所譏訕乎？”乃治裝旋里。

公故居背中條，面五姓，擅蒲東山水佳麗。公益修葺，選石成榭，結茅成屋，種蔬成圃，植卉成林，時治供具，與所善友朋徜徉其中，或問及世路得喪事，則笑而不答。郡大夫舉賓射，欲得公，爲三揖，重辭不赴。鄉縉紳冠蓋履公門，或邀公過從，咸使人謝不敏，庶幾哉鴻羽千尋、鶴心萬里矣！弟希美困滯畿南，公曰"吾母所憐愛也"，逆婦於室，促之歸，更爲割良田，資斧給之，白首不異。其他姻黨族姓，餒者待而舉火，凍者待而授衣，周賑甚衆，而公固食不烹鮮擊肥，衣僅大布已耳。所德即微必報，所被凌轢即極憝不較。鄉人有爲虞芮之交質者，不願之官，而願之公。公與人子語依於孝，與人弟語依於恭，議論剴切，不阿私所好，鄉人胥感化，有陳大邱、黃徵君之遺矣。年周甲子，少微殞曜，識者尚有壽不滿德之憾。

初，公出游也，舟車所至，遇古今禮儀、憲章諸載籍名編，必捐貲購求藏於家，間有笑其迂者，公曰："是非若曹所知也。"公即世，未幾，大卿君果賡贊蕤妙簡。萬曆末，神祖清穆，靜攝將近三紀，朝儀廢弛最久。迨新辟踐阼，大小臣工茫不知趨蹌拜舞之次，獨大卿君取其家藏，默自考訂，舉朝倚爲指南，一時大典禮爛其有光，則大卿之明習素而公之貽謀宏也。大卿君揚歷三朝，洊躋九列，累奉綸恩，褒崇所自。公初贈登仕佐郎、鴻臚寺鳴贊，加贈儒林郎、鴻臚寺左寺丞，三贈奉直大夫、鴻臚寺左少卿，四贈中憲大夫、鴻臚寺卿，最後贈中大夫、光禄寺卿，上逮太翁旦，并貤榮焉，真異數也。

史芳曰：深山盤鬱，雨雲用興；溟渤浩渺，鵬鷃乃化。世德茂衍，子姓蕃昌，天道人事有固然者。以今觀於贈公，賈不近利，善不近名，隱不近僻，所稱純龐謹愿碩人也。善慶貽穀，篤生哲嗣。闢素封而曳朱紱，煥前暉而裕後昆，猗與盛哉！夫修之身，其德乃真；修之鄉，其德乃長；贈公以之修之廟堂，其德彌光。大卿君以之，嗣大卿君而起者，駸駸乎未艾，王氏之三槐、燕山之五桂，詎足專美千秋邪？是爲贈公傳。

# 碑　記〔三〕

## 明承德郎直隸真定府通判致仕中山高先生墓碑

先生姓高氏，諱嵩，字鍾秀，太原寧鄉人也，別號中山，以文行爲學者師，人共尊稱之爲中山先生云。上代至諱太倉者始可稽，太倉生端，端生永泰，永泰生廷，廷生世薦，以鄉貢爲封邱廣文，室於郭而生先生。先生幼賦異質，廣文公授以音韵，即能曉大義，十四五時，母郭遘病，先生每夜籲天，欲以身代，人稱其孝。十九補博士弟子，雅志實學，不欲以文字相矜詡。時口山陳公以理學名家，因從之游，講明聖賢奧指，辨別諸儒緒論，退而端坐靜思，求體會於身心。自是搦管成文，根極理要，每試必首諸生，督學無不奇之者。隆慶丁卯舉鄉試第六人，屢上春官不第，因講道於鳳山書院，以誘進後學，四方負笈從者日衆。庚辰謁選，授井陘司訓，首以孝弟忠信爲諸士誨，有貧不能婚葬者，賙給之，一時士風丕變，登第二人，文物蒸蒸盛矣。同寮東安李某父子遘瘟疫，僕從咸散去，先生爲視湯藥，竭力扶持，比俱卒，捐俸具殮，以歸其櫬，陘人士義之。癸未，擢膚施令。膚素苦催徵，緣徭役不均，民多逃逋，先生至，則與民寬恤之。屬歲大侵，上發金錢賑救，先生親歷蔀屋，察凋瘵，招流亡，奏記諸上官，盡輸積聚以貸，所全活以數萬計。邑有殺人而出于誤者，先生原其情，爲求釋之，至終夜不寐。又有毆口妻馬思才者，實怙終未露之奸，先生廉得其狀，置之法，邑人稱爲神明。他如革緡役，興水利，墾荒田，立文會以課士，勤勸諭以導善，節財用以蘇里甲，善政未易更僕。當道嘉其賢，薦爲治行第一。三載考績，贈廣文公爲文林郎，郭爲孺人。戊子，擢通判真定府。瀕行，父老遮道攀留，如赤子之離怙恃也。時有武弁某，德先生甚，持奇珍饋賕，先生力却某，茹檗之操類如是。

恒山所司者，軍賦兩務，賦有樣米，馬有見課，此常例也。先生曰：“民竭力以輸公家，人以其餘充不肖者之私囊，其何堪焉？”首禁革之。凡議法，務持大體，治獄多所平反，嚴禁吏胥衣履之過侈者，不閱月以廉明聞。考云：“誠心未鑿，直道無阿。折獄服兩造之心，收糧除屢年之弊。”委署定州。先生素性恬淡，原無意于宦達，適定，則杜門謝事，乞致仕歸。寮屬、士民擁道左，多泣下送之。既抵家，不冠帶，不肩輿，不履公庭，昕夕以經史自娛，課子及孫，暇則偕故友觴詠山水間，忻然樂而忘老，無論出處陳迹矣。

先生天性孝友，執考妣喪，哀毀骨柴立，哭三年不輟音。撫弱弟，曲盡愛誨，以及成立。仲祖愷無嗣，則備極孝養，及卒，祭葬如禮。行止端嚴有則，居幽室必整，御妻子必莊，其于廉恥名節之防，凜如也。處鄉黨恂恂雅厚，爲孝廉時，有巨勢欲敓其基，先生不與競，其人後感愧悔謝。叔子守謙以辛卯舉于鄉，先生謂曰：“福難幸致，惟有德者享之，而幸登鄉書，當益自謙飭，以無負命名之意。”蓋雖宦成，而自奉一如韋布，家人無敢睚眦里中者。其學以孔孟爲的，以身心爲要，以人倫物理爲印證。嘗言：“作用處欠缺，繇學問内滲漏。”此豈藻繪章句之末、夸飾雕蟲之技者哉？卒之日，鄉父老、諸生舉而聞之有司，請于學使者，祀之鄉賢，百世而下，寵光未艾矣。

先生生於嘉靖癸巳，終于萬曆庚子，得年六十有八。元配王氏，贈孺人，端莊温惠，事太孺人以孝聞，先先生卒。繼配郝氏。男五人：思謙，邑庠廩生；愈謙，邑庠生；守謙，辛卯舉人，余同年友也；益謙、福謙，俱幼，業孺。女一，早卒。孫男十有五人：晴、咏、昳，俱邑庠生；曦、曉、昕、曾、曙、睫、煦、昂、曛、時、曠、昭，俱幼，業儒。孫女七。曾孫男三：士仰、士林、士顯。以某年月日啓孺人壙，合葬于新兆麻黃嶺之原。

余少則聞諸長老，稱先生行義甚具，私心嚮往之。比辛卯從先生叔子游，乃益得徵先生軼事，操行無愧於衾影，當官一本諸素修，金石之義，琅琅弗渝，可不謂鞠躬君子哉？今先生不可作矣，而俎豆輝煌，流聲來祀，雖無老成人，猶有典刑，然則先生豈遂泯乎？余故識其大者而爲之銘。銘曰：

惟高之先，晉陽鼎族。奕世彌昌，璇源載淑。濟美垂裕，以逮先生。豐標岳峙，負韞淵宏。力黜浮章，游神元始。濂洛關閩，景行仰止。學無究理，儒則稱宗。基德既固，效用聿崇。厥德伊何，溫其豈弟。有懷二人，友于同氣。庀家以恭，睦宗以義。厥用伊何，惟民之怙。恒甸風清，延平惠普。匪競匪絿，不茹不吐。道徵於古，迹暌於時。韠華所在，棄之如遺。居有謳吟，去有慕思。不足者遇，有餘者福。完名而歸，壽考以復。崇祀黌宮，前徽是躅。溘然委化，箕尾翱翔。鬱鬱松楸，汾水之陽。封若負斧，翼以奎章。昊衷佑仁，坤靈協吉。斯妥斯藏，令聞無斁。千秋萬年，過者是式。

## 恩旌節孝孫曾祖母太夫人墓碑

太夫人姓韓氏，潼關衛儒族女，及笄，歸髦士孫公諱元。公故嗜學，迨內助得賢，日惟下帷攻舉子業，不問家人生計。太夫人以勤渠佐之，皲瘃蓁瘁。公數奇，屢踣躓場屋，竟齎志以歿。時太夫人年二十有八耳，哭踊慟絕，不納勺飲者數日，誓將必死。里媼辟之曰：“若堂上垂白，藐諸孤呱呱方待哺，死者不可負，生者尤可念，必生者無恙而後死者猶生。"遂深思轉念，而家又徒四壁立，俯仰無資，則不憚拮據卒瘏，炊饎澼絖以奉養其舅姑，歿而含殮棺椁，無不誠信，鄉人翕然稱孝焉。子勝衣知句讀，手畀笥經授之，昕夕督課，綽有畫荻、和熊之風。稱未亡人者五十載，壽終蓋棺論定，可謂完節也已。當太夫人之世，巡方使者稔聞其徽懿，將疏於朝，覆實衛弁，弁索賄，不與申覆，太夫人知，亟叱呵遏止。病革，與家人訣，猶諄諄以弁輈爲戒，辭嚴義正，寧可與腐草同萎，少涉世心，所不忍受哉！後仲子承光起家貢籍，仕至沔縣尹，孫男振基、曾孫男必顯辛丑、丙辰先後成進士，基拜司諫，顯佐太宰，歷銓長大夫，業俱逴犖，說者謂芝有本、醴有源，洵非誣云。顧沔縣公晚年得官，司諫公在梧垣，未久旋奪於造物，太夫人之節孝虛而未旌者，殆若干年。今皇帝聖神踐祚，闡功令以廣風厲，諸臣工以闡幽請者，靡不曲體其私。銓長君乃臚列曾祖母行實，援令甲，披瀝籲請。上可其奏，敕宗伯予旌表如制，齊雲棹楔，式賁通德，太夫人永[四]蘗之操始炳煜於天壤矣。不匱之思，仍伐青珉，以不佞從太史之後，俾題其墓。

嘗觀史册所紀載閨閫媊節，惟是從一爲貞，柏舟矢志，黃鵠興歌，豈不與琬琰并芬哉？顧有慷慨引決，義不返顧，爲其夫死也者；更有長慮却顧，委曲圖維，俾其夫不死也者。蓋婦事夫與臣事君一道也。古有臣不食其言，捐軀赴難，若苟息之屬，君子猶有議，以爲無益于君，徒死耳。太夫人忍一朝之悲憤，而爲不朽之令圖。竭力以孝尊章，則以婦而代子；愛勞而育嗣人，則以母而代父。即起公九原，寧纖芥之憾乎？是爲不死其夫者也。視彼計無復之、一死以明志者，難易不啻倍蓰[五]矣。偉哉！拒弁賄之語，其識獨高，守獨定，凜凜英風，即鬚眉丈夫所不逮也。昔裴淑英讀《列女傳》，見稱述不改嫁者，謂所親曰："不踐二庭，婦人常理，何爲以此載諸記傳？”後父欲奪其志，竟斷髮絶粒不能移，以方之太夫人恥納賄以求名，恬衷雅志，後先一揆矣。山巨源濤爲吏部郎，甄拔人物，時號“山公啓事”，帝以濤母老，賜錢穀、藜杖，後益老，乞養，表疏數十上，特給床帳裀褥，不爲不榮，然及其生存之自出耳，未聞追賁於久化之王大母也。今太夫人茹荼履貞，身名俱泰，誠足媲美前淑。銓長君服寵蒙麻，躬捧綸命，其遭逢更度越山公而上之，秉如椽者昭垂惇史，直令巨靈仙掌失其崇峻，又何必松門八尺與不佞贅詞爲耶？銓長君宏猷亮節，稟於家範，在銓凡再起，皆不諧于時局，邇方駸駸嚮用，中外咸以公輔矚待。太夫人之昭受渥典，未有涯也。銘曰：

南有佳卉，托根岳蓮。靈柯穟蔭，翁鬱綿芊。厥根維何，及泉如石。婦順妻貞，允輝簡册。結褵君子，玉珮葱珩。斂裳脱珥，效做雞鳴。風翮未騫，壑舟忽徙。泣竹懷湘，崩城痛杞。晨昏甘旨，言念高堂。閔鬢遺孤，早夜徬皇。孑然一身，百艱盡歷。黽勉笣筐，辛勤紝績。松筠素節，冰雪貞心。俯仰靡憾，畢命藥砧。貽慶發祥，風雲元際。簪紱蟬聯，清華世濟。孝思銓部，抗疏陳情。宸旒嘉賞，特賜榮旌。彩楔顏門，金泥表宅。臺擬懷清，王言有赫。巍巍華表，翼翼豐碑。名輝彤管，德重坤維。奕葉雲仍，新恩沉瀹。宿莽回春，行人瞻拜。

## 蒲州重修文廟碑記

蒲州學在城東南隅，歷代建置、修飾詳郡乘、廟碑。嘉靖乙卯，覆于坤軸之變。有司興復，以財力詘，惟苟完，乃報命。嗣是即有葺補，第僅塗丹腰、加埏埴已耳。越五十餘載，殿宇欹頹，而廟[六]廡至不蔽風雨。歲丁未，憲使喬公學詩句宣，駐蒲謁講，憮然謀所以作新之者，而難其費。師生條，出學庚積穀，易金錢以爲用[七]，公怡然報可。遂請諸兩臺，仍移檄府州，覆議數上下，泊公陟右轄後一載餘，議始定。計出粟二千石，得金千有百兩。集匠鳩材，首大成殿，易其柱礎、鴟吻，大更新，即及啓聖祠；次兩廡，從撤新；又次櫺星門，并左右綽楔、周道、坊表、戟門、碑亭皆整新。前壁易土爲磚，名宦、鄉賢祠及明倫堂、齋廊、庖湢俱剔蠱補圮。官師廨舍姑仍舊，周繚崇垣，悉加繪彩。制廣狹視昔無增損，而壯麗岳岳，大異常舉。間有不敷，則郡侯張公羽翔簡[八]鍰書，准令輸磚木襄助。大抵費施[九]於廟者十之八，施於學者十之二。工始于戊申秋仲，越己酉夏孟告竣。張公以時芳爲郡人，俾爲文記事。

　　夫今天下文教大洽，道一風同，地非東魯，尼山在望，時非蒼姬，宣聖猶生，此其道固萬古常靈。因思國家興學建廟，如意止尊聖妥靈，則祀何如闕里？儀自有辟雍而胡爲？環海郡邑，在在置一學宮，而詔之官聯，群之生徒，趨蹌講授于其中，斯其意固有獨重者。蒲爲有虞氏故都，上下庠之制不及論矣。粵稽命契，敬敷五教，不親不遜，特厪帝衷，至庶頑讒說，猶必候明、撻記，欲并生於天地，則其所爲教者可知。三代迭興，庠、序、較各異，而制莫備于成周。講肄有所，辨說有數，蹈舞有節，視聽有物。罇鉶豆籩、鐘鼓羽籥爲之器，而盤辟綴兆以爲容；典謨雅頌、射御書數爲之文，而誦讀弦歌以爲業。當是時，論政辯才，讞獄獻馘，國之大事，皆必於學，而九年視成，四十始仕，所以磨礱其德性而閑習其技藝者蓋不啻豫已。故道化薰蒸，真才輩出，昌明之運率繫於此。世衰道喪，教化替陵，父師之所訓誨與子弟之所從事，斤斤記誦章句，飾爲醨鷩，冀得一當嚼矢。即有所謂卓識高等者，又馳神彼岸，駕口忘筌，浸淫于異學以見奇。而下則托凌厲爲豪舉，以肆其矯誕之習。故一學較也，古爲育德儲材之地，而今以爲希榮獵膴之階；古藏修游息沉酣于其內而無外慕，今屈首鉛槧，視若桎梏，而去之惟恐不速；古修身證性，深造自得，雖大行而塞不變，今第炫彩爲華，逢年爲實，一得志遂弁髦棄之：無惑乎古今之不相及如江河之流不可底止也！

三晉風氣淳固，俗尚儉朴，有唐虞遺風。維蒲負山帶河，獨稱望郡，先後鉅公名宰勛業爛焉不乏，皆以誦法孔子起，而今且青衿博士弟子員幾七百人，蠢蠢待穎脫焉，可不謂千載一時哉？屬兹學宮鼎焕之日，寧無振衣彈冠之思？以今隆師親友，户誦家絃，不患無彫琢刻鏤之技，而患無躬行踐履之實。夫躬行踐履，則三代之所謂“明倫”而虞廷之所謂“親遜”者也。人心、道心獨知寧昧？博我、約我反認自真，而立德、立功皆是物矣。

國朝以理學從祀者四，獨首吾黨文清公爲百世師，而月川先生實褒然前唱，曾以正學印蒲庠，讀書有録，夜行有燭，夫非聖門之正脉而後學之山斗乎！矧郡侯張公雅意右文，崇獎士類，月分俸以餼課業，貧不克婚者，各捐厚佐，毅然以作人爲己任。士生此聖哲之鄉，範型不遠，而尚不厚自矜奮，即視賢師帥亦有負焉！大之輔翼聖真、匡扶國運，次之展案錯事、砥節完名，總期於樹不朽，蓋人心各有仲尼而有爲即能若舜，亦祗成其爲人而已矣，非異事也。余故述事之始末，而又本先生教學之法，以屬望之多士如此。

是役也，撫臺李公景元，按臺喬公允升、劉公光復，署守道詹公思虞，守道袁公和，太府李公從心、黃公道亨，實前後定議考成，而督工則同知馮端本、判官龔汝懋相繼任勞，法得并書。

## 重修河瀆海神廟記

郡治城外坤隅，二廟雄峙，曰大河、西海之神。規制宏厰瑰麗，境内它祠宇不得與媲埒。稽諸《會典》，有司春秋致常祭，凡朝廷遇大慶與夫水旱災沴，則遣使齎制帛特祭，典至隆鉅也。

郡爲有虞氏故都，《虞書》所紀厥儀，止於望秩而已。立廟昉自隋，在河外王城、大荔之間。唐人益加嚴整，玄宗幸蒲津，守臣上書以岳、瀆并建，地方疲於駿奔，請東徙瀆廟，許之，遂定於今地云。蓋河發源西域，《穆天子傳》言：“陽紆之山，河伯所居，是惟河宗。”薛元鼎言：“河源於昆侖山。”潘侍讀昂霄著《河源志》言：“出星宿海。”然自積石入中國，惟龍門南下，禹經始治之，廟基所繇奠哉？至於輿圖四隩俱濱於海，《禹貢》僅東漸於海，漢闢百粵，以達珠崖，此今日東南所以得瀕海而專祭矣。若夫北極、西極，遠隔龍荒、弱水，聲教之所不及，則以北海附濟，西海附河，用伸遙望之誠。而覃懷之廟，前瀆後海；蒲阪之廟，左瀆右海：總之皆因其地勢自然之定向耳。往代多加神以封號，洪惟我太祖高皇帝誕膺景曆，益闡惇庸，頒垂功令，釐正祀典，一洗前代陋儀，止稱河海之神。猗與聖謨，真駕軼千古！

　　聞當時廟制孔巍，至正統中，蒲守張公廉奉敕修建，益恢拓之。嘉靖乙卯，郡罹地紀大變，廟一夕夷爲邱墟，栖神無所。迨隆慶庚午，河暴漲，怒濤驚浪，衝射西北郊關，城不没者數板，上下皇皇，咸歸咎於廟之不治。巡方使者合詞以聞，詔下水衡議，得留兩臺贖鍰，旁括庫藏積羨并各當路捐助，共計金錢九千有奇。再閱歲，州侯分寧陳公以朝來守蒲，始克殫力肩仔，迄萬曆甲戌廟成，殿亭、廊廡、庖湢、齋舍、門坊、垣墉莫不薙榛蕪而鼎建焉，詳載鄉先達楊襄毅太宰、王襄毅司馬、張文毅元輔三公碑文中。既歷三紀，浸淫頹敝，正殿、寢殿、儀門、前坊泪井亭、碑亭，雖榱桷柱礎隆杰，無所側毀，而瓷甍金碧類就剝落，兩廊傾欹者十之五六，周垣圮仆者十之三四。鑲扃不見，鞠爲榛莽，燕雀狐鼠，夜蹲晝嘯，即歲時薦享亦祇沿故事，典守、掃除謾無專責。嗟夫！名山大川，興云致雨，爲萬民利賴，非一偶[一〇]叢祠可比，且煌煌御製，確有彝典，而廢缺若此，將何以祈神休而造福一方乎？

　　吾友郭君中丞，碩曠魁偉，秭米六合，解節里居，暇日過廟，見其狀，低徊感慨，以修復爲己任。又計四郊多壘，公私財力匱詘，經費之資不宜請於上，請則恐廟堂斥爲迂圖；不宜煩於民，煩則恐閭閻沸爲怨府。輒首輸鏹緡若干，爲眾倡。監司、守相高其義，翕然以廩俸繼之，郡薦紳若大姓饒力之家咸惄焉襄佐。次第來[一]材木、廣埏埴，庀丹黝，鳩匠諏吉，周爰執事，越數月而藻繪其剝落，扶持其傾欹，繚繕其圮仆，畫棟雕甍，翠飛丹煥，郡人士欣慶相語，庶幾再睹陳侯崇飭之盛。役竣之日，社鼓喧填，賈葦輻輳，適戚臣大都督萬公銜天子命以登極告虔，簠簋更若增賁，豈神之靈固嘿通其合耶？洵殊絕矣。語云：“國之大事，在祀與戎。”中丞前兵備張掖，開府銀夏，屢奏奇捷，功著疆場，而猶以其休沐餘暇率作經營，興久廢之工，建必然之畫，敬神恤祀，可謂獨識其大者。彼夫寄迹山房，驕語清曠，流連于詩筒酒斝間，語及地方興革建置，率憚首事，不任勞，否則留心琳宮梵宇，妄冀徼福延齡之誕，大有所托而逃之，以語中丞，不其避席遜步矣乎！

　　中丞名之琮，余丁未所錄進士，今奉簡召，建節宣府，縮北門鎖鑰，名位未易涯量。余不佞，承乏留卿，謬掌拜[一二]禮，凡洽治神人之事，無所不得問焉。樂觀二廟之更新，而嘉中丞擘畫之勞，爰記其概而系之以辭。辭曰：

　　坎兌儲精，發源西土。疏導地中，衍流澤溥。繄我虞京，夙崇棟宇。即敝維新，翼然河滸。絳闕雕楹，蛟宮蜃府。燀火繭牲，桂鱨翠黼。肹蠁居歆，飆輪雷鼓。山鬼揚旌，巨靈執斧。英辟乘乾，聖作物睹。使職蕭將，百神攸主。拱翊垂裳，集禧篤祜。海宴河清，五風十雨。司嗇奏穰，馮夷循矩。九鼎盤盂，兩階干羽。

# 墓　表 [一三]

## 明贈忠顯較尉錦衣衛鎮撫右川王公暨配楊太安人墓表

　　蒲城東五里峨嵋原，是惟贈錦衣鎮撫右川王公暨安人楊氏之墓。公歿于萬曆乙酉歲，而其葬也，實以儒官。越二十載，伯子詡以武進士守備寧武關，仲子訥以侍衛勞授錦衣衛鎮撫，贈公如仲子秩，安人加今封。又五載，爲萬曆庚戌，安人以疾卒，伯仲啓公壙附焉。既乞銘于太僕公，又合前襄毅公所爲公志來，屬余表其隧道之石。憶公居天津，與家大人實同社，相得甚歡。家大人自社歸，必亟稱王公長者，其惇德懿行，聞之不啻詳矣，即不斐，安敢辭？

　　按公諱崇教，字興甫，別號右川。其先世龍門人，爲文中子雲裔，明興，始占蒲之宣化坊。曾祖榮、祖馨，俱以襄毅公貴，追贈光禄大夫、柱國、少保兼太子太保、兵部尚書。父璁，母范氏。公生而穎慧，讀書多所通解。未冠，丁父艱，奪于家計，不獲終鉛槧業，則牽車牛而講什一之策，非其好也。初從姊丈楊君貸微貲經營，後漸授數百金報鹽河東，出納毫無私染，楊君重之。已而襄毅公命辭楊貲，自分俸金三伯，俾携以守支于長蘆。蘆故富商大賈之所集也，役財驕溢，固其恒態。公獨斤斤自守，雖握算計奇贏，而口不絕詩禮，進退周旋肅如也。在河東支鹽時，雖嘗挂齪臺之奏，以臺使者實有忌于襄毅公，而故入公名以修怨，乃公繩趨尺步，居恒未嘗自躍于冶，即臺使者後益愧矣。萬曆改元，奉恩詔授儒冠帶。乙酉，年六旬，忽膺寒疾，卒於外。屬纊時，遺言自叙受襄毅公暨楊姊丈恩未報，而以孝弟務本勉諸子，絶不及私。襄毅公聞其疾，走書安慰；從子太僕公、從孫大金吾自京邸遣使送緋衣，視含殮。兄金川公任沈庠，哀痛幾欲棄官。噫！匪公孝友純篤，能得人若是耶？

配楊安人，名家女，父昰，母李。幼有奇貴徵，長而歸公，婉順恪慎，力修婦職，以襄家政。公服賈於外，席不暇暖，一切歲祀、子女婚嫁、姻屬應酬，悉安人脱簪珥佐之，無廢事。公既商遊，則過庭之訓有所未遑。安人撫育諸子，愛而能勞，無論知學，時勉以進修，以機杼伴占畢，即伯仲宦成，猶時訓戒之。公不規規非分之獲，務執義以權子母，以故囊無厚藏。安人自奉儉素，一絲一粒，未嘗妄費。惟竆婦告急，輒傾囊予之無吝，中外姻黨賴以舉火者甚衆，惻怛慈愛，自其天性。比歲就養伯子任邸，見塞上乘障卒，則愀然曰："是故以七尺軀易升斗粟耳，爲上者若之何不與同甘苦，而輕用鞭笞爲？小子識之！"嗚呼！景讓之母息衆謹，元暉之母訓修潔，安人識度，殆與之方駕媲賢矣！

史芳曰：吾蒲固多詩書之胄，至奕葉蟬聯，簪笏濟美，則無如王氏最盛。獨公幼業儒術而身不致青雲，壯握鹽策而家不比素封，僅躋中壽，隕身逆旅，豈其以孝弟忠厚之行而不際豐融碩茂之遇，所謂福善之天，果難諶耶？要以士人積行原不亟於責效而期于信心，天道報稱亦有不於其躬而於其子孫者。計公去世甫餘二紀，而伯舉武科，仲列環衛，諸孫森其玉立，輝煌綸誥，光賁泉壤。安人以鶴髮縜象服，優游板輿，且數載於兹，亦足以酬慈勤，爲善人勸矣。夫深林叢蔭，巨水藏珠，福不幸致，有德司契。以太邱之仁隱約於一時，而紀諶群泰貴顯者累世；李邰之賢藏于侯史，而博學隱德之報在其子。歷稽古今，未有厚稽而不駿發者。子之能仕，父教之忠，諸子登庸，即謂以公用可也；戒無

鞭笞，口澤存焉，即謂安人常在可也。余故表而出之，俾後世徘
徊瞻拜者知公夫婦一德齊福，而皇穹眷佑有德，未始或僭也。其
子女、婚姻、氏族具詳于志中。

## 明恩詔冠帶庠生鶴池孟公墓表

嗚呼！此余族伯鶴池公之墓。伯諱櫕，字育之，號鶴池，一
號宸垣。嘉靖乙卯，以儒士補郡庠生，年七十，奉恩詔給冠帶，
壽七十九歲，學者稱爲鶴池先生。曾祖諱琳，進階朝列大夫，淮
安府同知。祖諱鑲，封奉政大夫，真定府同知。父諱汝浚，中憲
大夫，鳳翔府知府。母史氏，封宜人。蓋吾孟氏上世家介休，有
祖諱文玉者，官元萬户侯，元末遷平陽，明興，遷蒲州，籍守禦
所，至伯七世矣。中憲祖有子七人，伯行四，以嘉靖十二年十二
月二十三日生于曲周學署，旋游安肅、真定、長蘆宦邸，登常
山，吊碣石，其志向慷慨，有燕趙風，然融以深沉，無圭角也。
已又逆婚懷慶雷公任，復隨父任之鳳翔，慨然慕魯齋、橫渠之爲
人，而窮理守正，蓋實有之。入泮歲冬，坤軸告變，宅第灾，
母、兄、弟、妻、孥六、七喪，悉伯含殮，後追想摹寫遺像，無
不克肖。甲子，值父艱，毁室中簪珥，鬻澗北腴地數畝厎葬事，
棺槨悉美柏，營新墳，封樹手自植焉。伏臘生忌，親拂几筵，竭
誠祭奠。兄弟早殁者，毖祀悉同存者，白首聚居一室，無間言，
其孝友如此。處宗族鄉黨以和敬，有犯者，不與較。持守端亮，
爲諸生四十餘年，未嘗與人構隙，爲人牽証，以青服至公門。安
肅鄭公、銅梁張公兩大司馬以舊交聘問，往來上谷、雲中間。有
參戎持千金爲壽，借吹噓，堅拒不受。鄭公從容曰："生平經史，
敝帚可棄也，少屈幕下，則唾手都閫，可乎？"伯俯首嘆曰：
"吾皓首窮經，未沾一命，命實爲之，又安能舍素業，披堅執鋭，
奔走轅門下乎？"力辭之，其貞介如此。

少從學于太府古巖傅公、冏卿龍川王公，淵源有自，壯志不酬，退而傳經，不事夏楚，而成立甚衆，龍門、河外亦有其人。雖專門《尚書》，然無書不讀，尤精于《易》，每嘗揲蓍，自安休咎。古文祖蘇公《赤壁前賦》，詩句嗜王摩詰樂府，好秦少游諸著作，或應人乞求，或觸興自吟，率不存藁，而賞鑒家多能傳誦。繪寫人物、草蟲、小景，精細有緻，得李將軍、馬河中心印。旁及地里、占卜、篆字、奕棋、角射，皆有獨得。病胃數年，服習方士導引坐功，亦有餘效，可謂博洽矣。生平無巧營，無嗇積。幼爲貴公子，未嘗乘堅策良、華衣詭冠如世俗驕侈態，後即教授生徒，被褐飯菽，怡然樂也。二子一督之學，一令之商，迄長子稟于學，即撤皋比，不問家人生計，日與同志爲真率社，徜羊自適。其自題其枕，有"向平心已足，鼾睡得安然"之句，則襟次瀟灑，亦可概見。

兹歲萬曆辛亥七月十六日，其卒期，十月二十五日，其葬期也。配雷氏、陳氏，淑行、生卒各有記石，俱祔葬。繼羅氏、李氏。生子二，長元芳，州學生，娶馮；次正芳，晉府典儀舍人，娶楊，繼劉。女二，一適昭信較尉張秉彝，一適廉汝功。孫男四，紱、綬、緻、級。孫女六，外孫男五，女二，外曾孫男〔一四〕各一。

夫士人涉世，脂韋者鮮，特操而持重者，又多崖異矯絶之行，兩者皆譏。伯不設城府於胸中，而廉隅未始不明，如却武弁之托，謝貴交之聘，抑何凛凛風棱也！乃坦衷而出之以樂易，容衆泛愛，無棄人矣。歿之日，走而哭者，幾遍閭左，僉曰善人君子也。遇合不偶，即未克究于用，蕙蘭蓀蒩，詎以無人而歇芳哉？余小子幼居燕山，未獲執經北面，憶萬曆丁亥，與長兄同課藝，伯時一批閱焉。伯門人翀元張君爲弟傳芳、世芳師，雲翀張君則兒繩祚所師事，是孰非伯之澤所波及也？二子有壙記納墓中，爰因門墙諸君請，爲表其大者，立石于故市里中憲祖新阡左昭之墓次前。

## 明中憲大夫太僕寺少卿平溪王公墓表

公太保王襄毅公子，母封一品太夫人張氏，自高祖以下俱以襄毅公貴，贈宫保尚書，而冢君執金吾又以親軍加宫保都督，奕世極品，蟒玉輝映，公一身肩光裕之業，可謂盛矣！

公諱謙，字子牧，號平溪，中嘉靖甲子鄉試、萬曆丁丑二甲進士。戊寅，授工部都水司主事，督修西直門。乙卯，差造馮翊馬文莊公葬，便道里門省親。辛巳，榷税武林，兼領河道，事竣，擢吏部稽勛司主事，未任，俄有詔，謫判許州。癸未，升兵部職方司主事，歷員外武庫司郎中。甲申，復改職方司。丙戌，分較禮闈。戊子，丁襄毅公憂。壬辰，服闋，補武庫司。東倭匪茹，陞太僕寺少卿，兼河南道監察御史，奉敕閱視直隸等處軍務，倭平，給假省母。甲午，告終養。乙巳，丁太夫人憂，既免喪，累徵薦不起。己未正月，卒于蒲坂里第，壽七十八歲。

公魁幹修髯，沉幾英斷，一如襄毅公。計偕後，隨襄毅公歷銀夏原州、宣雲諸塞垣，熟諳邊情，襄毅公斬套恢河湟、受把漢那吉歸附、定俺答封貢，凡有兵機，必與商榷，公嘿贊之力居多。在榷關，偶值杭兵赴海調，撫臣欲减其餉，遂激變，據壘鼓譟，執撫臣，將甘心焉。僚友中有維艇江干，約公同挂帆，公正色曰："奉上命共事地方，袖手觀變尚且不可，倘狼狽自全，如國體何？"單騎詣壘，曉以禍福，喻以朝廷威德，衆皆歡呼：是其家司馬節制九邊，撻伐點冠，如在掌股，何有于吾曹，豈可不俯首聽從，自取赤族乎？相率羅拜乞命。適御史踵至，公持御史手令書，增餉若干，衆乃解散。大亂立定，杭人建祠尸祝，語詳浙鄉紳所記公祠碑。事聞，竟不叙，僅得量移銓曹。未幾鐫三秩黜外，且繳中旨，說者謂楚黨陰擠，蓋公初登第，同年南臯鄒公上書暴楚執政不法狀，得罪仕宦，引嫌不通一刺，公贈金賦別，楚私人銜之，至是媒公競進，爲所中，公議鼎沸不平。尋調兵部，居兵署前後十年，上知公世閥，明習邊計，特爲久任，中間三邊大捷、禦敵奏凱、馘岳罕、俘緬寇、定耿隴、平哱大逆，俱旌公運籌功，升俸頒賞，順義三封，告成，襄毅公即家存問，加原廕錦衣世官一級，公蒙賚增俸，寵及三世，尤異數也。禮闈得雋，皆知名士，多躋樞要、樹功業，扈駕兩謁山陵，一與慶成宴，屢陪郊廟諸大祀，文幣寶鏹，數承欽賜，迨拜閱視命，條上機宜，在敕諭未降之前，或訝其太驟，公笑曰：“膠襲故常，正世俗之見，禍在門庭，桑土綢繆，即過計，豈爲喜事耶？”言者嘆服。冒霪雨，驅車泥塗中，自天津抵山海關南諸海口，悉躬歷相視要害，延袤踰千里。初部募兵，南北并用，久無應者。公禁有司毋得妄簽派，及遠地風土不宜者，悉聽自便，更厚安家時饟糈，不數月，尺籍充滿，足恃緩急，閭左亦不至驛騷。議者欲築敵臺于海澨，如九邊制，公謂倭人情形各異，鯨鯢出沒波濤，雲屯飆散，守望將安施？空費不貲，無當于用，條陳五不便，議遂寢。六師歡頌，報政闕下，中外矚望，旦夕當假節鉞。公念太夫人春秋高，決意請告，詞甚懇切，歸而繕葺襄毅公賜閒別墅，于谷口湖上盛栽花竹，偕弟封方伯巽溪公日奉太夫人板輿，承歡游宴，不知人間有鼎鉉也。太夫人没，終三年制，衰服猶不忍釋，歲時泣于墓，與巽溪公皓首友于無間，月旦推服，凤負倜儻，襟期瀟灑。庚戌染恙，始静攝謝客，最後當金吾君不禄，情感延陵，忽叱仙馭矣，惜哉！配史氏，封一品夫人，從子貴，生二子，長即執金吾之楨，次司農郎之幹。司農以天啓改元仲春廿九日葬公條山下姚溫里新阡，持公甥張太史所銓次狀請表其墓。

余不佞，童子時幸挹襄毅公豐神，長而入仕，得稔公教澤，于公出處，竊有餘慕。夫李唐以來大臣子弟多矜重門地，即平泉相業，率繇此起家。襄毅公五走春官，卒成進士，上第通籍四十年，懸車過半，位列卿，駸駸嚮用。獨念母，乞身陳情，疏入，至動人主錫類，思雖鄭崇之履，未語世曳，而東山繫望，不愧襄毅公之子矣。武林弭變，取辦倉卒，慷慨激烈，真可信豚魚而貫金石。至于海上所建豎，長顧却慮，較然石畫，善居成功，以其經濟卷之山水，雌黃之喙何自生哉？老成不憖〔一五〕，實倍余安放之悼，辱司農君委托。爰輯公之大，附名麗牲之次，俾後之下馬而拜者，知爲囧卿王公之墓。

## 明奉直大夫刑部四川司員外郎累封通議大夫兵部右侍郎兼都察院右副都御史巽溪王公墓表

公諱益，字子裕，別號巽溪，爲故大司馬襄毅公仲子。初，以襄毅公撫西夏年勞録，廕仕至刑部副郎，最後以季子伯亮撫西夏捷功累封兵部侍郎，吁！亦奇矣。歿，請恤典詔，予祭葬如制，說者謂國家恩禮始終，公者最渥。余竊謂公才猷德望，允足以宏家慶、答主睠，昭受此殊遇云。

公生有異徵，長而嗜學，師友多海内名家，曾登雋省闈，以制府子之嫌，抑未舉，公殊無悶。然善病，不任鉛槧事，遂決意進取，需次選人，而以侍襄毅公左右，不忍離。至萬曆甲午，授前府都事，所司者武弁承襲，公加意精覆，胥徒不得通賄巧舞、甲乙互冒。已遷太僕丞，協理東路馬政，條議利弊，鑿鑿中竅，寺太卿來，著功令，仍繩戢，戍卒依次受馬，毋敢凌越訴諆者。已遷刑部員外，檢閲爰書，多所平反，諸曹郎有疑獄，諏訂受畫，貫索爲之一清。蓋公學務實詣，胸中具有經濟，又數徙襄毅公宦中外，明習政體，故雖三任清秩，皆卓犖能其官。亡何，以母太夫人春秋高，疏乞終養。歸而日侍板輿，效萊彩歡。親終，當路勸駕，弗起。乃闢別墅，池臺亭榭，雅有幽致，邀一二故友游咏其中，有時策杖屨，偕田父，話桑麻，較晴量雨，卒然遇之，不知爲貴人也。所經畫諸子女婚嫁，豐約有度，要準于古禮而衷以時宜，一遵襄毅公家法。賑窮周急，好行其德，宗族姻戚沾潤而蒙恤者，未易縷數。孝兩尊人，自承顏、侍疾、居喪，以至伏臘祭享，備物盡志，殆終身孺慕者。事伯兄冏卿公如嚴父，出入咨稟，一跬步不敢違。怡怡花萼，老而彌光，與配裴淑人白首相莊。既鼓盆，歷念年不續，帷薄側亦無他媵侍。先大夫從公聯社，每歸自公所，輒嘆曰："獨行不愧影，獨寢不愧衾，其王公之謂乎？"他如卻中貴文王之貽，革冏寺額外之供，謝獄訟居間之請，中情潔白，凜乎四知。兀坐一室，案頭攤書百卷，手自丹鉛，有所得，即札記，久之成帙，雖辨識彝鼎，品藻名墨，要以游藝所資，非所耽玩矣。世味淡薄，乃心罔不在魏闕，披邸報，見朝政得失，正宵進退，輒形于憂。喜訓諭諸子，諄諄以忠勤清慎，若曰："老人休矣，未盡之報，是在孺子！"郡守相高其行誼，敦請爲鄉飲大賓，青衿後進，爭先瞻望，有以得奉顏色爲慶幸者，其令人景慕如此。凡此皆公之概，詳在大宗伯盛公志中，爛焉惇史，茲不具述。

公生嘉靖甲辰四月九日，卒天啓壬戌九月二十九日，壽七十九歲。裴封淑人，大中丞右山公女。子之柱，薦鄉魁，先卒；之樞，計部郎；之模，比部郎，余姻家；之采，即伯亮，兵部左侍郎，余戊戌同年。諸孫煒、杰、烈，皆官生。曩時公及視二親含殮，至是公屬纊，三子俱京朝官，臨榻受遺訓，此縉紳家所深願而不可得者，公不惟有完德，更有完福矣！年家子時芳復據狀而有特書焉。方襄毅公之總督宣雲也，受那吉內附，遣酋長跽乞款，朝議鼎沸，事幾中寢，公秘進謀畫，力贊襄毅公持議，若山疏牘，上下從中討故實，酌機宜而大計卒以底定。迨伯亮建鉞朔方，公以舊游地，欲與往，不果，則指授方略，手畀襄毅公撫夏奏議，俾知所纘繩，伯亮奉以臨戎，果奏大捷，克壯厥猷，嗚呼！矢謨媚親，教忠成子，兩者皆公光啓之大業，上關社稷膚功，彼尋常堂構之承、弓冶之垂，烏足以窺公萬一哉？是宜表而出之，以爲人子人父鵠。墓在條山下盤底村，距城二十里，天禄華表，上所欽賜，葬爲甲子十月十二日，淑人以祔，蓋當宗伯上議時特許，并祭合葬也。

## 明中憲大夫廣東南雄府知府慎宇王公墓表

隆萬間，太保王襄毅公總戎政，俘叛人，勛在社稷，名德壯猷，爲一代冠冕。厥後諸孫皆賢，不減門中龍鳳，若南雄太守慎宇公，文章政事，烏奕魁壘，豈不稱翩翩繩武之彥哉？

公生而熒朗，慧絶一時，十歲解操觚，十五歲學成文藻，冠裳佩玉，不作俗士聲偶。張文毅公見即奇之，曰“此天禄石渠品也”，嚮襄毅公舉手稱賀，弱冠縣儒士選預省闈，落第，益肆力於制舉藝，每一篇出，友朋競相縢寫傳播，如昔人異書異人之嘆。余不佞同爲諸生，未嘗不自愧椎魯，幾欲取筆硯焚之矣。賈餘勇，修西京、建安之業，爲古文詞及有韵之句，才情變化，聲潤金石，挾顔謝之孤高，雜徐庾之流麗，固已樹幟藝苑，追蹤作者。顧廩食有年，困于公車弗售，承乏入國學，載更數試，竟弗售，每放榜，都人士儕侘憤懣爲扼腕，公率坦蕩，不輕荊庭之泣，人尤服其天之素定。公宏覽博物，于書靡所不窺，而好沉湛之思，有燃松析竹、焚膏繼晷之苦，久之積瘁成疾，不復堪俯首吾伊矣。遂遵太公命，謁主爵，授後軍都督府都事，歷升右軍都督府經歷、户部山東司員外郎、本部福建司郎中，丁艱，補雲南司，最後以今秩致政。戎府統以徹侯，位尊務簡，幕僚自所隷，武階册籍外無它，薄書鞅掌，公鰓鰓剔蠹正舛，日殫心力，曰：

“吾不欲坐享俸入，等官常於稿木也。”迨爲郎度支，督明智草場，兼視北新大軍倉，篆時，國家外多兵興，內有殿工之費，公卿蒿目理財，群議減場芻，改折漕米，歲可得金錢百萬，公爭曰：“天下事有備無患，必馬騰士飽，而後元氣以實，神氣益張，便目前而忘經久之計，臣愚以爲不可。”詔如公請，復芻額，停改折，遣官四催，著爲令，其尤偉者，還滇貢金充滇正餉，國用不損而省地方勞費無算，六詔至今利賴焉。滿歲閱，出典粵東之南雄府，郡當嶺海襟會，夙號瘴區，公下車，以清白自矢，端軌率屬，嚮來積弊，一切盡釐。舊有橋梁之稅吏，白當獨握權柄，公斥之曰：毋溷嘗乃翁，乃翁使藩邦，却藩王餽贈如土苴，奈何與寅寮爭錙銖乎？乃盡界之丞以下。而恤單赤、繩巨猾，恩威并邑，百姓口碑載道。當入計，呼舍人兒簡囊裝，惟圖書數卷，人擬之飲水吳江云。計畢，上疏曰：“臣一介荷上豢養，待罪遐方，郡吏不幸，抱河魚灾，敢乞骸骨。”已奉俞旨，返其初服，作湖山主人，樂可知已。

公有至性，事親孝，生調甘膬，歿謹藏葬，毫無憾於禮。痛母裴淑人畫世，間關數千里，祈惇史闡揚閨範。太公壽近耋，從版曹乞假歸省，乃承歡。未幾，太公捐館，終天恨得以少釋。處雁行，友于篤摯，敬伯兄孝廉公如嚴師，弟黎平公官貴筑，念其行役險箐，手足睽違，約與同日解組。季弟建鉞原州，公爲譚說兵機，思深而語壯，季用其謀，屢奏捷功。居室儉素，自通籍後，未嘗求田問舍，而貧乏之親、挫產之友，待以周援者甚衆。赫蹏不入公門，私語不及人陰事。雖被酒，不至潦倒浪謔，不與嫽毒子游，其細行純謹，多類此。

余維杞梓梗楠，世所稱良材也，然必清廟明堂之棟欐，始勝其任，苟營建不常，則終棄巖阿者有之，彼擁腫樗散而見收匠石，是遵何道哉？則遇之幸不幸耳。考晉、唐時士人矜重門地，王、謝之裔與六朝相始終，唐雖設科取士，而建官要職仍多用世家，蕭[一六]、盧、崔、鄭累世宰相至八九人。今所崇重惟制科爾，大臣子孫即負卓犖，不登名南宮，終無以自見，彼山苗、澗松之喻非所語于今矣。間嘗私目公，任真推分如公家丞相茂宏，練習朝章如公家中丞彪之，簡要不煩如公家吏部郎浚冲，使得際會風雲，揚輝紫微，其所建竪，必有炳天壤而昭彝鼎者，乃騕裏之逸足，蹷騰驥之迅舉，終不能履要津、參鼎鉉，以竟其奇，豈非所遇之不偶乎？然蘇子瞻有云："士如良金美玉，市有定價，豈可以愛憎口舌貴賤之？"則科第之得失，實愛憎之大者，公雖偃蹇一第，而干霄隆棟之品，自在也，其烏得而掩諸？

襄毅公諱崇古，太公諱益，仕刑部員外，封兵部侍郎，從季貴也。公諱之樞，字伯衡，號慎宇，生隆慶戊辰十月十九日，卒崇禎庚午正月念六日，享壽六十三歲。配劉，繼張，又繼解，贈封皆恭人。子一煒，中府經歷；女二；孫男女各一。公子卜壬申年八月初七日葬公峨嵋原敕賜襄毅公塋次，既得名世鴻筆爲之志銘，芳叨在姻末，復掇其行實之大者，敕之麗牲之石，使世知公宏才淵學，自可以步武祖烈，而一廥叙，致位二千石，固不足以酬其人地之高華也已。

## 明奉直大夫深州知州封吏部稽勳司郎中顯吾姚公暨配贈宜人周氏墓表

顯吾姚公，臨晉之篤行鞠躬君子也。余未及侍公杖屨，然生平仰慕高雅，願爲執鞭。甲子在都門，復與公季子稽勳君游，益得稔聞公懿行。天不憖[一七]遺，公以崇禎庚午十一月捐館舍，季及伯仲卜再逾年之二月奉公啓配宜人之竁合焉，先期布狀屬余表其墓道之石，誼不得辭。

按狀，公諱維新，字某，顯吾其別號也，世爲臨晉縣人。祖

諱景玉，有隱德，居恒教子孫以耕讀爲業，以忠厚天理存心，鄉
間推重焉。生二子，長者登雲，即公父也。公幼穎雋不群，五歲
習句讀，善屬對，以排偶字試之，應聲如響，人目之爲童烏。稍
長，好學，日俯首伊吾，無時媮怠。一日，父夢一虎趨戲于側，
飼以肉食，甚馴，翌辰而公自塾歸，牽其裾，依然夢中虎狀，公
乃悟昨宵之兆，門中龍虎在此子矣。年十四，補博士弟子，邑令
張公都試諸生，得公所奏牘，奇之，拔以冠多士，嗣益通習六籍
百家之言。爲舉子業，情理綿密，風華逌上，曹耦遜其登壇。署
篆袁公聞公名，延爲子師，賓禮優渥。時有兩造丐公道地者，具
百金爲壽，公謝曰：“吾知傳吾經耳，他非所聞，矧覷非義以撓
公庭三尺乎？”峻拒之。寒素而却暮夜之金，識者以是覘其器節。
萬曆已卯舉鄉試。當是時，公以駿狼之長暉，騑驊駵之軼駕，視
南宮一第如拾地芥，乃屢上公車，抱璞不售，阿房之賦不減二
京，戰場之文竟迷五色。公不生翰墨之疑，下帷彌篤，間以其餘
力潛心理學，天人宗旨，卓有元解，而又進里中俊秀訓誨而講
業，所成就多知名士。計爲孝廉二十載，甘清操如一日。

　　值父不祿，公柴毀逾禮，僅以骨立，已乃嘆人壽之幾何，悵
河清之難俟，謁授廣宗令。宗畿南彈丸邑，民鮮蓋藏，公不事一
切刻擊，務修衆庶之和，敷延優游，積羸頓蘇。邑有曠廢地名潘
成窪者，久爲石田，公履其處，嘆曰：“此莫非王土，孰無地利，
而任其荒蕪，司牧謂何？”下令招貧民計畝開墾，仍給牛種治器，
其鑿井築屋，寬其賦藝，而時勸課之。未幾，桑麻遍野，碩果成
林，砂礫之區變而爲膏腴，宗人永利賴之，更地名曰姚官庄，以
志不忘。四載考最，擢守深州，去之日，父老子弟遮道泣留，不
得，爲生祠事之，其攀轅送至深者數十百人，深民望見雙旌，喜
色相告，此固鉅鹿慈父母也，吾儕何幸而得蒙覆露也！公坐堂
皇，首問民疾苦，退而擘畫其利弊，以次興除，如汰積猾、鋤彊

暴、差木皂、清徭役、减獄訟種種，皆惠鮮實政。深城臨溥河而
峙，波流浸嚙城趾，漸就傾圮，公捐俸倡募，庀材鳩工繕葺之，
雉堞焕然一新，復增築護城之堤，鑿焉，灑焉，淪焉，甃焉，畚
插焉，荷擔焉，金湯固而河伯不能爲害。至加意清釐，尤在錢穀
之出納，設庋閣于門外，令輸者自投其内，而領解亦自爲之，一
絲一粒，衡量必精，不惟公不屑自潤，即胥吏亦不得夤緣乾没，
向來火耗陋規，爲之盡滌。居三載，賢聲蔚起，薦剡交至，將有
不次之擢，乃公亢直爲性，不善脂韋，用是拂當道意。會大計，
以不及論調，人多爲公扼攬者，公夷然不屑也，浩然曰：“曩吾
在宗時，觸鄰僚忌，投揭菱菲，幾不免虎口，今幸未罹于深文，
是吾脱羈紲尋盟泉石之日也。”即解組賦歸，庬倪扶携挽留，建
祠尸祝，亡異其去宗時也。

公雅意冲澹，廉潔自好，不滋垢蝸蟪于世紛。歸里後，扃户
謝客，坐卧萬卷中，諷咏自娱，一切求田問舍、持籌責息、請托
干謁之事，鄙而不爲。邑大夫式閭請益，求一面不可得。間與一
二故友杯酒歡洽，然適興而止，未嘗流連爲沉湎態。口無兼味，
衣無副麗，門無燕僻之賓，使令無豪悍之僕，與人坦洞悃款，不
設城府，而遇事剖断直言，糾正無所回互。里閈浮競倨傲輩望公
來，爭避匿，即有過失，懼爲公知，有片言威于刑罰、質訟望盧
而返之風。督課諸子義方嚴切，即季子登銓，清通著譽，猶諄諄
以奉職報國時相諭勉。晚歲環諸孫膝前，口授以章句，指示書指
文義及陳説先世貽謀，亹亹不倦，故諸孫森其玉立，相繼游泮登
科，本公蒙養之教焉。而要以一德相成，周宜人實毗助之。

宜人，處士廷寶女，賦性淑婉，父母特愛異之，相攸得公，
結縭來歸，勤儉慈惠，宜其家室。當公績學食貧時，以機杼佐
讀，比公仕爲守令，猶于宦邸紡績不輟。諸子勸其少休，則曰：
“世豈有飽食終日，無所事事之人乎？吳隱之之妻，何人哉？吾

懼夫宴安之生鴆毒耳！"公餘之暇，疑難相商，公視之如益友。以故其歿也，先公幾二十年，公感其意，終不再娶，豈獨有激于曾子興、王子駿之言而然哉？

公生于年月日，距其卒，享壽七十有八；宜人生年月日，得年五十三歲。丈夫子三：長昌祚，丁卯舉人；仲昌允，仕萬安監正；季昌籙，吏部稽勛司郎中。公初以守深奏績，授奉直大夫，宜人得稱今號。後以季子晉銓部，封公如其官，母仍贈宜人。又後以仲子監正考績，重封贈如前。蓋三受恩命，備人世之榮極矣。女一，孫男八，孫女十四，曾孫男女五，婚娶皆名家，詳具志中。

夫醴泉有源，瓊樹有根，高明之胄，必有積慶，以裕后昆。故東京楊氏累世清德，四葉貴顯；何比干以陰功碩茂，受策于天。福生有基，如播斯穡，非偶然已者。公家自祖父以忠厚天理垂訓，守而勿替，至公之迪敕其子孫，亦以是爲彝則，而于獄訟之居間，尤深致戒焉。此其爲德固有暗修馨聞，冥契于穹蒼者，振箕裘而迓戩穀，所繇來矣。世之季也，日趨于儇薄，孳孳爲利，罔知天理爲何物，先民之矩，蕩焉無存。予猶及見公耳，吏迹蓋其淺者，恐其內行汩而不傳，故表以爲世模，亦庶幾無愧辭云。

## 明貢元累贈承德郎兵部車駕清吏司主事春宇楊公墓表

此楊贈公之墓也。公籍明經，未銓除而歿。子駕部君成萬曆己未進士，初令嵩有聲，錄歲閱勛，贈公文林郎、嵩縣知縣，已召晉今官，際覃恩重贈公今號，故得稱贈公云。邇駕部君出餉師，便道展邱隴，伐豐碑，謀鑱前後綸音，因走山中，告余曰："曩先君無祿時，不肖甫與計偕，麗牲之石，虛而未表，今願徵寵史椽，爲泉臺光。”并函李中丞所志銘幽窀詞請徵。信夫！余未識公而雅善駕部君，目擊奏績民社、襄贊戎機諸幹猷，皆公教忠之貽，法當表出之。

按志，公諱應期，字孔碧，號春宇，學者稱爲春宇先生，吾晉之代州人。代多名獻，而楊氏之文章則自太公守易始，雖蓬纍未售，克享遐齡，配太孺人劉，是生公。幼岐嶷不伍，莊厚鮮弄，間設短几，惟攤書指畫，效點竄狀焉。韶齔讀《孝經》，即能悟立身揚名之義，還質于父，太公殊心奇。弱冠爲諸生試，輒弁諸生，時彥避席，畏爲勁壘。尋食廩，稍視兩闈若芥拾，顧屢踏躓場屋，歸益修其業，祖禰閩洛心印，操觚連篇累牘，娓娓中名理竅，解富標竹素，世亦屬趣而悅，其它幅板片瀋，共珙璧珍襲。郡賢豪長者咸樂與公游，屨錯外户，率接以坦易，常占有“吾道自古風”之句，可概交誼，惟語其偓齪，則不之應也。擁皋比，講藝後進，翕然從師，四方士有躍屬負笈至者，陶鎔悉偉器，不問而別其爲蘇湖門下。具天倫至性，篤于孝養，處澹約合，庠饎，課斧所入，日市甘脆，爲二人歡，晨興而定美寢，移春而省美食，顧瞻堂上，幸起居唻飲無恙，欣欣喜動顏色，不以鼎釜易菽水也。治太孺人喪，雞骨支床，幾不自保，惟葬祭以士禮，猶抱終身之憾。太公既耋，公被疾瀕殆，諸子旁皇露禱，公裯蓐中籲呼曰：“天乎！胡不慭[一八]我八旬老人，俾厓延陵之泣乎？”迨不起，隱衷憾可知已。族子某者貧將廢學，公佐以田租，卒抵成立。又某者疫死頗屬，宗門不一問吊，公爲調粥藥，視舍襚，獨周旋其側，其敦恤本支類如此。生平無詭隨之行，無傳郵之吻，無鈎距刻礆之胃腸。將屬纊，與家人語訣，受冥籙，充行河使者，衆訝近嚨，乃正直神明，蓋理之不誣哉！

公生嘉靖甲寅月日，卒萬曆戊申三月二十七日，壽僅五十五歲。娶費氏，今在堂，累封太安人。子四，長即駕部君鼎樞，次鼎機、鼎棟、鼎極，機儒官，棟廩生，今皆卒。女二，各適人。孫男若干。仲芳長而文，補博士弟子員，繩衍書香，未涯也。志載公耆年矢志复邁流品，慕鄉先哲君實泊范龍圖希文之爲人，逾艾不第，尚寤寐大物。膺貢赴南宮，會神祖憫貢途跉滯，詔許勞以掌故冠服，同儕幸甚，公惆然曰：「臣某即坎凜虛縻，制科歲闈，奈何急浩蕩小章逄以無人乎？」堅不敢奉詔。嗚呼！殫斯志，假立躋顯通，建樹必自掀揭，竟桑榆未收，淹齎長逝，論者以此扼腕，憤公不遇，然沃野膏壤，實產梗[一九]楠。去公世十年，而駕部君賜第；又五年，公邑宰矣；又三年，公署郎矣。上璽書曰：「天道猶張弓，厥子既信，以逮其父，詎可謂弗齊？」大哉王言！拜墓下者恭繹三復，則公未始不遇已也。

# 行　狀[二〇]

## 明致仕直隸真定府通判晉階承德郎鶴溪張公暨配安人王氏行狀

初，別駕張公與元配王安人壽俱隃古稀，子翰編君、農部君同捷南宮，少子若孫采頖芹、薦武科，一堂俱慶，奕世豐澤，里人羨之。無何安人卒，越明年，公亦卒，屺岵銜恤，榮哀違變，純孝之痛，何以自慰哉？已卜南山新阡，翰編君述兩尊人行實，屬芳布狀，乞銘當代作者。嗟乎！公晚年偕先大人同社集，嗣締姻盟，杖屨肩隨，聯情莫逆。余不敏，居嘗莊事公，名德懿範，所欽佩已久，誼安能辭？

按公諱循占，字元易，號鶴溪，出晉大夫張侯之裔。上世居歷山，始祖行實，元季徙郡明教廂，明興，遂定籍。二世祖得林，高祖升，曾祖霄。祖準，贈中憲大夫、山東按察司副使。父嵋陽公邦士，亞中大夫、山東布政使司右參政。母淑人田氏，生丈夫子三，長上林令循古，季武學訓循台，公爲中子。幼有異徵，嘗自寢所起紫光，煜霅滿室，家人以爲神。參政公久困公車，家徒四壁立，田淑人拮據井臼，而哺乳保抱，特于公有加。稍長，穎敏不群，從塾師學，日課一再寓目即成誦。顧善病，不任占畢事，參政公令輟制舉義，流覽風雅，以抒暢其襟懷。會有詔，京官子弟得以青衿例肄業成均，參政公方官司徒郎，欣然命公鼓篋，是爲嘉靖丁巳，公年才舞象耳。馴服規條，才藻駿發，豐度迴異儕輩，大司成江右敖公每日〔二一〕矚之。太保王襄毅公爲女相攸，知公爲國器，乃以字焉。旋携公陝右、銀夏宦邸，遍關中知名士與之游，而秘抉心印，久之蘊蓄泓淵，六籍百氏書咸貯腹笥，奏雋杰，避席甥館矣。參政公備兵遼海，田淑人與俱，公瀕年省覲，脛毛幾髡。一日，于制中得淑人西歸信，刻期北轅，逆于山海關外，母子相遇，且喜且勞，奉板輿抵里。復念參政公久在疆場，菀鑪動念，預闢條麓紆勝莊以俟，比參政公賦《歸來》，則泉石竹樹、亭榭陂池，蔚若午橋然。萬曆甲戌，參政公既返初服，公乃謁選人，適值異數，上御門面，選授光禄寺掌醢署監事。甫莅署，承委閱奏牘，輯光禄則例，以備纂修。公明習典章，彙掆有體，勛卿亟稱之。乙亥，擢上林苑監蕃育署署丞。苑司牛稅，積豪多隱匿，苑田卑下，衛士盜決，受潦水，公悉收于法。鄉張文毅公在政府，以爲能。丁丑，修覲典畢，蒙璽書褒寵，尋擢光禄大官署丞。戊寅，恭遇大婚，選充分任六禮，時欽盅亭掌故雖闕，公殫精考核，一仿世廟事例，而駿奔惟恪，迄無愆儀，禮成，頒銀幣者三。先是，徽號覃恩，參政公以在調格于制，公殊怏怏。迨當考績，特奏乞參政公以原官奉朝請，田淑人繇恭人晉今封，而公之孝思愜矣。嗣奉使節，宴□□并各□□于上谷、白登、雲中、太原諸邊，藩鎮道將以次治具，慰勞贈言，纍纍盈帙，人稱壯游。己卯，過里省親。庚辰，擢本寺掌醢署署正。自笯仕屢轉，揚歷清階。又上初年鋭精萬幾，朝政如圜丘、方澤、慶成、耕籍、幸學、閲武、上慈闈尊號、謁山陵諸大禮次第舉行，公或扈從，或祗奉執事，咸與有勞，遭際縶隆。郎潛近地，一時長安名家如歐楨伯廷尉，黎惟敬秘書，沈君典、孫以德太史，日與公倡和，每出一篇章，輦轂下爭相傳頌。辛巳，出授直隷大名府通判。壬午，丁外艱。乙酉，復除真定府，督餉雲州。戊子，丁内艱。在大名清丈兩路田土，增田三百九十六頃，增賦千三百六十四石，銓部紀録。在雲州司互市，易銀馬萬七千有奇，貨馬萬五千有奇。尋考績，臺檄保留。計先後膺欽賞四，紀録一，薦、獎各三，翱翔中外，蜚英騰茂，駸駸嚮用，乃忌者之目已眈視矣。同知某以公曾規其齮法，怨恨不置，乘公守制去，則萋斐于直指某，貝錦遂成。蓋公既拙于扉屨，且按核功狀多執法，是以不免。公引命自安，毫無縈戀，惟勤課督以傳長孺之經，籌婚嫁以了尚平之願，其于功名富貴之際，泊如也。

公篤厚人倫，宦游强半，留王安人家居以奉尊章。執喪哀毁柴立，有風木餘思，祭葬、志物兼盡。處雁行怡怡無尤，諸從有僑居濟寧者，聞東省饑，惻然憂憫，裹送金錢，不遠千里。從子光祕、光祜來蒲省墓，公厚其館穀，繾綣懇至，祕、祜亦舍〔二二〕感不忍舍去。它如戚黨、舊交不幸中落，率濡沫不厭。至人有過，輒正色面折；能改滌，即嘉與維新。綜核家政，井然條理，世故群情，控揣靡遺。常憤江河日下，習俗澆侈，每躬修節儉，屹爲砥柱。至于公事義舉，凡可造福閭閻者，慷慨擔當，不少吝惜。蒲庠科第題名以木易朽敝，公始建議糾金豎豐碑，覆以磚亭，詳執政韓公記中。晉大祲，流移載道，公首輸三百金助賑，兩臺上其事，奉欽依予致仕，仍敕有司樹坊曰："尚義敦仁"。

郡志歲久簡蝕，紀載幾淪，臺檄敦延博物洽聞者修輯之，僉舉公肩其事。一經筆削，缺者補，訛者正，蕪蔓者裁，義例審而事迹核，裒然成一代完乘矣。剛方天植，而恢廓不設城府，恥與俗子談。歸田後起澄暉閣于舍後，構萬綠園于河滸，日與薦紳耆碩及韵人墨士聯社賦詩，遠邇乞一言爲華衮者屢盈戶外。郡大夫舉憲老之席，輒推公首座。慕龍門于長之爲人，擔簦涉奇，北抵長城，南探禹穴，登岱宗之日觀，歷太華三峰、中嵩二室，渡江河淮泗，展闕里，謁金陵，吊閶門汴宮，足迹將半九垓。每覽勝興懷，長篇短什，縱心矢口，如《華岳二百韵》《寰海》諸篇，颯颯乎戞玉戛金，雲蒸霞燦，不減盛唐聲調，評公者謂方軌先民，作型後秀，洵非諛[二三]也。素嗜學，積書充棟，日沈酣其中，廣覽精研，漱芳潤而傾瀝液。中歲刻意元諦，朝夕閉戶端坐，展玩《周易》《參同》《悟真》諸書，恍然悟，怡然適，妙契大道，其機緘未易窺測。晚益留心導引之術，呼吸偃仰，調息服氣，是以望耋之年色渥神王，步趨強駛，壽算若未可涯量。戊午，有安人之變，悼内凄楚，因抱小疾，投以劑輒效。既而有長孫捷音，頗以解頤，對家人歡笑相慶，中夜疾作，伏狀[二四]黃隴旬日不起，悲夫！公著有《蒲州新志》若干若[二五]、《詩集》若干卷行于世。詩初名《嘉樹軒集》，司理鄜鄉楊淳白公改名《光禄集》，右轄武陵龍君御公手加裁訂，拔其尤者曰《萬綠園詩選》，乃剞劂報完而公旋箕升，造物豈以此爲絶筆耶？

若夫佐公績學膴仕，晚同公共高鹿門之隱，樂觀子孫成立，則王安人，真儷聽[二六]云。安人父太保、兵部尚書襄毅公崇古，母封一品太夫人張氏，生于京師，幼淑慎婉嬺，與姊妹、嫂氏同聚處，遜順退讓，讀《女戒》《閨範》，能悟旨要，吟哦唐宋詩句，能記憶，太夫人掌珍視之。及笄，于歸公。貴家女之適人也，競尚鉛黄、文縠已耳，鮮有指女紅、理中饋者。安人見舅姑無綺容，起拜不愆于度，縱襦褚糨瓷之需，非手親不敢以進。遘舅姑喪，凡內庭所當經紀，咄諾倚辦，不向娣姒彼我。于父母終身孺慕，歲時歸寧，依依膝下，有愛日之誠，歿則哭幾喪明。與公相敬如賓，時以慈柔劑公之嚴察，每回齋怒于方形，所陰庇保全實眾。育子女愛而知勞，不事姑息，有畫荻丸熊風範。長息適楊者，芳年冰操，有司奉詔表其門，本母訓也。居恒蔬食浣衣，擘畫閫以內事，至暮年不倦。勤賓祀，必極其豐潔。翰編君昆弟自宦邸佐觸衣幣，庋笥惟謹。手持念珠，嘿修正果，而好施賑窮，仁愛出于天性，視戚黨顛連，不啻痌瘝，即臧獲疾苦，亦厪軫念。公前後納側侍數輩，悉諈諈與偕，無督過心，眾亦銜佩恩遇，簾以內雝如也。撫愛季庚，無異己出，授室筐篚，傾括夙藏，《樛木》逮下之義，迥出流俗，人尤嘖嘖稱難云。以公光祿勞，封孺人，以翰編君史局勞，晉公階承德郎，安人從公貴，眉壽偕老，龍章申錫，完福也。

公生嘉靖二十四年三月四日亥時，卒萬曆四十七年九月七日丑時，壽七十五歲。安人生嘉靖二十七年正月十八日寅時，卒萬曆四十六年九月八日戌時，壽七十歲。子四，安人出三，廉，武德將軍、蒲州守禦千戶所正千戶，娶韓氏，贈宜人，夫婦俱早世；廣，丁未進士，翰林院編修、文林郎，娶羅氏，繼王氏，俱贈孺人，又繼楊氏；庭，丁未與仲偕登會榜，庚戌進士，承德郎、戶部浙江清吏司郎中，娶楊氏，封安人。側室楊出一，庚，州庠生，娶劉氏，繼朱氏。女一，安人出，適廩中書舍人楊元禧，旌表節婦。孫氏，廉出二，夢鯉，己未武舉，懷遠將軍，守備涿州等處，以都指揮體統行事指揮同知，娶王氏，封宜人；夢麟，州庠生，娶何氏。出[二七]一，夢蛟，聘余女。庭，後公一年即世，以麟稱冢子嗣。庚出一，夢熊，幼。孫女一，廣出，字余從子紘祚。曾孫女一，麟出，幼。卜葬郡城南祭酒里新阡，葬期在天啓元年辛酉十二月廿四日。

　　昔人謂：“年壽有時而盡，榮樂止于其身。二者必至之常期，未若文章之無窮。”以公通籍禁籥，參佐名郡，其夙抱固未克盡展，而以磊砢英多之才，寄之于握簡含毫之業。今讀其全集，沉痛爾雅，窮情極變，如入册府、武庫，寶玉輝煌，戟杖森列，令人恫心駭目，應接不暇，豈非詞壇之巨麗哉？至于安人一德媲美，啓佑後人，蔚爲國華，則式穀衍慶之休，又孰非翁媪大年之所結乎？隆名華蔭，直與條河不朽可也。芳款啓，取翰編君所撰序者節而布之爲狀，以俟名世鉅公采焉。

## 校勘記

　　〔一〕“傳”，據底本册首目録添加。

　　〔二〕“歸”，據文意疑當作“漸”。

　　〔三〕“碑記”，據底本册首目録添加。

　　〔四〕“永”，據文意疑當作“冰”。

　　〔五〕“徙”，據文意疑當作“荏”。

　　〔六〕“廟”，明萬曆《平陽府志》卷九、清康熙《蒲州志》卷十一作“廊”，當據改。

　　〔七〕“用”前，同上二書有一“經”字，當據補。

　　〔八〕“簡”，同上二書作“檢”。

　　〔九〕“施”，同上二書無此字。

　　〔一〇〕“偶”，據文意疑當作“隅”。

　　〔一一〕“來”，據清光緒《永濟縣志》當作“采”。

　　〔一二〕“拜”，據清光緒《永濟縣志》當作“邦”。

　　〔一三〕“墓表”，據底本册首目録添加。

　　〔一四〕“男”後，據文意疑脱一“女”字。

　　〔一五〕“憨”，據文意疑當作“慇”。

　　〔一六〕“籥”，據文意疑當作“蕭”。

〔一七〕“憖”，據文意疑當作“憗”。

〔一八〕同上。

〔一九〕“梗”，據文意疑當作“梗”。

〔二〇〕“行狀”，據底本册首目録添加。

〔二一〕“日”，據文意疑當作“目”。

〔二二〕“舍”，據文意疑當作“含”。

〔二三〕“諛”，據文意疑當作“諛”。

〔二四〕“狀”，據文意疑當作“床（牀）”。

〔二五〕“若”，據文意疑當作“卷”。

〔二六〕“聽”，據文意疑當作“德”。

〔二七〕“出”前，據文意疑脱一“廣”字。

# 疏　稿

## 請復選貢疏

　　國子監署監事司業臣孟時芳謹題，爲國學空虚已極，選貢事例宜行，懇乞聖明亟賜遴選，實賢關以培國脉事：

　　臣惟國之命脉在賢才，才之盛衰在教化。今國學固首善之地，教化之所自出也，而人才空虚，至今已極，臣安得不循職掌爲皇上言之？臣自到監署事以來，見援例監生不滿百人，歲貢生新入監者不滿五十人，及各衙門移取歷事監生，臣固無以應也。臣欲不撥，則業經題請，著有定例，不可缺人而廢事；欲撥，則未滿監期，例難越次，豈得空監而撥歷？反覆思之，歲貢之入監已寡，援例之冒濫又不可開，惟有皇上昔年選貢之法可以搜取人才，充養國學，亦可以近疏積滯、豫培後用耳矣。而説者獨疑選貢即有礙於歲貢，不知歲貢之法不爲之少變，則淹滯衰朽日甚一日，而惟以選貢間行之歲貢之中，則魁偉之士見收而朽滯者亦有所激而自奮矣，豈必糜之廩禄，獨爲優老恤貧地哉？度今時勢，即微有低昂損益，然而不得不以選之之法疏之矣。臣請言其當選當變者，而俟皇上擇焉。

　　臣考國初監生在監者幾萬人，永樂二十八年在監者亦三千有五百人，天順七、八年在監者亦一萬三千五百有餘人，成化元年在監者亦一萬三千有餘人，嘉靖二十三年在監則一千一百有餘人，隆慶三年在監則一千一百有餘人。即我皇上御極四年，監生劉九澤等尚一千六百有餘，即壬辰以後十年，准祭酒劉元震之請及科道禮官之奏，選至兩監者，亦不下八九百人，未有衰少如今日之甚者也，則當選者一。

國初洪武十五年，令選生員年二十以上厚重端秀者歲貢一人，則所謂“歲貢”者，原非以食廩年深爲叙也。當是時，貢如師逵、許觀、虞謙、張本、周新、劉子輔以至吳寬之屬，莫不杰然以功業節義自著，而後乃以挨貢淹及耄耋，則孰與當其未衰未老而用之乎？則當選者二。

初制，國學惟歲貢生而已，其養之用之之法，無所不隆。自景泰間開納粟納馬入監之法例，而法亦少變矣。迄成、宏[一]、正、嘉之際，雖或開納，一行即止，未見例濫如近日者也。例多則賢、不肖雜進，雖總丱市童、侗頑俗子，皆得升大學，與諸生并齒，而賢俊之士始羞與之伍矣。雖有歲貢入監，而坐不及四月，且紛紛求撥歷去矣，國學不幾爲空舍乎？則當選者三。

即今歲貢冗積而待教職者，臣不知其幾，但以在監者觀之，萬里赴監，窮苦萬狀。試想國初國子生可用者，輒授藩臬、郡守、科道、部屬等官，而後以科目盛行，勢不得不輕歲貢矣。但皇上十年前後，猶間以選貢而爲御史、郡守，逮至今日，則自郡佐而教職鮮有殊擢矣，不將以歲貢爲陷阱乎？是不可不變也。

初法，歲貢必經翰林院考，中式者方許入監，不中則罰爲吏矣。後則雖禮部之試，但次其名序而已。於是就教者日積於銓部而不通，而入監者十不能二三，則挨貢之積滯積老亦甚矣，安能疏其困乎？況挨及二、三十年之後，則生死利鈍，時更而局亦換矣，誰能必其貢乎？是不可不變也。

初法，歲貢生必升至率性者，方許積分入仕，其不及八分者不許。自此法廢而差撥例行，則第以年月先後分撥六部諸司歷事而已，能束之國學，冀其漸磨數載而後歷事乎？是又不可不變也。

蓋法之敝也，勢不能不變。即如選貢之法，自先臣章懋議之，歷宏、正、嘉、隆以至皇上，雖間一舉之，然皆極俊選、掇巍科、都卿相，則選亦何負於貢哉？而徒以淹滯衰老爲歲貢惜，何也？夫惜歲貢不如作其可用之氣，作可用之氣則不如歲、選間行，使遲暮者不第爲苟禄之計，而英敏者亦不致爲後日之衰朽，斯爲善矣！

臣請自今以往，府學一歲貢一人，則宜三歲一選；州學兩歲貢一人，則宜四歲一選；縣學三歲貢一人，則宜六歲一選。選即不分廩膳、增附名色，即或素有名實著聞者，府州縣官亦得明舉其人，使各署其所能，分部試之，務極其核，如歲考加嚴焉，而撥其尤者以貢，即以是充歲薦之數。若兩畿分爲四試，每選幾府幾府，即以外省四省附焉。且各以年分分配，遠近輪年遞選，即歲貢有可與者，不妨并進，則凡可用之材不沉於易老，而國而學歲歲得收選貢，且不至空無人矣，天下寧不望風聲而自鼓哉？至其選之得人與否，則在提學、風憲之司矣，臣何能豫必，亦何敢不豫爲之約？宋儒程灝有言："選士之法，必性行端潔，居家孝悌，有廉耻禮遜、通明學業、曉達治道者，以充薦舉，私非其人者覺免。"臣請略仿此意，著爲選貢之法，以定天下之趨。逮入監三試而三不中程者，即發回原籍，照歲考遞降，以昭誤選之戒。入監之後，則臣請得申飭監規，以准新附之例，以二十四月爲率，以盡勸課之責。臣雖至愚陋，不能有俾教化，倘蒙皇上垂念選貢之已效，俯賜再選覆議施行，則臣敢不效磨礪之力、免素餐之咎，以求副皇上壽考作人之心乎？臣不勝隕越待命之至。

## 請修葺國子監疏

國子監署監事司業臣孟時芳謹題，爲賢關重地被雨傾頹，懇乞聖明俯賜修葺，以廣屬敎學事：

　　臣惟辟雍爲天子學宮，上以崇祀先師，必有宗廟美富之觀，而後可以肅明禋；下以群集師儒，必有升堂入室之地，而後可以資弦誦。故張國容以貴道，堂構斯陳；闡文敎以宣猷，焕飾特備。祖宗以來屢加營膳[二]，我皇上祗遹前徽，有舉無替。乃今歲霪雨連綿，學舍遂多損毁。六月初三日，據典簿李元春、守廟助敎唐虞治單開，東西厢塌房六間，明道堂塌捲棚一間，厢西界牆倒二十餘丈。臣即查驗，移文工部估修，該部回稱錢糧缺乏。臣謂未可以是仰瀆宸嚴，那移本監，節縮膳夫銀兩，自行修理訖。不意雨無其極，災沴彌甚，至六月二十五日，又據典簿李元春、守廟助敎唐虞治續單，臣逐一查閱，倒懷[三]敬一亭門樓半間、文廟東廡三間、西廡後牆三丈，宰牲所、致齋所、土地祠、碑亭、東西習禮房、各廳堂俱有坍塌，周圍牆垣共倒二百餘丈，比前不啻十倍矣。夫廟堂、館舍，猶師生居止，未甚關係，至敬一亭則尊奉聖諭，兩廡則虔供俎豆者，地既屬於尊嚴，勢豈容以坐視？工費有限，猶可勉庀物力，以爲小補，至垣宇傾圮數多，而所費益不資矣。若非仰給於該部，烏能集事而鳩工？況丁祭伊邇，欽命嚴臨，駿奔祼獻，典禮非輕，敗屋破壁之下，何以成雍容躋蹌之儀乎？臣待罪本監，循職奉請，伏乞陛下軫念廟學所係之重，加意興頽起敝之圖，特敕工部估計修葺。豈惟克完規制，宮牆藉以更新？抑且陶鑄人倫，斯文賴以增重矣！臣無任屛息待命之至。

## 請習禮戚臣隨班恭賀聖節疏

　　國子監署監事司業臣孟時芳謹題，爲皇上壽域天開，戚臣誼當嵩祝，懇恩俯容隨班，以展賀忱事：

　　惟兹八月十七日恭遇萬壽聖節，文武臣寮俱于十三日、十四日赴朝天宮習儀，十七日行朝賀禮。斯時也，一人有慶，萬國歡騰，外而藩臬輻輳而梟趨於翠輦，内而冠裳趨蹌而虎拜於丹墀。即自臣本監言之，自臣司業以至監丞、博助、學正、學録暨各班監生，無一人而不趨闕廷以效嵩呼者。獨駙馬都尉冉興讓在監習禮，以未奉明旨，未敢擅便。然欣逢盛典，而不能效岡陵之祝，義所不安；貴列懿親，而不獲與稽拜之班，情則曷已？是以興讓有懷踟蹰，啓處靡寧。微臣具悉忠悃，輒爲代請，誠念夫天威咫尺，千官森列，爲禮更鉅，而拜舞朝廷之上，視周旋胄監之中，其於習禮尤凛肅也。伏望皇上俯賜俞允，敕令隨班行禮。倘念其在監日久，懲創已深，乘此大慶，嘉與維新，則又皇上破格之恩、戚臣莫大之幸，而非微臣所敢必也。臣無任悚息待命之至。

## 恭題習禮戚臣欽限已滿疏

　　國子監署監事司業臣孟時芳謹題，爲欽奉聖諭事：

　　萬曆四十年十月二十三日，錦衣衛指揮僉事崔德題，前事，奉聖旨："駙馬冉興讓乃敢擅自回籍，既奉旨伴回，只宜敬畏省悟急趨，如何肆意中途遷延，觀望不來？本當重處，姑且送赴國子監，交與堂上官教習禮儀一年具奏。該衙門知道。"欽此。欽遵，隨於十一月初八日，該錦衣衛指揮使崔德伴送駙馬冉興讓至國子監，交付署監事右諭德臣周登道收掌管教習。臣時芳於本年十二月二十八日蒙聖恩升授司業，於四十一年四月二十二日赴京到任，五月初四日，伏蒙聖恩，命署本監印信。臣欽遵明命，倍加虔飭，日進興讓而教之以禮，課之以書，訓迪以國憲之當遵、主恩之不可負，仍督廳堂諸臣輪次夾持約束，不少媮懈。興讓亦虚心服受，恪守規條，遇升堂則列班而肅揖讓，值下厢則執書而聽講解，寒暑不輟，夙夜不遑，蓋已盡消其躁妄之心，而約於規矩準繩之内，痛悔其既往之愆，而深爲進德改過之圖矣。此皆皇上裁抑之誨凜於秋霜，玉成之德溫同春濡，致戚臣悚懼感激淬勵而不能自已也。計自四十年十一月初八日起，至四十一年十月初八日止，連閏共十二個月，一年已滿，欽限已完，理合具奏，爲此謹具本新齎奏聞，伏候敕旨。

## 請舉行大典疏

國子監署監事司業臣孟時芳等，爲大典久稽，中外顒望，仰懇乾斷，亟賜舉行，以愜人情，以迓天休事：

臣等待罪賢關，碌碌罔效。恭值皇上壽考作人，廣厲敦學，青青子衿，靡然向風。臣等奉揚德意，相與慶文教之敷，而因嘆皇上之敷教曁於外者奢，而不無內嗇也。夫公侯士庶之子，聖祖虞其或即於嬉，於是鳩之壁[四]水，董之師儒，昕訓而吁迪之，冀養成其材，以廣薪樧。矧英英主器，纘承歷數，國本攸繫，其所當遜志時敏以致力於學者，宜何如？

茲皇太子不親講席已逾八年，皇長孫亦及九齡，出閣未聞三事，百工削牘盈車，而皇上且以規爲瑱也。夫詩書披閱之益疏，則燕安逸豫之志啓；耆碩儒彥之資少，則左右近習之染多。自古有道之長必繇於諭教之蚤，蒙養弗豫而能成範金礱玉之德者，未之前聞也。式宏啓佑，丕懋顯承，以端元良，以裕孫謀，此爲第一義矣。

至若青宮正位，固衍神器於千齡；朱邸分符，尤壯維城於四宇。本支并建，屏翰惟寧，不容越也。乃福王卜宅河雒業已有年，而吉期未定，衆多惶惑，冢臣、禮臣、樞臣、計臣各以職掌請，一概留中不報。夫分封大典，祖制昭然，況明春之國已奉明旨，斷不容爽。惟是四萬頃之莊田難盈，而搜括之成命未撤，在皇上牽制而遲疑，在福王延留而觀望，若將借禾畝之徵，以緩圭桐之錫者。不知度版籍，則尺地寸壤皆係民產，豈宜奪世業之青畦，充王家之紅腐？稽令甲，則衣稅[五]、食稅供自有司，烏容假催科之政權，恣藩較之漁獵？幅幀[六]有限，帶礪靡窮，前無可援，後復難繼，此事理顯然易曉，豈聖明見不及此？

顧衆請愈力，天聽彌高，或者皇上愛子情深，則進言耳拂。然瑞王、惠王、桂王獨非皇上之子耶？均屬一體，而情分二視。一則輪奐落成，尚眷豐亨之策；一則韶華虛度，猶稽伉儷之盟。淑女空求，褰修莫問，冰泮有日，桃咏無期，不憶“摽梅”“束楚”之詩昔在人間而今在天上也。臣懵昧無識，竊聞道路嘖嘖，若以爲皇上視儲貳之聖功俱爲末務，三王之嘉禮盡可緩圖，惟於福王一身，愴憐其去而悵惜其貧，則專注之明徵也，不亦同朱公之二璧[七]而異鳴鳩之七子哉？

臣等通籍外庭，而妄溷宮闈之隱曲，誠迂贅矣。然皇上處分骨肉而必待外庭之紛紜，不亦太需緩乎？愛以勞成，義以明嫌，恩以次及，斷以決疑，皇上試垂神省覽，當必有不言而喻者矣。伏願亟開講幄，貽有穀於子孫；早定封期，抑私情於田額；而又深軫怨曠，諧好合於琴瑟：則祖孫父子演一德之靈長，而室家君王維萬年之鞏固。臣等躬率多士，歌咏泰階，豈不猗與休哉？臣等無任懇乞激切之至。

## 請速定福藩之國日期疏

國子監署監事司業臣孟時芳等謹題，爲封期已奉明綸，聖意灼然可信，仰懇刻日舉行，以豁積疑，以消伏蘗事：

臣等伏見福王之國一事，内外大小臣工無不合口一辭，力襄速斷，此誠宗社之大計、群下之同情，況臣等待罪大學，叨倫常典禮之寄，當父子兄弟之間，於治亂安危之係，而能緘口結舌，不隨諸臣之後而一竭其愚乎？

夫骨肉至情，分封大事，即庸臣世主，於此亦斷無憒憒之理，況皇上英明天縱，寧無所以默斷於胸中者？惟是明春之國，詔旨再頒，自玆以往，爲時幾何？而戒行李、備官聯，猶一切杳無音耗，胡爲者也耶？皇上之意，或自信志向無他，處分已定，遲之速之，無所不可。於是諸臣之妄爲揣摩，祇見其可笑；多爲煩聒，祇見其可輕。乃臣之所慮，正不在事體，而在人情；正不在皇心之不可信於天下，而在天下之不信於皇心也。夫愛子而欲其依膝下，此姑息之常也，乃聖諭令福王免朝有年，則未嘗爲姑息也。未嘗姑息而留之京邸，何爲者？是在皇上方自明其非姑息，而天下且妄意其不止於姑息矣。至於田額之虧盈與之國之遲速，原自無與，苟其可完，速亦易辦，苟其難敷，遲亦何爲？乃明知爲難結之局，陽復爲催督之狀，欲何爲乎？是在皇上自處於患貧，而天下又妄意其不在於患貧矣。夫姑息已不可，而疑且不止於姑息；患貧已不可，而疑且不在於患貧。皇上縱自信其不爾，能家喻而户曉之耶？故論皇上之心事，不獨皇上自信，其諸臣亦信之，天下之知者皆信之；論今日之形迹，不獨天下不能解，臣不能爲皇上解，恐皇上亦無以自解也。人情有可疑，猶欲示天下以信，乃皇上本可信，無故而示天下以疑，臣誠不知其説矣。夫疑之而止於謗讟，猶可言也；疑之而至於窺伺，不可言也。窺之而爲迎合，爲媒蘖，皇上猶得以神智察之，靈爽御之；窺之而爲假托，爲鼓煽，竊恐聰明有所不及防，而威令有所不及制。天下之事，殆有不忍言者矣！自古英明强力之主，處家庭骨肉之間，自謂情誼周浹，防閑備至，一旦奸人乘間，令其彼此不相知，首尾不相謀，攖天下之奇禍，爲後世之共嗤，此無異故，以愛之者害之，以恩之者仇之，其遲回不斷之處，令宵小得以伺其隙而入之也，可不爲寒心哉？論而至是，皇上又何暇以偏愛者諱而爲不愛？竊恐此乃不愛之極，縱號於天下曰愛焉，臣不敢信矣。伏惟軫未然之防，爲無窮之慮，慨下諸疏，一切啓行之具，令其犁然就緒，將猜嫌永杜，而宗社靈長，又不止福王一身之利而已，惟聖明垂察焉！臣等無任激切待命之至。

## 再請福藩之國日期疏

國子監署監事司業臣孟時芳等謹題，爲親王之國，明旨炳然，懇乞即日諏吉，以襄大典，以協輿情事：

頃者禮部奉請擇日，奉聖諭，之國日期旦夕發行。大哉王言！如綸如絲。大小臣工，罔不仰聖明之獨斷，識啓行之有日矣。臣等自宜靜俟，敢有煩言？惟是屈指明春時日無幾，庶務紛紜，未易卒辦。蚤定一日，可以集百事之成；遲定一日，未免誤先時之備。且以天朝愛子，青宮介弟，維藩維翰，世世咸休，此何等事，而可不筮日叶吉，以光履端之新政而睹發祥之伊始乎？即曰天性至愛，難以頓割，而皇太后之於潞王，亦猶皇上之於福王也，當時以祖宗定制，不難抑情，而伸禮擇吉之命，原在先期，何獨於今日而不然乎？伏祈皇上特允禮部所請，早定吉期，庶乎大禮以成，大信以昭，而垂之青史，於億萬斯年稱盛美矣！

事關重典，各衙門俱合詞恭請，臣時芳雖伏枕候命，誼難獨後，謹具本令監丞等官雷希煥等齎進。臣等無任籲禱之至。

## 請速發欽天監擇定福藩之國日期疏

國子監署監事司業臣孟時芳等謹題，爲親王之國，明旨炯然，懇乞即日諏吉，以襄大典，以愜輿情事：

頃見皇上慈隆藩國，禮重分封，割庭闈之私愛，懷宗社之永圖，其於福王之國之期業已奉旨，來春三月舉行，凡事干福府者，陸續批發，大小臣工交慶啓行之有日矣。獨三月出邸之吉，欽天監擇日上請，疏在御前，迄今數旬，未奉俞旨。臣等仰窺聖心，必有獨斷，何敢煩言？但屈指季春，爲日幾何，以之國大事，其間郵傳供億之煩費，夫馬征集之艱難，未易咄嗟而辦。皇上不以此時急定吉日，百官何以象物而趨，庶務何以先時而備耶？

竊見皇上屢諭戶部，上緊查給贍田，必欲取盈三萬頃。諸臣私憂過慮，以爲贍田不給，則之國無期。我皇上日月之明、四時之信，豈其猶有反汗以不信令天下者？但有定月而無定日，迹涉稽遲，諸臣不得不以贍地之故懷愆期之慮耳。夫三萬頃之數，括之地土已無遺力，搜之民間勢必滋擾，且以天朝愛子，青宮介弟，啓疆之始，不務昭儉德以垂奕世，而惓惓田土一事，豈皇上所以爲福王計長久，而福王所以爲皇上揚盛美耶？

伏乞皇上慨然轉圜，即將欽天監所擇吉日立賜俞發，而又俯從科部之請，大裁贍地之數，勿以溺愛而稽令典，勿以細務而拂公論，則薄海內外共仰貽謀之遠，而億萬斯年永誦維城之盛矣！

事屬重亟，各衙門合詞公請，臣時芳雖伏枕待命，誼難獨後，謹具本令監丞等官雷希煥等齎進。臣等無任籲禱之至。

## 剖明職掌乞休疏

國子監署監事司業臣孟時芳謹奏，爲愚生開罪臺臣，微臣造士無狀，懇乞聖明亟賜罷斥，以重賢關事：

臣一介草茅，多年里栖，伏蒙聖恩拔置成均，遂以該監印務俾臣署掌。臣即菲劣，敢不竭其駑鈍？且本監科舉以後，肄業監生數不盈百，約束匪難。臣自視監以來，恪遵欽定規條，早夜振德，不敢縱弛。

偶於本月二十一日申時，有監生徐光漢倉皇籲泣，稟稱被張懋忠毆打，復被南城察院拷捈，乞爲救解。臣因日暮，諭以明早審問。次日入監升堂畢，復據光漢呈《爲坑儒異變事》，內稱：漢係生員納監，苦志向上，緣兄光善在南城地方開當糊口，遭惡弁張懋忠，原係廣平府人，縱僕來童强將低錢贖當，不允，即統領多人蜂擁進鋪，采兄毒打幾死。漢適自監回，見兄重傷，向前救護，復被亂打，任芳、李三等証。即奔告南城巡視察院李處，不料反被非刑拷掠，手指幾落，等因。臣當諭云：儒生興訟，已犯規條，且事止喧鬧，何至被掠？該城掠汝，必汝有可掠之罪，不務自悔，乃怨尤他人耶？隨批繩愆廳查究，方嚴行審治間忽接邸報，見巡視南城陝西道監察御史李養志有《富惡監生買囑未遂號召黨類凌辱法臣》一疏，并參及臣"一味軟熟，漫無束範"。夫金必從鎔，水必從盂，表率化導，貴在司成，以監生之事而問及於臣，臣則何辭？惟是此事遠在南城，而本生之爭起於兄弟，愚生鹵莽，急難猾猝，誠恐鄙倍粗率有逢臺臣之怒者。但光漢以今年七月終復班，入監纔兩月，臣督勸課業，勤其恒職，臣無存神過化之才，安望時雨俄頃之效？且其兄之開當，臣安能知？又安能使光漢忍尤含訴，獨無同室披纓之情？夫其肄業於監而寄食於兄，此亦事理之常也，法所不能强也。寄食於兄而禦侮於人，此意外之變也，教不得而預防也。至於疏內所稱"成群請囑，凌辱官長"，查本監此時所有監生，人數既少，又多係四方應貢諸生，僑寓北城，今之糾黨犯上或如御史所云，市徒假冒，理亦有之，然疏中未指姓名爲誰，無從詰問。御史亦是明刑弼教之官，諸生赴訴者尚可刑掠，作亂犯上者，何妨立付之三尺，以示懲懲？至云他無行諸生若夏良杞、張中道者，監內并無此人，查各堂班簿，亦無此名，其爲遠年監生或係假名與否，皆不可知。御史今對君言白晝大都之事，諒不諉過風聞，無稽入告，然於臣何與，而亦舉以罪臣乎？

　　總之，臣物望既輕，才猷更短，當此士風瀾倒之後，立成挽回坊表之功，臣則焉能？惟是狷直之性、拙樸之守，一奉章程以從事，不少假借，此合監諸屬、諸生自有耳目，同朝士大夫自有公論。即使光漢訟初起時，該城當以手本移監，而臣寬緩成貸，則臣之失職，無復可解。今事後聞之本生之膚訴，臣尚拒而行廳查究，乃謂臣"一味軟熟，漫無束範"，臣有死不受矣！伏乞皇上軫念辟雍重地，風教重任，特簡名賢申飭學政，如臣不稱任使，蚤賜罷斥，仍將徐光漢等事體敕下法司，如律究問，庶法紀張而頑愚知儆，庸劣退而賢關益肅矣。臣無任悚仄待命之至。

## 求罷斥以重辟雍疏

國子監署監事司業臣孟時芳謹奏，爲臺臣責備太苛，微臣無顏就列，再求罷斥，以重辟雍事：

頃巡視南城御史李養志以監生徐光漢觸忤拷拶，因而具疏參奏，并責臣"一味軟熟，漫無束範"，臣當即具疏求罷，原以自明職掌，未嘗與之論曲直、爭是非也。再接邸報，見養志又有《富監恃勢放恣司成自供熟軟》一疏，氣息艴然，近於罵詈。臣讀之，嘆曰：御史何相求無已也？拶已行矣，疏已具矣，聖明自有處分，復何所不快於心耶？

據疏，謂臣爲監生諱當。夫御史所憑者，城狀也，臣所憑者，監呈也，各不相聞，從何照應？其同兄開當，即監生且不自諱，臣又何苦而爲之諱耶？又謂"手指幾落"之說，責臣未嘗面驗。夫臣之前疏，止述原呈，非出臣口，且御史號稱執法，監生果犯明條，正使指落，或亦無妨，又何必計較於輕重間耶？又謂"成群凌誶"，責臣審治者何人。夫當日具呈者，光漢一人而已；批廳查審，亦光漢一人而已。查具揭張堯載等，強半係各衙門歷事監生，彼見同類不幸受辱，相率望門求救，救之不得，因爲不平之鳴，人實有口，烏能禁也？即禁，可行於在監者耳，彼在各衙門者，焉得而約束之？必欲先爲連坐之條，豫行誅意之法，事外株及，無故搜索，如此而後爲束範，如此而後非熟軟，則臣當謝不敏矣！夏良杞、張中道原不在監，而强扯以爲妝點，乃云皆經處治，見有案卷。南城五方雜聚，事務紛拿，計每日所處不下數十百人，皆謂之監生，可乎？業知與臣無與，猶復以爲監生無賴之証，則二百年來後先登進輝映簡册，其繇監生起家者不可縷指，亦當使司業分榮，臣不愧死無地哉？總之，監生被拶，即臣之罪，又何論拶之是非！御史有言，即臣之罪，又何論言之當否！祖宗設立太學，原以育材崇教，體面優隆，臣之無能，何堪斯任？伏乞皇上允臣前疏，將臣罷斥，仍敕下法司明白其事，庶法紀益彰而士風有賴矣！臣無任惶悚待命之至。

## 署監告病疏

國子監署監事司業臣孟時芳謹奏，爲患病不能供職，懇乞天恩，俯容回籍調理事：

臣原籍山西平陽府，蒲州人，由戊戌進士改庶吉士，癸卯授翰林院編修，己酉請告在籍調理，壬子十二月升授今職，癸丑四月到任。伏念臣樗櫟散材，行能淺薄，幸逢明聖，拔置清華，謬貳成均，甫及半載，未有尺寸樹立報答高厚，豈忍遽爲願息，自便身圖？緣臣禀氣素弱，精神不充，先年居母喪，慟臣母奓歲拮據，不獲食報，哀毀過度，伏苦寢塊，起居失調，致有腰背疼痛之疾，後雖調理平復，而不時輒發。今夏霪雨爲灾，臣之居寓水深數尺，屋裂垣頹，驚惶累夕，以致濕熱驟侵，心脾受傷。目今痰嗽交作，四肢困憊，呻吟床褥，晝夜靡寧。醫生王廷讚、范正良診視，咸謂宿疾舉發，痊可無期，必須静攝歲時，方可取效。

竊念國學雖係儒官，不比繁劇，然亦有屬官之禀承、諸生之課業、文移之往來，以至撥歷、撥差、撥班等事，無不係職掌。况本監祭酒員缺已久，未經推補，兩厢之事責於臣一人，可是如蒲如柳之姿，能收爲薪爲樗之效？若不告歸調攝，不惟形神日敝，殘軀苦於不支，抑且瘝曠日甚，事務至於弛廢矣。伏望皇上憐臣真病，俯允回籍，俾得專意醫藥。倘徼天幸，不即填於溝壑，當與田父野老歌頌聖恩，祝萬壽於無疆矣。臣無任懇切待命之至。

## 再懇告病疏

國子監署監事司業臣孟時芳謹奏，爲微臣感病情真，萬難供職，再懇天恩，俯允回籍調理事：

臣以夙疾舉發，具疏請告，候旨浹旬，未蒙批發。極知小臣之陳乞，不足以煩御覽。惟是臣受病既深，精神久敝，一旦感冒，困頓難支，數日以來，鬱火上炎，匕箸頓減，痰喘呻吟，醫藥罔效，自忖犬馬之恙痊可無期，蓋岌岌乎有性命之憂矣！伏念臣所委質而事主上者，身也，身體既病，則竭蹶不前，本等職業幾何，而不至于瘝曠？頃見邸報，臺臣所參監生徐光漢事，奉旨下監查明懲治，而臣病勢支離如此，將何以奉行？伏望皇上發臣前疏，即允臣去，敕下該部，推補本監祭酒、司業前來視事，庶不益重臣罪，臣即屏迹山林，有餘榮矣！臣無任惶悚待命之至。

## 三懇告病疏

國子監署監事司業臣孟時芳謹題，爲病勢難痊，曠職日甚，三懇天恩，俯准回籍調理，以延殘喘事：

臣前月以疾兩疏請告，未蒙批發，嗣後因冬至昌辰并恭遇聖母壽節大慶，未敢以疾痛楚苦之語控瀆宸嚴，伏枕候旨，又復彌月矣。奈臣膏肓之症，亟難療治，日來藥石雜試，而脾土愈以中傷；憂懼滋深，而心火愈以上熾。不特臣自覺其困頓，即諸醫視之，皆望而却走矣。辟雍非養痾之地，課督有日行之事，臣既以臥病而曠廢職業，又懼以曠瘝而益叢罪戾，用是跼蹐靡寧，展轉床蓐，茫無痊可之期。

照得本監祭酒員缺已久，方今宮僚濟濟盈列，豈無資俸相應可以典領者？伏乞皇上即敕該部推補，刻期到任，管理印信，更望憐臣病真，情非假托，速允回籍調理，庶殘喘可延而監務不至弛廢矣。臣無任激切籲懇待命之至。

## 四懇告病疏

國子監署監事司業臣孟時芳謹奏，爲患病已久，監務多弛，四懇天恩，俯容回籍調理，以保餘生，以免曠職事：

頃臣以病三具疏上請，瀝情控血，未蒙矜允。臣病勢沉綿，既不能旦夕即愈，待命踟蹰，又不敢急迫瀆擾，伏枕靜聽，已三月矣。而痰嗽愈增，精神大耗，脾氣積傷，飲餐漸廢，醫治不遺餘力，全無起色。夫臣犬馬之軀，亦何足惜？惟是祭酒員缺未補，該監印信屬臣署掌，臣寢疾不能視事，則一切不免於廢弛，即分理有廳堂諸臣，而至於總率督課，考其成而裁酌其宜，必待臣躬自爲之，曾是委頓床蓐之上，能任黽勉拮據之役？則其所稽滯，誠不止徐光漢等一事而已。蓋病實爲患，力不從心，此臣所以夙夜靡寧，懼滋罪譴，不得已而陳乞於君父之前也。伏望皇上憐臣久病難以遽痊，職業久廢難以再曠，容臣回籍調理，亟命坊臣、局臣一員署掌印信，庶監務典領有人，殘喘或可少延，自此有生之年，皆祝壽戴恩之日也。臣無任悚息懇禱之至。

## 奉旨回奏疏

原任國子監署監事司業、今升右春坊右諭德掌南京翰林院事臣孟時芳謹題，爲欽奉聖旨事：

繩愆廳案呈，奉本監信牌，奉禮部札付，爲富惡監生買囑未遂，號召黨類凌辱法官，仰懇聖明亟敕處分，以正士風，以維紀綱事，儀制清吏司案呈，奉本部送，禮科抄出，巡視南城陝西道監察御史李養志題，前事，奉聖旨："以小忿喧噪，甚非法紀，着國子監查明懲治。"欽此。欽遵，抄出到部送司，案呈到部。擬合就行，爲此，合札本監，即便查照題奉欽依內事理欽遵施行，等因。札付到監。爲此，牌仰繩愆廳會同各廳堂官，即將本內要緊監生人等行牌拘題到監，公同虛心查究，喧噪的係何人爲首爲從，遵依監規，分別處治，具繇報監，以憑回旨定奪示懲，毋得延緩寬縱，等因。到廳。

職等遵奉細查，本內有名人犯徐光漢，係廣業堂監生，來童、徐光善、沈朝、任芳、李三、程文奕、夏良杞、張中道等係南城住人，內除夏良杞、張中道不係監生，無可稽查，任芳、程文奕拘喚不到，見在官徐光漢等拘齊候審間。職等仰思明旨"查明懲治"，原爲監生喧噪，而喧噪監生張堯載、朱爾楫等在本城，後疏雖未蒙旨下，相應通拘查問。內查張堯載係萬曆三十年撥出吏部聽選監生，朱爾楫係在監率性堂東一班肄業監生，隨行手本吏部文選司，關回張堯載聽審。

各官齊詣明道堂審得，徐光漢供稱：伊親兄徐光善向在南城開當生理，比漢入監，向依隨住，偶因鄰居張懋忠僕來童依勢逞凶，強將低錢贖當，與兄爭打，是漢不忿，與伊扭結，赴巡視李御史公署。兩相揪扯，衣冠毀裂，言語粗厲是實，當蒙本城訶責，拶訖一拶。光漢隨即具呈到監，蒙批東廳查審間。比有在京聽選、歷事、走班監生，傳聞光漢被拶，恐傷體面，陸續齊到城院宅門控訴講說，人衆口多，遂致喧噪。本城題參候旨間，蒙將光善兄弟別參法司，光善擬罪訖，光漢同在法司候問，未得赴廳，查審所有喧噪，光漢實未同行。

張堯載等供稱：比光漢被拶，在京各監生驚相傳告，公議具揭投訴，人出一詞，成揭已定，衆因堯載係撥出在部歷選首名，

朱爾楫係在監首堂東一班首名，遂填名在首，餘照班簿次序填寫
訖。續各監生投揭至城院私宅，蒙本城出接立談，比有閒雜不齊
人等擠擁觀看，人衆口多，遂至喧噪。載、楫等已經爲首具揭，
公道理說，豈敢復鼓衆嚷鬧？

　　各犯供稱無異，職等查明已訖，公議懲治。內除徐光善、沈
朝、來童、李三等不係監內人數，已經南城察院處治發落外，職
等遵查欽定監規，生員不遵學規者，置集愆冊，初犯紀錄，再
犯、三犯至於四犯，則發遣安置。又凡有犯，皆痛決。又累犯不
悛者，奏聞區處。宣德以來，監生雖犯重者，或令本監自究治
之，於是有罰曠、壓撥、橔鎖之例，曠、壓以代贖鍰，橔鎖以代
桎梏，亦教刑不同於官刑之意，向來遵行無異。今監生徐光漢，
該城院業稍懲創，本監似難再加。但所有事務不遵刊定監規條
例，有事先於本監告知，輒騖憲司扭訴，甚至囚首毀觀，與人奴
對質，自取僇辱，大玷士風，合當再加痛決，紀錄壓罰，以懲將
來。張堯載、朱爾楫等自不守分，同衆群譟，雖其中十九聽選、
歷事及閑雜隨看者，難遍詰問，合將公揭有名爲首者坐之。張堯
載既係首名，法宜痛決，橔鎖。朱爾楫即次爲從，亦當痛決，壓
罰。且其供稱，載係吏部聽選首名，楫係本監首堂東一班首名，
既已出名具揭，縱喧噪不係作俑，亦難解免，懲一警百，非載、
楫之罪而何？職等虛心相與斟酌事情，差次罪狀，雖事起小忿，
而喧噪成風，漸不可長。既奉旨行監"查明懲治"，自當極本監
之教刑，爲諸生之永誡也。爲此具繇，等因。到監。

　　該臣時芳詳悉審覆看得，徐光漢之爲兄赴訴也，所爭直數錢
耳，何至與人相扭，輒入城院，自取僇辱？張堯載等之爲光漢申
救也，宜徐爲昭雪耳，何當言語憤激，矯舉抗辯，觸忤法官？雖
其爲兄爲友，情各有急，律以守己守法，罪實難原，誠如明旨所
謂"甚非法紀"。但當日嚻聚逐附之群不可主詰，而揭首有名者

焉能逃責？廳堂諸臣縣擬稱詳慎矣。臣再查得，縣中所開欽定監規，有奏聞、區處、發遣、安置者，原在四犯不悛之後。條例所載，有事或令本監自處者，明有壓罰、橛鎖之法。今徐光漢等自扞文網，致徹宸嚴，雖在初犯，決難姑息，合無依擬，恪遵監規，從重處治。徐光漢以犯規，痛決壓罰五月，朱爾楫痛決壓罰三月，張堯載以揭首痛決橛鎖一月，但係在部聽選之人，仍聽吏部壓罰，以盡教刑而示懲儆，似爲允當。蓋自來在京大小衙門通無取供擬律之職，而臣既奉明旨，令監自處，則辟雍之成法所得施於諸生者，抑又無有加於此矣。若夫敬敷無術，終訟成風，臣既攝事，實有鈐束諸生之責，臣敢謂在監者游倖之是存，撥部者鞭長之不及？即一士之行違，亦司教之失職，臣愧悚寢疾，累疏乞免，委此一官，以謝人言臣之分也。伏思皇上發監懲治，假在寬於諸生，惟復即允臣歸，示顯斥於明法，臣得脅息而去，即伏在岩穴，有餘榮矣。緣係欽奉聖旨事理，臣等未敢擅便，謹具題請旨，干冒天威，不勝踧踖戰慄之至。

## 請廣南雍解疏

　　南京國子監署監事、南京翰林院掌院事、右春坊右諭德臣孟時芳謹奏，爲南雍解額不宜獨詘，懇乞聖明比例北監，特賜增定，以廣彙征，以培豐芑事：

　　臣一介草茅，謬荷聖恩，拔置詞林，視篆留都，自愧譾劣，靡所報稱。頃南京國子監缺官，以南京吏部札付，俾臣暫署。勉竭駑鈍，日望皇上欽點部推祭酒前來，臣得弛於負擔，以免越俎之誚，又何敢妄爲陳請？顧當三載大比之期，值文運熙隆之會，體諸生鬱苦之情，有不容已於言者。洪惟我國家肇建兩都，并設太學，群天下才俊而作育之，諸凡規制，森然具備，原無偏重。矧科目解額，乃士子登進之階、朝廷網羅之典，所係尤鉅，惡可任其偏盈偏縮爲者？

　　查《南雍志》及歷科賢書，應天解額至景泰七年增至一百三十五名，例取監生三十名以上，嘉靖丁酉監生中三十五名，隆慶庚午監生中五十名，萬曆丁酉監生中四十二名，中間雖有因選貢加者，而監生三十五名之額，大約與北監相等。今北監每科中式每足三十五名，而南監不過二十八人或三十人而止，何懸殊乎？將謂南雍之士怯於北，則歷科以來北闈首舉者，非南之士耶？如其怯於南而勇於北，不然也。將謂南雍之士屈於首，則戊戌會試，乙未、辛丑廷試，其襄然領袖一榜者，非南雍士耶？如其勇於天下而怯於鄉，又不然也。再考南畿試錄，正德五年之孫維先，十一年之崔桐，嘉靖元年之華鑰，七年之許仁卿，三十一年之孫浦，非皆京闈第一人耶？如其盛於昔而衰於今，又不然也。人文不減於北而登額獨遜，執鉛槧而試棘闈者，合千八百人之多，歌《鹿鳴》而與計偕者，不出三十人之外，臣詢其故，不過偶因一科之少縮，後來當事者遂執其數以爲成例，諸郡邑庠生又據偶多之數以爲固有，遂使辟雍之儒獨受偏嗇之勢，而豐鎬之俊不能與冀北爭馳，豈不惜哉？

　　夫賢才篤生，原非額數所能限；神聖化導，每遂氣運以轉移。因其盛而增益之，則遼左、關中不難各加；通其變而區畫之，則大江南北可以分較。豈當南雍虧詘之時、人情久鬱之候，而可無所以增定乎？增之使復於舊，以足於三十五名之數；定之使畫於一，無歉於三十五名之内。蓋非必取諸彼以與此，有監庠相爭之虞也。薪樵方闢，洪波浩蕩，斟酌游衍，各適其願，在成均士固有所加，而於諸郡邑士亦無所損也。千載盛典，實惟其時，前科壬子祭酒蔣孟育曾具疏上請，士子引領以望者，不啻望歲，復且三年。頃南畿按臣、學臣、應天府臣交疏請增，中間分別庠生、胄監，原無偏齮之念，禮臣業已題覆，普天縫掖，共切彈冠。使臣獨以代庖趦趄，不爲一請，無論諸士向隅之苦，終無以徹於宸聰，而臣溺職之愧，又何以自解？用是不避煩瀆，冒干天聽。如臣言不謬，伏乞敕下禮部覆議，比照北監事例，永爲定規。至於賢關重地，代攝非宜，更望亟允吏部所推祭酒刻期到任管事，庶雍政有所專責而文治有光矣。臣無任瞻仰悚息之至。

## 乞恩移贈疏

禮部右侍郎兼翰林院侍讀學士、協理詹事府事臣孟時芳謹奏，爲比例陳情，懇乞天恩，俯容移贈，以廣皇仁事：

照得敕諭內開一款："文官一品至九品，例與應得誥敕，或進本品勳階一等。如經前詔已給已進者，俟升任之日，各照新銜給與誥敕。"欽此。臣蒙荷聖恩，升授今職，臣本身及臣祖父母、父母暨臣妻皆得及於恩數，此誠非常之遇、望外之榮，即捐糜頂踵，無能報稱，何敢復有他覬？惟是臣有至情不得不控乞於君父之前者。

臣本生祖汝賢，祖母張氏、繼楊氏，生子四人，臣父桐封翰林院編修，其第四子也。臣祖汝貞無子，本生祖汝賢令臣父爲其後，是時臣父方弱冠讀書，臣本生祖三子俱無恙。居數年，臣父籍郡庠成家室，而臣本生祖三子皆相繼物故，止一孫亦無血允[八]，而本生祖之系幾於中絕矣！臣父母念及，輒咨嗟哽咽。萬曆癸卯，臣以編修蒙覃恩，得封臣父，臣父拜命展墓，復泣下沾襟，蓋傷兩祖之不逮也。茲者恭遇皇仁錫類，率土蒙恩，臣祖汝貞、祖母王氏暨臣父、母、妻皆得寵徽綸綍，而臣本生祖獨不獲被一命，計臣父冥冥之中必有跼蹐不寧者，臣安能儼然承恩而不自陳乞，以伸水源木本之恩，以慰父於九原也？

查得光祿寺少卿李之藻以參政職銜請移贈本生祖父母，蒙恩俞允。臣之事例，實與相同，懇乞皇上俯容比例，以臣及臣妻應得誥命移本生祖汝賢暨祖妣張氏、楊氏，敕下吏部遵奉施行，庶皇上如天之仁曲逮於草野，臣兩祖既朽之骨均沾夫雨露，臣世世子孫歌咏皇恩、祝誦聖壽於無疆矣。

## 南吏部侍郎請告疏

南京吏部右侍郎臣孟時芳謹奏，爲中途患病，不能赴任，懇乞聖明俯容在籍調理，以保殘喘事：

臣山右豎儒，行能淺薄，無足比數，蒙聖恩拔擢，得列班行之末，瞻依日月之光，誠殊遇也。頃承人乏，復蒙聖恩，改升南京吏部右侍郎。臣拜命於廷，感激無地，於三月十九日陛辭，二十五日出都，星言夙駕，期竭駑鈍以副任使。奈臣賦質虛弱，夙患怔忡，長途跋涉，飲啖失宜，行至真定府地，方感冒風寒，頭目眩暈，偏身痛楚，呻吟於床褥者累日夜。羈旅之中，調攝不便，因取道歸臣原籍，庶就故鄉水土之安，爲簡方問醫之計。惟是蒲柳之姿易於凋殘，委頓之疾難於速效，自五月抵里，迄今閱月，延醫胗治，未見霍然。近因夏月受暑，鬱火上攻，瘡毒纍纍，坐臥俱艱，因而過服清涼之劑，又雜試於針石之術，元氣益損，榮衛并虛，肢骸雖存，癯然如削，恐遂痿廢而不能舉矣。斯時也，臣欲勉強就道，則困憊之身不堪馳驅；欲從容以俟，則君命久稽，偃蹇爲罪。爲此日夜飲冰，踟躕靡寧，萬不獲已，敢披瀝血誠，哀鳴於君父之前。伏望皇上垂念犬馬之病，少寬鈇鉞之誅，敕下吏部，准令臣在籍調理，俾得安心醫藥，保全餘生，即長林豐草之中，不忘堯天舜日之戴矣。臣不勝隕越懇祈之至。

## 催南冢宰赴任疏

南京吏部右侍郎臣孟時芳謹奏，爲留京大計期迫，主持亟需冢卿，乞敕催赴任，以重察典，以肅官常事：

臣惟國家風勵臣工，特嚴考察，六載一舉，兩都并行，據官評以定去留，綜流品而清仕路，典未有重於此者。顧考核之事，銓部爲政，而澄汰之權，冢宰持衡，若侍郎，不過贊佐之司官，則奉行之耳。南京吏部尚書員缺，廷推陳薦，特奉簡用，以耆碩之賢，膺統均之任，可謂得人矣。乃薦先於七月中賚捧，詣闕呼嵩，頃又以病請告，未入都門，輿疾歸矣。雖聖明眷禮老成，溫旨促留，而履任尚未有定期也。屈指過堂，爲日幾何？倘臨時不能即來，誰爲主裁察事？即微臣備員侍郎，承乏暫署印務，然服在陪貳，識非清通，無論涼德不克表率群寮，而名位亦難以懾服衆志，其何以勝其任而愉快耶？伏望皇上軫念留都吏治，特頒天語，催新簡尚書陳薦刻期赴任，管理察務，庶事權有所總領而鉅典賴以振肅矣。

## 請南察委署疏

南京吏部右侍郎臣孟時芳謹題，爲留京考察主持缺人，懇乞聖明即賜委署，以肅大典事：

臣於十二月初五日到任，遵例署篆，拮據部務，獨念京察重典，本部尚書陳薦尚未履任，具疏請催，彼時未確知薦果回籍與否，猶望其可以返轅而遄至也。今距察期益迫矣，正欲更端再請，頃閱邸報，見科臣方有度一疏《爲留都京察在邇，銓部主察缺官，懇乞聖明立委署察之臣，以清仕路，以重大典事》，內稱南京吏部尚書陳薦中途請告，勢難刻期赴任，欲將南京戶部尚書李長庚、兵部尚書陳道亨內請委一員署南都察事。雖未見聖旨批發，而所言二臣，一在原籍，一在候代，皆去南都不遠，可以聞命急趨，又皆望重資深、老成諳練、雅負人倫之鑒者，倘蒙愈[九]允，於二臣內特委一員，令其兼程前來署管察務，其於銓叙流品、甄別幽明，定有真識，而主裁歸於畫一，衆志自爲懾服，所裨益豐鎬吏計豈淺渺哉？然臣猶有説焉。南京各部尚書有新奉簡用而未任者，亦有見在任而曾攝吏部者，未任者固不難催促，而見在者則可朝聞命而夕受事，尤便計也。伏惟皇上軫念察期至迫，立賜委署施行。臣無任激切待命之至。

## 催南冢宰視事疏

南京吏部右侍郎臣孟時芳謹題，爲考察期有欽定，冢臣難拘例辭，乞敕即視事，以襄大典事：

臣惟六年考察京官，兩都一體，南京考察必候吏部咨到，内開欽定日期，遵依舉行，此定例也。頃者荷蒙皇上慎重南察，簡任吏部尚書何熊祥。數日之内，邸報傳至，尚書何熊祥即具疏控辭，方在候旨，未經接印履任，自是大臣進以禮之誼。但念南北相拒，途路遙遠，使其辭疏奉旨與咨到南之日期適相符，此自無容他慮，第恐吏部題奉今次考察期限咨文已到，而熊祥辭疏尚未得旨，不能刻期舉事，其於欽限不有誤乎？天下之事，有輕有重，修辭讓之節，其關於冢臣之一身者小；綜考核之政，其係於國家之典制者大。咨文未到，合宜恭候明旨，萬一咨到而辭疏尚未下，似當即到任管理察事，俟完日另疏陳情，則於敬事之義、難進之禮，兩得之矣。微臣待罪本部侍郎，深惟察期已迫，恐有違誤，取罪未便，謹冒昧上請。伏乞敕下，容令尚書何熊祥咨到之日即爲視事，庶主持有人而大典益光矣。臣不勝悚慄待命之至。

## 南吏部自陳疏

南京吏部右侍郎臣孟時芳謹奏，爲自陳不職，乞賜罷斥，以重計典事：

臣山西平陽府蒲州守禦所人，繇萬曆二十六年進士改翰林院庶吉士，授編修，歷司業、右諭德掌南京翰林院事、右庶子、南京國子監祭酒、少詹事兼侍讀學士、禮部右侍郎協理詹事府事以至今官，中間[一〇]丁艱者二次，告病者二次，通籍念有餘載，報稱全無寸勤。昨歲承乏叨佐留銓，自揣非據，具疏請告，未蒙俞允。雖勉強以赴任，實凜惕於飲冰。兩月以來，拮據尋常，部務尚虞蚊負不堪，矧值內計？猥從家臣之後，謬得與聞，而臣知識汶暗，才力鈍庸，未效一籌以佐主者，無論從前之瘝曠無當於官常，即此日之虛糜亦難逃於吏議，撫躬循省，罪過叢多，按以考功之法，臣實不職之尤。伏乞聖明將臣亟賜罷斥，無使幸位，庶愚分獲安而計典益肅矣。

## 捐俸助餉疏

南京吏部右侍郎臣孟時芳謹奏，爲捐俸助餉事：

臣竊見年來師旅煩興，度支告匱，皇上軫念邊疆，屢發內帑，計德威之遠曁，知蕩平之匪遙。然烽火一日未息，則征輸一日未已，宸極之宵旰亦一日靡寧，凡爲臣子，誼切同憂。當此儲餉孔棘之時，何能晏然尸位、虛糜饟廩，而不思涓埃之效耶？查得南京各衙門先有捐俸公疏，時臣未履任，未與列名。茲遵寬限赴任之旨，於十二月初五日到任管事訖，所有微俸，願捐一年，以濟邊儲，雖一滴無裨於滄海，而寸忱少抒其芹曝耳。伏乞敕下戶部轉行南京戶部，將臣應支常俸，自天啓二年十二月初五日起，至天啓三年十二月初五日止，查照扣解。臣無任惶悚待命之至。

## 二次請告疏

禮部尚書兼翰林院學士、協理詹事府事臣孟時芳謹奏，爲病勢沉綿，痊可無期，再懇天恩，俯允回籍，以保殘喘事：

臣頃以患病具疏乞歸，伏奉聖旨："卿學識兼優，品望夙著，宮端重地，倚任方殷，何得引病求去？還着即出供職。該部知道。"欽此。臣聞命自天，不勝感激，不勝惶悚。念臣一介草茅，行能淺薄，有何學識、品望足當聖明鑒照？而屬茲疾痛之控籲，特荷褒獎之温綸，勉以倚任，諭以供職，若謂駑劣尚可鞭策，不忍遽斥置之者，天地生成之德、父母顧復之恩，無以加矣。臣仰戴高厚，恨不捐糜此身以圖報稱，苟可勉强支持，曷敢自甘廢棄？無奈臣狗馬之病原係宿痼，一經觸發，急難平復。前以感冒風寒，過服清表之劑，致傷脾胃。近因暑濕，痢瀉交作，真氣下陷，虛火上攻，精神憒亂，愈見支離，即跬步之近，尚艱動履，其又何能就列供職，以不負皇上之任使乎？宮端重地，非養疴之所，至尊勵精圖治，臨御時勤，臣子無偃卧私寓、久廢朝參之理，用是撫枕徬徨，踟躕靡寧，乃敢不避煩瀆，昧死上懇。伏望皇上憐臣危急至情，非有假飾，將臣放歸田里，就便醫藥，則自此未盡之年，皆大造再生之賜，雖在畎畝，敢忘圖報？臣無任翹切籲請之至。

## 予告謝恩疏

禮部尚書兼翰林院學士、協理詹事府事臣孟時芳謹奏，爲感激天恩，恭申謝悃事：

臣以病勢沉綿，再疏乞歸，奉聖旨："卿望重宮端，才優經濟，依任方殷，何乃請告？情詞迫切，准回籍調理，病痊起用，還與馳驛去。該部知道。"欽此。臣捧誦綸音，感激無地，即恭設香案，扶掖望闕，叩頭恭謝。伏念臣人地孤寒，材姿陋下，通仕宦之籍者逾念載，居諸虛度半生；叼作養之恩者歷三朝，報稱殊靡寸補。迨宮端之濫列，猥編纂之與聞。揚歷無能，徒懷慚於載筆；曠瘝叢戾，致抱忝於采薪。肆貢瀆而叩天閣，懼干嚴譴；屢陳情而蒙帝鑒，謬荷洪仁。既憐其病體之尫贏，准歸田以調理；復念其修途之跋涉，俾擁傳以馳驅。輝光近溢於儒紳，行色遥增於通路。覆載無棄物，雖疲癃殘疾，皆欲置之生全；怙恃有餘慈，即駑劣蒙愚，猶將勤其顧復。跼蹐循省，夢寐若驚，豈意庸流叨斯異數？從此迹退心邁，敢忘鳳闕於江湖？縱使結草銜環，難報鴻恩於高厚，矢刻衷而永戴。謹雪涕以陳詞，緣臣病困，不能廷謝，謹具本奏謝。臣無任悚慄感戴之至。

## 辭朝疏

禮部尚書兼翰林院學士、協理詹事府事臣孟時芳謹奏，爲辭朝事：

臣以患病乞歸，荷蒙我皇上俯賜矜憐，准令馳驛回籍調理，臣感戴天恩，已具本奏謝訖。竊念臣材同樗散，誤荷栽培；質比蒲零，尋嬰疾疢。猥蒙恩而予告，俾擁傳以遄歸。仰被光榮，俯深佩戴。今將扶疴就道，銜綍趨程，違遠闕廷，益增涕泗。情依依而戀主，應知犬馬之心；目眇眇以瞻雲，迥隔銅龍之夢。本欲匍匐陛辭，病軀不能成禮，謹於大明門外扶掖叩頭，少申臣子萬一之忱。惟願我皇上終始典學，清明在躬。鑒於成憲，永無愆，羹墻如見；畏天之威，於時保，精氣潛孚。元元嘉與更生，無忘根本之慮；事事乃其有備，常周牖户之謀。如川之至，日之升，奠鴻圖於億載；俾壽而臧，昌而熾，綿瓜瓞於萬年。臣無任感激依戀之至。

## 辭南禮部尚書疏

原任禮部尚書兼翰林院學士、協理詹事府事臣孟時芳謹奏，爲寵命欽承，省躬非據，懇乞天恩，俯容辭免，以安愚分事：

臣山右豎儒，行能淺薄，無足比數，蒙皇祖作養、皇考暨先帝拔擢，歷官史局，洊躋宮端，受恩深重，涓埃未報，於天啓六年六月內以病請告，回籍調理，跧伏林藪之中，無復雲霄之想矣。恭遇皇上天縱神聖，誕膺寶籙，勵精圖治，百度維新，臣從田野擊壤之衆歌咏太平，於願足矣。不意遺簪敝履，爲聖世之所不棄。忽接吏部咨文，奉聖旨：“孟時芳起南京禮部尚書。”欽此。臣聞命自天，不勝感戴，即恭設香案，叩頭謝恩訖。乃撫躬循省，深切逾涯之愧。惟留都爲根本重地，而宗伯實邦禮攸司，治神人而和上下，考儀度以贊惇庸，厥任甚重，未易稱塞也。臣樗櫪小器，樸樕散材。品望凡庸，不足以表率僚屬；學識黯淺，無能以綜核典章。其何以當三禮之寄，奏寅清之績，以不負寵命乎？夫奮庸清時，勉樹尺寸，臣之大願也；度德服官，量力就列，臣之所自審也。苟位高而報則微，力綿而肩則鉅，非惟來鵜翼之誚，抑恐有棟撓之虞，此臣之所以惶悚罔措，萬萬不敢虛冒者也。伏望皇上鑒臣悃誠，俯容辭免，別簡才賢以充是任，庶陪京典禮不濫寄於匪人，而微臣愚分亦得以少安矣。臣無任悚息徨[一一]恐之至。

## 南禮部尚書到任謝恩疏

南京禮部尚書臣孟時芳謹奏，爲遵旨到任，恭謝天恩事：

臣於去年十月蒙聖恩起授今職，臣懼不勝任，具疏控辭，伏奉聖旨：“留禮重任，卿以邃學端品簡用，着即到任供職，不准辭。該部知道。”欽此。欽遵，即於今年二月自臣鄉束裝起程，於三月十九日至南京，齋宿謁陵，念二日進部，恭設香案，望闕叩頭謝恩，到任受事訖。伏念臣章句腐儒，草茅賤士。歷官禁從，曾無尺寸之長；臥病邱[一二]園，殊絕清華之想。誤蒙顯擢，典禮留都，方聞命而凛集鹽蜳，乃控陳而復膺寵綍，榮浮望外，感切繇中，臣敢不益殫愚忱，勉圖報稱？如禮如樂，雖願學而未能；惟寅惟清，矢夙夜之匪懈。矧聖主懋建中和之極，而舊京實爲文獻之基，恪守典章，助流教化，期俯竭乎駑力，用仰答夫鴻恩。臣不勝北望瞻依感激之至。

## 恭候聖安疏

南京禮部尚書臣孟時芳等謹奏，爲恭候萬安事：

臣等先接邸報，恭聞聖體偶爾傷暑，召閣臣太醫院官至乾清宮診脉，隨奉傳免各衙門官員具本問安，臣等一念葵藿之忱，不勝馳戀。尋又接邸報，見諭閣臣之旨，知聖體已就痊愈，暫需調攝，仍令傳示各官通知。臣等仰瞻勿藥之喜，復不勝欣慰。恭惟我皇上懋建皇極，受天眷命，方萃祉以迓休，何微疴之足慮？意者廟堂幾務殷煩，宸衷願治甚切，省覽綜核，日昃不暇，當此盛暑，不覺宵旰之過勞乎？然臣等以爲，皇上一身乃天地、祖宗所式憑，中外臣民所倚命之身也。即臨御憂勤無倦，而明作之内，稍宜持之以寬和；即清明疆固在躬，而葆嗇之功，倍宜慎之于燕豫。伏願順時宣燮，一出王游衍必欽；加意滋培，務寢食起居合度。將百靈效其護佑，萬福自爾駢臻，純禧擬日月以升恒，雅頌歌岡陵之悠久矣。臣等備員南都，懸心北闕，謹用合詞恭候萬安，依依下情，曷勝翹仰倦切之至！

## 南禮部轉掌詹尚書辭疏

原任南京禮部尚書，今改禮部尚書兼翰林院學士掌詹事府事臣孟時芳謹奏，爲天恩未報，宿疾難痊，前懇乞聖慈，俯容休致，以遂生全事：

臣山陬豎儒，至愚極陋，蒙皇上不棄，起之田間，畀以留禮。臣感激知遇，勉竭駑鈍，於去歲三月受事，雖在公矢於夙夜，而菲才莫報涓埃。至九月間，伏蒙聖恩，允内閣題推，改臣禮部尚書兼翰林院學士掌詹事府印信。臣聞命自天，感悚不勝，恭設香案，叩頭謝恩訖。

親逢堯舜之主，快瞻日月之光，臣獨何心，能不急趨？不意福過灾生，宿疾陡發，緣昨夏南中多雨，臣素禀孱弱，感冒暑濕，兩臂痛楚，舉動艱滯，延醫調治，冀幸稍痊，即當叱馭而前。無奈元氣久虚，二竪深入，逡巡三月，百藥無功，見今腰臂拘攣，不能動履，兩耳痼塞，不任聽聞，支骸雖存，神理已枯，恐遂痿痺而不能起矣。

恭惟皇上勵精圖治，百度維新，凡在人臣，宜盡滌柔靡之風，以副聖明任使。頃峰火屢警，戎馬倥傯，至尊宵旰焦勞，臣病卧床褥，不能借籌宣力，以效縷冠之誼。近從邸報中見册立皇儲，元良肇慶，臣備員承華，復不能執事班行，以觀大禮之成，仰負拔擢深恩，俯虧靖共職分，撫躬顧影，無地自容，爲此日夜飲冰，徬徨憂懼，病勢愈加沉重。自揣尫羸之質，萬難勉强就道，又何敢久稽成命，長負聖恩？空懸霄漢之心，未遂風雲之願，是用披瀝血誠，冒干天聽。伏望皇上俯憐太[一三]馬之病，少寬鈇鉞之誅，覆載生成，准與休致，庶不至以支離無用之身久妨賢路，猶得與耕鑿含哺之衆共咏皇風，式歌聖武之布昭，長迓天休之滋至。臣無任悚息待命之至。

## 南禮部轉掌詹尚書再辭疏

原任南京禮部尚書，今改禮部尚書兼翰林院學士掌詹事府事臣孟時芳謹奏，爲聖恩至渥，臣病實深，瀝懇天慈，俯允休致，以延殘喘事：

臣於去歲九月蒙聖恩改升掌詹事府印信，於今年三月以疾請告，奉聖旨：“卿領袖宮詹，簡屬已久，着即遵旨前來供職，不允所辭。該部知道。”欽此。臣聞命自天，感悚無地，恭設香案，令臣子扶掖望闕叩頭謝恩訖。念一介草茅，何足有無？而覆載生成，不遽棄置，臣即捐糜頂踵，何敢自愛？惟是臣之疾實出沉痼，非可以時日就愈者，去夏南都感冒暑濕，肢體拘攣，腰臂作痛，因而過服溫補之劑，以致痰火上攻，兩耳重聽。自具疏控陳以後，又幾半載，仰遵明旨，多方瘳治，幾幸稍痊，黽勉赴官，不意方藥雜投，茫無寸效，自分枯朽之質將成痿痹，不能復備驅策於聖世矣。

恭惟皇上以首出之聖神，振中興之偉烈，凡爲臣子者，孰不被濯鼓舞，乘時樹立，思一覲日月光華？臣雖庸劣，亦有心知，忍自外於堯舜之主，受豢養而不圖報，曾太〔一四〕馬之弗若哉？無奈力與願違，病與命會，撫影自吊，情勢迫切，萬非得已，乃敢再瀝血誠，哀鳴於君父之前。伏望皇上憐臣篤疾，委難趨任，特涣明綸，准與休致。臣首邱之願得遂，從此畢命黄壤，猶將銜結聖恩。若一息尚存，亦願與臣之子孫焚香籲天，祝聖壽萬年矣。臣無任激切祈禱待命之至。

**校勘記**

〔一〕“宏”，據文意當係“弘”因避諱而改，以下不再一一出校。

〔二〕“膳”，據文意疑當作“繕”。

〔三〕“懷”，據文意疑當作“壞”。

〔四〕“壁”，據文意及清光緒《永濟縣志》當作“璧”。

〔五〕“稅”，清光緒《永濟縣志》卷十八作“租”。

〔六〕“幀”，據文意疑當作“隕”。

〔七〕“壁”，據文意及清光緒《永濟縣志》當作“璧”。

〔八〕“允”，據文意當係“胤”因避諱而改，以下不再一一出校。

〔九〕“愈”，據文意疑當作“俞”。

〔一〇〕"問"，據文意疑當作"間"。

〔一一〕"徨"，據文意疑當作"惶"。

〔一二〕"邱"，據文意當係"丘"因避諱而改，以下不再一一出校。

〔一三〕"太"，據文意疑當作"犬"。

〔一四〕同上。

# 序〔一〕

## 贈龍江沈相公蒙恩賜告序

　　丙午夏，少傅商邱沈公上章言：臣年至不任職，謹以骸骨請。上重眷公，不報可。公復上言：“臣不幸有狗馬病，不良于行，恐隕越于下，以爲天子羞，上幸哀憐，賜之一壑。”章三上，上報以溫旨，若曰：“余實有師臣，咸有一德，惟是閔勞以幾務，暫聽歸，俾專精神、慎醫藥以自持。”謂大司馬給傳，謂王府出織文、精鏐佐裝，謂宗伯使行人往護行。公拜稽首，謝上恩厚：“老臣無復能報萬分一，所日以幾者，聖德聖政日新，天保而已。”都人士睹公進退之誼與主上始終之禮交際其盛，靡不嘆羨，而獨戀戀于未盡公之用也，則相與咨嗟，謂公自入相之後乞身者屢矣，感激恩遇，時時强起，欲舉明主于三代之隆，不憚逆耳倒心以伸其所欲。上幸采公言，蕩數年之粃政，公之志可以稍酬，何恙不已，而堅決去？且以上神聖，不聽公去于逆耳倒心之日，而乃聽公去于謝病請老之時，志行而身隱，言聽而遇違，交際者似不能無交望，而不知主上與公以一去而相成者，意固有所冥契也。

　　蓋公受上異知，自講幄始也，用宮贊起田間，致位大宗伯，綦貴矣。意有不可，輒抽華簪而返初服。公返而望益峻、眷益隆，十六年之薦軸，夜半手敕，有命自天，特勤弓旌之招，豈虛也哉？學焉後臣，幾與阿衡等争烈，副南山之瞻，還東山之卧，公日夜念此，五年中，時告時起，公豈其重去相而所以處去者極難？故言不聽而公未可去，言聽而公乃可以去也。且吾去而人主不謂群臣于官如含蔗焉，後來者發憤畢誠，庶幾無規瑱乎？是公之去賢于留，上之重留公于先，而輕聽公于今也，亦知公之處去者，始難而今易也。中主之馭臣也，第以去就聽之臣。誼主則不然，必大臣之自處與所以處大臣者兩相成而後無憾。未可去而留公，可以去而聽公，留公以公爲伊傅，聽公以公爲韋疏，憂社稷之名與輕爵禄之名盡以歸之。夙昔之師臣，天下係安危，四譯問安否，不于朝廷而于洛下，上之所以爲公者，亦足矣！甚矣！都人士于臣主相成之意，未之深晰也。

雖然，公果可以去乎？始余與公同應弓旌而來也，相與盟曰：今日之事，惠徵主聽，繫公是憑，轉圜惟公之福，轉石惟公之悔，余非謬莊公也。公潔身修行，白首彌篤。身都上相之位，而家無布衣之奉；望作百僚之表，而館絶掃門之客。任人情之雲譎波詭，寬然足以有容；當世路之鹿駭豨突，恬然不與之俱起。即上所内莊者，無以逾公，故余直以公爲鵠而請事焉。今公置我去矣，鼎足三而虛二，羅目衆而張一。天下之責望于揆地者日以重，而揆地之幾幸于九關者日以輕。重難副也，輕難反也，我公于此慮復不淺。驕語今日之爲韋疏，而高謝前日之爲伊傅，一意于輕爵禄而無與爲憂社稷，公必不然。且上眷念師臣無已時，亦何以能遽以泉石私公也？公第專精神、慎醫藥以自持，安知主上暫聽公之去揆地，不似嚮者聽公之去大宗伯乎？行復召公矣！余所以解都人士之惑者，無足爲公道矣。姑籍手詞林諸君之請，而書以贈公。

## 賀象雲韓相公簡涉台司疊膺殊典序

隆萬間，吾蒲多台鼎耆碩名臣，至勁節讜論，有聲瑣闥，躋位列卿，則納言韓公實卓冠一時；然竟以直道爲時宰所忌，早賦東山，識者乩其三槐之蔭當在繼世云。今師相象翁韓公乃其仲嗣。公生應名世，品格體度，凤具王佐之略，即納言公亦以公輔器許之。妙齡魁省闈，對公車，選入詞林，歷史局、宮僚，踰二紀，蓋公依戀子舍，凡三轉官，始出赴闕，非受知晚也。公家居不關白時事，不喜與縉紳往來，即門下士有事地方，必預緘過止，未嘗造次通接遇。杜門養重，間取前代惇史討證故實，每至危疑費區畫處，必澄潛思慮，以己見爲參訂。故胸涵今古，才優經濟，朝野仰之，如景星慶雲。迨以宮詹北上，不數月而加少宗伯，協理端尹事，充東宮侍班官，是在萬曆末季，神廟拔以輔儲，行且引以自輔也。公端模肅範，凤夜靖恭，毅然以涵養睿聖、光大鴻樞爲己任。先皇在儲位，嘿以大用注意，講筵事畢，輒目送公。一日，遣中使賜睿聯，有“共際明良”之句。迨踐祚初，首召公入典密勿，參與機務；玉几顧命，又以致君堯舜屬公。今上嗣大歷服，覃輔臣擁戴恩，加公宮保、晉地卿，直文淵閣。方公考三品滿，業已贈納言公以上再世如其官，又疏移贈所生祖父母，皆報可。任子中翰，若太學生。文幣、寶鏐、佩玉、章服之類，錫予不能殫悉。三朝寵錄，顯被叠承，大臣遭遇，在公可謂極盛。公大拜後，簪綬慶於朝，襏襫忭於野，無不傾心俯首，各想望其豐采，則姻黨交游，素挹公之輝、沐公之潤，其爲慶汴，又可知已。因謀載幣馳賀於政府，俾不佞芳摛辭。芳凤叨培植，日奉公榘矱以爲師程，曷敢無言？

　　嘗聞韓氏世澤炳煜譜乘，而文章事功獨魏公稚圭尤爲顯著，彼其通述先諫議大夫之家傳，早有盛名。當登第時，即有五色雲見之瑞。爲集賢、昭文大學士，值嘉祐、治平間，朝廷多故，再決大策，乂安社稷，而西撫銀夏，北鎮中山，文武爲憲，豈特“軍中一韓”之謠足以襲〔二〕慴敵人已哉？公沉機果斷，英氣斂而不露，至於平章軍國，確有定衡。先皇在宥無幾，龍馭驟升，鼎革之際，事勢倉皇，群情固惴惴也。公垂紳正笏，弼幼主以總乾綱，不數日而新政沛發，宮府肅清。至中外顒目，無如邊警，亦藉帷幄籌算，綽有次第，驅天狼而遏地雁，豈異人任？公其魏公之後身乎？何其相業之相似也。夫雲龍風虎，會合非偶，明良喜起，相得益彰。今上冲齡御極，聰明神聖，亶爲不世出之英主，而公以玉鉉之德膺璣衡之任，所爲幹[三]旋化理，俾五風十雨之若時，九夷八蠻之通道，端可跂足俟也。成王之告畢公曰："公其惟時成周，建無窮之基，亦有無窮之聞。"《南山》之詩亦曰："樂只君子，邦家之基"。敬諷咏之，以鳴國家之盛，用以抒吾黨欣忭之私。

## 賀象雲韓相公榮膺存問召還揆席序

今上嗣登寶籙，瑩精化理，茂延耆舊，茹茅彙征，海寓翕然想望唐虞至治。於時韓公謝端揆而里居者閲四年矣，上鑒其精忠亮節，特敕皇華之使賫南金、文綺、餼牽、上尊，存問于家，復召入中書，若曰："時事多艱，主持國是，端籍老成。"其令所司敦請，以正揆席，蓋特典也。宣綸之日，遠邇歡騰，快睹明良喜起盛事。蒲廣文任君、雷君、李君、高君率生徒稱賀，授簡芳揚言。芳詞林後進，素蒙公提誨，所傾心嚮往，不啻僬僥之附龍伯也。

嘗觀自古國家熙隆啓運，必得股肱以資夾輔，要以振綱挈領，尤在政府，是必有矯矯風節爲時砥柱者，乃可以表率人倫，光重玉鉉。語曰："天之所支，不可壞也。"天亦何支之有？惟是斷斷一個臣，子孫黎民是保，有基勿壞，天正以若人爲楨幹耳。公以蠻坡宿望，荷貞皇知遇，簡在綸扉，啓沃納誨，補衮之猷，焕于山龍。迨受憑几導揚之命，時當主少國疑，人情洶訩，如沸如蜩，而公垂紳正笏，不動聲色。至於畫大事，決大疑，霆擊斧斷，靡不切中窾却者。然竟以不能依阿權奸，爲彼其所忌，市虎三至，棘蠅叢蜚，于是鳳池元老甘爲天際冥鴻，身輕似葉，直道如弦，瀕行一疏，忠義凛凛，至今讀之，猶足動天地而泣鬼神。歸來三逕，深自冲晦，忌者眈眈未已，謀所以中傷之者益力，而公處之泰然，日臥東山白雲，何心出岫，乃伺飲食起居，以覘世之安危者，合中外華夷有同情矣。繇前則孤忠自許，朧榮利禄不以熱其中；繇後則勁節千尋，死生利害不以怵其志。龍門之水，奔迅如馳，歷萬折而流必東；昆山之玉，堅貞受質，經百煉而剛不改。所謂揭五緯之寒鋩而泰階應瑞，濯四溟之灝采而大地成霖者，非耶？國朝鉅公相業炳烺復自田間被召者，未易悉數，在吾晉，近時惟王文端公品行與公相似。然文端争儲議于英主獨斷之時，而公抗正色于權璫横肆之日；文端雖批逆鱗，止于不能安其位已耳；公則前跋後疐，處多凶多懼之地，如駕漏舟而翻風濤，安危祇在呼吸，事勢難易，固相懸也。且文端羽翼功隆，而册立青宫，乃在去國之後，當時蒲輪未賁，邱園終栖，又孰與公顯膺宸綍，上袞重升，湛恩異數輻輳而叠承之，其遭際不更爲奇乎？夫非常之遭逢，必有非常之報稱，以仰答主眷，俯慰輿情。公試觀今日天下紀綱法度、吏治民瘼，以至東征西討兵食之計，果盡整飾而乂安否？最隱憂則無如中朝議論龐雜，人情嶮巇，左右之袒已分，而水火之形漸見。凡此皆平章軍國之事，而亦公前日未竟之略也。以公沉識定力，出其緒餘，指顧而旋轉之，猶循途于已經，綽有餘裕者。在昔傅巖應象，受舟楫鹽梅之托，即祗承曰："敢對揚天子之休命！"姬公旦自居東，迎歸，與召太保矢力篤棐，曰："我咸成文王，功于不怠。"古大臣忠君愛國，以天下爲己任類如斯，公寧渠多遜乎哉？然則公之業在《九罭》之詩矣，曰："袞衣綉裳，鴻飛遵渚。"又在《烝民》之詩矣，曰："式是百辟，王躬是保。" 敬諷咏之，以竊附于子淵之頌，而復廣文諸君之請。

## 封郎濮曉陽以符丞內召叙

司封濮公徵符丞以行，諸曹長祖之江滸，詣余請酌者之辭，禮也。余習曉陽，不後於諸曹長，何敢以不敏謝？

時曉陽之茇南銓四年所矣，臺省薦者，每歲章數十上，大都以賢而受抑，海內積嘩不平，無如癸丑、丙辰，兩咨五人，五人中滯最久、賢最著，無如公。魏、周兩都諫更迫切言之，謂今命將出師，動嘆乏才，所需倜儻凱亮、忠鯁不二心之臣，堪經撫樞計之選者，宜預儲輦轂，備緩急用，幹練若濮郎淹南曹非是。上命中銓臣亟推擢以聞，會京卿席滿，一時無虛位者，乃以尚寶丞召，特許支五品俸，蓋將大用公，姑藉是以近之內之耳。嗟夫！薑桂性存，松筠節在，公之爲公自若也，何今之內之恐不近者前之外之恐不遠也？

初令鄣，以強項徙泰和。在泰和猶在鄣也，廉能之聲，天下莫不聞。卓異被留，待選言路，而二三要人病其戇，考選日扉隙投謗書抨驅去，若不容一日立交戟之下者，今之公論何如也？然察公意念，淵然有以自下，絕無遷人逐客怏怏憤惻之言，惟曰："要人成我，我固不宜內者也。"兩令嚴邑，皆垂橐行，無可結貴人歡。性卞急，不能藏怒匿過，所在綜核吏弊，摘胥史不法者，胸有所懷，衝口而出，如飯中有繩[四]，吐然後已。非敢爲倨，而拙樸簡鈍，不能聲唯唯、磬[五]折頭抵地習恭遜容。中本無他腸，而外若落落難合。心之所是，雖憎我者不敢謬爲異；心之所非，雖好我者不敢苟爲同。又好劬於職務，遇事便思仔肩，迹近不讓，豈堪與朝貴周旋者？

嗟夫！是臺省之所以交章薦，是魏、周兩都諫謂當大任非公不可也，是聖天子之所以亟命推擇，虛懷延佇也。人臣謀國患不深，涉世患不淺，君父之恩、封疆之恥患其忘，冰炎枯菀之遭、愛憎恩怨之見患其不忘。以公之真心直道、冷面勁骨，挺然孤行其意，不事飾澤，不涉藤葛，全付精神盡提以營職業，一腔忠赤中立以平紛啾，即古所稱"招不來、麾不去"社稷臣何以加焉？用是襄贊廟謨，茂明鴻烈，剖大疑，芟大難，實嘉賴之。

余覽銓志，見前輩名公起南署者勛伐相望，照耀史册，人遂詫南銓善地，宜於宦業。嗟夫！非南銓多巨公卿，多賢曹長也，賢如曉陽，將不得爲名臣乎哉，於此行券之矣。諸君言別，尚以此交勗爲我加觴。

## 賀方伯孔源劉公序

蘇長公論賈誼，謂"非漢文不用生，生不能用漢文"，余始疑之，及詳繹《賈生傳》，慨文帝先後所以處生者，乃信蘇公爲知言。夫生固饒於才哉，然英鋒太露，如躍冶之金，非磨礪之，則不可用。長沙之遷，其亦姑試之，以消折其豪銳難降之氣，而老其材以爲大用地，未可知也。生顧不能堅忍辣淬，而祇以忿鬱愁牢之懷，寄之悲歌賦咏，何爲者也？藉令帝無意於生，以絳、灌之屬譖而出之，則亦已矣。胡不歲餘而輒召，召而前席，以問至半夜不置也？召對而尋又出之於梁，則生之所以爲生者，大略可知，而帝所以屬望成就之者，亦甚切矣。大抵善用人者，不專在獎借崇任之間，其有所抑揚而激勵之者，鼓舞之妙也。善自用者，不徒負翹然自喜之能，其深自挫折而奮發者，遠大之器也。故盤錯不遇，即利刃無以異於鉛刀矣；羊腸不登，即駿足無以別於駑駘矣；艱鉅不試，即雄才大略無以異於凡庸矣。故曰真正英雄，皆從戰戰兢兢來。惜乎！以賈生之才，不能善用之，以湮没終也。乃余屈指當世賢豪，獨得一孔源劉公焉。

公以名進士爲賢令尹，升華銓部，其於三台八座之位，可跂足俟者。而會兩河災，盜賊蜂起，廷議欲得一拯溺戡亂者，難其人，遂以公往。公欣然就職，無幾，微芥蒂于中。關隴急，則公在關隴；蜀、晉急，則公在蜀、晉。所至察吏安民，清戎振紀，威若秋霜，恩同春濡，而尸而祝之、社而稷之者，貞珉在在輝煌也。夫朝廷不用公于内而外之，不即大用而歷試于諸艱，固天之所以啓翼公乎？公視内外如一途，而忘毀譽於不計，隨試輒效，不震不驚，則公之所以承天也。彼賓賓然自矜其才以幾幸於一遇如賈生輩，不亦渺乎小哉？公今治兵霸上，聲名藉甚，霸爲畿輔要地，故特寄鎖鑰焉。有如天子念股肱心膂之托，不可無老成人，行且召公矣。而以公嚮所經歷者，出其緒餘，以弼成化理，猶掇之也。盤錯剖而水劃陸斷無難事，羊腸躋而過都歷塊有餘能，勛銘景襄之鍾，名在日月之際，余將拭目以觀其盛焉。

## 焦憲使《經文緯武》册序

　　册乃蒲藩諸王孫爲憲使涵一焦老公祖作也。上御極之三祀，庚午，秦晉流寇夾河大煽亂，甚者嬰城以逆顔行，專諸之刃得及都御史之腹。上赫怒，嚴旨責督撫鎮道諸臣刻期掃蕩，别推轂大將軍饒謀勇者，俾提師控視。時恬熙久，所在無兵。我蒲爲全晉門户，暴客耽耽、風鶴震鄰之恐，譚者色變。微天厚幸，入冬則公擁憲節綏兹河東路矣。

　　初，公以名侍御綉斧巡方，風裁藉甚。與時少忤，輒拂袖歸，而圖史自娱，更究心韜略，爲文質之兵家言嘿合。其跌宕踔厲，激昂奮迅，若動於九天之上，叱咤而廢千人；其縱橫闔闢，矩矱不亂，若不襲古兵法而旗鼓進退錙銖不爽；其宏於庀材而廣於寓境，體無所不構撰，藻無所不薈蕞，若七萃六部，雲屯魚麗，多多益善；其隻事興端，片詞寄緒，往往能以咳唾而破千古之的，若偏師裨將，批吭搗虛，綽有餘勁，不越三寸觚，八陣日變幻於楮中。公之言曰：「吾自有大業，彼瀹訛利吻，能阻吾千秋哉？」迨薦起出山，便以平慭靖圉、奏虜功、釋上西顧爲己任，席未暇暖，單騎往來於新田、龍門之墟，數與寇戰，咸有斬獲功。其尤著者，手殲渠魁，餘黨狼狽星散，迄今聞公名，縮頸股慄，遁避不復逞潢池伎倆。公尚日鰓鰓更置材官，發閭左良家子，徵調兵食，紛糺旁午，至不暇休沐，不腆敝州，遂屹爲山右長城。上聞，降璽書褒嘉，增公柄，兼隸河外郡邑，逾數千里，蒲人士安堵可知已，父老歡舞於道路。諸王孫善鳴者，播爲什篇，彙輯成帙，曰「經文緯武」，而丐不佞言弁其簡端。

夫世說絳灌無文，隨陸不武，文事武備，不能兼所用明甚。第詞章之儒，徒侈風雲月露，流連光景，而實用無裨。即豪舉自喜，説劍談兵，自咤乘風破浪，一旦金鼓相聞，中情惬怯，五色無主，迄不能出一奇，殆無奇耳。不則，其人錚錚者內以急競柴栅于中，而外徼幸以行危事，意有所至而慮有所亡，固將受其黮暗矣。公關輔名家，鼎鐘世業，沉涵于西京文藝，而興起于五陵豪雋，其于翰墨、靮鞚之技，心精之而又力兼之，固非直涉其藩籬者，乃其守身而敦于事也，發若機括，留若詛盟。頃自公之暇日率材官健兒挾弓矢設鵠較中於行臺左側，有古殿庭習射雄風，又進諸生素在名下者，試以制義洎詩賦，倘亦子雲所謂「飛書馳檄，宜用枚皋」之遺意耶？《詩》有之，「文武吉甫，萬邦爲憲」。公勞在疆域，名著御屏，旦夕膺肜弓殊錫而受鉞專征，運籌樞幄，以光佐中興大業，殆吉甫其人與！即竹帛垂勛，太常紀績，不佞必以諸王孫之頌爲前茅也已。

## 賀考功子素陳公擢山右憲副序

今上御極，綜核吏治，百職滿品，朝無滯才。壬戌嘉平月，南功郎陳公奉璽書副晉梟，即幞郎官之被，颸然不停，冰雪載塗，觀風於參井之區。故事，同官遷擢誼有贈，諸郎以余長部請祝轅之辭。余與公甫欣共事，倏悵分袂，然徼靈汾霍，得耀于伏星，實有天幸，雖不文，亦何辭於成命？

諸郎有曰："公梁之喬木世家，茂猗蘭奕葉之光，佐寅亮而昭清通，得久留內，表率朝士，有足述者。然治國猶治身，疾在股肱則急股肱，疾在腹心則急腹心，今四方多虞，是急股肱時也。"有曰："山西，古冀州，左恒右河，襟控四塞五原，用武之地也。頃年閩粵哨聚，鄒魯揭竿，黔蜀犯順，烽火之灰未冷，一旦驚桀者披地圖，吭咽區，鄙憂之深，孰逾於晉哉？公驅馳原隰，督干撒嘆喈宿將、蹶張超距之士，畢眾才，訓之以威遠，則兵不益眾，地不益險，無亡矢遺鏃，可使坐消患本也。"有曰："天下元氣已耗，萬姓尫瘠，昔曹平陽百戰佐定天下，及治齊，見民厭若顑頷，問生輯之道於蓋公，答曰：'治道貴清淨，而民自定。'公雅明衛生之經，究清淨之源，刑獄、甲兵外，周悉民艱，與之休息，息鉗補劓，以全其天，後以養晉者養宇內，亦曹平陽也。"

余曰："諸君子之頌陳公，各有志焉。然而微權有寄，國方治，賢者勞；國方亂，賢者逸。賢非昌於國也，非卓於賢，卓於民也。宣才力以為政事，經邦緯俗，賢者常勞，故曰治也。若賢者逸，不獲申其志，則國瘁民疚，故曰亂也。公勞郎署而梟，勞梟而後藩，而後九列，而後三事，凡所揚歷，以賢能重其官，非官能重賢者也。陳氏先賢有紀者為鴻臚，百城圖畫以風天下，父實、弟諶、子群為三公，世稱名德，豈以官哉？"諸郎曰："善！吾部俊乂所集，擢於外以賢勞昭美，實為南銓部遷之光。"

# 賀檀紹谷召入司農序

君子之注厝于世，材有洪纖，用有偏全，譬水之積也不厚，則其負物也無力。潢潦溪澗，集不崇朝，投之一芥，萎然溺耳；彼汪汪若江海者，洪川涓流，隨所入而咸滙，飛雲餘艎，隨所涉而咸載，岐之成渚，漱以生浦，方圓曲折，各以其形爲斟酌，即陳厓安能限之哉？夫拘曲之士，第可適于一用，專于一隅，舉此或藝彼，左濟則右遺，何則？蓄淺者窘施，薄鑄者響微也。若小授小效，大授大效，叩靡不應，兼總條貫，自非博大宏遠之器，疇其能任之？以余所聞，紹谷檀公豈非幹國之通材而識時之俊傑哉？

公筮仕河間，以治行高等榮膺徵召，台垣耳目之司在眉睫矣。而會有所齟齬，公亦白華在念，乞終養歸。尋丁內艱。既服除，改令密雲。密雲，古漁陽地，距都門不數舍，稱重鎮，編户黔黎與執戈荷戟之卒錯雜而居，兵農籍分，區處異宜，非若他令一意拊循，卧閣布令，而即可以奏不擾之理也。且也督撫臨之于上，直指控之于前，諸司道糾察責成于後，簿書填委，文移如織，一事而掣其肘者、齕其尾者，動成牽纏，展布更難以從容盡矣。公下車視事，一身肩百姓之憂，一時紓百年之策，興利剔蠹，夙夜匪寧，政平訟理，賊盜屏息。三載以來，軍安其伍，民樂其業，吏畏其法，芳聲邵譽，膾炙人口，褒章薦剡，相望而賁于庭焉。漢神雀、五鳳間，號吏治得人，以今提衡而論，其深文網者鮮見思，而好長厚者有遺奸，興學較者遺安養，而修田疇者後詩書，未見其得全也。公具開敏之識而不務爲精悍，懷乳哺之仁而不流于姑息，抱汪洋之度而不屑爲婟阿，明金矢條而不習爲周内，先後政績具在，要于撫世長民無剩術矣。

今天子懋嘉丕績，拔陟司農，豈徒使之鳴鶴登朝、含雞伏省以優異之乎？余每從縉紳後，見有譚及財賦者，輒仰屋致嘆，太倉、水衡其積如掃，而土木營繕之工、宣房瓠子之役，歲額市賞之需，費復不貲，加以水旱瀕仍，流離在道，榷斂無藝，蓋藏罄竭，此固捉衿露肘時也。國儲民生，公有熟慮，而持籌司計，操何道乎？嘗讀朱晦翁《與鍾戶部書》，期以均節財用，便安元元，而欲以所嘗施于蜀者惠綏此民。夫神君、父母之誦，密人至今尸祝未諼也。繇其道無改其轍，即以宰天下可也。上資萬幾之損益，下奠九土之綱維，宏濟時艱，助流元氣，不亦恢恢乎游刃有餘地哉？游戎陳君輩與公共事漁陽，于其入都，屬余爲文以賀。余既多公之才，而更祝其功名有加于治邑時也，竊效晦公之意云。

## 賀朱文津翁雙壽榮封序

吾友郿大夫慎吾朱君既倅鄴，三載報政，上賜璽書褒顯，嗣晉今秩。時尊人前郡伯文津公洎太宜人謝俱壽躋八袠，皤鬢鮐背，鳩杖相倚，能北面拜新命，遠邇以爲榮。姻戚謝文學昆季預紹介璧水，丐不佞爲贊慶之詞。往三上公車，獲執鞭大夫，迨家嚴修耆英社于里門，實周旋從郡伯公後，世講最歡，殆有胥慶哉？

不佞惟國家統馭臣工，其樞機有三，制科以登進之，民社以歷試之，綸綍以寵綏之，士君子遭際箓於斯矣。然教忠者冉冉桑榆，未必目閱子之豎立，而捧檄者每苦雨露之澀，有懷莫展。若夫辭榮甘退，薖軸林壑，手畀經笥，日厪訓誨于膝下，且也鳳毛麟角，凌霄瑞世，載嘉朝命，以闡揚其未竟之麻，所稱科第蟬聯，宦業輝映，天語丁寧，詎不十百中之一二耶？朱氏家世郊峒奧區，左拱峨嵋，右環星海，望其廬，鬱蔥多紫氣。顧自祖先以來，業不隃農廛，至郡伯公始起家鄉薦，剖符出宰巖邑，綽有治聲。已領郡牧，五馬分陝，居無何，忽動菰鱸之思，解組長往，返其初服，偕謝媼共勵麗德之節，陝人迄今歌咏之，與召棠同蔽芾。大夫舞象、采芹頻沼，甫終賈齡，捷戊子賢書，乃困於南宮之選幾二十年。公詔之曰：“臣子勵猷忠藎，惟其人之自效何如耳。何必第？何必不第？若翁髮日短，旦暮期見兒子繼繩，徘徊維谷，人情乎？”大夫遂謁選牘，首參大郡，興兩人祿養宦邸。其廉介約躬，精敏蒞政，愷悌愛百姓，一秉公向日之程，漳川洹水之間，俄頃歸化，前周後魯，均之大有造于中州也。璽書若曰：“咨爾父大邱補履，吏行式宏；彭澤辭官，清風自遠。”又曰：“咨爾母贈佩以襄清白之風，裁機而啓愛勞之訓。”大哉王言！可謂兩人實錄。他人之榮在仕宦，公之榮在世濟，剙其伉儷偕老，台垲并增，回視弓冶無傳，鼎釜不逮，真不翅雲泥夐懸。

郡伯公章服加燦，太宜人翟褘有赫，大夫進屈巵登堂爲壽畢，將西葦蒞鄜。夫鄴爲畿南孔道，車輪馬蹄，日騰涌如市，二千石以下趨蹌伏謁，殆無虛晷。鄜鄙在河湟西陲，民朴訟簡，長吏坐堂皇而拊循之，游刃綽有餘地，不必改弦易轍，守其治鄴以治鄜，得民得君，當不在鄴之後。異日者入參樞衡，流膏縣寓，兩人鶴算益綿，大耄大期，均之未艾。聖天子隆國老之遇，更不難申錫殊典，百有十歲以還虞封，或所罕見。《詩》曰：“樂只君子，萬壽無期。”假以頌公，公必爲之修爵。

## 賀張爰止使君榮膺薦剡序

國家制仿《周官》時巡餘意，每歲天子遣直指使按行郡國，采觀百司庶政。既及瓜，則列其卓異，疏聞於上，投牘於太宰，凡厥循良，顯揚無蔽，所以勵官常、軫民瘼，至要典也。吾蒲古河東地，實漢室所謂“股肱郡”。雄藩巨室，跋扈易生，則彈壓難；債帥流播，紛拿時出，則靖汰難；繁徭重賦，日甚月增，則徵督難；兼以秦晉孔道，車蓋相望，則供億難。長吏戴星坐廳事，旁午不遑暇食，自非鎮靜之度、洞達之識、揮霍之才，烏能勝其任而愉快耶？

郡伯爰止張公，浙東名雋，姑蔑英賢，其釋褐領郡，固主爵者憫然西顧，借重經綸，有意試望之乎？公下車蒞政，問民所疾苦，稍稍取其不便者更張之，百姓歡鼓傾心，青天之頌、孔邇之謠，遍於窮谷茅蔀。直指喬公行部抵蒲，賢聲牣道，乃詳核以薦。故事，賢良蒙薦，率俟久任化成。公視事未及期月，而遽列華剡，此其治行、知遇，迥出等夷。蒲士民益欣欣相告，慶公蚤有譽而稱喬公爲知人，學博士若弟子員咸造余，徵言爲賀。

余惟牧一郡者，其率屬擬於守，其親民擬於令，體統之飭，撫字之勞，兩者交萃。是雖僻在一隅者尚憂得人，則衝要可知；通籍揚歷者尚難肩鉅，則筮仕可知。公甫離鉛槧即膺民社，乃器宇凝重，如萬斛之舟，招不來而麾不去，而識見精朗，又如干將之新發于硎，水可劃而陸可斷。其濡沫卵翼，用以撫摩小民，至剚[六]擊刁滑，凜然三尺，靡少假貸。讞決無小大，不崇朝而畢，逋稅遠近立取辦而不無告痛。蓋一身肩百姓之憂，一時紓百年之策，故布政優游，無赫然可喜之奇，而政平訟理，一歲之間，四封晏如，則其樹駿鴻而膺華袞之薦，豈偶然而已？又嘗觀漢史，循吏如龔、黃、朱、召，其勛業爛然可紀，乃班椽獨以文翁爲稱首，夫非以其建學興賢，教化著明，特超于能吏上耶？公以經術飾吏治，蒞蒲以來，新宮墻，勤月課，時廩祿，厚賙予，諸嘉惠儒彥，更僕莫殫，皆蒲士素所不敢覬念於郡使君者，而獨徵貺於公，菁莪棫樸之化，直媲文翁之休。公厚士，士必德之，公有大慶，士獨何心不能效矍和歌，甘出齊民後哉？兩臺使行將交章累疏表公成績，余不斐，叨侍史局，誼當執筆，乃因諸君之請，述其概以爲傳治行者之先符。

## 畢德孚使君德政册序

郡大夫畢公守吾蒲五載，道洽政治，吏習民安，循卓之聲屢騰于薦牘。天子嘉其績，將不次大用，特以東南艘務需才，擢公維揚郡丞，以資綜理。公聞命戒行，榮發有日，琴鶴風清，蒲人士睹四牡之騑騑，扳雙熊而戀戀，爭爲詩賦，彙輯成帙，俾不腆之詞弁其端。

嘗聞孔子論政，以安上治譽爲難，而《振鷺》之詩，亦曰"以永終譽"，故古之爲政者，民愛之如父母而敬之如明神。甘棠則勿剪，緇衣則改爲，朋酒則致饗，蠶績則思獻。歡樂之不已，又名言之，名言之不足，又從而頌咏謳吟之。若康衢之謠、輿人之誦，秔如之歌，至今輝映史册，廟堂之嘉賞與閭閻之揄揚，豈有二道哉？公德政未易更僕而就，簡册所臚列，有稱其飲水盟心，一清徹底者，有美其不畏强禦，力拔大薤者。巡行阡陌，則賣劍買犢之仁也；清净寧一，則閉閣卧理之風也。噓枯賑乏，而河潤于九里，陳軌彰極，而令先于六條。興文教以振起士風，其文翁之化蜀乎？飭武備而綢繆桑土，其李抱真之守澤潞乎？長篇短什，不一其體；唱渭折柳，各杼其詞。而要以懷孔邇而樂愷悌，自縉紳以及馮翊無二情，雖《蟋蟀》之舊音，實風謠之真悃也。

乃更有不釋然于公之行者，曰："天祚蒲人，幸得耀于佽星，胡不令終惠我而移之去乎？且公治行踔絕，名在御屏，則胡不即召陟公卿，俾筦鑰天下大計，而猶然遲回于守相之秩耶？"噫嘻！嬰兒之依慈母，亦何厭斁之有？惟是國家用人，如俞跗肷疾，因其輕重緩急而中外布列之。股肱郡，誠重地哉！然孰與江淮輸輓，餘艎絡繹，其關係軍國命脉更宏鉅乎？上方綜核名實，加意吏治，即銓衡省臺，不難慎簡分符，一麾出守，孰是劻勷諳練之才，不畀以盤根錯節，而徒以卿月一席令其優游養望已哉？夫持資審望，歷試而課能者，縣官之微馭也；不計險夷，隨用而輒效者，貞臣奮庸之篤誼也。公道韵沖穆，神情綽約，有周應萬變之略而不矜于氣，有立辨千羊之識而不役于智，當茲苻萑橫發、衆情惬擾之時而沉凝岳峙，當機迅發，人倚之如長城，即此已窺經緯一斑矣。茲行分署江山，隱然負舟楫濟川之望，且夕升華樞要，銘勳竹帛，終何異于黃次公以第五倫循良高等入拜三公之盛事乎？《詩》所謂"左之右之，無不宜之"，其公之謂乎？于是諸缺望者欣然而悅，各賦詩並著于册，以爲賦衮，以爲歌驪，且以爲鼎呂之左券。

## 贈衷一智尹攝蒲茂續序

今縣寓所稱要艾以親上分民者，惟守令爲最尊，顧生齒休戚、政體利弊，咸望堂皇而待命待理，則亦惟守令之責任爲最鉅。以彼遐陬僻壤，尚慮戴單父之星，餐江州之蘗，罔克奏效，矧方州巖邑乎？以彼專職久任，尚慮迷操刀之割，貽積薪之誚，矧兼攝暫事乎？大抵才有偏全，斯用有健鈍，至語展采兩地，握可制之柄而大有表見，庶幾哉于吾攝政智侯僅見之也。

侯畿南常山世家，槐泒之秀，石溜之奇，鍾毓即別，更喬梓昴仲同時以文章政事炳煜熙明。公釋褐令吾蒲屬邑榮，榮，古寶鼎地，秋風發棹以還，幾邀翠華，民力詘甚，賦登常後時。公莅之載餘，嚚者恬，梗者順，飛輓率首鄰封。上龍飛之次年春，例當入計，會河潢告警，晉臺使疏留濱河諸長吏，借以資綏撫，偶值蒲守亦缺，因檄侯並攝蒲，殆曠遭也。夫山右之州十九，此中夙號股肱郡，則其煩劇，不容再喙，頃東西戎馬倥傯，徵督之令星急，無奈先事者以積負厪諸後人。侯科條有程，茅菹已懷吹律挾纊之慶，收二三椎埋訐訴不法輩，繩以重典，而攫金飲羊之風熄。陴障隍塹薄淺，不足禦暴客耽目，爲增築浚鑿，貽地方百年鞏固之休，而閭左不知擾。至於廣文、博士及其弟子員，道義相觀，源脉相証，又若坐春風而醉醇醪，曾未再逾月，彫罷蔚然改觀，大夫、國人交頌無間，治道光矣。乃庠博三君尤與侯有共事之雅，徵詞揄揚，以備觀風之采擇。

不佞聞古之君子有視官如家者，未聞視攝職如其官者；有所官去後見思者，未聞居攝動衆思者。嗟呼！侯在政設施，皆編氓寅宷所不敢徵于父母師帥者，而良法美意，較著深結，則侯甫代，謳歌愛慕皆菁月、三年所不能强于弁冕、紏笠者，而嘿注顯戴，蜚騰永存，不佞私心喜可知已。于是歌《洞酌》，“豈弟君子，民之父母”，愜輿情也；于是歌《桑扈》，“君子樂胥，受天之祜”，殫群祝也。上冲齡神聖，四目四聽，毫無壅翳。侯諸治狀臚列薦剡者，更僕未易，悉柱下惠文，虛花磚以俟，其非專施於蒲，則不具述云。

## 賀淶水令柳贊一考績蒙恩序

夫任有難易，才有偏全，碩抱之士，經綸咸具，投之盤錯，靡不立解。譬洪鐘之待叩，隨大小而輒鳴；源泉之待挹，任斟酌而不竭：豈局曲持一節以自見者比乎？今夫均職也，而外較內難；均外也，而令較郡守佐難；均令也，而畿甸較他邑尤難；均畿甸也，而今日之宰較昔日爲又難。夫內臣非不事事，未若郡邑，簿書、期會、將迎之劇亦日接于前，而職介於上下之交，力之所不能給、疑之所不能剖者，輒委而移之于令。令既以邑之事爲事，而又以當道所委之事爲事，耳目手足役役於胼胝視聽之煩，而心思志慮獒獒于紛至叠來之擾，故外難而令尤難。畿輔邑距京師不數舍，輿頌之騰，鑠金之毀，朝出里巷之口而夕播韇轂下矣。閭左稱冤，豪右借資者，朝叩權貴之門而夕達令尹側矣。

至今日者，霪潦之後，十室九空，種馬、籽粒，夙爲屬階，原野螢鴻，崔苻奸宄，耽耽藉藉，所爲撫綏而安戢之者，更艱于曩昔。以難若彼，自非博大精明洪鉅之才，烏能勝其任而愉快乎？

而吾獨有感于贊一柳公。當公振鐸蒲庠也，行有坊表，教有矩矱，迪人以躬行不以口耳，以道德不以浮華，蘊藉宏深，五業并授，殆若説詩之畏匡鼎，爲論之誦張文也者，蒲士風爲之丕變。當道嘉其學行，屢有薦剡，經筵虛席。主爵者念淶水畿内重地，需人甚亟，借公以往。公下車即慨然曰：“一行作吏，守百雉之城，爲萬姓保障，脱有所狥于人，私于暮夜，茹于寡約，畏于高明，利有不興，害有不除者，其何以答主知而副民望？”一意問閭閻疾苦，廣樹藝，浚城隍，平徵輸，汰冗役，行保甲，興學較，通商賈，詰豪猾，獎善良，邑之民歌且憮[七]之。而會秩滿三載，績奏楓宸，名題柱後，綸綍輝煌，遠邇歡洽，一時父老子弟、縉紳縫掖咸有言以代歌咏。展子邦科、李子仲春、侯子登選等咸受廛於淶，德公甚深，相率乞言于余。

嘗觀漢史傳循吏，如黄次公之踔絶、龔少卿之化虓、召翁卿之興利、朱仲卿之篤行，此皆豈弟君子，茂建鴻業，終漢之史，寥寥五六人，而班史獨以文翁爲稱首。抑考文翁所用以治蜀者，特以教化著聞，建學興賢，化蠻叢之俗，比于齊魯耳？夫子論治，舉富庶而歸于教。二三子皆良大夫選，可以治賦，可以足民，而教化禮樂之事，獨謙讓未遑，豈非以化導裁成未易舉耶？公治淶之政，余得之口碑，而化蒲之教，則悉于目擊者甚真。夫既能爲文翁之治蜀，而又何難次公、少卿輩之循良也？且公有摘伏之明而居之以平，有應卒之才而持之以慎，吾見其遇事，若履冰，若承蜩，不啻有難心焉。噫！天下事惟難而後知其不易，惟操之不易而後解其難，則其當畿輔難勝之任，而恢恢游刃不有餘地哉？

余家世攻儒，子弟輩厠名郡庠并食餼者十餘人，皆侍公絳帳，用是與公有通家誼，自棨戟比而企慕可知也。今春承乏濫竽成均，公篤念夙雅，走使問余于燕邸。屬以病冗，厚意久不報，而適展子輩以贈言請余，雖不文，固願爲操管而效一言以自附於休明。然非有所阿也，采之涞水蔀屋之口，固余所謂輿誦朝出而夕播于輦轂者也。

## 賀郡博張元修三臺獎薦序

今制，内臺御史大夫若御史奉璽書鎮巡地方，遇迁秩當代及瓜期報政，例得署所統轄官師功狀，馳獎檄，登薦剡，大示褒顯，凡以風厲有位，典甚要也。吾晉中制臺總宣、雲撫臺，提并、雁，均以兵機爲重；鹺臺控馭三藩，又以轉運爲重；則於學官博士，非若將領、牙較以精鋭見，守令、丞倅以勤勞見，故中間非文章聲價異等蜚騰，冀當一盼無幸也。

隴右張元修先生，弱冠捷陝省鄉書，雋名籍甚。既踣躓禮闈，因念里門距燕京頗遠，山川修阻，間關不易，遂僦舍收古今圖史，大奮圖南之志。再歷寒暄，其養粹然，其思淵然，如老帥登壇，鞭弭指揮，盡在掌中，而中原旗鼓率遜避，莫敢稱勁敵。迨己未春撤簾，仍抱劉蕡之嘆，長安道上嘖嘖共惜遺珠。時先生堂上重慶，欲借三釜爲兩世尊人歡，決意謁主爵，銓授蒲庠掌教。膏車莅任，横經無幾，鹺臺徵選秦、晉、中州所觀風士藝，館穀于郇陽，面相訂確，禮遇視常有加。督學按河東，得先生制義，大擊賞，取冠十三庠廣文。會撫臺陳公陟留地曹亞卿，移文優獎。制臺崔公入掌本兵，疏薦於朝。鹺臺江公當復命，移文優獎。不數月而臺使重臣三施榮典，在青毡殆矜榮遘與！同寅暨門下七百士將束幣致賀而徵言不佞。

不佞惟關中自菁莪樸棫以還，先秦兩漢裒爲文苑宗祧，明興，北地實號首昌，京兆、杜、鄂相爲羽翼，即南宮甲榜如涇野、浚谷諸君子，其魁柄炳煜，真足以壯百二以增之雄矣。先生景鄉先哲之休，妙年高擁函丈，吾蒲雖不覬，而條、華、河、汾峻嶒溰漾，皆奇觀也。先生收之三載，叱馭而前，皆屬康衢芹宮，聖域陶鑄，豈渺細哉？然則先生之自蘊與夫當路之推轂，正惟咫尺上第，可以追配增輝，豈斤守科條、慎脡脯已耳？子弟輩辱在門墻，不佞數謁講席，奉先生豐儀，鵠峙鸞停，聆元緒，鏗金戛玉，私心素嚮往，贊慶之詞欣摛以鳴契洽之雅云。

## 賀宗室竹淇翁八裘詔優序

玉屏宗侯幼雅好文墨，日同文墨士俯首鉛槧，已果以藝録於督學使。余時爲諸生，班次周旋，歡如也。頃得里居，每枉高軒，余亦數數造謁，得拜其大人竹淇翁，玉質金相，岳峙淵停，心竊嚮往。今歲癸卯，翁壽且八旬。先時，上有覃慶，詔告多方，咸有恩渥。故事，首及宗藩，重展親也。翁壽與例合，凡予細絹若干、廩米若干，所司登堂存問，寵命輝煌，駢錫稠叠，遠邇艷羨。元夕前日，實翁初懸弧辰，而素稔玉屏君，友儕共謀肅觴前壽，以余嘗濫厠史館，俾一言以揚殊庥。

余聞引年之理，不越精神王固，故黃冠避穀之術，必栖迹窮岩峭谷，以吸呼吐納爲煉攝，斯能多歷年所。若夫王公貴人，多役情耳目，縱志口體。《吕覽》以出車入輦爲招蹷之機，肥肉厚酒爲爛腸之食，靡曼皓齒爲伐性之斧，洵有之。翁派聯星潢，佩玉衣袞，食采縣官，自所生已然，能坦易涉世，徐徐冲襟，于于雅度。居常不峻城府，耽嗜古圖史，旁搜唐魏諸家詞賦，雖未工於著作，而形之譚論，則辯博雄偉，萬斛羅列，四座傾服。嘉隆間，吾蒲守貳多遷客，又皆海内知名士，率與翁游。朝紳先達，多善交翁，贈答青裁，橐篋盈笥。性不長於麴蘖，舉白即耳熱，而和樂煦然可親近，迨龐眉皤鬢，雜之少年中，其嬉笑不減，亦不失之狎謔。間出與里巷父老話農桑、述古昔，絕無貴倨態。是宜瀟灑爽健，壽彌高，神彌王，完齒疾步，無異壯齡，登期躋耄，固未艾也。

　夫壽考、榮名，迭爲軒輊，無論單門寒士以偃蹇增嗟，即朱扉世禄之家以凌蕩自困，弱植寡附，豈鮮其人？翁倉箱充溢，伉儷偕老，桂蘭叢發，延及孫枝，而内外曾元[八]，爭妍競發，幾至盈百，詎不稱全福？矧躬逢曠典，榮賁罕伍，匪獨壽之茂已也。漢史載劉向奮起藩邸，較讎天禄，學者北面受經，爲一代大儒。我國家宗盟最隆，惟是限於制科，邇來歲額頗詘，秉揆建白，蘭省條議，紛紛及此。一旦宏開選舉，則積學無右於玉屏君，而掇賢書、泲華膴，皆其能事。更生奇蹻，間世相繩，天子念及庭訓，必特加褒顯，走王人、分大官以致之翁。翁其怡哉！余泊二三友執觴甚。

## 賀馮見嵋翁榮膺金吾序

　金吾，親軍也，掌勾陳而護建章，備巡警而嚴武衛，即漢唐北軍羽林之職。國家以其地近任隆，特慎其授，自非元勳世允、睦親懿戚，莫之予也。歲庚子春，吾蒲見嵋馮公始蒙迪簡爲金吾衛士。馮公少倜儻有大志，治諸生業，即厭薄章句，謂雕蟲小技，壯夫不爲，而牽車牛，遠服賈淮海、楊越、隴蜀之間，將必有轍迹焉。既而東走青齊，遐慕乎郭縱、烏氏倮之術，而用鹽鹽起。其於知鬥修備、時用知物、旱資舟、水資車、貪三廉五之説，綽乎有成算也。以故蓄積漸饒益，儼然素封，鼎食連騎，郅濁不得專美。已又念曰：「大丈夫當致身廊廟耳，焉能倚市門窺窬分毫，爲鬼所笑耶？」會天子以侍衛亟人，下詔命所司擇體貌偉碩、膂力彊毅者充爪牙之用，公遂以魁標勇力卓冠百千人，而

名策蘭錡之上，身依交戟之下矣。冠笏佩帶，赫煜一時，寵遇榮
名，僉有健羨。萬戶明宇高君，内弟也，糾諸姻黨索余言致賀。

　　余久廁眷愛中，深服公諳練物理，洞達人情，儕輩中無小大
務必推公爲祭酒，有不平，咸就質成，得公一言，信若蓍蔡，德
義傾人素矣。昔白圭言吾治生産，猶伊尹、吕尚之謀國，孫吳用
兵，商鞅行法是也，用見商賈、涉宦無兩道。公不難於權廢著，
又何有於典宿衛？異日者，公以習知制度特膺當宇[九]眷任，以
爲模欔，如唐龎玉，又以明略威重任國柱石，如漢辛慶忌，且今
小醜跳梁，狼烟告警，出其緒餘，可以紆朝廷宵旰憂，如後漢賈
復之擊郿，皆公之能事，可拭目以觀厥成者也。於是高君受言謝
曰：“猗與！子之期馮公者，洪龎踔遠哉！請書之軸，以爲他日
左券。”

## 賀張翠岑窗丈榮拜新命序

　　吾蒲宦業文章以端揆張文毅公爲首出，子姓紹服家學，簪紱
蟬聯，巍然鼎閥也。翠岑丈實文毅公之從子，幼從其先明威公寓
瀛海。時不佞亦隨先大人出游，居同旅邸，學問[一〇]塾師，洵所
謂韶亂石交哉！丈養極淳篤，而資復警敏，體若不勝衣，語呐呐
若不出諸口，對韋編端坐，伊吾竟日，不懈於四子，本經、疏注
皆成誦。既成童，能流覽《性理》《史鑒》《左》《馬》諸書，
會心言詮之外，殆不啻許懋之經笥、陸澄之書厨也者。爲文莊重
典雅，肖其爲人，大率發一家意見，恥剿襲坊間，拾人飣餖。與
諸從趨庭，文毅公撫摩愛惜，每以千里期待。丈龍矯自任，亦不
欲與凡足同跬跙，弱冠采芹頖水，不佞幸尾其後。嗣約二三同調
訂爲文社，互相切磋，情益契洽。顧數奇，屢踣躓場屋，不佞竊
抱劉蕡之憾。丈以義命自安，坦然不介胸次。夙具至性，永懷孺
慕，處姻戚宗黨，大著敦睦聲。交友即親暱，日久未嘗出一狎謔

語。盛暑蕭齋，衣冠必肅，繩趨尺步，尊奉榘矱尤凜。奔競偃室，逾四旬，以行誼聞於有司，每學使者按部，必異等褒獎，士論共稱快。困青衿垂三十年，郎君伯仲，勃負時名，丈嘆曰："吾髮日短矣！楮墨幾隤，桑硯將穿，抱荊奇刖，豈戰之罪哉？倘逐逐不休，恐貽造物姍笑。有子可繼箕裘，何必以身爲之？"因開別墅，翼亭曲檻，綉草文石，不減藏春、華林之勝，相羊其中，獨得真樂。賓從過者殆無虛日，煮酒敲棋，清賞多韵，仕進之念澹如也。會上下璽書，凡澤宮宿儒能蠲助大役者，得敘爵有差。丈聞之，慷慨應詔，銓授兩淮都轉運鹽使司副使，諸同調將修賀事而屬辭不佞。

不佞觀今天下惟制科之榜號爲榮途，奏捷泥金，洊揚腏仕，通國同口以爲宜然，其它登之太驟，用之太顯，即卑官散局，鮮不旋議其後。剸麩政，重權也；司僚，榮階也。一旦天子不吝銓除，廷臣不加寢駁，釋褐爲大夫，列銜五品，彩章銀艾，世德彌光，制科或未易語，此丈之遭際厚幸也夫！然不佞尚記辛卯之秋與丈同赴省試，出棘圍後，督學修吾李公取三晉士卷評騭，許丈以高第。迨乙未，督學靜峰汪公歲試蒲士，得丈卷，奇之，甄收優等。二公皆宗工礎望，懸鑒特神，故晉人士咸知丈之名，願爲執鞭。噫！使畲逢年，豈藉此始梯榮耶？則不佞於丈之拜命，私心扼腕，更倍於所慶羡云。不佞草土餘息，憂思尚縈，無能鋪張長語，爰述交游之詳，并丈升沉之概，以復諸君子，用充賀章。

## 題《驛聲吟》詩册序

不佞爲諸生時，持鉛槧試於督學范公，時則有以天潢貴人蜚聲膠序者，知爲伯翔宗侯，心竊嚮往之，因班荊傾蓋，與君爲縋被交，然貌君而未及臆肩君也。歲庚子，余承先慈之制歸里，君篤念夙雅，慰我於苫塊中。既余免喪，又幸君舍匪遥，時相過從，爲詩酒歡，用是虛往實來，受益良多，而乃今益悉君矣。君積書若蘭臺、石室，無所不窺；殿最千古若阿衡，無所不核；才若百谷之王江海，無所不通；氣若搏羊角而薄扶搖，無所不下。猶不自滿假思，遍結當世賢豪，凡工藻翰，輒折節求之。一時學士大夫多君之品，且重君之量，爭以詩歌投贈，即潘安仁游洛陽而佳果之擲連車載者奚啻焉！總之，稱樂善則前無東平、河間，稱明經則往陋辟彊、更生，於以標揚休美，非有所阿好而然矣。

顧衆用頌，余用規，君洵衆美，余尤責以二難。公子牟曰："富不與梁肉期而梁肉至，梁肉不與驕奢期而驕奢至"，言世味之難脱也。語有之："行百里者半九十"，言操行之難久也。君自弱冠固已游神大業、土苴纓簪，又何難於涉世味？其尚堅持雅操，日就月將，益茂不朽之圖，寧惟是光昭令德，不負故人期許，聖天子方惇睦懿親，有如一旦闢甘泉延見才俊，若漢武故事，君必褎然首舉，代絲綸而草黄麻，余欣爲君操管矣。

## 賀范鴻臚誕子序

初余直秘館，惺宇君卒業成均，都門締交，意味歡洽甚。迨季弟牽綫范氏，則稱姻戚云。君席世澤，妙齡通籍，嘗蹤京雒泛淮泗，挂帆維揚，舉東南勝概，若天目具區、武林禹穴，莫不逖窺流覽，胸次豁然洞達。且蘊養精粹，白璧南金；豐格嫻秀，翠竹碧梧。而居恒恂恂裁約，好行其德，遇故知親屬，誼甚篤，有急不難厚援。人咸德君，不忍負，即負，君亦恬不與較。其不役役阿堵如此。然年逾三旬，熊兆未叶，君未嘗拳拳芥諸懷，豈自信可俟之造物與？今歲蕵賓司令，掌珠首呈，懸弧之旦，里人喧傳"范君有子！范君有子！"是可以徵素孚矣。嗣是開湯餅宴，家大人携余昆季偕往賀。既彌月，賓客則飾錦軸、肅彩繒，次第登堂觴君。客因有以賀言請者，即不斐，安辭？

余聞《易》稱："主器莫若長子"，蓋以主廟祀之器所繫鉅也。君非范氏之大宗乎？孑然隻身，承前啓後，天錫佳允，浡開昌熾，斯不足賀耶？語有之："沃野膏壤，實培楩楠；洪澤巨壑，爰發蛟龍。"故子長謂："居之一年，種之以穀；十年，樹之以木；百年，來之以德。"則君子種德迓休，類先久遠，非若他事可旦夕計功、眉睫速效者也。若翁鄢陵公，範俗表世，媲美大邱，一行作尉，茂績完名；而母葉孺人矢貞保孤，歷有歲月，至於和熊、畫荻以成君今日，《内則》、母儀，丕足著聞。君方勇於自樹，而二人締績又巨且沃，凝祥肇祚，收之載世，不翅延厥宗，行且亢厥宗。兒嗁而覘，已知非凡，餘慶綿衍，君豈幸獲耶？僉賀允宜，乃余私念更有深於賀者，敢并以規言進。

夫多賴多暴，非緜降才，漆藏丹藏，惟在所近。世不乏猥薄詖諺之子，大抵染着居多。彼英物偉俊，手不停披，口不輟吟，此無他，教之力豫耳。君以義方宏保愛，韶齔而授句，舞象而隆師，左圖右史，前規後矩，慎交游，儆浮惰，端初習以冶大器，君家未振之業藉斯以軔，私心竊默祝之。君需次拜郎，例得授鴻臚署鴻臚職，典朝儀，供事殿陛，班最清切。以君材卓冠，游刃將有餘地，異日徵寵綸，晉卿貳，榮途所躋，詎能逆量？計此時阿郎亦當穎脱溟途，立取青紫。君尚高大門户，使可容駟馬車，喬梓輝映，以承歡太孺人晚景。太孺人以治〔一〕。余追隨鳴珂之次，君必喜而揖予，曰"是曩所惠名言以貺我者，今若兹。"則余之賀詞用以攽光。

## 賀高表弟昆仲序

君舅弟爲先母誥贈淑人之内侄。高氏自其上祖隸籍絓跰〔二〕，譚兵説劍以爲常。徙而治儒術，則自外王父始，起家青衿，應恩例，授紳階一命，學者稱爲水亭先生。仲舅坤岡公承庭訓，博聞強識，辨晰古先故實，即宿儒不能傲以所不知。已問策計然，足迹遍汝、潁、漳、洹之墟，最後煮海津門，貲廥崿日裕。嘗與余歷覽長安書肆，見市奇編佳帙者必收買，案頭圖史纍若。余嘲舅欲作老經生乎？則笑曰："吾學未竟力，賈無贏金，追念前人書香，冀兒子輩紹嗣也。"迨倦游，膝下鷿鷿各具羽翼，勃負翀霄格品，然長君已有室，明習世務；次君冲稚文秀，吾伊外它無暗[一三]曉。舅呼長君曰："嗟！惟謙，而其偕吾往，將畀半生拮據，俾而代。勉旃！毋隳若翁業。"又呼次君曰："嗟！從謙，吾將爲而延明師，而尚從事學問。勉旃！毋替若祖之緒。"亡何，舅不祿，長君果能肩舅之遺，操奇贏算，秩有條理，視初年蔚起其改觀，拓居第，起塋域，奉母訓弟，俶儻多杰舉。會余被命叨貳禮卿，爲辟於大宗伯，徵選鑄印局儒士供事。而次君亦俛首笟經，帷下園中，履辭戶外，閔閔皇皇，用志不少分。督學使按部平水，試其義，大擊賞，衰録前列，充博士弟子員。章逢并美，塤篪和鳴，里之人皆曰："坤岡公有子。"

夫弓冶箕裘之説，諒哉！乃學士家亦有不盡然者，其祖若父建標樹，厚子孫且至沃，而愚厭架襓爲桎梏，何彬彬之嚮往爲厥承，弗類所從來矣。吁！此詎可令君家昆弟見哉？《易》之"幹蠱"，長君有之；《書》之"昭祖"，次君幾焉。要之，倚依爲命，長君之力居多，不謂當吾世而有此賢昆弟也，且親爲舅氏之子，私心良愉快也已。里姻友將張賀，請詞於余，余不佞，爲叙世濟之詳云。

## 贈姬生雒宰社序

里之有長也，如衣之有領而網之有綱也。群一里之版籍、田賦待以綜理，而且以職事日祗服于上官之側，非有惇朴之德則難以表衆，非有諳練之才則難以事上，非具周員之職則難以集事，而稽其登耗之數，古有州長、黨正、族師、閭胥、鄙師、鄰長，皆其選也，其任大矣！

王郭土饒腴，人戶殷夥，去城不數百武，夙稱鉅里，今年之長則以屬之姬生洛，蓋比屋父老所推擇，而生之才之德之識則固恢乎游刃有餘地也。余與姬有世姻，洛之祖母爲余母太孺人姊，具內德，柏舟著節，有二子，皆蚤世，厥婦王至今稱未亡人，姑婦雙貞，詳載州志不朽。積善餘慶，源遠流長，深山大澤，實產龍蛇。姬氏累世不盡之蘊，固待發于之子，而今果以賢能爲里所推重也。夫受直怠事，義所不載，既以身在官，則職業之修否，又自有糾察之者，固非如桑間田畯可以優游卒歲者比也。其自今益矢乃心、慎乃事，樹勤敏精勵之績，以光耀乃先人未竟之志，豈不休哉？

洛受事日，里中親友謀所以榮之者，請予爲文。余以世姻，喜其能立，遂書此畀之。

## 送王開之侍御册序

今上維新化理，宏開言路，臺諫蒸蒸在列矣。余年友開之，以宏猷瑰望當上迪簡，秉節而按河西，兼理茶馬，可不謂隆際乎？啓行有日，同社諸弟兄誼重金蘭，感深離合，咸聲諸歌咏，以壯行色，於是有稱才者，有頌品者，有述榮者，有嘉遇者，有彰德者，有宣威者，有擬前者，有期後者。其稱才者曰："思如涌醴，技若弄丸。奇探二酉之祕，元綜百氏之全。"頌品者曰："星輝玉良，蘭馥衡芳。展矣君子，範我家邦。"述榮者曰："煌煌繡斧，日中有耀。煜煜青囊，直依雲嶠。六察攸司，一臺稱妙。"嘉遇者曰："小往大來泰道開，濟濟俊乂盈蘭臺。批鱗捧日迴昭回，千秋王國慶康哉。"彰德者曰："隴之岅蠹蠹而起，使君之惠靡有紀；河之水泛泛其流，使君之澤共夷猶。"宣威者曰：“英略著朝端，昂藏鐵豸冠。風霜隨白筆，炎暑自應寒。”擬前者曰：“行桓之驄乎？坦張之輪乎？攬轡乎？持節乎？其公之所自許乎？”期後者曰：“松廳静，鈴閣閑，談笑裏，定呼韓。勒殊勛，積石山。”諸君言人人殊，以之示孟生。

孟生曰：“嗟！備矣！八言者，固顯隆休碩也，猶未及御史之所以難。”諸君曰：“難者何也？將官常之不易肅耶？民生之不易安耶？文教不易翔耶？戎兵不易詰耶？”孟生曰：“興文飭武，察吏安民，御史之職甚重，而其用不外寬嚴兩端。是故展咤而霆，迴矖而電，席捲而颶，掊擊而霜，此爲天子張神氣也者；煦而和風，漸而甘霖，乳而保姆，温而挾纊，此爲天子滋元氣也者。不用之則不足以神[一四]鼓舞，偏用之則不足以語劑量，兩劑之而不各當其可，亦不能善其用于不窮，惟寓精明于博大，而體慘舒以時行，乃足以提衡振刷，故曰難也。”

以余觀，開之神凝而定，器宏而遠，識邃以深，風裁在明廷，勁節在章疏，其於寬嚴之用知釐然有當也。然聞之仁者贈人以言，夫言豈獨褒美之謂哉？故余于諸君之後漫舉職業以相規，聊以附于仁者之意云爾。開之往矣，振綱飭紀，宣德達情，以對揚聖天子休命，而答海寓之具瞻，同社兄弟敬拭目觀焉。

## 送憲使午臺朱公入覲序

上憲天御極，瑩精治平，維兹三十八載之元，實爲大計群工之會。天顔咫尺，不玉帛而親；居高聽卑，不韜鐸而達；妍蚩坐照，不下堂而決；慶賞惟命，不旋踵而行。虞廷之敷奏明試，周室之黜陟考核，媲美并用矣。維我三晉，越在西服，時則梟伯午臺朱公當率其屬以往，北轅有日，平陽太守黄君走使謂余曰：“道亨等伏公宇下，奉令承教，弗逮於鞭辟久矣。公車將駕，可無一言以勸雙旌？子蓋爲我操觚？”

嗟嗟！余草氓也，耕鑿食息，相忘何有？其又惡能揄揚萬一？竊聞閭巷之謠，請效輿人之誦。公起家薇省，久侍禁掖，嗣揚歷中表，握符南北，車馬檣帆之迹，無遠不届。其於朝常故實、軍機民隱，洞豁胸次而熟諳於施，殆不啻弄宜僚之丸、運郢人之斤已者。鴻伐駿勛，卿雲有爛，邦憲臺轄，其何有於敝邑晉？幸天不棄赤子，儼然法星照臨之，蓋自弭節伊始，而來蘇之望固歡傾于四野矣。甫下車，即問民疾苦與所便利，可以興除、永永無害者，次第而更張之。嘗謂野有荊棘，聚糧者怨；田有蟊賊，望稼者悲。所至務詰大猾巨豪，亟鋤治之。乃不事摘決摯擊，而盈庭之訟，片言立斷，較若持衡。若持衡法，訖威富，不爲少阻。計襄帷未朞月而崔苻風清，齗齲宵道，民有接新之儲，吏無舞文之奸，三十五郡邑翕然改觀也。每見位尊臕者，藉口持大要，拱手受成，事勞勸相，一切置不問。又見雄文奇抱之士，務華失實，闊略當世之網，而目戴星爲俗吏。公貴擁憲節而心切民瘝，負不可一世之才而躬平易近民之行。如練土兵、申保甲諸條，鑿鑿皆惠民實政，倡率曉喻，期于教行俗易，而非直縟文急節、蜜網嚴棱以從事者。昔常袞觀察福建，興起鄉較，士風丕變；晦翁提舉浙東，修舉荒政，廟堂嘉納，下其法于諸路。以公所建畫條布，方之兩公并烈矣。猶憶歲在甲午，遴選鄉儁，弓旌之典，公實爲政，一時苕發穎竪，搜拔殆盡。已斧藻潤色，代爲先資，備九重乙夜之覽，其藉具在，鼎彝詞林，詎惟排屈拉宋，磅礴澶漫而已？勛業文章，志以兼氣，氣以兼詞，自其膚寸之餘矣。孫陽秉鑒，冀野無留；孟博攬轡，八郡承風。公所造福晉人士者，何其厚哉！今天子穆清大內，乃心罔不在海寓，一旦開宮，衢室召公，賜之清問，玉階方寸地，不難從客正奏，爲裴諝代宗之對。即日入拜樞衡，調和鼎實，益隆周召之業，宏敷安攘之休，敝邑晉不亦在其中與？《桑扈》之詩曰"之屛之翰，百辟

爲憲。不戢不難，受福不那"，語公治也。《九罭》之詩曰"是
以有袞衣兮，無以我公歸兮"，語民情也。而公之烈又在《韓
奕》之二章矣。虔共厥位，夙夜匪懈，兹四牡孔修，介圭入覲，
旂章袞鳥之錫，舍公其誰耶？敬諷咏之以復太守，借以誦公。

## 送大參達庵周公觀察河南序

　　公持大參節分駐河東，逾月有河南觀察之命，屬下諸大夫咸
有贈言以餞公行。大府黄君則走使蒲坂，屬時芳以執筆之役。芳
自惟於公夙切慕藺，甫遂識韓，遘袞有懷，借冠無術，得效輿人
之誦，以代諸大夫言，幸矣！敢不拜命？

　　夫我國家分置方岳而建之官，其制監於三代，損益東西京。
獨按察使視唐天寶中觀察使，乃其職則掌察所部文武吏功能殿
最，舉大網以考於天子，備黜陟。逮巨獄論報，得持衡剖疑而輕
重生殺之，諸縣道官所不敢決者決之，中丞臺治獄御史所不能廉
者廉之，彰美而癉惡，明刑以弼教，樹槐叢棘之下，凛乎任未易
舉也。河南天地之中，風氣均調，大陸坦坦，輪蹄輻輳，其民醇
而易使，愿而寡術，異時稱爲樂土，乃今不無事矣。天潢支派，
日益繁衍，而廩糧虛匱，有益禄無增賦，有增賦無增田，窘乏者
既涸轍之堪憐，而侈縱者復虞其躍于冶，防閑撫綏，其必有術
矣。自東河南下，泛溢無常，殷、衛、宋、汴之民，徵調不有寧
也，拮據畚鍤，增卑倍薄。乃河使者日益堤，河伯亦日益水，宣
房之築迄無成功，歲愁閔殫，憂未歇也。兼之灾沴頻仍，野無蓋
藏，萑苻之間，揭竿嘯聚，伺隙而竊發，兹非有德禮長者，不茹
不吐，以鎮其嚚而輯其危，顧復能以柱後惠文一切彈治之，如昔
時力易哉？今天子之命公往也，誠以公能鎮輯之也。

　　公筮仕爲廷評，明習法理，多所平反。其以副憲入楚也，務
大指，不喜苛繁，楚人尸祝之，稱爲德禮長者。是行也，聲固先

及之，黃河南北，受賕吏當亟解印綬去，而赭衣黑幏，無辜載于道者，莫不引領，望公旦夕至，更生之矣。而會有獻疑者曰："公而中州，如河東何？且朝廷誠欲優擢公，則豈無賜金加級之典？而胡獨爲賢勞，令其席不暇暖，僕僕道路爲？此夫局于一隅之見者，獨不見天馴之驥乎？朝秣越而夕刷燕，其用良也。又不見倐飛之用湛盧乎？水以斷蛟蜃而陸以斷犀兕，急欲悉其技也。夫國欲亂則賢者嘗逸，國欲治則賢者嘗勞。勞非所以馭賢者，而經營四方，宣力王室，計非尋常人之所能任。彼一方陰雨之思固不勝天下具瞻之望，而公又何遑以啓處之安易其靡鹽之念哉？

公甫下車，對士人譚，津津數千言，上極堯舜以究淵源，近則取夫河津以示儀的，至於語文章、節義、事功，悉欲融貫于道德，而眞修遇合之輕重尤加辨別，此其識見蘊藉，超出一世，而經濟勛勤特緖餘耳。夫公惓惓以河東聖賢勉河東人，使河東人服膺公言，即公常在河東矣。西方美人，豈眞西方之人與？吾以是爲河東慰。且公倡道關中，又眞能以關中聖賢自法者，吾見其心之愼也，辟之履深焉；其守之潔也，辟之懷冰焉；其性之謙而度之遜也，辟之抱繩焉。其教人以禮也似子厚，其老成持重也似營平匪晚，蜚英騰茂，將留後東郊，勤施迓衡，四方無虞而天子以寧，吾又以是爲公望。

于是黃君曰："善哉！子之所以期公者，大也。汝南治成，台衡立拜，即中州不得久留公，矧茲河東乎？諸士民毋徒攀轅卧轍爲兒女之戀，其拭目以觀公霖雨之化。"

## 送毅軒鄭公詩册序

吾鄉宦京都者，厥有雅社。夫寧是衿裾華鮮，意氣矜詡，翹交游以相引重。方其聚也，會數而禮簡，瞿然有《蟋蟀》職居之思焉。及其別，都門祖帳，贈車匪榮，解劍匪寶，一觴一咏，祝規雜進，偲偲乎寅衷交儆之誼，此自先聖之遺也。

毅軒鄭公起家名進士，再李鉅郡，執法不阿，即克明允不過是。入爲禮曹，引古證今，藻黻皇猷，用樹規於不朽，都人士稱其不愧折典之風，誰謂晉無人哉？兹行分憲西蜀，若猶是待明月於峨嵋，觀浮雲於玉壘，吊白帝於故墟，聽元猿於峽口，訪君平於卜肆，揖子雲於草元，金馬碧雞之才，旦暮求之，而幾一遇耶？則蜀故公司理地也，法星明概猶然貫索之文，而憲臣貞肅百度，綱紀四方，豈緊專城弼化之任？聖天子威德隆茂，邛筰風靡，伏軾寨帷，銜命而往，非有軍興之事驚駭父老耳目，無煩縷縷發難以白其故，而宣上德意，風曉齊民，使者之職也，其於諭蜀之檄當饒爲之，奚庸摹擬？惟是蜀地越在西徼，土酋之戢逆，使者是祝；遠方之觀聽，使者是求。異時窺釁而動，如播如緬，今豈能盡無？將所爲建威銷萌，令謀閉而不興，喙息而不暇，以紓主上西顧之慮者，在公自有深畫耳。

酒數行，公起趣駕，賦《皇華》曰：「駪駪征夫，每懷靡及。諸君共賦，蒸民卒章。」予曰：「式遄其歸，以慰永懷，是作誦志也。穆如清風，則吾豈敢？」幸有同社諸什在，因次其語以爲別詩序。

## 送學博施仍石會試序

今天下鉅典莫隆於賓興，蓋士三升而後奏對彤庭，遴選綦密、遭際綦榮者也。皇帝御極四十一年，復當會試。故事，合省直鄉雋洎往科所貽卒業成均、出署鄉較者，悉得與計吏偕行。時蒲文衡仍石施公遵制北上，寅寮、門下士知公雄才邃養，唾手高第，乃謀贈言，以志相與契雅，而屬不佞搊管。不佞諸雁行子姓咸執經門墙，三載請沐里中，班荆問字，意氣油然歡也，誼當有言。

嘗聞膠庠義重，師資道尊。匪曰蘭芷，疇變入室之情；不自朱藍，何遷素絲之質？夫起家賢科，佔佁苦攻無論已，惟授職入官，則官常展布自有作用。儻識見未審，必周章於棼挐；擔當未定，必搖撼於盤錯；擘畫榘度未博大廣遠，必計效眉睫而收功尺寸。矧青芹碧頖，鳳號賢關，彼章逢子佩趨蹌揖遜之倫，正待賢師傅所培溉膚敏，型冶碩畯，以需它日，非若刑名、錢穀之場所，可恣其揮霍而貿貿游刃爲也。公茗雪世家，華派瓜分，所在著姓。其徙寓滇南顯者，則自王太父始，掄魁南宮，躋位寺卿，文章宦業爲時冠冕，一傳辟孝廉，再傳薦明經，先後重光，家聲益振。迨公兄弟弱冠同領鄉書，名動京洛，識者目爲兩宋，豈碧雞秀麗，昆明㳽漾，山川鍾孕，至此則大泄靈秘與？

不佞寓長安，時聞公高誼于滇人士甚詳，願爲執鞭。庚戌，公射策未偶，念萬里長途，跋涉惟艱，爰謁主爵，拜虞庠之命。甫稅駕，不佞得捧袂，則見器宇軒豁，青姿英爽，翩翩如在群野鶴、臨風彩鳳，鳴九皋，翔千仞，直須臾事耳，私心大愉快。蒲青衿負笈環橋，隊逐旅進。公殫所蘊，悉心指引，啓口爲經，舉趾爲葊，不啻置樽候酌，懸鐘待叩，人人虛往而實歸，汪洋千頃，士樂親近。但語十脡，則愧謝不敏，菜根之味澹如也。有造蒲士，更僕難述。其尤偉者，則何[一五]堧田數千畝，歲賦租若干，寄名學庋，筦鑰出入，學官不得爲政，奸胥漏巵不實，士子蒿目絕望。公廉其弊孔，大暴奸狀，胥論遣，庋復舊額，且著爲令，給予有程，貧士恃爲左藏。有三冤士，以羅織成罪，刑書將上，公力爭，目眦盡裂，三士始脫幽繫。大抵公恥俯仰而毅拯救，是非一判，利害不回，勁腸浩氣，錚然屹然，匪直蘊藉森武庫、著作爛卿雲已也。

余嘗嘆天下事，局促者既退托不能爲，賢智之士又高視闊步，輕法守身，而傳舍其官，以爲不足爲，兩者皆譏。公不以閑曹自諉，而直以興起斯文爲己任，凡所注厝，足人聽聞，異日黼黻皇猷、鼎呂事業，即此可覘其概。今天子寤寐賢豪，側席延攬，每春榜得士，繇廣文登者無慮數十家，獨今大宗伯翁公臚傳首唱，勛名最著，此非公之前茅乎？然聞翁公之教龍溪也，彰軌範，端藝極，不異于公，而其新櫶之化，龍溪人至今歌之。以敝郡不腆，其亦沐公教而丕變耶？昔王荆公之送胡安定詩曰：“先收先生作梁棟，以次收拾桷與榱”，公行矣，應大廷之對，坐經筵之席，其波及蒲士者則其餘也，不佞敬拭目以觀其盛。

## 送學博楊清吾教授藩邸序

不佞讀漢史，至賈長沙、董江都二傳，未嘗不掩卷廢讀，嘆曰：“造物真妒才哉！”夫二子蘊藉，未易以一斑窺，今觀《治安》《賢良》諸策，琳琅炳煥，膾炙千古，有國者所當遄登畢致，列講帷，參論思，而況恭儉如孝文，英略如孝武，宜乎正朔禮樂，道誼法制，蔚然爲炎室改觀，則儒林且慶有人，奈何一太傅、一相竟終二子之身？嗟乎！遇不遇，何足爲賢者累也？

清吾先生，關中左輔世家，距吾蒲僅隔一葦。方其爲諸生時，大有聲于場屋，以數奇，屢抱劉蕡之踏，最後始以明經貢于天子，釋褐，得分訓蒲庠。蒲在晉壁，亦號材藪，先生體若不勝衣，語訥訥如不出諸口，而遇事臨機，其勁腸正氣又特立挺出，無寒氈掌故之局促態。其教化務實，行絕蹊徑，文學之士，彬彬率從。不佞便道省覲里門，兒子輩又後先列青衿，得執經侍先生函丈之席，捧袂而欽，傾蓋而歡，私心竊慶二三子得師。顧不內升六館，不佩百里符，乃教授西藩之命一旦驟下，識者起感概扼腕之想。膏車將發，同寅博士暨七百弟子員咸造，徵言不佞。

惟我國家衆建諸侯，以敦行葦，復擇賢師儒以輔導訓誨，大抵仿制漢庭。先生之才，又不減董賈，宜其曠世一轍，令人憐惜不平也。兹行不薄設醴，不憚曳裾，藩王且虛左以俟，所謂遇主于巷，覽德而下，聲稱詎遜董賈乎？夫君子之仕，行其道也，道不行，即極顯榮，誰其躆之？而教授西河，士林景仰，士將安居耶？中立不倚，遯世無悶，君子人與先王行矣。河中留草木可敬，涇源有洪鐘解頤，孰慍鬱于知希云？

## 校勘記

〔一〕"序"，據文意及該書體例添加。

〔二〕"襲"，據文意疑當作"讐"。

〔三〕"幹"，據文意疑當作"斡"。

〔四〕"繩"，據文意疑當作"蠅"。

〔五〕"磬"，據文意疑當作"罄"。

〔六〕"剖"，據文意疑當作"掊"。

〔七〕"憮"，據文意疑當作"舞"。

〔八〕"元"，據文意當係"玄"因避諱而改，以下不再一一出校。

〔九〕"宇"，據文意疑當作"宁"。

〔一〇〕"問"，據文意疑當作"同"。

〔一一〕底本此處有眉批云："此處疑有訛，不如衍五字尚屬可解。"

〔一二〕"跧"，據文意疑當作"輇"。

〔一三〕"暗"，據文意疑當作"諳"。

〔一四〕"神"，據文意疑當作"伸"。

〔一五〕"何"，據文意疑當作"河"。

册　五

# 墓志銘〔一〕

## 明徵仕郎武英殿中書舍人柱磐張公暨配贈孺人孫氏王氏景氏合葬墓志銘

柱磐張公，官禁掖，膺褒綸，駸駸華顯矣！無何而謁告歸，無何而寢疾，又無何而即世，諸與公厚善者，咸抱人琴之痛云。葬有日矣，兩嗣人泣而請余銘其墓。余與公居相近、世相歡也，忍以不斐辭？

按狀，公諱四岳，字聖咨，别號柱磐，又號肖嵋。上世自解澤徙蒲，數傳而及孟孺公寧，是爲公曾祖；又一傳而及首陽公誼，是爲公祖；又一傳而及嵋川公允齡，是爲公父：俱以文毅公貴，贈封光禄大夫、柱國、少師兼太子太師、吏部尚書、中極殿大學士。曾祖妣雷、祖妣解、妣王俱贈一品夫人，妣林贈孺人。

公生而豐頤偉幹，巋然山立，一見知其魁岸人也。於是嵋川公杖於鄉矣，得公，絶愛憐之。公亦穎慧，善承意指焉。既冠，慨然慕孔北海、米襄陽之爲人，襟期磊如也。戊子，入太學，日與四方之豪俊游，志益發舒，恥詹詹爲數米問舍之計。士有困悴者，無論賢不肖，輒解裝贍給之。而性復耆古，購求法物名玩，拂拭鑒别，坌集麕至，酬應不厭，博雅聲翕習輦下矣。遂以例丞光禄署，非其好也。需次選人，可十年所。庚子，會有新例，乃改中書舍人，直武英殿。公既以文毅公介弟而又稱天子文學供奉臣，顧殊無驕稚色。退食之暇，焚香煮茗，危坐一室，樽彝盤蓋、怪石奇研、法書名畫之類，洞心駭目者，爛然四壁，入其中，怳歷五都而啓汲藏也。上自公卿僚友，以及騷人墨客、材官劍士、九流曲藝，無不傾心延接，履舄交錯〔二〕，昕夕忘倦。榷古之餘，佐以談奇，人人皆自以爲張公親已，其耽好賓客每如此。辛丑，奉使如江南。癸卯，滿再考，晉階徵仕郎，予恩命如例，追贈妣林爲孺人。公捧綸而喜曰：“徵上寵靈若是，庶可以慰九泉乎！”遂以休沐請。甲寅始抵里，於是公去鄉井十四年矣。快公歸者，時持斗酒相勞。公宏開曲宴，叙述其闊悰，每至夜分始散，逸興爽致，不減少壯焉。然公既以篤古下士有聲海内，一二儇喬子窺其坦夷無城府，間挾持鼠璞索少室之價去，而異時子錢家視公若外怓然，息壤雖在，入手隨羽化之，公心廉厥狀，弗忍與較，坐是稍稍落其產。俯仰今昔，不能無動，竟郁伊弗起矣，春秋才四十有八耳！

公生于隆慶戊辰五月初七日巳時，卒于萬曆乙卯八月二十二日丑時。元配孫，贈孺人，生于嘉靖丙寅五月初五日子時，卒于萬曆癸未十月二十一日巳時，得年一十八歲。繼配王，生于隆慶戊辰十一月初五日辰時，卒于萬曆辛卯七月初五日寅時，得年二十四歲。又繼配景，封孺人，生于萬曆丙子九月十五日丑時，卒于萬曆乙卯閏八月十三日子時，得年四十歲。咸有婦德，佐公闡政，而王孺人當家柄初持之際，勤勞恭儉，奉上馭下，罔不愗敕，尤爲姻黨所傳頌云。子五：長壽徵，娶孟，繼王；次信徵，娶王，嗣伯父松磐公後；次允徵，娶李，繼荆：俱王孺人出。次都，次殤，側室唐出。孫男二，鼎、鼐，信徵出。孫女二，壽徵出。壽徵等將以丁巳十一月二十九日奉公葬嵋川公塋次，因啓孫、王二孺人之柩及景孺人之柩，合而葬焉，禮也。

余惟自昔傳豪俠者如原、嘗、朱、劇之流，其折節閭閻，周人危難，皇皇弗及，信可謂好行其德者矣；然皆椎魯少文，甚至扞當世之罔，薦紳先生難言之。公輕財好士，千里慕義，而復踆巡儒謹，閎覽博物，即欲傲以不知，不能也，豈堇堇事豪舉者可方駕哉？迹其生平，湖海之氣不遜古人，而風流淹雅過之矣。余既摭公之大者爲志，而復系之以銘，曰：

翩翩王謝，玉樹琳琅。公趾厥美，出入明光。驛騎內史，金石歐陽。聲馳日下，寵焕天閶。長淮驟竭，金刀隕芒。三媛作配，先後偕藏。我銘貞石，千秋孔揚。

## 明誥封鎮國中尉竹淇公墓志銘

公，襄垣宗侯也。襄垣食采蒲邦，實雲中代邸所分，五傳而逮公，於藩屬最親近。鼻祖襄垣恭簡王，高祖襲封襄垣王，曾祖鎮國敬軒公、祖輔國君易齋公、父奉國南峰公，俱將軍。奉國配淑人蔣氏、蔣氏、張氏，張於嘉靖甲申正月十四日卯時生公。五歲，肅皇帝賜名充秋，賓字仲金，自號竹淇道人。十五歲受爵鎮國中尉，歲禄肆伯石。髫齡岐嶷，性敏力學，出就塾師衛先生學，日誦數千言，同舍自張文毅公外，其他不能傲以所不知。先生云：“某惜爲宗胄，若齊民子，青紫芥拾耳。”已而奉國不禄，伯兄居恒善病，公以介佐督成幼弟婚，嫁三室妹，各及期請封命。已又罹地紀大變，閨內同時九厄，積柩中庭，累累莫葬。公夙夜靡寧，控鳴當路，得俸米、金錢，手自裁劃，創築墳臺，以完襄舉。嘉靖末，邊陲多警，縣官竭力邊儲，而緩視宗禄。宗衆匱甚，紛紛投牘公府，然歲支或不盈季。公從容語同事曰：“戍卒荷戈塞垣，義不得後其食，必并徵膄民膏，恐財力益詘，誠計截支，則里巷樂蠲逋聲以勇於徐輸。”首先建白，上下嘉其議，迄今禄不言乏，公之力居多。

性至孝友，念父早世，陟岵增悲，事母志物兼盡。曾溽暑感痢，幾殆，惟呼天嘿祝，謂“兒之殘喘，老母爲命，送母終死無憾”。弟寢疾，無子，公遺子女各一人爲嗣，而不問其家之豐嗇。伯兄歿，公爲鎮國小宗，主鬯恭肅，儼如陟降。王大父之派，即齒遜行尊，執諸父禮惟謹，同宗亦翕然起敬。甘恬澹，衣不重錦，食不兼味。雖不長於浮白，而雅好賓客，高擎劇談，丙夜不倦。少耽家政，食指無慮逾百，然靮掌稍優，即向案頭取唐名家三體及晉魏長短篇什披閲涵泳。每與郡使君追隨宴賞，及鄉縉紳聯社修盟，對時撫景，元屑傾霏，四座羨仰。遷客崛崍張公語人曰：“竹淇不以著作名，其引用切當，賢於作者遠矣！”

生平不逐逐利孔，而痛懲泥沙耗散，中年稍充贍，姻戚有困，整橐以佐，間不能償，置之若佚，或焚券示信。每憾不克竟於問學，故子孫知句讀，即令隆師，瑤環瑜珥，彬彬詩禮。季君漢翔遣游膠庠，爲宗彦首倡。躋七旬，以建儲慶，存問如制；躋八旬，以元孫慶，存問如制；兩錫優榮，藩府尤罕。公既上壽，耳目聰明，步履康健，鸞停鵠峙，望之若仙。仲秋，忽病肯<sup>〔三〕</sup>，越月餘而薨。屬纊之際，正其衣冠，端坐瞑目。是爲萬曆己酉十月初十日午時，享壽八十有六歲。

元配康氏，封恭人，鄉耆康翁明女，相公偕老，丕著内德。生男五，未名殤者二，廷雒，先公一載卒，娶史，繼尚；廷塱，娶韓，繼韓、崔；廷塙，即漢翔，嗣弟竹澳公，娶全；男俱封輔國中尉，婦俱封宜人。女五，適胡璀、吳應昌<sup>〔四〕</sup>、段自強、衡守謙、毋驕，俱授宗女、宗婿。適毋女亦嗣弟竹澳公。孫男十四：蕭錡，娶王；蕭鍴，娶沈，繼趙；蕭鍢，娶張；蕭鏥，娶馮，繼馬；蕭鉚，娶王；俱封奉國中尉，餘幼。孫女四，適尚士偉、張世茂、張振羽，一幼。外孫男、女二十，曾孫男五，女二，外曾孫男、女亦二十，外元孫男、女四。

嗚呼！此公之允，既蕃既昌，可以徵公之所積矣。塱等卜次年正月八日葬公大澗里阡祖兆昭次，先期手狀請銘史芳。芳不佞，與公同里閈，辱世契，尚憶癸卯春初，曁二三兄弟爲公上壽章，登堂執觥，公紆紫橫玉，周旋磬折，宛同少壯。比客歲歸省，則公有延陵、適齊之慟，神情頓覺驟減。今已矣，忍不爲銘？銘曰：

鍾山浚派，丕衍星潢，繩綿七葉。奉先克孝，裕後克昌，允光玉牒。八旬上壽，載錫綸音，皇恩渥浹。正終而逝，文橢而藏，重泉周疊。亭亭華表，鬱鬱松杉，峨峨馬鬣。百千斯歲，考德貞珉，公神永帖。

## 明誥封輔國中尉堯川公曁配宜人潘氏合葬墓志銘

天啓甲子三月六日，余友伯翔宗侯葬其父輔國公、母潘宜人於條山隈保泉里祖阡，先期手狀泣請曰："願爲逝者徵惠史言。"余遜謝不敏。又泣曰："不肖雛甫成童而孤，煢煢未知圖闡彰。今幸克蕆事，窀穸不朽，其有俟乎！敢固請。"余聞而悲之，爲叙其概。

公別號堯川，系出玉牒貴籍。始祖襄垣恭簡王，自代邸分封蒲坂，傳高祖鎮國將軍精一齋公、曾祖輔國將軍靜軒公、祖奉國將軍清泉公、父鎮國中尉東湖公、母恭人王氏，繇公上溯，實高廟七世孫也。蕭皇帝賜名充燹，予爵祿，庤庤貴倨矣。顧神識爽暢，性操并介，從齠齔時業已雅慕竹素。稍長，試屬韻句，即傾其曹偶。讀書務贍博經史，旁及稗官外家，它如逸崖斷戟，欣喜摩削罔倦。爲詩自建安以至大歷，鮮有不窺，而妙傳獨詣貞、徽之際。東湖公罹坤紀之變，公纔弱冠耳，倉皇中祭葬，不�於禮，賵言多長者轍。既免喪，益斧藻篇什。先後郡大夫若少洲馮公、崛崍張公，皆海內名家，皆與公交歡，有時摘險韻，限變體，坐客倚次比律，衆斂袵未發，公舒腕落紙立就，而縟采芳潤越人意表。嗚呼！誠令公與綴述之士授簡競捷，東方之袍，豈得專屬宋氏哉？

公既司契吟壇，不復問家人生計，更梁園過從，殆無虛晷，歲禄所入，每不當供具之半，久之坐困，晏如也。然精五飯，羃酒漿，佐父[五]延納，以成公之大者，則公元配潘宜人之力。宜人，蒲敬信坊著姓壽官延芝長女，幼以婉嫕聞於閨。選歸公，能善事尊嫜，得堂上歡。拜封命，崇謙敦儉，無改常度。公不禄，家索然四壁，立稱未亡人，煦育子女，居嘗手自針紝，爲續青烟，餐冰茹蘗者近三十年，至於仉機歐荻，尤其母儀之著，笄黛中可謂偉出。

公生嘉靖癸巳十一月七日，薨萬曆乙亥正月十九日，壽四十三歲。宜人生嘉靖庚子六月十六日，薨萬曆癸卯正月六日，壽六十四歲。男三，長廷雛，即伯翔，次廷跬，又次廷埸。女一。孫男七：蕭鉫、蕭鐭、蕭鏢、蕭鈘、蕭鑅，二尚幼。孫女四，曾孫男五，曾孫女二，俱幼。男俱娶聘名門女，女俱適字名門子，封爵俱如祖制。

余嘗觀詞賦之藝成於魏、唐，中間酆宮名彦，惟鄴下、隴西號崛起特異，乃沉抑東阿，飄淪江海，胡二子所遭之甚不偶也。公良玉易脆，未艾戕真，果才人之命多蹇也？天道洵難測矣！而手澤遺訓，伯翔方寱寐祇承唯謹，今能世公之業，以積學能詩見重於縉紳騷雅之林，又孰非公之千秋乎？宜有銘。銘曰：

璇源分派，賦才則雄。桐圭錫寵，食采則豐。顧超軼於世味，而百篇是工。倏委蛻於塵慮，而四旬以終。令問無窮，餘慶方疃。將疇昔之浮幻，等若太空。吁嗟乎！公安知崆峒？安知鴻濛？重泉夏屋，儷德攸同。是有明佳王孫之元宮，而奠此桑東。

## 明誥封輔國中尉山川公暨配諸宜人合葬墓志銘

公諱充烊，蓋上所賜名也，號山川，踰八旬，以德望重於鄉，人咸稱爲“山川翁”云。乃高皇帝七世孫，代簡王六世孫，襄垣恭簡王五世孫，鎮國將軍精一齋元孫，輔國將軍靜軒曾孫，奉國將軍清泉孫，鎮國中尉南湖公俊柜之子，母曰范恭人。公生而修幹頳顔，朗音闊步，識者覘爲福器。初，南湖公不能其家，至旁落，居邑邑不自得。公幼食貧，昕夕緩急，恒取足於伯父東湖公。既束髮，奮激長嘆曰：“丈夫以七尺軀仰給縣官，竟再世坐困，彼胼胝拮據者非與？”窺大河有煤販利，於是買餘皇，招篙師，長年歲往來壺口、雷門以謀生息。自公任爲子，南湖公始享禄養，户外免剥啄聲矣。初年始有，季年少有，得盡償南湖公夙負，以其羨者起新第，飾樽罍，州里稱爲卓磊。然公雖自致温裕，恒耻爲齷齪作守虜態。宗盟中封爵愆期者，輒代辦裝請討。祖塋祠垣頹敝，出若干緡修葺，松杉改觀。喜施舍，緇衣羽流作水陸，茶湯善果，率首倡修福。遇圜扉沉錮顛連，捐錢米蘇活。無狗馬徵逐之好，飲食、被服淡泊有節。晚歲頗厭營算，所積昕耗汰，無悶，惟微權贏縮於常禄中，神靜而恬，享有遐齡，非幸也。

公生嘉靖戊戌五月六日，薨天啓辛酉二月二十日，享壽八十四歲。配魏氏，封宜人。繼時氏、秦氏、劉氏、張氏，生卒俱不詳紀。子三，廷跰、廷埔、廷墺。女一。孫男一，蕭鈫；孫女一。公年逾艾，始舉子墺，業已有封有室，不幸短折，以倫序鍾愛，取東湖公之孫埔爲嗣，又取東湖公之曾孫鈫爲墺嗣。居無何，埔又早世。公皇皇曰：“煢人耄矣，連遭巨創，儻承祧主窅未定，何以見祖考地下？”急告廟立跰，跰子一，蕭鈫，女一，而公旋不起。今跰與鈫皆淳謹克孝，治公喪，由含襚以及劵窆，秩然豐整，公可謂有子有孫。卜吉今歲甲子三月六日，葬公保泉里祖塋之次，諸宜人祔焉。跬、釼輯公遺行，斬焉縗絰，詣余乞銘。余不佞，與公居同閈，素辱公交誼竊附，知公之稔，又嘉跬等之謀不湮公也，乃綴叙而銘之。銘曰：

勤操治生，悦親而親心以康。静攝尊生，益壽而壽年用昌。期一夕之返真，將萬祀之永藏。翼子貽孫，長發其祥。靈固佳城，我銘允光。

## 明禮部冠帶儒士慶峰李公暨配孺人甯氏劉氏合葬墓志銘

公爲余從姑之子，姑生丈夫子四，公居仲。李氏自洪洞徙蒲，世隸戎籍，數傳爲茂，從軍銀夏，上邊徼功，官本所百户。茂生新溪公斌，襲武階而締文士，名重縉紳間，是爲公父。

公諱允祚，字永錫，號慶峰。幼白晳如削玉，雅步端睨[六]，器宇夐異尋常，新溪公撫之喜曰：“是兒頭角嶄㠑，將來其亢吾宗乎？”稍長，即令從塾師學。已游余伯鶴池先生之門，受壁經，俯首吾伊，志鋭而功專。爲文拘繩墨，肖其爲人，然必潛心體認，抒所自得，不陳言之剿襲也。比就童子試失利，益鐍户下帷，以修其業。顧自甲戌迄癸未，前後凡七試，竟不利，公嘆曰：“昔人有獻璞兩遭奇刖者，今委頓屢北，詎盡戰之罪哉？河清難俟，如必以横舍爲税駕地，吾第無三足，有之，恐無一存矣。”會新溪公捐館，祖居齕於鄰，且素所貸子錢家欺公書生，不任子并其母，乾没之䘏大挫，公悉置不問。惟胼胝鍤畚，爲高堂飭寧宇，儋石無儲，奉親醲鮮有加。余姑遐算躋九，公依依膝下，不忍一日睽違，殆所謂五十而慕者乎？异時公家兄弟同居，鄂然棠棣，迨析散，猶頻數治具，邀與聚啖，不則匕箸不甘也。生二子，教育有方，學制舉藝，不效，亟促之牽車牛，遠服賈，躬勤儉，以振堂構，因命名"培""昌"，期之也。培老成練達，爲先封公所器重，俾綱紀天津鹽策；昌執余仲弟貲，經運于易水：皆饒心計，克自樹立，家用益裕，起新屋，上食悅公。公硜硜纖嗇，一如其處約時。性鯁介淳樸，見閭中儇薄子，顰蹙若將浼己，人有犯，輒形於顏色，然過即冰釋，人稱長者。嗜奕，與客拂枰對壘，竟日暑靡倦。嘗遠度隴蜀，載游燕趙，所履劍閣雲棧、金臺碣石諸勝迹，悉能識於衷。斗酒耳熱，上下古今，指點山川，語津津有味。季年聯舊所善筆硯友爲"真率社"，呼盧射覆，各成歡而罷。其故人貴顯者，高軒過從，使蒼頭謝不敏，曰："吾不能傴僂磬折作鄉里小兒態也。"公雖去儒不居，而交游儒也，被服儒也，譚論、行履儒也。余典三禮時，欲群工以儒士供事蘭省，公不屑就，具牒嘉簪紱爲公壽，庶幾老更之遺榮也已。

公生嘉靖戊午閏七月八日卯時，卒崇禎己巳十二月十日辰時，享壽七十二歲。元配甯氏，淑慎婉媮，事尊嫜以孝聞，處娣姒以和聞，篝燈佐公誦讀，指針紉劬，育子女以敬順慈祥聞，備壼[七]德而促於短齡。公每追悼，則歔欷不能爲懷，生嘉靖庚申七月二十三日巳時，卒萬曆己亥閏四月十三日未時，享年四十歲。繼劉氏，生萬曆丁亥八月六日亥時，卒崇禎辛未二月二十三日申時，享年四十五歲。子二，長曰培，侯門教讀官，娶范氏；次曰昌，藩府引禮舍人，娶薛氏：俱甯出。女五，一適張三益，一適州庠生廉時俊，一適寧夏右屯衛經歷馮惟豐，甯出；一適庠生孟緻祚，一幼，劉出。孫男三：之華，娶郭氏，繼魏氏，培出；之秀，聘劉氏，之實，幼，昌出。孫女四，一適王道行，一適襄垣中尉朱𤤎歟，一字任茂梓，一字任茂梂，俱培出。曾孫男一，啓文，女一，俱華出。保世滋大未艾也。

初，公葬甯孺人，自甃壙於程胡莊新溪公塋次，鞏固而康。

培等卜於辛未之冬十二月二日扶公柩合厝，劉氏祔焉。余兄廣文實，公舊所善筆硯友，輯公生平布爲狀，頗詳確。培等持之泣曰："古人具片善，必藉立言君子永垂不朽。傷哉父也！弗克用於世矣。以地下之靈，敢祈寵貺鼎言，詔於來兹，雖微，顯也。"余聞而悲之，爰詮次成志而系之銘。銘曰：

蚤歲儒鳴，終身儒行，徽儒者之冠裳以旌，公其君子儒也！夫完德令名，鬱鬱佳城，公所自營，偕淑侶而栖神斂精，子孫其永亨。

## 明鄉賓磐谷李公暨配孺人羅氏合葬墓志銘

吾蒲鄉飮之禮，虛三老席頗久。上二十八年春，李公磐谷衺[八]然布衣修爵，士論曰："公長者，允光鉅典。"公元配羅孺人佐公食貧食豐，課子孫學業，里中騰壽母令妻之頌。嗚呼！可謂儷德矣。

公諱鴻輿，字于軻，一字于車，號磐谷，蒲之韓村里人。父壽官李太公鏺，前母惠氏、王氏，母馮氏，而茂族若牧伯、憲使，素號鼎閥。孺人，太醫院吏目羅公九雲女，母孫媼，諸從比部中丞，簪紱顯奕也。公魁資碩岸，幼負大志，孺人婉嫟柔嘉，克閑女史，姻盟偕締，人稱嘉耦云。余讀公《巴蜀吟》諸詩，旅邸怡情，後人須鑒諸著作。洎王曲周、張肥鄉兩大司馬所輯公《逸德錄》，知公儒行商隱，即終身鹽策，姑有所托耳。迨與公子從心君爲文字交，登其堂，僮僕雝肅，供具整潔，余嘆羨。從心遜謝不敏，曰："吾有母實柄家範，有截髮剉薦之風。"公篤於倫常，少孤，事母極色養。聞母訃，跣奔柴毀，向母問父顔貌，淚簌簌下，時形夢寐。後啓父竁葬母，太公棺已朽，顔色如生，宛若夢中所常接者，人以爲孝感。兄鴻詔，挾太公遺貲入蜀，落莫歸，至以祖居質於某富翁，公無競；廢著時括取太公所遺珍玩，公亦無競。母不能平，公亟出善言解慰。兄益困，公仍厚給不厭。孺人奉嫡姑，晨昏承顏順志，瀹灑鞠臑，執婦道惟謹。姒娌同居者六人，孺人最少，淳謹諧和，無勃谿之忿，即公之厚兄，率多嘿相焉。公樹勁節，縕袍自安，不以一揖博文錦。孺人始終勤儉，不以温裕廢針紙。父〔九〕不喜聲色，少年旅館，夜却私奔之女，正氣棱棱，方以魯男子之高。孺人當公捐館後，稱未亡人，手畁筍經，成子學業，永叔之母何少讓乎？公殯葬從兄鴻業夫婦，撫孤侄養貞成立，報舅氏之雅而忘其子之見侮，償父夙負，不忍乘機以欺其愚子。姻親故友有授室者，有捐貲者，有保護後嗣者，義問藉甚。孺人好施舍，憫顛連，育侄文光，養孫姓妗氏，下逮厮婢，無不有恩。嗚呼！其儷德矣。其它若公拮據治生，競業守法，與夫恩詔受爵之詳，具載納言韓公志中。孺人子女劬勞、米薪操作諸懿嬺，余曾有六旬贊慶之章，兹不贅叙。

公生於嘉靖甲午七月初六日，卒於萬曆辛丑九月初七日，享壽六十八歲。孺人生於嘉靖癸丑十一月三十日，卒於萬曆甲寅四月十三日，享壽六十二歲。子一，養氣，即從心，州庠生，娶楊氏。女二，長適州庠生韓煌，次適王垣揚。孫男二，繢芳，娶張氏；繹芳，幼。孫女二，一適州庠生杜文耀，一幼。

嗚呼！唐李愿之歸盤谷也，昌黎先生壯而送之，至欲膏車秣馬以從。公號盤谷，得無意乎？余曩寓東瀛，見公煮海成名，抵里舍，聞孺人淑慎，又覿縷章逢什一，筭黛鬚眉，均可儀也，未審當年太行之隱有此鹿門風致否？迄今日老成凋謝，栖捲不延，如之何不動人思慕耶？

初，從心於壬寅冬十二月初十日葬公昌坂里新阡，繢芳於戊午卜冬十月十二日扶孺人柩合葬。嗚呼！從心良璧易脆，方重余嚶鳴之悼，繢芳來請銘，從心有子矣，又何忍辭？銘曰：

士有真修兮，賁其邱園。國有榮典兮，憲老乞言。偕彼淑媛，化始閨門。奠安宅以宜爾子孫，俾熾昌以綿延世恩。伐貞而垂紀實録兮，從於重原。庶後之人有所考信兮，異世名存。

## 明宗人府儀賓坤岡高公暨配縣君朱氏孺人田氏合葬墓志銘

公諱華，字鎮甫，號坤岡，爲先淑人之弟，外祖父仲子也。外祖母衛娠時有異徵，生而警敏不群，稍長，讀書綽有昂霄之概，顧以善病不克卒業。娶山陰府輔國將軍元石公女，當封縣君，歲食禄三百石，則公例當膺大夫封，至貴重矣。僉謂公宜委曲圖之，公夷然嘆曰："大丈夫不能自致青雲，而藉婦人女子以階榮，曳裾藩府之門，實足羞也。"置不顧。已挾貲游彰、魏，歷汴、洛，後乃居滄瀛，用鹽策以息其業。然公雖操什一，平居恒手不釋卷，古文詩詞、諸家小説，靡不流覽于胸中，有叩即應，自老師宿儒不能傲以所不知也。賦性仁厚，賑窮周急。從兄某者屢有稱貸于公，不責其償，後其人冥頑悖德，有詬誶之加，亦不與較。從姊適田者，老而寡，無所依，迎養於家，至今衣食之。比鄰李子，夙温厚，暴貧，公憫其困，時有所贈饋，久而不厭。其好施如此。

蚤歲多疾，晚益强壯。自戊午四月忽感痿滯之症，不復牽車，乃付其糶業于伯子，而日課其幼子讀。營治居第，輪奐一新。又以祖塋湫隘，自卜兆於孟盟橋南，將爲母衛孺人舉襄事。至庚申泰昌改元十一月二十八日，前疾大作，遂不起，惜哉！距其生嘉靖癸亥三月二十六日，享壽五十八歲。元配朱氏，即當封縣君者，柔順淑嘉，事姑以孝，能得衛孺人歡心，乃以育子故遘疾，卧床褥者數年而歿，生於嘉靖甲子十一月初六日，卒於萬曆辛卯五月十二日，享年二十八歲。繼田氏，又繼崔氏，稱未亡人。子三，長惟謙，禮部儒士，娶喬氏，繼傅氏、南氏，縣君出；次從謙，聘張氏；次亨謙，幼；女三，長字王之礎，二幼，俱崔出。孫男一，樹德，惟謙出。

惟芳與公分雖甥舅，然公僅長余七歲。萬曆丁戌[一○]，余自津赴試里中，朝夕與公同卧起。余篝燈誦讀，每至夜分不寐，公亦不寐。往來平水、禹城，咸公携與俱。戊子春，余染疾幾殆，公親視藥餌，調饘粥，日夜不離于側，此之爲德，即義康之與湛之，恩何加焉？迨公寢疾，余方居先封公憂，時過候，公起居談笑，不殊平時。庚申，起家南雍，與公別，泣下沾襟。不謂是冬旋斾之日，正公易簀之辰，乃不能視公含殮，一永訣也。家人謂公屬纊時，猶諄諄念余不置。嗚呼！我見舅氏如母存焉，渭陽之情，其何以自解？厥子惟謙等卜天啓癸亥十一月二十六日葬公孟盟橋新阡，祔以朱、田二配。余爲志而銘之。公世見外祖父志中，不具載。銘曰：

是締姻藩胄，而不屑簪綏之榮。寄迹廛市，而游神書史，以博聞彊記稱。其志行磊落，而德施何宏？考終順正，雙淑從之以永，安元室而無傾者耶？

## 明登仕佐郎太醫院吏目對池楊公暨配孺人王氏合葬墓志銘

余友楊汝健將葬其尊人院幕公，先期走力舊京，緘手狀，丐余銘其墓。嗚呼！余習公慎取予，重然諾，屹屹信義也，又習公慷慨負奇能，恤人困，亟人難也，則不朽之藏，忍以不斐辭乎？

按狀，公諱守中，字一正，號對池，蒲通化坊人。始祖玘，高祖世杰，曾祖公，祖義，父壽官宗源。母趙媼，生三子，伯侯門教讀守道；次守禮，蚤殤；公居季。楊氏先世隱迹農畝，迨壽官公始以什一治生，携伯氏拮據四方，積未逮中人。公蹶起婁，牟異息，業隆隆富有矣。蓋公髫年從塾師學，將束髮，奮然曰：
“丈夫不能自食，乃藉父兄以食，若翁髮日短，尚可煩以家累
乎？”遂棄學，踵伯氏服賈，俾壽官公安享子養，以畢榆景。公
之賈也，南抵荊襄，北薄朔雲，櫛風沐雨，不遑寧處，而逾鳳
隴，歷漢沔，躡蜀道之險，販絲滄溪縣，垂三十年所，歲以爲
常，溪中無遠邇，咸知公名，願與之締交。方市價莽涌，衆雲集
觀望，非公至，價不畫一。有村婦持束絲入市，市人問之，弗
顧，最後遇公，則欣售，詰其故，則云：“吾受之家人，唯蒲楊
老客能不欺痴愚也。”它若逆旅長年率預除室繫艇，俟公往還，
其令人信乎類如此。人有貰貸，不細析毫厘，或其人中落，不難
毀券齒，并母錢置不問。用是里巷見德，而縉紳品隲，亦津津多
稱。曾于蜀江遭遇風浪，舟楫顛危，還語親故曰：“吾初入蜀，
捆載無幾，今回視不啻什伯，不知止，將干造物不祥，吾休矣！”
自後終身不出里門。處人倫最篤，幼失恃，事繼母嚴，竭力孝
敬。壽官公與里父老聯社宴，必致洗腆，躬爲拭几傳斝，不假手
僕厮。構新第，飭器具，以悅親心。每滿引爲壽，子姓環從，宛
同萊彩。童時偕仲嬉水濱，仲沘幾溺，倉卒身赴以援。伯季白首
不廢箸。伯歿汾陽，訃聞，號慟就道，間關扶櫬歸葬故邱，仍厚
撫其子女。後子女相繼無祿，命季子蔚爲嗣，以承大宗。近五
旬，會有助邊例，得拜今秩，具笏袍望闕恭謝，旋謹笥藏，即有
家慶，不輕服也。喜賓客，耳熱鯨吸，呼盧射覆，歡謔有韵。雖
以賈雄而雅慕儒術，遇儒士，談吐風生，鑿鑿見解。子孫知句
讀，力督之學。汝健慧，令授經余伯鶴池先生門墙，與余兄弟同
訂文會，今兩世纇波衣冠寝茂，公胡不延以觀厥成邪？

公豐頤魁幹，色睟神王。甲辰，偶感痰症，已勿藥，年來步
履少鈍，啖飲尚不異中年。今夏天道亢陽，大火鑠金，入秋，炎
益熾。公陰中暑毒，丙夜疾作，覺明竟至不起。是爲萬曆乙卯七

月初五日寅時，距生嘉靖乙巳正月二十日午時，享壽七十有一。
元配孺人王氏，佐公食約食豐，奉舅姑，和娣姒，育子女，内德
兼備，詳壙記中，先公十六年卒，是爲萬曆庚子二月初八日卯
時，距生嘉靖己酉四月十五日子時，享壽五十有二，葬普救里峨
媚原祖塋兆域，公所自卜，今啓以厝公，從治命也。繼配薛。子
四：應乾，即汝健，州學生，娶段，繼王、羅；應科，京衞武學
生，冥婚王；應炳，冥婚張；應蔚，即教讀，後習舉子業，娶
張。女二，適禮部儒士張茂譽、州學生張啓心，俱王出。孫男
六：慶，州學生，娶孟；庠，聘張：乾出。序，聘孟；庚，聘韓；
廩，聘高；度，幼：蔚出。二孟皆余侄息。孫女二：適州學生郭
淑，乾出；字儒士馬中騋，蔚出。外孫男三，女四。曾孫男一，
引年，幼，慶出。外曾孫男一。葬爲卒之年十二月初十日。嗚
呼！世所重于士君子者，大抵身致青雲、著績宦轍已也哉！以若
英邁自振，不階尺寸，坐擁素封，詎非人品所推轂哉？入貲爲
郎，循墙自晦，尤昕夕望其子若孫讀書進取，式穀有人，何必身
自致之？則怡情夙負，却步亟流，又餘事耳，慶澤當未艾矣。是
宜銘，詞曰：

公之業何所興乎？遷諸鹽叢鬻于汾。棧道連雲，臺駘三勤。
同此蹊徑，能者奇勝。子緒滋殖，賢于巧嗇。輸粟封疆，朝命斯
皇。書香桂根，宜爾子孫。詒厥後人，何異己身？元壤窀穸，永
瘞雙璧。我銘其函，令聞千秋。安焉長夜，塵寰傳舍。

## 明文林郎順天府宛平縣縣丞念南集君墓志銘

念南集君以萬曆丁未正月十八日卒于京兆宦邸，余方守史
局，爲經紀其喪，俾權厝于天津衞。時子衆思、衆謨甫成童，即
能以志銘請余，許諾。越六年，始奉其柩自津歸蒲，卜丁巳正月
十六日葬于厥考贈公塋次，二孤匍匐泣申前請。君固余内子之兄

也，知君者莫若余，是余宜有言。

　　君諱偉器，字斯璽，初號名吾。余座師都諫侯太和先生見而器重之，爲更今號，不忘前烈也。世居蒲南張里。始祖曰得，傳克忠，而善，而禄，而貌，而良臣。良臣生京衛經歷南河公登雲，配展氏，是爲君父母，以君貴，贈父如其官，母封太孺人云。自良臣而上，俱業農，至贈公始商游天津長蘆，以鹽策起，故君及弟撝使君皆生于長蘆。君少聰慧，治經術，多所解悟。弱冠補國學弟子員，折節交海内明賢，益淬勵于學，駸駸脱穎矣。而贈公經營于外，一切家計待理于君，遂不遑專鉛槧業，乃嘆曰：“羈吾親于賈服，而我俯首章句，以儒冠偷安耶？且丈夫何必一第始足顯親，卜太傅何人哉？”遂援例爲光禄寺監事，需次天津，代贈公持籌，而公稍稍得息肩。乙未，丁贈公憂，柴毁骨立。既免喪，復改授宛平縣縣丞。宛爲輦轂首邑，政務繁劇，君矢心廉慎，莅事精敏，承上馭下咸得當，能聲蔚起，諸司委任之檄則如織。盧溝橋新設煤税，當道以都民日用所需，不欲重征，而束于定額，遴一廉静有幹局者領之，特命君往。君遵條議，不溢取一錢，又嚴禁吏卒横索，額課完而販夫不擾。丙午，充順天鄉試受卷官。故事，縣貳入簾，不預是役，有之，自君始，蓋優之也。畿輔灾于水，飢民嗷嗷待哺，上發金錢、倉粟，煮粥食之，都城内外，立廠數十，分官督給。君以賢能，獨監二廠，戴星出入，躬自巡察，間于儔衆中取一盂親嘗以儆欺，民用獲實惠，所全活甚衆。然以往來勞瘁，啖啜不時，又日對尪羸餓餒之衆，疫氣熏蒸，侵成瘵疾。歷任已三載，主爵者將以陞君判兩淮鹽運，而君不起矣。惜哉！

　　君篤于孝弟，居恒得兩尊人歡。比贈公捐館，事太孺人尤曲意順志，宦丞時迎養京邸。憶余侍從之暇，時相過從，板輿萊彩，融融樂也。與弟友愛，析箸克讓。舊從學于胡賓華先生，終身敬禮，饋遺不廢，至捐重貲貸之，不責其償。先生自叙有《了了志》一帙，内頌君誼不薄。尤好施予，族黨姻戚待以舉火者，不可勝計。至有以橫逆來者，置不與較，其仁厚有度類如此。君生于嘉靖甲子六月初三日，距卒享年四十四歲。配陳氏，封孺人。子男二：衆思，婦王氏；衆謨，婦王氏。女一，適楊繼時。孫男一，孫女一。

夫仕詎必盡華膴？要之有所樹立，上以報效于公家，下以焜耀其親耳。君通籍佐縣乎，而冠佩雍容，得列銀青，奉有恩綸，榮賁親闈以及室家，不可不謂厚遇矣。即未臻壽考，而勞于王事，以身殉國，視世之碌碌竊祿、無所建明者，何啻徑庭哉？矧二子雅負雋質，力學不懈，異日乘時進取，以光君未究之緒，未可量也。余既彙次其實，而系之以銘，銘曰：

胡畀之德，而嗇其年？抑志木竟，而名則全。縮符京邑，聲問翩翩。勤事于國，盡瘁而捐。川原鬱茂，有崇者阡。歸斯寧斯，千祀永堅。

## 明故明威將軍天津左威指揮僉事肖南集君洎配展氏合葬墓志銘

集君諱美器，字斯璉，號肖南，初號彦吾，余之内兄也，蒲南張里人。父京衛經歷贈文林郎南河公，母封太孺人展。上世詳贈公志中。贈公居積瀛海，挈家以俱，君少與燕趙人習處，故激昂慷慨，剩有燕趙風。年成童，贈公命之學，輒棄去，復命之賈，又輒棄去。獨喜躍馬角射，擊筑彈鋏，英氣勃勃逼人。會有詔，得入粟，授天津衛揮使，都金紫，晉武階四品，稱榮貴矣。當倭警時，開府萬公提兵津門，遴選諸材官，得君，大奇異。君更雅以才諝自見，前後督巡徽司屯糧，數膺委任，而偵緝有方，苞苴不染，當路亦數檄獎，駸駸大用。君席豐履腴，倜儻不羈，客場契合，即寶珞名駿不難解脱贈人，坐是產稍稍中落，然善自慰，居恒怡然無繫，品格蓋自超也。

君生于隆慶壬申三月二十六日，卒于萬曆丁巳六月十九日，享年四十六歲。配展氏，壽官惟憲女，賢而早世，生于隆慶辛未十二月四日，卒于萬曆辛丑十二月二十三日，享年三十一歲。生一子，大成，先君卒。一女，尚幼。嗚呼！君外若任俠，衷實坦厚，一劍答恩，竟成齎志。有子慧，不永年，天道果盡可問乎？君從子衆思、衆謨輿君櫬，間關二千里返葬于贈公塋，與兄京兆君并列。芳辱親誼，不忍令君同草木朽，乃蕆其概而志銘之，葬期爲萬曆戊午十一月十五日也。銘曰：

有丈夫兮奮起兵戎，枕金戈兮厭薄雕蟲。迹其致蓋亦自雄，逝水彤兮豪氣長空。淑媛攸同，奠爾元宫，亘塊壤兮無窮。

## 明故儀賓振宇高君墓志銘

吾外王父水亭公有二子，長乾岡公。乾岡公有三子，長爲君，母許氏，以隆慶壬申三月十九日生君。少有敏質，外王父絶憐愛之，令就外傅。已而乾岡公暨許相繼殁，遂罷業服賈于關中。先封公見其器宇茂明，招之天津，俾理鹽策。君勤慎有心計，籌畫曲當，能合先封公意指。至萬曆丙午，復令守支維揚，尋携家與俱。時揚鹽政變亂，諸商往往有觚法以射利者，君惟自守以正，無纖毫詭獲。而相機操縱，卒不失成算，一時儕輩推服。居數年，以疾卒于揚，是爲萬曆癸丑十二月初一日也，得年四十二歲。甲寅春，柩返里，權厝至今。歲天啓癸亥，孟盟橋新阡成，從弟益宇督君子樹才卜十一月二十六日甓壙安葬焉。

君性沉毅，遇事有持斷，即家庭燕閑，無媟褻態。好批閱縉紳牘籍，凡仕宦歷履，人有不知者，問君即能道其詳。余嘗戲謂君躬未膺一命，胸中具有千官矣。據其儀容魁偉，舉止凝重，是當享遐齡者，乃僅逾四旬輒爾厭世，長駕絀于短彎，惜哉！

君諱惟堯，字則之，振宇其別號云。娶朱氏，襄垣府鎮國中尉乾岡公女。子一，樹才，娶魏氏，繼薛氏。女三，一適李緒芳，先君卒；一適張國俊，一適朱鼐□。銘曰：

骯髒而志耶，市廛而寄耶，燕秦廣陵而經歷地耶。年不副德，中道而蹶者，偶然之值耶？允緒綿延，錫羨無窮者，善慶之庇耶？

## 明登仕佐郎晉府教授鯨池孟公暨配孺人常氏
## 薛氏薛氏合葬墓志銘

從伯父鯨池公以萬曆甲寅二月六日卒，子伯芳、仲芳卜次年正月二十九日葬于伯祖中憲公塋右次，厥配三孺人袝焉。先期自爲狀，屬芳志其墓中。芳自惟少賤，何能爲役？已復念族黨中雁行家大人者以十數，至與大人意氣投合、交與厚善者，則莫如公。戊申，芳奉使，事竣還，淹留子舍數載。時公與大人同社會，小子每侍宴飲，飫領提撕。癸丑，奉詔北上，公餞于郊關，杖履無恙也，不謂別未幾，乃不起。比芳以留都之役便道抵里，則公蓋棺兩閱月矣。緬想音徽，不勝怛悼，即謭劣不斐，其何能已于言？

公諱杜，字漸之，鯨池其別號也。吾孟氏先世介休縣人，譜載始祖諱文玉，官元萬戶侯。一傳諱思義，元末避兵姑射山下，爲臨汾縣人。再傳諱浩，永樂間又遷蒲，隸籍守禦所。浩生琳，登景泰庚午鄉薦，累官淮安府同知，進階朝列大夫，是爲公之曾祖。祖鏸，封奉政大夫，直隸真定府同知。父南泉公汝浚，登嘉靖乙酉鄉薦，累官中憲大夫、陝西鳳翔府知府。母史氏，封宜人。同胞子七人，公行五，嘉靖丙申三月七日生于安肅縣宦邸，有異徵。後隨中憲公任之真定、長蘆、鳳翔，所至皆延名師授以麟經。公幼警敏沉静，不好弄，弱冠即通經義奧旨。中憲公喜，以爲必能亢宗。辛卯，補郡弟子員，益復探策下帷，肆力于學，試輒居高等。乙卯秋闈，取中本房第一，偶以主司意見不合，置之乙榜。先後臺使者闢館選造，公必與焉。郡中一時負人倫鑒，如楊襄毅公、王中丞公皆敦請爲弟子師友，聲華藉甚，視一第不啻囊中物。乃九躓場屋，壬午始以明經選貢大廷。乙酉謁選，授直隸大名府長垣縣訓導，規嚴教立，色正芒寒。時開守爲公婿張任宇君，寮佐史胥争結納公，冀爲先容，公悉拒之。邑有伯仲以承桃〔一〕事構訟，累年未決，屬開守當奏成，介醫士夜持五百緡請間，公引“四知”麾之去。其取予不苟如此。寒氈七載，當道旌書無慮數十。辛卯，轉保定府束鹿縣諭。鹿俗醇，士謹飭向學，然以無所師授，人文未振。公至，多方啓迪，白于令，創青雲館，拔其秀異者朝夕督課，不難分俸以資饌，士風丕變，登解額數，幾與他望邑埒。居三載，獎檄七至，不次之擢在旦暮矣。偶有校胥假當道寵靈索諸博士賄，能滿百金，即列薦剡，一時嚮應如市，公獨謝絶，乃爲其所怏怏，中以蜚語，署末考。甲午，轉晉藩教授，決意引歸，已而知王賢，乃之任。王虚講席以待，令世子執經就學，相得甚歡。歷九載，值册立覃恩，王嘉公積勞，欲爲奏請進階。公力辭，語家人曰：“吾以拙宦故至此，今崦嵫暮景，何以虚銜爲乎？”因乞假歸，隨具牒兩臺致仕。王累徵，不就，則遣使賫扁額、金幣致于家，問饋至久不替。既歿，嗣王自爲文以奠，品儀有加，爲從來藩寮居里者所僅見，此非德望素傾于王，何以得兹？

家居十年，不履公府，日閉門課二子誦讀，以經史自娛。與二三舊知結耆英社，奕棋浮白，意興所到，則短句長篇，迭相賡和而已。他如時政得失、人物臧否，絶口不談。郡守高其誼，請爲鄉飲正賓，士論宜之。體豐厚，性簡重，宅心恬淡，而孝友出于至性。乙卯地震，母、兄、弟、妻罹变，公哀毁倉皇中，經營衾殯，悉盡禮。葺院宇堂寢，奉祖若父寧居。中憲公卒，橐囊内蕭甚，數歲不克葬。公日夜憂思，毀内飾，破恒産，以庀窀穸，至涉關河數百里外覓美材木，不以窘故儉葬禮。始食餼，則中憲公已不禄矣，歸而持其廩金跪獻靈筵前，欷歔不勝。後司訓公每俸入或官府有供億，則又未嘗不泫然泣下，蓋痛中憲公、史宜人不及見也。四時祀先，必躬必潔。昆弟同處，終身怡怡。仲叔汝洋早世，侍養叔妣郭，至没齒不怠。兄女殁，則具棺捐地以葬。適翟女殁，有遺女，撫育之如己孫。其篤于倫常，大率如此。博極群書，尤喜閲《左氏傳》，手自訂隲。所著有《鯨池文稿》《破鬱草》《閲古綴録》，藏于家。享年七十有九。

元配常氏，監生鯤女，生嘉靖己亥正月十六日，卒嘉靖乙卯十二月十三日，享年‧十七歲。繼配薛氏，太醫院吏目朝相女，生嘉靖乙巳六月二十四日，卒萬曆癸酉三月十五日，享年二十九歲。又繼薛氏，義官朝柱女，生嘉靖辛酉五月七日，卒萬曆乙未七月二十一日，享年三十五歲。又繼李氏。常孺人生一女，早殤。前薛孺人生一子陳力，早殤；一女，適河南按察司副使張三聘，即前開守任宇君。後薛孺人生二子，伯芳，州學生，婦張氏；仲芳，州學生，婦段氏。女二，一適把總官翟于張，一適儒士張有潤。孫男二：見梁、見齊。

小子芳猶記辛卯春自天津赴里試也，道出大名，謁公于長垣學署。適鄉紳郜仰遽公造訪，與公執手道故劇談。垣人喧異，以爲郜公考槃養重，不輕接見賓客，至與孟先生則屏章服騶從，爲布衣交，惟賢哲能相契耳。夫郜公固前視雠河東，識公于諸生者也，則公之德誼、學行取重當世，亦可概見。惜也位不配德，學未竟施，僅僅化及膠庠，教行藩國，則豈非造物者之有所靳乎？聞公癸酉挾策晉陽，王夢公姓名，詰旦密令人物色之于寓邸，不二十年而果曳裾且知遇，則信乎前定之數自有不可逃者，亦不可不謂得天之厚。矧二子負冲霄翼，飛鳴會在咫尺，孫枝奕葉，森其玉立，于公之駟馬，王氏之三槐，駸駸未有艾也。是宜銘，銘曰：

服官也，而何必貴顯，大猷是闡；立身也，而何必詭奇，樹德務滋。鐸聲所振，天雄上谷。絳帳高懸，菁莪馥郁。仁心爲質，其道乃豐。尸祝不殊，畏壘而望者，以爲天際之鴻。鬱鬱高原靈羃厚，墳如堲如，千秋爛其不朽！

## 故茂才岱華劉君墓志銘

岱華劉君者，吾師大方伯靜臺公冢嗣也。往萬曆癸巳、甲午，吾師司天津庚政，不佞芳執文字受業焉，與君共研席者幾一載，肝胆相照，勛業各期，意歡然得也。後不佞以師之誨叨冒登第，而君屢試不售，高才淹蹇，故人方用扼腕，乃癸卯秋試後而君之訃至矣。嗚呼痛哉！今年秋，吾師自上谷歸，始克經理其窀穸之事，使來，以墓中之石屬余志之。夫豐標在望，舉目有幽明之異，余曷忍操筆？然而闡休紀美，生死交情，則又安能辭？矧以師命臨也。

按狀，君諱國楷，字完卿，岱華其別號也。生而警敏，五六歲時，值母汪夫人恙，旰夕籲天，祈以身代。母病愈，則三年不肉食。幼而知孝，人咸異之。讀書過目輒誦，自六經子史，旁涉百家，腹便便成笥，宿儒不能傲以所不知矣。下筆屬文，千言立就，沉雄鬱勃，類其爲人。十五補郡弟子員，聲名藉甚，先後督學使者若吳公、李公、周公皆負人倫鑒，得君大喜，拔置冠多士，稱爲千里神駒，非僅僅一第已也。仰慕古人，下帷不窺園，日置程一于壁間，旦若何，暮若何，所不如程以他務奪者，則直書之以自警。虛懷下人，凡吾師宦轍所至，汝南、天津、塞上，必從之游，所在延訪名輩，傾身結締爲文字交，折節砥礪，一時豪俊士無不願佐下風者。性復端嚴，人不敢干以私。在雁代時，諸武弁有以名馬獻者，君正色斥之不顧，弁愧退。晉一巨商犯三尺，挾千金暮夜求君居間，君怫然曰："是既以身扞文綱，又欲以賄污人耶？"卒白之當事者，如法問遣。維時大中丞見泉魏公雅以風裁撫三晉，聞而嘆服，謂劉公有子，即今山右尚傳誦未諼也。尤喜施予，歲己亥大侵，斗米千錢，鄰族至有罷火者。君悉括廩中藏，出以食衆，自期功諸親以暨里巷孤貧，賚予有差，所全活不可勝記。一日行田間，一佃夫被酒，肆言侵侮，觀者盡爲不平，君無幾微動色，第令蒼頭逐之。其人既醒，惶懼欲死，君曰："吾豈罪一無知者耶？"戒諭之使去，其雅度容物如此。至馭僕從，則必極其嚴肅，不令逾簡[一二]，恣行睚眦于里中。凡里之人無小大，必與之均禮。有不善，不憚諄諄勸勉，比閭感化，居然有陳太邱之風焉。雖爲貴公子，世味一無所沾滯，泳涯餘暇，即吐爲聲歌，不事繩削，翩翩有陶韋之致。歲時佳節，偕二三同儕布侯戲射，而君矢無虛發，貼梅穿葉，有餘巧焉。其豪爽之氣見于控弦者如是。其他聲色靡麗，非其好矣。居恒無一念不在於學，自弱冠入省闈，嗣每科必以高等與試，雖遇合非偶，而壯志益堅。至癸卯，稍以積勞成病，臨場嘔血數升，猶扶病強入，竟以是冬十二月初一日告終，惜哉！

　　嘗觀世之夭者，或恃才輕佻，華貌而淺衷，內行弗敦，而刻薄喜傾，此皆非壽徵，乃君無一焉。鵬翼未展，箕尾遂乘，畹蘭萎于早霜，而長駕促于短轡，此志士所爲撫膺而嘆也。君鮮昆弟，而視諸從父昆弟恩義兼至，不異同胞。遭伯母谷孺人喪，曰："此家大人之邱嫂也，有母道焉。"擗踊哀毀，含殮曲盡其禮，孝友蓋本之天性者。憶把臂津門時，君謂余曰："予生平無寸長，惟于色欲之際，自制頗嚴，即女使幼婢，未嘗妄意褻狎之。"嗟乎！隱微不欺，衾影無愧，此君之心事所爲磊磊落落，超出尋常者乎！其愨而辨，樸而裁，恂恂而有特操，可謂質行君子也。令天假之年，得竟其志業，焉可限量哉？歿之日，距其生隆慶庚午八月二十八日，享年三十有四。生子一，名觀光，聘孝廉何應瑞女，直指乾室公孫婿也。女一，許聘同郡文學王璽子垂拱。以某年月日葬于某處祖塋之次。余既序其事，而系之銘，銘曰：

有美鳳毛，賁文煥采。苞羽翩翩，昂霄伊始。遽鎩其翮，弗騰且騫。材孰篤之？算孰阨之？莫詰者天，汝有令德。芳馨未艾，是曰大年。龜蒙之墟，周原葱鬱。孔吉新阡，歸斯寧斯。史銘其石，奕世永堅。

## 三弟國彥墓志銘

嗚呼傷哉！是惟余三弟國彥之墓。素有滑精病，元氣虧損，容色不澤，余心憂之。今年七月，接得大人書，言弟病痢弱甚。越念日，復有書，言其駸駸愈，余始而慮，又念虛弱自其夙痾，痢良已，徐以藥物調治之也，當無恙。詎意竟不起，以九月二十五日捐館。嗚呼惜哉！惟吾母贈孺人舉兒五、女二，皆自乳。自己亥冬先孺人棄養，閔焉失恃，所幸大人荷天之祐，康彊精健，主持家秉，諸兄弟各勉自樹立，以奉嚴訓，慶未艾也。昊天降割，弟不少延，溘先朝露，豈其仁孝素篤，從母於地下耶？嗚呼哀哉！孝奉大人之命，卜某月某日祔葬于先孺人塋兆之次，而余爲扐淚志而銘之。

弟諱齊芳，字國彥，別號晉素，大人以丙子四月携先孺人暨余暨二弟自蒲寓于天津，即以是年十月二十日生弟于天津之客舍。幼穎敏，骨格清，言笑瞻視，向與凡兒異，人無不憐愛之者。甫周歲，有女媼方患惡瘡，戲弟于懷抱。先孺人以其意出親愛，不欲直拒之，乃遂侵染，毒傳于體，綿纏歷一載始平。人謂幼之罹灾疾，長當寡疾，由今觀之，殊大謬不然。六歲從外傅，受章句，即能領略大義。十五習舉子業。大人教余兄弟，意甚諄，至不憚隆禮厚幣延名輩爲師友。弟亦隨余發憤下帷，不遺餘力。二十補博士弟子，維時已有漏精之症矣。每州府小試，大人與余懼其不任勞，止勿往。弟曰："士之學猶農夫之耕也，既以鉛槧爲業，而不一試之有司，其與荷末耜而不力田者何異？亦奚以望有秋？無爲父兄羞乎！"其志之卓毅如此。行文疏越清爽，不費苦索，可援筆立就。鹽臺曾公觀風於蒲，遴士之夙有挾負者作育之，郡不數人，弟褎然居優選，曾公數對余稱其藝如寒潭秋月也。善楷書，見叔父于時公筆迹，亟珍藏摹寫。余爲諸生時，所錄次左氏、司馬暨諸古文詞成帙，多出其手。天性孝友，即小有失，值大人呵譴，絕無幾微見顏色。尤善承順親志，凡大人有所欲爲，輒先意愻恝之也。當先孺人見背，家務紛錯，二妹于歸，一切妝奩，大半屬其經紀，庀材用程工匠，小大盈縮，犁然有緒，雖其才可應劇，亦友于之愛自不能辭其勞瘁耳。甲辰春，余以覃恩迎大人之京邸拜受封綸，時二弟在津，四弟從侍，家之食指甚夥，經費頗鉅，應酬儀節，日不絕往來，所爲總理區畫，俾大人無内顧憂，則弟與五弟在焉，而弟之力居多。和易近人，外不立崖岸，中不藏機械，毋論吾兄弟無間言，即族黨姻戚，下至僕隸，無不樂就之者。居恒罕睹其嗔怒容與聞其嗃嗃聲，雖有加之以橫逆者，亦笑而置之不與較。其襟度夷曠，對答命酌，觥籌交錯，不辭飲，亦不至沉酣而愆于儀。憶丁酉自天津就試于蒲，大人俾余率之往。余懼其業荒于遥途也，日于馬上授一題，令屬文，晚復篝燈伊吾，剖析其疑，至夜分始寐，有時衝杯劇論，上下千古，意甚適也。即曩承先孺人之制，總總喪事，非弟莫與商確；煢煢苦心，非弟莫爲慰釋；余固倚弟如左右臂。年來燕晉各天，言笑不共，方欲圖歸，一續天倫樂事，而今不可得矣，悲哉！以弟之才，何難一第？以弟之志，直翔九萬。以弟之孝弟仁恕，義聞勤宣，慮無不臻遐算，乃阨于疾，不竟其才，限于力，莫遂其志。仁不必壽，善不獲福，此余所爲摧衷裂膽而不能已于痛者也。卒之日，距其生享年三十一歲。娶田氏，指揮應粒公女，與弟一德，以淑慎稱。生男三，皆早殤。大人命二弟濟美之第二子綏祚繼其後，爲之子。女一。銘曰：

　　孰豐汝德，而從之賢？孰靳汝福，而奪其年？不齊者化，莫詰者天。高原膴膴，爲母新阡。歸斯寧斯，奕世用堅。

## 明故州庠增廣生五弟性醇暨配展氏墓志銘

　　先府君以丙辰九月見背，余兄弟皇皇焉，悲風泣雨，啓處靡寧。惟是窀穸之事，夙夜拮據，庶幾就緒矣。不意昊天降割，家難相仍，五弟乃復不禄，終天之恨，繼之以在原之戚，痛何可言！卜弟卒之年十二月十八日，從府君葬于保泉里之新阡。其元配展氏殁且十年，至是與弟合祔焉，禮也。念弟篤學好修，賫志以殁，胡忍令其泯泯無聞？是用撮其生平大略，志而銘之。

　　弟諱世芳，字永昌，別號性醇。吾孟氏自介休、臨汾遷蒲，五世而爲先封公府君。府君八子，爲先母贈孺人出者五，弟其五也。母以萬曆壬午八月初一日生弟于天津衛，生而穎慧，稍長，就外傅，竟日端坐伊吾，不爲兒戲。年十四五，即能精通制舉義，時余已與計偕，從天津兵使張逢原先生游。先生見弟，奇之，曰："第五之名何必減于驃騎哉？"延之衙署，與其子同研席。弟一再往，叩謝却曰："數出入公門，懼人以我爲競躁，安在蓬茅非隸[一三]業地乎？"先生聞，益奇之。己亥，丁先母憂，歸里。壬寅，補學宫[一四]弟子員，每試輒傾其曹耦。自癸卯歷乙卯，凡五上省闈，皆報罷。壬子之試，督學吳公拔置高等，當食餼，需次逾年，止補增廣生，亦數也。然弟不以數自委，下帷攻苦益力，焚膏呻吟，至漏午以爲常。折節與朋輩論文，屬余評隲，衆或有短篇牘者，弟獨精完，其刻勵如此。

天性孝友，事先考妣，承顏順志，處余兄弟兩妹，恭敬遜順，融融如也。執先妣喪時未弱冠，哀毀骨立，無違禮。三弟疾，展轉牀褥者數月，弟親爲調藥餌，進匕箸，扶持臥起，終始無倦。或有言僕輩頗多，奚自苦如是？則曰：“同氣之誼，苦樂共之，吾恨不能代兄耳，豈辭勞哉？”聞者感嘆。中懷磊落，有遠大之志。與人交，不爲脂韋婩阿意，有所不可，即軒眉疾目，叱咤咄嗟，罔所避忌，故人亦憚其剛直。至戚里中緩急，則不吝傾橐赴之。婦翁展東園公家故素封，老病尪羸，箕裘失紹，捐館後群不逞欺侮踵至，弟極力扞禦，任怨任勞，展業賴不至盡隳。再娶于范，其家之陵替，見侮于人，亦復如是，而弟之所以保護者更力，屢攖虎口，不免來眈眈之視，而不知弟固篤于親，激于義，利害毀譽不暇恤也。稟賦素清弱，然神王不善病。自遭先君大故，余兄弟驚惶號泣，死而復蘇者至再，以兼綜理喪務，饘粥不時，茹痛銜恤，柴骨爍心，而弟遂不能支矣。客冬，偕余寢處先君殯側，聞弟嗽聲有至中宵不輟者，心甚憂之，亟延醫調治，乃二豎已入膏肓，日削月劃，逾春至夏，病乃增劇不起。易簀時，猶惓惓以父喪未竣事爲憾，所謂以身殉孝者，非耶？

悲哉！吾觀世之不永年者，或才而佻，華貌而淺衷，內行弗敦，而忮薄喜傾，此皆非壽徵，而弟無一焉。其心事潔白，可揭日月，其履行端方，不欺暗室，左右臧獲，雖遇之有恩，而詞色卒無所假，古稱不登孌童之牀、不入季女之室者，庶幾有焉。弟聲如洪鐘，每一呼，響徹重屏，先君嘗曰：“兒聲音酷肖外祖，他日壽考應亦如之。”外祖，水亭高公也，語宏亮，壽八十餘。嗚呼！斯言乃不果驗。昔有聞啼聲而卜貴顯者，彼何人哉？悠悠穹蒼，寧可問耶？

弟卒于萬曆戊午閏四月二十日，距其生享年三十七歲。元配展氏，即東園公女，端朴沉静，能以勤儉持其家，生于萬曆丁亥十一月二十一日，卒于萬曆戊申六月十一日，享年二十二歲。生二女，長適何卓然，上舍美嶼公子；次字楊湛然，舉人署涇陽縣論〔一五〕礦所公子。繼娶范氏，上舍心宇公女，有婦德，稱未亡人。生一子，縝祚，甫二歲，未竟之業，是在孺子成之矣。銘曰：

於乎！其才也，而弗耀于躬；其孝也，而從考以終。道以虧爲盈，際以嗇爲豐。若斧者封，双璧龍裭。福祚馮隆，其長發于阿戎。

## 明累封一品夫人王母史氏墓志銘

吾蒲閥閱名胄，必首稱王氏。少保襄毅公而下，累葉重光，簪紱濟美，即内德徽懿，古彤管中所載婦儀姆訓，亦有不恒覯者，若冏卿兼侍御平溪公配史夫人，其一也。天啓壬戌，夫人壽登八袤〔一六〕，仲君司農舉介壽之觴，芳不敏，謬綴卮言，充里繪紳酹爵贊慶。越六年，而夫人棄梧楮矣。終始榮哀，已無遺憾，而仲君猶不勝風木之悲，卜崇貞〔一七〕四年三月初十日啓冏卿公姚溫里新阡兆域合葬，先期摘狀，屬芳志其幽宫之石。芳叨世誼，安敢辭？

狀按〔一八〕，夫人史姓，世居蒲越城厢。祖首山公魯，登正德戊辰進士，仕刑科給事中，里所號“黄門史氏”云。魯季子資化，賢而厄於制科，以明經仕河南葉縣庠教諭，娶贈憲使李公女兄，實生夫人。生而敏慧，多異徵，父母以庚申質諸星命，咸言當大貴，因鄭重許字。年十六，少保襄毅公爲冏卿公擇配，遂委禽焉。執槃棗後，即隨襄毅公歷京邸、塞垣諸宦所，恪共婦職，罔愆於度。姑張太夫人御家嚴，夫人曲意承順，嘗得其歡心，處姑姒間溫恭退讓，逡逡如也。居常操作不少怠，夜則籌燈績紙，佐仝卿公誦讀，仡仡無休。仝卿公成進士，爲起部郎，榷關武林，以才望轉銓部，尋中蜚語，謫判許州。衆憤惋不平，夫人獨怡然以世道嶮巇、升沉定數婉慰，公爲解頤，服其明達之識。已公由謫籍陟樞曹職方，日佐大司馬運籌，鞅掌機務，不遑內顧。夫人坐邸中，敕簡僮僕，嚴固扃鐍，俾公一意官常。或公暮歸，延款賓客，所需樽罍肴核，無不咄嗟立辦者。仝卿公負經濟偉略，爲時倚重，如倉卒定变於兩浙，嚴肅總戎於畿輔，其勛猷幾媲美襄毅公，要以燕婉進規，多內助之力。而公當盛年，譽望方隆，亟解綬歸，實念太夫人景迫崦嵫，欲伸一日養。夫人善承其意，所以進瀡瀡而維持之尤謹，病則躬侍湯藥，抑搔浣滌，廢餐眠者幾累月。先後相仝卿公執兩尊人喪，戚易并至，祼獻冥什，必手自調製。或言婢役頗不乏人，何自苦如是？夫人曰：「蘋蘩組紃，中饋分誼，況親喪固所自盡，詎憚勞哉？」至於輀車就道，衰杖步送隧次，尤閨閣貴人所難能。仝卿公晚節靜攝，不履庭院。夫人戒左右，毋劇言、毋疾步，飲啜別庖時進，一切關白俱毋得溷乃翁。與娣裴淑人偕事太夫人，相得甚歡，白首無間言。裴淑人無禄，夫人痛悼有加。父教諭公寢疾，頻遺甘脆，延醫饋藥，歿而含襚、椢𣗳，悉身任之。兄弟姊妹疾葬亦然。脂盎及於女甥，其篤厚彝倫、惠洽周親類如此。至自奉則甚儉，素衣必再澣，食無兼豆。育哺二子，不假阿保。精女紅，間親鹽纊。屢娶子婦，遣嫁三孫，拮據備瘁，月旦引爲師程。或有誠惰媳者，則曰：「爾何如王夫人？」端嚴秉禮，御臧獲有恩，老蒼頭叩謁階下，猶垂簾蔽面訓誨。嗣人文武各能其官，長君執金吾渥沐神廟寵眷，夫人惴惴畏途，後上書迄〔一九〕休，既得請，承歡膝下，喜可知已。乃聚娛未幾，先仝卿公溘逝，夫人隨時感觸，恒怏怏懷

抱。仲君情切愛日，百順以奉板輿。戊辰元夕，張燈侑觴。夫人
不懌，尋以痰暈夙疾醫藥罔效，及於大故。是爲崇禎元年戊辰二
月七日辰時，距其生嘉靖二十二年癸卯七月六日卯時，壽八十六
歲。先以冏卿公貴，封安人，晉宜人，後以大金吾長君貴，封恭
人，晉淑人，累晉一品夫人，八拜綸章，被服蟒玉，極人世尊
榮。而夫人益自挹損，好行其德，見人顛連，不啻痌瘝在身，里
黨以菩薩稱之。嘗謂救苦救難只在方寸間，心存天理，隨處皆凈
土也。嗚呼！此等見解直當於先哲語録中求之，豈笄黛之流所能
測哉？

　　子二，長之楨，特進光禄大夫、柱國、太子少保、左軍都督
府左都督、掌錦衣衛事，娶劉，繼許，又繼辛，贈封皆一品夫
人；仲之幹，奉直大夫、户部廣東清吏司員外郎，娶楊氏，繼
韓，又繼郭，贈封皆孺人。孫男烜州，庠生，應襲錦衣衛百户，
娶韓。孫女，一適州庠生洪清，一適上林苑監監丞張册，一適儒
士楊芸芳。冏卿公諱謙，字子牧，宦迹行履具余所爲墓表中。

　　嗟乎！古彤史所稱女德詳矣。舉案，操井臼，挽鹿車，躬自
行汲，婦順章矣，未聞其爲母也；夜分熊丸勸讀，子居官，遺鮓
却弗受，母儀著矣，未聞其爲婦也；大家之訓被於六宫，其身顯
矣，未聞其以耄以耋壽也；泰媄之教流於三世，其年高矣，未聞
其以夫以子貴也。得全全昌如夫人者，古今安可多得？蓋天實鍾
之以襄瑰瑋魁碩之業，則三槐茂蔭，其資於梱範之所默培者，亦
宏遠矣。銘曰：

　　滑滑媦汭環首陽，虞嬪釐降永流芳。倬彼黄門世澤長，閨閤
毓秀齊之姜。巧挹天孫雲錦章，冰心蕙度愍筥筐。鉅公妙英坦東
床，乘龍戈雁儷珩璜。潔配聚順悦高堂，素絲絍緎翊官常。榖詒
二惠奮帝閽，親軍司隸度支郎。鸞書屢錫制焂煌，袞袍文縠珈玉
光。履順凝禧樂未央，弢暉含笑栖安藏。豐原松檟護若坊，銘幽

勒石閭史將。德音秩秩煜不忘，綿颺振趾發嘉祥。

## 明册封晉西河康懿王妃王太妃墓志銘

王太妃者，西河康懿王之配也。康懿王即世，今王元燦公即位，故得稱太妃云。太妃後康懿王二十四歲，爲萬曆庚戌，以疾薨。今王卜是年某月某日啓王壙合祔，先期持略陽令楊君所爲狀來請銘。

按狀，太妃襄陵人，姓王氏。父騰，庠生，以太妃貴，封東城兵馬司副指揮，母梁氏，封孺人。王世爲襄邑望族，庭植三槐，太妃在姙，群雀翩翩巢其上，喧呼鳴噪者旦旦而然。生之夕，邑達者夢五彩祥雲擁玉女下碧空，入三槐庭，是誕太妃。生而沉静，寡言笑，不從群女嬉游。有善姑布子卿術者相之，謂當受兩國封。家人于其寐，每見錦綉覆體，皆貴徵也。稍長，精女紅，纂紃紝刺，不習而解，多所妙悟，出人意表。兵馬君鍾愛之，授以“四子”、《孝經》并《列孝傳》諸書，輒能曉其義，則又奇之，曰：“吾女女也，不者當大吾門。”偃蹇其配久之。康懿王奉命選婚，慎簡女士之有令德者，難其人，筮易，得坤卦“利西南”語，而王姒楊太妃亦家襄邑，稔知太妃徽範嘉祥，遂定婚。儀曹疏上，世宗肅皇帝命重臣持節捧册，晉錫妃位。廟見後，理中饋，調幾務，梱内外肅如也。事楊太妃承顔順旨，一菹一羹，躬庀而獻之。楊太妃忽遭痰疾，康懿王延醫露禱，太妃不解髻而左右者閱月，親侍湯藥，扶起坐，抑搔其疴癢，拊摩備至，孝感神明。一夕，楊太妃夢仙姬撫視，諄諄念佳兒佳婦，遂愈。隆慶壬申，楊太妃棄世，太妃暨王哭泣之哀，喪葬以禮，遠邇傳誦，康懿王遂以純孝著聞。萬曆改元，特恩旌表，仍賜勉學書院，皆内助之力。而是時今王元燦公亦既總角婉孌，封爲王長子矣，太妃所以佐王教諭者愈力，新書院，構名家法帖、盛唐詩集，朝夕展玩，所延師務得名輩，盛飭供饋之具，俾尊賢慎交以瘁勵于學。而後即安居，恒與王相敬如賓，無渝無怠。

丁亥，康懿王薨，太妃哀毀幾滅性，已而曰：「吾爲新逝王死也者，則死之；爲幼冲王生也者，則生之；九京人所望于未亡人者，責方鉅爾。」乃贊襄今王，以庚寅歲册立王，益勉于德，親賢樂善，爲直指使者所重，具實上奏。今皇帝下璽書褒嘉，綸章輝映，而母儀愈彰矣。性不侈〔二〇〕華侈，衣薄浣，飯蔬食以爲常，至奉賓承祭必致極洗腆，蓋人人美《葛覃》、頌《采蘩》矣。至恩媵妾，則如《樛木》；撫諸子媳，嫡庶均平，則如《鳲鳩》；訓孫子仁厚，則如《麟趾》。年近古稀而神名康健，望之不啻姑射仙人。至今歲七月五日以微恙忽不起，距其生嘉靖壬寅十一月二十三日，享年六十有九。生子云云，蓋《詩》比《螽斯》，謂后妃不妒忌而子孫衆多。今觀太妃貽休凝祉，子姓蕃衍，至曾、元孫皆身親見之，振振未有艾也。猗與盛哉！貫魚之賢，視周后妃何少讓焉？其配德康懿王以光啓哲嗣，有以也。余既據狀掇拾其事行，仍爲之銘。銘曰：

於鑠康懿泂人龍，矯矯漢表駕長空。何以儷德正王宮，含章淑慎《關雎》風。顯承册命賁削桐，樂土燕冬京室融。樛藟垂蔭振詵螽，子舍孫枝帶礪同。壽母昭頌怡椒櫳，綵華結綬顏如童。九疑接引峽雲幢，恩光璀璨榮哀終。岡陵鬱嶬鬗鳳隆，双璧永瘞斯無窮。

## 明累封一品夫人王母辛氏墓志銘

辛夫人者，宮保、大司隸泰宇王公之繼配也。以崇禎庚午十二月十二日捐珩珮，厥嗣茂才將舉窀穸，手狀夫人行實以視不佞，泣請曰：「往先君子之棄世也，允嗣未立，母不以烜爲不肖，撫育于膝下，且顧復周至，爲之授室，爲之擇傅，日久督誨，俾得策名黌序，即屬毛離裏，何以逾兹今也。不幸至于大故，自惟讓劣，不能有所顯揚，而母生平懿行，允協《内則》，徽惠如椽之筆，采而志之，銘于貞石，母死且不朽，不肖感德，亦死且不朽。”余察其瞿瞿皇皇，有罔極之思焉，致足哀也，安忍辭？

狀：辛，蒲孝義坊巨族。夫人父諱梯，保定府學訓，母史氏，生六女，獨夫人少而慧，父母憐愛之，問名者迭至，率弗輕諾。會宫保公失許夫人，太僕公爲慎擇偶，聞夫人有淑質，乃通塞修而委禽焉。暗公方侍禁衛，弗遑就婚，其具六禮而迎之入門者，則史夫人爲政。祖姑張太夫人巍然靈光在堂也，一見夫人容止婉娩可儀，喜謂史夫人曰：“辛氏女甫及笄耳，安所得姆訓而閑雅若是？孫得婦矣！”踰年，史夫人携之如京，始成合巹禮。試以壺政，米鹽庋閣，纂組烹飪，靡不井井有緒，諸臧獲蕭奉，指麾無觖望。史夫人微語公：“兒有佳婦，庶幾其無虞于中饋，爲治裝，吾將西旋也。”膏車之際，情戀戀如別母。自是歲時節序製衣履、裹甘脆，對使手捧恭發以爲常。居三載，膺從爵之恩，封夫人，尋晉封一品夫人，袞玉輝煌，綦貴倨矣。而澹素自如，不改其常度，恒念一介荆布邀君之寵，寧惟是炫美市驕已耳？宜厚自匙勉，克相夫君，宣力公家，斯不爲綸命羞耳。

公以忠勤荷上眷任，或有非時宣召及大獄屬公鞫訊，公夙夜直廬，不暇内顧。夫人坐邸中，嚴視扃鐍，簡敕僮僕，以時供饌飲無缺，竣于事而後即安。聞有所繫逮，必從容進曰：“君憑上威靈，以戢奸爲職；然人命至重，天道好生，惟欽惟恤，寧失不經，是所有造于邦家也哉！”公讞獄明允，有持平聲，殆嘿用其言云。顧公握篆日久，每事任真，不避勞怨，以是多來忌嫉，寅僚中遂有媒蘗而陰螫之者。公身履跪軌，更二尊人壽稀齡，晨昏疏曠，乞養乞休，引咎自效。疏數十上，俱不允，日悒鬱不弖。夫人曰：“孤忠信主，人言何足慮乎？曾不聞忠孝無兩全之説耶？

君誠思所生，如國恩何？勉旃王事，吾歸，以婦代子可也。第君年逾商瞿，熊祥未兆，寧不爲宗祧計哉？”于是爲公納媵侍，三五之東、葛藟之纍嗢嗢爾室矣。抵里，僂身饘煬，竭孝養于庭闈。太僕公季年善病，闢除別墅，扃户靜攝，夫人尤小心聚順伺所欲而敬進之，歷十年如一日。迨公予告返其初服，夫人共優游子舍，人方之鹿門高風。越六年，公忽遘疾卒。夫人悲慟，矢以身殉公。已思雙白崦嵫，死何以慰逝者，强起治喪，奉太僕公、史夫人命，立子烜以爲之後而慈愛有加。未終禫，叠罹太僕公喪，執主婦禮，殫財力佐介弟營辨，即起公自致，當不越此也。新阡次第告成事，始倚依媚姑，承歡拜慶。無何，史夫人以耄耋考終，夫人所以庀綜祭葬者，必誠必信，一如太僕公，顧歸窆有期，而夫人疾作不能待矣，屬纊時，猶惓惓以是抱恨云。

夫人生有貴徵，自幼端靜，不妄言笑，孝慈勤儉于天性也。爲父司訓公暨母史治具送終，悉從豐厚。遺孫鬻祖居，則購近郭舍，建祠設主以歆冥魂。并族子某亦量給資斧，毋俾失所。其他姻族孤嫠、貧窶不能自存者，各稱其緩急周恤之。乃自奉則衣無華綺，食無兼味，稱未亡人後，惟祭掃肅謁隴次，他園亭宴游，未嘗或預。所經紀婚喪大事，悉心畫手劑，豐約中程，可以爲人楷式，内外姻黨，咸以女宗稱之。生于萬曆壬午十一月一日子時，距其卒，得年四十九歲。子一，即烜，州學生，文藻翩翩，昂霄聳壑之器也。娶相國韓公女。合葬在某年月日，王公名系、家世，俱詳韓公所撰公志中。

嗚呼！婦德難全，而世家鼎貴，其閫職尤不易盡。夫人以婉變季女一旦一作嬪于鴻儔，一德相承，宜其家室，至微言以贊官常，小星以廣允路，立孤以繼大宗，此其卓識遠慮，更出尋常閨黛之外，即圖史所載何多遜焉！王氏閫範如張太夫人、史夫人者，洵天鍾女士表代淑媛，若夫人者，可以嗣美無愧矣。銘曰：

烏衣門巷蔚千尋，青箱駿譽重球琳。束髮登朝典禁林，鉤陳
環衛帝腹心。結褵好合鼓瑟琴，珩璜比度式南金。桃夭灼灼樛木
陰，藻蘋筐筥同肅欽。命階申錫寵渥深，承顔鞠臈薄華簪。立孤
保世丈夫襟，三春暉靄慈母針。百齡强半喚仙岑，哀啼終夜悲不
任。劚石徵銘闡徽音，重原高冢柏森森。吁嗟乎！千秋考信無
銷沉。

## 明敕封安人朱母謝氏墓志銘

安人爲陝州守朱公文津之配，鄜州守朱君慎吾之母。慎吾前
倅鄆郡，考三載績，上推恩所生，得晉今號云。安人以萬曆丁巳
七月二十八日亥時卒于内寢，時慎吾已先逝，冢孫運隆狀其行請
銘，未幾運隆亦逝。安人葬既有日，朱公托其婿余友范二府申前
請。嗟乎！先大人與公同雅社，而慎吾又余囊所賦同袍，交契最
歡者也，忍不銘？

按狀，安人姓謝氏，河中義平里著姓。父散官静軒公，諱仲
昱，母程氏，其生安人在嘉靖乙未正月十三日子時。生而敏慧，
嫻女紅。父母鍾愛，不輕許聘，擇歸朱公。公爲諸生，家四壁
立，兩尊人甘旨或不繼。安人不憚拮據，操作織紝以奉翁姑，贊
襄夫子專精下帷。癸酉，朱公舉于鄉，再上春官不第，益以遠大
自矢。安人從容進曰：“堂上桑榆迫矣，君不聞‘及親仕，三釜
而心樂’乎？”公軮然曰：“善哉！筭黛中乃見及此。”丁丑，遂
謁銓選，授直隸新安學諭。己卯，丁内艱。壬午，公服闋[二一]，
補直隸肥鄉學諭。癸未，升河南郾城縣尹，安人左右公，操刀製
錦，推赤調停，減傭設募，歲省民費四千餘金。士民戴如父母，
構祠尸祝，勒石以志去思。公時靱掌政務，不復更問家計。安人
上事翁，下督子學業，心力獨瘁。戊子秋，慎吾登賢書，捷至
郾，一時多母儀之成也。己丑，公升陝州知州，政聲卓越，與召

棠并苐。尋丁外艱，公擗踊扶廣柳合厝。安人維持周至，卜善地，起墳臺，一切喪葬無少憾儀。

禫除，有謂當謁補者，公曰："往徼斗升爲親也，今曳裾何爲?"安人曰："君言良是，人生隙駒耳，薄田可供粥餰，泉石可恣枕漱，柴桑、吳門，夫夫非耶？矧有子能繼科名，藉以報主，可竟君未盡之施，它更何求乎?"公意遂決，絕口不談仕進。庚戌，慎吾授彰德府判，迎公及安人祿養，已拜封典。癸丑，慎吾升鄘州守，擬奉養如前。安人以筋力衰暮，不樂遠游，故慎吾抵鄘僅一載餘，日瞻白雲，命巾車言旋，母子相聚，不以五馬換一日養也。安人壽八旬，設帨之辰，子若孫萊彩婆娑，屈厄迭進，三世一堂，備極遐福。詎意造物妒完，亡何，慎吾即世。安人盡傷積衷，漸成癃瘁。越明年秋，亦竟不起矣。

安人性至孝。姑高孺人既歿，邵孺人繼之病，且至失明，安人朝昏解慰，食必簡視，動必扶相。後邵將屬纊，祝曰："吾賴賢婦之力以享天年，願婦福澤綿長，以食善報也。"安人當鹿車荊布之秋，琴瑟好合。及朱公父子聯起臑仕，顯膚綸命，翟褘魚軒，了無侈溢，衣食依然寒素，惟賙人之貧困則不復吝惜，鄰里視爲左藏，姻黨待以舉火者甚衆。從嫂李氏，寡而貧，倚安人爲命者數十年如一日。下逮婢僕，嚴馭而恩恤之。歿之日，哭者踵至，無不過慟，感可知已。慎吾入仕版，昕夕諭以軫念民艱、不負國恩。其訓運隆，必以嗜學成立、不隳家範，惕醒更懇切也。中年善病，家政繁劇，恐公牽于內顧，因娶副室廉以代綜理。廉本閻名家諱綽之女，安人素聞其賢而求之，既入門，恒以女弟相待。廉實儷德，禮敬如賓，公喜稱爲室中雙璧。廉卒，安人痛甚，其遺女甫二歲，安人撫摩喻于所自出，此尤婦人之所難者已！初，安人在閨閣，常苦拘攣，歸公後，病日增，追坤軸告變，自寐中驚寤，汗出淋漓，體殊爽暢，無復傴僂之態，見者以爲神。越三年而舉慎吾君，又十三年而再舉一女，抑又奇矣。轉災爲福，不可謂非淑德之應焉。

安人享春秋八十三歲。子一，即慎吾君紹，郿州知州，婦謝氏，封安人，副[二二]張氏；女二，一適太學生任位，一適臨洮府同知范應宿，封孺人。孫男二，雙慶，少亡；運隆，婦高氏。孫女二，一適州庠生高拱烜，一適州庠生張庾嗣。曾孫永賁以公命奉安人并廉氏柩同葬于舜帝岡祖塋之次，是爲萬曆戊午十二月十八日。嗚呼！廖爲贇而夫貴，获成畫而子榮，令妻壽母，彤管增輝，君子于斯觀安人之概矣。余不佞，尚憶癸丑春奉召赴闕，道經鄴下，慎吾時攝磁州事，促膝郵舍，勞款周洽。後乃移書都門，屬余爲朱公、安人作雙壽榮封序，私心竊羨君家庭幃重慶，寵禄源來景睍，爲蒲第一。然不數年而哀君，隃歲而哀安人，今且哀運隆，則當安人窀穸之役，其于人世之感何如也！銘曰：

東原浮鬱舜之岡，於麻謝媼冢生光。使君召杜擬南陽，九里之潤美田桑。隨車有雨起將將，驅暴曾經渡虎狼。舳艫滿載長孺糧，鮒魚可已激西江。天命於君顧九方，有子熊軾接上驤。天下長者不可忘，後先四牡驎印印。窈窕河洲叶鳳凰，機杼聲如仉氏良。恩以子貴不封章，華表翎翛白晝翔。有鳥丁令鳴鸘鷞，洪流萬祀永相望。

## 明敕封太孺人集母展氏墓志銘

岳父贈文林郎南河集公之葬也，歲在萬曆丁酉，余既爲狀，屬年友去浮張君志其墓矣。越十七年，岳母展太孺人卒于所寓之天津衛。又五年，子美器，孫衆恩、衆謨奉柩自津歸里，啓公壙合葬焉，以志銘請。余忝館甥，習知徽懿，安能辭？

太孺人姓展，父曰經元，歸德府大使，母米氏。太孺人生而婉淑，有令儀，長習姆訓，父母鍾愛，爲擇配，以歸贈公。贈公夙負倜儻，不能俯首農畝，復厭棄佔㾨，挾資游燕趙，用煮海策，居業于天津。太孺人從之，夙夜匪懈，以理中饋。孝事舅姑，執婦道唯謹。教育子女，愛而能勞。贈公拮据服賈，持籌海澨，實粟邊庭，席不暇暖，而能無內顧憂，則太孺人以也。贈公既以什一起，輸貲授京衛經歷，所交多貴游長者，尤好行其德，周人之急，義聲嘖嘖族黨里閈間。太孺人益從臾，爲折節施予，不少靳。與贈公賓敬，有冀餉風。先爲置媵侍，晚年以子女婚嫁，己不任勞，更爲娶貳室，終身安之，雍雍如也。待子婦有恩，臧獲非有大過，不加譙呵。貧乏姻戚有所求，未嘗不饜所欲而去。慈祥仁厚，蓋天性也。

　　初，贈公以治田舍留里中久。太孺人在津，念其獨居，亟興所爲貳室者往。已聞贈公訃音，痛未得與訣，哀毀殊甚。自津奔喪，督二子葳襄舉，理家政井然，若贈公存日。丙午，伯子謁選，拜京縣丞，迎養京邸。值恭上聖母徽號，覃恩晉贈公秩如其子，太孺人得今號云。既易象服，語京縣君曰：“吾本素族，今一門生死，四沾封命，主恩渥矣，兒曹當圖報稱。”故京縣君以廉能著聲，母訓之也。亡何，京縣君卒于官，太孺人不勝慟，爲返其襯于津。撫視諸孫，規畫家務，一如曩昔贈公殁時，故業得不至中落。次子婦，有女德，蚤世，又極其盡傷。垂白之年，數罹憂楚，故抱胃寒症，賴藥餌調攝，精神猶不至大損。戊申夏，余奉使冊封，取道過津，率內子覲太孺人，相見甚歡，起居尚無恙也。至壬子五月十三日，竟以前疾終，距其生嘉靖二十年五月十五日，享壽七十二歲。子二，長偉器，仕宛平縣縣丞，先太孺人六年卒，婦陳氏，封孺人；次美器，任天津左衛指揮，婦展氏，先太孺人卒。女二，長歸余，封淑人；次適州學生王宏祖，亦先卒。孫男三：眾恩，聚王氏；眾謨，娶王氏：偉器出。大成，美器出，殤。孫女一，適楊繼時。曾孫男、女各一，幼。葬期爲萬曆丁巳正月十六日。贈公諱字、生卒、家世、履歷詳前志。

夫世所稱閨閫之賢者，敏給祥幹，精刺枲饎饎之役，勤儉操作，則亦已矣。然要之皆婦才也，而非其德。以余觀，太孺人明而有識，寬而能容，端靜夙閑乎《女誡》，徽柔克樹乎母儀，惠予旁施，周親沐德，至小星之仁媲美江汜之咏，此尤近世婦人之所難者，是可以風矣。乃爲銘，銘曰：

雞鳴交儆婦順章，荻灰啓允彤管揚。妻令壽母福祉昌，王言褒之綸綍光。高厚膴膴閟元堂，嘉耦相從世澤長。千秋奕葉衍禎祥，貞石勒之貴無疆。

## 誥封淑人鄭母郭氏墓志銘

郭淑人者，方伯易齋鄭公配也。公宏猷亮節，爲時名碩，其卒也，少宰曹公爲志其函，而大司空白公表其墓。越二年，爲天啓丙寅，淑人卒，厥嗣茂才君宏業卜十年十月念五日啓方伯公竁合祔焉，禮也。先期狀懿行，自解梁走蒲徵銘。余方抱痾山中，不任鉛槧事，顧惟與方伯公有同朝之雅，夙諗淑人賢，而又哀茂才君不匱之思，不忍拒也。

按狀，淑人姓郭氏，父崇，潞安長治縣司訓，母李，夢彩鳳儀庭而生淑人。幼端凝有慧性，司訓公授以《孝經》《女訓》諸書，輒能誦記，間爲陳説古今節烈事，即心解而聽之不倦。司訓公特憐愛之，爲慎擇配。時方伯公父鄉賓公雅與司訓公契善，因約爲婚姻。及笄，乃以歸方伯公。淑人柔夷婉嫕，執婦道惟謹，日以昧爽盥櫛候舅姑，寢楹之間，環珮璆然。退而修織絍、饗殮諸事甚具，處諸姑姊姒謙讓款洽，怡怡如也，於是中外姻黨咸稱之曰賢。而方伯公業已爲諸生，有雋譽，淑人晝則操作，夜必籌燈佐方伯公下帷，機杼聲與伊吾相應也。壬午，公舉于鄉。癸未，成進士，授中書舍人。三載考績，淑人得封孺人。公轉户部員外、郎中，出守廣平、安慶，報政，淑人進封恭人。已公遷陝憲副、大參，總憲河南，晉右方伯，整飭維揚，而以大參奏績，進今封，凡三命而至淑人云。

淑人與公出處俱從，敬相待如賓。公有疑難，必淑人是咨，凡所規畫，悉符機宜，故公常稱爲益友。始公歌《鹿鳴》時，值父鄉賓公失明，公傷之，不欲與計偕。淑人曰："無以爲也，君第行，連擢甲第，大人目將復明。"已而果然，則淑人日夜拜禱，至誠所以感神也。公司庾通州，有商人以預支草價循例釀金進者，公既已峻却之，衆感公德不已，復市美珠餉。淑人曰："官之失德惟內與貨，惡用是區區者以傷夫子之廉名。"麾之出。當公由中翰而轉司農部也，以未得臺省，若有不豫色然。淑人譬之曰："士顧樹立何如耳，在昔鉅公由郎署奮迹者，指不勝屈，何必臺諫乃稱壯行哉？"公灑然意解。而其中萋斐歸也，人多有不平者，淑人獨慫臾公解組，謂仕宦不止車生耳，與其僕僕風塵，孰若徜徉于三徑之爲適哉？凡此皆明析大義，灼見事機，無論閨閣，即大夫難之矣。乃其篤孝慈仁，出于天性。居京邸，聞太翁憂，哀毀不減于公。公守武定，念太淑人，屬淑人歸養。淑人返舍，晨昏視寢，膳無缺供。太淑人不祿，淑人慟哭不食，或有勸者，則曰："嚮翁未及與兒訣，今姑又長逝，以婦祇事無狀遺夫子終天之恨，奚以生爲？"言已，嗚咽不勝，聞者悲慟。歲丁亥，公寢疾，淑人籲天乞代，持齋素者三年。甲子，公患脾，淑人所以扶侍之者，視昔益虔。迨公捐館，晝哭屢絕而蘇。戒子治喪，一遵古禮。葬之日，徒步從之邱隴，一如送舅姑輀時。居恒訓茂才君力學，毋墮家聲，比屢困棘圍，則又慰以義命之當安，毋悻悻以詭遇。遣嫁二女，妝奩豐約中度，而醮戒以禮，曰："敬事舅姑，從順夫子，毋遺吾憂也。"口不喜言人之過，賑窮周急，不吝施予。憐甥女而厚其裝，憫公弟銓部君蚤世而恤其孤。歲大侵，而乞貸于門者，皆盈欲以去，故歿身之日，閭巷皆爲流涕，曰："孰有仁惠愷悌如鄭氏母者乎？豈無從哉？"

淑人性嚴重，平居無惰容，無媟語，貴膺冠珈服御不改其素。年逾五衺，猶燭下操作不倦。子婦跪請少息，淑人曰："吾聞敬姜有訓，勞則向義，逸則忘善，不見某氏子以偷安蕩佚而廢其先世之業乎？"其明達類如此。晚年好佛，每日起誦諸品經至晡食乃已。卒之數日前，方稱壽觴，忽謂子婦："死生無常，當爲我治送終之具。"越旬日，遂不起。嗚呼！淑人不惟曙于《內則》，其于死生之際，亦了然矣。是爲丙寅四月六日，距其生嘉靖某年月日，享壽六十八歲。子二：長宏業，州廩生，聘王，殀，娶荊氏；次宏基，聘張，未娶，殀。女二，長適趙曙，次適劉元襘，俱早殀。孫女一，字侯某。墓在某處。

嗟乎！諸書之言女德尚矣，乃修能姱節，各專一操，靡得而兼焉。淑人箴規儆戒似《雞鳴》，翹蕭績紝似《葛覃》，宜于娣姒似《桃夭》，以勤訓子似公叔[二三]文伯之母，至其持體引義，旁折事變，曠然閫外之觀，則又非筓黛之流所可幾者，洵足以輝彤管、垂世範矣。爰叙述其概而爲之銘。銘曰：

《采蘩》《樛木》，列于《國風》。曰佐羔羊，委蛇在公。顯允方伯，忠勤體國。淑人相之，純懿有德。儉而率禮，嚴以補慈。既閑嬪則，亦備母儀。帝寵駢蕃，奎綸孔赫。三命益恭，居盈不溢。崇阡如斧，伉儷偕藏。徽音靡斁，視此銘章。

## 明誥封恭人康氏墓志銘

恭人爲襄垣鎮國中尉竹淇翁元配。按同姓諸侯考，王孫歷四傳者階四品封命，蓋稱偕貴云。康，蒲著姓，恭人父鄉耆明，母張媼。幼服《女誡》閨範，及筓于歸鎮國，孝敬巽順，動無愆儀，宗黨亟稱曰賢。異時疆場多事，藩邸祿屢後期，恭人拮据壺政，登堂膳姑，退而乳哺子女。鎮國雖處約，而蕭祀好賓，咄嗟索辦，且與弟合爨，食指無慮纍伯，悉藉恭人果腹。傴身饎煬絣絖，不言瘁倦。迨禄積漸裕，子女畢婚嫁，鎮國喜愜五岳之願，恭人執鐍鑰，問米薪，簾以内秩有條理，姻婭奉爲師模。與鎮國白首相莊，箴規摧議，儼同益友。鎮國不立副室，一二媵侍拂笫筅，羞匕篚，未嘗猜忌督過，其人率老死不忍起携志。它如家之蒼頭若婦，亦栖戀門户，戴爲慈母，此之言馭下之恩，尤爲里俗所難。康氏雁行子姓流寓京口，歲時伏臘恫焉有隴邱之感。鎮國上壽乘箕，恭人已躋耋年，每追念，必泫然隕涕，朔望斷葷，皈依大士，祝化者得正果。子婦既膺常禄，各析居止，轟希啚鞠以遞迎板輿，諸孫牽裾繞膝，交上屈卮爲壽，始一解頤。國家近開宗科，則謂阿季曰："而初發軔澤宫時，詎不能待對公車，苦爲制典所束。今恩波灝蕩矣，尚揭而父庭訓勉逳後人，俾不虚聖天子德意。"故諸孫强半績學，業已兩隽采芹，餘多雅馴文秀，鎮國慶祚將益光大。

　　春秋彌高，起居、步趨猶不倩人扶掖，春初無疾奄逝，遐齡蕃衍，從容委蜕，完福也。生于嘉靖十一年壬辰九月二十六日亥時，薨於天啓六年丙寅正月二十七日申時，壽九十有五。子三：長廷雒，先鎮國卒，娶史，繼羅，又繼尚；次廷塈，先恭人卒，娶韓，繼韓，又繼崔；季廷塢，後叔氏，娶仝。女五，長適胡璡，次適吴應時，又次適段自强，又次適衡守謙，季亦後叔氏，適母驕。孫子十四，雒出五，鼐鈝，娶王；鼐鍴，娶沈，繼趙；鼐鍚，娶張；鼐鎆，娶柴；鼐鎮，娶楊；塈出七，鼐鍠，娶馮，繼馬，又繼梁；鼐鎇，娶温；鼐鎝，娶孟；鼐鏒，娶馬；鼐鎌，娶徐；鼐鑭，娶楊；鼐鍼，娶徐；塢出二，鼐鉚，娶王，繼陳；鼐鍵，娶孟。孫女五：雒出二，適尚士偉、張世茂；塈出二，適馬明繼、孟見梁，塢出 [二四] 一，適庠生張振羽。曾孫子十二人，俱幼。曾孫女十四人，適喬樹、王道成、張景，字裴希孟、張灝、楊文暹，餘幼。世爵洎甥孫、派允詳鎮國志。

嗟乎！先淑人三釜不逮，余兄弟抱恨終天，居常見季君萱幃燕喜，顧復煦愉，竊私嘆均之人子歡感不相侔也。百年俱盡，寸草增長，季可慰悲思已。季率厥侄遵治命於五月初八日，即鎮國墓合葬，哀械如都，以志銘請。余綴次其概，而系以辭。銘曰：

其鍾祥也，德門淑秀。其結褵也，皇家英胄。即開哲嗣，麟趾鷟鷟。亦履戬穀，純禧眉壽。是皆世所希遘，惟得全者輻輳。何以詔懿徽于後？曰尚視此貞珉之鏤。

## 明敕封太安人展母柳氏墓志銘

展太安人者，贈儒林郎槐亭公之配、鴻臚少卿慎吾君之母也，以萬曆四十五年七月十八日卒於家。兩月前，少卿君在都，聞母病，急圖歸，奉陝右餉差，星夜馳還，途行甫半，而母不待矣！少卿君至猗氏受訃音，徒跣奔號，擗踊摧毀，僅以其骨立。葬有日矣，自狀母懿行，屬余銘其墓。余方執先嚴之喪，伏處苫塊，惡能操管？然辱在葭莩，誼不可辭。

按狀，太安人姓柳氏，蒲文學里巨族，唐子厚先生裔。父北莊公永，母高氏，生三女，太安人其季也。生而聰慧端淑，父母鍾愛之，不輕字人，相攸得贈公，乃以歸焉。贈公幼業儒，長迫生計，改而事什一。始游荊襄，既乃煮海于滄瀛間，每出輒數載，一切家務悉太安人一身肩之。太安人謹持筦鑰，親操井臼，理紡績，起宿恒不辨色。是時舅姑在堂，旦暮上食，手調滫瀡、醴酏，齊栗而進之，怡怡如也。姑晚病痿痹，卧興飲食，非人不力，太安人扶哺之於床蓐者三年。疾革，露禱於天，冀以身代。歿而喪葬，曲殫心力。贈公有母弟，少客恒山，資斧罄竭，困滯羈旅，太翁倚門望之，而先是太母之疾亦以是鬱而不瘳。太安人力贊贈公促之還，爲授室。當析箸，則割田産腴者讓之，而自取其下者。終贈公之世，與弟無違言，則太安人默調之也。撫育子女，愛不廢勞，脫簪珥，延塾師，遣諸子就學，日取所業程課之，譙訶不少貸。諸子束於荻畫，翩翩競爽矣。已少卿君念贈公久於外，無稅駕日，請於太安人，願釋鉛槧以佐父持籌，太安人嘉其志，命往。少卿君善心計，居津門甫一紀，橐中裝倍裕於昔，乃鼓篋游成均，而爲公納散官秩。贈公自是始易賈服，雍容冠帶；然以有子能拓其業，亦倦游矣。太安人遣督子昇奉歸里。歸而益斥甽畝、葺居室，兩老人日含飴弄孫，徜徉於邱園，識者方之，以爲有鹿門、冀野之風焉。亡何，贈公卒，太安人毀泣，幾不欲生，飭諸兒敦葬事，一如翁媼歿時。壬寅，少卿君官鴻臚序班。癸卯，升鳴贊，尋選隨堂，迎太安人養京邸。值上聖母徽號，覃恩贈公爲登仕佐郎、鴻臚寺鳴贊。太安人格於制，未及封，少卿君爲之快快。太安人諭之曰：“若父潛德未耀，幸徼一命，足慰九原，於分不啻侈矣，未亡人敢賒望哉？盡忠修職，以報國恩，是在孺子矣。”少卿君謹受教。居二載，復思鄉，歸。壬子，少卿君轉左寺丞，以解餉差便道省觀，留子舍者一載，至瓜期，戀戀不欲束裝。太安人正色曰：“銜命而出，竣事而返，臣子之義，奈何以老身故，稽報命期邪？”力督之行。甲寅，少卿君三載考績，加贈公儒林郎、鴻臚寺左寺丞，太安人遂晉今號。少卿君自都下命兩子奉策書酬贈公於墓。復函珈帔、制詞，跽而獻之太安人。太安人翟冠象服，拜受綸綍。戚屬宗黨，咸持牛酒爲賀，里人士嘖嘖嘆羨。太安人顧又愀然不樂，曰：“曩與吾共履艱辛者何在？而忍獨叨寵靈爲？”蓋傷翁媼與贈公之不及見也。太安人自奉朴素，雖既貴，無侈容。少卿君官禁近，所致紈綺、甘珍，每藏儲不輕服用。歲時祠祀，蘋繁必潔。念季子蚤世，時撫摩其孤，經紀其家，至老不倦。蓋勤與儉，自其天性云。體豐澤，素無恙，逾七袠，步履强健。偶痰火凝滯胸次，遂成痱痁，寢疾不起。惜哉！距其嘉靖二十五年二月二十八日生，享壽七十二歲。

生子三：長自穩，陝西洛南縣三要口巡檢，娶甯氏，繼楊氏；次自重，鴻臚寺右少卿，娶王氏，封安人；又次自勵，禮部儒士，先太安人卒，娶雷氏，繼吳氏。女三：長適張應夏，次適齊嘉賓，又次字王澂元。孫男九：奇智，娶王，繼樊；奇暉，聘朱；奇昕，幼：自穩出。奇籌，州學生，娶任；奇策，州學生，娶張；奇範，娶楊，繼裴；奇第，娶王；奇箸，聘沈：自重出。奇勋，聘王，自勵出。孫女十：一適王悦；一適喬希顏；一字任弘道：自穩出。一適王之樑，國學生；一適李三澍，州學生；一字余侄孟綏祚：自重出。一適任若尹，一字趙庭，二幼，自勵出。曾孫男二：偉修，奇智出；偉略，奇籌出。曾孫女三：一幼未字，奇智出；一字韓昭宣，一字王炤，奇籌出。

少卿君兄弟卜萬曆四十六年二月十二日，葬太安人於二賢鄉姚溫里新阡，啓贈公兆合焉，禮也。贈公諱希文，其世系、履歷詳同卿王公志中。嗟乎！雞鳴雜佩之咏，至今有遺徽焉。婦德母儀，終始淳備，如太安人者，豈不足媲休彤管哉？至矢終報主，勗子官方，崇讓敦議，佐夫君以在原之誼，此其識更非閨黛之流所可能者。其再錫封章，食報鼎釜，啓允祚之蕃滋，垂榮名於奕葉，非偶然也，是宜銘。銘曰：

有美邦媛，秉德惟淑。既宜室家，亦勤式穀。庭桂玉森，干霄而蠹。越由素封，朱丹其轂。譽命自天，茂膺百祿。令範永昭，徽音孔煜。大河之曲，中條之麓。佳氣鬱蔥，有封若屋。史銘其藏，以券多福。

## 明誥封宜人陳母郭氏墓志銘

宜人爲常武太守陳公永直繼配，苑馬亞卿郭公震之孫，文學郭公于芳女也。祖母張恭人，母傅孺人。郭故蒲鉅姓，迨苑馬公起家進士，風紀中外，閥閱更顯著云。宜人生彌月而母見背，張恭人實鞠育之。稍長，婉慧不群，能覆誦古詩百餘首，女紅寓目即領會，恭人愈憐愛。乙卯，罹坤軸之變，恭人、文學公俱灾。宜人煢煢無倚，然待年弱質，倉皇中能謹含殮、盡悲痛，于是戚黨聲稱藉甚。會常武公夢曰炊，乃委禽焉。時公已與計偕，而贈公、吳太宜人一堂俱慶。吳操家柄頗嚴，不以新婦貸督過。宜人靸瘃以供饎煬滌澣，諸所需唯諾輒辨。先室南遺子女，僅髫，宜人撫摩周至，迄于成立。贈公不禄，公抱三釜憾，宜人進曰："君不見萱親之景乎？必取一第，以貽再誤，恐他日無以自解。"公愀然若失。乙丑，又不利，遂謁選爲高陽令。比遣使迎母，則吳染症，手足不仁，以緩乘抵邑署，居數月，歿。公且泣且幸，以伸一日禄養者，宜人慫恿力也。戊辰，公免喪，補任昨城，稍遷倅鳳陽，已刺泗水，所至挈家與俱。淮泗當水陸之衝，饒東南鮮麗，宜人十餘年間，一味一緘，必追思奠[二五]嬸，茨羹練服，曾不改其故常。公泗上奏最，宜人得膺封命。己卯，公擢户曹副郎，尋轉正，以覃恩仍加封，綸誥申錫，閭里人榮詫，謂可酬夙昔勞勩，而宜人每拳拳深念思尊嬸不置也。乙酉，公知常德府事，業有倦游之志，則留宜人于家治菹鱸，以俟明年覯事畢旋乞休致。既得請，傍覦者以仕宦二千石，禄入當不細，顧橐裝較先世積反詘。宜人悉心計調壺政，俾公徜徉林壑，而祭祀、賓客、婚嫁之費，亦不至匱乏。後食指日繁，漸生勃谿。宜人思合則爭，析則定，聚火詎賢于廢箸哉？微以白公，公首肯，令子孫各産[二六]爨，至宜人之篋，自制服外半通寸帛無私也。壬辰，公捐館舍，宜人哭之慟，諭其孤曰："若翁創門地不易，兒曹慎勿以纖嗇隳禮。"其持大禮類如此。

憫二親無嗣，每上冢，必徘徊悽愴，若謂此三尺邱，吾身後祀幾忽諸，命仲君樹之碑。性勤敏，家務凌雜，皆可親問。衷懷坦易，與物無忤，下至僕婢，無譙呵聲。晚年距公謝政已踰三紀，不免盈縮今昔之異，宜人未嘗介念，日含飴弄孫，晏如也。居恒善攝，少疾。夏初，寱寐中似有公以輿僡迎迓狀，覺而自異，亡何，以微恙溘逝，是爲天啓壬戌六月二十九日巳時，其生嘉靖癸卯十二月二十八日丑時，壽八十歲。

公三子，長太學生詩，仲州學生訓，季州學生諫，唯仲爲宜人出，婦王。孫男可久，州學生，婦張，繼賀；孫女適陝州境，夫婦先卒：但[二七]王出。曾孫男于銘，賀出。曾孫女殉何生呈圖，議旌表，張出。仲卜以卒之年十月八日啓公藏合祔。

嗚呼！《江汜》失依，《葛藟》興嗟，釜豆相煎，塤篪寡和，則床笫庭幃之間，語逮下均愛難矣。《樛木》次以螽羽也，《常棣》樂以妻孥也，繩蟄翕合之咏，風人有微意焉。宜人與公如賓，室中不聞脣反；與公子不同離衷而同噢咻，寸草春暉，膝下亦無間言，有嫄之昌，其叶于和鳴乎！余不佞辱交仲君素篤，可久又從余問字，故識宜人之大而志銘之。公行實詳公志，爲前納言贈少傅韓公之筆。銘曰：

縶彼卿門，誕毓淑媛。允昭閨範，芝本醴源。卜云其吉，諧歸良耦。計部持籌，楚邦出守。命階載誓，綸綍斯皇。翟冠有葑，文佩是鏘。循墻愈恭，素紽惟度。倡隨相成，介福綏祚。詔厥孫子，在笥一經。蜚雄哲允，藝苑修翎。境定而恬，神澄而徹。既壽且康，從容大耋。儵然驪伏，公所遣來。徂月匪遥，今古榮哀。言念慈徽，銘諸貞石。大塋發祥，慶光奕奕。

## 待贈劉母巨孺人墓志銘

巨孺人者，高平訓劉公之繼配，潁上令劉君仁徵之母也。仁徵與兒縮祚同籍鄉書，得悉其家世，稔知孺人壼範云。既仁徵以進士高等筮仕潁上，茂著循良之績，計日當膺綸命，乃鍾釜方來而梧檟不待，仁徵痛可知已！自潁奔歸，蕆葬事，手輯孺人行實，走使蒲坂，丐余志其墓中之石。念叼世誼，何能辭？

按狀，孺人姓巨氏，世爲臨汾縣李村人。父生員維翰，母某氏。生時祥光繞院宇，人咸異之。甫襁褓失怙，恃鞠育于祖母。長而婉孌端靜，能通《孝經》《內則》諸篇大義，凡女紅、刺繡，不學而能，其聰慧蓋天成也。司訓公元配晉早世，聞孺人賢，乃委禽焉。于歸時，年纔十四耳。姑郭安人在堂，孺人事之，竭盡其孝，日以昧爽盥櫛候姑寢安否，上食具潃瀡，出入扶持，喜則先承，愠則婉劑，惟意之所欲，無不曲從。處諸姑娣姒謙讓款洽，各得其歡心，司訓公以治舉子業，不遑問家人產，復值歲連祲，食指浩繁，孺人拮據率女奴操作，自洴澼、當壚以經紀，諸戶內事纖細悉井井就理。司訓公用是無內顧憂，專精下帷，以成其學。前室晉孺人遺二女，孺人所以顧復保抱，不啻己出。每露禱于天，冀生男以慰萱堂含飴之望。已而果舉仁徵兄弟，孺人躬自乳哺，至勞瘁患癧疽。比長，則令就外傅，按程書督責，不少寬假，而又時訓之：“若父力田而不逢年，未竟之業，是在孺子成之。晏安鴆毒，不可懷也。”仁徵是以感奮淬勵，蔚爲時髦。辛酉，舉于鄉。明年成進士，令潁上，迎公與孺人就養邸中。居亡何，孺人以少女爲念，頓減匕箸，亟治裝還里，而司訓公已自學官宿耇推擇奉廷對矣。孺人促之謁選，曰：“君皓首窮經，幸奉廷對，盍蚤沾一命，酬數十載佔畢之苦，倘待兒子爵邑，卒湮自樹，人其謂君何？”其識見卓犖如此。

孺人性仁慈，而舉動合于禮。姑有愛女，貧而多疾，孺人日饋饔飧，解衣衣之，無少吝。晉孺人雖無禄，與其昆弟子姓歲時禮節無替，晉中丞公常稱孰有笄黛而具丈夫志概如孺人者乎？生平敬事神祇[二八]，晚歲皈依佛教尤篤，晨昏焚香禮大士，齋戒誠信，儼然如在其上。狀言歿之前一日，室中光散，合之生時有光凝院，豈前身本是如來，故所稱紫金、白毫者，隨之以爲聚散耶？

孺人生于隆慶壬申四月十七日，卒于天啓癸亥閏十月三日，得年五十二歲。子二：長令譽，即仁徵，潁上縣知縣，娶董氏，御史光裕孫女；次廣譽，生員，娶左氏，封知縣世嘉孫女。女四：一適生員李樹聲，一適生員柳毓芳，晉出；一適裴，一適生員李大生。孫男四：若沅，聘生員柴尚賜女；若温，聘舉人吉學夔女：令譽出。若溥，聘生員郭毓麟女；若淡，幼：廣譽出。孫女三：一適晉淑召知縣承眷子，一許王澤潤郡丞家楹子，令譽出；一許韓舉人續祖子，廣譽出。葬期爲天啓四年十一月二十六日，墓在某處祖塋之次。銘曰：

維吉列女，載在圖史。德容言功，一二足矣。猗與孺人，備善全美。婦順母儀，始終懿軌。衍慶發祥，庭鸞崛起。克紹先猷，慈恩榮紀。鼎釜方隆，洊嘉奎璽。胡不遐齡，遽歌《蒿里》？有崇者阡，在汾之涘。亶秀毓靈，宜爾孫子。

## 季弟婦田孺人壙記

季弟國彦之卒也，在萬曆丙午之九月，余既爲記，鐫諸墓中之石矣。越三載爲己酉，夏四月二十五日，其配孺人田氏卒。孺人素無恙，以弟之疾勞瘁而成病，以弟之歿哀毁而疾乃甚，以矢死之念奪其調攝之念，展轉床褥，醫藥罔效，而病遂不起。嗚呼痛哉！孺人少警敏端静，服習《女訓》。年十五，歸吾弟，即能執婦道。先母極憐愛之，凡有所治辦，輒當母意指。母之病也，孺人侍饘粥、湯藥無少懈。母棄養，哭盡哀，襲含殯殮，曲致其誠。時兩妹方待年于閨，家大人念之，孺人護持撫摩周至，及笄而一切妝奩多其擘畫，不貽大人憂。柔謙婉順，自其天性。居恒與弟相敬如賓，不聞其嗃嗃聲，而内政具舉。處妯娌和，馭臧獲有恩，一時内外皆稱之曰賢，而今已矣。

先是，家大人暨先母皆居天津，孺人父岫峰公亦携家服賈于天津，故弟與孺人生長、婚配俱在津。今年二月，孺人已寝疾，會其母王當之津，家大人雖知其不可爲，而不欲以母子離別之感重益其苦，亟治裝令隨去。乃二竪已入膏肓，抵津纔兩月而卒，悲哉！距其生萬曆庚辰八月二十四日，享年僅三十。生三子，皆不育，大人命以二弟次子綏祚爲之嗣，聘展鴻臚自重女。女一，字郭監生一驄子。以己酉十二月十九日啓季弟壙合葬焉。

昔人謂有德必壽，福理不爽。以季弟之孝友、學行而不獲享有遐齡，縶不三閲，復催其内，伶俜一息，呱呱褓褓，天之所爲與善者，固如是耶？茫茫大化，莫可究詰。手足之痛，曷維其已！然而生爲一德，殁而同穴，士行女節，洵美且完。九原之下，亦可以長逝無憾矣！是爲記。

## 明故弟婦孟孺人范氏祔葬五弟墓志銘

孺人姓范氏，大父光禄丞蒲州公，父定宇公，本生父心宇公，俱太學生。母王氏，本生母韓氏。幼穎慧不群，父母極珍愛之。萬曆戊申，五弟喪其婦展孺人，先封公爲遍求名家女，冀得一老成馴練者，聞孺人有閨德，亟委禽焉。是時五弟方鋭精下帷，不問一切室中務，而展所遺二女，一在褓褓，一甫數月，呱呱待哺。孺人以新婦持家柄，調度咸宜，撫育二女，無殊離褓。先封公喜其孝，妯娌歡其讓，即中外姻戚，下逮臧獲，亦莫不稱其賢者。丙辰，先封公棄養，孺人佐弟執喪惟謹。丁巳，生一子。戊午，五弟遘疾，孺人所以扶事之者，殫竭心力。比歿，柴毀骨立。亡何，其子亦殤，孺人悲慟幾不欲生。已而思曰："子雖不存，兩女未笄，夫子之目未瞑也，奈何不忍須臾？"泣請於余，以余第三子繹祚爲嗣，而亟嫁其長女。延師督課厥嗣，腆爲供具，亟新第宅，唯恐吾弟門户遂爾淹没不立，其識見卓犖，殆非閨黛之所能及者。乃憂瘁餘生，精神銷鑠，今歲六月，忽感沉痾，百方調治，竟不能起。悲夫！

孺人家故温厚，明於理義，不爲委瑣纖嗇之態。自歸吾家，諸内人有所疑難未決，悉與商確，凡賓祭大事，多需其治辦，無不屬屢。施予周急，不吝傾囊，戚黨咸嘉賴。見道棄子女，憫之，屢命人乳哺，而給其衣食，慈惠溥矣。生於萬曆壬辰六月二十九日，卒于天啓壬戌十月二十二日，享年三十一歲。子繹祚，聘王氏，刑部郎中嘉守公女。長女適儒生何卓然，國學生羨嶼公子；次女字儒生楊湛然，舉人碻所公子。即以卒之年十二月二十一日葬于先封公塋次，啓五弟壙合祔焉。余憫其賢而不壽，用識其懿行大略銘之。銘曰：

淑慎其儀，維蘭與蕙，其與弟固一德之相儷。紛此内美，中道而蹶，其視弟何攖疢之俱屬？同穴而歸，珠藏玉瘞。貞石垂徽，永有辭於奕世。

### 校勘記

〔一〕"墓志銘"，據文意及該書體例添加。

〔二〕"鍺"，據文意疑當作"錯"。

〔三〕"冑"，據文意疑當作"胃"。

〔四〕"昌"，本册《明誥封恭人康氏墓志銘》作"時"，未知孰是。

〔五〕"父"，據文意疑當作"夫"。

〔六〕"睆"，據文意疑當作"睨"。

〔七〕"壹"，底本多訛作"壺"，以下徑改，不再一一出校。

〔八〕"哀"，據文意疑當作"襄"。

〔九〕"父"，底本字中已塗圈示誤，據文意疑當作"公"。

〔一〇〕"丁戌"，干支無丁戌，據文意疑爲"丁亥"之誤。

〔一一〕"桃"，據文意疑當作"挑"。

〔一二〕"簡"，據文意疑當作"閑"。

〔一三〕"隸"，據文意疑當作"肄"。

〔一四〕"宫"，據文意疑當作"官"。

〔一五〕"論"，據文意疑當作"諭"。

〔一六〕"衺"，據文意疑當作"裹"。

〔一七〕"貞"，據文意當係"禎"，因避諱而改，以下不再出校。

〔一八〕"狀按"，據文意疑當作"按狀"。

〔一九〕"迄"，據文意疑當作"乞"。

〔二〇〕"侈"，據文意疑當作"喜"。

〔二一〕"闕"，據文意疑當作"閲"。

〔二二〕"副"，據文意疑當作"婦"。

〔二三〕"叔"，據《國語》當作"父"。

〔二四〕"去"，據文意疑當作"出"。

〔二五〕"莫"，據文意疑當作"尊"。

〔二六〕"産"，據文意疑當作"析"。

〔二七〕"但"，據文意疑當作"俱"。

〔二八〕"祗"，據文意疑當作"祇"。